완역
사기

세가
2

완역
사기

세가
\2\

사마천   김영수 옮김

차례

◉

◉ 명나라 때 간행한 《三才圖繪》에 실린 궁형 후 사마천 초상화.

●

서문
길고 먼 여정을 마무리하며

나는 30권에 이르는 '세가'의 번역을 시작하면서 '세가, 길고 먼 여정의 시작'이란 제목의 서문을 독자들에게 남긴 바 있다. 이제 돌아보니 멀고 긴 여정이었을 뿐만 아니라 실로 힘든 여정이기도 했다. '세가' 첫 권의 서문을 마무리한 때가 2014년 11월 23일이었고, 한 달 후 출간되었다. 그로부터 꼬박 3년 걸려 《세가 2》 원고작업이 마무리되었다. 어렵고 힘든 여정이었다는 변명이 무색할 따름이다. 또 한 번의 빈말이 될 수 있겠지만 다음 권은 이보다 빨리 보여드리겠다는 약속 아닌 약속으로 독자들의 꾸지람에 대한 답을 대신하고자 한다. 작업 요령도 어느 정도 늘었고, 따라붙는 부속 작업의 양도 점점 줄어드니 한결 빨라질 수 있다는 사족도 덧붙인다.

이번 《세가 2》의 마무리는 의미가 적지 않다. 장장 약 550년에 이르는 춘추전국시대사의 종결이기 때문이다. 〈오태백세가〉로부터 〈전경중완세가〉에 이르는 열여섯 권은 말 그대로 파란만장한 춘추전국 제후국의 역사로 중국사의 핵심을 이해하는 데 없어서는 안 될 중요한 고리다. 이 시기를 읽으려면 무려 100개가 넘는 제후국들의 확장과 그 관련 상황을 기본적으로 인지하고, 이들의 변동 상황을 입체적으로 파악해야 한다. 또 이들이 하나로 수렴되어 기원전 221년 마침내 통일을 이루기까지 550년에 걸친 장쾌한 대하드라마를 감상할 마음의 준비를 단단히 해야 한다. 어쨌든 이제 독자들은 《세가 1》과 《세가 2》를 함께 펼쳐놓고 중국 역사상 최대의 격변기이자 혼란기이며 황금기였던 춘추전국의 역사를 가로지르며 독서할 수 있게 되었다.

춘추전국시대는 말 그대로 격변의 시대였다. 조금 과장해서 말하자면, 인간이 경험할 수 있는 거의 모든 경우의 수가 다 발생한 시기였다. 자고 나면 나라 하나가 없어졌다고 할 정도로 살벌한 시기이기도 했다. 달리 말해 더할 나위 없이 흥미진진한 사극이 수도 없이 연출되었다. 그러나 독자 입장에서는 대단히 어려운 단락이 아닐 수 없다. 이 시기에 벌어진 갖가지 변화의 정도를 따라잡기란 거의 불가능하기 때문이다. 사람 이름은 고사하고 나라 이름조차 외우기 힘들다. 거미줄처럼 얽힌 나라와 인간들 간의 관계는 수없이 등장하는 이름과 지명이라는 방해물 때문에 파악은 엄두도 못 낼 정도다. 이번 《세가 2》로 춘추전국시대가 마무리되는 만큼 지면을 할애해 이 시기를 조감할 수 있는 기본 정보를 정리해보고자 한다.

먼저 춘추전국시대에 대한 중국 학자들의 논평들을 모아보았다. 이 시기 전체와 전반에 대한 인상을 갖는 데 상당한 도움을 줄 것이다.

오호라! 시운時運의 학설을 어찌 믿지 않을쏘냐! 춘추와 전국이란 교체기는 단지 중국인의 지혜가 전성기를 누렸을 뿐만 아니라 전 세계를 아우르

지 않은 바가 없었다. 공자와 노자로부터 한비자와 이사에 이르기까지 300
년 동안 9류 10가가 모두 일어났다. 참으로 공전절후의 일이다.
— **양계초梁啓超**

춘추전국시대는 정치적 충성이 빠른 속도로 변화하여 봉건 등급이란 체제
의 붕괴를 이끌어냈다. 전쟁과 생산의 변화는 거대한 고통과 재난을 초래
했고, 그 결과 문화 소용돌이 시대가 도래했다. — **호적胡適**

춘추시대가 모순의 시대라는 것은 중국사에서 가장 뚜렷한 사실이다. (…)
춘추시대의 모순은《좌전左傳》《국어國語》의 어디를 보더라도 잘 나타나 있
다. 정치와 사회, 종교와 사상이 모두 그러했다. — **부사년傅斯年**

춘추에 오면 대략 오, 초와 같은 나라가 패자로 칭해졌지만 강국이 하나만
이 아니어서 한 나라가 모든 나라를 완전히 굴복시킬 수 없었다. 그래서 감
히 왕이라 칭하지 못하고 제후의 우두머리, 즉 이른바 패주霸主로 자처했을
뿐이다. (…) 따라서 춘추시대는 큰 국면의 변천이 몇몇 패주국의 손에 달
려 있었다. — **여사면呂思勉**

춘추시대는 주 왕실이 동천하면서 왕실의 기강이 풀리고 봉건체제가 변화
하여 열국이 되고 패주제도가 잇달아 생겨났다. 이에 따라 왕실의 권위는
능멸당했고, 열국이 세력 확장에 열을 올려 중원은 여러 나라가 서로 국경
을 접함으로써 더 이상 확장할 공간이 없었다. 중원 주위의 각국은 화이華
夷가 서로 섞여 살고 있었기 때문에 화하華夏 계통에 속하지 않은 여러 종족

들을 겸병할 수 있었다. 이른바 '오랑캐를 물리친다'는 '양이攘夷'를 구실로 권력을 확장하는 실질적 혜택을 누릴 수 있었다. — 허탁운許倬雲

춘추시대는 봉건정치가 전면적으로 붕괴되는 과정이라 말할 수 있다. 가장 두드러진 것이 각국이 병탐의 화를 면할 수 없었다는 것이다.
— 서복관徐復觀

'춘추'란 역사책 이름이지 시대를 가리키는 말이 아니지만 오래 서로 뒤섞어 사용하다보니 시대를 일컫는 말이 되었다. 서주의 정교政教는 춘추시대에 이르러서도 계속 사용해 변하지 않은 것이 있었고 완전히 달라진 것도 있었다. 사가들은 대부분 서주에서 춘추까지 세상의 도道가 쇠미해지는 징조를 보였다고 말한다. — 유이징柳詒徵

춘추시대는 중국 고대 귀족문화가 지극히 우아하고 고상하고 세밀하게 발전한 시대였다고 할 수 있다. — 전목錢穆

춘추와 전국 시기 초기에 각국의 외교정치는 대체로 '화하 대 이적' '제후 대 주 천자' '제후 대 제후'라는 세 종류의 관계로 나눌 수 있다. — 백수이白壽彝

대부의 권위가 계속 증장함에 따라 이들 대부가 제후의 지위를 대신하려고 했다. 따라서 춘추시대 역사에는 신하가 군주를 살해하는 일이 빈번하게 등장한다. — 전백찬翦伯贊

춘추전국은 중국 역사상 크나큰 해방시대였다. 문학 발전사에서는 시의 쇠퇴와 산문의 발흥이라는 눈에 띄는 현상이 나타났다. — 유대걸劉大杰

진한 이후 역대 통일 왕조들의 정치와 경제의 중요한 제도들은 모두 전국시대의 성취를 이어받아 발전시킨 것이며, 문화와 학술도 전국시대의 추세를 계승해 변혁한 것이다. 또한 전국시대 9류 10가의 사상은 후대에 깊은 영향을 남겼다. — 양관楊寬

이 시기의 역사에 대해 학술계가 어떤 인식을 보이고 해석을 내리건 간에 동주에서 진에 이르는 시기가 위대한 변혁기라는 사실을 부인할 사람은 없다. 이 500여 년의 양쪽 끝, 즉 서주에서 동주로 넘어가는 사이와 진한 교체기를 대비해보면 그 사회·경제·정치·문화가 지극히 뚜렷한 변화를 보였다는 사실을 어렵지 않게 발견할 수 있다. 따라서 우리는 이 시대를 주의 깊게 이해할 필요가 있다. 또한 변혁의 관점에서 그 시기의 역사적 맥락을 관찰해야 한다. — 이학근李學勤

춘추 이래 군주를 살해한 것이 36차례, 망한 나라가 52국, 제후는 분주했고 그 사직을 보존하지 못한 자는 헤아릴 수 없을 정도였다. 왕공에 의지해 벼슬하던 사람, 향鄕의 부자 계승, 왕공으로 벼슬과 녹봉을 받던 자들이 이때에 이르러 모두 평민으로 강등되었다. 관학은 사학으로 바뀌었다. 세상의 극심한 변화로 유능한 군주와 상들은 앞을 다투어 재능 있는 인물을 구했다. 군자들이 나타나 사상과 행동 그리고 법술로 세상을 구하려 했고, 아래로는 사상으로 주군을 설득해 존귀한 경상卿相의 자리를 얻었다. 사회조직이 바뀌어 평민으로서 학문에 종사하는 사람이 갈수록 많아졌다. 제자백가들이 구름처럼 피어올랐다. —여사면呂思勉

전국 시기 봉건제도가 노예제도를 눌렀고, 사회경제는 급속하게 발전했으며, 계급관계에도 중대한 변화가 일었다. 이에 따라 모든 낡은 관념, 낡은 사상, 낡은 생활습관 등이 모두 동요하기 시작했다. 이에 상응하는 변화가 사상이란 영역에서도 솟구쳐서 (…) 제자백가가 서로 다른 계급, 계층 그리고 집단의 이익을 대표하며 서로 다른 각도에서 당시의 문화지식을 섭취했다. 여러 저서를 통해 학설을 세우고 문도를 널리 모집하여 서로 논쟁하니 '백가쟁명百家爭鳴'이라는 번영기를 형성하게 되었다. —곽말약郭沫若

전국시대는 표면적으로 보기에는 '7웅 대치'의 역사였다. 그러나 '7웅 대치'의 역사 내용은 당시 각 구역의 경제발전이 평형상태에 이르렀다는 정치적 표현이기도 했다. —전백찬翦伯贊

전국은 지극히 폭력적이고 혼란스러운 시기였지만 동시에 지극히 평등하고 자유로운 시기이기도 했다. 책략으로 시대에 간여한 자도 있었고, 은거하여 흔적을 감춘 자도 있었다. 왕공 귀인들이 자신을 낮춰가며 인재를 구하지 않으면 인재들은 그들에게로 가지 않았다. 자신을 굽혀가며 인재를 구해도 끝내 얻지 못하고 몸만 굽힌 자들도 있었다. 그러나 귀천의 지위는 곧 바뀌었으니 이 역시 다른 시대 역사에서는 드문 일이었다. —유이징柳詒徵

춘추시대의 가장 위대한 사상가는 공구(공자)였고, 전국시대의 가장 위대한 사상가는 묵적(묵자)이었다. 공자는 춘추시대를 가장 화려하게 마감했고, 묵적은 전국시대의 화려한 막을 올렸다. ─ 장음린張蔭麟

전국시대 200년에 걸친 오랜 전쟁의 본질은 지역 정권이 영주 정권을 대체하는 전쟁이었고, 가족제도가 종교제도를 대체하는 전쟁이었으며, 중앙집권적 통일국가가 제후들이 지역을 나누어 칭패하던 현상을 대체한 전쟁이었다. 진나라는 전쟁의 최후 승리자가 되었고, 이는 역사 발전의 위대한 성취였다. ─ 범문란范文瀾

전국 시기의 문화는 경제 발전과 사상 해방으로 중국 역사가 생긴 이래 최고봉을 이루었다. 이후 2천 년 봉건문화 발전의 기초가 되었을 뿐만 아니라 고대 세계문화의 보물창고에서도 찬란히 빛나는 한 페이지가 되었다. ─ 김경방金景芳

'사士'는 대부분 고대의 지식인들로 당시의 정치문화에 상당한 작용을 했다. 그중에서 사상가, 교육가, 과학자, 정치가, 군사가 들이 등장해 적지 않은 저작을 남겨 중국의 고귀한 역사유산의 일부분이 되었다. ─ 상월尙鉞

구중국시대 지역 간의 교역이 날로 강화되고, 상품유통이 점점 늘어나고, 크고 작은 지방 시장이 중국 전체의 시장으로 집중됨으로써 열국의 융합과 통일 그리고 민족적 관계 형성을 이끌어냈다. ─ 이아농李亞農

다음은 춘추전국시대 열국의 합병을 연대순으로 정리한 것이다.

● 춘추시대

국명	합병 시기	합병국	국명	합병 시기	합병국
회鄶	769	정鄭	료(蓼, 기성己姓)	601	초
동괵東虢	767	정	서舒	601	초
성郕	713	정, 제齊	소蕭	597	초
기紀	690	제	래萊	567	제
소괵小虢	687	진秦	핍양偪陽	563	진晉
규邽	685	진秦	서구舒鳩	548	초
담譚	684	제	뢰賴	538	초
수遂	681	제	주래州來	529	오吳
식息	680	초	소巢	518	오吳
등鄧	678	초	종리鍾離	518	오
곽郭	670	제	서徐	512	오, 초
경耿	661	진晉	침沈	506	채蔡
곽霍	661	진晉	호胡	495	초
위(魏, 주 봉국)	661	진晉	조曹	487	송宋
서괵西虢	655	진晉	진陳	478	초
우虞	655	진晉	신申	춘추 초기	초楚
현弦	655	초	두杜	춘추 초기	진秦
황(黃, 영성嬴姓)	648	초	주(州, 강성姜姓)	춘추 초기	기杞
양梁	641	진秦	여呂	춘추 초기	초
예芮	640	진秦	양楊	춘추	진晉
기夔	634	초	관管	춘추	정鄭
형邢	635	위衛	운鄖	춘추	초
활滑	627	진秦	주(州, 언성偃姓)	춘추	초
강江	623	초	대戴	춘추	송
약(鄀, 희성姬姓)	622	초	당唐	춘추 후기	초
육六	622	초	돈頓	춘추 후기	초
용庸	611	초			

⊙ 전국시대

국명	합병 시기	합병국	국명	합병 시기	합병국
허許	475	초(또는 위魏)	주邾	281	초
오吳	473	초	서주西周	256	진秦
채蔡	447	초	노魯	256	초
기杞	445	초	동주東周	256	진秦
이伊	444	진晉	한韓	230	진秦
의거義渠	444	진秦	위魏	225	진秦
거莒	431	초	초楚	223	진秦
정鄭	375	한韓	조趙	222	진秦
진晉	369	한, 조, 위	연燕	222	진秦
파巴	316	진秦	대代	222	진秦
촉蜀	316	진秦	제齊	221	진秦
월越	306	초	위衛	209	진秦
중산中山	296	초	수隨	전국 초기	초
등滕	286	송	설薛	전국 초기	제
송宋	286	제	유劉	전국 초기	진秦

⊙ 연대 불명

국명	합병 시기	합병국	국명	합병 시기	합병국
숙宿		제齊	진軫		초
이夷		제	교絞		초
장鄣		제	모牟		초
양陽		제	도道		초
항項		제	백柏		초
극極		노魯	영英		초
수구須句		노魯	료(蓼, 언성偃姓)		초
전수顓臾		노魯	균麇		초
전剸		노	방房		초

		노	불갱不羹		초
시郗		노	순荀		진晉
우郈		노	가賈		진晉
근모根牟		파巴	원原		진晉
권權		오吳	번樊		진晉
종오鍾吾		거莒	기冀		진晉
향向		진秦	온溫		진晉
소주小邾		진秦	순郇		진晉
라羅		진秦	초焦		진晉
담郯		진秦	침(沈, 윤성允姓)		진晉
박亳		진秦	사姒		진晉
단丹		진秦	욕蓐		진晉
리犁		진秦	황(黃, 윤성允姓)		진晉
대려大荔		정	동산(東山, 고락씨臯落氏)		진晉
제祭		정	수만鄋瞞		진晉
공共		초	노씨潞氏		진晉
곡穀		초	갑씨甲氏		진晉
용?		초	유씨留氏		진晉
이貳		진晉	탁진鐸辰		진晉
비肥		진晉	무종無終		진晉
고鼓		진晉			
구유公由		진晉			

• 표에서는 모두 122개 국을 다루었다. 이 밖에도 언제 어떤 나라에게 망했는지 알 수 없는 나라가 여럿 있으며, 소수민족의 방국도 일부 포함되어 있다.

• 연도는 모두 기원전이다.

　이 정도면 긴 이야기가 필요 없을 것이다. 이와 함께 서둘러 역동적인 춘추전국의 역사를 좀 더 깊게 들여다보고 싶은 독자들이 있다면 공원국의《춘추전국이야기》를 읽기보길 권한다.

춘추전국의 역사 현장을 확인하기 위해 나는 중국 땅 수만 킬로미터를 다녔다. 《세가 1》이 나올 때까지만 해도 확인되지 않았던 현장들이 속속 확인되었다. 정보의 공개가 상상을 초월할 정도로 빠르게 진행되고 있기 때문이다. 심지어 전에는 없던 현장들까지 등장(?)하고 있을 정도다. 이를 일일이 다 확인하기란 물리적으로도 경제적으로도 불가능하다. 안타깝지만 나의 역량 안에서 최선을 다했을 뿐이다. 대신 주석을 통해 확인된 정보들을 최대한 제시해두었다. 기록으로 남은 역사는 그것이 아무리 하찮은 것이라 해도 후대의 눈과 관심에 따라 명암을 달리하기 일쑤다. 당장은 금세 눈에 띄고 많은 분량을 차지하는 인물과 사건들이 주목을 받고 있고 또 앞으로도 그러하겠지만 사마천의 《사기》는 그런 통념과 선입견을 수시로 깬다. 이런 점에서 나는 사마천과 《사기》로부터 평생 받을 선물을 넘치도록 다 받은 사람이다. 그 선물 보따리를 다 풀지 못하는 역량의 한계를 탓할 수밖에 없을 정도로.

알마 출판사에 미안할 따름이다. 5년 정도면 끝날 것이라고 큰소리치고 시작한 작업이 절반도 끝내지 못했는데 벌써 7년이 지났다. 유구무언이고, 나의 능력이 그 정도라고 자인할 수밖에 없다. 작은 기적을 간절히 바라면서 작업을 좀 더 서두르겠다는 다짐으로 춘추전국 550년의 여정을 마무리한다. 다음 《세가 3》은 공자의 일대기인 제47 〈공자세가〉로부터 '세가'의 마지막 편인 제60 〈삼왕세가〉까지 '세가' 전체가 마무리된다. 오랫동안 《세가 2》를 기다려준 독자들에게 감사와 미안함의 심경을 함께 전한다.

아울러 이번 《세가 2》부터 책의 체제에 적지 않은 변화를 주었다. 크게 보자면 《사기》 본문의 번역 부분과 그것의 이해를 돕는 사전 지식 그리고 사후의 파일링 내용을 구분해 콤팩트하게 구성했으며, 한자어의 혼동과

오해를 피하기 위해 필요한 곳에 한자를 병기했다. 모쪼록 독자들의 쉽고
도 깊이 있는 독서를 바란다.

새로운 시대에 대한 희망과 함께

옮긴이 김영수

권39 진세가
진晉나라의 기록

◉

말이란 사람 몸을 꾸미는 것입니다.

몸을 숨기려 하는데 꾸며서 뭣하겠습니까?

꾸민다는 것은 일신의 영달을 추구하는 것입니다.

-개자추

言身之文也(언신지문야)

身欲隱 安用文之(신욕은안용문지)

文之是求顯也(문지시구현야)

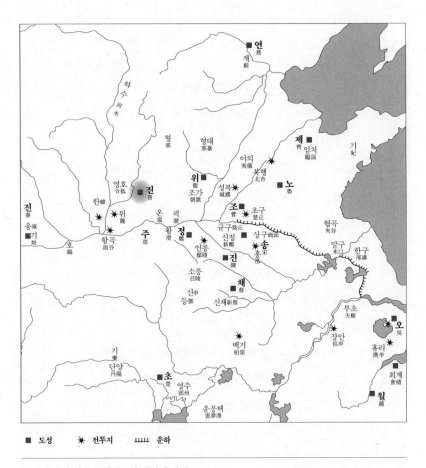

■ 도성　**✳** 전투지　ш 운하

◉ 춘추시대 제후국 형세도와 진나라 위치.

독서의 기술

천하통일의 토대가 된 740년 치열한 드라마

〈진세가〉는 당숙우唐叔虞부터 38대 총 약 740년의 역사를 기술하되, 끝에 가서는 한韓 · 조趙 · 위魏 세 나라로 쪼개져 소멸하는 과정을 매우 박진감 넘치게 기술한 세가 편이다. 〈진세가〉는 진나라의 대외활동과 내부 분열이라는 두 개의 큰 축을 중심으로 전개된다. 내부 분열은 문공文公 이전의 골육상잔과 평공 이전의 공족公族과 경족卿族 사이의 거듭되는 권력쟁탈 및 꼭두각시로 전락한 공실을 두고 경족들 사이에 벌어진 권력쟁탈을 말한다. 특히 평공 이후 경족들 간의 권력쟁탈은 '6경'에서 '4경'으로, 다시 '삼가분진三家分晉'으로 이어지면서 치열하게 전개된다.

〈진세가〉는 19년 망명 끝에 국군國君의 자리에 오른 문공 중이重耳의 행적이 축을 이룬다. 분량만 보더라도 3분의 1을 차지할 정도로 그 비중이 절대적이다. 객관적으로는 《좌전》과 《국어》에 문공 관련 사적이 많이 실려 있어 자료가 풍부하기 때문이다. 물론 여기에는 춘추시대 가장 빛나는 공업功業을 남긴 패주이자 가장 성공한 정치가인 문공을 돋보이게 하려는 사마천의 의도가 내포되어 있다.

19년 망명 끝에 국군의 자리에 오른 문공의 인생역정은 진나라 내부 정쟁의 한 단면이자 당시 국제 관계의 모습을 잘 반영한다. 따라서 문공의 망명과정을 꼼꼼히 따라가다 보면 춘추시대 초기 상황이 상당히 입체적으로 그려진다. 또한 불굴의 의지로 갖은 역경을 극복하고 끝내 패주로 올라선 문공의 인간 승리는 그 자체로 리더십 연구의 전범이다.

역사학자 범문란范文瀾은《중국통사간편中國通史簡編》에서 "진나라 경내에서는 융적戎狄이 잇따라 소멸되었고, 동성同姓과 이성異姓의 나라들이 20여 개나 사라졌다. 이로써 진나라는 춘추 시기 초나라와 함께 최대 강국으로 부상했다. 대외적으로는 동방의 제나라는 진을, 서방의 진秦은 초를 도움으로써 대체로 진·초가 대등한 관계를 유지했다. 이웃나라의 병력을 빌려 상대를 공격할 경우 진은 오를 도와 초를, 초는 월을 도움으로써 오·월 두 나라의 흥기까지 가세하여 쟁패 전쟁을 더욱 확대시켰다. 이는 또 화하華夏 문화의 지평을 황하에서 장강 유역으로 넓히는 작용을 했다"라고 하여 진나라의 역사적 역할을 강조했다. 또 화하의 강적이었던 서방의 융적을 많이 소멸시키는 한편 위강魏絳의 계책을 받아들여 여러 융과 강화해 물질로 땅을 교환함으로써 가장 큰 이익을 얻은 점도 지적했는데, 이는 주변 소수민족들을 융합하는 데 발휘한 진나라의 역할을 강조한 것이다.

범문란의 이 같은 지적은 남방의 강국 초나라가 장강 주변의 여러 나라들을 복속시킨 것과 같은 맥락에서 이해할 수 있다. 즉 북방의 강국 진나라와 남방의 강국 초나라가 각각 주변 지역을 정치·군사·문화적으로 통합하는 역사적 역할을 수행함으로써 훗날 진秦이 천하를 통일하는 물질적 문화적 토대를 마련했다는 것이다.

기술 의도에 따른 네 단락 구성

〈진세가〉는 사마천의 기술 의도를 따르자면 크게 네 단락으로 나누어볼 수 있다. 첫 단락은 서주 초기 숙우를 당에 봉한 이후 문후文侯에 이르기까지 진나라가 서서히 두각을 나타내는 내용이다. 두 번째 단락은 소후昭侯가 동생 성사成師를 봉하여 곡옥曲沃 무공武公이 진을 대신하기까지 정권이 거듭 교체되는 내용을 기술한다. 세 번째 단락은 헌공獻公이 여희驪姬를 총애하면서부터 벌어진 사건을 시작으로 문공이 천하의 패주가 되기까지의 과정을 다루고 있는데, 3대에 걸친 내란이 수습되고 문공이 패업을 완성하는 내용이다. 네 번째 단락은 다시 두 부분으로 세분할 수 있다. 첫째는 양공, 영공, 성공, 경공, 여공에 이르기까지의 사적으로 진나라의 패업이 이어졌다 끊어지기를 반복한 시기이고, 둘째는 도공이 다시 패업을 회복한 이후 점점 쇠퇴하여 6경 세력이 권력을 독점하면서 급기야 세 가문이 진나라를 쪼개어 나누는 '삼가분진三家分晉'까지이다.

　이 책에서는 사마천의 이 같은 의도를 받아들이되 네 번째 단락을 두 부분으로 세분하고, 여기에 사마천 논평을 합쳐 모두 여섯 단락으로 나누었다. 다만, 진의 건국과 곡옥 무공까지를 한 단락으로 합치고, 헌공 이후 진 문공의 칭패까지를 둘로 나누었다. 문공의 사적이 전체의 절반 가까이를 차지하고 있는 데다가, 문공의 망명 과정과 칭패의 내용이 별도로 안배되어 있기 때문이다. 정리하면 다음과 같다.

〈진세가〉 기록의 토대가 된 《좌전》은 유가 경전의 하나이긴 하지만 그 사상은 공자와 사뭇 다르다. 공자는 국군에 대한 시해와 반란 등을 반대했지만 《좌전》은 공경 귀족들의 입장을 지지하는 입장이다. 사마천은 《좌전》의 관점을 취했다. 예컨대 진 문공에 대해 공자는 속임수에 능한 바르지 못한 인물로 평가했다. 하지만 사마천은 시기 파악을 잘하고 유능한 인재를 잘 거느려 단기간에 진나라를 최고봉에 올려놓음으로써 이후 80년 넘게 진나라가 패주로 행세하게 한 점을 높이 평가했다. 사마천은 틀에 박힌 공자의 관점을 고수하지 않음으로써 유가의 울타리를 깨고 참신하고 실제적인 사상의 경지를 보여준다.

사마천의 사상과 풍자가 편재

〈진세가〉에 반영된 사마천의 사상적인 면을 몇 가지 더 살펴보고자 한다.

첫째, 헌공이 여희에게 빠져 태자 신생申生을 죽이고 공자들을 내친 사건을 두고 사마천은 '5대에 걸쳐 난리가 났다'는 말로 질책하고 있는데, 이는 적자계승 원칙을 옹호하는 사마천의 일관된 사상을 드러낸다.

둘째, 논공행상에서 배제되어 면산으로 숨는 개자추介子推 일화를 통해 대업을 성취한 후 얼굴을 바꾸는 통치자의 이중적 모습을 풍자하고 비판한다. 이는 '토사구팽兎死狗烹'으로 대변되는 〈월왕구천세가〉를 비롯하여 한나라 개국공신들인 한신韓信·영포英布·팽월彭越 등의 처지에 공감하고 울분을 터뜨리는 사마천의 심경과 일치한다.

셋째, 진 문공 중이의 인생역정을 특별히 강조하면서 사마천은 문공이 귀국 후 국군의 자리에 오른 다음 자신에게 모욕을 주거나 업신여긴 나라들에 하나하나 그에 맞는 보복을 가하는 사적을 빼놓지 않고 기록했다. 이는 이른바 사마천의 문화 복수심리와 부합한다고 볼 수 있다.

넷째, 문공 중이가 숱한 고난을 극복하고 성공하는 스토리는 그 자체로 사마천의 인생철학을 나타내는 것이기도 하다. 운명에 고개 숙이지 않고 역경에 과감하게 맞서는 문공의 행적 뒤로 사마천의 인생사가 겹쳐져 보인다.

다섯째, 전편을 통해 사마천의 도덕적 이상이 잘 표현되었다. 혜공의 배신과 식언에 대한 비판, 무례한 제후국들에 대한 문공의 토벌, '퇴피삼사退避三舍'로 대변되는 문공의 신의, 원칙론에 입각하여 진진이 아닌 호언狐偃에게 1등상을 내린 논공행상 등등은 모두 사마천의 도덕적 이상의 반영이다.

여섯째, 춘추 중기 천자와 제후 지위의 미묘한 변화와 천자를 끼고 제후를 호령하려고 한 문공의 의도 등 천자의 위신 추락을 일부러 기피한 《춘추春秋》의 필법을 대놓고 무시하지 않으면서도 그런 사실에 기대어 은근히 드러냈다.

일곱째, 이런 《춘추》 필법의 태도를 계승한 사례는 권신 조돈趙盾 등의 국군 시해를 있는 그대로 기록한 태사 동호童狐의 직필直筆 정신과도 맥락을 같이한다. 이는 또 제나라 태사의 '최저시기군崔杼弑其君' 직필 태도에서

도 잘 드러난다.

여덟째, 기해祁傒의 인재 추천 사례는 사심 없는 인재 추천이 얼마나 중요한가를 잘 보여준다. 즉 그 사람이 진정 인재라면 '외부에서 인재를 추천하되 원수라 해서 피하지 않는다'는 '외거불피구外擧不避仇'와 '내부에서 인재를 추천하되 친인척이라 해서 피하지 않는다'는 '내거불피친內擧不避親'의 '공천하公天下' 사상이 집중적으로 체현된 대목이다.

아홉째, 사마천은 논평에서 "국군이 신하를 부리는 일이 참으로 쉽지 않구나"라는 말로 신하에 대한 군주의 자세를 거듭 강조한다. 즉 통치의 본질을 군주의 리더십에서 찾은 것이다. 사마천이 본 편 곳곳에서 국군과 신하가 어떤 관계를 유지하느냐에 따라 나라의 안정과 혼란이 반복되고 있음을 분명히 드러낸 것은 국군의 리더십이 얼마나 중요한가를 인식했기 때문이다.

이 밖에 '가도벌괵假道伐虢' 고사는 순망치한脣亡齒寒의 이치를, 이제履鞮가 문공을 구한 사례는 군주를 위해 충정을 다하고 아랫사람을 너그럽게 대하면 실패할 수 없다는 이치임을 밝힌다. 이와 함께 조돈趙盾을 위해 자기 목숨을 버린 의로운 지사에 대한 칭송 등은 사마천 사상과 관련하여 눈여겨볼 만한 대목들이다.

독창적인 해석과 기술이 반짝이는 명편

끝으로 한 가지 지적할 사항이 있다. 기원전 546년은 대단히 중요한 한 해이다. 춘추 시기를 전후로 나누는 해이기 때문이다. 이해에 패권을 다투던 진·초 두 나라가 송나라에서 '전쟁을 멈추자'는 '미병弭兵대회'를 열었다. 이 대회 이전까지 열국의 형세는 주로 제후들끼리의 겸병이었고, 그다음이 대부들끼리의 겸병이었지만, 대회 이후 형세는 상황이 뒤바뀌었다. 이는 미병대회가 춘추 시기 제후의 겸병에서 대부의 겸병으로 넘어가는 관건임을 의미한다. 그런데 본 편은 물론 《사기》에는 무슨 이유에서인지 기원전 546년 미병대회 사건에 대한 기술이 빠져 있다. 사마천의 부주의인지 아니면 다른 연유가 있는지 알 수 없다.

《사기》 130편 중에서 〈진세가〉는 분량 면에서 〈진시황본기〉 다음으로 많다. 하지만 〈진시황본기〉에는 가의의 '과진론'과 반고의 '진기론'이 딸려 있어, 이를 빼고 본문만 따진다면 〈진세가〉가 가장 길다. 이는 약 20만 자에 이르는 춘추시대사인 《좌전左傳》 기록 중 진나라가 차지하는 비중이 4분의 1 이상이란 점을 감안할 필요가 있다. 혹자는 이 때문에 《좌전》을 진나라 사람 아니면 진나라에서 갈라져 나온 위나라 또는 조나라 사람이 편찬한 것으로 의심하기도 한다.

사마천은 이런 조건하에서 《좌전》의 진나라 부분을 대폭 줄이고 잘라냄으로써 《좌전》에 비해 한결 간결하게 만들었다. 그 결과 여희가 신생을 해치는 대목 등은 《좌전》에 비해 더욱 세밀하고 생동감 넘치게 재구성했다는 평이다. 대부분의 사료를 《좌전》에서 취하면서도 압축과 생생한 묘사를 통해 자연스럽게 사마천 자신의 사상을 그 안에 녹여낸 명편의 하나로 꼽을 수 있겠다.

배경 사건 스토리텔링

〈진세가〉는 시조 당숙우부터 38대 총 약 740년의 역사를 기술하되, 끝에 가서는 한·조·위 세 나라로 쪼개져 소멸하는 역사이다. 그 주요 사건을 개괄해보면 대외활동과 내부 분열이라는 두 개의 큰 축을 중심으로 전개된다.

● 진나라 시조인 당숙우의 사당 안에 조성되어 있는 당숙우 상. 산서성 태원시太原市 진사晉祠에 있다.

진나라는 주 성왕 때 숙우가 당에 봉해짐으로써 나라가 시작되었다. 기원전 802년 목후 때 사복은 목후의 아들들 이름(태자 구와 작은아들 성사)에서 진나라 분열을 예견했는데, 목후가 죽은 뒤 태자가 아닌 동생 상숙이 자립하고 이어 태자 구가 상숙을 내치고 문후로 즉위하는 내란이 발생했다.

이후 기원전 745년 소후는 목후의 작은아들이자 문후의 동생인 성사를 곡옥에 봉하고 환숙으로 불렀는데, 이로써 곡옥이 도읍인 익을 압도하는 현상이 시작되었다. 이후 곡옥은 끊임없이 중앙을 넘보았고, 결국 네 차례에 걸친 국군 시해를 거쳐 곡옥 무공에 이르러 진을 멸망시키고 완전히 진나라 권력을 장악하여 진 무공이 되었다(기원전 678년).

기원전 676년 무공을 이은 헌공은 여융을 정벌한 뒤 여희와 그 여동생을 얻어 총애했다. 여희와의 사이에서 아들 해제가 태어나면서 계승을 둘러싼 치열한 암투가 전개되었고, 그 결과 태자 신생은 자살하고 중이와 이오 등 다른 공자들은 해외로 망명했다. 이후 중이가 망명 약 20년 만에 돌아와 국군의 자리에 오르기까지 3대에 걸친 정쟁이 이어진다.

헌공은 후계자 계승에서 실수를 하긴 했지만 대외적으로는 큰 성과를 거두었다. 여융을 정벌한 것을 필두로 곽·우·위·경 등을 복속시킨 것이다. 한편 공자 중이는 두 차례의 암살 위기를 겪은 뒤 기원전 655년 외가가 있는 적으로 도망치면서 긴 망명길에 오른다.

진나라 내부는 헌공의 죽음(기원전 651년)을 계기로 여희의 아들을 옹립하려는 파와 망명해 있는 다른 공자들을 추대하려는 세력으로 나뉘어 다툼이 벌어졌다. 이극 등이 해제와 해제의 배다른 동생 도자를 죽이고 공자 이오를 맞이하여 옹립하는 것으로 끝이 난다. 이가 혜공이다. 이 과정에서 서방 진秦나라는 이오를 호송하는 등 진나라 내정에 개입하기 시작한다.

이극 등의 도움으로 국군이 된 혜공은 즉위 후 이극을 자살하게 하는 등 귀족세력들과 대립을 자초했다. 또 자신의 즉위를 도운 진秦나라에 대해 주기로 했던 땅을 주지 않는가 하면 식량 원조에 대한 보답을 무시하는 등 대외적으로 마찰을 일으켰다. 이에 진秦 목공은 진나라를 공격하여 혜공을 사로잡아 맹서를 받고 돌려보내는 사건이 일어난다.

기원전 637년 혜공이 죽고 태자 어가 회공으로 즉위했다. 어는 진秦에 인질로 있다가 도망쳐 나와 원한을 샀는데, 진秦과 공자 중이의 귀국이 두려워 중이를 따르는 신하들 집안에 박해를 가했다. 이에 진秦 목공은 군사를 내어 중이를 호송하여 진나라로 귀국시키는 한편 진나라 내부에서도 중이를 지지하는 세력들이 이에 호응하니 마침내 중이가 문공으로 즉위하게 된다.

문공의 망명생활은 8개 국을 19년 동안 떠도는 험난한 여정이었다. 이 과정에서 문공은 굶주림과 멸시 등 갖은 고초를 겪었으나 강인한 의지와 망명을 함께 수행한 뛰어난 인재들 그리고 국제적인 지원에 힘입어 마침내 국군 자리에 오를 수 있었다. 문공을 수행한 인재들은 위기 때마다 적절한 충고와 대책을 마련하여 문공을 도왔다.

즉위 후 문공은 내부 반란 등으로 위기를 맞았으나 진秦의 도움 등으로 극복하고 안정을 되찾았다. 문공은 뛰어난 정치력을 발휘하여 백성들을 안정시키고 자신의 즉위에 공을 세운 인재들에게 적절한 논공행상을 내리면서 권력 기반을 다져나갔다. 그러나 논공행상을 놓고 소소한 잡음도 있었으며, 개자추는 이런 상황을 부끄럽게 여겨 면산綿山으로 몸을 숨겼다. (산서성의 명산으로 이름난 면산에는 개자추와 관련한 많은 설화와 관련 유적들이 곳곳에 남아 있다.)

문공은 주 왕실의 정변에 개입하여 사태를 수습하고(기원전 635년 전후), 기원전 632년에는 초나라 군대를 성복에서 대치하여 물리침으로써 패주로서 위치를 확보하기에 이르렀다.

문공 이후 진나라 패업은 쇠퇴 일로를 걸었다. 양공은 진秦나라와의 전투에서 한때 승리를 거두었으나 결국 패했고(기원전 624년), 양공이 죽은 뒤에는 후계자 계승을 두고 심한 내분을 겪기도 했다. 권신 조돈 등이 태자 이고를 옹립하여 영공으로 즉위시켰으나 영공은 장성하면서 포악한 정치를 일삼았고, 이로써 신하들과 격한 갈등을 겪었다. 영공은 권신 조돈을 암살하려 하다가 조돈의 동생 조천에 의해 피살되고, 망명하려던 조돈이 되돌아와 국정을 주도하게 된다. 이 일을 두고 사관 동호는 조돈이 영공을 시해했다고 기록하는 직필 정신을 남겼다.

기원전 607년 조돈과 조천의 추대로 성공이 즉위했다. 성공 이후 진은 문공이 다져놓은 국력에 힘입어 국제무대에서 강국으로서 면모를 여전히 과시할 수 있었으나 공실과 조씨를 비롯한 귀족 집안과의 갈등은 계속되

- (위) 춘추시대 강대국 진晉의 옛 도읍지인 산서성 강현絳縣의 진도고지晉都故地 패방.
- (아래) 진나라는 전국시대에 들어와 한, 조, 위 3국으로 분할되었다. 사진은 전국시대 토성 유적으로 진의 영토였던 산서성 태원시에 남아 있다.

권39 진세가

었다.

여공은 언릉에서 초나라를 물리치는 등 그 위세를 뽐냈으나 문란한 생활과 측근들을 많이 죽이는 횡포를 일삼다가 결국 난서와 중항언 등의 습격을 받아 죽는다(기원전 574년).

여공을 이어 즉위한 도공은 뛰어난 인재 기용책 등으로 내정을 다졌으나 평공 이후 소공에 이르러 6경 세력에 압도당하면서 쇠퇴하기 시작했다. 이 무렵 오나라 중신 계찰과 제나라 재상 안영은 진나라에 사신으로 왔다가 진나라 상황을 목격하고 진나라 분열을 예언하기도 했다.

기원전 526년 경공의 즉위를 기점으로 조문자, 한선자, 위헌자를 대표로 하는 6경 세력들이 공실을 압도했고, 특히 지백은 이 세 집안과 함께 범씨와 중항씨의 땅을 나누어 가짐으로써 가장 큰 세력으로 부상했다.

기원전 452년 조양자, 한강자, 위환자가 지백을 죽이고 그 땅을 나누었고, 이름만 남은 진의 국군 유공은 거꾸로 이 세 집안에 인사를 올려야 하는 신세가 된다.

기원전 423년 독립 제후국이 된 것이나 마찬가지였던 위魏에서 문후文侯가 즉위함으로써 진나라는 껍데기만 남게 된 데 이어, 기원전 403년(열공 19년) 주나라 천자 위열왕이 한·조·위를 제후국으로 인정하기에 이른다. 역사에서는 이 사건을 '삼가분진三家分晉'이라 부르며, 본격적인 전국 7웅(한, 조, 위와 서방 진, 북방 연, 동방 제, 남방 초의 일곱 나라를 말한다)의 경쟁시대로 인정한다.

명맥만 유지하던 진나라 공실은 기원전 376년(정공 2년) 위 무후, 한 애후, 조 경후에 의해 멸망당하고 땅은 세 나라에게 분할되었다. 이후 역사는 〈한세가〉 〈위세가〉 〈조세가〉로 이어진다.

● 진나라 세계표

국군	계승관계	재위(재위기간) / 주요 사건
당숙우唐叔虞	주 무왕의 아들	주 성왕의 동생
진후晉侯 섭 燮	당숙우의 아들	
무후武侯 영족寧足	진후의 아들	
성후成侯 복인服人	무후의 아들	
여후厲侯 복福	성후의 아들	
정후靖侯 의구宜臼	여후의 아들	858~841(18)
이후釐侯 사도司徒	정후의 아들	840~823(18)
헌후獻侯 적籍	이후의 아들	822~812(11)
목후穆侯 비왕費王	헌후의 아들	811~785(27)
상숙殤叔	목후의 동생	784~781(4) / 축출
문후文侯 구仇	목후의 아들	780~746(35)
소후昭侯 백伯	문후의 아들	745~739(7) / 분열, 피살
효후孝侯 평平	문후의 아들	738~724(15) / 피살
악후鄂侯 극郤	효후의 아들	723~718(6) / 축출
애후哀侯 광光	악후의 아들	717~709(9) / 피살
소자후小子侯	애후의 아들	708~705(4) / 피살
진후晉侯 민緡	애후의 동생	704~679(16) / 진 무공(곡옥 무공)에 멸망
진晉 무공武公 칭稱	목후의 증손	678~677(2)
헌공獻公 궤저詭諸	무공의 아들	676~651(26)
혜공惠公 이오夷吾	헌공의 아들	650~637(14)
회공懷公 어圉	혜공의 아들	636(1) / 피살
문공文公 중이重耳	헌공의 아들	635~628(8)
양공襄公 환歡	문공의 아들	627~621(7)
영공靈公 이고夷皋	양공의 아들	620~607(14) / 피살
성공成公 흑둔黑臀	문공의 막내아들	606~600(7)
경공景公 거据	성공의 아들	599~581(19) / 585년 신전新田으로 천도
여공厲公 수만壽曼	경공의 아들	580~573(8) / 피살
도공悼公 주周	양공의 증손	572~558(15)

평공平公 표표彪	도공의 아들	557~532(26)
소공昭公 이이夷	평공의 아들	531~526(6)
경공頃公 거질去疾	소공의 아들	525~512(14)
정공定公 오오午	경공의 아들	511~475(37)
출공出公 착착鑿	정공의 아들	474~458(17) / 피살
애공哀公 교교驕	소공의 증손	457~440(18)
유공幽公 유유柳	애공의 아들	439~422(18) / 피살
열공烈公 지지止	유공의 아들	421~393(29)
효공孝公 기기頎	열공의 아들	392~378(17)
정공靜公 구주俱酒	효공의 아들	377~376(2) / 삼가분진으로 멸망

- 진나라는 주 성왕 때 당숙우가 제후로 봉해져 정공 구주까지 모두 38국군 약 740년 동안 존속했다.
- 진나라는 기원전 376년 정공 구주 때 한韓·조趙·위魏 세 개의 나라로 나누어짐으로써 멸망했다. 역사에는 이를 삼가분진이라 한다. (삼가분진의 연도에 대해서는 설이 많은데 대체로 기원전 403년으로 본다.)
- 헌공 이후 기원전 651년 해제奚齊와 탁자卓子가 각각 두 달 정도 즉위했다가 모두 피살되어 일반적으로 이들은 계보에 포함시키지 않는다.
- 제33대 출공 이후의 계보와 진의 멸망 연도에 대해서는 설이 분분하다.
- 모든 연대는 기원전이다.

●

무왕이 세상을 떠나고, 그 아들 숙우는 당에 도읍을 정했다.

진 목공이 아들 이름을 잘못 지은 것에 말들이 많았고,

이 때문에 난이 일어나 과연 무공이 진을 멸망시켰다.

헌공이 여희에게 홀리니 진은 5대에 걸쳐 혼란스러웠다.

진 문공 중이가 처음에는 뜻을 얻지 못했으나 결국에는 패업을 이루었다.

육경이 권력을 좌우하니 진나라의 국력이 소모되었다.

문공이 천자로부터 패자를 위한 예물을 받은 일을 칭송하여

제9 〈진세가〉를 지었다.

권130 〈태사공자서〉

일러두기

• 〈진세가〉는 진晉나라의 역사를 기록하고 있다.

• 〈진세가〉에 등장하는 진나라는 진晉과 진秦, 진陳 셋이고, 조나라는 조趙와 조曹 둘이고, 위나라는 위魏와 위衛 둘이다. 이를 구분하기 위해 나올 때마다 한자병기를 하되 연달아 나올 때는 한자병기를 생략했다. 〈진세가〉의 주역인 진晉은 대부분 한자병기를 하지 않았다.

1
진의 건국과 분열 그리고 곡옥 무공의 통일

◉

진 당숙우唐叔虞는 주周 무왕武王의 아들이요 성왕成王의 동생이다. 일찍이 무왕이 숙우의 어머니와 결합할 때 꿈에 천신이 무왕에게 "내가 너에게 아들 하나를 낳게 할 터이니 이름을 우라 하라. 내가 당唐을 그에게 줄 것이다"라 했다. 무왕이 아들을 낳았는데 그 손에 '우虞'라는 무늬가 있었고, 그래서 이름을 우라 했다.

무왕이 죽고 성왕이 섰으나 당에 난이 일어나 주공周公이 당을 멸망시켰다. 성왕이 숙우와 놀다가 오동나무 잎으로 규를 만들어[1] 숙우에게 주면서 "이것으로 너를 봉하노라"라 했다. 사일史佚[2]이 이 일로 날을 잡아 숙우를 제후로 세우라고 청했다. 성왕은 "내가 그와 장난을 쳤을 뿐이다"라고

---

1 동엽위규桐葉爲珪. '규'는 옥으로 만든 예기로서 신분의 상징물이라 할 수 있다. 성왕이 동생 숙우에게 오동나무 잎을 주면서 제후로 봉하겠노라 한 고사에서 '동엽봉제桐葉封弟'라는 성어가 비롯되었다.
2 흔히 사람 이름으로 보지만 기록을 담당한 사관일 것으로 추정된다. 《여씨춘추》 〈중언重言〉에는 '주공周公'으로 나온다.

했다. 사일은 "천자에게는 농담이 없습니다.[3] 말씀하시면 사관이 기록하고 예로 이루어지며 음악으로 노래하는 것입니다"라고 했다. 이에 결국 숙우를 당에 봉했다. 당은 황하와 분하汾河 동쪽의 사방 100리의 땅이다. 이로써 당숙우라 불렸는데, 성은 희姬요 자는 자우子于이다.

당숙의 아들 섭燮이 진후晉侯이다.

진후의 아들 영족寧族이 무후武侯이다.

무후의 아들 복인服人이 성후成侯이다.

성후의 아들 복福이 여후厲侯이다.

여후의 아들 의구宜臼가 정후靖侯이다. 정후부터는 연대를 추산할 수 있으나 당숙우부터 정후에 이르는 5대는 그 연대가 없다.

정후 17년(기원전 842년), 주周 여왕厲王이 어리석고 포학하여 국인이 난을 일으키니 여왕은 체彘로 도망쳤다. 대신들이 정치를 대행했으므로 '공화共和'라 불렀다.

18년(기원전 841년), 정후가 죽고 아들 희후釐侯 사도司徒가 섰다.

희후 14년(기원전 827년), 주周 선왕宣王이 즉위했다.

18년(기원전 823년), 희후가 죽고 아들 헌후獻侯 적籍이 섰다.

헌후는 11년(기원전 812년)에 죽고 아들 목후穆侯 비왕費王이 이었다.

목후 4년(기원전 808년), 제齊의 여자 강씨姜氏를 부인으로 삼았다.

7년(기원전 805년), 조條를 정벌했다. 태자 구仇가 태어났다.

10년(기원전 802년), 천무千畝를 정벌하여 공을 세웠다. 작은아들을 얻

---

3 천자무희언天子無戱言. 천자의 일거수일투족은 모두 통치와 관계되므로 장난이나 농담이 있을 수 없다. 따라서 장난이나 농으로 한 말도 지켜야 한다는 뜻이다.

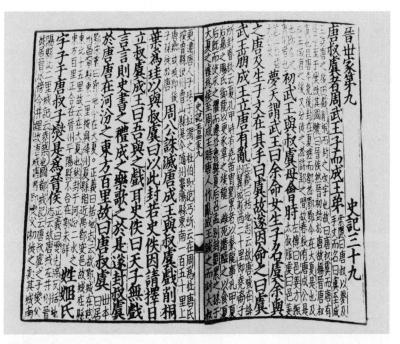

● 성왕이 어릴 적 '오동나무 잎으로 규珪를 만들어 동생 숙우를 봉했다'는 '동엽봉제桐葉封弟'를 기록하고 있는 〈진세가〉의 해당 부분. 산서성박물관 내에 전시된 송나라 때 판본이다.

어 성사成師라 이름을 지었다. 진 사람 사복師服이 "이상하구나, 국군의 아들 이름이! 태자는 구라 했는데, 구란 원수가 아닌가. 작은아들은 성사라 했는데, 성사란 큰 이름인 데다 무엇을 이룬다는 것 아닌가. 이름은 나름의 운명이 있고, 사물은 나름의 정해진 질서가 있거늘[4] 지금 적자와 서자의 이름이 뒤바뀌었으니 이것이 훗날 진을 혼란에 빠뜨리지 않겠는가"라

---

4 명자명야名自命也, 물자정야物自定也. 이에 대한 해석은 분분하나, 이름이 운명을 결정지을 수도 있으니 신중하게 지어야 한다는 의미이다.

- (위) 최근 고고학 자료는 진나라 역사의 새로운 면모를 밝혀내고 있다. 사진은 헌후의 무덤으로 추정되는 고묘에서 발굴된 마차갱. 상주 시기 최대 규모이다.
- (아래) '곡옥대익曲沃大翼'을 나타낸 석조 조각. 소후 때 오면 곡옥의 성읍이 도성 익성보다 커졌다는 표현으로 곡옥 환숙의 세력을 묘사한다. 산서성 후마侯馬 진국고도박물관晉國古都博物館 광장에 있다.

했다.

27년(기원전 785년), 목후가 죽고 동생 상숙殤叔이 자립하니 태자 구는 도 망쳤다.

상숙 3년(기원전 782년), 주 선왕이 세상을 떠났다.

4년(기원전 781년), 목후의 태자 구가 그의 무리를 이끌고 상숙을 습격하 여 자리에 오르니 이가 문후文侯이다.

문후 10년(기원전 771년), 주 유왕幽王이 무도하여 견융이 유왕을 죽이자 주 는 동쪽으로 옮겼다. 그리고 진秦 양공襄公이 처음으로 제후 반열에 올랐다.

35년(기원전 746년), 문후가 죽고 아들 소후昭侯 백伯이 들어섰다.

소후 원년(기원전 745년), 문후의 동생 성사를 곡옥曲沃에 봉했다. 곡옥의 성읍이 익성翼城보다 커졌다. 익은 진 국군의 도읍이다. 성사는 곡옥에 봉 해져 환숙桓叔으로 불렸다. 정후의 서손 난빈欒賓이 환숙의 재상이 되었다. 환숙은 이때 쉰여덟이었는데, 덕을 즐겨 베푸니 진나라 사람들이 모두 그 를 따랐다. 군자가 "진의 난은 곡옥에 있다. 가지가 줄기보다 크고[5] 민심을 얻었으니 어찌 난이 없을쏘냐"라 했다.

7년(기원전 739년), 진의 대신 반보潘父가 그 국군 소후를 시해하고 곡옥 환숙을 맞이했다. 환숙이 진으로 들어가려 했으나 진 사람들이 군대를 일 으켜 환숙을 공격했다. 환숙이 패하여 다시 곡옥으로 돌아갔다. 진 사람들 이 함께 소후의 아들 평平을 국군으로 세우니 이가 효후孝侯이다. 이어 반 보를 죽였다.

---

5 말대우본末大于本. '말'은 가지나 잎사귀를 말하고, '본'은 줄기나 뿌리를 말한다. 국군의 도읍인 익翼보다 그 인척이 봉해진 곡옥曲沃의 세력이 커질 것을 염려한 것이다.

효후 8년(기원전 732년), 곡옥 환숙이 죽고 아들 선鮮이 환숙을 대신하니 이가 곡옥 장백莊伯이다.

효후 15년(기원전 725년), 곡옥 장백이 국군 효후를 익성에서 시해했다. 진 사람들이 곡옥 장백을 공격하자 장백은 다시 곡옥으로 들어갔다. 진 사람들은 다시 효후의 아들 극郤을 국군으로 세우니 이가 악후鄂侯이다.

악후 2년(기원전 722년), 노魯 은공隱公이 새로 즉위했다.

악후는 6년(기원전 718년)에 죽었다. 곡옥 장백은 진 악후가 죽었다는 소식을 듣고는 바로 병사를 일으켜 진을 정벌했다. 주 평왕이 괵공虢公에게 군사를 이끌고 곡옥 장백을 토벌하게 하니 장백은 달아나 곡옥을 지켰다. 진 사람들이 함께 악후의 아들 광光을 세우니 이가 애후哀侯이다.

애후 2년(기원전 716년), 곡옥 장백이 죽고 그 아들 칭稱이 뒤를 이으니 이가 곡옥 무공武公이다.

애후 6년(기원전 712년), 노가 그 국군 은공을 시해했다.

애후 8년(기원전 710년), 진이 형정陘廷을 침공했다. 형정은 곡옥 무공과 모의하여 9년 분하汾河 근처에서 진을 공격하여 애후를 사로잡았다. 진 사람들이 바로 애후의 아들 소자小子를 국군으로 옹립하니 이가 소자 후侯이다.

소자 원년(기원전 709년), 곡옥 무공이 한만韓萬을 시켜 포로로 잡힌 애후를 죽였다. 곡옥이 더 강해졌고, 진은 어찌 할 수가 없었다.

소자 4년(기원전 706년), 곡옥 무공이 진 소자를 유인하여 죽였다. 주 환왕桓王이 괵중虢仲을 보내 곡옥 무공을 토벌하자 무공은 곡옥으로 들어갔고, (괵중은) 진 애후의 동생 민緡을 진후晉侯로 세웠다.

진후 민 4년(기원전 703년), 송宋이 정鄭의 대부 제중祭仲을 잡고 돌突을 정의 국군으로 옹립했다.

진후 19년(기원전 688년), 제齊 사람 관지보管至父가 그 국군 양공襄公을 시해했다.

진후 28년(기원전 681년),[6] 제 환공桓公이 처음으로 패자가 되었다. 곡옥 무공이 진후 민을 정벌하여 멸망시키고 그 보물을 모조리 주周 이왕釐王에게 뇌물로 바쳤다. 이왕은 곡옥 무공을 진의 국군으로 삼아 제후 반열에 오르게 했고, (무공은) 진나라 땅 전부를 차지했다.

곡옥 무공은 즉위 37년째 진 무공으로 호칭을 바꾸었다. 진 무공은 비로소 진나라에 도읍을 삼았다. 이전 곡옥의 재위기간까지 모두 38년(기원전 678년)이다.

무공 칭은 이전 진 목후의 증손이며, 곡옥 환숙의 손자이다. 환숙이 처음으로 곡옥에 봉해졌다. 무공은 장백의 아들이다. 환숙이 처음 곡옥에 봉해진 이후 무공에 이르러 진을 멸망시키기까지 모두 67년이 걸려 마침내 진을 대신하여 제후가 된 것이다. 무공이 진을 대신한 지 2년 만에 죽었다. 곡옥에서의 햇수를 합쳐 즉위 총 39년 만에 죽은 것이다. 아들 헌공獻公 궤제詭諸가 들어섰다.

2
헌공 시대 정쟁과 문공의 즉위
◉

헌공 원년(기원전 676년), 주 혜왕惠王의 동생 퇴頹가 혜왕을 공격했다. 혜왕

---

6 진후 28년은 진후 26년, 즉 기원전 681년이 맞는 것으로 고증되었다. 재위 연수는 그대로 두되 연도는 기원전 681년으로 수정했다.

은 도망쳐 나와 정의 역읍櫟邑에 머물렀다.

5년(기원전 674년), (헌공이) 여읍驪戎을 정벌하여 여희驪姬와 여희의 여동생을 얻었는데, 둘 모두를 예뻐했다.

8년(기원전 671년), 대부 사위士蔿가 헌공에게 "예로부터 진은 공자들이 많기 때문에 죽이지 않으면 난이 일어날 것입니다"라고 했다. 이에 사람을 시켜 공자들을 다 죽이게 하고는 취聚에 성을 쌓아 도읍을 삼고 강絳이라 하니 도읍으로서의 강이 시작되었다.

9년(기원전 670년), 진의 공자들이 곽虢으로 망명하니 곽이 이를 구실로 삼아 진을 다시 정벌했으나 이기지 못했다.

10년(기원전 669년), 진이 곽을 정벌하려고 하자 사위가 "그들이 난을 일으킬 때까지 기다리십시오"라 했다.

12년(기원전 667년), 여희가 해제奚齊를 낳았다. 헌공이 태자를 폐위할 생각으로 "곡옥은 우리 선조의 종묘가 있는 곳이고, 포읍蒲邑은 진秦과 가까우며, 굴읍屈邑은 적翟과 가까워 아들들을 그곳에 머물게 하지 않으면 내가 두렵다"라고 했다. 이에 태자 신생申生을 곡옥에, 공자 중이重耳를 포읍에, 공자 이오夷吾를 굴읍에 머물게 했다. 헌공과 여희의 아들 해제는 강에 머물렀다. 진나라는 이로써 태자가 즉위하지 못할 줄 알았다.

태자 신생의 어머니는 제 환공 딸인 제강齊姜이었는데 일찍 죽었다. 신생과 어머니가 같은 여동생은 진秦 목공 부인이 되었다. 중이의 어머니는 적翟의 호씨狐氏 딸이었다. 이오의 어머니는 중이 어머니의 여동생이었다.

헌공은 여덟 아들 중 태자 신생과 중이, 이오가 모두 유능했으나 여희를 얻고 난 뒤로 이 세 아들과 멀어졌다.

16년(기원전 663년), 진 헌공이 2군[7]을 만들어 헌공은 상군을, 태자 신생은 하군을 각각 거느렸다. 조숙趙夙은 수레와 전차를, 필만畢萬은 호위를 담당하여 곽·위·경을 정벌하여 멸망시켰다.[8] 돌아와 태자에게는 곡옥에 성을 쌓게 하고, 조숙과 필만에게는 각각 경과 위 땅을 주고 대부로 삼았다.

사위가 "태자께서는 (국군의 자리에) 오르지 못할 것입니다. 도성을 나누어 받고 경의 자리에 올라갈 데까지 갔으니 어찌 더 오를 수 있겠습니까? 도망가서 죄를 피하는 것이 나을 것입니다. 오 태백처럼 되어 좋은 명성을 남기는 것도 가능하지 않겠습니까"라 했으나 태자는 따르지 않았다.

복언卜偃은 "필만의 후손들이 틀림없이 커질 것이다. 만은 꽉 찬 수이고, 위는 크고 높다는 뜻이다. 이런 위 땅을 상으로 주었으니 하늘이 복을 열어준 것이다. 천자에게는 억에 달하는 백성이 있고, 제후에게는 만민이 있다. 지금 이처럼 큰 뜻으로 상을 내려 수를 가득 채우게 했으니 틀림없이 무리들이 따를 것 아닌가"라 했다.

당초 필만이 진나라에서의 벼슬에 대해 점을 쳤더니 둔괘에서 비괘로 변하는 점괘[9]가 나왔다. 신료는 "길하다. 둔은 견고하고 비는 들어간다는 뜻이니 이보다 더 길한 괘가 어디 있으랴! 그 후손이 반드시 번창할 것이다"라고 점을 쳤다.

17년(기원전 660년), 헌공이 태자 신생에게 동산東山을 정벌하게 했다. 이극里克이 헌공에게 이렇게 간했다.

---

7 진晉나라는 무공 원년에 처음으로 1군을 두었다. 2군은 상군上軍과 하군下軍을 가리킨다. 군은 고대 군대의 최고급 편제 단위로 1만 2,500명을 1군으로 한다.
8 곽霍·위魏·경耿은 모두 오래된 나라들로 곽은 지금의 산서성 곽현 서남, 위는 산서성 예성 북쪽, 경은 산서성 하진현 남쪽 분수 남쪽에 도읍을 두었다. 위魏는 진晉이 한·조·위 셋으로 나누어지기 전 나라 이름이다.
9 둔괘屯卦는 '진震' 아래 '감坎' 위 괘이며, 비괘比卦는 '곤坤' 아래 감坎 위 괘이다.

"태자는 종묘 제사와 사직의 제물을 받들고, 아침저녁으로 국군의 식사를 시중드는 사람입니다. 그래서 '총자'라 합니다. 국군이 행차하면 안에서 지키고, 국군이 안에서 지키면 따릅니다. 따르는 것을 '무군'이라 하고, 지키는 것을 '감국'이라 하는데 예로부터의 제도입니다.[10] 군대를 이끌며 모략을 전담하는 일과 군대를 호령하는 일은 국군과 정경이 꾀하는 것이지 태자의 일이 아닙니다. 군의 통솔은 명령의 통제에 있는데 일마다 지시를 받아야 한다면 위엄을 잃게 될 것이고, 함부로 명령을 내리는 것은 불효입니다. 그래서 국군의 적자는 군대를 통솔하지 않는 것입니다. 국군이 직무 임명의 원칙을 잃어 태자의 군대 통솔도 위엄을 잃는다면 장차 태자를 어찌 쓸 수 있겠습니까?"

헌공은 "과인에게 아들이 몇 있지만 누구를 태자로 세울지 모르겠소"라고 했다. 이극은 대꾸하지 않고 물러나와 태자를 만났다. 태자가 "내가 폐위되겠지요?"라고 묻자, 이극은 "태자께서는 노력하십시오! 군에 명령을 내리되 일을 완수하지 못할까 걱정한다면 폐위될 까닭이 무엇이겠습니까? 자식으로서 불효가 아닐까 걱정하실 일이지 자리를 잇지 못할까 걱정할 것이 아닙니다. 자신을 수양하고 남을 탓하지 않는다면 난을 피할 수 있습니다"라고 했다. 태자가 군대를 이끌자 헌공은 태자에게 좌우 색이 다른 옷을 입고 청동제 패옥을 차게 했다. 이극은 병을 핑계로 태자를 따르지 않았다. 태자가 마침내 동산을 정벌했다.

19년(기원전 658년), 헌공은 "예전 우리 선군이신 장백과 무공께서 진의

---

10 총자冢子, 무군撫軍, 감국監國은 태자의 역할을 말하는 용어들이다. 종묘사직에 대한 큰 제사를 받들기 때문에 총자라 했는데, 총冢은 크다는 뜻이다.

난을 평정하실 때 괵은 늘 진을 도와 우리를 공격했고, 또 진에서 망명한 공자를 숨겨주더니 지금 정말 난을 일으켰다. 토벌하지 않으면 앞으로 자손들에게 근심을 남길 것이다"라 했다. 이에 순식荀息에게 굴읍에서 나는 말을 타고 우虞에게 길을 빌리게 했다. 우가 길을 빌려주자 마침내 괵을 토벌하여[11] 하양河陽에서 괵을 취하고 돌아왔다.

헌공이 사사로이 여희에게 "나는 태자를 폐하고 해제로 그를 대신하고 싶다"라고 했다. 여희가 울면서 "태자의 계승은 제후들이 다 알고 있고, 여러 차례 군대를 통솔하여 백성들이 태자를 따르는데 천첩 때문에 어떻게 적자를 폐하고 서자를 세운단 말씀입니까? 국군이 꼭 그렇게 하시겠다면 첩은 스스로 목숨을 끊을 것입니다"라고 했다. 여희가 태자를 치켜세우는 것 같았지만 몰래 사람을 시켜 태자에 대해 나쁜 말을 하게 하면서 자기 아들을 세우고자 했다.

21년(기원전 656년), 여희가 태자에게 "국군께서 꿈에서 제강을 보셨다 하니 태자께서는 서둘러 곡옥으로 가서 제사를 올리고 돌아와 제수용 고기를 국군에 드리도록 하세요"라고 했다. 이에 태자는 곡옥에서 그 어머니 제강에게 제사를 올리고 제사 고기를 헌공에게 올렸다. 헌공은 마침 사냥 나가고 없어서 고기를 궁중에 두었다. 여희가 사람을 시켜 고기에 독약을 넣었다.

이틀 뒤 헌공이 사냥에서 돌아오자 주방장이 제사 고기를 헌공에게 올렸다. 헌공이 그것을 먹으려 하자 옆에 있던 여희가 헌공을 제지하며 "고기가 먼 곳에서 왔으니 시험해보는 것이 마땅합니다"라 하고는 (술을) 땅에

---

11 가도벌괵假道伐虢이라는 사자성어가 여기서 유래했다.

부으니 땅이 부풀어 올랐다. (고기를) 개에게 주니 개가 죽었고, 어린 환관에게 주니 어린 환관도 죽었다.

여희가 울면서 "태자가 어찌 이렇게 잔인할 수가! 그 아버지도 죽이고 대신하려 하는데 하물며 다른 사람이야? 국군께서 연로하시어 머지않았는데 그걸 못 기다리고 시해하려 하다니"라 하고는 헌공에게 "태자가 이렇게 하는 까닭은 다름 아닌 신첩과 해제 때문이옵니다. 신첩은 아들과 다른 나라로 피하길 원하옵니다. 일찍 자살하더라도 이 모자가 태자의 어육이 되지 않게 해주십시오. 당초 국군께서 태자를 폐위하려 하셨을 때 첩은 오히려 그것을 좋지 않게 여겼는데 지금 보니 첩이 크게 실수했습니다"라고 말했다.

태자는 이 소식을 듣고 곡옥의 신성으로 달아났다. 헌공은 노하여 그 사부 두원관杜原款을 죽였다. 누군가가 태자에게 "독약을 넣은 사람은 여희인데 태자께서는 어째서 스스로 해명하지 않으시는 것입니까"라고 했다. 태자는 "우리 국군께서 연로하여 여희가 아니면 잠도 편히 못 주무시고 먹어도 맛을 모르시오. 해명을 한다면 국군께서 여희에게 화를 내실 것이니 안 됩니다"라고 했다. 또 어떤 자가 태자에게 "다른 나라로 달아날 수 있습니다"라 하자, 태자는 "이런 오명을 뒤집어쓴 채 나가봤자 누가 날 받아주겠소? 내가 자살하면 그만이오"라고 했다. 12월 무신일, 신생이 신성에서 자살했다.

이때 중이와 이오가 입조했다. 누군가가 여희에게 "두 공자는 여희께서 태자를 중상하여 죽인 것에 원한을 품고 있습니다"라고 했다. 여희는 겁이 나서 두 공자에 대해 "신생이 제사 고기에 약을 넣은 것을 두 공자도 알고 있습니다"라고 중상했다. 두 공자가 이를 듣고는 두려워 중이는 포읍으로,

◉ (위) 헌공은 진나라의 국력을 크게 신장시켰지만 여희를 총애함으로써 내분의 씨앗을 뿌리기도 했다. 헌공이 영토를 넓히는 헌공척강獻公拓疆을 묘사한 조형물. 산서성 후마 진국고도박물관 광장에 있다.

◉ (아래) 여희는 간계를 꾸며 태자 신생을 비롯해 공자들을 해치고자 했다. 여희의 난을 묘사한 석조 조형물. 산서성 후마 진국고도박물관 광장에 있다.

● (왼쪽) 여희는 기어코 태자 신생을 자살하게 만들었다. 그림 아래 부분이 여희가 독약 사건에 이어 신생이 자신을 희롱한다는 간계로 헌공을 화나게 하여 신생을 해치는 장면을 그린《동국열국지》 삽화이다.

● (오른쪽) '가도벌괵' 고사는 우나라 임금의 어리석음을 풍자한다. 유일하게 우후정虞侯政이라는 이름이 밝혀진 우나라의 청동기가 산서성박물관에 전한다.

이오는 굴읍으로 달아나 성을 지키며 스스로를 수비했다.

　당초 헌공은 사위에게 두 공자를 위해 포읍과 굴읍에 성을 쌓게 했으나 일을 끝내지 않고 있었다. 이오가 이를 헌공에게 보고하자 헌공은 사위에게 성을 냈다. 사위는 "변방의 성읍에 도적도 적은데 어디다 쓰려 하십니까"라며 사죄하고 물러나와 "여우 가죽으로 만든 옷, 털이 어수선하구나. 한 나라에 공자가 셋, 내가 누굴 따라야 할꼬"라는 노래를 불렀다. 마침내 성은 완공되었고, 신생이 죽자 두 공자도 그들의 성으로 돌아가 지킨 것이다.

22년(기원전 655년), 헌공은 두 아들이 인사도 없이 돌아간 것에 화를 내며 정말 모반할 것으로 생각하여 군대를 보내 포읍을 토벌하게 했다. 포읍 사람 환관 발제勃鞮가 중이에게 자살할 것을 재촉했다. 중이는 담을 넘어 달아났고, 환관이 뒤를 쫓아 옷소매를 베었다. 중이는 마침내 적으로 도망쳤다.

(헌공은) 굴읍을 토벌하게 했으나 굴읍은 성을 굳게 지켜 함락시킬 수 없었다.

이해에 진은 다시 괵을 정벌하기 위해 우에 길을 빌려달라고 했다. 우의 대부 궁지기宮之奇는 우의 국군에게 "진에 길을 빌려주어서는 안 됩니다. 이는 우의 멸망이 될 것입니다"라고 했다. 우의 국군은 "진이 우리와 같은 성이니 우리를 정벌해서는 안 된다"라 했다. 궁지기는 "태백太伯과 우중虞仲은 태왕太王의 아들이었는데, 태백은 도망갔기 때문에 자리를 잇지 못했습니다. 괵중虢仲과 괵숙은 왕계王季의 아들이자 문왕의 경사로서 그 공훈이 왕실에 기록되어 동맹관계 서류를 보관하고 있는 창고에 간직되어 있습니다. 괵조차 멸망시키려 하거늘 우를 애석해 하겠습니까? 또 (진과) 우가 아무리 가깝다 해도 환숙과 장백 일족보다 가깝습니까? 환숙과 장백 일족이 무슨 죄가 있어 모조리 없앴습니까? 우와 괵은 입술과 이 같아서 입술이 없으면 이가 시립니다"[12]라고 했다. 우 국군은 듣지 않고 진에게 길을 빌려주기로 했다. 궁지기는 그 가족을 데리고 우를 떠났다.

---

12 순망치한脣亡齒寒이란 고사성어가 여기에서 유래했다.

◉ 괵국 청동기인 괵계 청동기(왼쪽)와 그 위에 주조되어 있는 명문. 하남성박물관 소장.

그해 겨울, 진은 괵을 멸망시켰고,[13] 괵공 축丑은 주로 달아났다. 돌아오는 길에 우를 습격하여 멸망시키고는 우 국군과 대부 정백井伯 그리고 백리해百里奚를 포로로 잡아 진秦 목희穆姬가 시집갈 때 데리고 가는 폐백으로 바쳤다.[14] 그러고는 우에서 제사를 드렸다. 순식이 이전에 우에 주었던 굴읍에서 나는 말[15]을 끌고 와서 헌공에게 바치니 헌공은 웃으며 "말은 내 말인데, 이빨을 보니 많이 늙었구나"라고 말했다.

23년(기원전 654년), 헌공은 가화賈華 등을 보내 굴읍을 토벌하니 굴읍이 무너졌다. 이오가 적으로 달아나려 하자 기예冀芮는 "안 됩니다. 중이가 이

---

13 1956년에서 1957년에 걸쳐 하남성 삼문협三門峽 상촌령上村嶺에서 괵국 귀족 무덤이 발굴되었다. 그중 1052호 무덤의 규모가 가장 컸고 1,000건 가까운 유물이 나왔는데, 유물 중에서도 '괵태자원도과虢太子元徒戈'라는 명문이 새겨진 두 개의 창이 나와 이 무덤이 괵국 태자의 무덤임이 입증되었다. 최근 재개된 발굴에서는 2001호와 2009호 무덤에서 각각 '괵계虢季'와 '괵중虢仲'으로 판독된 명문을 가진 청동기가 나와 괵국 국군의 무덤임이 밝혀졌다.
14 진晉 헌공의 딸은 진秦 목공에게 시집갔다. 이때 백리해는 폐백으로 딸려가는 노예가 되어 진秦나라로 가서 목공에게 기용된 것이다.
15 굴屈이라는 지역에서 나는 좋은 말을 가리킨다. 굴은 진晉나라의 읍으로 지금의 산서성 길현吉縣 북쪽에 해당한다. 혹자는 굴산屈山을 지명으로 보고 산서성 석루현石樓縣 동남의 굴산천屈産泉에서 이름을 따왔다고 한다.

미 거기에 있는데 지금 갔다간 진이 틀림없이 군대를 이동시켜 적을 토벌할 것입니다. 적은 진을 무서워하니 그 화가 (우리에게까지) 미칠 것입니다. 양梁으로 가는 것이 낫습니다. 양은 진과 가깝고 진은 강합니다. 우리 국군이 죽고나면 귀국을 요청할 수 있을 겁니다"라고 했다. 드디어 양으로 달아났다.

25년(기원전 652년), 진이 적을 정벌했다. 적은 중이 때문에 설상齧桑에서 진을 공격했고, 진의 군대는 물러났다.

이 무렵 진은 강력해져 서쪽으로는 하서河西를 차지하여 진秦과 국경을 접했고, 북쪽으로는 적과 가까웠으며, 동쪽으로는 하내河內에 이르렀다.

여희의 동생이 도자悼子를 낳았다.

26년(기원전 651년) 여름, 제 환공이 규구葵丘에서 제후들과 큰 회맹을 가졌다. 진 헌공이 병이 나서 늦게 출발해 도착하지 않았는데 마침 주周 재공宰孔을 만났다. 재공이 "제 환공이 갈수록 교만해져 덕을 닦지 않고 변방을 공략하는 데만 힘을 기울이니 제후들이 불평하고 있습니다. 국군께서 회맹에 가지 않는다 해서 진을 어찌 할 수는 없을 겁니다"라고 했다. 병이 심했으므로 순식에게 "내가 해제로 하여금 뒤를 잇게 할 터인데 나이가 어려 대신들이 복종하지 않고 난을 일으킬까 두렵소. 그대가 해제를 세울 수 있겠소?"라 물었다. 순식이 "있습니다"라고 답하자, 헌공은 다시 "무엇으로 증거를 삼겠소?"라 물었고, 순식은 "죽었다가 다시 살아나신다 해도 산 자로서 부끄럽지 않게 할 것을 보증합니다"라고 대답했다. 이에 해제를 순식에게 맡기고, 순식을 재상으로 삼아 국정을 주도하게 했다.

가을 9월, 헌공이 죽었다. 이극과 비정邳鄭은 중이를 맞아들이고자 세 공자의 무리로 난을 일으키고는 순식에게 "세 무리의 원한에다가 진秦·진이 이를 돕고 있으니 그대는 어찌 하려는가?"라 물었다. 순식은 "내가 선군의 말씀을 어길 수 없소이다"라고 했다.

10월, 이극이 영안실에서 해제를 살해하는 바람에 헌공을 미처 묻지 못했다. 순식이 따라 죽으려 하자 누군가가 해제의 동생 도자를 옹립하여 그를 돕는 것이 낫지 않겠느냐고 했다. 순식이 도자를 세우고 헌공을 안장했다.

11월, 이극이 조정에서 도자를 시해하자, 순식은 따라서 죽었다. 군자는 《시경》에서 말하기를 '백옥의 반점은 갈아 없앨 수 있으나 말이 잘못되면 어쩔 수가 없다'[16]라 했으니 순식을 두고 한 말이 아닌가? 자신의 말을 어기지 않았으니"라고 말했다. 당초 헌공이 여융을 정벌하면서 점을 쳤는데 '치아가 화근이다'[17]라 했다. 여융을 격파하고 여희를 얻어 예뻐했으나 결국은 그것으로 진이 어지러워졌다.

이극 등이 해제와 도자를 죽이고 적에 사람을 보내어 공자 중이를 맞아들여 옹립하고자 했다. 중이는 "아버지의 명을 어기고 나라 밖으로 도망쳤고, 아버지가 돌아가셨는데 자식의 예로 장례조차 모시지 못한 이 중이가 어찌 감히 들어간단 말이오! 대부께서는 다른 아들을 세우시오"라며 사양했다. 돌아와 이극에게 보고하니 이극은 양에 있는 이오에게 사람을 보내 맞이하려 했다. 이오가 가려 하자 여성呂省과 극예郤芮는 "안에 세울 만한 공자가 있는데 밖에서 구한다는 것은 믿기 어렵습니다. 진秦과 같은 강한 나라의

---

16 백규지점白珪之玷 유가마야猶可磨也. 사언지점斯言之玷 불가위야不可爲也. 《시경》 '대아大雅' '억抑'에 나오는 대목이다. 한번 내뱉은 말은 바로잡기 어렵다는 뜻으로, 뒤이어 나오는 '치아위화齒牙爲禍'도 같은 맥락이다. 순식이 헌공에게 한 맹서의 말 때문에 목숨을 잃은 것을 안타깝게 생각하여 반어법으로 인용한 것으로 보인다.
17 치아위화齒牙爲禍라는 고사성어가 이 대목에서 유래했다.

● 진晉의 내분에 개입하여 이오(혜공)와 중이(문공)의 즉위를 도왔던 진秦 목공의 석상. 섬서성 보계寶鷄 염제릉炎帝陵 석각이다.

위엄을 빌리지 않고 들어갔다간 위험할 것입니다"라고 했다. 이에 극예에게 후한 뇌물을 가지고 진秦으로 가게 해서는 "들어갈 수만 있다면 진 하서河西의 땅을 진秦에게 줄 것입니다"라고 약속했다. 이극에게도 편지를 보내 "정말 자리에 오른다면 분양汾陽의 읍을 그대에게 봉해주겠다"라고 했다.

진秦 목공은 바로 군대를 내어 이오를 진으로 호송했다. 제 환공은 진에 내란이 일어났다는 소식을 듣고는 제후를 이끌고 진으로 갔다. 진秦의 군대와 이오가 진에 이르자 제는 바로 습붕隰朋을 시켜 진秦과 합류하여 함께 이오를 입국시켜 진의 국군으로 옹립하니 이가 혜공惠公이다. 제 환공은 진의 고량高梁까지 갔다가 돌아갔다.

혜공 이오 원년(기원전 650년), 비정을 진秦에 보내 "처음 이오가 하서를 국군께 드리기로 하고 지금 다행히 귀국하여 자리에 올랐습니다. 대신들이 '땅은 선군의 땅인데 나라 밖에 망명하셨던 국군이 어찌 마음대로 진秦에 땅을 주겠다고 약속하실 수 있단 말입니까'라고 하기에 과인이 이들과 다투기까지 했으나 어쩔 수 없어 이렇게 진秦에 사죄하는 것입니다"라고 사과하게 했다. 또 이극에게는 분양의 땅을 주지 않고 그 권력을 빼앗았다.

4월, 주 양왕襄王이 주공周公 기보忌父를 보내어 제와 진秦의 대부와 만나 함께 진 혜공에게 인사를 가기로 했다. 혜공은 중이가 국외에 있고 이극이 변란을 일으킬까 두려워 이극에게 죽음을 내리며 "그대가 없었더라면 과인은 자리에 오르지 못했을 것이다. 그렇지만 그대 역시 두 국군과 한 대부를 죽였으니 그대의 국군 된 사람으로서 어찌 난처하지 않겠소"라고 했다. 이극은 "폐위시키지 않고 국군께서 어찌 일어날 수 있었겠습니까? 저를 죽이고 싶은데 어찌 구실이 없겠습니까? 그렇게 말씀하시니 신은 명을 따를 뿐입니다"라 하고는 마침내 검에 엎어져 죽었다. 이때 비정은 진秦에 사죄하러 갔다가 돌아오지 않았기에 난이 미치지 않았다.

진 국군이 공恭 태자[18] 신생의 무덤을 개장했다.

가을, 호돌이 곡옥으로 갔다가 (꿈에서) 신생을 만났다. 신생이 (수레를) 함께 타자면서 그에게 "이오가 무례하다. 내가 천제께 청하여 진을 진秦에 주게 하면 진秦이 내 제사를 지낼 것이다"라고 일렀다. 호돌이 "신이 듣기에 신령은 그 종친이 아니면 제사를 받지 않는다는데, 그러면 군의 제사가 끊어지는 것 아니겠습니까? 군께서는 그 점을 살펴십시오"라고 대응했다. 신

---

18 공恭은 공共으로도 보는데, 태자 신생의 시호이다.

생은 "그렇군. 내가 다시 천제께 청하겠다. 열흘 뒤 신성 서쪽 편 무당이 내 혼령을 보이게 할 것이다"라 했다. 그러겠노라 하자 문득 보이지 않았다. 날이 되어 갔더니 다시 모습을 나타냈다. 신생은 호돌에게 "천제께서 죄 있는 자를 벌해도 된다고 하셨으니 한원韓原에서 패하게 될 것이다"라고 일러 주었다. 아이들은 "공 태자의 무덤을 개장했다네. 14년이 지나면 진은 번창하지 못한다네. 번창은 형에게 있겠지"라는 노래를 지어 불렀다.

진秦에 사신으로 간 비정은 이극이 죽었다는 소식을 듣고는 진 목공을 설득하기를 "여성·극칭郤稱·기예는 확실히 따르지 않았습니다. 후한 뇌물로 그들과 공모한다면 진 국군을 내쫓고 중이를 입국시키는 일은 분명 성사될 것입니다"라 했다. 진 목공은 이를 허락하고 사람을 시켜 함께 진을 답방하게 하는 한편 세 사람에게 뇌물을 후하게 보냈다. 세 사람은 "선물은 후하고 말은 달콤한 것이 비정이 우리를 진에 팔려는 것이 분명하다"라 하고는 마침내 비정과 이극·비정의 무리 일곱 대부[19]를 죽였다. 비정의 아들 비표邳豹는 진秦으로 달아나서 진을 토벌해야 한다고 했으나 목공은 듣지 않았다.

혜공이 들어서고 진秦과 이극에게 한 약속을 어긴 데다 일곱 대부를 죽이니 국인이 따르지 않았다.

2년(기원전 649년), 주가 소공邵公 과過를 진 혜공에게 보내 인사를 드리게 했는데, 혜공이 거만하게 굴자 소공이 그를 조롱했다.

4년(기원전 647년), 진에 기근이 들어 진秦에 식량을 사겠다고 부탁했다.

---

19 칠여대부七輿大夫. 태자 신생이 이끌던 하군下軍에 속한 대부들로 《좌전》(희공僖公 10년)과 《국어》(진어晉語 3)에 의하면 공화共華, 가화賈華, 숙견叔堅, 추전騅顓, 누호累虎, 특궁特宮, 산기山祁 일곱 사람이다.

목공이 백리해에게 묻자 백리해는 "천재지변은 돌고 도는 것이라 나라마다 돌아가며 생깁니다. 재난에 빠진 이웃을 구하고 돕는 것은 나라의 도리이니 주도록 하십시오"라고 말했다. 비정의 아들 비표는 "저들을 정벌합시다"라고 했다. 목공은 "그 국군이 나쁘지 백성들에게 무슨 죄가 있겠는가"라며 마침내 식량을 보내니 (그 선박의 행렬이) 옹에서 강에까지 이르렀다.[20]

5년(기원전 646년), 진秦에 기근이 들어 진에 식량을 사겠다고 청했다. 진의 국군이 이를 상의하자 경정慶鄭은 "진秦 때문에 자리에 오르셨고 땅을 주기로 한 약속도 어긴 바 있습니다. 진에 기근이 들었을 때 진秦은 우리에게 식량을 팔았습니다. 지금 진秦에 기근이 들어 식량을 사겠다고 청하니 주는 것이 마땅하거늘 무슨 의심이 들어 상의를 한단 말입니까"라 했다. 괵석虢射은 "지난 해 하늘이 진을 진秦에게 주고자 하셨을 때 진秦은 그 기회를 취하지 않고 우리에게 식량을 팔았습니다. 지금 하늘이 진秦을 진에게 주시려 하는데 진이 하늘의 뜻을 거스를 수 있습니까? 진을 정벌합시다"라 했다. 혜공은 괵석의 계획을 채용하여 진秦에 식량을 팔지 않고 되려 군대를 일으켜 진秦을 정벌했다. 진秦은 크게 노하여 역시 군대를 일으켜 진을 토벌했다.

6년(기원전 645년) 봄, 진秦 목공이 군대를 이끌고 진을 토벌했다. 진 혜공

---

20 진晉으로 보낼 식량을 실은 배가 진秦의 수도 옹雍에서 진晉의 수도 강絳에까지 줄을 지어 늘어섰다는 것이다. 이를 《좌전》(희공 13년)에서는 '범주지역汎舟之役'으로 표현하고 있다. 기록상 내륙 수로를 이용하여 다량의 식량을 운반한 최초의 사례일 것이다. 그 경로를 보면, 진秦의 수도 옹에서 식량을 실은 배는 위하渭河를 거쳐 동쪽 황하로 들어간다. 황하에서 길을 꺾어 북상하여 분하汾河를 따라 회수澮水에 진입한 다음 진晉의 도성 강으로 들어간다. 이 사건에서 진晉 혜공이 '식량을 빌려놓고는 돌려주지 않았다'는 '유차무환有借無還'이란 파생어도 나왔다.

은 경정에게 "진秦 군대가 깊이 들어왔는데 어찌 해야 하오"라 했다. 경정은 "진秦이 국군을 환국시켰는데 국군께서는 땅을 주기로 한 약속을 저버렸습니다. 진에 기근이 들었을 때 진秦은 식량을 보냈습니다. 지금 진秦에 기근이 들었는데 진은 이를 저버리고 기근을 틈타 진을 정벌하였으니 깊이 쳐들어오는 것이 당연하지 않겠습니까"라고 말했다. 진은 수레와 호위 담당을 점을 쳤는데 모두 경정이 좋다고 나왔다. 혜공은 "경정은 불손하다"라 하고는, 보양步陽에게 수레와 전차를 맡게 하고 가복도家僕徒에게 호위를 맡게 하여 진군시켰다.

9월 임술일, 진秦 목공과 진 혜공이 한원에서 접전했다. 혜공 말이 무거워 진흙에 빠져 움직이지 못하고 있는데 진秦 병사가 접근하니 다급해진 혜공이 경정을 불러 전차를 몰게 했다. 경정은 "점괘를 믿지 않으셨으니 패하는 것은 당연하지 않겠습니까"라 하고는 그냥 가버렸다. 다시 양요미梁繇靡에게 전차를 몰고 괵석에게 호위를 맡겨 목공을 향해 진격해 들어갔다. 목공의 장사들이 앞에서 진의 군대를 공격하니 진의 군대는 패하고 목공을 놓쳤다. 뿐만 아니라 (목공은) 도리어 혜공까지 사로잡아 돌아갔다.

진秦이 (혜공을 죽여) 하늘에 제사를 드리려 했다. 혜공의 누이가 목공의 부인이었는데 소복을 입고 울며불며 애원했다. 목공이 "진의 국군을 잡아 기쁘거늘 지금 이런 일이 생길 줄이야! 내가 듣기에 당숙이 처음 제후에 봉해지는 것을 본 기자箕子가 '그 후손이 틀림없이 창성할 것이다'라고 했으니 진을 어찌 멸망시킬 수 있소"라 하고는 혜공과 왕성에서 맹서한 다음 귀국을 허용했다.

혜공도 여성 등을 보내 국인들에게 "내가 돌아갈 수는 있지만 사직을 뵐 면목이 없다. 날을 잡아 자어子圉를 세우도록 하라"라고 했다. 진 사람들이 이를 듣고는 모두 통곡했다. 진秦 목공이 여성에게 "진은 화목한가?"라고 묻자 여성은 "화목하지 못합니다. 백성들은 국군과 부모를 잃을까 겁을 낼 뿐 자어를 세우는 것은 걱정하지 않으면서 '원수를 반드시 갚겠다. 융이나 적을 섬길지언정'이라고 말합니다. 군자들은 국군을 사랑하나 (국군이 지은) 죄를 아는지라 진秦의 명령만 기다리면서 '은혜에 반드시 보답할 것이오'라고 말합니다. 의견이 이렇듯 둘로 나뉘었으니 화목할 수 없지요"라고 말했다. 이에 목공은 혜공의 숙소를 바꾸고 칠뢰七牢[21]의 가축을 보내 제후로 대접했다.

11월, 혜공을 돌려보냈다. 혜공은 귀국해 경정을 죽이고 정치와 교화에 힘을 쏟았다. 그리고 "중이가 밖에 있고, 제후들은 대부분 그를 귀국시키는 것이 유리하다고 본다"라고 모의하여 사람을 보내 적에서 중이를 죽이려 했다. 중이가 이를 듣고는 제로 갔다.

8년(기원전 643년), 태자 어를 진秦에 인질로 보냈다. 당초 혜공이 양에 망명했을 때 양백이 딸을 혜공에게 시집보내 1남 1녀를 낳았다. 양백이 점을 쳐보니 사내아이는 신하가 되고 여자아이는 첩이 된다고 나왔다. 그래서 남자아이는 어, 여자아이는 첩이라 이름을 지었다.

10년(기원전 641년), 진秦이 양을 멸했다. 양백이 토목건축을 좋아하여 성벽을 쌓고 해자를 파는 등 백성의 힘을 피곤하게 하니 원망이 많았다. 그 무리들이 여러 차례 "진秦 도적놈들이 쳐들어온다"며 서로 소란을 떨었다. 백성들은 두려움과 당혹감에 떨었고, 진秦은 결국 양을 멸망시켰다.

---

21 《예기》에 따르면 일뢰는 소·양·돼지 한 마리씩 한 세트를 말한다. 칠뢰는 제후 등급에 맞는 대접이다.

13년(기원전 638년), 진 혜공이 병이 났다. 그에게는 국내에 자식이 여럿 있었다. 태자 어는 "내 어머니의 집은 양인데 양이 지금 진秦에게 망했다. 내가 밖으로는 진秦에게 무시당하고 국내에서도 도움을 바랄 수 없다. 국군께서 일어나지 못한다면 대부들이 쉽게 다른 공자로 바꾸어 옹립하지 않을까 걱정이다"라 하고는 그 아내[22]와 함께 도망치는 일을 상의했다. 진秦 출신의 아내는 "당신은 한 나라의 태자로서 이곳에서 욕을 보고 있습니다. 진秦이 보잘것없는 저더러 당신을 모시며 당신의 마음을 다잡도록 했습니다. 그런데 당신이 도망치겠다면 저는 그대를 따를 수도 없고 이 일을 발설할 수도 없습니다"라고 했다. 자어가 끝내 도망쳐 진으로 돌아갔다.

14년(기원전 637년) 9월, 혜공이 죽고 태자 어가 뒤를 이으니 이가 회공懷公이다.

자어가 도망가자 진秦은 그를 원망하여 바로 공자 중이를 찾아 그를 돌려보내고자 했다. 자리에 오른 자어는 진秦이 정벌할까 두려웠다. 이에 나라 안에 중이를 따라 망명한 사람들에게 (돌아올) 기간을 정해주는 한편, 기간이 다 되어도 돌아오지 않으면 그 집안을 몰살시키겠다는 명령을 내렸다. 호돌은 아들 호모狐毛와 호언狐偃이 중이를 따라 진秦에 있었지만 부르려 하지 않았다. 회공이 노하여 호돌을 가두었다. 호돌은 "신의 아들이 중이를 모신 지 벌써 몇 년인데 지금 그들을 부르는 것은 주군을 배반하라고 교사하는 것입니다. 무엇으로 그들을 설득합니까"라고 했다. 회공은 끝내 호돌을 죽였다. 목공이 군사를 뽑아 중이를 호송하여 돌려보내는 한편, 사

---

22 진秦 공실의 여자로 이름은 회영懷嬴이다. 당초 진晉 회공에게 시집갔다가 다시 중이(문공)에게 시집간 다음 진영辰嬴으로 이름을 바꾸었다.

람을 보내 난지樂枝와 극곡郤縠의 무리에게 내응하라고 하여 고량에서 회공을 죽이고 중이를 맞아들였다. 중이가 자리에 오르니 이가 문공이다.

3
문공의 망명 과정과 칭패

●

진 문공 중이는 진 헌공의 아들이다. 젊어서부터 선비를 좋아하여 17세에 유능한 선비 다섯을 얻으니 조최趙衰, 외삼촌 호언구범狐偃咎犯, 가타賈佗, 선진先軫, 위무자魏武子가 그들이었다. 헌공이 태자 때 중이는 이미 성인이었고, 헌공이 즉위할 때 중이 나이 스물하나였다.

헌공 13년(기원전 666년),[23] 여희 때문에 중이는 포성에서 진秦을 지켰다. 헌공 21년(기원전 658년), 헌공이 태자 신생을 죽이고 여희가 그를 모함하자 두려워 헌공에게 인사도 드리지 않고 포성을 지켰다.

헌공 22년(기원전 657년), 헌공이 환관 이제(발제)에게 서둘러 중이를 죽이라 했다. 중이가 담을 넘어 도망가자 환관이 뒤쫓아 그 옷소매를 베어갔다. 중이는 마침내 적으로 달아났다. 적은 중이 어머니의 나라이다. 이때 중이의 나이 마흔둘이었다. 수행한 다섯 사람[24]과 그 밖에 이름이 알려지지 않은 수십 명이 적에 도착했다.

---

23 《좌전》에 의하면 중이가 포성을 지킨 것은 헌공 13년이 아니라 헌공 11년으로 되어 있다. 따라서 헌공 11년, 즉 기원전 668년으로 보아야 순리적이다.
24 오사五士. 《좌전》(희공 23년)에 따르면 중이(문공)를 따른 다섯 사람은 호언狐偃, 조최趙衰, 전힐顚頡 위무자魏武子, 사공계자司空季子이다. 《사기색은》은 전힐 대신 개지추介之推, 즉 개자추介子推를 꼽았다. 본 편과는 모두 약간씩 차이가 난다.

적은 구여咎如를 토벌하여 두 여자를 얻었다. 장녀는 중이에게 시집보내 백조伯鯈와 숙유叔劉를 낳았고, 젊은 여자는 조최에게 시집보내 조돈趙盾을 낳았다.[25] 중이가 적에 5년 머무르는 사이 진 헌공이 죽자 이극이 해제와 도자를 죽이고는 사람을 보내 중이를 맞아들여 옹립하려 했다. 중이가 죽을까 두려워 한사코 사양하며 들어가려 하지 않았다. 이윽고 진은 다시 중이의 동생 이오를 맞아들여 옹립하니 이가 혜공이다.

혜공 7년(기원전 644년), 중이의 존재가 두려워 환관 이제履鞮를 시켜 장사들과 함께 중이를 죽이려 했다. 중이가 이를 듣고는 조최 등과 상의하길 "처음 내가 적으로 도망왔을 때부터 적이 도움을 줄 것이라고는 생각지 않았소. 거리가 가까워 쉽게 갈 수 있어 잠시 쉬어가려 했던 것이지. 그런데 너무 오래 쉬어서 큰 나라로 옮기고 싶소. 무릇 제 환공이 선행을 좋아하고 패왕에 뜻을 두고 제후들을 거두어 돕고 있다 하오. 지금 관중과 습붕도 죽었다 하니 지금이야말로 유능한 인재의 도움을 바랄 것이니 어찌 가지 않으리오"라 하고는 드디어 떠났다. 중이가 그 아내에게 "25년을 기다려도 내가 오지 않으면 재가하시오"라고 하자, 그 아내는 웃으면서 "25년이면 제 무덤 위 측백나무도 많이 자랐겠습니다. 하지만 첩은 당신을 기다릴 겁니다"라 했다. 중이는 적에 12년을 머무르다 떠났다.

위衛를 지나는데[26] 위衛 문공文公이 무례하게 대했다.[27] 그곳을 떠나 오록

---

25 조돈은 이후 양공襄公, 영공靈公, 성공成公까지 3대에 걸쳐 진晉나라의 권력을 장악했던 중신으로 시호가 선宣, 항렬이 맹孟이었기 때문에 선자宣子·선맹宣孟·조맹趙孟으로도 불렸다. 자세한 사적은 〈조세가〉 참고.

26 중이(문공)가 위衛나라를 지나간 시기에 대해서는 기록상 모순을 보인다. 〈위강숙세가〉에는 기원전 644년으로 되어 있어 《좌전》과 일치한다. 그러나 〈십이제후연표〉에는 기원전 637년으로 되어 있고, 《국어》(진어 4)에는 기원전 642년으로 나온다.

五鹿을 지나는데 배가 고파 촌사람에게 먹을 것을 구걸하자 촌사람은 그릇에 흙을 담아 내놓았다. 중이가 노하자 조최는 "흙은 땅을 갖는다는 것이니 주군께서는 절하고 받으십시오"라고 했다.

제에 이르자 제 환공은 후한 예로 접대하고 종실의 여자를 아내로 삼게 하는 한편, 20승의 말까지 주니 중이가 이에 편안해했다. 중이가 제에 온 지 2년 만에 환공이 죽고 수조竪刁 등의 내란을 맞이했다. 제 효공孝公이 즉위하자 제후의 군대가 잇따라 들이닥쳤다. 제에 머문 지 5년째였다. 중이는 제 여자를 사랑해서 떠날 마음이 없었다. 조최와 구범이 뽕나무 아래에서 상의했다. 제 여자의 시종이 뽕나무 위에서 이 말을 듣고는 주인에게 알렸다. 주인은 시종을 죽이고 중이에게 서둘러 떠날 것을 권했다. 중이는 "인생이 이렇게 편한데 다른 일을 알아서 뭐 하겠소? 반드시 여기서 죽을 것이니 떠나지 않겠소"라고 했다. 제 여자가 "당신은 한 나라의 공자로서 일이 어려워져 이곳에 오셨고 저 사람들은 당신에게 목숨을 맡겼습니다. 당신이 빨리 돌아가 신하들의 노고에 보답할 생각은 않고 여색에 미련을 버리지 못하시니 당신이 부끄러워집니다. 그리고 돌아가지 않고 언제 공을 이루려고 하십니까"라고 했다. 그러고는 조최 등과 상의하여 중이를 취하게 한 다음 수레에 실어 떠났다. 일행이 한참을 간 뒤 중이가 깨어나서는 크게 성을 내며 창을 들어 구범을 죽이려 했다. 구범은 "신을 죽여 주군이 뜻을 이룬다면 그건 제가 바라는 바입니다"라 했다. 중이가 "일이 성사되지 않으면 내가 외삼촌을 씹어 먹을 것입니다"라고 했다. 구범은 "일의

---

27 위衛 문공이 중이에게 무례하게 대했다는 것에 대해《국어》에는 위衛나라가 형邢·적翟과 관계가 좋지 않았기 때문이라고 기술한다. 당시 위衛나라는 적의 공격을 받고 퇴각시킨 바가 있는데, 중이의 외가가 적이었기 때문에 중이를 좋게 대할 수 없었다는 것이다.

성사는 그렇다 치고 이 구범의 고기는 비려서 어찌 드시렵니까"라 했다. 이에 그 정도로 그치고 계속 길을 떠났다.

조曹를 지나게 되었는데[28] 조曹 공공共公이 무례하게 중이의 통갈비뼈[29]를 보려고 했다. 조曹의 대부 희부기釐負羈는 "진의 공자는 현명하고 우리와 같은 성입니다. 곤궁에 빠져 우리나라를 지나는데 어찌 무례하게 대하십니까"라고 했다. 공공이 그의 말을 듣지 않았다. 희부기는 개인적으로 중이에게 먹을 것을 보내면서 음식 아래에 벽옥을 넣어두었다. 중이는 먹을 것만 받고 벽옥을 돌려주었다.

떠나서 송을 지났다. 송宋 양공襄公은 최근 초楚에서 군대가 곤욕을 치르고 홍수泓水에서 부상을 입었지만 중이가 어질다는 것을 알고는 국빈의 예로 중이를 대접했다. 송의 사마 공손고公孫固는 친한 구범에게 "송은 작고 최근 곤경에 처해 당신들의 귀국을 도울 수 없으니 더 큰 나라로 가시오"라고 해서 바로 떠났다.

정鄭을 지나게 되었는데 정 문공文公은 무례했다. 정 숙첨叔瞻이 그 국군에게 "진 공자는 어질고 그를 따르는 사람들은 한결같이 나라의 재상감들입니다. 게다가 같은 성입니다. 정은 여왕에게서 나왔고, 진은 무왕에게서 나왔습니다"라고 간했다. 정 국군은 "제후국 망명 공자들로 이곳을 지나는

---

28 공자 중이가 조曹나라를 지나간 연대에 대해서는 〈십이제후연표〉의 공공 16년, 즉 기원전 637년이라고 보는 것이 일반적이지만 〈관채세가〉에는 "(공공) 16년, 당초 진나라 공자 중이가…"라 하여 '당초'가 첨언되어 있다. 이로 보면 중이는 공공 16년 이전에 조나라를 지나간 것이 된다. 또 〈진세가〉의 내용을 앞뒤로 살펴보면 중이가 조나라를 지나간 시기는 공공 14년 아니면 15년 즈음으로 추정된다. 어느 쪽이 정확한지 단정하기 어렵다.

29 변협骿脇으로 표현된 이 단어에 대해서는 역대로 많은 설들이 있었지만 대체로 갈비뼈가 통째로 붙은 기형으로 본다. 일설에는 중이는 갈비뼈뿐만 아니라 눈동자도 전설 속 요임금처럼 두 개여서 할아버지 무공이 '중이重耳'란 이름을 지어주었다고 한다.

◉ 호북성 무한武漢 동호東湖공원에 있는
초 성왕 상. 중이를 후하게 대접한 초 성왕
은 훗날 성복전투에서 문공 중이와 다시 조
우한다.

사람이 많은데 어찌 일일이 예를 갖춘단 말이오"라고 했다. 숙첨은 "국군
께서 예를 갖추지 않으시겠다면 차라리 죽이는 것이 낫습니다. 앞으로 나
라의 걱정거리가 될 터이니"라고 했다. 정 국군은 듣지 않았다.

중이는 정을 떠나 초楚로 갔다. 초 성왕成王은 제후의 예로 그를 우대했
다. 중이는 감당할 수 없다며 사양했다. 조최가 "당신께서 밖으로 떠돈 지
10여 년, 작은 나라들도 당신을 깔보는데 큰 나라야 오죽하겠습니까? 지
금 초라는 대국이 한사코 당신을 대우하겠다니 사양하지 마십시오. 이는
하늘이 당신을 도우시는 겁니다"라 했다. 이에 중이는 객의 예로 성왕을
만났다. 성왕은 중이를 후하게 접대했고, 중이는 자신을 한껏 낮추었다.
성왕이 "그대가 귀국한다면 과인에게 뭘로 보답하겠소?"라고 물었다. 중이
는 "진기한 금수와 옥구슬 그리고 비단 같은 물건이야 군왕께 남아도니 무

얼로 보답해야 할지 모르겠습니다"라 답했다. 성왕은 "그렇긴 하지만 무엇으로든 내게 보답해야 하지 않겠소"라 했다. 중이는 "만약 어쩔 수 없이 평원이나 너른 연못에서 군대가 서로 부딪치게 된다면 왕께 사흘 거리를 뒤로 물리겠습니다"[30]라고 했다. 초의 장수 자옥子玉이 화를 내며 "왕께서 진 공자를 아주 후하게 대하셨거늘 지금 중이가 이렇게 불손한 말을 하니 죽이게 해주십시오"라고 했다. 성왕은 "진 공자는 어질고 오랫동안 외지에서 힘들게 지냈으며 그를 따르는 사람들은 하나 같이 나라의 그릇들이오. 이는 하늘이 안배한 것이니 어찌 죽일 수 있겠소? 그리고 이미 뱉은 말을 어떻게 바꾸겠소"라고 했다.

초에 몇 달을 머무는 동안 진 태자 어가 진秦에서 도망쳤다. 진秦이 그를 원망하며 중이가 초에 있다는 말을 듣고는 그를 불렀다. 성왕은 "초는 멀어서 다시 몇 개 나라를 거쳐야 진에 이를 수 있을 겁니다. 진秦과 진은 국경이 붙어 있고 진秦 국군은 현명하니 그대는 부디 잘 가도록 하시오"라고 하고는 후한 예물을 중이에게 딸려 보냈다.

중이가 진秦에 이르자 목공은 종실 여자 다섯을 중이의 아내로 삼게 했는데 저번 자어의 아내도 함께 있었다. 중이는 받지 않으려 했으나 사공司空[31] 계자季子가 "그 나라도 토벌할 참인데 하물며 그 전처 정도야! 받아들여 진秦과 친분을 맺어 귀국해야 할 터인데 당신께서는 자잘한 예에 얽매

---

30 벽왕삼사辟王三舍. 흔히 '퇴피삼사退避三舍'라는 사자성어로 많이 알려져 있다. '벽辟'은 '피避'와 같은 뜻이다. '사舍'는 옛날 군대가 대체로 하루에 약 30리 길을 행군한 다음 군영을 치고 쉬거나 잤던 것을 말한다. 따라서 30리를 1사라 한다. 3사는 90리가 되는 셈이다. 중이가 초나라 성왕이 베풀어준 호의에 보답하는 뜻으로 만약 두 나라 군대가 싸우게 되면 90리를 뒤로 물린 다음 싸우겠다고 한 것이다.
31 주로 토지와 민간의 일을 관장한 관직 이름.

● (왼쪽) 중이(문공)의 망명과 망명을 수행한 공신들. 왼쪽부터 문공, 호언, 조최, 개자추이다.
● (오른쪽) 문공 중이의 인품을 알아보고 중이를 대우했던 희부기는 훗날 이 일로 화를 면하게 된다. 희부기와 그 아내를 표현한 삽화.

여 큰 치욕을 잊고 계십니다"라 했다. 마침내 받아들였다. 목공이 크게 기뻐하며 중이와 함께 술을 마셨다. 조최가 '서묘黍苗'[32]라는 시를 노래했다. 목공이 "그대가 서둘러 나라로 돌아가려는 마음을 알겠소"라 했다. 조최가 중이와 함께 자리를 뜨면서 두 번 절하고 "떠도는 외로운 신하가 군주를 우러러보는 것이 백곡이 때맞추어 내리는 비를 바라는 것 같습니다"라고

---

32 《시경詩經》 '소아小雅'의 편명이다. 모를 심어놓고 비를 바라는 뜻을 담은 내용이다.

했다. 이때가 진 혜공 14년(기원전 637년) 가을이었다.

혜공이 9월에 죽고 자어가 들어섰다. 11월, 혜공을 장례 지냈다. 12월, 진의 대부 난지와 극곡 등이 중이가 진秦에 있다는 소식을 듣고는 다 같이 몰래 들어와서는 중이와 조최 등에게 환국을 권하니 내응하는 자가 아주 많았다. 이에 진秦 목공은 군사를 내어 중이가 진으로 돌아가는 것을 도왔다. 진은 진秦의 군대가 온다는 소식에 역시 군대를 내어 맞섰다. 그러나 모두가 공자 중이가 들어온다는 것을 암암리에 알고 있었다. 다만 혜공의 옛 중신들인 여성과 극예 등은 중이를 세우려 하지 않았다. 중이가 망명을 떠난 지 19년 만에 돌아왔는데 그때 나이가 62세였다. 진 사람들이 대부분 그를 따랐다.

문공 원년(기원전 636년) 봄, 진秦이 중이를 황하까지 환송했다. 구범이 "신이 주군을 따라 천하를 떠돌면서 잘못한 일도 참 많습니다. 신이 이를 알고 있는데 하물며 주군께서야! 이제 저는 여기서 떠나고자 합니다"라 했다. 중이는 "환국한다면 구범과 함께하지 않는 자도 있을 것이나 하백께서 잘 살펴실 것이요"라 하고는 구슬을 황하에 던지면서 구범과 맹서했다. 이때 개자추介子推가 뒤따르다 배 위에서 웃으면서 "하늘이 실로 공자를 보우하셨는데 구범이 자신의 공이라 여기고는 주군과 거래를 하려고 하니 참으로 부끄럽구나. 내가 차마 그와 같은 자리에 있지 못하겠다"라 하고는 스스로를 숨긴 채 황하를 건넜다. 진秦의 병사들이 영호令狐를 포위했고, 진은 여류廬柳에 군을 주둔시켰다.

2월 신축일, 구범과 진秦·진의 대부들이 순郇에서 회맹했다. 임인일, 중이가 진의 군대로 들어갔다. 병오일, 곡옥으로 들어갔다. 정미일, 무궁武

- (위) 문공 중이가 굶어 죽을 상황에 놓이자 자신의 '허벅지 살을 베어 봉양했다'는 '할고봉군割
股奉君' 고사를 남긴 공신 개자추의 무덤. 산서성 개휴현介休縣 면산綿山에 있다.
- (아래) 개자추의 사적을 담고 있는 면산의 풍경.

宮[33]에서 조회하고 진의 국군으로 즉위하니 이가 문공이다. 신하들이 모두 왔다. 회공 어는 고량으로 달아났다. 무신일, 사람을 시켜 회공을 죽였다.

회공의 옛 대신들인 여성과 극예는 본래부터 문공을 따르지 않았다. 문공이 즉위하자 주살될까 두려워 그 무리들과 문공 궁에 불을 질러 죽일 계획을 짰다. 문공은 몰랐다. 옛날 문공을 죽이려 했던 환관 이제가 이 음모를 알고는 문공에게 알려서 지난 죄를 갚고자 문공을 만나려 했다. 문공은 만나려 하지 않고 사람을 보내 "포성에서는 네가 내 옷소매를 벤 일이 있었지. 그 뒤 내가 적의 군주와 사냥을 나갔을 때 너는 혜공을 위해 나를 죽이려 왔었다. 혜공이 너에게 사흘을 주었는데 너는 하루 만에 왔으니 어찌 그리 빠를 수 있단 말이냐? 너는 이 일들을 잘 생각해보아라"라고 꾸짖었다. 이제는 "저는 궁형을 당한 몸으로 감히 두 마음을 품고 국군을 섬기거나 주인을 배반할 수 없습니다. 그래서 국군께 죄를 지은 것입니다. 국군께서 나라로 돌아오셨지만 포성이나 적에서와 같은 일들이 없을 수 있겠습니까? 그리고 관중은 환공의 허리띠를 쏘았지만 환공은 관중 덕에 패자가 되었습니다. 지금 궁형을 당한 이 사람이 일이 있어 알리려 하는데 국군께서는 만나보지도 않으려 하시니 화가 곧 미칠 것입니다"라고 했다. 이에 그를 만나니 여성과 극예 등의 음모를 문공에게 일렀다. 문공이 여성과 극예를 불러들이려 했으나 그들의 무리가 많았다. 문공은 당초 입국할 때 국인이 자신을 팔까 두려워 평민 복장으로 갈아입고 왕성에서 진秦 목공을 만나니 국인들이 몰랐던 것이다.

3월 기축일, 여성과 극예 등이 과연 반란을 일으켜 궁에 불을 질렀으나

---

33 무궁은 문공 중이의 할아버지인 무공의 사당이다.

문공을 찾지 못했다. 문공의 호위병들과 싸움이 붙었고, 여성과 극예 등은 병사들을 이끌고 도망치려 했다. 진秦 목공이 여성과 극예 등을 유인하여 황하 가에서 죽이니 진나라는 평정을 되찾고 문공은 되돌아왔다.

여름, 문공이 진秦으로부터 부인을 맞아들였고,[34] 진秦이 문공의 아내로 주었던 사람들도 마침내 모두 부인이 되었다. 진秦이 3,000명을 보내 지키면서 진의 분란에 대비했다.

문공은 정치를 잘해서 백성들에게 은혜를 베풀었다. 망명길에 따라온 자와 공을 세운 신하들에게 상을 내렸는데, 공이 큰 자에게는 봉읍을 내리고 작은 자에게는 작위를 올려주었다. 상을 다 주기도 전에 주 양왕의 동생 숙대叔帶가 난을 일으키는 통에 (양왕은) 정으로 도망쳐 진에 위급함을 알렸다. 진이 막 안정을 찾았는데 군사를 출동시켰다간 다른 난이 일어날까 두려웠다. 이 때문에 망명에 따라온 사람에 대한 상이 은자 개자추에까지 미치지 못했다. 개자추 또한 녹봉을 말하지 않았기에 녹봉도 주어지지 않았다. 개자추는 이렇게 말했다.

"헌공의 아들이 아홉이었는데 주군만 살아계실 뿐이다. 혜공과 회공은 가까운 사람도 없었고 안팎으로 버림을 받았다. 하늘이 진을 없애지 않아 틀림없이 주인이 나타나 진의 제사를 드리게 되었으니 주군이 아니고 누구란 말인가? 하늘이 실로 그분을 도우셨거늘 몇몇 사람이 자신의 힘이라하니 어찌 기만이 아니겠는가? 남의 재물을 훔치는 것을 절도라 하거늘 하물며 하늘의 공을 탐내 자신의 힘으로 여기는 자들이야! 아랫사람은 그 죄를 무릅쓰고, 윗사람은 그 간사함에 상을 내리면서 위아래가 서로를 속이

---

34 진秦나라에서 아내로 맞았던 회영을 말한다.

니 함께하기 어렵구나!"

개자추의 어머니가 "어째서 가서 달라고 하지 않는 것이냐? 이렇게 죽는다면 누구를 원망하겠느냐"라 했다. 개자추는 "잘못인 줄 알면서 그것을 본받으면 죄는 더욱 심해질 뿐입니다. 게다가 원망의 말까지 내뱉었으니 그 녹을 먹을 수 없지요"라 했다. 어머니가 "그래도 알게 하는 것이 어떻겠느냐"라 하자 자추는 "말이란 사람 몸을 꾸미는 것입니다.[35] 몸을 숨기려 하는데 꾸며서 뭣 하겠습니까? 꾸민다는 것은 일신의 영달을 추구하는 것입니다"라고 대답했다. 어머니는 "그렇게 할 수 있겠느냐? 너와 함께 숨으리라"라고 했다. 죽을 때까지 다시는 볼 수 없었다.

개자추의 시종이 이를 가련하게 여겨 궁문에다가 "용이 하늘에 오르고자 하여 다섯 마리의 뱀이 보좌하였구나. 용은 구름에 올랐고 뱀 네 마리는 각자 그 집으로 들어갔거늘 한 마리만 원망하여 끝내 어디로 갔는지 보이지 않는구나"[36]라는 글을 적어 걸었다. 문공이 나오면서 그 글을 보고는 "이는 개자추를 말하는 것이다. 내가 왕실 걱정 때문에 그의 공을 챙기지 못했구나"라 하고는 사람을 시켜 그를 불렀으나 이미 떠나고 없었다. 그 행방을 찾게 하니 그가 면산綿山[37] 안으로 들어갔다는 말을 들었다. 이에 문공은 면산을 봉지로 주어 개자추의 농지로 삼게 하는 한편, 산 이름을 개산介山으로 부르게 하면서 "이로써 나의 잘못을 기억하게 하고 착한 사람

---

35 언신지문야言身之文也. 논공행상에서 개자추가 빠지자 개자추의 어머니는 가서 말을 하라고 했다. 그러나 개자추는 떠나기로 한 마당에 구차하게 말을 해서 무슨 소용이냐며 이렇게 말했다. 어머니는 개자추의 뜻을 존중하여 함께 면산綿山으로 숨어 죽을 때까지 나오지 않았다.
36 다섯 마리의 뱀이란 문공을 수행했던 다섯 신하로 대체로 호언·조최·위무자·사공계자 그리고 개자추를 말한다. 간혹 선진·전힐을 포함시키기도 한다. 보이지 않는 한 마리란 논공행상에서 빠진 개자추를 말한다.

을 표창하노라"라 했다.

망명에 따라왔던 시종 호숙壺叔이 "국군께서 세 번이나 상을 내리셨는데 신에게는 상이 돌아오지 않았습니다. 감히 청하옵건대 제게 무슨 죄가 있습니까?'라 했다. 문공은 "무릇 나를 인의로 이끌고 덕과 은혜로 나를 지킨 사람은 상등상을 받았다. 행동으로 나를 보좌하여 끝내 공업을 이루게 한 사람은 그다음 상을 받았다. 화살과 돌의 위험을 무릅쓰고 땀 흘리는 공로가 있는 사람은 그다음 상을 받았다. 힘으로 나를 섬기되 나의 부족함을 보완하지 못한 사람은 그다음 상을 받았다. 이 상을 내린 다음 그대에게도 돌아갈 것이다"라고 답했다. 진 사람들이 이를 듣고는 모두 기뻐했다.

2년(기원전 635년) 봄, 진秦의 군대가 황하 가에 있다가 주 양왕을 입국시키려 했다. 조최가 "패자가 되시려면 양왕을 입국시켜 주를 존중한다는 것을 보여주는 것만 한 일이 없습니다. 주와 진은 같은 성인데 진이 먼저 왕을 귀국시키지 않고 진秦이 입국시킨다면 천하를 호령할 수 없습니다. 지금은 바야흐로 왕을 받드는 일이 진의 자본이 될 것입니다"라고 했다.

3월 갑진일, 진이 병사를 출동시켜 양번陽樊에 이르러 온溫을 포위한 다음 양왕을 주로 입국시켰다.

4월, 양왕의 아우 대를 죽였다. 주 양왕은 하내의 양번 땅을 진에 하사

---

37 논공행상에서 빠진 개자추는 노모와 함께 면산으로 숨어 들어가 죽을 때까지 나오지 않았다. 이에 문공은 면산을 개산이라 부르게 하고 그 일대를 개자추(그 후손)에게 하사했다. 개자추의 죽음에 관해서는 훗날 여러 가지 전설이 만들어졌는데, 전국시대 이후 문공이 개자추를 나오게 하려고 면산에 불을 질렀으나 개자추와 노모는 나무등치를 끌어안은 채 타죽었다는 전설이 있다. 심지어 개자추의 누이 개산씨도 장작을 쌓아놓고 분신했다는 황당한 설까지 있다. 그런가 하면 문공은 개자추를 잊은 자신의 잘못을 뉘우치면서 개자추가 죽은 날을 기리기 위해 탄 음식이나 데운 음식을 먹지 못하도록 했으며, 여기서 한식寒食이 기원했다는 설도 파생되었다. 개산 일대는 그 뒤 개현介縣 또는 개휴현介休縣이란 이름으로 불렸다. 모두 개자추를 기리는 뜻에서 비롯되었다.

했다.

4년(기원전 633년), 초 성왕과 제후들이 송을 포위하자 송의 공손고公孫固가 진에 위급함을 알려왔다. 선진은 "은혜를 갚고 패업을 확정하려면 지금입니다"라고 했다. 호언은 "초가 최근 조曹를 얻고 위衛와 처음으로 혼인관계를 맺었습니다. 조曹와 위衛를 정벌하면 초가 반드시 구원할 것이고 송은 위기를 면할 수 있습니다"라고 했다. 이에 진은 3군三軍을 만들었다.[38] 조최는 극곡이 중군을 이끌도록 추천했고 극진郤溱이 보좌했다. 호언으로 하여금 상군을 이끌게 하고 호고가 보좌했다. 조최는 경으로 삼았다. 난지가 하군을 이끌고 선진이 보좌했다. 순림보荀林父는 전차를 맡았고 위주魏犨는 호위를 맡아 정벌에 나섰다.

겨울 12월, 진의 군대가 먼저 산동을 공략하여 조최에게 원읍原邑을 봉해주었다.

5년(기원전 632년) 봄, 진 문공이 장차 조曹를 정벌하고자 위衛에 길을 빌려달라고 했으나 위 사람들이 받아들이지 않았다. 길을 바꾸어 황하 남쪽에서 강을 건너 조를 치고 위까지 공격했다. 정월에 오록을 취했고, 2월에 문공은 제 국군(소공)과 염우斂盂에서 회맹했다. 위 국군(성공)이 진과 동맹하길 청했으나 진은 허락하지 않았다. 위 국군이 초와 회맹하고자 했으나 국인이 원치 않으면서 그 국군을 축출하여 진의 비위를 맞추었다. 위 국군은 양우襄牛에 머무르고 공자 매買가 위를 지켰다. 초가 위를 구원했으나 성공하지 못했다. 진 문공이 조를 포위했다. 3월 병오일, 진의 군대가 조에

---

[38] 진晉나라가 원래 있던 상·하 2군을 확대하여 상·중·하 3군으로 재편성한 것이다. 대체로 문공 때 넓어진 강역을 고려하여 군대를 확충한 것으로 본다.

들어가 당초 희부기의 말을 듣지 않고 미녀 300명을 화려한 수레에 태워 보낸 일을 나무랐다. 군에다가는 희부기 집에 들어가지 않도록 명령함으로써 그의 덕에 보답했다.

초가 송을 포위하자 송은 다시 진에 시급함을 알렸다. 문공은 구원에 나서 초를 공격하고 싶었으나 일찍이 초에 은혜를 입었으므로 정벌할 수 없었다. 송을 포기하자니 송 또한 과거 진에 은혜를 베푼 적이 있어 난감했다. 선진先軫이 "조 국군을 잡고 조와 위 땅을 송에 주겠다고 하면 초는 급히 조와 위를 구할 것이고, 이런 형세라면 송의 포위를 풀 것입니다"라 했다. 문공이 그에 따랐고, 초 성왕은 곧 군대를 이끌고 돌아갔다.

초의 장군 (성)자옥은 "왕께서 진을 지극히 후대했는데 지금 조曹·위衛를 급히 구원해야 한다는 것을 알면서도 일부러 그들을 공격하니 이는 왕을 깔보는 것입니다"라 했다. 성왕은 "진 국군은 외지에서 19년을 망명하며 오랫동안 곤경에 처했다가 끝내 환국했으니 험난함을 너무나 잘 알고 있을 것이며 백성들도 제대로 활용할 줄 안다. 이는 하늘이 보우하신 바이니 당해낼 수 없다"고 했다. 자옥은 "반드시 공을 세운다고는 감히 말씀드릴 수 없사옵니다만 이참에 저 헛소리하는 간사한 자의 입[39]을 막아버리길 바랍니다"라고 청했다. 성왕은 화가 나서 적은 병력을 내주었다. 이에 자옥은 대부 완춘宛春을 진에 보내 "위 국군을 복위시키고 조의 땅을 돌려준다면 신도 송을 풀어줄 것이오"라고 알렸다. 구범은 "자옥이 무례하구나. 국군은 하나를 얻는데 신하가 둘을 취하려 하다니! 받아들이면 안 됩니다"라

---

39 참특지구讒慝之口. 남을 헐뜯는 간사한 자의 입이란 뜻으로 여기서는 초나라 성왕 앞에서 자옥의 능력을 무시했던 초나라 대부 위고蒍賈를 가리킨다. 《좌전》(희공 27년 조) 참고.

고 했다. 선진은 이렇게 말했다.

"남을 편하게 하는 것이 예입니다. 초는 한마디로 세 나라를 안정시키려 하고, 그대의 한마디는 그들을 망하게 만드는 것이니 우리가 무례한 것이오. 초의 요구를 받아들이지 않는 것은 송을 포기하는 것입니다. 은밀히 조·위를 회복시켜준다고 약속하여 그들을 유인하고 완춘을 포로로 잡아 초를 화나게 만들어 결전한 다음 다시 도모하는 것이 나을 것입니다."

진 문공이 바로 완춘을 위에 감금하고 은밀히 조와 위를 회복시키겠노라 약속했다. 조와 위는 초에 단교를 통보했다. 초의 득신(자옥)이 화가 나서 진의 군대를 공격하자 진 군대는 후퇴했다. 군리가 "왜 후퇴하는 것입니까?"라고 묻자 문공은 "지난 날 초에 있을 때 사흘 거리를 뒤로 물리겠다고 약속했거늘 어찌 어길 수 있겠는가"라 했다. 초의 군대도 물러나려 했으나 득신이 거부했다.

4월 무진일, 송의 국군, 제의 장수, 진秦의 장수 등이 진 문공과 함께 성복城濮에 진을 쳤다. 기사일, 진과 초의 군대가 맞붙어 싸우니 초의 군대가 패했고, 득신은 남은 병사들을 거두어 돌아갔다. 갑오일, 진의 군대는 형옹衡雍으로 돌아갔고 천토踐土에 왕궁을 지었다.

당초 정은 초를 도왔는데 초가 패하자 겁이 나서 사람을 보내 진 문공과의 맹약을 청했다. 문공은 정백과 동맹했다.

5월 정미일, 초의 포로들을 주에 바치니 네 마리 말이 끄는 수레가 100승, 보병이 1,000명이었다. 천자는 왕자 호虎를 보내 문공을 패주로 선포하고 큰 수레, 붉은 화살 100개, 검은 화살 1,000개, 좋은 술 한 항아리, 옥으로 만든 주걱, 용맹한 병사 300명을 하사했다. 문공은 세 번 사양한 다음 머리를 조아리며 받아들였다. 주의 왕은 〈진문후명晉文侯命〉[40]을 지어 "왕께서는 '어르신들께서 인의로 제후들을 화합시키셨네. 위대하고 빛나는 문왕과 무왕, 삼가 덕을 수양하시어 밝은 덕이 하늘에까지 오르고 땅에 널리 퍼졌네. 이에 상제께서 문왕과 무왕에 복을 내리셨다네. 나를 도와 조상의 업을 계승하여 영원히 왕위에 있도록 해주시오'라고 하셨습니다'라 했다.

그리하여 진 문공을 패자로 선포했다. 계해일, 왕자 호가 제후들과 왕궁에서 회맹했다.

진이 초의 군에 불을 지르니 불은 며칠이 지나도록 꺼지지 않았다. 문공이 탄식하니 좌우에서 "초에게 이겼는데 국군께서는 울적해하시니 무엇 때문입니까?"라 했다. 문공은 "내가 듣기에 전쟁에서 이기고도 편한 사람은 성인뿐이라니 그것이 두렵소. 게다가 자옥이 아직 있는데 어찌 기뻐하겠소"라 했다.

자옥이 패하여 돌아가니 초 성왕은 성을 내며 자신의 말을 듣지 않고 욕심에서 진과 싸웠다고 꾸짖었고, 자옥이 스스로 목숨을 끊었다. 진 문공은 "우리는 그 밖을 공격했는데 초는 그 안에서 죽이니 안팎이 잘 맞았구나"라며 기뻐했다.

6월, 진이 위衛 국군을 다시 귀국시켰다. 임오일, 진 문공이 황하를 건너 북쪽 길로 귀국했다. 상을 내렸는데 호언이 으뜸이었다. 누군가 "성복의 일은 선진의 계책이었습니다"라고 하자, 문공은 "성복의 일에서 호언은 내게 믿음을 잃지 말라고 했소. 선진은 '군사는 승리가 으뜸입니다'라고 했고

---

40 《상서》의 편명으로 본 세가를 비롯하여 〈주본기〉 등에서는 이 문장이 주 양왕襄王 때 작성되었고 문후는 진 문공으로 보고 있으나, 실은 주 평왕平王이 진 문후의 공적을 표창하기 위한 책서로 보는 것이 타당하다. 〈진문후명〉은 《상서》의 〈문후지명〉인데, 내용으로 보아 문후의 공적을 찬양하는 글이 분명하기 때문이다.

내가 그것으로 승리를 거두었소. 그러나 이 말은 한때 필요한 것이고, 호언은 만세의 공적을 말한 것이오. 한순간의 이익이 어찌 만세의 공적보다 더하겠소? 그래서 호언을 앞세운 것이오"라고 했다.

겨울, 진 문공은 온읍에서 제후들과 회맹하고 이들을 이끌고 주에 조회하려 했다. 힘이 미치지 못하고 그중 이반자가 있을까 두려워 사람을 주 양왕에게 보내 하양으로 사냥을 나오게 했다. 임신일, 제후들을 이끌고 천토에 와서 주 양왕에게 조회했다. 공자가 역사 기록을 읽다가 문공에 이르러 "제후는 왕을 부를 수 없다", "왕이 하양에서 사냥을 한 것이다"라고 한 것은 《춘추》가 이를 기피한 것이다.

정축일, 제후들이 허를 포위했다. 조曹의 신하 중 누군가 문공에게 "제 환공은 제후들을 모아 성이 다른 나라를 보존했는데, 지금 국군께서는 제후들을 모아 같은 성을 멸망시키고 계십니다. 조曹는 숙진탁의 후손이고, 진은 당숙우의 후손입니다. 제후들을 모아 형제를 없애는 것은 예가 아닙니다"라고 했다. 진 문공이 기쁜 마음으로 조의 국군을 복귀시켰다.

이 무렵 진은 3행三行⁴¹을 신설하여 순임보가 중행을, 선곡先縠이 우행을, 선멸先蔑이 좌행을 맡았다.

7년(기원전 630년), 진 문공과 진秦 목공이 함께 정을 포위했다. 문공이 망명해 있을 때 무례하게 대했고, 성복 때 정이 초를 도왔기 때문이다. 정을 포위하여 숙첨을 얻으려 했다. 숙첨이 이를 듣고는 자살했다. 정이 숙첨의 시신을 진에 보냈으나 진은 "정의 국군을 얻어야 마음이 풀릴 것이다"

---

41 좌행左行 · 중행中行 · 우행右行으로 이루어진 보병 군대를 말한다. 대체로 보병 위주의 적狄을 막기 위해 신설한 것으로 본다.

● 진 문공의 패업을 나타낸 대형 석조물. 조성 중인 진국고도박물관 입구에 있다.

라 했다. 정이 두려워 바로 틈을 봐서 진秦 목공에게 사람을 보내 "정이 망해 진晉이 강해지면 진은 얻고 진秦은 이득이 없습니다. 국군께서는 어째서 정의 포위를 풀어 동쪽 길의 우방으로 삼지 않는 것입니까"라고 했다. 진秦 목공은 기뻐하며 병사를 철수시켰다. 진 역시 병사를 철수시켰다.

9년(기원전 628년) 겨울, 진 문공이 죽고 아들 양공襄公 환歡이 뒤를 이었다. 이해에 정 국군도 죽었다.

정의 누군가가 진秦에 나라를 팔려고 하자[42] 진秦 목공이 군대를 일으켜 정을 습격했다. 12월, 진秦의 병사가 진의 교외를 지나갔다.

---

42 〈정세가〉에 따르면 정나라의 사성司城 벼슬에 있는 증하繒賀라는 자가 정나라 내부 사정을 진秦 나라에 알림으로써 진나라 군대가 들어왔다고 되어 있다. 전체적인 내용이 《좌전》과는 차이가 난다.

4

문공 이후 진의 패업과 쇠퇴

◉

양공 원년(기원전 627년) 봄, 진秦 군대가 주를 지나면서 무례하게 굴자 왕손 만王孫滿이 그를 비난했다.[43] 군대가 활滑에 이르렀을 때 주에 장사를 하러 가던 정의 상인 현고弦高가 진 군대와 마주치자 소 열두 마리로 병사들을 위로했다. 진 군대가 놀라 돌아가는 길에 활을 멸망시키고 갔다.

진의 선진이 "진秦 국군(목공)은 건숙의 말을 듣지 않고 사람들 마음이 돌아섰으니 공격할 수 있습니다"라 했다. 난지는 "선군께서 진秦에서 받은 은혜를 아직 갚지 않았는데 공격은 안 됩니다"라 했다. 선진은 "진秦은 우리 국군을 모욕하고 우리와 같은 성을 정벌하는데 무슨 은덕을 갚는단 말이오"라 했다. 마침내 진秦을 쳤다. 양공은 검은색 상복[44]을 입었다.

4월, 효산殽山에서 진秦 군대를 물리치고 진의 세 장수 맹명시孟明視·서기술西乞秫·백을병白乙丙을 포로로 잡아 돌아왔다. 검은색 상복을 입고 문공을 안장했다. 문공의 부인은 진秦 여자였는데 양공에게 "진秦이 그 세 장수를 잡아다 죽이려 한답니다"라 하니 양공이 이들을 돌려보내도록 허락했다. 선진이 이를 듣고는 양공에게 "걱정거리가 될 것입니다"라 했다. 선진이 진秦의 세 장수를 뒤쫓았으나 그들은 황하를 건너 이미 배 안에 있으

---

43 진秦나라 군대가 주나라 북문을 지나면서 투구를 벗는 등 예에 어긋나는 행동을 보였다. 이에 주 종실 출신인 왕손만이 진나라의 패배를 예언하며 비난했다.
44 출정 때 흰색 상복을 입으면 불리하므로 검은색으로 염색해 입었다. 이후 진晉나라는 검은색 상복을 입는 것이 습속이 되었다. 양공은 효산전투에서 진秦나라 군대를 물리친 뒤 역시 검은색 상복을 입고 문공을 안장했다.

면서 고개를 숙여 인사를 하고는 끝내 돌아오지 않았다.

3년(기원전 625년) 뒤, 진秦이 과연 맹명시를 보내어 진을 정벌하여 효산에서의 패배를 갚는 한편 진의 왕汪 땅을 취하고 돌아갔다.

4년(기원전 624년), 진秦 목공이 진을 대대적으로 정벌하여 황하를 건너 왕관王官을 취한 다음 효산에서 병사들의 시신을 묻고 돌아갔다. 진이 두려워 감히 나오지 못한 채 성을 지켰다.

5년(기원전 623년), 진이 진秦을 정벌하여 신성新城을 취함으로써 왕관에서의 전역을 되갚았다.

6년(기원전 622년), 조최성자(조최)·난정자(난지)·구계자범(구범)·곽백霍白 등이 모두 죽었다. 조돈이 조최를 이어 집정했다.

7년(기원전 621년) 8월, 양공이 죽었다. 태자 이고夷皐는 어렸다. 진 사람들이 난리 때문에 나이 든 국군을 세우고 싶어 했다. 조돈은 "양공의 동생인 옹雍을 세웁시다. 선행을 좋아하고 나이도 있으며 선군께서 예뻐하셨습니다. 또 진秦과도 가까운데 진秦은 옛날부터 우리와 사이가 좋았습니다. 착한 사람을 세우면 단단해지고, 나이 든 사람을 섬기면 순조로워지며, 사랑받는 사람을 받들면 효성스러워지고, 오랫동안 잘 지내던 나라와 손잡으면 안정됩니다"라고 했다.

가계賈季는 "그 동생 낙樂만 못합니다. (그 어머니) 신영辰嬴은 두 국군의 총애를 받았으니 그 아들을 세우면 백성들이 틀림없이 안심할 것입니다"라고 했다.

조돈은 "신영은 천하고 그 자리도 아홉 번째 다음이니 그 아들에게 무슨 위엄이 있겠소! 그리고 두 선군의 총애를 받은 것은 음란함이오, 선군의 아들로서 큰 나라의 도움도 구하지 못한 채 작은 나라에 나가 있으니 비루하기 짝이 없지요. 어미는 음란하고 아들은 비루하니 위엄이 없소이다. 또 진陳은 작고 멀어서 도움을 받을 수 없으니 뭐가 되겠소이까"라고 했다.

이에 사회士會를 진秦에 보내 공자 옹雍을 맞아들였다. 가계 역시 진陳으로 사람을 보내 공자 낙樂을 불러들였다. 조돈은 양처보陽處父를 살해했다는 이유로 가계를 파면시켰다. 10월, 양공을 안장했다. 11월, 가계가 적으로 달아났다. 이해에 진秦 목공이 죽었다.

영공 원년(기원전 620년) 4월, 진秦 강공康公이 "전에 문공이 환국할 때 호위가 없었기 때문에 여성과 극예의 난이 있었다"라 하고는 공자 옹에게 호위병을 많이 주었다.

태자의 어머니 목영穆嬴은 밤낮으로 태자를 껴안고 "선군께 무슨 죄가 있으며, 그 후계자에게 무슨 죄가 있는가? 적자를 버리고 밖에서 국군을 구하니 장차 이 아이를 어찌 할꼬"라며 울었다. 궁궐을 나와서 태자를 안고 조돈이 있는 곳으로 가서는 머리를 조아리며 "선군께서 이 아이를 그대에게 맡기시면서 '이 아이가 재목이 되면 내가 그대에게 감사하겠지만 재목으로 크지 못하면 그대를 원망할 것이오'라고 하지 않았소이까. 지금 국군께서 돌아가셨지만 그 말씀이 아직도 귓가에 맴도는데 그 당부를 저버리려 하시다니 어찌 이럴 수가 있소"라고 했다.

조돈과 대부들은 모두 목영을 꺼렸고, 또 죽임을 당할까 두려워 바로 맞이하려던 옹을 배반하고 태자 이고를 옹립하니 이가 영공靈公이다. 그리고 군대를 내어 공자 옹을 호송하던 진秦을 막고는 조돈이 장수가 되어 진을 공격하여 영호令狐에서 패배시켰다. 선멸과 수회(사회)는 진秦으로 달아났다.

가을, 제·송·위衛·정·조曹·허의 국군들이 모두 조돈과 합류하여 호읍扈邑에서 회맹하니 영공이 막 즉위했기 때문이었다.

4년(기원전 617년), 진秦을 정벌하여 소량少梁을 취했다. 진秦 역시 진의 효읍[45]을 취했다.

6년(기원전 615년), 진秦 강공이 진을 정벌하여 기마羈馬를 취했다. 영공이 노하여 조돈·조천·극결郤缺로 하여금 진을 공격하게 하여 하곡河曲에서 크게 싸웠다. 조천이 가장 큰 공을 세웠다.

7년(기원전 614년), 진의 6경들이 진秦에 있는 수회가 진을 어지럽힐까 걱정되어 위수여魏壽餘에게 거짓으로 진을 배반하고 진秦에 항복하게 했다. 진秦이 수회를 위읍魏邑에 보내자 (위수여가) 잡아서 진으로 돌아왔다.

8년(기원전 613년), 주 경왕頃王이 세상을 뜨자 공경들이 권력을 다투느라 상을 알리지도 못했다. 진은 조돈에게 전차 800승을 몰고 가서 주의 난을 평정하고 광왕匡王을 세웠다. 이해에 초楚 장왕莊王이 즉위했다.

12년(기원전 609년), 제 사람들이 그 국군 의공懿公을 시해했다.

14년(기원전 607년), 영공이 장성하자 사치스러워져 세금을 무겁게 물리고 담장을 그림으로 장식했다. 대 위에서 사람에게 탄환을 쏘아 탄환을 피하는 모습을 구경했다. 궁중 요리사가 곰발바닥을 덜 익혀서 내자 영공은 화가 나서 요리사를 죽이고 그 부인에게 시체를 들고 조당을 지나 나가버리게 했다. 조돈과 사회가 전부터 몇 차례 일렀으나 영공은 듣지 않았다. 그러다 또 죽은 사람의 손을 보게 되자 두 사람은 나아가 일렀다. 사회가 먼저 일렀으나 듣지 않았다. 영공은 이들이 두려워 서마鉏麑를 시켜 조돈을 죽이게 했다. 조돈의 내실 문이 열려 있었는데 행동거지에 절제가 있었

---

45 권14 〈십이제후연표〉와 《좌전》(문공 10년 조)에 따르면 효都가 북징北徵으로 나온다. 북징은 진晉의 읍 이름으로 지금의 섬서성 징성현澄城縣 서남쪽으로 추정된다.

다. 서마가 물러나와 "충신을 죽이는 것과 국군의 명을 어기는 것, 모두 같은 죄로구나"라고 탄식하며 나무에 (머리를) 부딪어 죽었다.

전부터 조돈은 수산首山으로 자주 사냥을 나갔는데, 뽕나무 아래에서 굶주린 사람을 보았다. 굶주린 사람은 기미명示眯明이란 자였다. 조돈이 먹을 것을 주자 그 반만 먹었다. 그 까닭을 물었더니 "남의집살이 3년에 어머니가 살아계신지조차 모르지만 어머니를 위해 남겨놓고 싶습니다"라고 했다. 조돈은 그를 의롭게 여겨 먹을 것과 고기를 더 주었다. 얼마 뒤 진의 주방장이 되었지만 조돈은 알지 못했다.

9월, 진 영공이 조돈에게 술을 먹이고 매복시킨 병사에게 조돈을 공격하도록 모의했다. 영공의 주방장 기미명이 이를 알고는 조돈이 취하여 일어나지 못할 것을 걱정하여 앞으로 나아가 "국군께서 신하에게 베푸는 술자리는 술이 석 잔씩 돌면 끝나는 것입니다"라고 하여 조돈이 먼저 자리를 떠서 화가 미치지 않도록 했다. 조돈은 자리를 떴고, 영공이 매복시킨 병사들은 다 모이기에 앞서 먼저 오敖로 불리는 사나운 개를 풀었다.[46] 기미명이 조돈을 위해 개를 때려 죽였다. 조돈이 "사람을 버리고 개를 쓰다니, 아무리 사나운들 무슨 소용인가"라 했다. 그러나 (조돈은) 기미명이 몰래 베푼 은덕을 몰랐다. 이윽고 영공은 자신이 매복시킨 병사들을 풀어 조돈을 쫓게 했으나 기미명이 반격을 가하여 더 이상 쫓지 못했고, 조돈은 무사히 벗어날 수 있었다. 조돈이 (자신을 구해준) 까닭을 묻자 (기미명은) "내가 뽕나무 아래 그 굶주린 사람입니다"라 했다. 이름을 물었으나 말하지 않았다.

---

46 오敖는 오獒로 많이 쓰는데, 사나운 맹견을 말한다. 길이 네 자가 넘는 큰 덩치를 가진 개로 전한다. 오늘날 티베트 지역에서 특산으로 한 마리에 수억 원을 호가하며 지구상에서 가장 비싼 개로 유명한 짱아오藏獒라는 맹견의 이름이 바로 여기서 비롯되었다.

기미명도 틈을 타서 달아났다.

조돈은 달아나긴 했으나 진의 국경을 벗어나지 못했다. 을축일, 조돈의 동생 조천이 복숭아밭에서 영공을 습격하여 죽이고 조돈을 맞아들였다. 조돈이 평소 존경받고 민심을 얻은 반면 영공은 젊은 나이에 사치스러워 백성이 따르지 않았기 때문에 시해하기 수월했다. 조돈은 자리에 복귀했다.

진 태사 동호董狐는 "조돈이 그 국군을 시해했다"라고 기록하고는 조정에서 이를 보여주었다. 조돈은 "시해한 사람은 조천이고 나는 죄가 없다"라고 했다. 태사는 "그대는 정경의 신분으로 도망쳤으나 국경을 벗어나지 않았고, 돌아와서도 나라를 어지럽힌 자를 죽이지 않았으니 그대가 아니면 누구란 말이오"라 했다. 공자孔子가 이 일을 듣고는 "동호는 옛날 훌륭한 사관으로 죄를 숨기지 않는 기록의 원칙을 지켰고, 조趙 선자는 훌륭한 대부로서 원칙을 지키다가 오명을 썼다. 안타깝구나, 국경을 벗어났더라면 오명을 면했을 터인데"라 했다.

조돈은 조천을 시켜 양공의 동생 흑둔黑臀을 주에서 맞아들여 세우니 이가 성공成公이다.

성공은 문공의 작은아들이고, 그의 어머니는 주 여자였다. 임진일, 무궁에서 조회했다.

성공 원년(기원전 606년), 조씨를 공족公族[47]으로 삼았다. 정을 정벌했다. 진을 배신했기 때문이다.

3년(기원전 604년), 정의 국군이 막 즉위하여 진에 붙고 초를 버렸다. 초가

---

47 국군의 가족을 말한다. 후대 황가 가족을 '황족皇族'이라 부른 것과 같은데, 공족의 우두머리를 공족 대부라 불렀다.

노하여 정을 정벌하자 진이 가서 구원했다.

6년(기원전 601년), 진秦을 정벌하여 장수 적赤을 포로로 잡았다.

7년(기원전 600년), 성공과 초 장왕이 힘을 다투며 호읍에서 제후들과 회맹했다. 진陳은 초가 두려워 회맹에 오지 않았다. 진이 중항환자(순임보)를 보내 진陳을 토벌했다.[48] 정을 구원하려고 초와 싸워 초의 군대를 물리쳤다. 이해에 성공이 죽고 아들 경공景公 거據가 즉위했다.

경공 원년(기원전 599년) 봄, 진陳의 대부 하징서夏徵舒가 그 국군 영공靈公을 시해했다.

2년(기원전 598년), 초 장왕이 진陳을 토벌하여 하징서를 죽였다.

3년(기원전 597년), 초 장왕이 정을 포위하자 정은 진에 위급함을 알렸다. 진은 순임보에게 중군을, 사회에게 상군을, 조삭에게 하군을 이끌게 했다. 극극郤克·난서·선곡·한궐韓厥·공삭鞏朔이 보좌했다.

6월, 황하에 이르렀으나 초가 이미 정을 굴복시켰고, 정 국군이 어깨를 드러내고 동맹을 맺으러 갔다는 소식에 순임보는 군대를 돌리려 했다. 선곡은 "어쨌거나 정을 구하러 왔는데 가지 않으면 안 되오. 병사들의 마음이 흩어질 것이오"라고 했다. 마침내 황하를 건넜다. 초는 이미 정을 굴복시키고 황하에서 말에게 물을 먹이며 위세를 뽐내고 떠나려 하고 있었다. 초와 진의 군대가 크게 싸웠다. 정이 바로 초에 붙었기 때문에 초를 겁내서 도리어 초를 도와 진을 공격했다. 진의 군대는 패하여 황하로 달아나서로 건너려고 다투니 배 안에는 잘린 손가락이 아주 많았다. 초는 진의

---

48 중항환자中行桓子는 순임보旬林父를 말한다. 진晉나라의 정경正卿으로 순언의 할아버지이다. 그런데 진陳을 토벌하고 정鄭을 구한 사람은 〈십이제후연표〉와 《좌전》에 따르면 순임보가 아니라 극결郤缺로 나온다. 진陳에 대한 정벌과 정鄭의 구원은 별개의 사건으로 보인다.

장수 지앵智罃을 사로잡았다.

귀국하여 순임보는 "신은 통솔자로서 군을 패배하게 했으니 죽어 마땅합니다. 죽음을 내려주십시오"라고 했다. 경공이 허락하려고 하자 사회가 "지난날 문공께서 초와 성복에서 싸웠을 때 초 성왕은 돌아가 자옥을 죽였고 문공께서는 기뻐하셨사옵니다. 지금 우리 군이 이미 초에 패했는데, 또다시 장수를 죽인다면 초가 원수 죽이는 일을 돕는 꼴입니다"라 하니 바로 그만두었다.

4년(기원전 596년), 선곡이 맨 먼저 계책을 냈다가 황하에서 진의 군대가 패하자 죽음이 두려워 바로 적으로 달아나서는 적과 진을 정벌하려고 했다. 진이 이를 알고는 바로 적의 가족을 다 죽였다. 선곡先縠은 선진先珍의 아들[49]이다.

5년(기원전 595년), 정을 토벌했다. 초를 도왔기 때문이다. 이 무렵 초 장왕이 강했는데, 황하에서 진의 군대를 꺾었기 때문이다.[50]

6년(기원전 594년), 초가 송을 정벌하자 송은 진에 위급함을 알렸다. 진이 구원하려 했으나 백종伯宗이 "초는 하늘이 돕고 있어 당할 수 없습니다"라고 했다. 이에 해양解揚에게 송을 구원한다고 속이게 했다. 정 사람들이 잡아서 초로 보내니 초는 재물을 후하게 주며 그 말을 반대로 하게 하여 송

---

49 다른 기록에는 선진의 아들 선곡에 대한 언급이 없다. 선진의 아들로는 차거且居, 차거의 아들로 선극(先克, 또는 자극子克)이란 이름이 보일 뿐이다.
50 이는 기원전 576년부터 기원전 575년 사이에 벌어졌던 필泌의 전투에서 초나라가 승리함으로써 장왕이 패주의 반열에 올라선 것을 말한다. 필전투가 갖는 영향과 의의는 성복전투에 미치지는 못하지만 초나라의 패권을 확정했다는 점에서 적지 않은 의미가 있다. 지금의 하남성 정주시鄭州市 포전향圃田鄉 고성촌古城村과 동주촌東周村 일대에 필고성泌故城 터가 있는데, 진晉과 초가 벌인 필 전투지이다.

을 빨리 굴복시키려 했다. 해양이 거짓으로 허락하고는 끝내는 진 국군이 한 말을 전했다.⁵¹ 초가 그를 죽이려 했으나 누군가 말려서 해양을 풀어주고 돌려보냈다.

7년(기원전 593년), 진이 사회를 시켜 적적赤狄을 멸망시켰다.

8년(기원전 582년), 극극郤克을 제에 사신으로 보냈다. 제 경공의 어머니가 누각 위에서 보고는 웃었다. 그렇게 한 까닭은 극극은 곱추, 노魯 사신은 절름발이, 위衛 사신은 애꾸였기 때문이다.⁵² 그래서 제도 이들과 같은 사람들로 하여금 손님을 이끌도록 했다. 극극은 화가 났고 돌아가는 길에 황하에서 "제에 보복하지 않으면 하백께서 증명하실 것이다"라고 했다. 나라에 도착하여 국군에게 제를 정벌하십사 청했다. 경공이 그 까닭을 묻고는 "그대의 원한 때문에 어찌 나라를 번거롭게 할 수 있겠는가"라 하고는 들어주지 않았다. 위魏 문자文子가 나이를 이유로 은퇴를 청하여 극극을 피하니 극극이 집정하게 되었다.

9년(기원전 581년), 초 장왕이 죽었다. 진이 제를 정벌하자 제는 태자 강彊을 진에 인질로 보냈고, 진은 병사를 물렸다.

11년(기원전 579년) 봄, 제가 노를 공격하여 융읍隆邑을 탈취했다. 노가 위衛에 위급함을 알리니 위와 노는 모두 극극을 통해 진에 급함을 알렸다. 진

---

51 다른 기록들을 종합해볼 때 저간의 사정이 복잡하다. 송나라는 초나라의 공격을 받고 진晉에 구원을 요청했다. 진은 해양을 송나라로 보냈으나 초나라 군대에 막혀 갈 수가 없었다. 하는 수 없이 고의로 정나라 포로가 되어 정나라와 친한 초나라로 압송시키게 했다. 초나라 왕이 재물과 협박으로 해양에게 송나라 진영에 구원병을 보낼 수 없다고 하라고 했다. 해양은 유혹과 협박에 넘어가는 척하고는 송나라 진영에 곧 진나라 구원병이 올 테니까 끝까지 버티라고 격려했다.

52 극극을 제나라로 보내 제나라에 모욕을 준 사건은 본 세가를 비롯하여 《춘추》 3권 모두에 기록된 사실로 보이지만 신체상의 장애와 그 대상이 바뀌어 있는 등 세부적인 내용에서는 들쭉날쭉하다.

이 극극·난서·한궐에게 전차 800승을 주어 노·위와 함께 제를 치게 했다.

여름, 안 지역에서 경공과 싸워 경공에게 상처를 입히고 곤경으로 몰았다. 경공은 그 시위병과 자리를 바꾸어 내려서 물을 마시는 척하며 탈출했다. 제 군대가 패하여 달아나자 진은 북으로 제 땅까지 뒤쫓았다. 경공은 보물 따위를 바치며 강화를 구했으나 들어주지 않았다. 극극이 "소동蕭同의 조카를 인질로 잡아야만 합니다"라고 했다. 제의 사신은 "소동蕭同의 조카라면 경공 어머니입니다. 경공 어머니는 진나라 국군의 어머니와 같거늘 어찌 기어이 인질로 요구한단 말입니까? 의리가 아니니 다시 싸웁시다"라고 했다. 이에 진은 강화를 받아들이고 철수했다.[53]

초의 신공申公 무신巫臣이 하희夏姬를 훔쳐 진晉으로 도망쳐 오자 진은 무신을 형邢의 대부로 삼았다.[54]

12년(기원전 578년) 겨울, 제 경공頃公이 진에 와서 진 경공을 왕으로 받들려 했으나 경공은 감당할 수 없다고 사양했다. 진이 처음으로 6군을 창설하고[55] 한궐·공삭·조천·순추荀騅·조괄趙括·조전趙旃을 경으로 삼았다. 지

---

53 진이 강화를 받아들이고 철수했다는 것은 진晉과 제나라 사이에 벌어진 안鞌전투의 마무리를 말한다. 이 전투는 춘추시대 중기 상당한 규모와 수준 높은 전략이 구사된 전투로 평가받는다. 이 전투에서 진은 정확한 전략으로 제나라를 일거에 격파해 제나라를 굴복시킴으로써 제나라를 동맹에 끌어들이는 전략적 목적을 달성했다. 이는 초나라와 중원의 패권을 두고 각축을 벌이며 불리한 상황에 놓여 있던 진나라로 하여금 다시 중원의 패주 지위를 세우게 하는 중요한 의미를 가지는 사건이기도 했다.

54 〈진기세가〉와 그 밖의 다른 기록들에 나오는 내용들을 종합적으로 참고하여 이 사건을 간략하게 정리하면 이렇다. 하희의 아들 하징서夏徵舒가 어머니 하희와 간통을 일삼던 진陳 영공靈公을 살해했다. 초나라 장왕莊王은 이를 구실로 진을 정벌하여 하징서를 죽이고 하희를 잡아 초나라 대부 연윤 양노連尹襄老에게 시집을 보냈다. 양노가 죽자 하희는 다시 양노의 아들 흑요黑要와 사통했고, 그 뒤 내내 하희의 미모에 침을 흘리고 있던 무신과 눈이 맞아 진晉나라로 도망쳤다. 무신은 초나라 대부 굴무屈巫인데 신현申縣에서 윤尹이란 벼슬을 지냈기 때문에 신공이라 부른 것이다.

앵이 초에서 돌아왔다.

13년(기원전 577년), 노 성공成公이 진에 인사를 드리러 왔으나 진이 그를 존중하지 않자 화가 나서 가버리고는 진을 등졌다. 진이 정을 정벌하여 범氾 땅을 취했다.

14년(기원전 576년), 양산梁山이 무너졌다. 진 국군이 백종伯宗에게 물으니 백종은 괴이하게 여길 것 없다고 했다.

16년(기원전 574년), 초의 장수 자반이 무신에 대한 한풀이로 그 가족을 모두 죽였다. 무신이 노하여 자반에게 편지를 보내 "반드시 네놈을 도망 다니다가 죽는 신세로 만들겠다"라 하고는 바로 오吳의 사신이 되길 청하고, 그 아들은 오의 행인行人이 되어 오에게 전차와 용병을 가르치게 했다. 오와 진이 처음으로 관계를 열어 초를 정벌하기로 약속했다.[56]

17년(기원전 573년), 진이 조동趙同과 조괄을 죽이고 집안을 멸했다. 한궐이 "조최와 조돈의 공을 어찌 잊을 수 있는가, 제사를 어찌 끊을 수 있는가"라고 하자 다시 조씨의 서자 무武를 후계로 삼고 봉읍을 회복시켜주었다.

19년(기원전 581년) 여름, 경공의 병이 깊어지자 태자 수만壽曼을 국군으로 세우니 이가 여공厲公이다. 한 달 남짓 뒤에 경공이 죽었다.

여공 원년(기원전 580년), 막 즉위하여 제후들과 잘 지내려고 진秦 환공과 황하를 사이에 두고 회맹했다. 돌아오니 진秦이 동맹을 깨고 적과 진 정벌

---

55 진나라에는 원래 상·중·하 3군이 있었는데 이때 다시 상·중·하 3군을 증설하여 6군 제도를 마련한 것이다.
56 하희 때문에 빚어진 사태로 인해 결국 무신이 오나라로 가서 중원의 군사와 병법을 전함으로써 오나라가 처음으로 중원의 진나라와 관계를 맺게 되었다. 이로써 오와 초 그리고 얼마 뒤 가세하는 월의 치열한 패권다툼이 전개된다.

을 꾀했다.

3년(기원전 578년), 여상呂相에게 진秦을 꾸짖게 하고 이어 제후들과 진秦 정벌에 나섰다. 경하涇河에 이르러 마수麻隧에서 진秦을 물리치고 그 장수 성차成差를 포로로 잡았다.

5년(기원전 576년), 극씨 셋이 백종을 헐뜯어 그를 죽였다. 백종이 바른 소리를 자주하는 바람에 이런 화를 당했다. 국인이 이 때문에 여공을 따르지 않았다.

6년(기원전 575년) 봄, 정이 진을 배신하고 초와 동맹하자 진은 화가 났다. 난서는 "우리 세대에서 제후들을 잃을 수는 없습니다"라 하니 바로 군대를 일으켰다. 여공이 스스로 장수가 되어 5월에 황하를 건넜다.

초의 군대가 구원하러 온다는 소식을 듣자 범문자는 여공에게 군대를 돌리자고 청했다. 극지는 "군사를 일으켜 반역자를 죽이려 하는데 강자를 만났다고 피한다면 제후들을 호령할 수 없소이다"라 했다. 마침내 초와 싸웠다.

계사일, 초 공왕의 눈을 쏘아 맞추니 초의 군대가 언릉鄢陵에서 패했다. 자반이 남은 병사들을 거두어 격려한 뒤 다시 싸우고자 하니 진이 겁을 먹었다. 공왕이 자반을 소환했는데, 시종 수양곡豎陽穀이 술을 갖다주어 자반이 술에 취하는 바람에 공왕을 보지 못했다. 공왕이 화가 나서 자반을 꾸짖으니 자반이 자결했다. 공왕이 군대를 이끌고 되돌아갔다. 진이 이로써 제후들에게 위엄을 떨치고 천하의 패주로 호령하려고 했다.

여공에게는 남총과 희첩이 많았다. 귀국한 뒤로 여러 대부들을 모조리 몰아내고 여러 희첩들의 형제를 기용하려 했다. 총애하는 희첩의 오라비로 서동胥童이란 자가 있었는데 일찍이 극지와 원한이 있었다. 난서 또한 극지가 자신의 계책을 쓰지 않고 초를 패배시킨 것에 원한을 품고 몰래 초

● (왼쪽) 영공 시해와 관련하여 태사 동호는 조돈이 국군을 시해했다고 기록하는 '동호직필董狐直筆'이라는 사관 정신의 사례를 남겼다(아래 부분).

● (오른쪽) 진나라의 정경 극극은 제나라에 사신으로 갔다가 모욕을 당했고, 이 때문에 국제 분쟁이 일어났다. 사진은 극극을 나타낸 석조물. 산서성 후마 진국고도박물관 광장에 있다.

에게 알렸다. 초가 사람을 보내 여공에게 "언릉의 전투는 사실 극지가 초를 불러 난을 일으켜서 공자 주周를 옹립하려 한 것입니다. 함께할 나라가 없어 일이 성사되지 않았을 뿐입니다"라고 거짓말을 했다. 여공이 난서에게 이를 알렸고, 난서는 "있을 수 있는 일입니다! 공께서 사람을 주로 보내 가만히 조사해보시기 바랍니다"라고 했다. 과연 여공은 극지를 주로 보냈다. 난서는 또 공자 주周에게 극지를 만나게 했으나 극지는 속았다는 사실을 몰랐다. 여공이 검증해보니 사실이어서 극지를 원망하며 죽이려 했다.

8년(기원전 573년), 여공이 사냥을 나가서 희첩과 술을 마시는데 극지가 산돼지를 잡아 바쳤으나 환관(맹장孟張)이 빼앗아 가자 극지는 맹장을 쏘아 죽였다. 여공이 노하여 "계자(극지)가 나를 속였다"라 하고는 극씨 셋을 죽이려 했으나 미처 손을 쓰지 못했다. 극기克錡가 여공을 공격하려고 하면서 "내가 죽을지 모르지만 여공 역시 피해를 볼 것이다"라 했다. 극지는 "신의를 내세우는 사람은 국군을 배반할 수 없고, 지혜를 추구하는 사람은 백성을 해칠 수 없고, 용감한 사람은 난을 일으키지 않는 것이오. 이 셋을 잃고서 누가 나와 함께하겠소? 나는 죽으면 그만이오"라 했다.

12월 임오일, 여공은 서동에게 병사 800명을 주어 세 극씨를 습격하게 했다. 서동은 이참에 조정에서 난서와 중항언까지 겁박하며 "이 두 자를 죽이지 않으면 우환이 공께 미칠 것입니다"라 했다. 여공은 "하루에 3경을 죽였는데 과인은 차마 더 할 수 없소"라 했다. 서동이 "사람들은 국군을 기꺼이 해칠 것입니다"라고 대답했으나 여공은 듣지 않고 난서 등에게 감사하는 한편 그저 극씨의 죄를 다스린 것만 설명하고는 "대부들은 제자리로 돌아가시오"라 했다. 두 사람은 머리를 조아리며 "정말 다행입니다! 정말 다행입니다!"라 했다.

여공은 서동을 경으로 임명했다. 윤달 을묘일, 여공이 장려씨匠驪氏의 집으로 놀러가자 난서와 중항언이 그 무리로 하여금 여공을 습격하여 체포해서는 가두었다. 서동은 죽이고 주로 사람을 보내 공자 주를 맞아들여 옹립하니 이가 도공悼公이다.

도공 원년(기원전 573) 정월 경신일, 난서와 중항언이 여공을 시해하고 한 량의 수레로 장례를 치렀다. 여공이 갇힌 지 6일 만에 죽었고, 사후 열흘이 지난 경오일에 지앵이 공자 주를 맞아들여 강성으로 오니 닭을 잡아 대부들과 맹서하고 옹립했다. 이가 도공이다. 신사일, 무궁으로 가서 제사를 지내고, 2월 을유일에 즉위했다.

도공悼公 주周의 할아버지는 희첩姬捷으로 진 양공의 작은아들이라 자리에 오를 수 없었기 때문에 환숙이라 불렸다. 환숙이 가장 사랑을 받았다. 환숙은 혜백惠伯 희담姬談을 낳았고, 담이 도공 주를 낳았다. 주가 자리에 올랐을 때 나이가 열넷이었다. 도공은 "할아버지와 아버지께서는 자리에 오를 수 없어 난을 피해 주로 가셨다가 객사하셨습니다. 과인도 너무 멀기 때문에 국군이 되길 바라지 않았습니다. 지금 대부들께서 문공과 양공의 뜻을 잊지 않고 은혜롭게 환숙의 후손을 세움으로써 조종과 대부들 위령에 기대어 진의 제사를 받들게 되었으니 어찌 삼가 조심하지 않겠습니까? 대부들께서도 과인을 도와주십시오"라 했다. 이에 자기 자리를 지키지 못하는 신하 일곱을 내치고, 과거의 공업을 닦고 은혜를 베푸는 한편 문공이 귀국할 당시의 공신들 후손을 거두었다.

가을, 정을 정벌했다. 정의 군대를 패퇴시키고 진陳에까지 이르렀다.

3년(기원전 571년), 진이 계택鷄澤에서 제후들과 회맹했다. 도공이 여러 신하에게 기용할 만한 사람을 물었더니 기해祁傒가 해호解狐를 천거했다. 해호는 기해와 원수였다. 다시 물으니 그 아들 기오祁午를 천거했다. 군자는 "기해는 당파를 짓지 않는다고 할 수 있다! 밖에서 사람을 천거하되 원수라 해서 숨기지 않고, 안에서 사람을 천거하되 자식이라 해서 숨기지 않는구나"[57]라 했다. 바야흐로 제후들이 회맹하려는데 도공의 동생 양간楊干이 소

---

57 외거불피구外擧不避仇, 내거불은자內擧不隱子. 이 명언은 중국 용인用人의 역사에서 중요한 인재기용 원칙의 하나로 꼽는다. 그 자리에 맞는 사람이라면 원수라 해서 피하지 않고, 친인척이라 해서 피하지 않는다는 뜻이다.

란을 피워 군열을 어지럽혔다. 위강魏絳이 그 마부를 죽였다. 도공이 노하자 누군가가 도공에게 바른 말을 했고, 도공은 마침내 위강을 현명하다 하고 정치를 맡기는 한편, 융으로 사신을 보내니 융은 한결 친숙함을 보였다.

11년(기원전 563년), 도공이 "내가 위강을 기용하고부터 아홉 번이나 제후들을 회합시키고 융·적과 가까워졌으니 위강의 힘이다"라 하고는 여악女樂을 내리니[58] 위강은 세 번 사양하고 받았다. 겨울, 진秦이 진의 역櫟을 빼앗았다.

14년(기원전 560년), 진이 6경으로 하여금 제후들을 이끌고 진秦 토벌에 나섰다. 경하를 건너 진秦의 군대를 크게 물리치고 역림棫林에 이르렀다가 돌아왔다.

15년(기원전 559년), 도공이 악사 사광師曠에게 나라 다스리는 일을 물었다. 사광은 "오로지 인의를 근본으로 삼아야 합니다"라 했다. 겨울, 도공이 죽고 아들 평공平公 표彪가 자리에 올랐다.

평공 원년(기원전 557년), 제를 정벌했다. 제 영공은 미하靡下에서 싸웠다. 제 군대가 패하여 달아났다. 안영晏嬰이 "국군께서는 역시 용기가 없군요. 어째서 싸움을 멈추지 않으시는 겁니까"라 하니 마침내 철수했다. 진이 뒤쫓아 임치臨菑를 포위하고 그 외성을 모조리 불태우고 도살했다. 동쪽으로 교수膠水, 남쪽으로 기수沂水에 이르기까지 제는 모두 성을 닫고 수비에 들어갔다. 진이 이내 병사를 이끌고 돌아갔다.

6년(기원전 552년), 노魯 양공襄公이 진에 인사를 드리러 왔다. 진의 난령欒逞이 죄를 짓고 제로 달아났다.

8년(기원전 550년), 제 장공莊公이 살며시 난령을 곡옥으로 보내며 군대를

---

58 《국어》(진어 7)와 《좌전》 기록에 모두 도공이 위강에게 '여악女樂'을 하사한 것으로 나온다.

◉ (왼쪽) 도공을 묘사한 석조 조형물. 진국고도박물관 광장에 있다.

◉ (오른쪽) 난서는 여공을 시해하고 도공을 추대하여 집권했다. 사진은 난서 집안의 자손이 조상의 제사를 위해 만든 청동기로 '난서부欒書缶'라 부른다. 중국 국가박물관 소장.

수행하게 했다. 제 군사들이 태항산太行山에 오르자 난령이 곡옥으로 가다 말고 길을 돌려 강성을 기습했다. 강성은 경계를 하지 않았고, 평공는 자살하려 했으나 범헌자范獻子가 평공을 말리고 자신의 무리로 난령을 공격하니 난령이 패하여 곡옥으로 달아났다. 곡옥에서 난령을 공격하니 난령은 죽고 난령의 일족은 전멸했다. 난령은 난서의 손자로서 강성에 들어와서는 위씨(위헌자)와 결탁했었다. 제 장공은 난령이 패했다는 소식을 듣고는 바로 돌아와 진의 조가朝歌를 빼앗아 돌아감으로써 임치의 패배를 갚았다.

　10년(기원전 548년), 제의 최저崔杼가 그 국군 장공을 시해했다. 진은 제의 난리를 틈타 제 정벌에 나서 고당高唐에서 패배시키고 돌아감으로써 태항에서의 싸움에 보복했다.

14년(기원전 544년), 오의 연릉계자延陵季子가 사신으로 와서 조문자趙文子
· 한선자韓宣子 · 위헌자魏獻子와 이야기를 나누고는 "진나라의 정권이 끝내
는 이 세 집안에게 돌아가겠구나"라 했다.

19년(기원전 539년), 제의 안영이 진에 사신으로 와서는 숙향叔向과 이야
기를 나누었다. 숙향이 "진은 저물어 가고 있습니다. 국군은 세금을 잔뜩
거두어 누대와 연못을 만들고 정사는 돌보지 않습니다. 정치가 개개인의
집안에서 나오니 오래갈 수 있겠습니까"라 했다. 안영도 그렇다고 보았다.

22년(기원전 536년), 연을 정벌했다.

26년(기원전 532년), 평공이 죽고 아들 소공昭公 이夷가 올랐다.

5
삼가분진과 진의 멸망 과정

◉

소공은 6년 만(기원전 526년)에 죽었다. 6경이 강해지니 공실이 보잘것없어
졌다. 아들 경공頃公 거질去疾이 즉위했다.

경공 6년(기원전 520년), 주 경왕敬王이 세상을 뜨고 왕자들이 자리를 다투
었다. 진의 6경이 왕실의 난리를 평정하고 경왕을 세웠다.

9년(기원전 517년), 노의 계씨季氏가 그 국군 소공을 내쫓았다. 소공은 간
후乾侯에 머물렀다.

11년(기원전 515년), 위衛와 송 두 나라가 사신을 보내와 진에게 노 국군
이 귀국할 수 있게 해달라고 청했다. 계평자季平子가 사사로이 범헌자에게
뇌물을 주니 헌자가 이를 받고는 진 경공에게 "계씨는 죄가 없습니다"라고

하니 아니나 다를까 노 국군을 귀국시키지 않았다.

12년(기원전 514년), 진 종실인 기해의 손자와 숙향叔向의 아들이 국군 앞에서 서로를 욕했다. 6경은 종실을 약화시키려고 법으로 그 일족을 전부 없애고 그 봉읍을 열 개의 현으로 나누어 각자 자기 아들들을 대부로 삼았다. 진의 종실은 더욱 약해졌고 6경은 모두가 아주 커졌다.

14년(기원전 512년), 경공이 죽고 아들 정공定公이 즉위했다.

정공 11년(기원전 501년), 노의 양호陽虎가 진으로 도망오자 조앙간자趙鞅簡子가 거처를 내주었다.

12년(기원전 500년), 공자孔子가 노의 재상이 되었다.[59]

15년(기원전 497년), 조앙이 한단의 대부 오午를 사신으로 보냈으나 믿지 못하고 오를 죽이려 했다. 오가 중항인中行寅·범길석范吉射과 함께 조앙을 공격했고, 조앙은 달아나 진양晉陽을 지켰다. 정공이 진양을 포위했다. 순력荀櫟·한불신韓不信·위치魏侈는 범길석·중항인과 원수지간이라 군대를 이동시켜 범길석·중항인을 공격했다. 범길석과 중항인이 반란을 일으키자 정공은 그들을 공격하여 패퇴시켰다. 범길석과 중항인은 조가로 도망가서 그곳을 지켰다. 한불신과 위치가 조앙을 위하여 정공에게 사죄하니 정공은 조앙을 사면하고 복직시켰다.

22년(기원전 490년), 진이 범길석과 중항인을 공격하여 패배시키자 두 사람은 제로 달아났다.

30년(기원전 482년), 정공이 오왕吳王 부차夫差와 황지黃池에서 회맹하여 맹주를 다투었다. 이때 조앙이 수행했는데, 결국은 오가 맹주가 되었다.

---

59 공자는 일찍이 노 정공定公 때 빈상賓相이 된 적은 있지만 재상은 아니었다. 〈공자세가〉 참고.

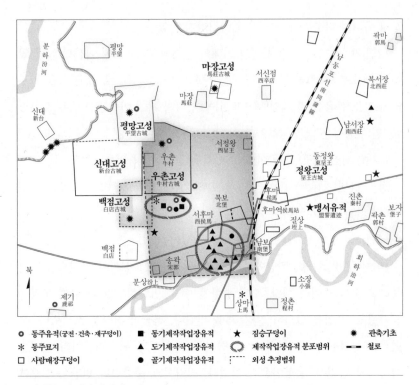

◉ 동주유적(궁전·건축·재구덩이)	■ 동기제작작업장유적	★ 짐승구덩이	✳ 판축기초
✳ 동주묘지	▲ 도기제작작업장유적	◎ 제작작업장유적 분포범위	— 철로
□ 사람매장구덩이	● 골기제작작업장유적	⸽ 외성 추정범위	

◉ 신전新田고성 유적 평면도.

31년(기원전 481년), 제의 전상田常이 그 국군 간공簡公을 시해하고 간공의 동생 오를 세우니 이가 평공平公이다.

33년(기원전 479년), 공자가 죽었다.

37년(기원전 475년), 정공이 죽고 아들 출공出公 착鑿이 즉위했다.

출공 17년(기원전 458년), 지백知伯이 조씨·한씨·위씨와 함께 범씨와 중항씨의 땅을 나누어 (자신들의) 봉읍으로 삼았다. 출공이 화가 나서 제·노에 통보하여 이들 4경을 토벌하려 했다. 4경이 겁이 나서 출공에게 반격을

● 조간자 조앙의 것으로 추정되는 무덤 발굴 상황(아래)과 출토 청동기. 산서성박물관 소장.

가했다. 출공은 제로 도망가다 길에서 죽었다. 이에 지백이 소공의 증손자 교驕를 진의 국군으로 옹립하니 이가 애공哀公이다.

애공의 할아버지 옹은 진 소공의 작은아들로 대자戴子로 불렸다. 대자가 기忌를 낳았다. 기는 지백과 잘 지냈으나 일찍 죽는 바람에 지백이 진을 완전히 차지하려다가 감히 못하고 기의 아들 교를 국군으로 세운 것이다. 당시 진의 국정은 모두 지백이 결정했고, 진 애공은 통제할 수 없었다. 지백이 범씨와 중항씨의 땅까지 차지하여 최강이 되었다.

애공 4년(기원전 452년), 조양자·한강자·위환자가 함께 지백을 죽이고[60] 그 땅을 다 차지했다.

18년(기원전 438년), 애공이 죽고 아들 유공幽公 유柳가 왕위에 올랐다.

유공 때는 진의 국군이 두려움에 한·조·위의 군주에게 도리어 인사를 드렸다. 강과 곡옥만 남고 나머지는 모두 삼진에 들어갔다.

유공 15년(기원전 423년), 위魏 문후가 새로 즉위했다.

18년(기원전 420년), 유공이 부녀자를 간음하며 밤에 몰래 읍으로 나다니다가 강도에게 살해되었다. 위魏 문후文侯가 군대로 진의 난을 토벌하고 유공의 아들 지止를 세우니 이가 열공烈公이다.

열공 19년(기원전 403년),⁶¹ 주 위열왕이 한韓·조趙·위魏 모두를 제후로 임명했다.

27년(기원전 395년), 열공이 죽자 아들 효공孝公 기頎가 즉위했다.

효공 9년(기원전 385년), 위魏 무후武侯가 새로 즉위하여 조趙의 한단을 기습했으나 이기지 못하고 돌아갔다.

17년(기원전 377년), 효공이 세상을 떠나고 아들 정공靜公 구주俱酒가 자리에 올랐다. 이해가 제 위왕 원년이다.

정공 2년(기원전 376년), 위魏 무후·한韓 애후哀侯·조趙 경후敬侯가 진을 멸망시킨 다음 그 땅을 셋으로 나누었다. 정공은 평민으로 떨어졌고, 진의 제사는 끊어졌다.

---

60 이른바 삼진三晉이 지백을 멸망시키는 과정은 《국어》(진어), 《전국책》(조책, 위책, 한책)에 비교적 상세한데, 《죽서기년》과 양관楊寬의 《전국사표戰國史表》에서는 이 사건을 기원전 453년(출공 22년)으로 고증하고 있다. 출공의 재위 연수에 대해서는 본 세가에서는 17년, 〈육국연표〉에서는 18년, 《죽서기년》에는 23년으로 기록되어 있어 차이를 보인다. 일반적으로 《죽서기년》과 양관 등의 고증에 따라 기원전 453년을 삼진이 지백을 멸망시키고 진나라 공실을 무력화한 때로 본다. 이로써 진나라는 유명무실한 존재가 되었고, 천하 정세는 실질적인 전국시대로 들어서게 된다.
61 열공 19년은 〈육국연표〉에는 17년, 양관의 《전국사표》에서는 13년으로 되어 있어 연수가 차이가 나지만 기원전 403년이란 연대에서는 일치한다. 한·조·위 삼진이 제후로 인정받은 이해를 전국시대의 시작으로 보는 견해도 적지 않다.

6
사마천의 논평

◉

태사공은 이렇게 말한다.

"진 문공은 옛날 말하는 명군이었다. 나라 밖에서 망명하길 19년, 아주 힘들었다. 즉위하여 상을 줄 때 개자추를 잊긴 했지만 어찌 교만한 군주라 하겠는가? 영공이 시해당한 후 성공과 경공은 아주 엄격해졌고, 여공 때는 더 심해져 대부들이 죽음을 두려워하다 끝내 난이 일어났다. 도공 이후 날이 갈수록 쇠퇴하고 6경이 권력을 오로지했다. 그러니 국군이 신하를 부리는 일이 참으로 쉽지 않구나!"

⊙

정리의 기술

⊙

⊙ 〈진세가〉에 등장하는 명언·명구의 재발견

- 동엽위규桐葉爲珪 "오동나무 잎으로 규를 만들어." '규'는 옥으로 만든 예기로서 신분의 상징물이다. 성왕이 동생 숙우에게 오동나무 잎을 주면서 제후로 봉하겠노라 한 고사에서 '동엽봉제桐葉封弟'라는 성어가 비롯되었다.

- 천자무희언天子無戲言 "천자에게는 농담이 없습니다." 천자의 일거수일투족은 모두 통치와 관계되므로 장난이나 농담이 있을 수 없다. 따라서 장난이나 농으로 한 말도 지켜야 한다는 뜻이다.

- 명자명야名自命也, 물자정야物自定也 "이름은 나름의 운명이 있고, 사물은 나름의 정해진 질서가 있거늘." 이에 대한 해석은 분분하다. 요지는 이름이 운명을 결정지을 수도 있으니 신중하게 지어야 한다는 것이다.

- 말대우본末大于本 "가지가 줄기보다 크고." '말'은 가지나 잎사귀를 말하고, '본'은 줄기나 뿌리를 말한다. 국군의 도읍인 익翼보다 그 인척이 봉해진 곡옥曲沃의 세력이 커질 것을 염려한 것이다.

- **가도벌괵假道伐虢** "길을 빌려주자 마침내 괵을 토벌." 이 사자성어가 이 대목에서 유래했다.

- **순망치한脣亡齒寒** "입술이 없으면 이가 시립니다." 이 사자성어가 이 대목에서 유래했다.

- **백규지점白珪之玷** 유가마야猶可磨也, 사언지점斯言之玷 불가위야不可爲也 "백옥의 반점은 갈아 없앨 수 있으나 말이 잘못되면 어쩔 수가 없다."《시경》'대아大雅' '억抑'에 나오는 대목이다. 한번 내뱉은 말은 바로잡기기 어렵다는 뜻으로, '치아위화齒牙爲禍'도 같은 맥락이다. 순식이 헌공에게 한 맹서의 말 때문에 목숨을 잃은 것을 안타깝게 생각하여 반어법으로 인용한 것으로 보인다.

- **치아위화齒牙爲禍** "치아가 화근이다." 이 고사성어가 이 대목에서 유래했다.

- **유차무환有借無還** "식량을 보내니 (그 선박의 행렬이) 옹에서 강에까지 이르렀다." 진晉으로 보낼 식량을 실은 배가 진秦의 수도 옹雍에서 진晉의 수도 강絳에까지 줄을 지어 늘어섰다는 의미이다. 이를《좌전》(희공 13년)에서는 '범주지역汎舟之役'이라고 표현했다. 기록상 내륙 수로를 이용하여 다량의 식량을 운반한 최초의 사례일 것이다. 이 사건에서 진晉 혜공이 '식량을 빌려놓고는 돌려주지 않았다'는 '유차무환有借無還'이란 파생어도 나왔다.

- **벽왕삼사辟王三舍** "사흘 거리를 뒤로 물리겠습니다." 흔히 '퇴피삼사退避三舍'라는 사자성어로 많이 알려져 있다. '벽辟'은 '피避'와 같은 뜻이다. '사舍'는 옛날 군대가 대체로 하루에 약 30리 길을 행군한 다음 군영을 치고 쉬거나 잤던 것을 말한다. 따라서 30리를 1사라 한다. 3사는 90리가 되는 셈이다. 중이가 초나라 성왕이 베풀어준 호의에 보답하는 뜻으로 만약 두 나라 군대가 싸우게 되면 90리를 뒤로 물린 다음 싸우겠다고 한 것이다.

- **언신지문야言身之文也** "말이란 사람 몸을 꾸미는 것입니다." 논공행상에서 개자추가 빠지자 개자추의 어머니는 가서 말을 하라고 했다. 그러나 개자추는 떠나기로 한 마당에 구차하게 말을 해서 무슨 소용이냐며 이렇게 말했다. 어머니는 개자

추의 뜻을 존중하여 함께 면산綿山으로 숨어 죽을 때까지 나오지 않았다.

• 참특지구讒慝之口 "저 헛소리하는 간사한 자의 입." 남을 헐뜯는 간사한 자의 입이란 뜻으로, 여기서는 초나라 성왕 앞에서 자옥의 능력을 무시했던 초나라 대부 위고蔿賈를 가리킨다.

• 외거불피구外擧不避仇, 내거불은자內擧不隱子 "밖에서 사람을 천거하되 원수라 해서 피하지 않고, 안에서 사람을 천거하되 자식이라 해서 숨기지 않는구나." 이 명언은 중국 용인用人의 역사에서 중요한 인재 기용 원칙의 하나로 꼽힌다. 그 자리에 맞는 사람이라면 원수라 해서 피하지 않고, 친인척이라 해서 피하지 않는다는 것인데, 《좌전》(양공 21년 조)에는 '외거불기구外擧不棄仇, 내거부실친內擧不失親'으로 나온다. 흔히 '외거불피구外擧不避仇, 내거불피친內擧不避親'으로 많이 인용된다.

⦿ 〈진세가〉에 등장하는 인물 정보

이름	시대	내용	출전
당숙우唐叔虞	주 진	무왕 아들이자 성왕 동생으로 이름은 우虞이다. 당唐에 봉해져 당숙 또는 대숙으로 불렸다. 진晉의 시조이다.	
주 무왕(周武王, 재위 1046~1043)	주	주 왕조 창립자로 성은 희姬, 이름은 발髮이다. 주 문왕 아들이다.	〈주본기〉
주 성왕(周成王, 재위 1042~1021)	주	무왕 아들로 2대 왕으로 즉위했다.	〈주본기〉
주공周公	주	무왕 동생으로 주의 건국과 조카 성왕을 보좌하여 주 왕조를 안정시키는 데 결정적인 공을 세웠다.	〈주본기〉 〈노주공세가〉
사일史佚	주	윤일尹佚이라고도 한다. 서주 초기의 사관, 천문가, 점성가로 무왕 때 태사를 지냈다.	《사기정의》 《한서》〈예문지〉
진후 섭晉侯燮	주 진	진나라 국군 (세계표 참조)	
무후 영족武侯寧族			
성후 복인成侯服人			
여후 복厲侯福			
정후 의구(靖侯宜曰, 재위 858~841)			
주 여왕 (周厲王, ?~828)	주	주 왕조 10대 왕으로 언론 탄압 등 폭정으로 국인에게 쫓겨났다.	〈주본기〉 《국어》
이후 사도(釐侯司徒, 재위 840~823)	주 진	진의 국군	
주 선왕 (周宣王, ?~782)	주	주 왕조 11대 왕으로 이름은 정靜이다.	〈주본기〉
헌후 적(獻侯籍, 재위 822~812)	주 진	진나라 국군 (세계표 참조)	
목후 비왕(穆侯費王, 재위 811~785)			
문후 구(文侯仇, 재위 780~746)			
성사 환숙(成師 桓叔, 재위 744~731)			
사복師服	주 진	진나라 대부	

권39 진세가

109

상숙 (殤叔, 재위 784~781)	주 진	진나라 국군 (세계표 참조)	
주 유왕 (周幽王, ?~771)	주	주 왕조 12대 왕으로 봉화놀이 등과 같은 실정으로 서주를 망국으로 이끌었다.	〈주본기〉
진 양공 (秦襄公, ?~706)	주 진秦	진나라 국군으로 장공의 둘째 아들이다. 주나라 평왕 平王을 구하고 호송해 동천하는 데 공을 세웠다.	〈진본기〉
소후 백(昭侯伯, 재위 745~740)	주 진	진나라 국군 (세계표 참조)	
난빈欒賓	주 진	정후의 서손으로 환숙의 재상이 된다. 난숙빈보欒叔 賓父로도 불린다.	
반보潘父	주 진	진의 대신으로 소후를 시해했다.	
효후 평(孝侯平, 재위 738~724)	주 진	진나라 국군 (세계표 참조)	
장백 선(莊伯鮮, 재위 730~716)	주 진	곡옥의 실권자	
악후 극(鄂侯郤, 재위 723~718)	주 진	진나라 국군 (세계표 참조)	
노 은공(魯隱公, ?~712)	주 노魯	노 국군으로 이름은 식고息姑이다. 혜공의 서자이자 환공의 형이다.	《춘추》 〈노주공세가〉
괵공虢公	주 괵	괵 국군으로 이름은 기보忌父이고, 이 무렵 주 왕실의 경사卿士로 있었다.	
애후 광(哀侯光, 재위 717~709)	주 진	진나라 국군 (세계표 참조)	
무공 칭(武公稱, 재위 715~677)	주 진		
소자 후(小子侯, 재위 708~4705)	주 진		
한만韓萬	주 진	곡옥 환숙의 아들로 한韓에 봉해져 전국시대 한나라 의 시조가 되었다.	
주 환왕(周桓王, 재위 719~697)	주周	주나라 국군으로 이름은 임林이며, 평왕의 손자이다. 정장공의 도발에 갈등을 유지하다가 생애를 마감했다.	
괵중虢仲	주 괵	괵공 후손으로 이 무렵 주 환왕의 경사로 있었다.	
진후 민(晉侯緡, 재위 704~678)	주 진	진나라 국군 (세계표 참조)	

제중祭仲	주 정鄭	정나라 경사	〈정세가〉
희돌 (姬突, 재위 700~697)	주 정	정나라 국군	
관지보管至父	주 제齊	제의 대부로 양공의 동생이다. 공자 무지와 결탁하여 양공을 시해했다.	〈제태공세가〉 《좌전》
양공(襄公, 재위 697~686)	주 제	제 장공 손자로 이름은 제아諸兒이다. 사냥을 나갔다 가 다리를 다쳤는데 공손무지 등이 무리를 이끌고 궁 에 들어와 습격해 양공을 죽였다.	〈제태공세가〉 《좌전》
주 이왕(周釐王, 재위 682~677)	주	주나라 국군으로 이름은 호제胡齊이고, 장왕의 아들 이다.	
진 무공(晉武公, 재위 715~677)	주 진	진나라 국군 이름은 칭稱이고, 장백의 아들이다.	
진 목후 (晉穆侯, ?~785)	주 진	진나라 국군으로 이름은 불생弗生이고, 헌후獻侯의 아들이다.	
헌공 궤저(獻公詭諸, 재위 676~651)	주 진	진나라 국군으로, 만년에 여희에 빠져 태자를 죽이는 등 진을 내란에 빠뜨렸다.	《국어》 《좌전》 〈진세가〉
주 혜왕(周惠王, 재위 676~652)	주	주 이왕釐王 아들로 동생 퇴와 권력을 다투었다.	〈주본기〉
퇴頹	주	주 혜왕 동생	
여희驪姬	여융 진	진 헌공이 여융을 정벌하면서 얻은 수장의 딸로 아들 해제를 군위에 올리고 분쟁을 일으켰다.	
사위士蔿	주 진	진 대부로 자가 자여子輿여서 사여士輿로도 불렸다.	
해제奚齊	주 진	여희 아들로 헌공의 총애와 여희의 정략으로 즉위했 으나 대신들에게 살해되었다.	《국어》 《좌전》 〈진세가〉
신생申生	주 진	진 헌공의 태자로 여희의 모함으로 자결했다.	《국어》 《좌전》 〈진세가〉
문공 중이 (文公重耳, 697~628)	주 진	진나라 국군으로 헌공의 둘째 아들이다. 춘추오패의 한 사람이다.	
혜공 이오(惠公夷吾, 재위 650~637)	주 진	진晉 헌공 아들로 망명에서 돌아와 국군의 자리에 올 랐으나 진秦과 갈등을 일으키는 등 실정을 범했다.	《국어》 《좌전》
제강齊姜	제 진	제 환공의 딸로 진 무공의 후처가 되었다가 그 아들인 진 헌공의 정부인이 되었다.	·

권39 진세가

진 목공(秦穆公, 재위 659~621)	주 진秦	진 국군으로 덕공의 막내아들이다. 춘추시대 진의 가장 뛰어난 국군으로 성은 영嬴, 이름은 임호任好이다.	〈진본기〉
조숙趙夙	주 진	진의 대부로, 그 후손이 삼가분진으로 조나라를 세웠다.	
필만畢萬	주 진	진의 대부로 진 헌공을 섬겼으며, 공을 세워 위지魏地에 봉해져 대부가 되었다.	
오 태백	주 오	주 태왕의 장자로 동생 계력에게 왕위를 양보하고 형만으로 달아나 오나라의 시조가 되었다.	〈오태백세가〉
복언卜偃	주 진	진의 점복을 관장하는 대부로 성은 곽, 훗날 진 문공의 패업을 돕는 공신이 되었다.	《한비자》 (남면편)
신료辛廖	주	주 왕실 대부	
이극里克	주 진	신생과 중이 일파로 해제와 그 동생 탁자 및 순식을 살해했으며, 자신은 이오에게 살해되었다.	《국어》 《좌전》 〈진세가〉
순식荀息	주 진	진 집정대신으로 이름은 암黯, 자는 식息이다. 순숙荀叔이라고도 한다.	
두원관杜原款	주 진	진 헌공 태자 신생의 사부	
발제勃鞮	주 진	진의 내시로 진 문공 중이를 두 번이나 죽이려 했다. 이제履鞮라고도 한다.	
궁지기宮之奇	주 우	우나라 사람으로 대부를 지냈다. 진에 길을 빌려주지 말 것을 주장했다.	
주 태왕周太王	상	고공단보古公亶父이며, 주 문왕의 할아버지이다.	
왕계王季	상	태왕의 아들이자 주 문왕의 아버지로 이름은 계력季歷이다.	《시경》 〈주본기〉
문왕 (文王, 기원전 11세기)	상	주 왕조를 개국한 무왕 발發에 의해 문왕으로 추존되었다.	〈주본기〉
백리해百里奚	우 진 진秦	자는 정백井伯이다. 우나라 대부로 있었으나, 진晉 헌공이 침공하여 나라가 멸망하고, 포로로 잡혔다가 달아났다. 이후 진秦 목공이 국정을 맡겼으며, 패업의 성취를 도왔다. 정백과 백리해를 다른 사람으로 보기도 한다.	
진 목희秦穆姫	주 진	진 헌공 딸로 진秦 목공의 부인이 되었다.	
가화賈華	주 진	진나라 대부	

기예冀芮	주 진	극예郤芮. 훗날 진 혜공 이오의 측근 신하가 되었다.	
도자悼子	주 진	헌공 아들로 여희의 동생 소생이다. 훗날 정쟁으로 살해된다.	
진 헌공(晉獻公, 재위 676~651)	주 진	진晉 국군으로 만년에 여희에 빠져 태자를 죽이는 등 진을 내란에 빠뜨렸다.	《국어》《좌전》 〈진세가〉
재공宰孔	주	주 왕실 태재로 주공이라고도 한다.	
비정邳鄭	주 진	진나라 대부	
여성呂省	주 진	진나라 대부로 혜공과 회공의 측근이었다.	
습붕隰朋	주 제	제의 대신으로 관중·포숙을 도와 제의 부국강병을 이루었다.	〈관안열전〉
주 양왕(周襄王, 재위 651~619)	주	주나라 국군으로 이름은 정鄭이며, 혜왕의 아들이다. 동생 숙대叔帶와의 왕위 다툼을 벌였다.	
주공 기보周公忌父	주	주 왕실의 경사로 재공과 같은 사람으로 추정된다.	
진 혜공(晉惠公, 재위 650~637)	주 진	진나라 국군으로 이름은 이오夷吾이고, 헌공의 셋째 아들이다. 진秦 목공, 제 환공, 이극里克 등의 도움으 로 즉위했으나 진秦과 식량 문제로 싸우다 포로가 되 었다가 귀국하기도 했다.	
호돌(狐突, ?~637)	주 진	진나라 사람으로 진 문공의 외할아버지이며, 대부에 올랐고, 자는 백행伯行이다.	
극칭郤稱	주 진	진나라 대부로 혜공을 옹립하는 데 공을 세웠다.	
비표邳豹	주 진	진나라 대부 비정의 아들로 정쟁 때문에 진秦으로 도 망갔다.	
소공 과召公過	주	주 왕실 경사로 소공 석의 후손이다.	
경정慶鄭	주 진	진나라 대부	
괵석虢射	주 진	진나라 대부	
보양步陽	주 진	진나라 공족 대부로 극씨郤氏 후손이다.	
가복도家僕徒	주 진	진나라 대부	

양요미梁繇靡	주 진	진나라 대부	
기자箕子	상 주	상의 귀족으로 주왕의 숙부라는 설도 있다. 훗날 기箕(산서성 태원 동북) 지역을 봉지로 받았다.	〈주본기〉
회공 자어(懷公子圉, 재위 637~636)	주 진	혜공 아들	
호모狐毛	주 진	호돌의 아들이자 호언의 형이다. 초나라 군대를 호언과 함께 격파했다.	
호언 구범狐偃咎犯	주 진	진나라 대부로 호돌의 아들이다. 문공의 외삼촌으로 망명생활을 함께했다. 뒤에는 구계자범咎季子犯으로 나온다.	
난지欒枝	주 진	진나라 내부 문공 지지세력의 한 사람이다. 난정자欒貞子라고도 한다.	
극곡郤縠	주 진	문공 지지세력으로 조최의 천거로 등용되었다.	
조최(趙衰, ?~622)	주 진	진나라 대부로 시호는 조성자趙成子, 성계成季 등으로도 썼다. 진 문공의 즉위를 도왔다.	
가타賈佗	주 진	진나라 공족	
선진先軫	주 진	진나라의 뛰어난 전략가이자 책사이다. 진 문공을 보필하여 많은 공을 세웠다.	
위무자魏武子	주 진	진나라 대부	
이제履鞮	주 진	문공을 죽이려 했던 발제와 동일인이다.	
백조伯儵 **숙유**叔劉	주 진	구여의 장녀가 문공에게 시집가서 낳은 아들들이다.	
조돈(趙盾, 654~601)	주 진	조최의 아들로 조선자趙宣子 또는 선맹宣孟이라 불렸다. 진 양공 이후 영공과 성공 때까지 국정을 맡았다.	
위 문공 (衛文公, ?~635)	주 위衛	위나라 국군으로 이름은 벽강辟疆 혹은 훼燬이다. 제 환공의 도움으로 적狄의 공격을 막아냈다.	〈위강숙세가〉
제 환공(齊桓公, 재위 685~643)	주 제	제나라 국군으로 이름은 소백이고, 양공의 동생이다. 관중을 재상으로 등용하여 개혁을 통해 부국강병을 시도했다. 제후들을 회합하여 맹약을 통해 최초의 패주霸主가 된다.	〈제태공세가〉 〈관안열전〉

수조豎刁	주 제	제나라 환관을 지냈다. 환공의 총애를 받았으며, 관중을 모함했으나 듣지 않았다. 이후 환관이 죽자 권력다툼으로 제나라가 혼란에 빠지게 되었다.	〈제태공세가〉 〈관안열전〉
제 효공 (齊孝公, ?~633)	주 제	제나라 국군으로 이름은 소昭이고, 환공의 아들이다.	〈제태공세가〉 〈관안열전〉
조 공공 (曹共公, ?~618)	주 조曹	조나라 국군으로 이름은 양襄이다.	〈관채세가〉
희부기釐負羈	주 조曹	조나라 대부로 진 문공 중이가 조나라에 왔을 때 그를 도왔다.	
송 양공 (宋襄公, ?~637)	주 송	송나라 국군으로 이름은 자부玆父이고, 환공의 아들이다. 제 환공이 죽자 초나라와 패권을 다투었다.	〈송미자세가〉
공손고公孫固	주 송	송나라 공족으로 장공의 손자이다.	〈송미자세가〉
정 문공 (鄭文公, ?~628)	주 정	정나라 국군으로 이름은 첩捷이고, 여공의 아들이다.	〈정세가〉
숙첨叔瞻	주 정	정나라 문공 때 대부를 지냈다.	〈정세가〉
초 성왕(楚成王, 재위 672~626)	주 초楚	초의 왕으로 태자 상신을 폐위시키려다가 발각되어 피살되었다. 진 문공 중이의 망명을 도왔다.	《좌전》 〈초세가〉
사공계자司空季子	주 진	구계臼季이며, 문공 때 대부가 되어 사공에 임명되었다. 일찍이 문공을 따라 망명생활을 했다.	
개자추介子推	주 진	진나라 사람으로 문공의 망명생활을 수행했으나, 귀국 후에 벼슬을 주지 않자 어머니와 면산綿山에 숨었다. 이에 문공이 불러도 나오지 않자 산에 불을 질렀으나 나오지 않고 타 죽었다. 이후 한식寒食이 유래했다.	
관중 (管仲, ?~645)	주 제	이름은 이오夷吾이다. 포숙아鮑叔牙와 평생 변함없는 우정을 나누어 관포지교管鮑之交로 유명하다. 포숙아로 인해 환공에게 발탁되어 부국강병을 시도했다.	〈제태공세가〉 〈관안열전〉
주 양왕(周襄王, 재위 651~619)	주	주나라 국군으로 이름은 정鄭이며, 혜왕의 아들이다. 동생 숙대叔帶와 왕위 다툼을 벌였다.	〈주본기〉
호숙壺叔	주 진	진 문공 중이를 수행했던 신하	
극진郤臻	주 진	진나라 대부로 공족 서오逝敖의 아들이다.	
순임보荀林父	주 진	진나라 대부	

위주魏犨	주 진	진나라 대부 위무자魏武子이다.	
매買	주 노魯	노나라 대부로 위나라에 파견되어 진나라의 공격을 막았다.	
성자옥成子玉	주 초	초나라 장수로 성복전투에서 패한 후 자결했다.	〈초세가〉
완춘宛春	주 초	초나라 대부	
왕자 호王子虎	주	주나라 왕의 경사로, 왕숙문공 또는 태재문공으로도 불린다.	
공자(孔子, 551~479)	주 노魯	노나라 추읍陬邑 사람이다. 대사상가로 유가의 개조로 추앙받고 있다. 여러 나라를 주유하며 군주에게 정치적 견해를 이야기했으며, 많은 제자를 가르치기도 했다. 제자들이 그의 언행을 모아놓은 것이 《논어》이다.	〈공자세가〉
숙진탁叔振鐸	주 조曹	조曹나라 시조로 주 무왕의 동생이다.	〈관채세가〉
선곡先縠	주 진	진나라 대부로 선진의 아들이다.	
선멸先蔑	주 진	진나라 대부로 사백이라고도 한다.	
양공 환(襄公歡, 재위 627~621)	주 진	진나라 국군으로 장공의 둘째 아들이다. 진秦나라와 여러 차례 전쟁을 벌였다.	
왕손만王孫滿	주	주왕의 종친으로 공왕共王 아들 어圉의 증손이다.	
현고弦高	주 정	정나라 상인으로 진秦의 침공을 기지로 막아냈다. 《좌전》의 내용과 차이가 난다.	〈정세가〉 〈진본기〉 《좌전》
건숙蹇叔	주 진秦	백리해의 추천으로 기용된 진나라 대부로 정나라 정벌을 적극 말렸다.	《좌전》 〈진본기〉
맹명시(孟明視, ?~?)	주 진秦	진나라 사람으로 백리해의 아들이다. 《여씨춘추》에는 건숙의 아들로 나오나 잘못인 것 같다.	《좌전》 《여씨춘추》 〈진본기〉
서기술西乞秫	주 진秦	진나라 장수로 〈진본기〉에는 건숙의 아들로 나오나 잘못인 것 같다.	〈진본기〉
백을병白乙丙	주 진秦	진나라의 장수	
난정자欒貞子	주 진	난지欒枝	

구계자범咎季子犯	주 진	호언 구범	
곽백霍白	주 진	선진의 아들	
옹雍	주 진	진나라 양공의 동생이다.	
영공 이고(靈公夷皐, 재위 620~607)	주 진	진나라 국군으로 양공의 아들이다. 어린 나이에 즉위 하여 사치하고 난폭하여 조돈趙盾의 동생 조천趙穿 에게 살해당했다.	
가계賈季	주 진	진나라 사람으로 이름은 호사고狐射姑이며 호언狐偃 의 아들이다. 양공 때 가국賈國에 봉해졌다.	
낙樂	주 진	공자 낙으로 양공의 배다른 동생이다.	
신영辰嬴	주 진	회공에게 시집갔다가 후에 문공에게로 시집온 진秦 공실의 여자이다.	
사회士會	주 진	진나라 대부이다. 문공 이후 네 임금을 섬기며 법제를 정비했다.	
양처보陽處父	주 진	진나라 대부로 태부로 있었다.	
진 강공 (秦康公, ?~609)	주 진秦	진나라 국군으로 이름은 앵罃이고, 목공의 아들이다. 진晉나라와 전쟁을 자주 했다.	
목영穆嬴	주 진秦	목공 딸로 진晉 양공의 부인이다.	
조천趙穿	주 진	진나라 사람으로 조돈趙盾의 동생이다. 영공을 살해 했다.	
극결郤缺	주 진	진나라 사람으로 대부를 지냈다.	
위수여魏壽餘	주 진	진나라 대부로 필만의 후손	
주 경왕周頃王	주	주나라 왕으로 이름은 임신王臣이고, 양왕의 아들이다.	〈주본기〉
광왕匡王	주	주나라 왕으로 이름은 반班이고 경왕의 아들이다.	
제 의공 (齊懿公, ?~609)	주 제	제나라 국군으로 이름은 상인이다. 환공의 아들이고 소공의 동생이다.	
서마鉏麑	주 진	진의 역사로 조돈을 죽이려다 그 인품에 매료되어 자 살함.	

기미명祁眯明	주진	조돈에게 은혜를 입고 조돈이 위기에 처했을 때 그를 구했다.	
동호董狐	주진	진나라의 사관. 주나라 사람 신유辛有의 후예로, 태사太史를 지냈다. 직필로 이름을 남겼다.	
조선자趙宣子	주진	조돈	
성공 흑둔(成公黑臀, 재위 606~600)	주진	진나라 국군으로 문공의 아들이다. 조천이 영공을 죽이고 왕위를 세웠다.	
경공 거(景公據, 재위 599~581)	주진	진나라 국군으로 성공의 아들이다.	
하징서 (夏徵舒, ?~604)	주진陳	진陳나라 대부이다. 진 영공을 죽이고 왕위를 차지했다.	
진 영공(陳靈公, 재위 613~599)		진나라 국군으로 이름은 평국平國이다. 하징서를 욕보이다 피살당했다.	
조삭趙朔	주진	진나라 경으로 조돈의 아들이다.	〈조세가〉
극극郤克	주진	진나라 사람으로 극결郤缺의 아들이고, 성공 때 대부를 지냈다.	
난서(欒書, ?~573)	주진	진 권신으로 국군 여공을 시해했다.	《좌전》
선곡先縠	주진	선진의 아들	
한궐韓厥	주진	진나라 사람으로 한헌자韓獻子라고도 불린다. 경공景公 때 극극郤克을 따라 제나라를 격파했다. 이후 경卿에 오르고 도공이 즉위하자 국정을 도맡아 처리하면서 제후들 사이에서 패권을 차지했다.	
공삭鞏朔	주진	진나라 대부로 공백鞏伯, 사장백士莊伯이라고도 불린다.	
지앵智罃	주진	진나라 사람으로 순임보荀林父의 아들이다. 도공을 보좌하면서 군대를 정비하여 진나라가 패자가 되었다.	
백종伯宗	주진	진나라 대부로 손백규의 아들이다.	
해양解揚	주진	진나라 대부로 이름이 양이다.	《좌전》
제 경공 (齊頃公, ?~582)	주제	제나라 국군으로 이름은 저구杵臼이다. 대부 최저가 장공을 살해하고 즉위하여 최저를 우상, 경봉을 좌상으로 삼았다.	

위 문자魏文子		다른 기록들에는 범무자 사회로 나온다.	《좌전》 《국어》
강彊	주 제	제나라 공자로 추정된다. 당시 태자는 환(環, 훗날 영 공)이다.	《좌전》 〈제태공세가〉
신공 무신申公巫臣	주 초 진	초나라 대부로 굴탕屈蕩의 아들이다. 굴신屈申, 굴무 屈巫로도 불린다. 초 장왕과 자반이 모두 하희를 취하 려고 하자 이를 막고 스스로 취하여 진晉나라로 도망 갔다.	《좌전》
하희夏姬	정鄭 진陳	진나라 대부 어숙御叔의 아내로, 하징서夏徵舒의 어 머니이기도 하다.	
순추荀雛	주 진	문자	
조괄趙括	주 진	조나라 사람으로 조사趙奢의 아들이다. 진秦나라와의 전투에서 실패하여 전사했다.	
조전趙旃	주 진	조괄 아들	
노 성공(魯成公, 재위 590~573)	주 노	노나라 국군으로 이름은 흑굉이고, 선공의 아들이다.	〈노주공세가〉
자반子反	주 초	초나라 장수로, 하희를 취하려다 신공 무신과 대립했 다.	〈송미자세가〉 〈초세가〉 〈정세가〉
조동趙同	주 진	조최의 아들이자 조괄의 형	
조무(趙武, ?~541)	주 진	진나라 대부로 조문자趙文子라고 불리었으며, 조삭趙 朔의 아들이다.	
여공 수만(厲公壽曼, 재위 580~573)	주 진	진나라 국군으로 경공景公의 아들이다. 초나라를 대 파했으나 교만하고 사치에 빠져 난서欒書 일파에게 살해당했다.	
진 환공(秦桓公, 재위 603~577)	주 진秦	진秦나라의 국군으로 이름은 영榮이고, 공공의 아들 이다.	
여상呂相	주 진	진나라 대부로 위의의 아들이다. 위상, 여선자로도 불 린다.	
성차成差	주 진秦	진秦나라 장수로 진晉과의 마수전투에서 포로로 잡 혔다.	
초 공왕(楚共王, 재위 590~560)	주 초	초나라 국군으로 이름은 심審이고, 장왕莊王의 아들 이다. 오랜 기간 진晉과 패권을 다투었다.	

수양곡豎陽穀	주 초	초 공왕 때 장수로 술 때문에 전투를 그르쳤다.	
서동胥童	주 진	진나라 여공이 총애하는 신하로 극지와 원한을 가져 분란을 일으켰다.	
도공 주(悼公周, 재위 573~558)	주 진	진나라 국군으로 양공의 증손이다. 난서가 여공을 살해하고 주나라에서 맞이했다.	
맹장孟張	주 진	진 여공 때 환관으로 극지에게 죽임을 당했다.	《좌전》
극구郤鉤	주 진	세 명의 극씨 중 하나로 여공을 죽이려 했다.	
희첩姬捷	주 진	도공의 할아버지로 양공의 작은아들이다. 환숙으로 불린다.	
혜백 담惠伯談	주 진	희첩 환숙의 아들이자 도공의 아버지이다.	〈조세가〉 〈계포난포열전〉
기해祁傒	주 진	진나라 공족으로 공평무사하게 인재를 천거한 사람으로 유명하다. 자는 황양黃羊이다.	
해호解狐	주 진	진나라 대부	
기오祁午	주 진	기해의 아들	
양간楊干	주 진	도공의 동생	
위강魏絳	주 진	진나라 대부로 위주魏犨 아들이다. 진 도공을 도와 나라를 부강하게 했다.	
악사 광樂師曠	주 진	진나라 악사로 이름이 광이다. 직언으로 유명하다.	
평공 표(平公彪, 재위 557~532)	주 진	진나라 국군으로 도공의 아들이다. 세금을 지나치게 많이 걷고 향락을 즐겼다. 이에 정치가 한韓·위魏·조趙 삼가三家로 몰려갔다.	
제 영공 (齊靈公, ?~554)	주 제	제나라 국군으로 이름은 환環이고, 경공頃公의 아들이다.	
안영(晏嬰, ?~500)	주 제	제나라 재상을 지냈다. 평소 검소한 생활을 실천했다.	《좌전》 〈관중안영열전〉
노 양공 (魯襄公, 575~542)	주 노	노나라 국군으로 이름은 오午이고, 성공의 아들이다.	

난령(欒逞, ?~550)	주진	난영欒盈이라고도 하며, 난서의 손자이다.	
제 장공(齊莊公, 재위 553~548)	주제	제나라 국군으로 이름은 구購이고, 성공의 아들이다.	
범헌자范獻子	주진	진나라 경으로 범선자의 아들이다. 이름은 앙鞅이다.	
위씨魏氏	주진	위강의 아들인 위헌자魏獻子 위서魏舒를 말한다.	《좌전》
최저(崔杼, ?~564)	주제	제나라 대부로 영공 때 정鄭나라와 진秦나라 등의 정벌에 공을 세웠다.	
연릉계자延陵季子	오吳	계찰을 말한다. 수몽의 막내아들로 현명하여 양위하려 했으나 사양하여 받지 않았다.	《좌전》 《시경》 〈오태백세가〉 〈한세가〉
조문자趙文子	주진	조무趙武로 진晉나라 대부를 지냈다. 경공 때 집안이 주멸당할 위기에서 살아남아 도공 때 경에 임명되어 국정을 장악했다. 초나라 굴건과 함께 종전終戰의 회합을 주최했다.	〈조세가〉 〈한세가〉
한선자韓宣子	주진	한기韓起이다. 한궐韓厥의 아들이며, 도공을 보좌했다.	
숙향叔向	주진	진나라의 현인으로 불렸다. 성은 양설羊舌이고 이름은 힐肸이다. 자산이 행한 법의 공개에 대해 비난하고 예와 덕치를 주장했다.	《좌전》 〈제태공세가〉 〈초세가〉 〈조세가〉 〈전경중완세가〉
소공이(昭公夷, 재위 531~526)	주진	진나라 국군으로 평공의 아들이다. 재위하는 중에 진나라의 6경六卿이 강해지고 공실은 약화되었다.	
경공 거질(頃公去疾, 재위 525~512)	주진	진나라 국군으로 소공의 아들이다. 재위기간 동안 주왕실이 혼란스러워졌고 6경으로 인해 공실은 더욱 쇠약해졌다.	
주 경왕 (周景王, ?~520)	주	주나라 국군으로 이름은 귀貴이고, 영왕의 아들이다.	
주 경왕 (周敬王, ?~476)	주	주나라 국군으로 이름은 개匄이고, 경왕의 서장자이다.	
노 소공 (魯昭公, ?~510)	주노	노나라 국군으로 이름은 주裯 또는 조稠, 소袑고, 양공의 서자이다.	

계평자季平子	주 노	노나라 경으로 계손여의季孫如意를 말한다.	
기해의 손자	주 진	진나라 대부로 기영祁盈이다.	
숙향의 아들	주 진	진나라 공족으로 양식아楊食我 또는 양설식아羊舌食我라고 한다.	
정공(定公, 재위 511~475)	주 진	진나라 국군으로 이름은 오午이고, 경공頃公의 아들이다.	
양호 陽虎	주 노	노나라 사람으로 얼굴이 공자와 닮았다고 한다. 계씨季氏의 가신이었다.	
조앙간자趙鞅簡子	주 진	진나라 사람으로 조간자趙簡子이다.	
오午	주 진	조천의 증손, 조승의 아들인 조오를 가리킨다.	
중항인中行寅	주 진	진나라 경으로 순인을 말한다.	
범길석范吉射	주 진	진나라 경으로 범앙의 아들이다.	
순력荀櫟	주 진	진나라 경으로 순영의 아들이다.	
한불신韓不信	주 진	진나라 경으로 한기의 손자이다.	
위치魏侈	주 진	진나라 경으로 위서의 손자 또는 아들이라 한다.	
오왕 부차(吳王夫差, 재위 495~473)	주 오	오의 왕으로 중원 진출에 의욕을 보이며 패권을 다투었다.	《국어》 〈오태백세가〉
전상田常	주 제	전기의 아들로 간공을 시해했다. 본명은 전항田恒(한 문제의 이름 유항을 피했다)이다.	《좌전》 〈전경중완세가〉
간공(簡公, 재위 484~481)	주 제	제 도공 아들로 당시 제의 강姜씨 성의 제후는 실권을 잃고 괴뢰로 전락했다. 이름은 임壬이다.	〈제태공세가〉 〈전경중완세가〉
제 평공 (齊平公, 480~456)	주 제	제나라 국군으로 이름은 오驁이고, 간공의 동생이다. 전상田常에 의해 강공을 살해하고 옹립되었다.	
출공 착(出公鑿, 재위 474~458)	주 진	진나라 국군으로 정공의 아들이다. 한·위·조·지백 등이 식읍을 나눠 가져 이를 치려고 했으나 오히려 먼저 공격당해 제나라로 도망가는 도중에 죽었다.	

지백(知伯, ?~435)	주 진	진나라 사람으로 지앵知罃의 현손이다. 진 6경과 대 립하다가 멸족당했다.	
애공 교(哀公驕, 재위 457~438)	주 진	진나라 국군으로 출공을 계승했으나 그 시호를 놓고 의공, 경공 등 많은 설들이 있다.	
대자 옹戴子雍	주 진	소공의 작은아들이다.	
기忌	주 진	대자 옹의 아들이다.	
조양자 (趙襄子, 475~425)	주 진	진나라 사람으로 조앙趙鞅의 아들이다. 지백을 몰아 내고 그 땅을 한·위와 함께 삼분해 가졌다.	
한강자 (韓康子, ?~425)	주 진	진나라 경으로 이름은 호虎이고, 한장자의 아들이다.	〈한세가〉
위환자 (魏桓子, ?~446)	주 진	진나라 경으로 이름은 구駒이고, 위양자의 아들이다.	〈위세가〉
유공 유(幽公柳, 재위 437~420)	주 진	진나라 국군으로 경공敬公의 아들이다. 한·위·조 등의 삼진으로 인해 나라가 쇠약해졌다.	
위 문후(魏文侯, 재위 445~396)	주 위魏	위 환자의 손자이다. 이극李克을 등용하여 성문법의 기본을 정했다. 학자들을 등용하고 학술을 장려하여 개혁군주로 유명하다.	
열공 지(烈公止, 재위 419~395)	주 진	진나라 국군으로 유공의 아들이다. 위 문후가 진의 난 을 진압하고 옹립했다.	
효공 기(孝公頎, 재위 394~378)	주 진	진나라 국군으로 열공을 이어 즉위한 환공桓公으로 추정한다.	〈육국연표〉
위 무후(魏武侯, 재위 395~370)	주 위魏	위나라 국군으로 이름은 격이며, 문후의 아들이다.	〈위세가〉
정공 구주(靜公俱酒, 재위 377~376)	주 진	진나라 국군으로 열공의 손자이다. 재위기간에 나라 가 멸망하고 한·위·조로 삼분되었다. 없는 인물로 보 기도 한다.	〈육국연표〉
제 위왕 (齊威王, 356~320)	주 제	제나라 국군으로 환공의 아들이다. 정치가 혼란스러 웠으나 추기鄒忌를 재상, 전기田忌를 장군, 손빈孫臏 을 군사軍師로 각각 기용하고 인재선발에 노력하여 나라가 부강해졌다.	〈제태공세가〉 〈전경중완세가〉
한 애후 (韓哀侯, ?~371)	주 한	한나라 국군으로 한경후韓景侯의 증손이다. 조·위 등과 진晉나라를 삼분하고, 정나라를 멸망시켜 정나 라의 도성으로 옮겼다.	〈한세가〉

조 경후 (趙敬侯, 386~375)	주 조趙	조나라 국군으로 이름은 장章이고, 열후烈侯의 아들 이다.	〈조세가〉

- 진한 글자는 진나라 역사에 직접 관련된 인물을 표시한 것이다.
- 진나라 국군의 계승과 재위 연도는 기록에 따라 차이가 적지 않다. '세가' 본문에 따라 표시했다.
- 이름 항목의 연도 표시 중 '재위'라고 기재되지 않은 것은 생몰 연도이다.
- 연도는 모두 기원전이다.

◉ 〈진세가〉에 등장하는 지역·지리 정보

지명	당시 현황	현재의 지리 정보
당唐	옛 나라 이름	산서성 익성翼城 서쪽
분하汾河	강 이름	산서성 하진河津 서남에서 황하로 흘러드는 강
체戱	옛 읍 이름	산서성 곽현霍縣 동북
조儵	옛 부족의 이름	산서성 운성運城 중조산中條山 일대
천무千畝	진晉의 지명	산서성 안택현安澤縣 북쪽 또는 개휴현介休縣
견융犬戎	옛 부족의 이름	섬서성 빈현彬縣, 기산岐山 일대
곡옥曲沃	진晉의 도읍	산서성 문희현聞喜縣
익성翼城 강絳	진晉의 도읍	산서성 익성현 동남
형정陘廷	진晉의 읍	산서성 곡옥현曲沃縣 동북
역읍櫟邑	정의 도읍	하남성 우현禹縣
여융驪戎	옛 부족의 이름	산서성 남부 일대융족의 한 갈래
취聚	진晉의 읍	산서성 양분현襄汾縣 서남
괵虢 북괵北虢	옛 나라 이름	산서성 평륙현平陸縣, 하남성 섬현陝縣 일대
포읍蒲邑	진晉의 읍	산서성 습현隰縣 서북
굴읍屈邑	진晉의 읍	산서성 길현吉縣 북쪽
곽霍	옛 나라 이름	도읍은 산서성 곽현 서남 일대
위魏	옛 나라 이름. 전국시대 위와는 다르다.	도읍은 산서성 예성芮城 북쪽 일대
경耿	옛 나라 이름	도읍은 산서성 하진현河津縣 남쪽아래 분수 남쪽 기슭
동산東山	적적赤狄의 한 갈래인 동산고락씨東山皐落氏	산서성 원곡현垣曲縣 동남 고락진皐落鎭 또는 석양현昔陽縣 동남 고락진
굴屈	진晉의 읍	산서성 길현 북쪽
우虞	옛 희姬 성의 나라	산서성 평륙현 동북 일대
하양下陽	괵나라의 읍	산서성 평륙현 북쪽
신성新城	진晉의 도성	곡옥
양梁	옛 영嬴 성의 나라	섬서성 한성韓城 남쪽
설상齧桑	지명	산서성 향영현鄕寧縣 서쪽

하서河西	옛 지구 이름	산서성과 섬서성 사이의 황하 남단 서쪽 지구
하내河內	옛 지구 이름	하남성 경내의 옛 황하 이북 지구
규구葵丘	송의 읍. 회맹 유지가 잔존한다.	하남성 난고현蘭考縣 동쪽
분양汾陽	진晉의 읍	산서성 정락현靜樂縣 서쪽
고량高粱	진晉의 읍	산서성 임분현臨汾縣 동북부
한원韓原	진晉의 땅 이름	산서성 하진, 만천萬泉 두 현 사이
옹雍	진秦의 도성	섬서성 봉상현鳳翔縣 동남
강읍絳邑	진晉의 도성	익성
왕성王城	진秦의 읍	섬서성 대려현大荔縣 동쪽
구여咎如	적적赤狄의 별종	하남성 안양시 서쪽 또는 산서성 태원 동북에서 활동
조曹	희성의 옛 나라 이름. 주 초에 봉해졌다.	산동성 서부 일대, 도읍은 산동성 정도定陶 서북인 도구陶丘
홍수泓水	옛 강 이름	하남성 자성현柘城縣 서북
영호令狐	진晉의 읍	산서성 임의현臨猗縣 서쪽
여류廬柳	진晉의 읍	산서성 임의현 서북
순郇	진晉의 읍	산서성 임의현 서남
무궁武宮	진 문공晉文公의 조부 무공武公의 사당	산서성 문희현聞喜縣의 곡옥
면상綿上	진晉의 땅 이름	산서성 개휴현介休縣 남쪽, 심원현沁源縣 서북쪽 개산介山 아래
하상河上	지역 이름	산서성과 섬서성 경계 황하 가
온溫	주의 읍	하남성 온현溫縣 서쪽
양번陽樊	주의 읍	하남성 제원현濟源縣 동남부
산동山東		태항산 동쪽 지역을 가리키는 용어
원읍原邑	희姬 성의 소국	하남성 제원현濟源縣 서북쪽
하남河南	남하南河로도 쓴다.	하남성 기현 남쪽 황하 고도
염우斂盂	위衛의 지명	하남성 복양현濮陽縣 동남부
양우襄牛	위衛 동부 변방 읍	산동성 범현范縣
성복城濮	위衛의 읍	산동성 견성현鄄城縣 서남

형옹衡雍	정鄭의 읍	하남성 원양현原陽縣 서남
천토踐土	정鄭의 읍, '천토지맹' 장소	하남성 원양현原陽縣 서남
하양河陽	진晉의 읍 이름	하남성 맹현孟縣 서쪽
허許	강姜 성의 옛 나라	하남성 허창許昌 동쪽
활滑	희姬 성의 소국	첫 도읍지 하남성 수현睢縣 서북
효산殽山	산 이름	하남성 낙령현洛寧縣 북쪽 산
왕汪	진秦의 읍	섬서성 징성현澄城縣 서남
왕관王官	진晉의 읍	산서성 문희현 서쪽
신성新城	진秦의 읍	섬서성 징현澄縣 동북
영호令狐	진晉의 읍	산서성 임기현臨綺縣 서쪽
호읍鄗邑	정의 읍	하남성 원양현 서쪽
소량少梁	진秦의 읍	섬서성 한성현韓城縣 남쪽
북징北徵	진晉의 읍	섬서성 징성현 서남
기마羈馬	진晉의 읍	산서성 영제현永濟縣 서남
하곡河曲	진晉의 지명	산서성 영제현永濟縣 남쪽 황하가 이곳에 이르러 동쪽으로 꺾인다.
수산首山	수양산	산서성 영제현 동남
도원桃園	진晉 영공의 무덤	산서성 강현降縣 동쪽 유가촌
융읍隆邑	노魯의 읍	산동성 태안시泰安市 동남
안鞍	제齊의 지명	산동성 제남시 서쪽
형邢	진晉의 읍	하남성 온현 동북
범氾	정鄭의 읍	하남성 형양현 서북, 공현 동북
양산梁山	옛 양梁나라로 진秦-진晉에 편입되었다.	섬서성 한성 서북
경하涇河	물 이름	영하 육반산에서 발원, 섬서 함양 동북에서 위수로 들어가는 강
마수麻隧	진秦의 읍	섬서성 경양현涇陽縣 서북
언릉鄢陵	진晉·초楚의 언릉전투지	하남성 언릉현 서북
장려씨匠驪氏	진 여공驪公의 총신 장려씨의 집	산서성 익성 동남
계택鷄澤	진晉의 땅	

역櫟	진晉의 읍	산서성 영제현 서남
역림棫林	진秦의 읍	섬서성 경양현 경수 서남
미하曆下	제齊의 읍	산동성 제남시 서쪽 역하曆下
임치臨菑	제의 도성	산동성 치박시淄博市 임치臨淄 북쪽
교수膠水	옛 강 이름	산동성 교산에서 발원해 바다로 흘러드는 강
기수沂水	노의 도성 남쪽을 흐르는 강	산동성 남부의 기하沂河
태항산太行山	산동과 산서를 나누는 경계	산서, 하북, 하남 세 성의 경계 지점에 있는 산
조가朝歌	상 및 위衛의 도성으로 진晉에 편입	하남성 기현淇縣
고당高唐	제의 읍	산동성 고당 동북
간후乾侯	진晉의 읍	하북성 성안현成安縣 동남
진양晉陽	진晉의 읍으로 조앙의 봉읍이다.	산서성 태원시 중심 서남
황지黃池	'황지회맹' 장소	하남성 봉구현封丘縣 서남

권40 초세가
초楚나라의 기록

◉

국군과 신하가 음란하면

백성들이 무엇을 본받겠습니까?

君臣淫亂(군신음란)

民何效焉(민하효언)

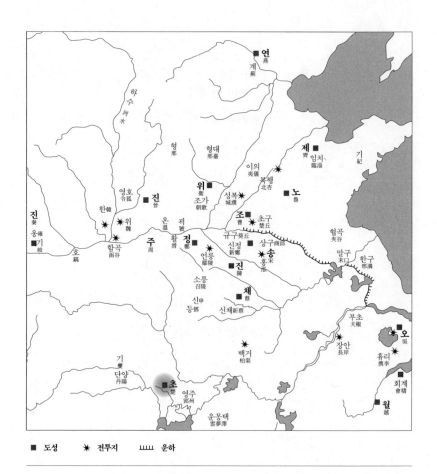

연
薊
계

하수河水

제
齊
임치
臨淄

기
紀

형
邢臺

형대
邢臺

이의
夷儀

북행
北杏

노
魯

영호
令狐

위
衛
조가
朝歌

성복
城濮

협곡
夾谷

진
泰
옹雍
기岐

한韓

진
晉

위
魏

온溫
곽霍

주
周

정
鄭
활滑

언릉
鄢陵

소릉
召陵

신申
등鄧

조
曹
초구
楚丘

규구葵丘
신정
新鄭

상구商丘

송
宋
홍鴻

진
陳

채
蔡
신채新蔡

말구
末口

한구
邗溝

부초
夫椒

장안
長岸

오
吳

휴리
携李

회계
會稽

백거
柏擧

기夔
단양
丹陽

초
楚

영주
郢州

운몽택
雲夢澤

월
越

합곡
函谷

호鎬

진秦
웅雍

■ 도성   ✴ 전투지   ⊔⊔ 운하

⦿ 춘추시대 제후국 형세도와 초나라 위치.

독서의 기술

시대적 요구에 부응 못하고 도태된 강대국

본 편은 전설시대부터 시작해 전국 말기 멸망에 이르는 2천 년 초楚나라의 역사를 기록하고 있다. 저 멀리 전욱顓頊 고양씨高陽氏로부터 전국 말기에 이르기까지 한 나라의 역사적 사실만을 기록한 세가 편이지만 시간의 길이는 길고 문장도 상대적으로 길다.

초는 주周 성왕이 봉한 자작子爵 제후국으로 실질적인 시조는 웅역熊繹이다. 초는 장강과 한수 사이에서 일어나 장강 중류 지역에 거주했다. 기름진 땅과 풍부한 물산, 부지런한 백성들에 힘입어 서주西周 말기에 이미 남방의 대국이 되었다.

춘추 시기 초나라의 세력은 계속 북상하여 제齊·진秦·진晉과 여러 차례 패권을 다투면서 4강 체제를 구축했고, 장왕 때는 급기야 중원을 넘보는 전성기를 구가했다. 전국 중기에는 월越나라를 멸망시키고 장강 유역을 통일함으로써 전국 7웅 중 가장 큰 나라가 되었다. 초나라의 발전은 장강 유역의 역사에 있어서 중요한 의미를 갖는다. 독특한 초 문화가 이를 통해 형성되었기 때문이다. 전국시대 말기 초나라는 어리석은 통치자들과 그릇된 외교정책 등으로 인해 몰락을 거듭하다가 기원전 223년 진秦에 의해 멸망한다. 특히, 전국시대부터 열화와 같이 불어 닥친 '변법 개혁'이란 시대적 요구에 부응하지 못한 채 지배층 내부의 극심한 분열과 왕권의 약화로 역사의 무대에서 사라졌다.

한때 중원의 강대국들에 맞서 중원의 패권을 넘보았고, 국력 면에서 천하통일의 가장 유력한 후보였던 초나라의 멸망은 누가 되었건 변화와 개혁을 거부하거나 성취하지 못하면 도태될 수밖에 없다는 역사의 냉엄한 법칙을 잘 보여준다.

천하통일의 다리, 남방 문화의 본산

〈초세가〉는 춘추전국 남방의 강대국으로서 장강 유역을 중심으로 남방 문화를 형성한 초나라의 역사적 변천을 이해하는 데 대단히 중요한 세가 편이다. 범문란范文瀾은 중국사에 있어서 초나라가 남방을 대부분 통일하고 이민족들을 융합시킴으로써 진秦나라가 천하를 통일할 수 있는 중요한 조건을 마련했다고 평가했다. 즉 진의 천하통일은 그 사이 초나라가 남방을 통일하는 부분적 통일이 있었기에 가능했다는 것이다. 그중에서도 강한江漢 유역, 강회江淮 유역, 원상沅湘 유역 등 광대한 남방을 통일한 역할이 대단히 중요했다. 이 점에 유의한다면 〈초세가〉의 모습이 좀 더 입체적으로 재구성될 것이다.

편의상 본 편을 다음과 같이 모두 아홉 단락으로 비교적 잘게 나누어 초나라의 흥망성쇠를 개관했다.

심각한 역사 교훈을 담고 있는 걸출한 서사

〈초세가〉는 초나라의 흥망사를 간결하면서 계통적으로 기술해 서른 편의 '세가' 중 가장 두드러진 편으로 평가받는다. 초나라의 세계를 기술하면서 사마천은 성왕·장왕·영왕·평왕·회왕을 집중적으로 살피고 있는데 장왕을 제외하고는 다 비극적 색채가 충만하다. 장왕은 즉위 초 방탕한 생활을 보내다 마음을 다잡고 통치에 임하여 초나라를 최고 전성기에 올려놓았다. 영왕과 회왕은 이와는 정반대였다. 또 평왕은 간신 비무기의 간계에 빠져 태자를 내치고 오자서의 부형을 죽임으로써 큰 화근을 남기는 어리석은 통치 행태를 보였다. 사마천은 이런 대비의 효과를 통해 심각한 역사 교훈을 끌어낸다. 문장은 초나라의 흥망성쇠를 종합하되 정치를 잘한 면과 그렇지 못한 면을 강렬하게 대비시킴으로써 덕정德政을 초나라 정치 평가의 잣대로 삼고 있음을 잘 보여준다.

먼저 초나라 군신들이 덕정을 실행함으로써 보잘것없는 변방의 작은 나라를 일약 대국의 반열에 올려놓았음을 기술한다. "주 이왕 때 왕실이 미약해지자 때때로 제후들이 조회를 드리러 오지도 않고 서로 싸웠다. 웅거는 장강과 한수 일대 백성들과 잘 지냈고, 병사를 일으켜 용과 양월을 공격하여 악에까지 이르렀다"는 대목이나, 초 성왕은 "즉위하자 덕과 은혜를 베풀며 제후들과 지난 우호관계를 다시 맺고자 하였고" 그리하여 "초의 땅은 사방 천리에 이르렀다"는 대목 등이 이를 뒷받침한다. 장왕에 와서 초나라는 일약 강대국으로 성장하는데, 장왕은 즉위 후 3년이 지나도록 호령을 내리지 않고 밤낮으로 쾌락에 빠져 있었다. 그러나 오거伍擧와 소종蘇從의 충고를 듣고는 지난날의 잘못을 고치고 나랏일에 힘을 쓰니 백성들이 크게 기뻐했다.

〈초세가〉의 중심인물은 장왕이다. 사실 장왕은 3년 동안 나라 안팎의 정세를 주의 깊게 살핀 끝에 초나라에 대한 대대적인 정비를 추진했던 것으로 보아야 할 것이다. 장왕은 또 하징서를 죽이고 진陳을 멸망시켰으나 신숙시申叔時의 말에 따라 다시 복국시켰다. 정나라, 송나라를 정벌하고도 군대를 물리거나 나라를 유지시키는 포용력을 발휘했다. 장왕은 사마천이 생각하는 이상적 군주의 한 사람이었다.

한편, 장왕이 주나라 수도 낙양 근처에서 군대를 사열하고 천하 권력의 상징인 구정九鼎의 행방을 물은 것에 대해 왕손만王孫滿이 덕이 문제이지 구정이 중요한 것이 아니라고 응수한 것도 덕의 중요성을 강조한 장치로 읽힌다.

이 밖에 나라를 얻는 다섯 가지 어려움을 거론하며 자비子比가 왕위를 제대로 지키지 못할 것이라 한 진晉 대부 숙향의 예견, 자신의 잘못을 과감하게 반성하고 자기 자리를 한사코 동생에게 양위하려 한 중흥주 소왕의 행적 등도 역사 인물과 정치의 잘잘못이 덕을 어디에 두느냐에 달렸다고 본 사마천의 인식이 반영된 사례들이라 하겠다.

춘추 말기와 전국시대 통치자들의 덕이 쇠하면서 초나라에는 내우외환이 발생하여 거듭 굴욕을 맛보다 결국은 멸망의 길을 걷는 역사적 변천이 이어진다. 사마천은 〈태사공자서〉에서 자란子蘭 등이 충신 굴원屈原을 박해한 지배층 내부의 문제를 지적하고, 이어 논평에서 다시 한번 초나라의 흥쇠를 도덕이라는 범주로 귀납시키는 일관성을 보여준다.

물론 사마천의 이러한 인식에는 분명 한계가 있다. 자료 부족을 비롯하여 사마천이 처했던 시대적 상황과 그에 따른 인식의 한계 등으로 인해 초나라 쇠망의 근본 원인이 귀족세력의 간섭과 철저하지 못했던 개혁에 있었다는 점에 주목하지 못했다. 이 점은 덕치를 강구하지 않고도 강력한 나라를 일구어낸 진나라의 개혁정치를 비교해보면 선명하게 드러난다. 따라서 본 편은 〈진본기〉〈오태백세가〉〈오자서열전〉〈손자오기열전〉〈상군열전〉〈춘신군열전〉〈굴원가생열전〉 등을 함께 참고해야 한다.

문학적·예술적 성취

본 편은 《국어》《좌전》《전국책》을 주로 참고했지만 그 문학적·예술적 성취는 자못 볼 만하다. 사마천은 약 2천 년, 나라의 꼴을 갖춘 이후로도 800년이 넘는 초나라의 사적을 기술하는 가장 기본적인 방법으로 간결함을 택할 수밖에 없었다. 그 대신 간결함에서 오는 소홀함을 보완하기 위해 중요한 단락마다 잠깐씩 한숨을 돌리고 그 전까지의 내용을 상기시키는,

말하자면 휴지休止, pause를 두는 절묘한 방식을 취했다. 상대적으로 긴 역사를 요령 있게 전달하기 위해 사마천이 취한 효과적인 방법으로 이해할 수 있다.

"주 이왕 때 왕실이 미약해지자" 운운한 대목은 바로 초나라가 강성해지기 시작한 시점을 지목한다. "분모 13년 진晉에 난리가 났는데" 운운은 다름 아닌 초나라가 중국을 침범하여 중국에 혼란이 일어났기 때문에 나온 대목이다. "제 환공이 처음으로 패주가 되고, 초 역시 커지기 시작했다" 운운은 초가 중국(제나라를 대표로 하는)에 맞섰기 때문이다. 성왕 운 원년(기원전 671년), "남방 이월의 난을 잘 진압하고" 운운은 초가 남방의 소수민족들을 겸병했기 때문이다.

주옥같은 고사성어들이 줄줄이 등장하는 명편

〈초세가〉는 또 주옥과 같은 고사성어들이 줄줄이 등장하는 명편의 하나로 꼽을 만하다. 삼년불출호령三年不出號令, 삼년무언三年無言, 삼년불언三年不言, 불비불명不飛不鳴, 일비충천一飛衝天, 일명경인一鳴驚人, 문정問鼎, 문정소대경중問鼎小大輕重, 문정경중問鼎輕重, 중노불가범衆怒不可犯, 대복부재大福不再, 취국유오난取國有五難, 득국오난得國五難, 종선여류從善如流, 시혜불권施惠不倦, 소동쟁상小童爭桑, 비량지흔卑梁之釁, 굴묘편시堀墓鞭尸, 진정지곡秦庭之哭, 일계삼리一計三利, 욕기무선欲起無先 등등과 같은 의미심장한 고사성어들이 다 〈초세가〉에서 비롯되었다. 특히 장왕의 '삼년불언三年不言'과 '불비불명不飛不鳴'의 고사를 비롯하여 간신 비무기와 평왕의 추행, 이어지는 오자서의 망명과 복수 등이 복잡미묘한 국제 정세와 얽혀 마치 한 편의 장쾌한 대하 사극을 연상케 한다. 물론 이를 제대로 이해하기 위해서는 춘추전국시대의 다른 세가들과 관련 열전들을 함께 읽어야 한다.

또 성왕 부분에 보이는 곰발바닥 요리는 《사기》 전체를 통해 두 번 등장한다. 〈진세가〉의 영공과 관련하여 한 번 등장하고, 본 편에서 태자 상신의 역공을 받아 죽을 상황에 처한 성왕이 시간을 끌기 위해 곰발바닥 요리를 요청하는 장면에서 또 한 번 등장한다. 곰발바닥 요리의 역사가 2,500년이 넘었다는 재미난 사실을 확인하게 된다.

이 밖에 초나라와 오나라의 격돌을 예고하는 비량에서의 '소동쟁상小童爭桑' 고사를 통해 사마천의 절묘한 의도를 읽어내는 재미도 만만치 않다. 요컨대 〈초세가〉는 흥미로운 고사를 연계시켜가며 감상할 수 있는 드라마적인 요소가 풍부한 서사이며, 그 사이 사이에 드라마의 전개 방향과 내용을 암시하는 극적 장치들을 찾아가는 재미를 동시에 맛볼 수 있는 명편이라 할 수 있다.

배경 사건 스토리텔링

본 편은 약 2천 년, 나라의 꼴을 갖춘 이후로도 800년이 넘는 초나라의 사적을 간결하게 정리하면서도 초나라의 흥망성쇠를 일목요연하게 기술한 명편으로 꼽힌다. 초나라 역사에서 두드러졌던 주요 사건을 정리해둔다.

초나라 선조는 저 멀리 전설시대 고양 전욱씨로까지 거슬러 올라간다. 그 후 주나라 이왕 때 주 왕실이 미약해지자 웅거는 아들들을 왕으로 봉하고 장강과 한수 일대 지역에서 그 영향력을 확대했다.

춘추시대 초기에 해당하는 기원전 741년 웅통은 조카를 시해하고 자신이 왕이 되었다. 이가 무왕이다. 무왕과 그 뒤를 이은 문왕은 주변 소국들을 정벌하는 등 국세를 확장했다. 기원전 690년 문왕은 영을 초나라의 도읍으로 정했다.

기원전 671년 즉위한 성왕은 당시 패주였던 제나라 환공에 맞서 맹약을 체결하는 등 초나라의 존재감을 국제적으로 알렸고, 이어 홍수전투에서 송나라 양공을 굴복시켜 위세를 한껏 과시했다. 그러나 성복에서 진晉나라에 패하여 그 기세가 꺾였고, 후계자 문제를 제대로 처리하지 못해 태자 상신(목왕)의 역습을 받아 스스로 목을 매어 자살하고 만다.

목왕의 뒤를 이은 왕이 장왕이다. 장왕은 즉위 후 3년 가까이 별다른 일을 하지 않고 조정의 상황을 면밀하게 살폈다. 그 결과 오거를 비롯한 충직한 신하를 전격 기용하는 한편, 자신에게 걸림돌이 되는 세력을 대거 제거함으로써 권력기반을 확실하게 다졌다. 이후 장왕은 주변국을 하나하나 공략하면서 초나라를 일약 초강대국의 반열에 올려놓았다. 기원전 606년에는 주 왕실의 교외에서 군대를 사열하면서 '문정問鼎'으로 중원에 대한 야망을 드러내기도 했다. 장왕 때 초나라의 국력은 최고조에 올랐고, 역사는 이런 장왕을 '춘추오패'의 한 사람으로 평가하기도 한다.

장왕의 뒤를 이은 공왕은 기원전 575년 언릉전투에서 정나라와 진秦나라의 협공을 받아 눈에 화살을 맞는 부상까지 당하는 패배를 맛보았다. 이로써 장왕이 이룬 패주국의 지위도 급격하게 추락하기 시작했다. 더욱이 강왕이 총애했던 자위·자비·자석·기질 네 공자 사이에 큰 정쟁이 벌어졌다. 먼저 자위가 조카인 왕 겹오를 목 졸라 죽이고 자신이 왕이 되었다(영왕). 이어 영왕이 출타한 틈을 타서 영왕에게 죽임을 당한 채나라 대부 관기의 아들 관종이 오나라와 결탁하여 공자 자비를 왕위에 앉히는 쿠데타가 터졌다. 이 과정에서 주도적인 역할을 하여 군권을 장악한 기질은 이미 죽은 영왕을 이용하여 공자 비를 협박하여 결국 자살하게 만들고 자신이

왕이 되었다. 이가 평왕이다(기원전 530년).

평왕은 즉위 초 내정과 외교 모두에 심혈을 기울여 민심과 신의를 회복하는 데 성공했다. 그러나 즉위 이듬해인 기원전 527년 태자 건의 아내를 맞아들이는 과정에서 비무기의 간교에 빠져 태자의 아내가 될 진秦나라 여자를 가로채는 패륜을 저지른다. 이 추문을 감추기 위해 평왕과 비무기는 태자 건을 변방으로 내치고, 직언을 서슴지 않던 태자의 태부 오사와 오사의 큰아들 오상을 살해했다. 오사의 작은아들인 오원, 즉 오자서는 이 화를 피해 오나라로 망명했다(기원전 523년). 오자서의 망명은 이후 초나라에 큰 영향을 주었을 뿐만 아니라, 이른바 '오월춘추'로 대변되는 오·초·월 3국 간의 파란만장한 세력 다툼의 단초로 작용했다.

기원전 519년(평왕 10년) 비량이란 오·초 변경 마을에서 사소한 다툼이 일어났고, 이 일로 오나라와의 갈등이 본격화되기 시작했다. 기원전 515년 소왕이 즉위하여 비무기를 처형하는 등 민심을 수습하려 했지만 오나라와의 갈등은 점점 더 심화되었다. 기원전 506년, 오자서는 마침내 오나라 군대를 이끌고 초나라 수도 영을 침공하여 아버지와 형님을 죽인 평왕의 무덤을 파헤쳐 시체에 채찍을 가함으로써 오랜 원한을 갚았다.

소왕은 수도를 버리고 달아나다 운몽에서 죽을 고비를 맞이하는 등 수모를 겪는 한편, 충신 신포서가 진秦나라에 가서 구원병을 얻음으로써 간신히 오나라 군대를 철수시킬 수 있었다. 하지만 초나라는 그 후로도 오나라의 공격을 받아 도읍을 약읍으로 옮기는 등 수세를 면치 못했다.

소왕은 오나라와의 전투 때 병이 깊어졌고, 죽기에 앞서 동생들에게 양위했다. 동생들은 사태의 수습을 위해 일단 왕위를 받은 다음 소왕이 죽자 자장을 맞이하여 혜왕으로 즉위시켰다(기원전 488년). 혜왕은 평왕의 태

● 초나라를 멸망시킨 진나라 명장
왕전의 초상화. 출처《中國歷代名人
畵像譜》, 海峽文藝出版社, 2003.

자 건이 낳은 아들 승을 불러 소읍의 대부로 삼고 백공이라 부르며 존중했
다. 그러나 백공은 아버지를 죽인 정나라에 대한 원한을 잊지 못하고 군대
를 동원해 초나라 조정을 공격하여 장악했고, 이 과정에서 엽공 등에게 죽
임을 당했다. 혜왕 16년인 기원전 473년에는 월나라가 오나라를 멸망시키
는 정세 변화가 있었고, 초는 이를 기회로 동방 공략에 나서 사수泗水 부근
까지 영역을 넓히는 등 중흥의 기운이 일시적으로 돌았다.

기원전 424년 삼진(한·조·위)이 제후의 반열에 오르는 등 국제 정세는
전국시대로 돌입했다. 초나라는 간왕 이후 주변에 대한 세력 확장에 나섰
지만 삼진은 물론 촉의 공격까지 받는 등 수세에 몰렸고, 특히 상앙商鞅을
발탁하여 변법 개혁을 성공시킨 서방 강국 진秦나라의 줄기찬 공세에 시달

리게 되었다.

　기원전 328년 회왕이 즉위하면서 초나라는 진秦나라의 군사 공격과 외교 공세에 속수무책 격으로 당했다. 특히, 유세가 장의張儀의 외교술에 말려 많은 땅을 진에게 빼앗겼다. 장의와 대립하던 또 다른 유세가 소진蘇秦이 내세운 합종을 받아들여 다른 5개 국과 연합하여 진에 맞서기도 했지만, 진나라는 6국의 이해관계를 절묘하게 이용하여 서로를 이간시키는 기민한 외교책략으로 이를 무력화시켰다.

　이 당시 국제 외교의 주역은 초와 진 그리고 동방의 강국 제나라였다. 초는 제나라와 동맹하여 진나라에 맞서는 외교정책을 주요 노선으로 삼았으나 장의는 초나라로부터 빼앗은 상오 땅 600리를 미끼로 회왕을 농락하여 초와 제의 동맹을 와해시켰다. 이에 격분한 회왕은 진을 총공격했으나 거듭 패했고, 거기에 진나라 소왕의 기만적 영토 반환과 뇌물 공세에 말려 진나라에 들어갔다가(기원전 299년) 돌아오지 못하고 그곳에서 죽었다.

　회왕의 아들 경양왕이 즉위했으나 기울어진 전세를 더 이상 만회하기 힘들었다. 진나라는 줄기차게 초나라 땅을 잠식했다. 기원전 296년 회왕이 진나라에서 죽자 초는 진과의 관계를 단절하는 강경수로 대응했으나 대세에 아무런 영향을 줄 수 없었다. 이후 두 나라는 동맹을 통해 제나라를 공격하는 등 관계 회복을 꾀하기도 했으나 일시적 방편에 불과했고, 결국은 쇠망의 길을 걸을 수밖에 없었다. 기원전 223년 진의 장군 왕전과 몽무가 초를 공격하여 초왕 부추를 포로로 잡음으로써 초나라는 멸망했다(이보다 한 해 앞인 기원전 224년 왕전은 항우의 할아버지 항연을 기蘄에서 죽였다).

◉ 초나라 세계표

국군	계승관계	재위(재위기간)/주요 사건
죽웅鬻熊	초의 시조	주 문왕을 섬겼다.
웅려雄麗	죽웅의 아들	
웅광熊狂	웅려의 아들	
웅역熊繹	웅광의 아들	주 성왕 때 작위와 땅, 미芈라는 성을 받고 단양에 거주했다.
웅애熊艾	웅역의 아들	
웅달熊䵣	웅애의 아들	
웅승熊勝	웅달의 아들	
웅양熊楊	웅승의 동생	
웅거熊渠	웅양의 아들	
웅지홍熊摯紅	웅거의 아들	
웅연熊延	웅지홍의 동생	
웅용雄勇	웅연의 아들	847~838(10)
웅엄熊嚴	웅용의 동생	837~828(10)
웅상熊霜	웅연의 동생	827~820(8)
웅순熊徇	웅상의 동생	819~800(20)
웅악熊咢	웅순의 아들	799~791(9)
약오若敖	웅악의 아들	790~764(27)
소오宵敖	약오의 아들	763~758(6)
분모蚡冒	소오의 아들	757~741(17)
무왕武王 웅통熊通	분모의 동생	740~690(51)
문왕文王 웅자熊貲	무왕의 아들	689~677(13) / 처음 영郢에 도읍을 정했다.
장오莊敖 웅간熊囏	문왕의 아들	676~672(5) / 피살
성왕成王 웅운熊惲	장오의 동생	671~626(46) / 피살
목왕穆王 상신商臣	성왕의 아들	625~614(12)
장왕莊王 려侶	목왕의 동생	613~591(23)
공왕共王 심審	장왕의 아들	590~560(31)
강왕康王 초招	공왕의 아들	559~545(15)
겹오郟敖 원員	강왕의 아들	544~541(4) / 교살

영왕靈王 위圍	강왕의 동생	540~529(12) / 액살
비比	강왕의 동생	529(2개월) / 자살
평왕平王 기질棄疾	강왕의 동생	528~516(13)
소왕昭王 진珍	평왕의 아들	515~489(27)
혜왕惠王 장章	소왕의 아들	488~432(57)
간왕簡王 중中	혜왕의 아들	431~408(24)
성왕聲王 당當	간왕의 아들	407~402(6) / 피살
도왕悼王 의疑	성왕의 아들	401~381(21)
숙왕肅王 장臧	도왕의 아들	380~370(11)
선왕宣王 양부良夫	숙왕의 동생	369~340(30)
위왕威王 상商	선왕의 아들	399~389(11)
회왕懷王 괴槐	위왕의 아들	328~299(30) / 296년 진秦에서 사망
경양왕頃襄王 횡橫	회왕의 아들	298~263(36)
고열왕考烈王 원元	경양왕의 아들	262~238(25)
유왕幽王 한悍	고열왕의 아들	237~228(10)
애왕哀王 유猶	유왕의 동생	228(3개월) / 피살
부추負芻	애왕의 서형	227~223(5) / 진의 포로가 되어 나라가 망했다.

• 초의 직계 조상은 육종의 여섯째 아들 계련이다. 그가 미羋 성으로 후손을 이어가 초가 탄생하게 되었다.

• 계련 이후로는 부저, 혈웅으로 이어졌으나 그 뒤 계보는 알 수가 없다.

• 주 문왕 때 계련의 후예 죽웅이 기록에 보이므로 그를 초의 직계 조상으로 보기도 하고, 주 성왕 때 분봉된 웅역을 초나라의 시조로 보기도 한다. 여기서는 죽웅부터 기재했다.

• 기원전 741년 즉위한 웅통 이후 왕으로 칭하면서 모두 26명의 왕이 즉위하여 기원전 223년 진秦에게 망할 때까지 519년 존속했다.

• 영왕과 평왕 사이에 비比가 두 달 즉위했다. 일반적으로 그를 왕으로 인정하지 않지만 여기서는 왕으로 인정하여 넣었다.

• 성 미羋는 생략하고 이름만 표기했다.

• 연도는 모두 기원전이다.

●

중려가 창업하고 오회가 이어받았다.

은 말년에 죽옹이 족보를 기록하기 시작했다.

주 성왕이 웅역을 기용하고 웅거가 계속 그 일을 이었다.

현명한 장왕은 진의 사직을 다시 복구시켜주고, 정백의 죄를 용서했으며,

송을 포위했다가 화원의 말을 듣고 군대를 돌렸다.

회왕은 진나라에서 객사했고, 자란은 굴원을 박해했다.

초나라는 아부꾼을 좋아하고 모함하는 자를 믿는 바람에 결국 진에 합병되었다.

장왕의 대의를 높이 평가하는 뜻에서 제10 〈초세가〉를 마련했다.

권130 〈태사공자서〉

1
초의 선조와 서주 초기 상황

◉

초의 선조는 고양씨高陽氏 전욱顓頊에서 나왔다. 고양은 황제黃帝의 손자이
자 창의昌意의 아들이다. 고양은 칭稱을 낳았고, 칭은 권장卷章을 낳았으며
권장은 중려重黎를 낳았다. 중려는 제곡帝嚳 고신씨高辛氏의 화정火正[1]으로
서 큰 공을 세워 천하를 두루 비추었으므로 제곡은 그를 축융祝融[2]으로 부
르게 했다. 공공씨共工氏가 난을 일으키자 제곡에게 토벌하게 했지만 다 없
애진 못했다. 제곡은 경인일에 중려를 죽이고 그 동생 오회吳回로 중려의
뒤를 잇게 하는 한편, 다시 화정 자리에 앉히고 축융이라 했다.

　오회는 육종陸終을 낳았다. 육종은 아들을 여섯 낳았는데 배를 갈라 낳
았다.[3] 맏이는 곤오昆吾, 둘째는 참호參胡, 셋째는 팽조彭祖, 넷째는 회인會
人, 다섯째는 조성曹姓이라 했다. 여섯째 계련季連은 성을 미芈라 했는데 초

1　관직 이름으로 제사와 화성의 관찰 및 불과 관련한 일을 주관했다.
2　불의 신을 일컫는 이름. 중려重黎의 후손이 불을 관리하는 화정으로 축융이 되었다는 기록이 보
인다. 대체로 남방의 신으로 보며 복희, 신농과 함께 삼황으로 꼽히기도 한다.
3　제왕절개를 의미한다. 신이한 출생을 강조하기 위한 것으로 보인다.

● 초나라 도성 영郢의 소재지였던 지금의 호북성 형주시. 형주성에서 바라본 모습이다.

가 그의 후손이다.[4]

　곤오씨는 하시대에 후백을 지냈고, 걸桀 때 탕湯이 멸망시켰다.

　팽조씨는 은시대에 후백을 지낸 바 있고 은 말기에 멸망했다.

　계련은 부저附沮를 낳았고, 부저는 혈웅穴熊을 낳았다. 그 뒤 점점 미미해져 중국에 살기도 하고 남쪽 오랑캐 지역에 살기도 했는데 그 세계를 기록할 수 없다.

　주周 문왕文王 때, 계련의 후예 죽웅鬻熊이 있었다. 죽웅은 문왕을 아버지처럼 섬겼으나 일찍 죽었다. 그 아들은 웅려熊麗라 했고, 웅려는 웅광熊狂을

4　계련季連 때 성을 미芈라 했는데, 이가 초의 시조가 되었다는 말이다. 육종陸終에게 여섯 아들이 있었다는 설은 〈제계帝系〉에서 비롯되었다. 〈제계〉는 《대대례기大戴禮記》 제63편의 편명으로 황제로부터 우에 이르는 세계를 기록하고 있다.

● (왼쪽) 초의 선조로 기록되어 있는 고양씨 전욱의 초상화.

● (오른쪽) 계련의 후예로 실질적인 초 선조인 죽웅 때 초나라의 존재가 중원에 알려진 것으로 보인
다. 사진은 춘추전국시대 초나라의 땅이었던 호북성 무한武漢 동호東湖공원 내에 조성되어 있는 죽
웅의 석상이다.

낳았다. 웅광은 웅역熊繹을 낳았다.

웅역은 주 성왕 때에 해당한다. 문왕과 무왕을 위해 애를 썼던 후손을
천거했는데, 웅역을 초만楚蠻에 봉하는 한편 자작과 남작 그리고 땅을 내렸
다. 미라는 성을 내리고 단양丹陽에 살게 했다. 초자楚子 웅역熊繹[5]은 노공魯
公 백금伯禽, 위衛 강숙康叔의 아들 모牟, 진후晉侯 섭燮, 제齊 태공太公의 아들
여급呂伋과 함께 성왕을 섬겼다.

웅역은 웅애熊艾를 낳고, 웅애는 웅달熊䵣을 낳고, 웅달은 웅승熊勝을 낳

---

5 웅역 때 제나라 공자 여급呂伋 등과 주 성왕成王을 섬겼다는 이 대목은 시기가 잘 맞지 않는다.
여급은 태공의 5대손으로 웅역 시기와 맞지 않기 때문이다. 여급을 빼면 문맥에 이상은 없어 보인다.

앗다. 웅승은 동생 웅양熊楊으로 하여금 뒤를 잇게 했다. 웅양이 웅거熊渠를 낳았다.

웅거는 아들 셋을 낳았다. 주 이왕夷王 때 왕실이 미약해지자 때때로 제후들이 조회를 드리러 오지도 않고 서로 싸웠다. 웅거는 장강과 한수 일대 백성들과 잘 지냈고, 병사를 일으켜 용庸과 양월楊粤을 공격하여 악鄂에까지 이르렀다.

웅거는 "나는 만이蠻夷이니 중국과 같은 이름을 사용하지 않겠다"고 하며 맏아들 강康을 구단왕句亶王에, 가운데 아들 홍紅을 악왕鄂王에, 막내 아들 집자執疵를 월장왕越章王에 봉했는데, 모두가 강변의 초만 땅에 살았다. 주 여왕이 포악하게 굴자 웅거는 여왕이 초를 공격할까 두려워 왕호를 없앴다.

그 뒤는 웅무강熊毋康이었지만 무강이 일찍 죽었다. 웅거가 죽자 아들 웅지홍熊摯紅이 이었고, 지홍이 죽자 동생이 (지홍의 아들을) 시해하고 자신이 자리를 대신하니 웅연熊延이다. 웅연은 웅용熊勇을 낳았다.

웅용 6년(기원전 841년), 주 사람들이 반란을 일으켜 주 여왕을 공격하니 여왕은 체彘 지역으로 달아났다.

웅용 10년(기원전 837년), 웅용이 죽자 동생 웅엄熊嚴이 뒤를 이었다.

웅엄은 10년(기원전 828년) 만에 죽었다. 아들이 넷 있었는데, 맏아들이 백상伯霜, 둘째 아들이 중설仲雪, 셋째 아들이 숙감叔堪, 막내아들이 계순季徇이었다. 웅엄이 죽고 큰아들 백상이 뒤를 이으니 이가 웅상熊商이다.

웅상 원년(기원전 827년), 주 선왕이 새로 왕위에 올랐다.

웅상 6년(기원전 825년), 웅상이 죽자 세 동생이 서로 자리에 오르려고 다투었다. 중설이 죽고 숙감은 복濮으로 난을 피해 망명했다. 막내동생 계순

이 즉위하니 이가 웅순熊徇이다.

웅순 16년(기원전 806년), 정 환공이 처음으로 정鄭에 봉해졌다.[6]

웅순 22년(기원전 800년), 웅순이 죽자 아들 웅악熊咢이 이었다.

웅악 9년(기원전 790년), 웅악이 죽고 아들 웅의熊儀가 뒤를 이으니 이가 약오若敖이다.

약오 20년(기원전 771년), 주 유왕幽王이 견융犬戎에게 피살되어 주는 동쪽으로 옮겼다. 진 양공襄公이 처음으로 제후 반열에 올랐다.

27년(기원전 764년), 약오가 죽고 아들 웅감熊坎이 뒤를 이으니 이가 소오霄敖이다.

소오 6년(기원전 758년), 소오가 죽고 아들 웅순熊眴이 뒤를 이으니 이가 분모蚡冒이다.

분모 13년(기원전 745년), 진晉에 난이 일어났는데 곡옥 때문이었다.[7]

분모가 17년(기원전 741년) 만에 죽고 분모의 동생 웅통熊通이 분모의 아들을 시해하고 자리를 대신하니 이가 초楚 무왕武王이다.

---

6 환공桓公이 정나라 제후로 정(鄭, 섬서성 화현華縣)에 봉해진 일을 말한다. 환공은 주 여왕厲王의 아들이자 선왕宣王의 배다른 동생이다. 주 유왕 3년인 기원전 779년 사백史伯의 건의로 동쪽 회(鄶, 하남성 밀현 동남)와 동괵(東虢, 하남성 형양 북쪽) 사이로 이주하여 훗날 정나라 창건의 기초를 놓았다. 신후申侯가 견융犬戎과 연합하여 주 왕실을 공격했을 때 유왕幽王과 함께 피살되었다.

7 기원전 745년 진晉 소후昭侯는 그 숙부 성사成師를 곡옥曲沃에 봉하니 이가 곡옥 환후桓侯이다. 이후 곡옥이 진의 도읍인 익翼보다 커져 내란이 그치지 않았다. 곡옥은 지금의 산서성 문희현 동북쪽으로 추정한다.

2
강국으로의 발돋움과 성왕의 쟁패
●

무왕 17년(기원전 724년), 진晉 곡옥의 장백이 종주국의 효후를 시해했다.[8]

19년(기원전 722년), 정백鄭伯의 동생 단段이 난을 일으켰다.

21년(기원전 720년), 정이 천자의 땅을 침략했다.

23년(기원전 718년), 위衛가 그 국군 환공桓公을 시해했다.

29년(기원전 712년), 노가 그 국군 은공隱公을 시해했다.

31년(기원전 710년), 송의 태재太宰[9] 화독華督이 그 국군 상공殤公을 시해했다.

35년(기원전 706년), 초가 수隨를 정벌했다. 수가 "우리에게는 죄가 없습니다"라고 했다. 초왕은 "나는 만이이다. 지금 제후들이 모두 배반하여 서로를 침략하거나 죽이고 있다. 내가 가진 군대로 중국의 정치에 간여함으로써 왕실에다 내 호칭을 높여달라고 요청할 것이다"라고 했다.

수 사람들이 그 때문에 주로 가서 초를 높여줄 것을 청했으나 왕실은 듣지 않았다. 돌아와 초에 보고했다.

37년(기원전 704년), 초의 웅통은 화가 나서 "우리 선조 죽웅은 문왕의 스승으로 일찍 돌아가셨고, 성왕은 내 선조를 추천하여 작위와 땅을 주어 초에 살게 하니 만이가 모두 복종했다. 그러니 주왕이 작위를 더해주지 않으

---

8 《좌전》(환공 2년)에 따르면 반보潘父가 소후를 시해하고 환숙을 세웠으나 진나라 사람들의 반대에 부딪쳐 즉위하지 못하고 효후孝侯가 즉위했다. 그 후 장백莊伯이 기원전 724년 효후를 시해하니 곡옥이 진나라의 종주국이 되었다.

9 관직 이름. 천관天官의 우두머리로서 국군의 좌우에서 정무를 주재했다.

◉ 초나라 도성 영이 위치했던 기남성의 모형도. 형주박물관 소장.

면 내 스스로 높일 것이다"라 하고는 스스로 무왕이 되어 수와 동맹을 맺고 돌아갔다. 이렇게 해서 복濮이란 땅을 개척하여 차지하기 시작했다.

51년(기원전 690년), 주가 수를 불러 초가 왕을 자청한 일을 나무랐다. 초는 노했고, 수가 배반했다고 여겨 수를 정벌했다. 무왕이 군중에서 죽자 군대를 물렸다. 아들 문왕文王 웅자熊貲가 뒤를 이어 처음으로 영郢에 도읍했다.

문왕 2년(기원전 688년), 신申을 정벌하고 등鄧을 지나는데 등 사람들이 "초왕을 쉽게 잡을 수 있습니다"라 했으나 등후는 허락하지 않았다.

6년(기원전 684년), 채蔡를 정벌하여 채 애후哀侯를 잡아 돌아온 다음 얼마 뒤 풀어주었다. 초가 강해져 장강과 한수 사이의 작은 나라를 괴롭히니 그들이 모두 초를 두려워했다.

11년(기원전 679년), 제 환공이 처음으로 패주가 되고, 초 역시 커지기 시작했다.

12년(기원전 678년), 등을 정벌하여 멸망시켰다.

13년(기원전 677년), 문왕이 죽고 아들 웅간이 뒤를 이으니 이가 장오莊敖이다.

장오莊敖 5년[10](기원전 672년), 그 동생 웅운熊惲을 죽이려 하자 운은 수로 달아나 수와 함께 장오를 습격하여 죽이고 뒤를 이으니 이가 성왕成王이다.

성왕 운 원년(기원전 671년), 즉위하자 덕과 은혜를 베풀며 제후들과 지난 우호관계를 다시 맺고자 했다. 사람을 보내 천자에게 예물을 올리자 천자는 제사 고기를 하사하면서 "남방 이월의 난을 잘 진압하고 중국을 침범하지 않도록 하라"고 했다. 이 무렵 초의 땅은 사방 천리였다.

16년(기원전 656년), 제 환공은 군대를 이끌고 초를 침범하여 형산陘山에 이르렀다. 초 성왕은 장군 굴완屈完에게 병사를 이끌고 막게 하고 환공과 맹약을 맺었다. 환공은 초가 바쳐야 할 공물을 왕실에 보내지 않았음을 나무랐다.[11] 초가 이를 받아들이자 바로 물러났다.

18년(기원전 654년), 성왕은 군대로 북쪽 허許를 정벌했다. 허의 국군이 웃통을 벗고 사죄하자[12] 바로 풀어주었다.

---

10 《좌전》 기록에 의하면 이해는 장오 3년이 된다. 《사기》에 의하면 이해는 기원전 672년이다. 양옥승梁玉繩은 장오 2년으로 보았다.
11 이 사건은 《좌전》(희공僖公 4년 조)과 권14 〈제태공세가〉에서 비교적 상세하게 서술된다. 환공이 초나라의 북상을 저지하기 위해 소릉召陵에서 초나라를 향해 무력 시위를 벌이는 한편, 초나라가 주 왕실에 바칠 공물인 포초(苞草, 띠풀)를 바치지 않은 일과 주 소왕昭王이 남방 정벌 때 돌아오지 못한 일을 추궁했다. 이에 초나라는 공물을 바치겠다고 약속하고 소왕의 일은 오랜 일이라 진상을 알고 싶다면 소왕이 빠져 죽은 한수에 물어보라고 응수했다. 양국은 이 정도 선에서 서로 군대를 물렸는데, 표면상으로는 제나라가 명분을 세웠고 또 실제로도 초나라의 북상을 저지한 것으로 보인다. 이후 초나라는 장왕 때까지 상당 기간 동북방의 강회江淮 평원으로 창끝을 돌렸기 때문이다. 두 나라가 회맹한 소릉이란 장소는 지금의 하남성 언성현郾城縣에 남아 있는 성터로 추정된다.
12 《좌전》에는 손발(또는 목)을 묶고 벽옥(제감)을 입에 물었다고 되어 있다. 사마천은 이를 육단肉袒, 즉 웃통을 벗은 것으로 바꾸어 표현했다. 당시 극진한 사죄의 한 방법이었다.

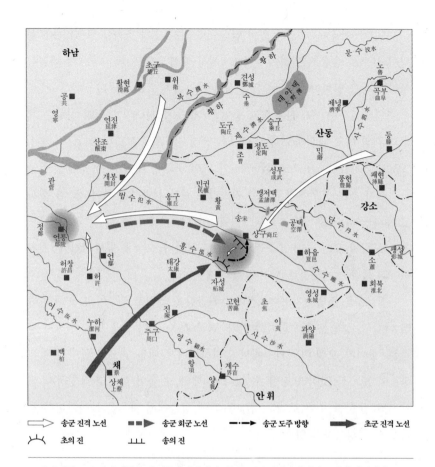

⟹ (흰색)	송군 진격 노선
◼◼▶ (점선)	송군 회군 노선
─◾─▶	송군 도주 방향
➡ (검은색)	초군 진격 노선
⋏⋏	초의 진
⊔⊔	송의 진

◉ 홍수전투도. 초나라 성왕은 이 전투에서 송나라 양공을 굴복시키면서 위세를 한껏 과시했다.

22년(기원전 650년), 황黃을 정벌했다.

26년(기원전 646년), 영英을 멸망시켰다.

33년(기원전 639년), 송 양공이 회맹을 하고 싶어 초를 불렀다. 초왕이 화가 나서 "나를 불러! 내가 회맹에 가서 그자를 쳐서 모욕을 주리라"라 하고는 행동에 나서 우에서 송 양공을 잡아 모욕을 주고 얼마 뒤 돌려보냈다.

34년(기원전 638년), 정 문공이 남쪽으로 와서 초에 조회를 드렸다. 초 성왕이 북으로 송을 정벌하여 홍수泓水에서 패배시키고 송 양공에게 화살을 쏘아 부상을 입혔다. 송 양공은 부상으로 인한 병으로 죽었다.

35년(기원전 637년), 진晉 공자 중이重耳가 초를 지나가게 되자 성왕은 제후와 객의 예로 대접하고 후한 예물을 딸려 진秦으로 보냈다.

39년(기원전 633년), 노魯 희공僖公이 와서 군대를 내어 제를 정벌할 것을 요청하자 초는 신후에게 군대를 거느리고 제를 정벌하게 하여 곡穀을 취하고 제 환공의 아들 강옹姜雍을 그곳에 두었다. 제 환공의 일곱 아들이 모두 초로 도망쳐 오자 초가 모조리 상대부로 삼았다. 기夔를 멸망시켰다. 기가 축융과 죽웅의 제사를 모시지 않았기 때문이다.

여름, 송을 정벌하자 송이 진晉에 위급함을 알렸고 진晉이 송을 구원하러 나섰다. 성왕은 철수하려고 했다. 장군 자옥子玉이 싸울 것을 청하자 성왕은 "중이가 오랫동안 외지에서 망명하다가 끝내는 진으로 돌아간 것은 하늘이 도우신 것이라 당할 수 없다"라 했다. 자옥이 한사코 요청하자 적은 수의 군사를 주어 보냈다. 진晉은 과연 성복에서 자옥을 물리치니 성왕이 노하여 자옥을 죽였다.

46년(기원전 626년), 당초 성왕은 상신商臣을 태자로 삼으려고 영윤令尹[13] 자상子上에게 말했다. 자상이 "주군께서 아직 나이가 젊고 궁중에 총애하는 처첩도 많으신데 (태자를 세웠다가) 폐하면 난이 일어날 것입니다. 또 초나라는 늘 어린 사람을 세웠습니다. 게다가 상신은 독한 눈에다 승냥이의

---

13 초나라의 관직으로 중원 제후국의 재상에 해당한다. 《좌전》에 따르면 초나라 무왕武王 때 처음 영윤의 기록이 보인다.

● (왼쪽) 자옥의 죽음을 묘사한 《동주열국지》 삽화(윗부분).
● (오른쪽) 호북성 무한 동호공원 내에 있는 초 성왕의 조상. 초 성왕은 초나라의 국력을 크게 신장
시켰으나 후계자 문제 때문에 아들 상신(목왕)의 압박으로 자살했다.

목소리를 가진 잔인한 사람이라 세워서는 안 됩니다"라고 했다. 왕이 듣지
않고 상신을 태자로 세웠다. 그 뒤 다시 자직子職을 태자로 세우고 싶어 상
신을 태자에서 폐하려 했다. 상신이 이를 듣고는 확인하지 않은 상황에서
사부 반숭潘崇에게 알리며 "어떻게 하면 사실을 확인할 수 있겠습니까?"라
했다. 반숭은 "왕께서 총애하시는 강미江芈를 식사에 초대하되 불경스럽게
대하십시오"라고 일렀다. 상신이 그렇게 했고, 강미는 골이 나서 "왕께서
너를 죽이고 직을 세우시려는 것이 당연하다"라고 했다. 상신이 반숭에게
"사실이었습니다"라고 알렸다. 반숭은 "자직을 섬길 수 있겠습니까?"라고
물었다. "못 합니다." "망명하실 수는 있겠습니까?" "못 합니다." "큰일을 일

으키실 수는 있겠습니까?" "할 수 있습니다."

겨울 10월, 상신이 궁중 호위병을 이끌고 성왕을 포위했다. 성왕이 곰발바닥 요리[14]를 먹고 죽고 싶다고 청했으나 들어주지 않았다. 정미일, 성왕이 목을 매어 자살했다. 상신이 뒤를 이으니 이가 목왕穆王이다.

목왕이 즉위하여 태자궁을 반숭에게 주고 태사太師[15]로 삼아 국사를 관장하게 했다.

목왕 3년(기원전 623년), 강江을 멸망시켰다.

4년(기원전 622년), 육六과 요蓼를 멸망시켰다. 육과 요는 고요皋陶의 후예였다.

8년(기원전 618년), 진陳을 정벌했다.

12년(기원전 614년), 목왕이 죽고 아들 장왕莊王 웅려熊侶가 뒤를 이었다.

3
장왕의 칭패와 공왕의 실패

◉

장왕은 즉위한 뒤 3년 동안 호령은 내리지 않고[16] 밤낮으로 향락에 빠졌다.

---

14 곰발바닥을 '웅번熊蹯'이라 했는데, 지금은 웅장熊掌이라 한다. 곰발바닥은 익히기가 쉽지 않아 요리를 하는 데 상당한 시간이 걸린다. 성왕은 시간을 벌기 위해 죽기 전에 이 요리를 먹고 싶다고 했고, 이를 간파한 태자 상신(商臣, 목왕)은 이를 거절했다. 곰발바닥 요리는 제39 〈진세가〉 진晉의 영공靈公 기록에 한 번 더 보이는데, 제대로 익히지 않았다고 영공은 요리사를 죽이게 했다.
15 관직 이름으로 태부太傅, 태보太保와 함께 삼공에 해당한다. 초 목왕이 특별히 이 관직을 설치했는데 대개 그 지위는 영윤보다 높았던 것으로 보인다.
16 삼년불출호령三年不出號令. 초나라 장왕莊王은 즉위 후 3년 동안 정무를 돌보지 않은 채 술과 여자로 세월을 보냈다고 한다. 여기서 '삼년무언三年無言'이니 '삼년불언三年不言'이니 심지어 '구년불언九年不言'이니 하는 고사성어가 유래했다.

나라 안에다가는 "누구든 감히 말하는 자는 용서하지 않고 죽음에 처하겠다"고 명령했다. 오거伍擧가 들어와 바로 아뢰려는데 장왕은 왼팔에는 정희鄭姬를, 오른팔로는 월녀越女를 껴안은 채[17] 음악에 둘러싸여 앉아 있었다. 오거가 "드릴 말씀이 있사온데, '언덕의 어떤 새가 3년 동안 날지도 울지도 않는데[18] 어떤 새일까?' 하는 수수께끼입니다"라 했다. 장왕은 "3년 동안 날지 않았다면 날았다 하면 하늘을 찌를 것이고, 3년 동안 울지 않았다면 울었다 하면 사람을 놀라게 할 것이다.[19] 오거는 물러가 계시오, 내가 무슨 말인지 알았으니"라고 했다.

몇 달이 지났지만 장왕의 음란함은 더 심해졌다. 대부 소종蘇從이 들어와 바로 아뢰었다. 왕은 "그대는 내 명령을 듣지 못했소!"라 했다. "이 몸이 죽어 군주를 깨닫게 하는 것, 그것이 신의 바람이옵니다"라고 응했다. 그제서야 음란과 쾌락을 그만두고 정치를 돌보기 시작하니 죽임을 당한 자가 수백이요, 기용된 자도 수백이었다. 오거와 소종을 임용하여 국정을 맡기니 국인이 크게 기뻐했다.

이해에 용을 멸망시켰다.

6년(기원전 608년), 송을 정벌하여 전차 500승을 노획했다.

8년(기원전 606년), 육혼陸渾의 융을 정벌하고 낙하洛河에 이르러 주의 교외에서 군을 사열했다.[20] 주 정왕은 왕손만을 보내 초왕을 위로했다. 초왕

---

17 정나라 여자와 월나라 여자가 미모로 이름나 있었기 때문에 장왕의 방탕한 생활을 두드러지게 나타내기 위해 정희와 월녀를 거론했다.
18 '날지도 울지도 않는다'는 '불비불명不飛不鳴'이란 고사성어가 여기서 나왔다.
19 '일비충천一飛沖天, 일명경인一鳴驚人'이란 고사성어가 여기서 나왔다.
20 주나라 도읍 교외에서 주 천자를 향해 초나라의 무력을 시위한 것을 말한다.

이 구정의 크기와 무게를 묻자[21] "덕이 중요하지 솥이 중요한 것이 아닙니다"라고 대답했다. 장왕은 "너희들은 구정을 자랑하지 마라! 초나라는 창끝만 부러뜨려도 충분히 구정을 만들 수 있다"라고 했다. 왕손만은 "오호! 군왕께서는 잊으셨습니까? 옛날 순舜과 하우夏禹가 번성하자 먼 나라에서 모두 조회를 와서는 구주에서 나는 쇠를 바치니 온갖 사물의 형상을 다 갖춘 정鼎을 주조하여 백성들로 하여금 귀신과 요괴를 알게 하였습니다. 걸이 덕을 어지럽히자 정은 은에게로 옮겨 가 600년 제사를 이었습니다. 은주가 포악하게 굴자 정은 주로 옮겨 갔습니다. 덕이 선하고 밝으면 (정이) 아무리 작아도 무게가 나가지만, 간사하고 사악하면 (정이) 아무리 커도 무게가 나가지 않습니다. 지난 날 성왕께서 겹욕郟鄏에 정을 모시고 점을 쳤더니 30세대 700년이란 점괘가 나왔습니다. 이는 천명입니다. 주의 덕이 쇠퇴하긴 했습니다만 천명은 아직 바뀌지 않았습니다. 정의 무게를 물어서는 안 될 것입니다"라고 했다. 초왕이 바로 돌아갔다.

9년(기원전 605년), 약오씨若敖氏를 재상으로 삼았다. 누군가 왕에게 약오씨를 헐뜯자 약오씨는 죽임을 당할까 도리어 왕을 공격했고 왕은 반격하여 약오씨 일족을 없앴다.

13년(기원전 601년), 서舒를 멸망시켰다.

16년(기원전 598년), 진陳을 토벌하여 하징서夏徵舒를 죽였다. 하징서가 그 국군을 시해했기 때문에 죽인 것이다. 진陳을 격파한 뒤 현으로 삼았다. 신

---

21 '문정소대경중問鼎小大輕重'. 대개 줄여서 '문정경중問鼎輕重'・'문정대소' 또는 그냥 '문정問鼎'이라고 한다. '구정九鼎'은 천자나 최고 권력의 상징이다. 이런 '구정'의 크기와 무게를 물었다는 것은 장왕이 천하 대권에 대한 야심을 드러냈다는 뜻이다. '구정'은 하나라의 시조 우禹임금이 주조하여 하・은・주 삼대를 전해 내려온 전세의 보물로 알려져 있다.

◉ (위) 초 장왕 때는 기라성 같은 인재들이 기용되어 초나라를 크게 발전시켰다. 조형물은 초의
전성기를 이끄는 데 가장 큰 역할을 한 인물들이다. 왼쪽부터 차례로 손숙오, 장왕의 왕비인 번희,
장왕, 오거, 양유기. 호북성 무한 동호공원 내 초나라 전시관에 있다.

◉ (아래) 호북성박물관에 전시되어 있는 구정. 구정은 천자를 상징하는 기물이지만 전국시대에
오면 제후들도 제작했다.

하들이 모두 축하를 올리는데 신숙시申叔時가 제에 사신으로 갔다가 돌아와서는 축하를 드리지 않았다. 왕이 묻자 "속담에 소를 끌고 남의 집 밭을 밟았다고 밭주인이 소를 빼앗는다는 말이 있습니다. 밭을 밟은 일이 잘한 것은 아니지만 소를 빼앗은 것 역시 심하지 않습니까? 그렇다면 왕께서 제후들을 이끌고 진陳의 난리를 토벌하신 것은 의로움에서 비롯된 것인데 그 땅에 욕심을 낸다면 천하를 어찌 호령하시겠습니까"라고 대답했다. 장왕이 바로 진陳의 후손에게 나라를 회복시켜주었다.

17년(기원전 597년) 봄, 초 장왕이 정을 포위하여 석 달 만에 함락시켰다. 황문으로 들어가니 정백이 웃통을 벗은 채 양을 끌고 나와 맞이하며 "제가 하늘의 도움을 입지 못해 국군을 섬길 수 없었습니다. 국군께서 노하시어 몸소 저희 나라까지 오시게 했으니 저의 죄입니다. 어찌 감히 명을 따르지 않겠습니까! 저를 남해로 내쫓거나 제후의 노예로 주신다 해도 명에 따를 뿐입니다. 국군께서 여왕·선왕·환공·무공을 생각하시어 그 사직이 끊어지지 않게 하여 다시 국군을 모실 수 있게 되는 것, 이것이 저의 바람입니다만 감히 바랄 수 없겠지요. 다만 감히 속마음을 내보입니다"라고 했다. 초의 신하들은 "왕께서는 받아들이지 마십시오"라고 했으나 장왕은 "그 국군이 자신을 낮추니 그 백성들은 틀림없이 믿을 수 있다. 어찌 멸망시킬 수 있겠는가"라 했다.

장왕은 몸소 군기를 들고 좌우 군대를 지휘하여 군대를 30리 떨어진 곳으로 물려 주둔시키고는 정과의 화평을 받아들였다. 반왕潘尫이 맹약에 참여하니 (정백은) 자량子良을 인질로 보냈다.

6월. 진晉이 정을 구원하러 와서 초와 싸웠다. 진晉을 황하에서 크게 물리치자 형옹衡雍에서 되돌아갔다.

● 초 장왕은 중원을 넘볼 정도로 초나라를 강대국으로 발전시켜 춘추오패의 하나로 등극했다. 사진은 호북성 무한 동호공원에 조성되어 있는 장왕 상이다.

20년(기원전 591년), 송을 포위했다. 초의 사신을 죽였기 때문이었다. 다섯 달 송을 포위하자 성에 먹을 것이 다 떨어져 자식을 바꿔 잡아먹고 뼈를 쪼개 불쏘시개로 썼다. 송의 화원華元이 나와서 이 사정을 알리니 장왕은 "군자로구나"라며 군대를 물렸다.

23년(기원전 589년), 장왕이 죽고 아들 공왕共王 웅심熊審이 뒤를 이었다.

공왕 16년(기원전 575년), 진晉이 정을 정벌하자 정이 위급함을 알려와 공왕이 정을 구원하러 나서 진의 군대와 언릉鄢陵에서 싸웠다. 진이 초를 물리쳤고 화살로 공왕共王의 눈을 맞추기까지 했다.[22] 공왕이 장군 자반子反을 불렀다. 자반이 술을 좋아하여 호위 수양곡豎陽穀이 주는 술을 마시고 취했다. 왕이 노하여 자반子反을 쏘아 죽이고는[23] 군대를 철수시켜 돌아갔다.

31년(기원전 560년), 공왕이 죽고 아들 강왕康王 웅초熊招가 즉위했다.

강왕이 15년(기원전 545년)에 죽고 아들 웅원熊員이 뒤를 이으니 이가 겹오郟敖이다.

4

강왕 이후의 정쟁

◉

강왕은 공자 자위子圍·자비子比·자석子晳·기질棄疾을 총애했다.

겹오 3년(기원전 542년), 강왕의 동생 숙부 자위를 영윤으로 삼아 군사를 주관하게 했다.

4년(기원전 541년), 자위가 정에 사신으로 가다가 길에서 왕이 병이 들었다는 이야기를 듣고는 돌아왔다.

12월 기유일, 자위가 궁에 들어와 왕의 병을 위문하는 척하다가 목을 졸라 죽이고, 이어 그 아들 막莫과 평하平夏까지 죽였다. 사신을 정에 보내 상을 알리려 했다. 오거가 (사신에게) "누가 뒤를 이었다고 할 겁니까?"라고 묻자 사신은 "저희 대부 자위이시지요"라고 답했다. 오거는 "공왕의 아들 위가 맏입니다"라고 바꾸어 일렀다. 자비는 진晉로 달아났고, 자위가 즉위하니 이가 영왕靈王이다.

영왕 3년(기원전 538년) 6월, 초가 사신을 진晉에 보내 제후들과 회맹하려 한다고 알렸다. 제후들이 모두 초의 신에서 회맹했다. 오거가 "옛날 하계夏

---

22 언릉전투에서 진晉나라 여기呂錡가 초나라 공왕에게 활을 쏘아 눈을 맞추었다. 언릉은 지금의 하남성 언릉현 팽점향彭店鄕 고성촌古城村 서북으로 추정한다.

23 《좌전》(성공 16년)에 의하면 자반은 사살된 것이 아니라 자살한 것으로 나온다.

◉ (왼쪽) 공왕은 언릉전투에서 패하는 등 장왕이 다져놓은 국력을 많이 소모했다. 사진은 눈에 화살을 맞은 공왕의 상으로, 호북성 무한 동호공원에 조성되어 있다.

◉ (오른쪽) 영왕은 제나라 국군을 죽인 경봉을 죽임으로써 제나라 내분에 간여했다. 그림은 경봉의 축출을 나타낸《동주열국지》삽화(아래 부분).

啓는 균대鈞臺에서 술자리를 베풀었고, 상탕은 경박景亳에서 명령을 내렸으며, 주 무왕은 맹진盟津에서 맹서했습니다. 성왕은 기양岐陽에서 사냥을 하였고, 강왕康王은 풍읍의 궁 풍궁豐宮에서 조회를 받았으며, 목왕穆王은 도산塗山에서 회합했습니다. 제 환공은 소릉召陵에서 맹약을 맺었고, 진晉 문공은 천토踐土에서 맹서했습니다. 국군께서는 어떤 것을 따르시렵니까?'라고 했다. 영왕은 "환공을 따르겠소"라고 했다.

당시 정자산이 그 자리에 있었다. 그러나 진·송·노·위는 가지 않았다. 영왕이 회맹을 끝내자 교만한 기색을 드러냈다. 오거가 "걸이 유잉有仍에서 회맹했을 때 유민有緡이 반발했고, 주가 여산驪山에서 회맹했을 때는 동이東夷가 반발했으며, 유왕이 태실太室에서 회맹하자 융·적이 반발했습니다. 국군께서는 신중하게 마무리하십시오"라고 했다.

7월, 초가 제후의 군대를 이끌고 오를 정벌하러 나서 주방朱方을 포위했다. 8월, 주방을 함락하고 경봉慶封을 가둔 뒤 그 일족을 없앴다. 경봉을 묶어 조리를 돌리면서 "제나라 경봉처럼 그 국군을 죽이고 어린 군주를 약하게 만들어 여러 대부들과 맹서한 일을 본받지 마시오"라 했다. 경봉은 "초 공왕의 서자 위圍가 국군인 형님의 아들 원員을 시해하고 자리를 대신한 일을 본받지 마시오"라고 반발했다. 이에 영왕은 기질을 보내 그를 죽였다.[24]

7년(기원전 534년), 장화대章華臺를 세우려고 유랑민들을 수용하여 그 일에 채우도록 명령했다.

8년(기원전 533년), 공자 기질에게 군을 이끌고 가서 진陳을 멸망시키게 했다.

10년(기원전 532년), 채후를 불러 술에 취하게 해서는 죽였다. 기질에게 채를 평정하게 하니 기질이 진陳·채蔡의 공이 되었다.[25]

11년(기원전 531년), 서徐를 정벌하여 오를 위협했다. 영왕이 간계乾谿에 주둔하면서 기다렸다. 영왕은 "제·진晉·노·위衛는 제후로 봉해질 때 모두 보물을 받았는데 나만 받지 못했다. 지금 내가 사신을 보내 주에게 정을 요구하여 분봉 때 나누어준 보물로 삼으려 하는데 그쪽에서 내게 주겠

---

24 《좌전》에는 '사속살지使速殺之'로 나온다. 전대흔錢大昕은 '질疾'을 '속速'으로 풀이하여 '사람을 시켜 서둘러 죽였다'는 뜻으로 풀이하고 '기棄'는 잘못 보태진 글자로 보았다.
25 《좌전》의 기록과 전문가들의 고증에 따르면 진陳은 잘못 붙여진 것이다. 기질은 채나라의 공이었을 뿐 진나라의 공을 지낸 적은 없다.

소?"라 했다. 석보斫父가 "그쪽에서 왕께 줄 것입니다! 옛날 우리 선왕 웅역께서는 멀리 형산荊山에 떨어져 계시면서도 장작을 실은 수레에 다 해진 옷을 입고 산과 숲을 건너 천자를 받들었고, 복숭아나무와 가시나무로 만든 활과 화살을 왕실에 바치셨습니다. 제는 (주) 왕실의 외삼촌뻘이고, 진晉과 노·위衛는 왕실의 같은 어머니에게서 난 동생뻘입니다. 초가 나눠 받지 못한 것을 저들은 모두 갖고 있습니다. 주가 지금은 네 나라와 더불어 왕께 복종하며 섬기고 있으니 오로지 명령에 따라야 하거늘 어찌 정을 아까워하겠습니까"라 했다.

영왕이 "옛날 나의 조상 큰아버지 곤오께서는 원래 허許에 사셨는데 지금 정 사람들이 그 땅을 탐내 나한테 주지 않았다. 지금 내가 그것을 요구하면 그들이 내게 주겠소?"라고 물었다. 석보는 "주가 정을 아까워하지 않는데 정이 어찌 감히 허 땅을 아까워한단 말입니까"라 대답했다. 영왕이 "과거 제후들은 나를 멀리하고 진晉을 두려워했다. 지금 내가 진陳·채蔡·불갱不羹의 성과 연못을 확장하고 천승의 군대를 가지고 있는데 제후들이 나를 두려워하겠는가?"라고 묻자 석보는 "두려워하지요"라고 대답했다. 영왕은 "석보가 옛날 일을 잘 말하는구나"라며 기뻐했다.

12년(기원전 530년) 봄, 초 영왕은 간계를 좋아하여 그곳을 떠나려 하지 않았다. 국인들은 힘들게 일했다. 당초 영왕은 신읍에서 군대를 사열하면서 월의 대부 상수과常壽過에게 모욕을 주고 채蔡의 대부 관기觀起[26]를 죽였다. 관기의 아들 관종觀從이 오로 도망쳐서는 오왕에게 초를 정벌하고, 월 대부 상수과에게 난을 일으키라고 권하면서 오를 위해 간첩 노릇을 했다.

---

26 관기는 채의 대부가 아니라 초의 대부이다.

그러고는 사람을 보내 공자 기질의 명령을 사칭하여 진쯤에 있던 공자 비를 불러들였다. 채읍에 이르자 오·월의 군대와 채읍을 습격하려 했다. 공자 비에게 기질을 만나 등읍鄧邑에서 맹약하게 했다. 그리고 마침내 영왕의 태자 녹을 죽이고 공자 비를 왕으로, 공자 자석을 영윤으로, 기질을 사마로 세웠다.

먼저 왕궁을 깨끗이 정리한 다음 관종은 군대를 이끌고 간계로 가서 초 군사들에게 "나라에 왕이 생겼다. 먼저 돌아가는 자에게는 자리와 땅과 집을 회복시켜 주겠지만 늦게 가는 자는 추방할 것이다"라고 선포했다. 초의 군사들은 모두 흩어져 영왕을 버리고 돌아갔다.

영왕은 태자 녹의 죽음을 듣고는 수레 밑으로 쓰러지며 "사람들의 자식 사랑이 나와 같겠지"라고 말했다. 시종이 "더하지요"라고 말했다. 왕이 "내가 남의 자식들을 많이 죽였으니 어찌 이런 지경에 이르지 않을 수 있겠는가"라 했다. 우윤右尹[27]이 "교외에서 국인들의 결정을 기다리십시오"라 했다. 왕은 "사람들의 분노를 어찌 감당하라고"[28]라 했다. 우윤은 "그렇다면 잠시 큰 현으로 갔다가 제후들에게 군사를 청하십시오"라고 했다. 왕은 "모두가 배반했다"라 했다. 우윤이 또 "그럼 잠시 제후국으로 달아났다가 큰 나라의 안배를 기다리는 것은 어떻습니까"라 했다. 영왕은 "큰 복은 두 번 오지 않는다.[29] 치욕을 받아들이는 수밖에"라 했다. 이어 영왕은 배를 타고 언성으로 들어가려 했다. 우윤은 왕이 자신의 계책이 받아들이지

---

27 《좌전》에는 우상右相 자혁子革으로 나온다.

28 '중노불가범衆怒不可犯'이란 명구의 출처이다. 뒤이어 나오는 '많은 사람들의 분노는 물불 같아 어찌할 수가 없다'는 '중노여수화衆怒如水火, 불가구야不可救也'와 함께 많이 사용하는데, 정치는 늘 여론의 마지노선을 염두에 두어야 한다는 경고의 의미로 이해할 수 있다.

않을 것으로 지레짐작하고는 죽음이 두려워 영왕을 버리고 도망쳤다.

이리하여 영왕이 홀몸으로 산속을 헤매었지만 야인들은 감히 왕을 받아들이지 못했다. 왕이 길을 가다가 옛날 궁을 청소하던 사람을 만났다. 왕이 "내게 먹을 것을 좀 다오. 내가 먹지 못한 지 사흘이 넘었다"라고 했다. 청소부는 "새 왕께서 왕에게 먹을 것을 주거나 따르는 자는 그 죄가 삼족에까지 미칠 것이라는 영을 내리셨습니다. 게다가 먹을 것을 찾을 수도 없습니다"라고 했다. 이에 왕은 그의 허벅지를 베고 잠이 들었다. 청소부는 흙을 가져다 자신의 허벅지를 대신하게 하고는 도망쳤다. 왕이 잠에서 깼으나 사람은 보이지 않았고, 배가 고파서 몸을 일으킬 수 없었다. 우윤芋尹 지방[30] 신무우申無宇의 아들 신해申亥가 "내 아버지가 왕명을 두 번이나 어겼으나 왕께서는 처벌하지 않으셨으니 이보다 큰 은혜가 어디 있겠는가"라 하고는 왕을 찾아다녔다. 이택釐澤에서 기진맥진한 왕을 만나서 모시고 돌아왔다.

여름 5월 계축일, 왕이 신해의 집에서 죽었다. 신해는 두 딸을 따라 죽게 하고는 함께 장례를 지냈다.

이때, 초나라는 이미 비를 왕으로 세웠으나 영왕이 다시 올까 두려워하고 있었는데 영왕이 죽었다는 소식도 없자 관종은 새 왕 비에게 "기질을 죽이지 않으면 나라를 얻어도 화를 당할 것입니다"라 했다. 왕이 "나는 차마 그럴 수 없소"라 하자 관종은 "다른 사람은 왕께 차마 그렇게 할 것입니다"라 했다. 왕이 듣지 않자 (관종은) 떠났다.

---

29 대복부재大福不再. 중요한 기회는 거푸 오기 어려우니 제때에 잡아서 놓치지 말라는 뜻이다.
30 우윤의 우는 우읍을 가리키는 지명이며, 윤은 우읍의 대부를 말한다. 그 대부가 신무우이다.

기질이 돌아오자 국인들은 밤마다 "영왕이 왔다"며 놀라 허둥댔다. 을묘일 밤, 기질은 뱃사람에게 강을 오가며 "영왕이 왔다"라고 고함을 지르게 했다. 국인이 더 놀랐다. 또 만성연蠻成然을 시켜 새 왕 비와 영윤 자석에게 "왕이 돌아왔습니다! 국인은 왕을 죽이려 할 것이고, 사마도 곧 올 것입니다. 왕께서는 일찌감치 도모하여 치욕을 당하지 않게 하십시오. 많은 사람들의 분노는 물불 같아 어찌할 수가 없습니다"[31]라 했다. 새 왕과 자석이 마침내 자살했다.

병진일, 기질이 왕으로 즉위하여 웅거熊居로 이름을 바꾸니 이가 평왕平王이다.

5
오와의 남방 쟁탈
◉

평왕은 속임수로 두 왕을 시해하고 자립했으므로 국인과 제후들이 반발할까 겁이 나서 백성들에게 은혜를 베풀었다. 진陳과 채의 땅을 되돌려주고 예전처럼 그 후손을 국군으로 세웠으며, 빼앗은 정의 땅도 되돌려주었다. 나라 안을 잘 다독거리고 정치와 교화를 정돈했다. 오가 초의 혼란을 틈타서 (초의 장수) 다섯을 잡아 돌아갔다. 평왕이 관종에게 "그대가 원하는 것은 무엇이든 해주리다"라고 하자 복윤卜尹[32]을 원한다고 하여 왕이 허락했다.

당초 공왕에게는 총애하는 아들 다섯이 있었지만 적자를 세우지 않고

---

31 많은 사람들의 분노는 물불 같아 어찌할 수가 없습니다. → 사람들의 분노를 어찌 감당하라고.
32 점복을 관장하는 관리. 초나라는 제사를 중시했기 때문에 복윤은 상당히 중요한 관직이었다.

여러 신들에게 제사를 올려 신이 결정하면 그에게 사직을 맡기려 했다. 그래서 몰래 파희巴姬와 함께 실내에 벽옥을 묻어 두고는 다섯 공자를 불러 목욕재계시켜서 안으로 들여보냈다. 강왕은 벽옥을 뛰어넘었고, 영왕은 팔로 벽옥을 눌렀으며, 자비와 자석은 벽옥에서 멀리 떨어졌다. 평왕은 어려서 안긴 채 절을 하는데 (벽옥의) 중심을 눌렀다. 그래서 강왕은 장자로 즉위했으나 그 아들에 이르러 자리를 빼앗겼고, 위는 영왕이 되었으나 시해당했고, 자비는 열흘 남짓 왕 노릇을 했고, 자석은 왕위에 오르지도 못했으며 모두 죽임을 당했다. 네 아들이 모두 후손이 끊어졌다. 유독 기질만이 훗날 자리에 올라 평왕이 되어 초의 제사를 이어갔으니 마치 신의 뜻에 부합한 것 같다.

당초 공자 비가 진晉에서 돌아가자 한선자韓宣子가 숙향叔向에게 "자비가 성공하겠습니까?"라고 물었다. 숙향은 "못 할 겁니다"라고 대답했다. 선자가 "저들이 같은 증오심을 가지고 서로를 필요로 하는 것이 마치 시장에서 물건을 사고파는 것 같은데 어째서 안 된다는 겁니까?"라고 물었다. (숙향은) 이렇게 대답했다.

"함께 어울려 잘 지내는 사람도 없는데 누구와 함께 미워합니까? 나라를 얻는 데는 다섯 가지 어려움이 있습니다.[33] 총애하는 자는 있는데 인재가 없는 것이 그 하나요, 인재는 있는데 지지세력이 없는 것이 그 둘이요, 지지세력은 있는데 모략이 없는 것이 그 셋이요, 모략은 있으나 백성이 없는 것이 그 넷이요, 백성은 있으나 덕이 없는 것이 그 다섯입니다. 자비는

---

33 취국유오난取國有五難. 숙향叔向의 득국오난得國五難, 즉 유총무인有寵無人, 유인무주有人無主, 유주무모有主無謀, 유모이무민有謀而無民, 유민이무덕有民而無德을 말한다. 궁극적으로 백성의 지지와 리더의 덕이 있어야만 나라를 얻을 수 있다는 의미이다.

◉ (위) 영왕이 '허리 가는 여자를 탐한다'는 탐연세요도貪戀細腰圖. 영왕은 음란하고 방탕한 생활로 오명을 남겼는데, 특히 허리가 가는 여자들을 무척 좋아했다고 한다.

◉ (아래) 초나라 내정을 정확하게 파악하여 자비의 실패를 예견한 진晉의 대신 숙향. 산서성 태원시 진사晉祠 내에 그려진 그림이다.

진晉에서 13년을 있었지만 진晉·초에서 그를 따르는 자들 중 학식이 넓고 깊은 사람이 있다는 소리를 듣지 못했으니 인재가 없다는 말입니다. 가족은 없고 친척은 배반했으니 지지 세력이 없다는 말입니다. 기회가 아닌데도 움직이려 하니 모략이 없다는 말입니다. 종신토록 (국외에) 매여 있었으니 백성이 없다는 말입니다. 망명하고 있는데 아무도 그를 생각하지 않으니 덕이 없다는 말입니다. 영왕은 포학하여 거리끼는 바가 없지만, 자비는 이 다섯 가지 난관을 눈앞에 두고도 군주를 시해하려 하니 누가 그를 돕겠습니까? 초나라를 얻을 자는 기질이 아닐까요? 진陳·채를 통치했고 방성方城 이외의 지역도 그에게 복속했습니다. 시끄럽고 사악한 일도 일어나지 않았고, 도적들은 모두 몸을 숨겼습니다. 사사로운 욕심 때문에 민심을 거스르지 않았기에 백성들도 원한이 없습니다. 조상과 신명이 그를 점지하였고, 나라 사람들은 그를 믿습니다. 또 미씨 성의 초 왕실은 난이 발생하면 가장 어린 자식을 세우는 것이 상례입니다. 자비의 관직은 우윤이고, 그 귀천을 따지자면 서자입니다. 신명으로 보자면 아주 멀고, 백성들은 마음에 두지 않고 있으니 어찌 세울 수 있겠습니까?"

선자가 "제 환공이나 진晉 문공도 그렇지 않았습니까?"라고 하자 숙향은 이렇게 대답했다. "제 환공은 위희衛姬의 아들로 이공釐公의 총애가 있었고, 포숙아鮑叔牙·빈수무賓須無·습붕隰朋이 보좌했습니다. 거莒·위衛가 밖에서 도왔고, 고高씨와 국國씨[34]가 안에서 도왔습니다. 좋은 말은 바로바로 받아들였으며 기꺼이 은혜를 베풀었습니다.[35] 나라를 얻는 것이 마땅하지

---

34 제나라에서 지위가 가장 높은 두 집안으로 대대로 상경上卿을 지냈다. 환공 집권 전후로 고혜高傒와 국의중國懿仲이 대표적 인물로 나온다.

않겠습니까? 지난날 우리 문공은 호계희狐季姬의 아들로 헌공의 총애가 있었습니다. 배우는 것도 게을리하지 않았습니다. 17세에 선비 다섯을 얻었고, 선대부先大夫[36] 자여子餘와 자범子犯은 심복이 되었으며, 위주魏犨와 가타賈佗가 팔다리처럼 보좌했습니다. 제·송·진秦·초가 밖에서 지지했고, 난欒·극郤·호狐·선先 네 집안[37]이 안에서 도왔습니다. 망명 19년에 지키고자 하는 뜻은 더욱 굳어졌습니다. 혜공惠公과 회공懷公이 백성을 버리니 백성이 그를 따르면서 도왔습니다. 따라서 문공이 나라를 얻는 것이 마땅하지 않겠습니까? 자비는 백성에게 베푼 것이 없고 밖으로부터의 도움도 없습니다. 진晉을 떠날 때도 진晉은 호송하지 않았습니다. 초로 돌아왔는데 초는 맞이하지 않았습니다. 어떻게 나라를 가질 수 있겠습니까?" 자비는 과연 끝이 좋지 않았고, 끝내 자리에 오른 사람은 기질이었으니 숙향이 말한 대로였다.

평왕 2년(기원전 527년), 비무기費無忌를 진秦에 보내 태자 건建을 위해 태자비를 맞아들이게 했다. 태자비는 아름다웠다. 맞이하여 오는데 도착하기 전에 비무기가 먼저 돌아와 평왕에게 "진秦 여자가 아름다우니 왕께서 취하시고 태자를 위해서는 다시 구해주십시오"라고 부추겼다. 평왕은 그 말에 따라 끝내 자신이 진秦 여자를 취하여 웅진熊珍을 낳았다. 태자를 위해서는 다시 아내를 얻게 했다.

---

35 종선여류從善如流, 시혜불권施惠不倦. 제나라 환공이 국군이 될 수 있었던 원인들을 열거하면서 여론과 충고를 그 즉시 기꺼이 받아들이고 덕을 베푼 것을 이렇게 요약했다.
36 《좌전》에 보이는 선대부는 이미 세상을 떠난 대부를 가리킨다. 여기서는 문맥상 세상을 떠난 대부로 보기에는 무리가 있다. 대부의 여러 종류 중 하나로 봐야 하나 다른 기록에 비슷한 예가 없다.
37 각각 난지欒枝, 극곡郤穀, 호돌狐突, 선진先軫을 말하며 네 사람 모두 진나라 대부이자 명문가의 대표들로서 진 문공 정권을 보좌했다.

이때 오사는 태자의 태부였고 비무기는 소부[38]였다. 비무기가 태자의 총애를 얻지 못하자 늘 태자 건을 헐뜯으며 미워했다. 태자 건은 당시 15세였다. 그 어머니는 채 여자였는데 왕의 총애를 얻지 못했고, 왕은 점점 더 건을 멀리하기에 이르렀다.

6년(기원전 523년), 태자 건을 성보城父에 머무르며 변방을 지키게 했다. 비무기는 밤낮으로 평왕 앞에서 태자 건을 헐뜯었다. "이 비무기가 진秦 여자를 데려온 이후로 태자는 저를 원망하고 있는데, 왕에 대한 원망도 없을 수가 없을 것이니 왕께서는 어느 정도 대비를 하셔야 할 것입니다. 게다가 태자는 성보에서 병권을 쥐고 밖으로 제후들과 결탁하여 쳐들어오려 합니다." 평왕은 태부 오사를 불러들여 이를 나무랐다. 오사는 비무기가 헐뜯었다는 것을 알고는 "왕께서는 어찌하여 소인배의 말만 듣고 혈육을 멀리하려 하십니까?"라고 말했다. 비무기는 "지금 (오사를) 막지 않으면 후회하실 겁니다"라고 했다. 이에 평왕은 오사를 가두고는 바로 사마분양司馬奮揚에게 태자 건을 불러오게 하여 죽이려 했다. 태자가 이를 듣고 송으로 도망쳤다.

비무기는 "오사에게 두 아들이 있는데 죽이지 않으면 초의 근심거리가 될 것입니다. 아버지를 사면한다고 하여 불러들이면 반드시 올 것입니다"라고 했다. 이에 평왕은 사신을 시켜 오사에게 "두 아들을 오게 하면 살려주겠지만 그렇지 못하면 죽음이다"라고 했다. 오사는 "상尙은 오겠지만 서胥는 오지 않을 것이다"라고 말했다. 왕이 "어째서인가?"라고 묻자 오사는 이렇게 말했다. "상은 사람이 곧아서 절개를 위해 죽을 수 있고, 효성스럽고 인자하여 부름을 받들어 아비가 사면된다면 죽음을 돌보지 않고 틀림없이

---

38 태부太傅와 소부少傅는 태자를 가르치고 보좌하는 관직으로 태부가 위이다.

올 것이다. 서는 지혜롭고 무슨 일을 꾀하길 좋아하고, 용감하고 공명을 중시하니 오면 죽는다는 것을 안다. 그러니 틀림없이 오지 않을 것이다. 그러나 초나라를 걱정하게 만들 사람이 있다면 분명 이 아들일 것이다."

이윽고 평왕은 이들을 소환하기 위해 사람을 보내 "오면 내가 너희 아버지를 살려줄 것이다"라고 했다. 오상은 오서에게 "아버지를 사면한다는 말을 듣고도 달려가지 않는 것은 불효이다. 아버지가 죽임을 당했는데 복수하지 않는다면 꾀가 없는 것이다. 능력을 헤아려 일을 맡아야 지혜롭다 하겠지. 너는 도망치고 나는 가서 죽겠다"라고 말했다. 오상은 드디어 갔다. 오서는 활에 화살을 매긴 채 밖으로 나가 사신에게 "아버지에게 죄가 있다면서 어째서 그 자식들을 부르는가"라며 화살을 쏘려 하자 사신은 달아나고 (오서는) 탈출하여 오로 갔다. 오사가 이 소식을 듣고는 "오서가 도망쳤으니 초나라가 위태로워지겠구나"라고 했다. 초가 오사와 오상을 끝내 죽였다.

10년(기원전 519년), 초 태자 건의 어머니는 거소居巢에서 오를 끌어들였다. 오는 공자 광에게 초를 정벌하게 하여 진·채를 물리치고 태자 건의 어머니를 데려갔다. 초는 두려워 도성 영을 강화했다.

당초 오의 변경 마을 비량卑梁과 초의 변경 마을 종리鐘離의 아이들이 뽕나무를 두고 싸웠다.[39] 두 집안이 화가 나서 서로 공격한 끝에 비량 사람들을 죽였다. 비량 대부가 노하여 읍의 병사를 내어 종리를 공격했다. 초왕

---

39 소동쟁상小童爭桑. 오나라와 초나라 변경에서 뽕나무를 두고 아이들이 다툰 사건이 어른들 싸움으로 비화되고, 결국 초나라가 오나라 변경 마을인 비량卑梁을 없애기에 이른다. 여기서 '비량지흔卑梁之釁'이란 고사성어가 파생되었다. 사소한 싸움이란 뜻인데, 이것이 나중에 큰 싸움으로 비화되는 것을 비유한다.

◉ (왼쪽) 평왕은 간신 비무기의 모함에 빠져 충신 오사를 죽임으로써 오자서의 탈출을 부추겼다. 그림은 강소성 소주 오자서 사당에 그려져 있는 오사와 평왕의 모습.

◉ (오른쪽) 공자 승과 함께 초나라를 빠져나가는 오자서의 모습. 그림은 강소성 소주 오자서 사당에 있다.

이 이 소식을 듣고 화가 나서 나라의 군대를 징발하여 비량을 없앴다. 오왕도 이를 듣고는 크게 화가 나서 군대를 일으켜 공자 광으로 하여금 태자 건의 어머니 집안일을 구실로 초를 공격하여 종리와 거소를 없애니 초가 두려워 도성 영을 강화한 것이다.

13년(기원전 516년), 평왕이 죽었다. 장군 자상이 "태자 진珍이 어리고 그 어머니는 이전 태자 건이 취해야 할 사람이었습니다"라 하고는 영윤 자서子西를 세우려 했다. 자서는 평왕의 배다른 동생으로 의리가 있었다. 자서는 "나라에는 나름의 법이 있습니다. 자리를 바꾸면 혼란이 생깁니다. (자상이) 그렇게 말했다면 죽어 마땅합니다"라고 했다. 이윽고 태자 진을 세우니 이가 소왕昭王이다.

소왕 원년(기원전 515년), 초 사람들이 비무기를 싫어했다. 그의 모함으로 태자 건이 도망쳤고, 오사 부자와 극완郤宛이 죽었기 때문이다. 극완과 같은 집안인 백伯씨의 아들 비[40]는 오사와 함께 오로 달아났고, 오의 군대가 여러 차례 초를 침공하자 초 사람들은 비무기를 더 미워했다. 초의 영윤 자상이 비무기를 죽여 사람들을 기쁘게 하니 사람들은 그제서야 좋아라 했다.

4년(기원전 512년), 오의 세 공자가 초로 달아났고, 초는 그들에게 땅을 주어 오에 맞서게 했다.

5년(기원전 511년), 오가 초의 육읍六邑과 잠읍潛邑을 공격하여 취했다.

7년(기원전 509년), 초가 자상子常을 시켜 오를 정벌하게 했으나 오는 예장豫章에서 초를 크게 물리쳤다.

10년(기원전 506년) 겨울, 오왕 합려闔閭, 오자서, 백비가 당·채와 함께 초를 정벌했다. 초는 대패했고, 오의 군대가 영도에 들어와 평왕의 무덤에 욕을 보이니[41] 이는 오자서 때문이었다. 오의 군대가 오자 초는 자상에게 군대를 주어 맞아 싸우게 하여 한수를 끼고 진을 쳤다. 오가 자상을 물리치니 자상은 정으로 달아났다. 초의 군대가 달아나자 오는 승기를 잡아 추격하여 다섯 번 싸운 끝에 영도에 이르렀다. 기묘일, 소왕이 달아났다. 경

---

40 통상 백주리伯州犁의 손자 백비伯嚭를 가리킨다. 백비는 화를 피해 오나라로 건너와 오자서伍子胥의 추천으로 오왕 부차夫差의 총애를 받아 태재太宰가 되고, 훗날 오자서를 모함하여 해친다. 백씨와 극씨가 같은 집안이라는 설과 그렇지 않다는 설이 있다. 제41 〈월왕구천세가〉와 제31 〈오태백세가〉에 관련 사건이 비교적 상세히 기록되어 있다.

41 굴묘편시掘墓鞭尸. 오자서는 아버지와 형을 죽인 초나라 평왕의 무덤을 파내 시신에 채찍질을 가하는 것으로 원한을 풀려 했다. 오자서의 피맺힌 원한과 지독한 보복을 잘 보여주는 성어이다.

진일, 오 사람들이 영도로 들어왔다.

소왕은 도망쳐서 운몽雲夢에 이르렀다. 운몽 사람들은 왕인지 모르고 활을 쏘아 상처를 입혔다. 왕은 운읍鄖邑으로 도망쳤다. 운공鄖公의 동생 회懷가 "평왕이 내 아버지를 죽였으니 지금 내가 그 아들을 죽인다고 안 될 것은 없겠지요"라고 했다. 운공이 그를 말렸으나 아무래도 그가 소왕을 죽일까 두려워서 왕과 함께 수로 달아났다. 오왕은 소왕이 도망쳤다는 말을 듣고는 즉시 수로 진격하여 수 사람들에게 "주의 자손이 장강과 강수 사이에 제후로 봉해졌으나 초가 그들을 전부 없앴다"라고 말하고는 소왕을 죽이려 했다. 소왕을 따르는 신하 자기子綦가 왕을 깊이 숨겨놓고는 자신이 왕처럼 꾸민 다음 수 사람들에게 "나를 오에 넘겨주시오"라고 했다. 수 사람들이 점을 쳐보니 오에 넘겨주는 것이 불길했다. 그래서 오왕에게 "소왕은 도망쳐서 수에 없소이다"라며 거절했다. 오가 직접 들어가서 찾겠다고 했으나 수는 들어주지 않았고, 오도 물러갔다.

소왕은 영도에서 도망치면서 신포서를 진秦에 보내 구원을 요청하게 했다.[42] 진은 500승의 전차로 초를 구원하러 나섰고, 초 역시 흩어진 잔병들을 모아 진과 함께 오를 공격했다.

11년(기원전 505년) 6월, 직稷에서 오를 물리쳤다. 마침 오왕의 동생 부개夫槪가 오왕의 군대가 사상자를 내고 패하는 것을 보고 바로 도망쳐 돌아와 왕으로 자립했다. 이 소식을 들은 합려는 병사를 이끌고 초를 떠나 돌아와

---

42 오나라 군대가 초나라 수도를 유린하자 소왕昭王은 수도를 버리고 도망치는 한편, 신포서를 진나라에 보내 구원을 요청하게 했다. 신포서는 진나라 애공哀公의 처소 뜰 앞에서 7일 밤낮을 통곡한 끝에 애공의 구원 약속을 받아냈다. 여기서 '진나라 뜰 앞에서의 통곡'이란 뜻의 '진정지곡秦庭之哭'이란 유명한 고사성어가 유래했다.

부개를 쳤다. 부개는 패하여 초로 달아났고, 초는 당계堂谿 땅에 그를 봉하여 당계씨라 불렀다. 초 소왕은 당唐을 멸망시키고 9월에 영도로 돌아왔다.

12년(기원전 504년), 오가 다시 초를 정벌하여 번읍蕃邑을 취했다. 초는 두려워 영도를 버리고 북쪽 약읍都邑으로 도읍을 옮겼다.

16년(기원전 500년), 공자가 노의 상이 되었다.

20년(기원전 496년), 초가 돈頓과 호胡를 멸망시켰다.

21년(기원전 495년), 오왕 합려가 월을 정벌했다. 오왕은 월왕 구천勾踐이 쏜 화살에 맞아 부상을 입어 죽고 말았다. 오는 이 일로 월에 원한을 품었고, 이로써 서쪽 초에 대한 정벌을 멈추었다.[43]

27년(기원전 489년) 봄, 오가 진陳에 대한 정벌에 나서자 초 소왕이 구원에 나서 성보에 군대를 주둔시켰다. 10월, 소왕이 군중에서 병이 나자 붉은 구름이 새처럼 해를 끼고 나는 모습이 있었다. 소왕이 주 태사太史[44]에게 물었더니 태사는 "이는 왕께 해로운 징조입니다만 장수와 재상들에게 돌릴 수는 있습니다"라고 했다. 장수와 재상들이 이 말을 듣고는 자신들이 대신하여 귀신에게 기도하겠노라 청했다. 소왕은 "장수와 재상은 나의 팔다리와 같거늘 지금 화를 전가한다고 해서 병이 내 몸을 떠나겠는가"라고 하면서 듣지 않았다. 점을 쳐보니 황하의 신 때문이라 하여 대부들이 황하에 제사 지내기를 청했다. 소왕은 "우리 선왕께서 제후로 봉해진 이래 제

---

43 오나라와 월나라가 이로부터 서로를 공격하는 새로운 국면이 전개된다. 여기에 진晉이 오를 도와 초를 정벌하고, 초는 월을 도와 오를 치는 상황도 함께 나타났다. 이 때문에 초나라는 국력을 크게 소모하게 되고, 천하 정세는 오·월의 쟁패에 남방의 초나라와 중원의 진나라 등이 간여하는 복잡한 양상을 띠게 된다.

44 서주와 춘추 시기에 태사는 문서의 초안 작성과 제후 경대부들에 대한 명령, 역사 기록 등을 관장했다. 아울러 사서 편찬, 국가 기록물과 천문 역법 및 제사 등을 관장하는 조정 대신이었다.

사를 드린 강은 황하와 한수밖에 없고, 황하의 신께 지은 죄가 없다"라며 허락하지 않았다. 공자가 진陳에 있다가 이 말을 듣고는 "초 소왕이 대의에 밝으니 나라를 잃지 않을 것이다, 당연히"라고 했다.

소왕의 병이 깊어지자 공자들과 대부들을 불러 "내가 못나서 두 번이나 초나라 군대를 욕보였으나 지금 천수天壽[45]를 누리고 떠나니 나의 행운이다"라고 했다. 그러고는 동생 공자 신申에게 왕위를 양보했으나 받아들이지 않았다. 다시 그다음 동생인 공자 결結에게 양위했으나 역시 받아들이지 않았다. 다시 그다음 동생인 공자 여閭에게 양위했고, 다섯 번 양위한 뒤에 허락하여 왕이 되었다.

전투가 시작될 무렵 경인일 소왕이 군중에서 죽었다. 공자 여는 "왕께서 병이 심하여 그 아들을 놓아두고 신하들에게 양위하셨습니다. 신이 왕이 되기를 허락한 것은 그로써 왕의 마음을 위로하고자 해서입니다. 이제 군왕께서 세상을 뜨셨으니 신이 어찌 감히 군왕의 마음을 잊을 수 있겠습니까"라 하고는 자서·자기와 의논하여 군대를 매복시켜 길을 막고는 월 여자가 낳은 아들 자장子章을 맞이하여 세우니 이가 혜왕惠王이다. 그런 다음 군대를 철수시키고 소왕의 장례를 지냈다.

혜왕 2년(기원전 487년), 자서가 죽은 평왕의 태자 건의 아들 승勝을 불러 소읍의 대부로 삼고 백공白公이라 불렀다. 백공이 용병을 좋아하고 낮은 자세로 선비를 존중하면서 (아버지의) 원한을 갚고자 했다.

6년(기원전 483년), 백공은 영윤 자서에게 군대로 정을 토벌하자고 요청

● (위) 초 소왕은 초나라를 방문한 공자孔子에게 벼슬과 녹봉을 주려고 했다. 그 장면을 묘사한 그림이다.

● (아래) 혜왕 때 만들어져 증나라로 보낸 예기인 편종編鐘. 호북성박물관 소장.

했다. 당초, 백공의 아버지 건이 정으로 도망가자 정이 그를 죽였다. 백공은 오로 도망쳤고, 자서가 그를 다시 불렀던 것이다. 이 때문에 원한을 품고 정을 정벌하려 한 것이다. 자서가 허락했으나 군대를 징발하지 못했다.

8년(기원전 481년), 진晉이 정을 정벌하자 정이 초에 위급함을 알렸다. 초는 자서를 시켜 서쪽 정을 구원하게 했으나 (자서는) 뇌물을 받고는 돌아와버렸다. 백공 승이 노하여 용기와 힘을 갖추고 죽음도 불사하는 석기石乞 등과 함께 영윤 자서와 자기를 조정에서 습격하여 죽이고 내친 김에 혜왕을 겁박하여 고부高府[46]에 가둔 다음 죽이려고 했다. 혜왕의 시종 굴고屈固가 왕을 들쳐 업고 소왕의 부인이 있는 궁으로 달아났다. 백공이 스스로 왕이 되었다. 한 달 남짓 지나 엽공葉公이 초를 구하러 오자 초 혜왕의 무리들은 함께 백공을 공격하여 죽였다. 혜왕은 다시 자리에 올랐다.

이해에 진陳을 멸망시키고 현으로 삼았다.

13년(기원전 476년), 오왕 부차夫差가 강해지자 제·진을 깔보고 초까지 공격해왔다.

16년(기원전 473년), 월이 오를 멸망시켰다.

42년(기원전 447년), 초가 채를 멸망시켰다.

44년(기원전 445년), 초가 기杞를 멸망시키고 진秦과 강화했다. 이 무렵 월은 오를 멸망시키긴 했지만 장강과 회수 북쪽까지는 평정하지 못했다. 초가 동방을 공략하여 땅을 사수 부근까지 넓혔다.

57년(기원전 432년), 혜왕이 죽고[47] 아들 간왕簡王 중中이 뒤를 이었다.

---

46 초나라 궁궐 안에 있는 창고의 이름이다.
47 1978년 호북성 수현隨縣 뇌고돈擂鼓墩에서 발견된 증후을묘曾侯乙墓에서 초나라 혜왕 56년(기원전 433년)에 만들어진 예기가 확인되어 주목을 끌었다. 이 예기는 혜왕이 죽기 1년 전 초나라에서 만들어져 증나라로 보내 증후를 제사 지내게 한 것으로 보인다. 당시 초나라와 증나라의 관계를 보여주는 중요한 유물이다.

6
전국 초기 초나라 상황

◉

간왕 원년(기원전 431년), 북으로 거를 정벌하여 멸망시켰다.

8년(기원전 424년), 위魏 문후文侯, 한韓 무자武子, 조趙 환자桓子가 처음으로 제후의 반열에 올랐다.[48]

24년(기원전 408년), 간왕이 죽고 아들 성왕聲王 웅당熊當이 자리에 올랐다.

성왕 6년(기원전 402년), 도적이 성왕을 살해하여 아들 도왕悼王 웅의熊疑가 뒤를 이었다.

도왕 2년(기원전 400년), 삼진이 초를 정벌하여 승구乘丘에까지 이르렀다가 돌아갔다.

4년(기원전 398년), 초가 주를 정벌했다. 정은 (상국) 자양子陽을 죽였다.

9년(기원전 393년), 한을 정벌하여 부서負黍를 취했다.

11년(기원전 391년) 3월, 삼진이 초를 정벌하여 대량大梁과 유관楡關에서 초를 패퇴시켰다. 초가 진晉에 후한 뇌물을 주며 화평을 맺었다.

21년(기원전 381년), 도왕이 죽고 아들 숙왕肅王 장臧이 뒤를 이었다.

숙왕 4년(기원전 377년), 촉이 초를 정벌하여 자방玆方을 취했다. 이에 초는 한관扞關을 거점으로 촉을 막았다.

10년(기원전 371년), 위가 초의 노양魯陽을 취했다.

11년(기원전 370년), 숙왕이 죽었다. 아들이 없어서 그 동생 웅양부熊良夫

---

48 기원전 424년 위魏 문후文侯, 한韓 경후景侯, 조趙 열후烈侯가 제후의 반열에 오름으로써 진晉은 셋으로 나뉘고 본격적인 전국시대의 막이 올랐다.

를 세우니 이가 선왕宣王이다.

선왕 6년(기원전 364년), 주 천자가 진秦 헌공獻公에게 (승리를) 축하했다. 진이 다시 강해지고, 삼진도 더 커졌는데 위魏 혜왕惠王과 제齊 위왕威王이 특히 강했다.

30년(기원전 340년), 진이 위앙衛鞅을 상商 땅에 봉하고, 남쪽 초를 침공했다. 이해에 선왕이 죽고 아들 위왕威王 웅상熊商이 자리에 올랐다.

위왕 6년(기원전 334년), 주 현왕顯王이 문왕과 무왕에게 제사를 드린 고기를 진 혜왕에게 보냈다.

7년(기원전 333년), 제 맹상군孟嘗君의 아버지 전영田嬰이 초를 속이는 바람에 초 위왕은 제를 토벌하여 서주徐州에서 제를 패배시키고 제에게 전영을 반드시 내쫓으라고 명령했다. 전영이 겁을 내자 장축張丑이 거짓으로 초왕에게 이르기를 "왕께서 서주에서 승리한 것은 (제가) 전분자田盼子를 기용하지 않아서입니다. 분자는 나라에 공이 있어 백성들은 그를 위해 힘쓰기를 바랍니다. 영자(전영)가 그를 좋아하지 않아 신기申紀를 기용한 것입니다. 신기란 자는 대신이 따르지 않고 백성들도 그를 위해 애를 쓰지 않기에 왕께서 승리하신 것입니다. 지금이 왕께서 영자를 내쫓으라 해서 영자가 쫓겨나면 분자가 기용될 것이 분명합니다. 그가 다시 병사들을 수습하여 왕에 맞선다면 틀림없이 왕에게 불리해질 것입니다"라고 했다. 초왕이 이로써 (전영을) 쫓아내라고 하지 않았다.

11년(기원전 329년), 위왕이 죽고 아들 회왕懷王 웅괴熊槐가 자리에 올랐다. 위魏가 초에 국상이 났다는 소식을 듣고는 초를 정벌하여 초의 형산陘山을 빼앗았다.

7
유세가 장의와 쇠락하는 초나라

⦿

회왕 원년(기원전 328년), 장의張儀가 진 혜왕의 재상이 되었다.

4년(기원전 325년), 진 혜왕이 처음으로 왕을 칭했다.

6년(기원전 323년), 초는 주국柱國[49] 소양昭陽에게 군대를 끌고 위를 공격하게 하여 양릉襄陵에서 위를 격파하고 여덟 개 읍을 얻었다. 다시 군대를 이동하여 제를 공격하니 제왕이 걱정했다. 진진陳軫이 마침 진의 사신으로 제에 왔다. 제왕이 "어떻게 하면 좋겠소?"라고 물었다. 진진은 "왕께서는 염려마십시오. (저로 하여금) 초를 물러가게 하도록 해주십시오"라고 했다. 바로 초 군영으로 가서 소양을 만나 "초의 국법을 듣고 싶습니다. 적군을 물리치거나 장수를 죽이는 사람은 어떤 귀한 대접을 받는지 말입니다"라고 말했다. 소양은 "관직은 상주국[50]으로 삼고, 작위는 집규執珪[51]에 봉하오"라고 말했다. 진진이 "그보다 더 귀한 것이 있습니까?"라고 물었다. 소양은 "영윤이 있지요"라고 말했다. 진진은 이렇게 말했다. "지금 당신은 이미 영윤입니다. 이는 나라에서 가장 높은 자리지요. 신이 비유를 들어보겠습니다. 어떤 사람이 자신의 식객들에게 술 한 병을 내렸습니다. 식객들은 서로에게 '여러 사람이 이 술을 마셔봤자 한 바퀴도 돌지 못할 것이다. 바

---

49 초나라의 관직 이름으로 최고 무관에 해당한다. 상주국上柱國으로도 불리며, 지위는 영윤 다음이다.

50 상주국. → 주국.

51 '규珪'는 위가 뾰족하고 아래는 네모난 옥으로 만든 판이다. 공신에게 내리는 상인데, 여기서는 최고 작위에 봉하면서 규를 내렸다는 뜻이다.

닥에다 뱀 그림을 그리되 먼저 그리는 사람이 혼자 마시기로 하자'라고 말했습니다. 한 사람이 '내가 뱀을 맨 먼저 그렸지'라며 술을 들고 일어서더니 '나는 발까지 그릴 수 있지'라고 했습니다. 그 사람이 급기야 발까지 그리자 나중에 그린 사람이 술을 빼앗아 마시고는 '뱀에는 발이 없거늘 지금 발을 그렸으니[52] 뱀이 아니지'라고 했답니다. 당신은 초의 재상으로 있으면서 위를 공격하여 군대를 부수고 장수를 죽였으니 공이 막대합니다. 하지만 가장 높은 관직이라 더 오를 곳이 없습니다. 그런데 지금 또 병사를 옮겨 제를 공격하려 하시는데 제를 공격하여 이겨도 관작은 더 이상 올라갈 수 없지요. 공격하여 이기지 못하면 몸이 죽거나 관작을 빼앗길 터이니 초로서는 손실이지요. 이것이 뱀에다 다리를 붙여준다는 의미입니다. 병사를 이끌고 철수하여 제에 덕을 베푸는 것만 못합니다. 몸과 자리를 지키는 방법이 이런 것입니다"라 했다. 소양은 "옳거니" 하고는 병사를 이끌고 떠났다.

연과 한이 왕을 칭했다. 진이 장의에게 초·제·위의 재상들과 만나 설상에서 맹약을 맺게 했다.

11년(기원전 318년), 소진은 산동 여섯 나라가 함께 진을 공격하자는 합종 약속을 받아냈고,[53] 초 회왕이 종약장縱約長[54]이 되었다. (연합군은) 함곡관까지 이르렀지만 진이 군대를 내어 6국을 공격하자 6국은 모두 군대를 이끌고 돌아갔고 제만 나중에 철수했다.

---

52 사족蛇足. 원전은《전국책》(제책齊策 2)인데 내용에 다소 차이가 있다.
53 동방 6국이 힘을 합쳐 서방의 강국 진秦나라에 맞서자는 유세가 소진蘇秦이 제안한 '합종合縱' 책략이 성사된 것을 말한다.
54 합종을 주도할 우두머리를 종장縱長 또는 종약장이라 했다.

12년(기원전 317년), 제齊 민왕湣王이 조·위 군대를 물리쳤고, 진도 한을 물리치고 제와 패권을 다투었다.

16년(기원전 313년), 진이 제를 정벌하려고 하자 초는 제와 화친했다. 진 혜왕이 이를 우려하여 바로 장의를 재상에서 파면한다고 선언하고는 장의를 남쪽으로 보내 초왕을 만나게 했다. 장의가 초왕에게 이렇게 말했다.

"우리나라 왕께서 가장 좋아하는 사람으로 대왕에 앞설 사람은 없을 겁니다. 만약 이 장의가 누군가의 문지기가 되길 간절히 바란다면 역시 대왕에 앞설 사람은 없을 겁니다. 우리나라 왕께서 미워하는 사람으로는 제왕에 앞설 사람은 없을 것이며, 이 장의가 미워하는 사람 역시 제왕에 앞설 사람은 없을 겁니다. 그런데 대왕께서 제와 화친하신다면 우리나라 왕은 왕을 모실 수 없고, 이 장의 또한 대왕의 문지기가 될 수 없습니다. 대왕께서 이 장의를 위하여 (동쪽) 관문을 폐쇄하고 제와 절교하신다면 지금 이 장의가 사신을 데리고 서쪽으로 가서 과거 진이 빼앗은 초의 상商과 오於 땅 600리를 되돌려 받도록 하겠습니다. 그러면 제는 약해질 것입니다. 이는 북으로는 제를 약화시키고, 서로는 진에 덕을 베푸는 것이면서, 자기는 상과 오 땅으로 부유하게 되는 것이니 이는 하나의 계책으로 세 가지 이익을 온전히 얻는[55] 것입니다."

회왕이 크게 기뻐하면서 재상의 도장을 장의에게 주고 날마다 술자리를 베풀어 "내가 상·오의 땅을 되찾았다"고 선언했다. 신하들이 모두 축하를 드렸는데 유독 진진만 조의를 표했다. 회왕이 "왜 그러는가?"라고 물었다.

---

[55] 일계이삼리구지一計而三利俱至. 줄여서 '일계삼리一計三利'라 한다. '일석이조一石二鳥'와 같은 의미의 성어이다.

진진은 이렇게 말했다.

"진이 왕을 중시하는 까닭은 왕께 제가 있기 때문입니다. 지금 땅을 아직 얻지 않았는데 제와의 외교를 먼저 끊으면 초가 고립됩니다. 진이 고립된 나라를 어찌 중시하겠습니까? 틀림없이 초를 얕잡아 볼 것입니다. 그러니 먼저 땅을 내놓게 한 다음 제와 절교하시면 진의 계책은 허사가 될 것입니다. 그러나 먼저 제와 절교한 다음 땅을 내놓으라 하면 분명 장의에게 속게 될 것입니다. 장의에게 속게 되면 왕께서는 틀림없이 그를 원망하게 될 것이고, 그를 원망하게 되면 서쪽으로는 진이 근심거리가 되고 북쪽으로는 제와 절교하게 되는 것입니다. 서쪽으로 진이 근심거리가 되고 북쪽으로 제와 절교하게 되면 틀림없이 (한·위) 두 나라 군대가 쳐들어올 것입니다. 그래서 신이 조의를 표한 것입니다."

초왕은 듣지 않고 장군 하나를 서쪽으로 보내 땅을 받아오게 했다.

진에 도착한 장의는 일부러 술에 취해 마차에서 떨어진 척하여 병을 구실로 석 달 동안 나오지 않았다. 이 때문에 땅을 받을 수 없었다. 초왕은 "장의가 우리와 제의 절교가 아직 약하다고 여기는 것 아닌가?"라 하고는 바로 용사 송유宋遺를 북쪽으로 보내 제왕에게 모욕을 주었다. 제왕이 잔뜩 화가 나서 초의 부절을 깨고 진과 연합했다. 진과 제가 연합을 맺자 장의는 그제서야 일어나 조정에 나와 초 장군에게 "그대는 왜 땅을 받지 않는 게요? 여기에서 여기까지 사방 6리 말이요"라고 했다. 초의 장군은 "신이 받은 명에 따르면 600리이지 6리라는 말은 못 들었소이다"라 하고는 바로 귀국하여 회왕에게 보고했다. 회왕은 크게 화를 내며 군사를 일으켜 진을 정벌하려 했다. 진진이 다시 나서 "진을 정벌하는 것은 계책이 아닙니다. 진에 성읍 하나를 뇌물로 준 다음 진과 함께 제를 공격하느니만 못합니다. 진에 우리 땅을 잃긴 했지만 제로부터 보상을 받을 수 있고 우리나라도 안전할 수 있습니다. 지금 왕께서 이미 제와 절교해놓고 진에게 속았다고 책임을 추궁하는 것은 우리가 진과 제 관계를 더 좋게 만들고, 나아가 천하의 군대를 끌어들여 나라가 크게 상처를 입게 될 것이 뻔합니다"라고 했다. 초왕은 듣지 않고 진과의 화친을 끊고 군대를 일으켜 서쪽 진을 공격했다. 진 역시 군대를 내어 초를 공격했다.

17년(기원전 312년) 봄, 진과 단수丹水 북쪽에서 싸웠다. 진이 초군을 대파했는데, 병사 8만을 베고 초의 대장군 굴개屈匃, 비장군 봉후추逢侯丑 등 70여 명을 포로로 잡는 한편 한중漢中을 빼앗았다. 초왕은 너무 화가 나서 나라 안 병사를 모두 끌어모아 다시 진을 공격하여 남전藍田에서 싸웠으나 초 군대가 또 대패했다.

한과 위는 초가 곤경에 빠졌다는 소식을 듣고는 바로 남쪽으로 내려와 초를 기습하여 등읍鄧邑에까지 이르렀다. 초가 소식을 듣고는 병사를 이끌고 돌아갔다.

18년(기원전 311년), 진이 다시 초와 화친하고자 사신을 보내 한중을 절반으로 나누는 것으로 화친하자고 했다. 초왕은 "장의를 원할 뿐 땅을 원하지 않는다"라고 했다. 장의가 이를 듣고는 초로 가기를 청했다. 진왕은 "초왕은 그대를 잡아야만 마음이 풀릴 텐데 어쩌면 좋겠소?"라고 했다. 장의는 이렇게 말했다.

"신이 초왕의 측근 근상靳尙과 잘 지냅니다. 근상은 또 초왕이 그녀의 말이라면 안 들어주는 것이 없을 정도로 총애하는 정수鄭袖의 마음을 얻을 수 있습니다. 게다가 이 장의가 지난번 초에 가서 상·오를 주기로 한 약속을 어겼기 때문에 지금 진과 초가 크게 싸워 미워하고 있습니다. 신이 직접 초왕에게 사죄하지 않으면 풀리지 않을 겁니다. 그리고 대왕이 계시기 때문에 초가 감히 이 장의를 어찌하지 못할 것입니다. 정말 이 장의를 죽여서 나라에 보탬이 된다면 그것이야말로 신이 바라는 바입니다." 장의는 끝내 초로 갔다.

(장의가 초에) 이르렀으나 회왕은 보지도 않고 장의를 감옥에 가두고 죽이려 했다. 장의는 몰래 근상에게 연락했고, 근상은 회왕에게 "장의를 구금하면 진왕이 노할 것이 틀림없습니다. 천하가 초와 진이 사이가 좋지 않다는 것을 보면 분명 왕을 깔볼 것입니다"라고 간청했다. 이어 부인 정수에게 "진왕은 장의를 몹시 아끼는데 지금 왕께서 그를 죽이려 하십니다. 지금 진은 상용上庸의 여섯 현을 초에 뇌물로 주고, 미인을 초왕께 보내는 한편 궁중의 춤과 노래에 뛰어난 사람을 선물로 주려 하고 있습니다. 초왕께서는 땅을 중시하고 진 여자를 분명 귀하게 여길 것인데 그렇게 되면 부인께서는 배척당할 것이 뻔합니다. 부인께서 말씀하셔서 장의를 내보내는 것이 나을 것입니다"라고 했다.

정수가 초왕에게 장의를 잘 말해서 끝내 그를 풀려나게 했다. 장의가 풀려나자 회왕은 장의를 잘 대접했고, 장의는 이 틈에 초왕에게 합종 맹약을 버리고 혼인 약속을 통해 진과 화친하라고 설득했다.

장의가 떠난 뒤 제에 사신으로 갔던 굴원이 돌아와 초왕에게 "어째서 장의를 죽이지 않으셨습니까"라고 바로 말했다. 회왕이 후회하며 사람을 보내 장의를 뒤쫓게 했으나 따라잡지 못했다. 이해에 진 혜왕이 죽었다.

20년(기원전 309년), 제 민왕이 합종의 맹주가 되고 싶어 초와 진의 연합을 싫어했다. 이에 사신 편에 초왕에게 편지를 보내 이렇게 말했다.

"과인은 초가 존엄한 명성을 살피지 않는 것을 우려하고 있습니다. 지금

● 초나라 말기 회왕 당시의 정국은
장의에 의해 농락당했다. 사진은 하
남성 운몽산雲蒙山 귀곡자鬼谷子 동
굴에 조성되어 있는 장의의 모습. 귀
곡자는 장의의 스승으로 알려진 인
물이다.

진은 혜왕이 죽고 무왕武王이 즉위했습니다. 장의는 위로 도망쳤고, 저리질
樗里疾과 공손연公孫衍이 중용되었는데도 초는 진을 섬기고 있습니다. 저리
질은 한과 친하고 공손연은 위와 친합니다. 초가 군이 진을 섬기려 한다면
한과 위는 두려움에 두 사람을 통해 진과 연합을 추구할 것인즉 연과 조도
진을 섬기게 될 것이 뻔합니다. 네 나라가 진을 섬기게 되면 초는 군현 정
도밖에는 되지 않습니다. 왕께서는 어째서 과인과 힘을 합쳐 한·위·연·
조를 거두어 함께 합종하여 주 왕실을 받듦으로써 군대와 백성을 쉬게 하
면서 천하를 호령하려 하지 않습니까? 기꺼이 명을 듣지 않으려는 사람이
없을 것인즉 왕께서도 명성을 얻게 될 것입니다. (그런 다음) 왕께서 제후들
을 이끌고 진을 토벌하면 틀림없이 진을 격파하실 수 있습니다. 왕께서 무
관武關·촉蜀·한중漢中의 땅을 취하고, 오와 월의 풍요로운 재물을 갖고, 강
과 바다의 이로움을 마음껏 누리고, 한과 위는 상당上黨을 떼어주고, 서쪽

으로 함곡관函谷關을 압박한다면 초의 강함은 백만 배가 될 것입니다. 그리고 왕께서 장의에게 속아 한중 땅을 잃고 남전에서 패하니 천하에 왕을 대신하여 분노하지 않는 사람이 없습니다. 지금 바로 진을 섬기려는 일을 대왕께서는 심사숙고하시길 바랍니다."

초왕이 진과 화친하려다가 제왕의 편지를 보고는 머뭇거리며 결단하지 못하고 신하들과 논의했다. 신하들 중 누구는 진과 화친하자고 하고, 누구는 제의 제안을 듣자고 했다. 소저昭睢가 이렇게 말했다.

"왕께서 동쪽 월의 땅을 취한다 하더라도 치욕을 씻기에는 모자랍니다. 반드시 진으로부터 땅을 돌려받은 다음이라야 제후들 앞에서 치욕을 씻을 수 있습니다. 왕께서는 제·한과 깊이 관계를 맺어 저리질을 중시하는 것이 낫습니다. 그럴 경우 왕께서는 한과 제의 힘을 얻어 (빼앗긴) 땅을 구할 수 있습니다. 진이 의양宜陽에서 한을 공격했음에도 한이 여전히 진을 섬기고 있는 까닭은 선왕의 무덤이 평양平陽에 있기 때문입니다. 진의 무수武遂 땅에서 불과 70리라 더욱 진을 두려워하는 것입니다. 그렇게 하지 않으면 진이 삼천三川을 공격하고, 조는 상당을 공격하고, 초는 하외河外를 공격할 것이니 한은 틀림없이 망할 것입니다. 초가 한을 구원하면 한이 멸망하지 않는다는 보장은 없지만 그래도 한을 보존할 수 있는 나라는 초입니다. 한이 진으로부터 무수를 얻어 강과 산을 요새로 삼게 된다면, 갚아야 할 은덕으로 따지자면 초보다 큰 나라는 없을 것이니 신은 한이 서둘러 왕을 섬길 것이라 생각합니다. 제가 한을 믿는 것은 한의 공자 매昧가 제의 재상으로 있기 때문입니다. 한이 진으로부터 무수를 얻고 나면 왕께서 잘 대해서 제와 한으로 하여금 저리질을 높이라고 하십시오. 저리질이 제와 한의 존중을 받으면 그 왕이 감히 저리질을 버리지 못할 것입니다. 지금 또 초의 존중까지 얻고 나면 저리질은 분명 진왕에게 잘 말할 것이고, 결국 빼앗긴 초의 땅을 돌려받을 수 있을 것입니다."

회왕은 이 말을 받아들여 결국 진과 연합하지 않고 제와 연합함으로써 한과 잘 지내려 했다.

24년(기원전 305년), 초가 제를 등지고 진과 연합했다. 이해에 진秦 소왕昭王이 즉위하여 초에 후한 뇌물을 보냈다. 초는 가서 신부를 맞아들였다.

25년(기원전 304년), 회왕이 진에 들어가서 소왕과 황극黃棘에서 맹약했다. 진은 초의 상용 땅을 돌려주었다.

26년(기원전 303년), 제·한·위는 초가 합종을 저버리고 진과 연합하자 삼국이 함께 초를 정벌했다. 초는 태자를 진에 인질로 보내며 구원을 청했고, 진이 곧 객경 통通에게 군사를 주어 초를 구원하게 하자 삼국은 병사를 이끌고 돌아갔다.

27년(기원전 302년), 진 대부가 사사로이 초 태자와 다투었는데, 초 태자는 그를 죽이고 도망쳐 돌아왔다.

28년(기원전 301년), 진이 제·한·위와 함께 초를 공격하여 초 장수 당매唐昧를 죽이고 초의 중구重丘를 빼앗고는 물러났다.

29년(기원전 300년), 진이 다시 초를 공격하여 초를 대파하니 전사자가 2만에 장군 경결景缺이 죽었다. 회왕은 두려워 태자를 제에 인질로 보내며 강화를 청했다.

30년(기원전 299년), 진이 다시 초를 공격하여 여덟 개 성을 취했다. 진 소왕은 초왕에게 편지를 보내 이렇게 말했다.

"당초 과인은 왕과 형제가 되기로 약속하여 황극에서 회맹하고 태자를 인질로 보내는 등 아주 좋았습니다. 태자가 과인의 대신을 마음대로 죽이고 사죄도 없이 도망가니 과인은 정말이지 분노를 누를 길이 없어 군대를 내어 군왕의 변경을 침공한 것입니다. 지금 듣자하니 군왕이 태자를 제에 인질로 보내 강화를 청한다고 합니다. 과인과 초는 국경을 접하고 있는데 다 혼인관계까지 맺은 사이라 서로 친하게 지낸 지가 오래입니다. 그런데 지금 진과 초는 사이가 나빠 제후들을 호령할 수 없게 되었습니다. 과인이 군왕과 무관에서 만나 얼굴을 맞대고 맹약을 맺고 물러가길 바랍니다. 과인의 바람입니다. 감히 과인의 생각을 수하에게 전하는 바입니다."

초 회왕이 진왕의 편지를 보고는 걱정이 되었다. 가자니 속을까 두렵고, 안 가자니 진이 노할까 두려웠다. 소저가 "왕께서는 가지 마시고 군대를 내어 스스로를 지키면 됩니다. 진은 호랑이나 이리와 같아 믿을 수 없을뿐더러 제후들을 합병하려는 마음을 갖고 있습니다"라고 했다. 회왕의 아들 자란子蘭은 왕에게 가라고 권하면서 "진의 호의를 어찌 거절할 수 있겠습니까"라고 했다. 이에 진 소왕을 만나러 갔다.

소왕은 한 장군에게 무관에다 병사를 매복시켜 놓고 진왕으로 꾸미도록 했다. 초왕이 도착하자 무관을 폐쇄하고 서쪽 함양咸陽으로 가서 장대章臺에서 인사를 나눴으나 (소왕은) 동등한 예를 갖추지 않았다. 초 회왕이 크게 화를 내며 소저의 말을 듣지 않은 것을 후회했다. 진이 초왕을 억류해놓고 무巫와 검중黔中을 떼어달라고 요구했다. 초왕은 맹서를 하려 했지만 진은 먼저 땅을 얻으려 했다. 초왕이 성을 내며 "진이 나를 속여놓고 또 내게 땅을 강요하는구나"라며 진의 요구를 들어주지 않았다. 진은 그를 계속 억류했다.

초의 대신들은 걱정이 되어 서로 "우리 왕이 진에서 돌아오지 못하고 계신데 진은 땅을 떼어달라고 하고, 태자는 제에 인질로 있으니 만약 제와

● (왼쪽) 지역 무명 화가가 그린 굴원의 모습. 애국 시인이자 정치 외교가였던 굴원은 장의의 간계를 간파했지만 회왕은 그의 말을 듣지 않았다.

● (오른쪽) 초 회왕은 진나라의 외교책략에 말려 결국 타국 땅 진나라에서 죽었다. 사진은 호북성 무한시 동호에 조성되어 있는 회왕의 석상이다.

진이 함께 모의한다면 초나라는 없을 겁니다"라고 논의하고는 곧 국내에 있는 회왕의 아들을 옹립하려고 했다. 소저는 "왕과 태자 모두가 제후국에서 곤욕을 치르고 있는데 지금 또 왕명을 어기고 그 서자를 세우겠다니 옳지 않소"라고 했다. 이에 거짓으로 제에다 국상을 알렸다. 제 민왕은 자기 재상에게 "태자를 억류하는 것보다 초의 회북淮北 땅을 얻는 게 낫겠소"라고 했다. 재상은 "안 됩니다. 초가 다른 왕을 세운다면 우리는 빈껍데기 인질을 끌어안은 채 천하에 의롭지 못한 행동만 보이게 됩니다"라고 했다.

누군가 "그렇지 않습니다. 초가 새로운 왕을 세운다면 그 새 왕과 '우리에 게 하동국下東國을 준다면 우리가 초를 위해 태자를 죽이겠지만, 그렇지 않을 경우 세 나라(한·조·위)가 함께 태자를 옹립할 것이다'라는 식으로 거래하면 틀림없이 하동국을 얻을 것입니다"라고 했다.

제왕은 재상의 계책에 따라 초 태자를 귀국시켰다. 태자 횡橫이 초에 이르러 왕으로 즉위하니 이가 경양왕頃襄王이다. 바로 진에다 "사직 신령의 도움으로 나라에 왕이 생겼다"고 알렸다.

8

초나라의 멸망
◉

경양왕 원년(기원전 298년), 진이 회왕에게 땅을 요구해서 얻지 못한 데다 초가 왕을 세워 진에 대응하자 진 소왕은 화가 나서 군대를 징발하여 무관에서 초를 공격하여 초의 군대를 대패시켰다. 5만의 목을 베고 석읍析邑 등 15개 성을 빼앗고 물러갔다.

2년(기원전 297년), 초 회왕이 도망쳐 귀국하려 했지만 진이 이를 알아채고 초로 가는 길을 막았다. 회왕이 두려워 사잇길로 조로 달아나 귀국을 도와달라고 했다. 조趙의 주보主父[56]는 대代에 있고, 그 아들 혜왕惠王이 막 즉위하여 왕의 일을 대행하고 있던 차라 겁을 먹고는 초왕을 감히 들이지 못했다. 초왕이 위로 도망치려 했으나 진이 추격하여 마침내 진의 사신과

---

56 조나라 무령왕(武靈王, 재위 기원전 325~299년)을 가리킨다. 이 무렵 왕위를 태자(혜왕)에게 물려 주고 자신은 주보로서 막후에서 역할을 했다.

함께 다시 진으로 돌아왔다. 회왕이 병이 났다.

경양왕 3년(기원전 296년), 회왕이 진에서 죽었다. 진은 그 시신을 초로 돌려보냈다. 초 사람들이 모두 친척을 잃은 듯 슬퍼하며 가엾게 여겼다. 제후들은 이 일로 진이 옳지 않다고 여겼다. 진은 초와 절교했다.

6년(기원전 293년), 진은 백기白起로 하여금 이궐伊闕에서 한을 토벌하게 하여 대승을 거두었다. 24만의 목을 베었다. 진은 곧 초왕에게 편지를 보내 "초가 진을 배신하여 진은 제후들을 이끌고 초를 토벌하여 한 번에 목숨을 다투고자 한다. 원컨대 왕은 병사들을 정돈하여 통쾌하게 싸우길 바란다"라고 통고했다. 초나라 경양왕은 걱정이 되어 진과 다시 강화를 꾀했다.

7년(기원전 292년), 초가 진에서 신부를 맞이함으로써 진과 초의 평화가 회복되었다.

11년(기원전 288년), 제와 진이 각자 제왕帝王을 칭했으나 한 달 남짓 지나 다시 제왕 칭호를 버리고 왕으로 돌아갔다.[57]

14년(기원전 285년), 초 경양왕과 진 소왕은 완읍宛邑에서 우호적인 만남을 가지고 화친을 맺었다.

15년(기원전 284년), 초왕이 진·삼진·연과 함께 제를 토벌하여 회북을 취했다.

16년(기원전 283년), 진 소왕과 언鄢에서 우호적인 만남을 가졌다. 그해 가을, 다시 진왕과 양읍穰邑에서 만났다.

18년(기원전 281년), 초 사람으로 작고 가는 활과 화살로 날아가는 기러기

---

57 기원전 288년 진秦은 위염을 보내 제齊와 함께 제왕을 칭하고 조나라를 정벌하여 땅을 나누기로 약속했다. 제나라 민왕은 소진의 권유로 이 약속을 폐기하고 다시 왕의 칭호로 되돌아갔다. 이에 진도 왕호를 회복했다.

를 잘 맞추는 사람이 있었다. 경양왕이 이를 듣고는 불러서 물었더니 이렇게 대답했다.

"소신은 작은 기러기나 새 따위를 즐겨 맞춥니다. 이는 작은 화살의 작용에 불과한데 대왕께 무슨 말씀을 드릴 수 있겠습니까? 그런데 초의 크기를 발휘하고 대왕의 현명함을 빌린다면 얻을 수 있는 수확은 이 정도가 아닐 것입니다. 옛날 삼왕께서는 도덕을 얻으셨고, 오패는 여러 나라의 지지를 얻었습니다. 따라서 진·위·연·조는 작은 기러기들이고, 제·노·한·위는 들새와 같으며, 추騶·비費·담郯·비邳는 작은 새들입니다. 그 밖에 나머지는 쏘아서 잡을 것도 없습니다. 이 여섯 쌍의 새들을 왕께서는 어떤 방법으로 취하시겠습니까? 왕께서는 어째서 성인을 활로, 용사를 화살로 삼아 때맞추어 활을 당겨 이들을 향해 쏘지 않으십니까? 이 여섯 쌍들은 얻어서 자루에 담아 싣고 오실 수 있습니다. 그 즐거움이란 비단 하루아침의 즐거움에 비할 바 아니며, 그 수확이란 기러기 같은 물건에 비할 바가 아닙니다. 왕께서 아침에 활을 당겨 위의 대량大梁 남쪽을 쏘시고 다시 그 오른팔(서쪽)을 쏘아 한을 연계시키면 중국으로 가는 길은 끊기고 상채上蔡 지역은 절로 무너질 것입니다. 몸을 돌려 어圉 지방의 동쪽을 쏘아 위의 왼쪽 어깨를 자르고 밖으로 정도定陶를 공격하시면 위는 동쪽을 포기할 것이니 대송大宋과 방여方與 두 군을 아우를 수 있습니다. 위의 두 어깨가 잘리면 더욱 혼란스러워질 것이고, 이때 다시 대량大梁은 초의 차지가 될 것입니다. 왕께서는 난대蘭臺에서 활과 화살 줄을 거두고, 서하西河에서 말들에게 물을 먹임으로써 위의 대량을 평정하게 될 것이니 이것이 첫 발의 기쁨입니다.

왕께서 사냥을 정말 좋아하셔서 싫증내지 않으신다면 보궁을 꺼내 새 화살줄을 매겨 동해에서 갈고리 모양의 부리를 가진 큰 새를 쏘아서 잡고 장성을 수리하여 방어선으로 삼습니다. 아침에 동거東莒를 쏘고, 저녁에 패구浿丘를 뽑은 다음 밤에 즉묵卽墨까지 보태고 돌아오는 길에 오도午道까지 차지하면 장성 동쪽과 태산 북쪽을 모두 수습하게 됩니다. (초는) 서쪽으로 조와 국경이 연결되어 있고, 북쪽으로 연과 바로 통하는 것이 세 나라가 마치 새가 날개를 펼치려는 형상인즉 합종은 기다리지 않아도 절로 성사됩니다. 북으로 연의 요동遼東을 유람하고 남으로 월의 회계會稽를 관망하실 수 있으니 이것이 두 번째 화살을 쏘는 즐거움입니다.

사수 지역의 12제후들이라면 왼손을 들어 가리키고 오른손을 흔들면 하루아침에 다 잡을 수 있습니다. 지금 진이 한을 격파했지만 오히려 오랜 걱정거리가 되었습니다. 여러 개의 성을 얻었지만 지키지 못하기 때문이지요. 또 위를 정벌했지만 공은 없고, 조를 공격했지만 오히려 곤욕을 치렀습니다. 진과 위의 사기와 힘이 꺾였으니 초의 옛 땅인 한중漢中·석석析·역酈을 다시 찾을 수 있습니다. 대왕께서 귀한 활을 꺼내 새 줄을 마련하여 명새酈塞로 달음질치셔서 진이 피곤하기를 기다리시면 산동과 하내를 통째로 얻을 수 있습니다. 그런 다음 백성을 위로하고 군을 쉬게 하시면 남면하여 왕을 칭하실 것입니다.

진은 큰 새라 할 수 있습니다. 등 뒤로는 내륙을 의지해 살고, 얼굴은 동쪽을 향하여 서 있으며, 왼쪽 어깨로는 조의 서남쪽을 누르고, 오른쪽 어깨로는 초의 언과 영을 통제하고 있으며, 가슴은 한·위를 맞대고 있고, 머리를 숙여서는 중국을 내려다봅니다. 형세가 편리하고 유리하여 날개를 펼치고 날면 사방 3천 리이니 진은 밤에 촛불 하나를 밝혀서 쏠 수 있는 나라가 아닙니다."

경양왕을 화나게 자극할 생각으로 이렇게 말한 것인데, 경양왕은 다시 그를 불러 물었다. 그는 이렇게 말했다.

"선왕께서 진에 속아서 외지에서 객사하셨으니 이보다 더 큰 원통함도 없을 것입니다. 지금 필부조차 한을 품고 있지만 그래도 큰 나라의 왕에게 보복할 수 있는 사람은 백공이나 오자서 정도는 되어야 합니다. 지금 초는 사방 5천 리 땅에 백만 대군으로 전장에서 얼마든지 위세를 떨칠 수 있습니다. 그런데도 앉아서 곤욕을 치르니 제가 가만히 생각건대 이는 대왕께서 취할 행동이 아닙니다."

이에 경양왕은 사신을 제후국에 보내 다시 합종하여 진을 정벌하려고 했다. 진이 이 소식을 듣고는 군대를 내어 초를 쳤다.

초가 제·한과 강화하여 진을 정벌하고 내친 김에 주까지 도모하려고 했다. 주周 난왕赧王이 무공武公을 초에 보내 재상 소자昭子에게 이렇게 말했다.

"세 나라가 군대로 주의 교외 땅을 나누어 물자 수송을 편하게 하여 주의 보물을 남쪽으로 옮겨 초를 받들고자 하는 모양인데 신은 옳지 않다고 생각합니다. 천하가 받드는 공주를 시해하고 그를 신하로 삼는다면 큰 나라가 가까이하지 않을 것이요, 많다고 적은 수를 협박하면 작은 나라들이 따르지 않을 것입니다. 큰 나라가 가까이하지 않고, 작은 나라가 따르지 않으면 명분도 실리도 얻을 수 없습니다. 명분과 실리를 얻지 못하면서 백성을 상하게 할 수는 없습니다. 주를 도모한다는 소리를 듣고서는 제후들을 호령할 수는 없지요."

소자는 "주를 도모할 일은 없겠지만 그렇다 하더라도 주를 왜 도모해서는 안 된다는 것이오?"라고 물었다. 무공은 이렇게 답했다.

"병력이 적의 다섯 배가 넘지 않으면 공격하지 않고,[58] 열 배가 넘지 않으면 성을 포위하지 않습니다. 무릇 주나라 하나가 진晉 스무 개에 해당하는 것은 공께서 잘 아시는 바입니다. 한이 일찍이 20만의 무리로 진晉의 성 아래에서 굴욕을 당했습니다. 정예병은 죽고 병사들은 부상당했으나 진晉을 이기지 못했습니다. 한나라 백 개를 가지고도 주나라 하나를 도모할 수 없음은 천하가 다 아는 일입니다. 서주·동주와 원한을 맺어 추·노의 마음을 막고, 제와 절교하여 천하에 명성을 잃으면 일마다 위험에 처할 것입니다. 서주와 동주를 위험에 빠뜨려 삼천(한)을 강하게 하면 방성 밖은 분명 한에 의해 약해질 것입니다. 그렇게 될 것을 어떻게 아느냐구요? 서주 땅은 긴 곳을 자르고 짧은 곳을 보탠다 해도 백 리에 지나지 않습니다. 이름이 천하의 공주이지 그 땅을 찢어 가져도 나라는 부유해질 수 없고, 그 무리를 얻어도 강한 군대로 만들지 못합니다. 공격하지 않아도 군주를 시해했다는 죄명을 얻을 것입니다. 그러나 일 벌이기를 좋아하는 군주와 전쟁을 좋아하는 신하들은 호령 내려 군대를 지휘해 지금까지 시종 주를 겨냥하지 않은 적이 없었습니다. 왜이겠습니까? 제기가 주에 있는 것을 보고 그것을 가질 욕심에 군주를 시해하는 난리는 까맣게 잊고 있었기 때문입니다. 지금 한이 제기를 초로 옮기려 한다면 신은 천하가 이 제기 때문에 초를 원수로 삼을까 걱정입니다. 신이 비유를 들어보겠습니다. 무릇 호랑이는 고기는 비리고 날카로운 손발톱으로 자신을 지키는데도 사람들은 굳이 호랑이를 잡으려 합니다. 그런데 만약 호수에 사는 미록에게 호랑이 가죽을 씌워 잡을 수 있다면 호랑이를 잡는 것보다 만 배의 이익을 얻을 것

---

58 《손자병법》(모공 편)을 인용한 것으로 보인다. 《손자병법》에는 "용병의 방법으로 적의 열 배가 넘으면 포위하고, 다섯 배가 넘으면 공격한다"고 되어 있다.

입니다. 초의 땅을 나누면 나라는 충분히 부유해지고, 초의 명성을 꺾으면 군주를 높이기에 충분합니다. 지금 당신은 천하의 공주를 시해하여 삼대에 걸쳐 전해오는 보물을 차지하고 구정을 삼킴으로써 공주보다 더 높아지려고 하는데 이것이 탐욕이 아니라면 무엇이란 말입니까?《주서周書》에 '무슨 일인가를 하려면 먼저 차지해서는 안 된다'[59]라고 했습니다. 따라서 보물을 남쪽으로 옮기면 군대가 따라올 것입니다."

이에 초는 계획을 철회하고 시행하지 않았다.

19년(기원전 280년), 진이 초를 토벌했다. 초의 군대가 패하여 상용·한북 땅을 진에게 떼어주었다.

20년(기원전 279년), 진의 장수 백기가 초의 서릉西陵을 쳐서 빼앗았다.

21년(기원전 278년), 백기가 다시 초의 영도를 쳐서 빼앗고 선왕의 무덤이 있는 이릉夷陵에 불을 질렀다. 초 경양왕의 군대는 흩어져 더 이상 싸울 수 없어 동북으로 물러나 진성을 지켰다.

22년(기원전 277년), 진이 다시 초의 무군과 검중군을 쳐서 빼앗았다.

23년(기원전 276년), 경양왕이 동쪽 지역에서 병사를 수습하여 10만 이상을 얻은 다음, 다시 서쪽으로 진에게 빼앗긴 장강 연안 15개 읍을 취하여 군으로 삼아 진을 막았다.

27년(기원전 272년), 3만 명으로 삼진을 도와 연을 토벌했다. 다시 진과 화평하고 태자를 진에 인질로 보냈다. 초가 좌도(춘신군)로 하여금 진에 인질로 있는 태자를 모시게 했다.

36년(기원전 263년), 경양왕이 병 들자 태자가 도망쳐 돌아왔다. 이해 가

---

59 '욕기무선欲起無先'이란 이 대목은 현재《주서》에서 찾을 수 없다. 잃어버린 문장이다.

을, 경양왕이 죽고 태자 웅원熊元이 뒤를 이으니 이가 고열왕考烈王이다. 고열왕은 좌도를 영윤에 봉하고 오 땅을 주어 춘신군이라 불렀다.

효열왕 원년(기원전 262년), 주읍을 진에 주고 화평을 도모했다. 이 무렵 초는 더욱 약해졌다.

6년(기원전 257년), 진이 한단邯鄲을 포위하니 조가 초에 위급을 알려왔다. 초는 장군 경양을 보내 조를 구원했다.

7년(기원전 256년), (초의 구원병이) 신중新中에 이르자 진은 군대를 물렀다.

12년(기원전 251년), 진 소왕이 죽자 초왕은 춘신군을 진에 조문 사절로 보냈다.

16년(기원전 247년), 진 장양왕莊襄王이 죽고 진왕秦王 조정趙政이 즉위했다.[60]

22년(기원전 241년), 제후들과 함께 진을 토벌했으나 불리하여 물러났다. 초가 동쪽 수춘壽春으로 도읍을 옮겨 영이라 불렀다.

25년(기원전 238년), 고열왕이 죽고 아들 유왕幽王 한悍이 뒤를 이었다. 이원李園이 춘신군春申君을 죽였다.[61]

유왕 3년(기원전 235년), 진과 위가 초를 공격해왔다. 진의 승상 여불위呂不韋가 죽었다.

---

60 기원전 246년 진시황의 즉위를 말한다. 진시황이라 칭하기 전의 일이므로 이름은 정을 쓰고 있다. 진왕 정의 즉위는 〈한세가〉에만 빠져 있다. 〈초세가〉에 진왕 정의 즉위를 두고 조정이라 한 것은 다른 세가와 다르다. 진시황을 '조정'이라 부른 것에 대해서는 역대로 논란이 많았는데, 진시황이 조나라 수도 한단에서 태어났고 아버지 자초가 조나라 여자를 아내로 맞이했기 때문에 '조정'이라 불렀다는 설이 우세하다. 대체로 경멸조의 어투로 본다.

61 춘신군이 자신이 믿고 기용했던 이원에게 배신당하여 살해당한 것을 말하는데 상세한 이야기는 〈춘신군열전〉에 나온다. 춘신군의 유적과 관련해서는 하남성 황천현潢川縣에 그의 것이라 전하는 무덤이 있다.

◉ (왼쪽) 초나라의 멸망 과정에는 진의 명장 백기가 중요한 역할을 했다.

◉ (오른쪽) 초나라 말기 권신이었던 춘신군 황헐은 전국시대 4공자의 한 사람이기도 하다.

9년(기원전 229년), 진이 한을 멸망시켰다.

10년(기원전 228년), 유왕이 죽고 같은 어머니에게서 난 동생 유猶가 뒤를 이으니 이가 애왕哀王이다. 애왕이 즉위한 지 두 달 남짓 애왕의 배다른 형 부추負芻의 무리들이 애왕을 습격하여 죽이고 부추를 왕으로 세웠다. 이해에 진이 조왕趙王 천遷을 포로로 잡았다.

부추 원년(기원전 227년), 연 태자 단丹이 형가荊柯를 시켜 진왕을 찔러 죽이려 했다.

2년(기원전 226년), 진이 장군을 보내 초 정벌에 나서 초를 대파하니 10여 개의 성이 무너졌다.

3년(기원전 225년), 진이 위를 멸했다. 왕전王翦이 기蘄에서 초 군대를 격파하고 장군 항연項燕을 죽였다.[62]

5년(기원전 223년), 진의 장군 왕전과 몽무蒙武가 마침내 초를 격파하고 초왕 부추를 포로로 잡음으로써 초를 멸망시키고는 그 땅에 군현을 설치했다.

9
사마천의 논평
◉

태사공은 이렇게 말한다.

"초 영왕은 신읍에서 제후들과 회맹하여 제의 경봉을 죽이고 장화대를 지었다. 또 주의 구정을 넘볼 때는 그 기세가 천하를 깔볼 정도였다. 그러나 신해의 집에서 굶어 죽자 천하의 비웃음거리가 되었다. 지조와 품행이 따르지 못하니 서글프구나! 사람이 권세를 대할 때 어찌 신중하지 않을 수 있겠는가! 기질이 반란으로 왕위에 오르고, 진 여자를 총애하길 지나치게 음란하더니 나라가 또 한 번 망할 뻔했다."

---

62 항연은 초나라 명장이자 항우項羽의 할아버지이다. 기원전 224년 진나라 장수 왕전王翦에게 기蘄(안휘성 숙주宿州 동남)에서 패하여 살해당했다.

정리의 기술

⊙

⊙ 〈초세가〉에 등장하는 명언·명구의 재발견

- 삼년불출호령三年不出號令 "3년 동안 호령은 내리지 않고." 초나라 장왕莊王은 즉위 후 3년 동안 정무를 돌보지 않은 채 술과 여자로 세월을 보냈다고 한다. 여기서 '삼년무언三年無言'이니 '삼년불언三年不言'이니 심지어 '구년불언九年不言'이니 하는 고사성어가 유래했다. 이와 관련된 비슷한 고사가 제126 〈골계열전〉에도 보이는데, 장왕이 아닌 전국시대 제나라 위왕威王 이야기이다.

- 불비불명不飛不鳴 "3년 동안 날지도 울지도 않는데." '날지도 울지도 않는다'는 뜻의 고사성어이다. '삼년불언'과 짝을 이룬다.

- 일비충천一飛沖天, 일명경인一鳴驚人 "날았다 하면 하늘을 찌를 것, 울었다 하면 사람을 놀라게 할 것." '한번 날았다 하면 하늘을 찌르고, 한번 울었다 하면 사람을 놀라게 한다'는 뜻의 고사성어이다.

- 중노불가범衆怒不可犯 "사람들의 분노를 어찌 감당하라고." 뒤이어 나오는 '많은 사람들의 분노는 물불 같아 어찌할 수가 없다'는 '중노여수화衆怒如水火, 불가구야

不可救也'와 함께 많이 사용하는데, 정치는 늘 여론의 마지노선을 염두에 두어야 한다는 경고의 의미이다.

- **대복부재大福不再** "큰 복은 두 번 오지 않는다." 중요한 기회는 거푸 오기 어려우니 제때에 잡아서 놓치지 말라는 뜻이다.

- **취국유오난取國有五難** "나라를 얻는 데는 다섯 가지 어려움이 있다." 이 대목이 유명한 숙향叔向의 '득국오난得國五難'이다. 그 다섯 가지란 '유총무인有寵無人' '유인무주有人無主' '유주무모有主無謀' '유모이무민有謀而無民' '유민이무덕有民而無德'을 말한다. 궁극적으로 백성의 지지와 리더의 덕이 있어야만 나라를 얻을 수 있다는 의미를 담고 있다.

- **종선여류從善如流, 시혜불권施惠不倦** "좋은 말은 바로바로 받아들였으며, 기꺼이 은혜를 베풀었습니다." 제나라 환공이 국군이 될 수 있었던 원인들을 열거하면서 여론과 충고를 그 즉시 기꺼이 받아들이고, 덕을 베푼 것을 이렇게 요약했다.

- **소동쟁상小童爭桑** "아이들이 뽕나무를 두고 싸웠다." 오나라와 초나라 변경에서 뽕나무를 두고 아이들이 다툰 사건이 어른들 싸움으로 비화되고, 결국 초나라가 오나라 변경 마을인 비량卑梁을 없애기에 이르렀다. 여기서 '비량지흔卑梁之釁'이란 고사성어가 파생되었다. '흔釁'은 피를 바른다는 뜻이고, 대개 '비량의 싸움'으로 풀이한다. 사소한 싸움이란 뜻인데, 이것이 나중에 큰 싸움으로 비화되는 것을 비유한다.

- **굴묘편시堀墓鞭尸** "평왕平王의 무덤에 욕을 보이니." 오자서는 아버지와 형을 죽인 초나라 평왕의 무덤을 파내 시신에 채찍질을 가하는 것으로 원한을 풀려 했다. 여기서 '무덤을 파서 시신에 채찍질을 한다'는 '굴묘편시'의 고사성어가 유래되었다. 오자서의 피맺힌 원한과 지독한 보복을 잘 보여주는 성어이다.

- **진정지곡秦庭之哭** "신포서申包胥를 진秦에 보내 구원을 요청." 오나라 군대가 초나라 수도를 유린하자 소왕昭王은 수도를 버리고 도망치는 한편, 신포서를 진나라에 보내 구원을 요청하게 했다. 신포서는 진나라 애공哀公의 처소 뜰 앞에서 7일

밤낮을 통곡한 끝에 애공의 구원 약속을 받아냈다. 여기서 '진정지곡秦庭之哭'이란 유명한 고사성어가 유래했다. '진나라 뜰 앞에서의 통곡'이란 뜻이다.

• 사족蛇足 "뱀에는 발이 없거늘 지금 발을 그렸으니." 원전은 《전국책》(제책 2)인데 내용에 다소 차이가 있다.

• 일계이삼리구지一計而三利俱至 "하나의 계책으로 세 가지 이익을 온전히 얻는." 줄여서 '일계삼리一計三利'라 한다. '일석이조一石二鳥'와 같은 의미의 성어이다.

⊙ 〈초세가〉에 등장하는 인물 정보

이름	시대	내용	출전
고양씨 전욱 高陽氏顓頊	전설시대	오제의 하나로 고양씨 부락의 수령. 초의 선조가 전욱에게서 비롯되었다.	〈오제본기〉
황제黃帝	전설시대	성은 공손公孫 또는 희姬이며, 헌원씨軒轅氏 혹은 유웅씨有熊氏라고도 한다. 탁록涿鹿에서 치우蚩尤를 평정하고 신농씨神農氏 다음으로 천자로 받들어졌다.	〈오제본기〉
창의昌意	전설시대	고양씨 전욱의 아버지	〈오제본기〉
칭稱	전설시대	고양씨 전욱의 아들	
권장卷章	전설시대	칭의 아들. 중려의 아버지	
중려重黎	전설시대	권장의 아들이자 고신씨 제곡 때 화정을 지내고 축융으로 불렸다. 중과 려 두 사람으로 보기도 한다.	
고신씨 제곡 高辛氏帝嚳	전설시대	오제의 한 사람으로, 황제의 증손자이다.	
공공씨共工氏	전설시대	이름은 강회康回이고 부락의 우두머리로 전욱顓頊과 다투다 실패했다고 전한다.	
오회吳回	전설시대	중려 동생으로 중려가 제곡에게 죽임을 당한 뒤 화정 자리를 이어받았다.	
육종陸終	전설시대	오회 아들로 곤오 외 여섯 아들을 두었다.	
곤오昆吾	전설시대	육종의 큰아들	
참호參胡	전설시대	육종의 둘째 아들	
팽조彭祖	전설시대	육종의 셋째 아들이자 전욱의 현손이다. 팽성彭城에 봉해져 후세에 팽조로 불리게 되었다.	
회인會人	전설시대	육종의 넷째 아들	
조성曹姓	전설시대	육종 다섯째 아들로 조씨曹氏의 조상이며, 지금의 산동성 서남쪽에 봉지를 받아 나라를 세웠다.	
계련季連	전설시대	육종 여섯째 아들로 미芈 성으로 초의 직계 시조가 되었다.	
걸왕桀王	하	하나라의 마지막 군주로 포악무도하여 상商나라 탕왕湯王에게 전복되었다.	〈하본기〉 〈은본기〉
탕왕湯王	상	하를 멸망시키고 상 왕조를 창건했다.	〈하본기〉 〈은본기〉

부저附沮	상,주?	계련의 후손, 초의 선조	
혈웅穴熊	상,주?	부저의 후손, 초의 선조	
주 문왕(周文王, 기원전 11세기)	상	주 왕조를 개국한 아들 무왕 발發에 의해 문왕으로 추존되었다.	〈은본기〉 〈주본기〉
죽웅鬻熊	주	계련 후손으로 주에 의해 초의 시조로 봉해졌다고 한다.	《한서》 《열자列子》 《신서新書》
웅려熊麗	주	죽웅의 아들	
웅광熊狂	주	웅려의 아들	
웅역熊繹	주 초	초나라 선조로 주 성왕에 의해 제후로 봉해졌다.	
주 성왕(周成王, 재위 1042~1021)	주	무왕의 아들로 2대 왕으로 즉위했다.	〈주본기〉
주 무왕(周武王, 재위 1046~1043)	주	주 문왕의 아들. 주 왕조 창립자로 성은 희姬, 이름은 발發이다.	〈주본기〉
노공 백금魯公伯禽	주 노	노나라 국군으로 주공 단의 맏아들이다.	〈노주공세가〉
위강숙衛康叔	주 위衛	문왕의 아들이자 무왕의 동생으로 강康에 봉해졌다가 위衛에 봉해졌다. 이름은 봉封이다.	〈위강숙세가〉
모牟	주 위衛	강숙 아들이며 후작으로 위衛의 실질적인 1대 국군이다.	〈위강숙세가〉
진후 섭晉侯燮	주 진晉	주 성왕의 동생 숙우叔虞로 당에 봉해져 진의 1대 국군이 되었다.	〈진세가〉
제 태공齊太公	주 제齊	제나라 1대 국군으로 강태공으로 많이 불린다. 문왕과 무왕을 도와 주를 건국했다. 제나라와 강씨의 시조이다.	〈제태공세가〉
여급呂伋	주 제	강태공 아들로 제나라 제후에 봉해졌다. 웅역과 함께 성왕을 섬겼다.	〈제태공세가〉
웅애熊艾	주 초	웅역의 아들	
웅달熊䵣	주 초	웅애의 아들	
웅승熊勝	주 초	웅달의 아들	

웅양熊楊	주 초	웅승의 동생	
웅거熊渠	주 초	웅양의 아들로 초나라 국경을 크게 넓히고 아들들을 왕에 봉했다.	
주 이왕周夷王	주	주 왕조 9대 왕이며, 이름은 섭燮이다. 제후들이 왕으로 세웠다.	
웅강 구단왕 熊康句亶王	주 초	웅거의 맏아들	
웅홍 악왕熊紅鄂王	초	웅거의 가운데 아들	
웅집자 월장왕 熊執疵越章王	초	웅거의 막내아들	
주 여왕(周厲王, ?~828)	주	주 왕조 10대 왕으로 언론 탄압 등 폭정으로 국인에게 쫓겨났다.	〈주본기〉 《국어》
웅무강熊毋康	주 초	웅거의 아들?	
웅지홍熊摯紅	주 초	웅무강의 아들	
웅연 (熊延, 재위 ?~848)	주 초	웅지홍의 동생	
웅용(熊勇, 재위 847~838)	주 초	웅연의 아들	
웅엄(熊嚴, 재위 837~828)	주 초	웅용의 동생	
백상 웅상(伯霜熊霜, 재위 827~820)	주 초	웅엄의 큰아들	
중설(仲雪)	주 초	웅엄의 둘째 아들	
숙감叔堪	주 초	웅엄의 셋째 아들	
계순 웅순(季徇熊徇, 재위 819~800)	주 초	웅엄의 막내아들 (세계표 참조)	
주 선왕 (周宣王, ?~782)	주	주 왕조 11대 왕으로 이름은 정靜이다.	〈주본기〉
정 환공 (鄭桓公, ?~771)	주 정鄭	정나라 국군으로 이름은 우右이다.	〈정세가〉

웅악(熊咢, 재위 799~791)	주 초	(세계표 참조)	
웅의 약오(熊儀 若敖, 재위 790~764)	주 초	(세계표 참조)	
주 유왕 (周幽王, ?~771)	주	주 왕조 12대 왕으로 서주를 망국으로 이끌었다.	〈주본기〉
진 양공 (秦襄公, ?~706)	주 진秦	진秦의 건국자로 군대를 이끌고 주나라 평왕平王을 호위하여 동천東遷하는 데 공이 있어 제후에 봉해졌다.	〈진본기〉
웅감 소오(熊坎霄敖, 재위 763~758)	주 초	초나라 국군 (세계표 참조)	
웅순 분모(熊眴蚡冒, 재위 757~741)	주 초	초나라 국군 (세계표 참조)	
웅통 초 무왕(熊通楚 武王, 재위 740~690)	주 초	초나라 국군으로 이름은 통通 또는 달達이며, 약오若敖의 손자이다.	
곡옥 장백曲沃莊白	주 진晉	곡옥 환숙의 아들로 기원전 724년 효후를 시해했다.	〈진세가〉
진 효후(晉孝侯, 재위 739~724)	주 진晉	진晉나라 국군으로 소후의 아들이며 이름은 평平이다.	〈진세가〉
정백 장공鄭伯莊公	주 정	정나라 국군으로 이름은 오생. 춘추 초기 명성을 크게 떨쳤다.	〈정세가〉
단段	주 정	정 장공의 동생 공숙단. 경京에 봉해져 경성태숙京城太叔으로 불렸다.	〈정세가〉
위 환공(衛桓公, 재위 734~718)	주 위	위나라 국군으로 이름은 총寵. 동생 주우州吁에 시해당했다.	〈위강숙세가〉
노 은공(魯隱公, 재위 722~712)	주 노	노 국군으로 이름은 식고息姑이다. 혜공의 서자이자 환공의 형이다.	공자의 《춘추》는 은공 원년에서 시작된다. 〈노주공세가〉
화독(華督, ?~682)	주 송宋	송나라 태재太宰이며, 송 상공을 살해했다.	〈송미자세가〉
송 상공(宋殤公, 재위 719~711)	주 송宋	송나라 국군으로 이름은 여이與夷고, 선공의 아들이다. 정, 노, 위衛 등이 공격해 와서 11차례에 걸쳐 전투를 벌였다. 태재 화독에게 살해당했다.	〈송미자세가〉
문왕 웅자(文王熊貲, 재위 689~677)	주 초	초나라 국군으로 무왕의 아들이다.	

채 애후蔡哀侯	주 채	채나라 국군으로 이름은 헌무獻舞이다.	〈관채세가〉
제 환공(齊桓公, 재위 685~643)	제	제나라 국군으로 이름은 소백小白이고, 양공의 동생이다. 관중을 재상으로 등용하여 개혁을 통해 부국강병을 시도했다. 제후들을 회합하여 맹약을 세워 최초의 패주霸主가 된다.	〈제태공세가〉
웅간 장오(莊敖, 재위 676~672)	주 초	초나라 국군으로 문왕의 아들	
웅운 성왕(熊惲成王, 재위 671~626)	주 초	초나라 국군으로 문왕의 아들이다. 형 웅간 장오를 습격하여 죽이고 국군이 된다.	
굴완屈完	주 초	초나라 대부로 제나라와의 외교에서 큰 활약을 했다.	《좌전》
송 양공(宋襄公, 재위 650~637)	주 송	송나라 국군으로 이름은 자부玆父이고, 환공의 아들. 제 환공이 죽자 초나라와 패권을 다투었다.	〈송미자세가〉
정 문공(鄭文公, 재위 672~628)	주 정	정나라 국군으로 이름은 첩捷이다.	〈정세가〉
중이(重耳, 재위 697~628)	주 진晉	진나라 국군 문공이며 헌공의 둘째 아들이다. 춘추 오패의 한 사람이다.	〈진세가〉
노 희공魯僖公	주 노	노나라 국군으로 이름은 신申이다.	〈노주공세가〉
강옹姜雍	주 제	제 환공 아들. 형과 권력다툼에서 져 쫓겨났다.	〈제태공세가〉
자옥子玉	주 초	초나라 장군 성득신成得臣으로 진陳 정벌에 공을 세워 영윤이 된다.	
상신 목왕(商臣穆王, 재위 625~614)	주 초	초 성왕 태자로 자신을 폐위시키려는 아버지 성왕을 먼저 죽이고 자립했다.	《좌전》 〈초세가〉
자상子上	주 초	초 성왕 때 영윤으로 태자 상신의 책봉에 반대했다.	
자직子職	주 초	상신의 배다른 동생으로 성왕이 상신을 폐하고 즉위시키려 했다.	
반숭潘崇	주 초	상신의 사부로 상신에게 정변을 부추긴다.	
강미江芈	주 초	성왕이 총애하는 누이동생으로 추정된다.	《좌전》
장왕 웅려(莊王熊侶, 재위 613~591)	주 초	초나라 국군으로 목왕의 아들이다. 제 환공, 진 문공 등과 함께 오패五霸로 불려진다.	

고요皐陶	전설시대	순 밑에서 형벌과 감옥을 관장한 인물로 전한다.	〈하본기〉 《상서》〈요전〉 〈고요모〉
오거伍擧	주 초	초나라 신하로 장왕莊王의 방탕함을 일깨우고 국정을 담당했다. 오자서의 조부이다.	
정희鄭姬	주 초	초 장왕의 총희	
소종蘇從	주 초	초나라 대부로 장왕의 방탕함을 일깨우고 오거와 함께 국정을 담당했다.	
주 정왕(周定王, 재위 608~586)	주	주나라 국군으로 이름은 유瑜이다.	〈주본기〉
왕손만王孫滿	주	주나라 대부로 주 공왕의 후예란 설도 있다.	〈주본기〉
순舜	전설시대	전설시대 제왕으로 우로부터 선양을 받았다.	〈오제본기〉 〈하본기〉
하우夏禹	하	아버지 곤의 치수사업을 이어 성공시킴으로써 순으로부터 제위를 선양받아 하의 시조가 되었다. 국호를 하후夏后, 성을 사姒라 했다.	〈하본기〉
주왕 (紂王, ?~1046)	상	상의 마지막 제왕으로 걸과 함께 폭군의 대명사로 평가된다.	〈은본기〉
성왕(成王, 재위 1042~1021)	주	무왕의 아들로 2대 왕으로 즉위했다.	〈주본기〉
약오씨若敖氏	주 초	초나라 왕족으로 대대로 집정대신을 지냈다.	
하징서 (夏徵舒, ?~604)	진陳	진陳나라 대부로 영공을 죽이고 왕위를 차지했다가 초에 의해 죽임을 당한다.	
신숙시申叔時	주 초	장왕과 공왕을 보필한 초나라 대부로 신공申公의 후손이다.	
정 양공(鄭襄公, 재위 604~587)	주 정	정나라 국군으로 이름은 견堅이다.	
반왕潘尩	초	초나라의 대부	
자량子良	정	정 양공의 동생	
화원華元	송	송나라의 대부	
공왕 웅심(共王熊審, 재위 590~560)	주 초	초나라 국군으로 장왕의 아들이다. 오랜 기간 동안 진晉나라와 패권을 다투었다.	

권40 초세가

자반子反	주 초	공자 측側으로 언릉전투에서 패하여 초의 중원 진출이 오랫동안 좌절되었다.	《좌전》
수양곡豎陽穀	주 초	자반의 부하 장수로 자반에게 술을 먹여 전투를 그르친다.	《회남자》
강왕 웅초(康王熊招, 재위 559~545)	주 초	초나라 국군으로 공왕의 아들이다.	
웅원 겹오(熊員郟敖, 재위 544~541)	주 초	초 강왕 아들로 위圍에게 시해된다.	
자위 영왕(子圍靈王, 재위 540~529)	주 초	초 강왕 아들로 겹오와 아들들을 죽이고 권좌를 차지했다. 이름은 위圍이다.	《좌전》
자비子比	주 초	공왕 아들로 자간子干이라고도 한다.	
자석子晳	주 초	공왕 아들로 흑굉黑肱이라고도 한다.	
막莫	주 초	겹오의 아들	
평하平夏	주 초	겹오의 아들	
하계夏啓	하	하우夏禹 아들이며, 하나라의 실질적인 건립자이다.	〈하본기〉
상탕商湯	상	상(은)나라의 개국 군주	〈은본기〉
강왕(康王, 재위 1020~996)	주	이름은 소釗, 아버지와 성왕과 함께 '성강지치成康之治'를 이루어냈다.	〈주본기〉
목왕(穆王, 재위 976~922)	주	소왕 아들로 이름은 만滿이다. 서쪽으로 견융, 동쪽으로 서융을 토벌했다.	〈주본기〉
진 문공(晉文公, 재위 636~628)	주 진晉	진나라 국군으로 이름은 중이重耳이고, 헌공의 둘째 아들이다. 춘추오패의 한 사람이다.	
자산子産	주 정	정나라 재상이며, 이름은 교僑이다. 법령의 조문을 청동기에 주조하는 등 개혁 정치를 단행하여 정나라를 잘 이끌었다.	《좌전》 《논어》 〈순리열전〉
경봉慶封	주 제	제 장공, 경공 때의 권신으로 최저와 한 패거리였다가 내부 갈등으로 최씨 집안을 멸족시켰다.	《좌전》 〈제태공세가〉
위圍	주 초	→초 영왕 자위	

원員	주 초	영왕 자위에게 살해당한 겹오의 아들	
채후(蔡后, 재위 543~531)	주 채	채나라 영후靈侯 희반姬般을 가리킨다.	
석보析父	주 초	초나라 대부	《좌전》
상수과常壽過	주 월	월나라 대부	
관기觀起	주 초	초나라 대부로 영윤 자남의 총애를 받았다.	
관종觀從	주 초	초나라 대부로 관기의 아들 자옥이다. 성왕 때 성 복전투에서 패하여 자살했다.	
녹祿	주 초	초 영왕 태자	
신무우申無宇	주 초	우읍의 대부	
신해申亥	주 초	신무우 아들로 영왕의 최후를 지켰다.	
만성연曼成然	주 초	평왕 기질의 즉위를 도운 인물	
평왕 기질(平王棄疾, 재위 528~516)	주 초	초나라 국군으로 공왕의 다섯째아들이다. 형인 비 比와 자석子晳을 죽이고 왕위에 올랐다. 태자의 아 내로 맞을 여인을 취하고, 비무기費無忌의 참언을 듣고 태자를 폐하고 오사伍奢를 죽였다. 이에 오 자서의 원한을 사서 죽어서도 시신에 채찍질을 당 한다.	〈오자서열전〉
파희巴姬	주 초	초 공왕이 총애한 첩	
한선자韓宣子	주 진晉	한궐韓厥의 아들 한기韓起를 말한다. 도공을 보좌 했다.	
숙향叔向	주 진晉	진나라 현인으로, 성은 양설羊舌이고 이름은 힐肹 이다. 자산이 법의 공개에 대해 비난하고 예와 덕 치를 주장했다.	《좌전》 〈제태공세가〉 〈조세가〉 〈전경중완세가〉

위희衛姬	주제	제 환공의 어머니	〈제태공세가〉
희공 (釐公, 재위 730~697)	주제	제나라 국군으로 환공의 부친이다.	〈제태공세가〉
포숙이鮑叔牙	주제	제나라 대부로 관중을 재상에 추천하여 환공의 패업을 이루게 했다.	〈제태공세가〉 〈관안열전〉
빈수무賓須無	주제	제나라의 현신으로 관중을 도와 개혁에 공로가 많았다.	〈제태공세가〉 〈관안열전〉
습붕隰朋	주제	제 대신으로 관중·포숙을 도와 제의 부국강병을 이루었다.	〈제태공세가〉 〈관안열전〉
호계희狐季姬	주진晉	호융狐戎 여자로 헌공의 첩이자 호언狐偃의 누이다.	〈진세가〉
헌공(獻公, 재위 676~651)	주진晉	진나라 국군으로 이름은 궤제詭諸이다. 진을 강하게 만들었으나 만년에 여희를 총애하여 분란을 일으켰다.	〈진세가〉
자여子餘	주진晉	문공 중이의 망명을 수행했던 조최趙衰를 말한다.	〈진세가〉
자범子犯	주진晉	문공 외삼촌 호언을 말한다.	〈진세가〉
위주魏犫	주진晉	중이의 망명을 수행한 위무자를 말한다.	〈진세가〉
가타賈佗	주진晉	중이의 망명을 수행한 중요한 신하의 하나이다.	〈진세가〉
혜공(惠公, 재위 650~637)	주진晉	헌공 아들이자 중이 동생으로 이름은 이오夷吾이다.	〈진세가〉
회공懷公	주진晉	혜공 아들로 이름은 어圉이다. 즉위 후 5개월 만에 중이에게 피살당했다.	〈진세가〉
비무기 (費無忌, ?~515)	주초	초나라 대부로 오자서의 아버지 오사를 모함하여 죽였다.	《좌전》
건建	주초	평왕 태자로 비무기의 모함으로 오자서와 함께 망명했다.	
오사(伍奢, ?~522)	주초	오거 아들이자 오자서 아버지로 태자 건의 태부로 있다가 비무기의 모함으로 죽임을 당했다.	
사마분양司馬奮揚	주초	태자 건을 죽이라는 명을 받았으나 이를 미리 알려 도망가게 한 인물이다.	《좌전》

오상(伍尙, ?~522)	주초	오자서 형이다. 비무기의 모함으로 아버지 오사와 함께 피살당한다.	
오서(伍胥, ?~484)	주초	오자서를 말한다. 이름은 원員이다. 초 평왕과 비무기의 박해를 받아 아버지와 형을 잃고 오나라로 망명하여 복수했다.	《좌전》〈오자서열전〉
자상子常	주초	부개의 기습공격으로 패하여 정나라로 도주했다.	
소왕 진(昭王珍, 재위 516~489)	주초	초나라 국군으로 평왕의 아들이다.	
자서(子西, ?~479)	주초	초 평왕의 서자이다. 오나라의 공격으로 인한 혼란을 수습했으며, 정치를 개혁하기도 했다.	
극완郤宛	주초	백주려의 아들로 초나라 좌윤을 지냈으며, 비무기가 자상을 시켜 죽이려 했다. 정직하여 인심을 얻었다.	
백비(伯嚭, ?~473)	주초오	초나라 사람으로 백주려의 손자이다. 할아버지가 피살되자 오나라로 달아나 오왕 합려의 신임을 얻었다. 초나라를 공격하는 데 공을 세웠다. 참언으로 오자서를 죽였으며, 오나라를 멸망시킨 월왕 구천에게 살해되었다.	〈오태백세가〉〈월왕구천세가〉〈오자서열전〉
합려(闔閭, 재위 515~496)	주오	제번의 장자로 이름은 광光이다. 오자서를 재상으로 손무로 하여금 군대를 조직하게 하여 강국으로 성장했으나, 월왕 구천과 싸워 부상당해 죽었다.	〈오태백세가〉〈오자서열전〉
운공鄖公	주초	초나라 운 지방의 현령으로 이름은 투신鬪辛. 대부 만성연 아들이다.	
회懷	주초	운공 투신의 아들로 소왕을 죽이려 했다.	
자기子綦	주초	소공을 수행한 신하로 소공을 숨겨 살려냈다.	
신포서申包胥	주초	초나라 대부로 오자서의 친구이다. 오나라가 침공하자 진秦나라에 구원을 요청하여 초나라를 구했다.	〈오자서열전〉
부개夫槪	주오	오왕 합려의 동생으로 자립했다가 합려에 패한 뒤 초나라로 망명하여 당계씨가 되었다.	〈오태백세가〉
공자 (孔子, 551~479)	주노	노나라 추읍陬邑 사람이다. 대사상가로 유가의 개조로 추앙받고 있다. 여러 나라를 주유하며 군주에게 정치적 견해를 이야기했으며, 많은 제자를 가르치기도 했다. 제자들이 그의 언행을 모아놓은 책이 《논어》이다.	〈공자세가〉

구천(勾踐, 재위 496~465)	주 월	월나라 국군이다. 오왕 합려와 싸워 이겼으나 부차에게 패하여 와신상담臥薪嘗膽하여 오나라를 멸망시키고 패주가 되었다.	〈월왕구천세가〉
신申	주 초	초 소왕의 동생 자서子西로 왕위를 사양했다.	
결結	주 초	초 소왕 동생 자기子期로 신과 함께 왕위를 사양했다.	
여閭	주 초	초 소왕 동생으로 왕위를 거듭 사양하다 즉위했다가 자장(혜왕)을 세웠다. 이름은 결結이다.	
혜왕 자장(惠王子章, 재위 488~432)	주 초	초나라 국군으로 소왕의 아들이다. 백공승白公勝의 위협을 받았으나 제거하고 복위했다. 진陳, 채蔡, 기杞나라 등을 멸망시켰다.	
백공승 (白公勝, ?~479)	주 초	초 평왕 손자라 왕손승王孫勝으로도 불렸다. 오자서와 오나라로 망명했다가 초나라의 수도를 점령했으나 엽공 자고와 싸우다 패하여 자결했다.	
석기石乞	주 초	무사이며 백공 승의 수하로 있었다.	
굴고屈固	주 초	혜왕 시종으로 혜왕을 구했다.	
소왕부인昭王夫人	주 초	월나라 여인으로 혜왕 모친이다.	
엽공葉公	주 초	자는 자고子高, 이름은 심저량沈諸梁이다. 엽현 현령을 지내 엽공이라 불렸다.	
부차(夫差, 재위 495~473)	주 오	오의 왕으로 중원 진출에 의욕을 보이며 패권을 다투었다.	《국어》 〈오태백세가〉 〈월왕구천세가〉
간왕 중(簡王中, 재위 432~408)	주 초	혜왕 아들로 이름이 중中 또는 중仲이다.	
위 문후(魏文侯, 재위 445~396)	위魏	위나라 건국자이며 이름은 위사魏斯이다.	〈위세가〉
한 무자(韓武子, 재위 424~409)	한韓	한나라 국군으로 이름은 한계장韓啓章이다.	〈한세가〉
조 환자(趙桓子, 재위 424)	조趙	조나라 국군으로 이름은 조가趙嘉이다.	〈조세가〉
성왕 웅당(聲王熊當, 재위 407~402)	초	간왕 아들로 도적에게 피살당했다.	

도왕 웅의(悼王熊疑, 재위 401~381)	초	성왕 아들로, 연표에는 웅류熊類로 나온다.	〈육국연표〉
자양子陽	정	정나라의 상국	
숙왕 장(肅王藏, 재위 381~370)	초	도왕 아들로 재위기간 중 촉의 공격을 받고 수세에 몰린다.	
선왕 양부(宣王良夫, 재위 369~340)	초	숙왕 동생으로 재위 때 삼진의 세력이 커지고 초나 라의 국세가 위축되었다.	
진 헌공 (秦獻公, 424~362)	진秦	진 국군으로 영공의 아들이다. 진의 국력을 다시 떨친 인물로 이름은 사습師隰이다.	〈진본기〉
위 혜왕 (魏惠王, 400~334)	위魏	위나라 국군으로 안읍安邑에서 대량大梁으로 천 도하고 왕을 칭했다.	〈위세가〉
제 위왕 (齊威王, ?~320)	제	제나라 국군으로 환공의 아들이다. 정치를 경대부 에게 맡기고 제후들은 서로 싸워 나라가 제대로 다 스려지지 않았으나, 인재를 선발하고 정치를 바로 하여 국력이 신장되었다. 이에 위魏나라와의 전투 에서 연이어 승리하고 칭왕稱王했다.	〈제태공세가〉
위앙(衛鞅, ?~338)	위衛 진秦	진으로 건너와 개혁을 성공시켜 진을 강국으로 만 들고 상商을 봉지로 받았다.	〈상군열전〉
위왕 상(威王商, 재위 339~329)	초	초나라 국군으로 선왕의 아들이다.	
주 현왕 (周顯王, ?~321)	주	주나라 국군으로 이름은 편扁이다.	〈주본기〉
진 혜왕 (秦惠王, 356~311)	진秦	진나라 국군으로 이름은 사駟이고, 효공의 아들이 다. 즉위한 뒤 상앙商鞅을 주살했다.	〈진본기〉
맹상군 (孟嘗君, ?~279)	제	제나라 귀족으로 이름은 전문田文이다. 식객이 수 천 명에 달했다.	〈전경중완세가〉 〈맹상군열전〉
전영田嬰	제	제나라 국상으로 맹상군 아버지이다. 제후로 봉해 져 설군薛君이라고도 한다.	〈전경중완세가〉 〈맹상군열전〉
장축張丑	제	전영의 문객門客	〈전경중완세가〉 〈맹상군열전〉
전반자田盼子	제	제나라 장군으로 전영의 동족이나 불화하여 배제 되었다.	〈전경중완세가〉 〈맹상군열전〉
신기申紀	제	제나라의 장수	

회왕 괴(懷王槐, 재위 328~299)	초	초나라 국군으로 위왕의 아들이다. 진秦과의 전투에서 실패하고 진에 억류되어 죽었다(296).	
장의(張儀, ?~309)	위魏 진秦	위나라 귀족 후예로 진秦나라를 위해서 봉사하여 무신군武信君에 봉해졌다.	〈장의열전〉
소양昭陽	초	초의 주국으로 위魏를 격파했으나 장의의 유세에 넘어가 군을 철수시켰다.	
진진陳軫	초	초나라 출신 유세가로 진秦과 초에서 관리를 지냈다.	
소진(蘇秦, ?~284)	주	낙양 사람으로 여러 나라를 돌며 유세하고 제의 객경이 되었으나 암살당했다.	〈소진열전〉
제 민왕 (齊湣王, ?~284)	제	제나라 국군으로 선왕宣王의 아들이며, 이름은 지地 또는 수遂이다.	
송유宋遺	초	초의 용사로 제 민왕을 욕하는 일을 했다.	
굴개屈匄	초	초의 대장군으로 진秦과 단양전투에서 패하여 포로가 된다.	
봉후추逢侯丑	초	초의 비장군으로 굴개와 함께 진의 포로가 된다.	
근상靳尙	초	초나라 회왕이 총애했던 신하이다.	
정수鄭袖	초	초 회왕의 총애를 받았던 후궁이다.	
굴원 (屈原, 343~278)	초	초나라 대부를 지냈으며, 이름은 평平이다. 애국 시인으로도 유명하다.	〈굴원가생열전〉
진 무왕(秦武王, 재위 310~307)	진秦	진나라 국군으로 이름은 영탕嬴蕩이라 한다.	〈진본기〉
저리질樗里疾	진秦	진 혜왕의 이복동생으로 지모가 뛰어났으며, 우승 상右丞相을 역임했다.	〈진본기〉 〈저리자감무열전〉
공손연公孫衍	위魏 진秦	위나라 사람으로 진秦나라에서 대량조大良造를 역임했고, 후에 위나라 재상이 되어 진나라와 싸울 것을 주장했다.	
소저昭雎	초	초 대신으로 제와의 연합을 반대했다.	
매휴	한 제	한나라 공자로 제의 재상을 지냈다.	
통通	진秦	진의 객경으로 제한위 3국의 공격을 받던 초를 구원했다.	

진 소왕(秦昭王, 재위 306~251)	진秦	진나라 국군으로 이름은 직稷 또는 칙則이다. 진 무왕의 이복동생으로 어머니 선태후宣太后가 섭 정하였으나, 내란을 평정하고 왕권을 강화시켰다. 산동의 여섯 나라의 합종책을 와해시켜 이후 진나 라가 전국을 통일하는 데 기초를 마련했다.	
당매唐昧	초	초의 장수로 진秦에 의해 피살당했다.	〈전경중완세가〉
경결景缺	초	초의 장군으로 진에 패하여 죽었다.	
자란子蘭	초	초나라 회왕 아들이다. 경양왕 때 영윤을 지냈으나 굴원을 모함하여 사직하고 떠나게 했다.	
경양왕 횡(頃襄王橫, 재위 298~263)	초	초나라 국군으로 회왕의 아들이다.	
조왕 부(趙王父, 재위 325~299)	조趙	주나라 무령왕武靈王을 말한다. 호복기사胡服騎射 로 대변되는 개혁정책을 실행했다.	〈조세가〉
조 혜왕(趙惠王, 재위 298~266)	조趙	조나라 국군으로 혜문왕惠文王을 말한다. 이름은 하何이다.	〈조세가〉
백기(白起, ?~257)	진秦	진나라 명장 공손기公孫起를 말한다. 연전연승하 여 무안군武安君에 봉해졌다.	〈백기왕전열전〉
주 난왕(周赧王, 재위 314~256)	주	주나라 국군이다. 재위기간 중 제후국들이 칭제稱 帝를 했다.	〈주본기〉
무공 武公	주	정왕 증손, 혜공의 아들이란 설이 있으나 신하로 보는 설도 있다.	
소자昭子	초	초의 영윤을 지낸 소저昭雎를 말한다.	
좌도 춘신군 (左徒春申君, ?~238)	초	초나라 귀족으로 이름은 황헐黃歇이고 좌도 벼슬 을 지냈다. 문하에 3,000명의 식객이 있었으며, 전 국시대 4공자의 하나였다.	〈춘신군열전〉
고열왕 원(考烈王元, 재위 262~238)	초	초나라 국군으로 경양왕의 아들이다.	
경양景陽	초	초나라의 장군	《전국책》
장양왕(莊襄王, 281~247)	진秦	진나라 국군으로 시황제의 아버지이다. 이름은 이 인異人, 자초子楚라 했다.	
진왕 조정(秦王趙政, 259~210[50])	진秦	진시황을 말하며, 이름이 영정嬴政인데 조나라에 서 태어났기 때문에 조정이라고도 했다.	〈진시황본기〉
유왕 한(幽王悍, 재위 237~228)	초	초나라 국군으로 고열왕에 이어 왕위를 이었다.	

권40 초세가

이원李園	초	유왕 외숙부이다. 춘신군과 공모하여 유왕을 낳게 하고 춘신군을 죽였다.	
여불위 (呂不韋, ?~235)	위衛 진秦	위나라의 상인으로 진나라 재상이 되었다.	〈여불위열전〉
애왕 유(哀王猶, 재위 228)	초	초나라의 국군	
부추(負芻, 재위 227~223)	초	초나라의 국군	
조왕 천(趙王遷, 재위 235~228)	조	조 도양왕 아들로 나라가 망해 진나라의 포로가 되었다.	〈조세가〉
단丹	연	연나라 왕 희喜 아들로 진秦 나라에 인질로 있다가 도망쳐 형가荊軻를 시켜 진왕秦王을 암살하려 했으나 실패했다.	
형가(荊軻, ?~227)	위衛	위나라 사람으로 연나라 태자 단丹의 부탁으로 진왕 정(진시황)을 암살하려다가 잡혀 피살되었다.	
왕전王翦	진秦	진나라 장군으로 조趙, 연燕, 초楚나라 등을 차례로 무찌르고 무신후武信侯에 봉해졌다.	
항연(項燕, ?~223)	초	초나라 장군으로 진秦의 공격에 항전했다. 서초패왕 항우의 할아버지이기도 하다.	
몽무蒙武	진秦	진의 장수로 시황제의 천하통일에 큰 공을 세웠다.	

- 진한 글자는 초나라 역사에 직접 관련된 인물을 표시한 것이다.
- 이름 항목의 연도 표시 중 '재위'라고 기재되지 않은 것은 생몰 연도이다.
- 연도는 모두 기원전이다.

◉ 〈초세가〉에 등장하는 지역·지리 정보

지명	당시 현황	현재의 지리 정보
초만楚蠻	초의 황폐한 지방	장강 이남 지역
단양丹陽	초의 읍 이름	하남성 석천현淅川縣 또는 호북현 자귀현姊歸縣 동쪽
용庸	나라 이름	호북성 죽산현竹山縣 동남
양월楊粵	나라, 종족 이름	호북성 형주荊州 경내
구단句亶	초의 지명	호북성 강릉현江陵縣
악鄂	초의 지명	호북성 무창시武昌市
월장越章	초의 지명	위치 미상
체魕	옛 지명	산서성 곽현霍縣 동북
복濮	옛 지명, 부족 이름	호북성 한수漢水 남쪽
견융犬戎	서융의 부족 이름	섬서성 빈현彬縣 , 기산현岐山縣 일대
곡옥曲沃	진晉의 지명	산서성 문희현聞喜縣 동북쪽
수隨	희姬성 제후국	호북성 수현 남쪽
영郢	초의 도성, 기남성 유지가 남아 있다.	호북성 형주시荊州市 강릉江陵 서북의 기남성紀南城
신申	제후국	하남성 남양시南陽市 북쪽
등鄧	만曼성 제후국	호북성 양양시襄陽市 북쪽
형산陘山	초의 지명	하남성 언성郾城 동남쪽
황黃	영嬴성의 나라	하남성 황천현潢川縣 서북
영英	나라 이름	안휘성 연산현英山縣
우盂	송의 지명	하남성 수현睢縣 우정盂亭
홍수泓水	강 이름	하남성 자성현柘城縣 서북쪽
곡穀	제의 지명	산동성 동아현東阿縣 동쪽
기夔	초 웅지의 후예	호북성 자귀현 동쪽
성복城濮	위衛의 지명	산동성 견성鄄城 서남쪽
강江	제후국, 옛 성터가 남아 있다.	하남성 신양시信陽市 나산현羅山縣
육六	제후국	안휘성 육안현六安縣

요蓼	제후국	하남성 고시固始 동쪽
진陳	규嬀성 제후국	하남성 회양淮陽
육혼陸渾	육혼융의 근거지	하남성 숭현嵩縣 서북
낙하洛河	하천 이름	하남성 서북부를 흘러 낙양 동북에서 황하로 들어가는 강
겹욕郟鄏	지명	하남성 낙양시洛陽市 서부 왕성공원
서舒	나라 이름	안휘성 서성舒城
형옹衡雍	정의 지명	하남성 원양현原陽縣 서남
언릉鄢陵	정의 지명	하남성 鄢陵縣 서북
균대鈞臺	하의 누각 하대夏臺	하남성 우현禹縣 남쪽
경박景亳	상 탕왕의 회맹지	하남성 상구현商丘縣 북쪽
맹진盟津	옛 황하 나루터	하남성 맹진현孟津縣 동북
기양岐陽	주의 근거지	섬서성 기산현岐山縣 동북 일대
풍궁豐宮	문왕이 건설한 도성	섬서성 서안시西安市 서남 풍수豐水 서쪽
도산塗山	옛 지명	안휘성 회원懷遠 동남
소릉召陵	초의 읍	하남성 언사偃師 동쪽
천토踐土	정의 지명. '천토지맹'이 거행된 곳이다.	하남성 원양현原陽縣 서남
유잉有仍	나라 이름	산동성 제령현濟寧縣
유민有緡	나라 이름	산동성 금향현金鄕縣 남쪽
여산黎山	동이국 이름	하남성 운성鄆城 서쪽
주방朱方	오의 읍	강소성 단도현丹徒縣 동남
서徐	나라 이름	강소성 사홍현泗洪縣 남쪽
간계乾谿	초의 지명	안휘성 박현亳縣 동남
형산荊山	초의 산 이름	호북성 남장南漳 서쪽
채蔡	제후국	하남성 신채현新蔡縣
불갱不羹	주에 의해 분봉된 제후국이었다가 초에 의해 멸망	동불갱은 하남성 허창시許昌市 언성현 서불갱은 하남성 양성襄城 서남
등읍鄧邑	채의 읍	하남성 언성현郾城縣 동남
언성鄢城	초의 별도	호북성 의성현宜城縣 남쪽

이택釐澤	초의 지명	위치 미상
방성方城	초의 북쪽 국경	하남성 방성현 일대
거莒	제후국	산동성 거현莒縣
성보城父	초의 읍	안휘성
거소居巢	초의 지명	안휘성 소현巢縣
비량卑梁	오의 변경 읍	안휘성 천장현天長縣 서북
종리鍾離	초의 변경 읍	안휘성 봉양현鳳陽縣 동북
잠읍潛邑	초의 지명	안휘성 곽산현霍山縣 동쪽
예장豫章	한수 이동, 장강 이북	안휘성 일대로 추정
당唐	제후국	호북성 수현 서북
운몽雲夢	호수 이름	호북성 한수 평원 일대
운읍鄖邑	초의 현	호북성 안육현安陸縣 혹은 운현鄖縣
직稷	초의 지명	하남성 동백현桐柏縣 동남
당계堂谿	초의 지명	하남성 수평현遂平縣 서북
번읍番邑	초의 동쪽 변경의 읍	강서성 파양현鄱陽縣 혹은 안휘성 봉대현鳳台縣 서북
약읍鄀邑	초의 도읍	호북성 의성현宜城縣 동남
돈頓	제후국	하남성 항성項城 북쪽
호胡	제후국	안휘성 부양현阜陽縣 서북
소읍巢邑	초의 지명	안휘성 소현巢縣 동북
백白	초의 읍	하남성 식현息縣 동쪽
엽葉	초의 현	하남성 엽현葉縣의 곤양성昆陽城
기杞	제후국	하남성 기현
강북江北	지역 이름	강소성 강도현江都縣에서 안휘성 우이현盱眙縣에 이르는 지역
사상泗上	지역 이름	사수 유역으로 산동성 사수현에서 강소성 서주시徐州市에 이르는 지역
승구乘丘	초의 읍	산동성 연주현兗州縣 서쪽
부서負黍	한의 읍	하남성 등봉현登封縣 서남

대량大梁	위魏의 수도	하남성 개봉시開封市
유관榆關	위 대량 서쪽 관문	하남성 개봉시 대량 서남
자방玆方	옛 지명	호북성 송자현松滋縣 서북
한관扞關	초의 관문	중경시 봉절현奉節縣 동쪽
노양魯陽	초의 읍	하남성 노산현魯山縣
상商	상앙의 봉지	섬서성 상현 동남 상낙진商洛鎭
서주徐州	전씨田氏의 봉읍	산동성 미산微山 동북
양릉襄陵	초의 읍	하남성 수현雎縣
설상齧桑	위魏 나라의 읍	강소성 패현沛縣 서남
함곡관函谷關	관關 이름	하남성 영보현靈寶縣 동북
상商·오於	초의 읍이었으나 진秦이 차지했다.	하남성 석천현 서북
단수丹水	강 이름	하남성을 흐르는 한수의 지류
한중漢中	초의 군	섬서성 면현沔縣에서 호북성 죽산현竹山縣 일대
남전藍田	진의 읍	섬서성 남전藍田 서쪽
등鄧	초의 읍	하남성 언성 동남
상용上庸	초의 읍	호북성 죽계현竹溪縣 동남
무관武關	진秦의 요새 관문	섬서성 단봉현丹鳳縣 동남쪽 단강丹江
촉蜀	진의 군	사천성 성도시成都市
상당上黨	한의 군	산서성 장치현長治縣 일대
의양宜陽	한의 서부 군사요지	하남성 의양현宜陽縣 서쪽
평양平陽	한의 읍	산서성 임분시臨汾市 서남
무수武遂	진의 지명	산서성 양성陽城 서남
삼천三川	강 줄기	하남성 서북부 낙하, 이하, 황하 유역
하외河外	한을 흐르는 황하 이남 지구	황하 이남 지구
황극黃棘	초의 읍 → 진秦	하남성 신야현新野縣 동북
중구重丘	초의 읍	하남성 필양현泌陽縣 동북
함양咸陽	진秦 도성	섬서성 함양시咸陽市 동북
장대章臺	진秦의 왕이 머물던 누각	섬서성 장안현長安縣 구성舊城 서남

무무巫	초의 군	호북성 서남부, 중경시重慶市 동부 인근
검중黔中	초의 군	호남성 서부와 귀주성 동부 일대
회북淮北	지역 이름	강소성 북부에서 산동 남부 일대
하동국下東國	초의 지명. 제나라에 가까운 초의 동쪽 읍 일대	
석석析	초의 읍	하남성 서협현西峽縣
대代	조나라 내의 소국	하북성 울현蔚縣 동북
이궐伊闕	산 이름	하남성 낙양시 서쪽의 산
완읍宛邑	초의 읍	하남성 남양시南陽市
언鄢	초의 도읍	호북성 의성宜城 동남
양읍穰邑		하남성 등현鄧縣
추騶	제후국	산동성 추현 남쪽
비費	노의 계손씨 도성	산동성 비현
담郯	제후국	산동성 담성 동북
비邳	제후국	강소성 서주徐州 동남
상채上蔡	옛 채국에서 초나라로 넘어간 지역	하남성 상채현上蔡縣 남쪽
어圍	위魏의 읍	하남성 기현杞縣 서남
정도定陶	위魏의 읍	산동성 정도현定陶縣 서북
대송大宋	위魏의 읍	하남성 상구시商丘市 남쪽
방여方與	위魏의 읍	하남성 어대현魚臺縣 서쪽
난대蘭臺	환산桓山의 다른 이름	강소성 동산현銅山縣 서북
서하西河	위魏 지역의 황하	하남성 안양시安陽市 동쪽 일대
동거東莒	제 동쪽의 거읍	산동성 거현
패구浿丘	제의 지명	산동성 박홍현博興縣 동남
즉묵卽墨	제의 지명	산동성 평도현平度縣 동남
오도午道	조의 동쪽	제나라 서쪽 국경
요동遼東	연의 읍	요녕성 요양시遼陽市
회계會稽	월의 지명	절강성浙江省 소흥현紹興縣 남쪽
역酈	읍 이름	하남성 남양시南陽市 북쪽

명새鄲塞	하남과 호북의 경계	하남성 신양시信陽市 남쪽의 평정관平靖關
서릉西陵	초의 남쪽 요충지	호북성 의창시宜昌市 서북
이릉夷陵	초의 지명	호북성 의창 동남
주州	초의 읍	호북성 함녕咸寧 서북
한단邯鄲	조趙의 수도	하북성 한단현邯鄲縣 서남
신중新中	조趙의 읍	위치 미상. 하북성 거록으로 보기도 한다.
수춘壽春	초의 읍	안휘성 수현壽縣
기蘄	초의 읍	안휘성 숙주시宿州市 동남

남방 문화의 꽃, 초나라 유물 자료

춘추전국시대 장강 이남의 강대국 초나라는 중원과는 다른 남방 특유의 활발하고 화려한 문화를 소유했다. 주요 유물들은 주로 호북성 무한武漢의 호북성박물관과 초나라 도읍이었던 형주荆州박물관에 집중 소장되어 있다. 악군제절은 형주박물관에 소장되어 있고, 왕자 오 청동정은 하남성박물관에 소장되어 있다.

- (왼쪽 위) 초나라 회왕 때 통행증에 해당하는 청동 악군계절鄂君啓節. 수륙의 교통상황을 잘 보여준다.
- (오른쪽 위) 초 장왕 아들이자 공왕의 형인 왕자 오누의 청동정. 초 문화 연구에 표준이 되는 기물로 평가받는다.
- (왼쪽 아래) 초나라의 칠기.
- (오른쪽 아래) 초나라의 옥기.

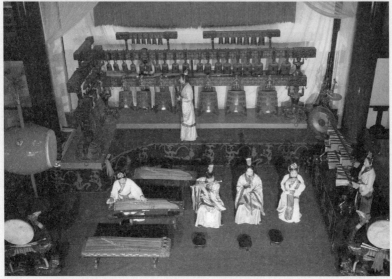

● (위) 춘추시대 초나라 귀족의 무덤을 발굴하는 장면.
● (아래) 고고학적 발굴을 통해 재현한 초나라의 음악 연주 장면.

남방 문화의 꽃, 초나라 유물 자료

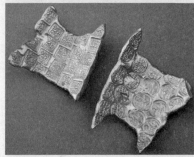

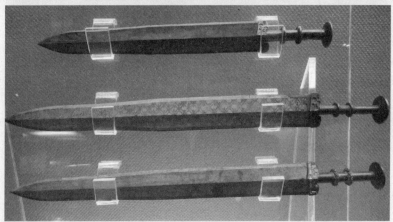

- (왼쪽 위) 전국시대 초나라 화폐인 동폐銅幣.
- (왼쪽 아래) 전국시대 초나라 화폐인 금폐金幣.
- (오른쪽 위) 굴원 작품《초사楚辭》의 본문.
- (아래) 초나라의 청동검.

권41 월왕구천세가
월越나라의 기록

◉

큰 명성 아래서는
오래 머무를 수 없다.

大名之下(대명지하)
難以久居(난이구거)

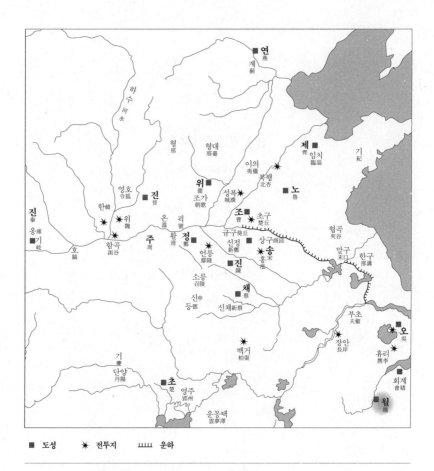

■ 도성　　＊ 전투지　　ⅢⅢ 운하

● 춘추시대 제후국 형세도와 월나라 위치.

독서의 기술

오나라와의 쟁패에 집중된 기술

세가 30편 중 열한 번째 편인 〈월왕구천세가〉는 월越나라 역사 기록이지만 대부분 월왕 구천勾踐시대 오吳나라와의 쟁패에 집중되어 있다. 기록 면에서 보자면 숙적인 오나라의 기록 〈오태백세가〉에 비해 턱없이 부족하고 부실한 편이다. 이는 춘추 말기 월나라와 함께 약 반세기에 걸친 이른바 '오월쟁패吳越爭霸' 또는 '오월춘추吳越春秋'를 무색하게 만드는 차이가 아닐 수 없다.

월은 지금의 절강성 경내에 자리 잡고 있었던 중원에서 멀리 떨어진 작은 나라였다. 춘추 초기까지만 해도 중원의 다른 나라들과 왕래가 없었는데, 그래서인지 그 선조의 계승관계가 소략하거나 없다. 월은 춘추 말기에서 전국 초기 사이에 두각을 나타나기 시작했다. 저 멀리 하나라의 시조 우禹임금의 후예로 전한다.

본 편은 월왕 구천이 오왕 부차夫差에게 패한 후 치욕을 견디고 분발하여 결국 오나라를 멸망시키는 사실이 주된 줄기이다. 이야기는 '와신상담臥薪嘗膽'하며 '십년생취十年生聚' '십년교훈十年敎訓' 등과 같은 거국적 책략으로 자신의 실력을 키우는 한편, 적국 오나라 내부를 갈라놓은 다음 최후의 시기를 택하여 일거에 멸망시키고 마침내 천하의 패주가 되는 과정이 한 편의 드라마처럼 펼쳐진다. 여섯 단락으로 나누어 살펴본다.

1 월왕 구천의 선조와 구천의 즉위

2 오월쟁패 1막, 구천의 패배와 재기

3 오월쟁패 2막, 오의 멸망과 구천의 패권

4 무강 이후 월의 역사와 멸망

5 범려

6 사마천의 논평

인욕발분의 고귀한 정신이 축을 이루는 드라마

사마천이 본 편을 구상하면서 참고한 자료로는 《좌전左傳》과 《국어國語》 중 〈오어吳語〉와 〈월어越語〉 편이다. 하지만 기술과정에서 새로운 사실과 고사들을 적지 않게 보탬으로써 참고한 기존의 기록들과는 상당한 차이를 보인다. 이 때문에 지금까지 기록의 진위와 출처를 놓고 적지 않은 논란이 있다. 이런 점들을 고려하면서 본 편에 반영되어 있는 사마천의 두드러진 사상과 특징 및 논쟁점들을 정리해본다.

첫째, 사마천이 다른 여러 편에서 보여주었듯이 본 편에서도 구천의 치욕을 견디는 인욕忍辱과 분투奮鬪 그리고 비분강개하여 복수하는 정신이 높이 평가되고 있다. 그 과정을 간략하게 요약해보면 이렇다.

범려范蠡의 만류에도 불구하고 무리하게 오나라를 공격했다가 참패한 구천은 범려와 문종文種 등 충직한 신하의 도움으로 오나라 내부의 간신 백비伯嚭를 매수하여 갖은 감언이설로 오왕을 흔들어 일단 멸망의 위기에서 벗어난다. 구천은 이후 3년 동안 오왕 부차의 시중을 드는 수모를 견뎌내고 귀국한다. 귀국한 구천은 월나라의 재건을 위해 혼신의 힘을 다한다. 이 대목을 사마천은 이렇게 기록하고 있다.

오가 월을 용서하자 월왕 구천은 자기 나라로 돌아가서는 몸과 마음을 고통스럽게 했는데, 자리에 곰쓸개를 두고 앉으나 누우나 쓸개를 올려다보았고, 음식을 먹을 때도 쓸개를 맛보았다. 그러면서 "네가 회계의 치욕을 잊었는가?"라며 스스로에게 물었다. 몸소 농사를 짓고 부인은 옷감을 짰다. 음식에 고기를 더하지 않았고, 색깔 있는 옷을 입지 않았다. 체면을 내려놓고 유능한 인재를 우대하고, 빈객을 후하게 접대하고, 가난한 사람을 돕고, 죽은 자를 조문하면서 백성들과 수고를 함께 했다.

여기에 보이는 '쓸개를 맛보았다'는 '상담嘗膽'은《좌전》이나《국어》에는 보이지 않는 부분이라 사마천이 어떤 자료를 참고했는지 알 수가 없지만 이것이 사마천의 사상을 두드러지게 드러내는 한편, 읽는 이를 더욱더 감동시키는 것은 틀림없다.

이어 구천은 범려, 문종 등의 충고와 책략을 허심탄회하게 수용하고, 서로 역할을 분담하여 군신이 한마음으로 단결하고 공평무사하게 정책을 추진함으로써 월나라의 재기에 박차를 가했다. 당시 대부 봉동逢同은 구천에게 다음과 같은 전략을 제시했다.

"나라가 얼마 전에 망했다가 이제 조금 넉넉해지려고 합니다. 군비를 정비하고 무기를 가다듬으면 오吳가 두려워할 것이 뻔하고, 두려워하면 어려움이 닥치기 마련입니다. 무릇 매나 수리가 공격을 하려 할 때는 그 모습을 숨기는 법입니다. 지금 오는 제齊, 진晉에 병력을 더 보내고 있고, 초楚와 월越은 한이 깊습니다. 명성이 천하에 높지만 실제로는 주周 왕실에 해가 되고 있습니다. 덕은 적고 공은 많으니 분명 자기 멋대로 교만하게 굴 것입니다. 월을 위한 계책으로 말하자면 제와 결탁하고, 초와 친하게 지내고, 진晉에 의지하고, 오를 강하게 만드는 것이 최선입니다. 오의 야심이 커지면 싸움을 우습게 볼 것이 분명합니다. 이럴 때 우리는 주도권을 쥐고 세 나라와 함께 오를 정벌하고, 우리 월은 오의 지친 틈을 이용하면 이길 수 있습니다."

구천은 이런 정확한 노선을 철저하게 따랐다. '10년 동안 인구 등 생산력을 늘리는' '십년생취'와 '지난날의 실수와 패배를 교훈으로 삼는' '십년교훈'이라는 기본 전략을 바탕으로 내부의 실력을 차분하게 기르는 한편, 오나라에 대해서는 간신 백비를 한껏 활용하여 안팎으로 압박을 가해 마침내 오나라의 기둥인 오자서伍子胥를 제거하는 데 성공했다. 오자서를 잃은 부차는 운신의 폭이 더욱 좁아졌고, 생활은 사치와 방탕으로 흘렀다. 그 뒤 부차가 황지黃池에서 제후들과 회맹하는 틈에 일거에 오나라 수도를 기습함으로써 부차로 하여금 구차하게 강화를 구걸하게 만들었고, 그로부터 몇 년 뒤 끝내 오나라를 멸망시켰다.

사마천은 이 과정에서 구천이 보여준 인욕발분과 복수의 일념 그리고 끝끝내 패주가 되기까지의 행위와 사상을 대단히 높이 평가하고 있다. 사실 이 사상은 〈오자서열전〉에서 오자서가 보여준 정신과 그에 대한 사마천의 평가와 완전히 일치한다.

둘째, 구천이 치욕을 딛고 승리하기까지의 과정이 전반부라면 후반부 내용과 사상은 전혀 다른 쪽으로 방향을 틀고 있다. 최후의 승리를 거둔 구천은 신의를 저버리고 공신들을 제거한다. 사마천은 이에 대해 극도의 증오심을 품고 이런 잔혹한 역사의 규율에 대해 깊이 개탄한다.

구천의 배신과 잔인한 면모는 범려가 홀연히 구천의 곁을 떠나면서 문종에게 남긴 편지를 통해 드러나기도 하는데, 이 장면과 구천이 문종을 다그치며 자살을 강요하는 대목 역시 《좌전》과 《국어》에는 보이지 않는다. 이는 〈회음후열전〉 〈팽월열전〉 〈경포열전〉 〈한신노관열전〉 등에 보이는 유방劉邦과 여태후呂太后가 공신을 해치는 장면과 겹쳐지며, 범려의 은퇴는 〈유후열전〉에서 장량張良이 보여준 처신과도 거의 판박이다. 요컨대 사마천은 자신의 시대와 가깝고 기록이 풍부한 유방·한신·장량의 상황을 통해 구천·문종·범려를 떠올렸던 것인데, 이는 표현기법으로 보자면 과거사를 빌려 현재사를 풍자한 것이라 할 수 있다.

셋째, 오월쟁패 이후 월나라의 역사 기록은 소략하여 무강無彊 때 초나라와의 충돌이 간략하게 기록된 것 외에는 거의 없다. 그러고는 바로 멸망으로 이어진다. 그런데 그다음에 느닷없이 상당히 긴 범려의 사적이 나타난다. 인물의 비중과는 달리 범려에 대한 열전을 별도로 마련하지 않았기 때문인지 본 편의 뒤에다 범려의 후반부 행적을 첨부했다. 내용은 범려의 능력과 사람됨인데, 사마천은 여기에다 자신의 느낌을 깊게 반영하고 있다. 본 편에 묘사된 범려는 '무위無爲'를 기조로 하는 황로黃老 사상에 깊이 물든 인물이다. 그는 구천이 오나라에 패하자 구천에게 치욕을 참고 목숨을 건지라고 권하면서 이렇게 말한다.

"가득 찬 것이 지속되려면 하늘이 도와야 하고, 기운 것을 바로 세우려면 사람이 도와야 하며, 절제할 수 있으려면 땅이 도와야 합니다. 자신을 낮추는 말과 넉넉한 예물을 그쪽에 보내십시오. 허락하지 않으면 몸이라도 아끼지 말아야 합니다."

이어 구천이 부차를 물리치자 부차가 구천에게 강화를 구걸했을 때 범려는 또 이렇게 말한다.

"회계의 사건은 하늘이 월을 오에 준 것인데 오가 취하지 않았습니다. 지금은 오를 월에 주려는 것인데 월이 어찌 하늘을 거스를 수 있겠습니까? 그리고 왕께서 아침 일찍 조회를 하고 저녁 늦게 파한 것은 오를 (도모하기) 위한 것이 아니었습니까? 22년을 계획했는데 하루아침에 버리다니 될 말입니까? 하늘이 주시는데도 받지 않으면 오히려 그 화를 받는다고 했습니다. '나무를 베어 도끼자루를 만들려면 그 본이 멀지 않거늘'이라는 《시경》의) 구절이 있듯이 왕께서 회계의 재앙을 잊으신 것은 아니겠지요?"

그럼에도 구천이 망설이자 범려는 북을 울리며 오나라로 진격하여 결국 멸망시켰다. 이는 평소에는 나약하고 어딘가 비어 있는 것 같지만 요긴한 때는 과감하게, 때로는 잔인하게 문제를 해결했던 장량의 행위와 하등 다를 것이 없다. 사마천은 이렇게 두 사람을 비교했는데, 범려의 이미지는 장량이란 모델을 통해 탄생했다고 할 수 있을 것이다.

넷째, 앞서 언급했듯이 본 편의 후반부에는 범려의 행적이 덧붙여져 있다. 내용은 범려의 남다른 능력이 주를 이룬다. 하지만 내용, 특히 범려의 언행에는 상당한 모순이 있다. 범려가 큰 명성 아래에서는 오래 머물 수 없다는 것을 정확하게 인식하고도 지역을 바꿔가며 제나라 재상 자리를 제안받은 일은 어떻게 설명할 것이며, 그가 만년에 상인으로서 거금을 벌어들인 행위, 자식을 잃을 줄 예견하고도 죽게 내버려 둔 일 등등이 그렇다. 사마천은 장량과 범려라는 인물의 능력과 재능에 대해서는 충분히 인정할 수 있지만 그 인품에 대해서는 결코 칭찬할 수 없었기에 모순된 부분을 그대로 기술한 것이 아닐까?

다시 한번 요약하자면 본 편은 주로 월왕 구천의 원한과 복수 고사를 기록하고 있으며, 끝 부분에 구천이 오를 멸망시키는 데 있어서 큰 공을 세운 범려의 뒷이야기가 기록되어 있다. 《좌전》과 《국어》의 기록을 근거로하고 있지만 많은 부분이 두 기록에는 보이지 않고(문종의 피살, 문종에게 보낸 범려의 편지 등), 《좌전》에는 범려라는 인물이 아예 보이지 않는다. 또 《국어》(《월어 하》)에도 범려가 만년에 배를 타고 떠나 어디로 갔는지 알 수 없다고만 기록되어 있을 뿐이다.

범려에 대한 열전이 따로 마련되어 있지 않은 점을 고려한다면, 〈화식열전〉에 부분적으로 기록되어 있는 범려의 행적과 이 부분을 합치고 그 밖에 〈오태백세가〉〈오자서열전〉 등에 흩어져 있는 범려의 기록을 모아 그의 전기를 재구성할 수 있을 것이다. 여기에 범려의 말년과 비교가 되는 장량의 일대기 〈유후세가〉와 한신의 일대기 〈회음후열전〉을 함께 참조하면 좋은 계발을 얻을 수 있을 것이다. 이 밖에 범려에 대한 단편적인 기록으로는 가의賈誼의 《신서新書》(이비耳痺 편), 여불위가 편찬한 《여씨춘추呂氏春秋》(회과悔過 편) 등이 있다.

배경 사건 스토리텔링

〈월왕구천세가〉는 오와 월의 싸움과 멸망 과정이 주를 이룬다. 기원전 496

越相國事范蠡

越大夫文种曰

● (왼쪽) 범려 모습을 새긴 비석의 탁본. 절강성 제기시諸暨市 범려 사당 내에 있다.
● (오른쪽) 소흥 인산대묘印山大墓 전시관에 조성되어 있는 월왕 윤상 상.

년 오왕 합려는 월왕 윤상이 사망한 틈을 타서 월을 공격했다. 월왕 구천
은 자살 부대를 이용하여 취리전투에서 승리하고 합려에게 부상까지 입혔
다. 합려는 이 부상으로 인해 죽음에 이른다. 합려는 죽기 전 아들 부차에
게 복수를 다짐케 했다. 이렇게 해서 약 20년에 걸친 오월쟁패의 막이 본
격적으로 올랐다.

　기원전 494년 월왕 구천은 복수의 칼날을 갈고 있는 부차를 섣불리 공
격했다가 부추에서 참패하고 나라는 멸망의 위기에 처한다. 이에 월의 대
신 범려와 문종은 역할을 분담했다. 범려는 구천을 수행하여 오에 항복한
다음 오에 머물면서 3년 동안 부차의 시중을 들었다. 문종은 귀국하여 월

을 재건하는 일을 맡았다. 구천은 3년 만에 귀국하여 '와신상담'하며 '십년 교훈, 십년생취'의 큰 전략을 수립하여 월의 재건과 국력 강화에 혼신의 힘을 쏟았다. 동시에 오의 대신 오자서의 정적인 백비를 매수하고, 미인계로 부차의 사치와 방탕을 부추기는 이간책으로 오의 내부를 교란시켰다.

한편 오의 부차는 중원 진출과 패주에 대한 야망 때문에 오자서의 충고를 무시한 채 북방의 제나라를 정벌하는(기원전 485년) 등 국력을 소모했다. 또 백비의 모함에 빠져 충신 오자서를 자살하게 만듦으로써 오의 국력과 내부 결속력은 급속도록 와해되었다.

기원전 483년, 오의 이 같은 상황을 탐지한 구천은 오를 공격하려 했으나 범려의 만류로 시기를 기다렸고, 이듬해 부차가 황지에서 제후들과 회맹하는 틈을 타서 마침내 오를 공격했다. 월은 오의 태자를 죽이는 등 큰 전과를 올렸으나 바로 오를 멸망시키지 않고 다시 때를 기다렸다.

기원전 478년, 월은 전열을 정비하여 다시 오에 대한 정벌에 나서 장장 3년 동안 오를 포위하며 공격했다. 오왕 부차는 고소산으로 들어가 저항했지만 버티지 못하고 항복을 청했다. 구천은 부차의 항복을 받아들이려 했으나 범려가 이를 막았다. 부차는 결국 자살로 생을 마감했고, 이로써 오는 망했다. 구천은 서주 회맹을 통해 패주로 추대되어 명성을 떨쳤으나 범려는 모든 부귀영화를 버리고 구천 곁을 떠났다.

구천 이후 월의 역사는 기록에 남은 것이 거의 없다. 다만 무강 때 북쪽으로 강국 제와 맞서고, 서쪽으로 초를 공격하여 위세를 떨치려 했으나 초 위왕의 반격을 받아 왕 무강이 전사하고 나라는 실질적으로 망했다(기원전 약 306년).

〈월왕구천세가〉의 후반부는 범려에 대한 기록이다. 20년 넘게 월왕 구천을 보좌하며 숙적 오를 멸망시키는 데 결정적인 공을 세운 범려는 '큰 명성 아래에서는 오래 머무를 수 없고' 구천이란 위인은 '근심은 함께할 수 있어도 편안함을 함께하기는 어렵다'고 판단하여 미련없이 월왕 구천을 떠났다. 떠나면서 범려는 동료 문종에게 함께 떠날 것을 권했으나 문종은 망설였고 결국 구천에게 자살을 강요받고 죽었다.

범려는 이름을 '치이자피鴟夷子皮'로 바꾸고 제의 해변에서 농사를 짓는 등 생산활동으로 큰 재산을 모았다. 이에 제는 그를 재상으로 삼으려 했으나 범려는 '존귀한 명성을 오래 갖고 있으면 상서롭지 못하다'며 다시 도陶라는 곳으로 이주하여 이름을 도주공陶朱公으로 바꾸었다. 여기서 범려는 농사와 목축 및 상업으로 억만의 재산을 모았다.

이후 범려의 행적은 초에 갔다가 사람을 죽인 둘째 아들을 구해내려다 결국 구하지 못한 일화가 다소 장황하게 기록되어 있는데, 범려의 만년에 일어났던 사건 이상의 가치는 없다.

⊙ 월나라 세계표

국군	계승관계	재위(재위기간)/주요 사건
윤상允常		생몰 ?~약 497 / 그 선조는 우禹의 후예인 소강少康의 서자로서 회계會稽에 봉해진 후로 20여 세에 이르러 윤상이 즉위했다.
월왕 구천勾踐	윤상의 아들	496~약 464(33) / 재위 연수는 미상이나 여러 설이 있고, 생년은 기원전 약 520년으로 보기도 한다.
왕 석여鼫與	구천의 아들	463~458(6) / 이름이 녹영鹿郢으로도 기록되어 있다.
왕 불수不壽	왕 석여의 아들	457~448(10)
왕 옹翁	왕 불수의 아들	447~411(37) / 월왕 주구검州句劍의 출토로 이름이 주구州勾 또는 주구朱勾로 알려졌다.
왕 예翳	왕 옹의 아들	410~375(36) / 불광不光 또는 수授로도 불렸다. 출토된 청동검의 수량이 가장 많다.
왕 지후之侯	왕 예의 아들	374(1)
왕 여餘	왕 지후의 아들	373~365(9)
왕 무전無顓	왕 여의 아들	364~343(22)
왕 무강無彊	왕 무전의 아들	342~306(37) / 무강은 초를 공격하다가 초 위왕에게 패하여 죽임을 당했다. 월은 이로써 흩어지고 아들들이 자리를 다투면서 초에 복종했다.
민군閩君 요搖	왕 무강의 7세손	진 말기 진의 공격에 도움을 주어 한 고조가 요를 월왕으로 회복시켜 제사를 받들었다.

• 〈월왕구천세가〉의 기록은 오월쟁패 부분만 상세하고 나머지는 소략하기 짝이 없다. 윤상 이전 20여 대는 거의 공백으로 남아 있고, 구천 이후 6대의 사적으로는 왕 무강이 초를 공격했다는 정도에 불과하다.
• 후반부는 범려의 사적으로 월나라의 세계와는 무관하다.
• 기록을 전체적으로 살펴볼 때 월의 군주는 모두 30여 명 정도로 추정된다.
• 초 위왕이 월왕 무강을 죽인 때는 《자치통감》에 따르면 주 현왕 35년인 기원전 334년이다.
• 월나라 군주들의 생몰이나 재위 연도는 대부분 미상이었으나 전목錢穆, 양관楊寬 등 여러 학자의 설과 최근 고고학 발굴 성과 등을 참고로 하여 표시했다. 모두 추정 연도임을 밝혀둔다.
• 재위 연도는 전임 군주 사망 이듬해부터 계산했다.
• 고고학 발굴이나 청동검을 비롯한 유물 출토로 군주들의 이름이 새로 밝혀진 경우는 '주요 사건' 란에 기록해두었다.
• 연도는 모두 기원전이다.

⦿

소강의 아들 무여는 남해로 가서 몸에 문신을 하고
머리는 짧게 잘랐으며, 물가에서 자라나 큰거북 등과 더불어 살았다.
봉산과 우산을 지키며 우임금의 제사를 받들었다.
구천은 부차에게 치욕을 당한 뒤 문종과 범려를 중용했다.
구천이 오랑캐였지만 적극적으로 덕과 의리를 닦아 강력한 오나라를 멸망시키고
주 왕실을 존중한 것을 칭찬하여 제11 〈월왕구천세가〉를 지었다.

권130 〈태사공자서〉

일러두기

· 〈월왕구천세가〉는 월越나라 역사를 기술하고 있다.

· 〈월왕구천세가〉에 보이는 진나라는 진秦, 진晉, 진陳 모두 셋이다. 각각 한자병기를 해 구분했다.

· 〈월왕구천세가〉에 보이는 위나라는 모두 위魏이므로 대부분 한자병기를 하지 않았다.

1

월왕 구천의 선조와 구천의 즉위

◉

월왕越王 구천勾踐은 그 선조가 우禹의 후예[1]로서 하후夏后 제소강帝少康의 서자였다. 회계會稽에 봉해져 우의 제사를 받들었다. 문신을 하고 머리카락을 잘랐으며,[2] 풀을 뽑고 나무를 베는 등 황무지를 개척하여 읍을 만들었다. 그 후 20여 대가 지나 윤상允常에 이르렀다.[3] 윤상 때 오왕吳王 합려闔廬와 싸워 서로 원한을 품고 정벌하게 되었다. 윤상이 죽고 아들 구천이 자리에 오르니 이가 월왕이다.

---

1 구천勾踐은 금문에는 '구천鳩淺'으로 되어 있다. 1965년 호북성 강릉江陵의 초나라 무덤 1호 묘에서는 월왕 구천의 검이 출토되었는데 명문에 '구천鳩淺'으로 새겨져 있었다. '담집菼執'이라는 이름도 보인다. 구천의 혈통이 하나라 시조 우임금의 후손인 소강에서 나왔다는 기록에 대해서는 대체로 부정적으로 본다. 이는 흉노의 시조를 하후씨로, 초나라의 선조를 전욱 고양씨로 기록한 것 등과 같은 맥락이며, 《사기》 대일통 사상의 반영이라 하겠다.

2 '문신을 하고 머리카락을 잘랐다'는 '문신단발文身斷髮'은 〈오태백세가〉에도 똑같이 보이는데 남방 민족들의 비슷한 습속으로 볼 수 있다.

3 윤상은 구천의 아버지이다. 1998년 절강성 소흥紹興에서 구제 발굴된 인산대묘印山大墓는 거대한 산을 방불케 하는 능원과 나무로 짜여진 무덤 내부로 인해 세간의 주목을 받았는데 연구자들은 이 무덤이 윤상의 능침으로 추정한다.

2

오월쟁패 1막, 구천의 패배와 재기

◉

월왕 구천 원년(기원전 496년), 오왕 합려는 윤상이 죽었다는 소식을 듣고는 군대를 일으켜 월 정벌에 나섰다. 월왕 구천은 결사대로 맞서 싸웠는데, 결사대는 세 줄을 지어 오의 진영에 이르러 고함을 지르며 목을 그어 죽었다. 오의 군대가 이를 구경하는 사이 월이 습격하여 오 군대를 취리檇李에서 패배시키는 한편, 오왕 합려에게 활을 쏘아 부상을 입혔다. 합려가 죽음을 앞두고 그 아들 부차夫差에게 "월을 절대 잊지 말아라!"[4]라고 했다.

구천 3년(기원전 494년), 구천은 오왕 부차가 밤낮으로 병사를 훈련시켜 월에 보복하려 한다는 소식을 듣고는 오가 나서기 전에 월이 먼저 오를 정벌하려 했다. 범려范蠡가 "안 됩니다. 신이 듣기에 군대는 흉기이며, 전쟁은 덕을 거스르는 일입니다. 싸움은 모든 일의 맨 마지막입니다. 음모로 덕을 거스르고, 흉기를 즐겨 사용하여 자신의 몸을 보잘것없는 곳에다 시험하려는 것은 상제께서 금할 뿐만 아니라 행동으로 옮겨도 이로울 것이 없습니다"라고 충고했다. 월왕은 "내가 이미 결심했다"고 하면서 끝내 군대를 일으켰다. 오왕이 이를 듣고는 정예병을 모두 징발하여 월을 공격하여 부추夫椒에서 패배시켰다. 월왕은 남은 병사 5천을 수습하여 회계산會稽山을 거점으로 수비에 들어갔고, 오왕은 추격하여 이곳을 에워쌌다.

---

4 〈오태백세가〉에도 비슷하게 기록되어 있는 이 대목의 원전은 《좌전》이다. 정공 14년(기원전 496년), 부상을 입은 합려가 귀국 도중에 죽었다. 이후 "부차는 사람을 시켜 뜰에 세워놓고는 출입할 때마다 반드시 자신에게 '부차! 너는 구천이 네 아버지를 죽인 일을 잊었느냐?'라고 이르게 했고, 그러면 바로 '아닙니다. 어찌 감히 잊겠습니까'라고 대답했다. 3년 뒤 월에 보복했다."

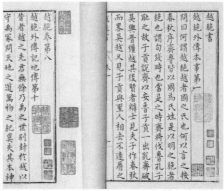

● (왼쪽) 월왕 윤상의 무덤으로 추정되는 절강성 소흥 인산대묘의 독특한 내부 구조.
● (오른쪽)《월절서》의 청나라 판본.

　월왕은 범려에게 "그대 말을 듣지 않은 까닭에 이 지경에 이르렀으니 어찌하면 되겠소?"라고 했다. 범려는 "가득 찬 것이 지속되려면 하늘이 도와야 하고, 기운 것을 바로 세우려면 사람이 도와야 하며, 절제할 수 있으려면 땅이 도와야 합니다.[5] 자신을 낮추는 말과 넉넉한 예물을 그쪽에 보내십시오. 허락하지 않으면 몸이라도 아끼지 말아야 합니다"라고 말했다. 구천이 "좋소"라 하고는 바로 대부 문종文種에게 오로 가서 일을 성사시키게

5　지만자여천持滿者與天, 정경자여인定傾者與人, 절사자이지節事者以地. 이 부분은《월절서越絶書》에 비슷한 대목이 보인다. 범려는 이 대목을 참조하되 원래 뜻과는 다소 다르게 인용하고 있을 뿐이다.《월절서》는 춘추 말에서 전국 초기에 이르는 '오월쟁패'의 역사적 사실을 큰 줄거리로 하여 위로는 하우, 아래로는 양한 시대에 이르는 열국의 정치, 군사, 천문, 지리, 역법, 언어 등을 언급하여 '지방지의 비조'로 불리는 문헌이다.

했다. (문종이) 무릎으로 기어 머리를 조아리며 "군왕의 망한 신하 구천이 심부름꾼 신 문종을 보내 여러분들께 '구천은 신하가 되고 처는 첩이 되길 청합니다'라고 감히 아뢰라고 했습니다"라 했다. 오왕이 이를 허락하려 하자 오자서伍子胥가 오왕에게 "하늘이 월을 오에게 주시려는데 허락해서는 안 됩니다"라고 했다.

문종이 돌아와 구천에게 보고하자 구천은 처자식을 죽이고 보물을 불태워 죽음으로 맞서 싸우려 했다. 문종이 구천을 말리며 "보아하니 오의 태재太宰[6] 백비伯嚭가 탐욕스러워 이익으로 그를 유혹할 수 있으니 몰래 가서 이를 알리도록 하십시오"라고 했다. 이에 문종을 시켜 미녀와 보물을 몰래 오 태재 백비에게 바쳤다. 백비가 이를 받고는 바로 대부 문종을 오왕에게 보였다. 문종이 머리를 조아리며 "대왕께 원하옵건대 구천의 죄를 용서하시고 그의 보물을 다 거두어주시기 바랍니다. 불행하게도 용서하지 않으신다면 구천은 그 처자식을 다 죽이고 보물을 불태운 다음 5,000명을 모두 거두어 죽기로 싸울 것이니 (대왕께서도) 분명 상당한 대가를 치를 것입니다"라고 했다. 이에 백비가 오왕에게 "월이 항복하여 신하가 되었으니 용서하시면 나라에 이익이 될 것입니다"라고 했다. 오왕이 이를 받아들였다. 자서가 나서며 "지금 월을 멸망시키지 않으면 훗날 틀림없이 후회할 것입니다. 구천은 현명한 국군이고 문종과 범려는 좋은 신하들입니다. 저들 나라로 돌려보내면 장차 난이 일어날 것입니다"라고 직언했다. 오왕은 듣지 않고 끝내 월을 용서하고 군대를 철수시켜 돌아갔다.

구천이 회계산에서 포위당했을 때 "내가 여기서 끝나는 것인가?"라며

---

6 태재는 관직 명칭으로 후대의 재상 또는 승상에 해당하는 자리이다.

탄식했다. 문종이 "탕湯은 하대夏臺에, 문왕文王은 유리羑里에 갇혔었습니다. 중이重耳는 적翟으로, 소백小白은 거莒로 달아났었습니다. 그러나 끝내는 왕이 되었습니다. 이렇게 볼 때 (지금 상황이) 복이 되지 않는다고 할 수 있겠습니까?'라고 했다.

오가 월을 용서하자 월왕 구천은 자기 나라로 돌아와서는 몸과 마음을 고통스럽게 했는데, 자리에 곰쓸개를 두고 앉으나 누우나 쓸개를 올려다보았고, 음식을 먹을 때도 쓸개를 맛보았다.[7] 그러면서 "네가 회계의 치욕을 잊었는가?'라며 스스로에게 물었다. 몸소 농사를 짓고 부인은 옷감을 짰다. 음식에 고기를 더하지 않았고, 색깔 있는 옷을 입지 않았다. 체면을 내려놓고 유능한 인재를 우대하고, 빈객을 후하게 접대하고, 가난한 사람을 돕고, 죽은 자를 조문하면서 백성들과 수고를 함께했다.[8] 범려에게 국정을 맡기려 하자 범려는 "군대 일이라면 문종이 범려만 못합니다만 나라를 단단히 어루만지고 백성을 따르게 하는 일이라면 범려가 문종만 못합니다'라고 했다. 이에 국정을 대부 문종에게 맡기고 범려와 대부 자계柘稽를 보내 담판을 짓고 오에 인질로 남게 했다.

2년 뒤 오는 범려를 돌려보냈다.

구천이 회계에서 돌아온 지 7년(기원전 487년) 군대와 백성을 잘 다독거려서 오에 보복하는 데 쓰려고 했다. 대부 봉동逢同이 "나라가 얼마 전에 망했

---

7 〈월왕구천세가〉의 기본 참고문헌인 《좌전》과 《국어》에 이 대목은 보이지 않고 《월절서》에 비슷한 구절이 있어 사마천이 이를 참고한 것이 아닌가 한다. 이 대목은 훗날 '와신상담臥薪嘗膽'이란 고사의 출처가 되었다.

8 식불가육食不加肉, 의불중채衣不重采, 절절하현인折節下賢人, 후우빈객厚遇賓客, 진빈조사振貧弔死. 구천이 재기를 위해 취한 노력을 나타낸 구절이다. 뒤 이어 나오는 '두 가지 이상 맛있는 음식을 먹지 않다'는 '식불중미食不重味'와 같은 맥락이다. 〈오태백세가〉에도 같은 표현들이 보인다.

다가 이제 조금 넉넉해지려고 합니다. 군비를 정비하고 무기를 가다듬으면 오가 두려워할 것이 뻔하고, 두려워하면 어려움이 닥치기 마련입니다. 무릇 매나 수리가 공격하려 할 때는 그 모습을 숨기는 법입니다. 지금 오는 제齊, 진晉에 병력을 더 보내고 있고, 초와 월은 한이 깊습니다. 명성이 천하에 높지만 실제로는 주 왕실에 해가 되고 있습니다. 덕은 적고 공은 많으니 분명 자기 멋대로 교만하게 굴 것입니다. 월을 위한 계책으로 말하자면 제와 결탁하고, 초와 친하게 지내고, 진晉에 의지하고, 오를 강하게 만드는 것이 최선입니다. 오의 야심이 커지면 싸움을 우습게 볼 것이 분명합니다. 이럴 때 우리는 주도권을 쥐고 세 나라와 함께 오를 정벌하고, 우리 월은 오의 지친 틈을 이용하면 이길 수 있습니다"라고 직간했다. 구천이 "좋소!"라고 했다.

2년이 지나자(기원전 485년) 오왕이 제를 정벌하려 했다. 오자서가 "안 됩니다. 신이 듣기에 구천은 두 가지 이상 맛있는 음식을 먹지 않고 백성과 더불어 고락을 같이한답니다. 이 자가 죽지 않으면 틀림없이 우리나라의 근심이 됩니다. 오에게 월은 뱃속의 질병[9]이지만 제는 오에게 부스럼 정도입니다. 바라옵건대 왕께서는 제는 놔두시고 월을 우선시하십시오"라고 간언했다. 오왕이 듣지 않고 기어코 제를 정벌하여 애릉艾陵에서 (제를) 패배시키고 고高(고무비高無丕)와 국國(국서國書)을 포로로 잡아 돌아와서는 오자서를 나무랐다. 오자서가 "왕께서는 기뻐할 것 없습니다"라고 하자 왕이 노했다. 오자서가 자살하려고 하자 왕이 이를 알고는 말렸다.

---

9 복심지질腹心之疾이라는 성어가 여기서 유래했다. 후환이 될 대상, 주로 적대관계에 있는 상대를 가리키는 표현이다.

● 절강성 소흥紹興 월왕 대 유적에 있는 구천의 '상 담嘗膽'을 묘사한 그림.

한편 월의 대부 문종은 "신이 보아하니 오왕의 정치가 교만합니다. 시험삼아 양식을 빌려달라고 하고 그 일이 어찌되는지 예측해보시기 바랍니다"라고 했다. 식량을 빌려달라고 청하자 오왕은 주려고 하는데 오자서가 주지 말라고 했다. 오왕이 끝내 빌려주었고, 월은 은근히 기뻐했다. 자서는 "왕이 내 말을 듣지 않는구나. 3년 뒤면 오의 땅이 폐허가 되겠구나!"라고 했다. 태재 백비가 이를 듣고는 오자서와 월에 대해 여러 차례 논쟁을 벌이면서 오자서를 두고 "오원(오자서)이 보기는 충성스럽지만 실은 잔인한 사람입니다. 그 아버지와 형님도 돌보지 않았는데 어찌 왕을 돌보겠습니까? 왕께서 전에 제를 치려고 하셨을 때 오원이 강력하게 말렸지요. 공을 세웠는데도 이 때문에 오히려 왕을 원망했습니다. 왕께서 오원에 대해

● 오자서의 시신이 버려진 것으로 전하는 전당강.

대비하지 않으면 오원은 반드시 난을 일으킬 것입니다"라고 모함했다. 그러고는 봉동과 함께 모의하여 왕에게 오자서를 모함했다. 당초 오왕은 이말에 동조하지 않고 오자서를 제에 사신으로 보냈다. 오자서가 제에 가서 그 아들을 포씨鮑氏에게 맡겼다는 이야기를 듣고는 왕이 "오원이 정말 과인을 속였구나!"라며 크게 노했다. (제나라 정벌에서) 돌아와서는 사람을 시켜 오자서에게 촉루검屬鏤劍[10]을 주면서 자살하게 했다. 오자서가 크게 웃으며 "내가 네 아비를 패주로 만들었고, 내가 또 너를 세웠다. 네가 당초 오나라를 반으로 나누어 내게 주겠다고 했지만 나는 받지 않았다. 그런데 지금 네가 오히려 모함의 말을 듣고 나를 죽이는구나. 오호라, 오호라! 혼자

---

10 대체로 검의 이름으로 알려져 있다. 하북성 탁군涿郡의 독록獨鹿이란 산 이름에서 따온 것이라는 설도 있다. 그런데 《회남자淮南子》(범론훈氾論訓)에는 "대부 문종은 그 몸이 촉루에 엎어져 죽었다"라는 대목이 보이는데, 여기서는 촉루를 검으로 보지 않는 설도 있다.

서는 오래 갈 수 없을 것이다!"라 하고는 사신에게 "반드시 내 눈알을 파내 오나라 동문에 걸어[11] 월나라 군대가 쳐들어오는 것을 보게 하라!"는 말을 전하게 했다. 그리하여 오왕은 백비에게 정권을 맡겼다.

3년이 지나자(기원전 483년) 구천은 범려를 불러 "오가 이미 오자서를 죽였고, 지금 그 주위에는 모두 아부만 일삼는 자들뿐이니 (공격하면) 되겠소?"라고 물었다. (범려가) "안 됩니다"라고 대답했다.

3
오월쟁패 2막, 오의 멸망과 구천의 패권
◉

이듬해(기원전 482년) 봄이 되자 오왕은 북쪽 황지黃池에서 제후와 회맹했다.[12] 오나라의 정예병은 왕을 따라 나섰고 오로지 노약자와 태자만 남아 지키고 있었다. 구천이 범려에게 다시 묻자 범려는 "가능하겠습니다"라고 했다. 이에 물에 익숙한 2천, 훈련을 제대로 받은 4만, 뜻이 굳센 군자君子 6천, 근위 시종 1천을 선발하여 오를 정벌하여 오의 군대를 물리치고 마침내 오의 태자를 죽였다.

오는 왕에게 급히 알렸다. 그때 오왕은 황지에서 제후들과 회맹 중이었

---

11 〈오자서열전〉에도 비슷한 구절이 보인다. 오자서가 자결하기에 앞서 남긴 저주의 말로 유명하다. 흔히 '결목현문抉目懸門(눈알을 도려내어 문에 걸다)', 줄여서 '결목抉目' 또는 '결안抉眼'이라고 한다.
12 황지 회맹은 기원전 482년에 열렸다. 이 자리에는 오왕 부차를 비롯하여 노魯 애공哀公, 진晉 정공定公 및 주 천자를 대리하여 단평공單平公이 참가했다. 이 회맹에서 부차는 진 정공과 맹주 자리를 다투었는데 자세한 상황은 《좌전》(애공 13년 조)에 기록되어 있다. 황지는 송나라의 읍으로 지금의 하남성 봉구현封丘縣 서남쪽이다.

는데, 천하가 이 일을 알까 두려워 비밀에 부쳤다. 오왕이 황지 회맹을 마치고는 바로 사람을 보내 후한 예물로 월에 강화를 요청했다. 월은 아직 오를 멸망시킬 능력이 없음을 스스로 헤아려서 오와 화평을 맺었다.

그 뒤로 4년(기원전 478년) 후, 월이 다시 오를 정벌하러 나섰다. 오의 군사와 인민은 이미 지친 상태였다. 정예병이 모두 제와 진晉에서 죽었기 때문이었다. 이에 월은 오를 대파하고 3년 동안 포위했다. 오의 군대는 패했고, 월은 마침내 고소산姑蘇山으로 오왕을 몰아넣었다.

오왕의 사신 대부 공손웅公孫雄은 웃통을 벗고 무릎으로 기어서[13] 월왕에게로 다가가 강화를 요청하며 "오갈 데 없는 신 부차가 감히 속마음을 털어놓습니다. 지난날 회계에서 죄를 지었을 때 이 부차는 감히 명을 어기지 못하고 왕의 강화 요청을 받아들여 귀국하도록 했습니다. 지금 왕께서 몸소 옥체를 움직여 신을 토벌하시니 신은 명을 받들 뿐입니다. 회계에서 그랬던 것처럼 신의 죄를 용서하실 수 있는지요?"라고 했다.

구천은 차마 모질지 못해 받아들이려 했다. 범려가 "회계의 사건은 하늘이 월을 오에 준 것인데 오가 취하지 않았습니다. 지금은 오를 월에 주려는 것인데 월이 어찌 하늘을 거스를 수 있겠습니까? 그리고 왕께서 아침 일찍 조회를 하고 저녁 늦게 파한 것은 오를 (도모하기) 위한 것이 아니었습니까? 22년을 계획했는데 하루아침에 버리다니 될 말입니까? 하늘이 주시는데도 받지 않으면 오히려 그 화를 받는다[14]고 했습니다. '나무를 베어 도

---

13 누군가에게 죄를 인정하고 용서를 구할 때 하는 행동을 가리키는 성어 '육단슬행肉袒膝行'이 여기서 유래했다. 〈염파인상여열전〉에서 염파가 인상여에게 사과하면서 '가시나무를 짊어지고 죄를 청하는' 부형청죄負荊請罪'로 사과했는데, 이때 염파도 웃통을 벗었다. 그래서 '육단부형肉袒負荊' 또는 '육단청죄肉袒請罪'라고도 한다.

끼자루를 만들려면 그 본이 멀지 않거늘'[15]이라는 (《시경》의) 구절이 있듯이 왕께서 회계의 재앙을 잊으신 것은 아니겠지요?"라고 했다.

구천은 "내가 그대의 말을 따르고 싶지만 사신에게는 차마 그렇게 할 수 없소이다"라 했다. 그러자 범려는 북을 울려 군대를 진격시키면서 "왕께서 이미 이 일을 내게 맡겼으니 사신은 돌아가시오. 그렇지 않으면 죄를 받게 될 것이오!"라고 했다.

오의 사신은 눈물을 흘리며 돌아갔다.

구천이 가엾게 여겨 곧 사람을 보내 오왕에게 "내가 왕을 용동甬東으로 보내 100가의 우두머리가 되도록 하겠소"라고 했다. 오왕이 "내가 이미 늙어서 군왕을 섬길 수 없겠습니다"라며 사양하고는 드디어 자살했다. 그때 그 얼굴을 가리게 하면서 "내가 오자서를 볼 낯이 없다[16]!"라고 했다. 월왕은 바로 오왕을 장사 지내고 태재 백비를 죽였다.

구천이 오를 평정하고 바로 병사를 거느리고 북으로 회하淮河를 건너 제후 제·진晉과 서주徐州에서 회맹하고 주에 조공을 바쳤다. 주周 원왕周元은 사람을 시켜 구천에게 제사 지낸 고기를 내리고 백伯에 임명했다. 구천은 철수하여 회하 남쪽을 건너 회하 위쪽 땅을 초에 주고, 침탈한 송의 땅을 돌려주고, 노에게는 사수泗水 동쪽 사방 100리 땅을 주었다. 당시 월의 군대가 장강과 회하 동쪽을 주름잡으니 제후들이 모두 축하를 드리며 패왕覇王

---

14 이 대목은 《일주서逸周書》에 나오는데 당시의 속담이나 격언으로 보인다.
15 이 대목은 《시경》(빈풍豳風)의 '벌가벌가伐柯伐柯, 기즉불원其則不遠'에서 나왔다.
16 무면無面. 부차가 죽기에 앞서 오자서의 충고를 듣지 않은 것을 후회하면서 죽어서 오자서를 볼 낯이 없다고 말한 데서 비롯된 단어이다. '면목이 없다'는 '무면목無面目'으로도 많이 쓴다. 원전은 《국어》(오어 편)이고 〈오자서열전〉에도 같은 내용이 보인다.

● 절강성 소홍에 남아 있는 문종의 무덤.

이라고 칭했다.

범려는 (월나라를) 떠나 제나라에서 문종에게 편지를 보내 "날던 새가 다 잡히면 좋은 활은 감추고, 약은 토끼가 죽으면 사냥개는 삶기는 법[17]이오. 월왕은 목은 길고 입은 뾰족하여 근심과 어려움은 함께할 수 있어도 즐거움은 함께할 수 없는 사람이오. 그대는 어째서 떠나지 않소?"라고 했다.

문종이 편지를 보고는 병을 핑계로 조정에 들어가지 않았다. 누군가 문종이 난을 일으키려 한다고 중상하자 구천은 문종에게 바로 검을 내리며

---

17 저 유명한 '토사구팽兎死狗烹'이란 사자성어의 출전인데 이와 유사한 성어는 《사기》 외에 《한비자韓非子》《삼략三略》《문자文子》《회남자淮南子》 등에 보이고 《사기》에서는 〈회음후열전〉에 괴통과 한신의 말로 인용되고 있다. 이로 볼 때 이 성어는 범려 이전부터 세간에서 널리 유행하던 속담 내지 격언으로 보인다.

"그대가 과인에게 오를 정벌할 일곱 개의 방법[18]을 가르쳐주었다. 과인은 그중 세 가지만 사용하여 오를 물리쳤다. 나머지 넷은 그대에게 있으니 그대는 나를 위해 선왕을 따라가서 그것을 시험하도록 하라"라고 했다. 문종이 마침내 자살했다.

구천이 죽자 아들 석여鼫與가 왕으로 섰다. 석여가 죽자 아들 불수不壽가 왕이 되었다. 불수가 죽자 아들 옹翁이, 옹이 죽자 그의 아들 예瞖가, 예가 죽자 아들 지후之侯가, 지후가 죽자 아들 무강無彊이 왕이 되었다.

4
무강 이후 월의 역사와 멸망
●

왕 무강 때 월나라는 군사를 일으켜 북으로 제를, 서로 초를 정벌하며 중국과 힘을 다투었다.

초 위왕威王 때 월이 북으로 제를 정벌하려 하자 제 위왕威王[19]이 사신을 보내 월왕에게 "월이 초를 정벌하지 않으면 크게는 왕이 될 수 없고 작게는 패주가 될 수 없습니다. 월이 초를 정벌하지 않는 까닭은 진晉, 즉 한韓과 위魏의 도움을 얻지 못해서입니다. 한과 위는 본래 초를 공격하지 못합니다. 한이 초를 공격했다간 그 군대가 무너지고 그 장수가 죽으니 엽葉과 양책陽翟이 위험해집니다. 위 역시 그 군대가 무너지고 장수가 죽으니 진陳과 상채上蔡가 불안해집니다. 그래서 한과 위가 월과 친하려는 것입니

---

18 칠술七術. 오나라를 정벌할 일곱 가지의 방법. 《월절서》와 《오월춘추》에는 '나라를 취하는 아홉 가지 술책(취국구술取國九術)'으로 기록되어 약간 차이를 보인다.
19 양콴楊寬은 위왕이 아니라 선왕宣王으로 본다. 선왕은 위왕의 아들이다.

다. 군이 무너지고 장수가 죽지 않으려고 그런 것이지 (월을 위하여) 힘을 쓰지는 않을 것입니다. 이런데도 어째서 한과 위를 중시하는 것입니까?"라고 유세했다. 월왕은 "한과 위에 바라는 것은 나가 군대로 싸우라는 것도 아닌데 하물며 성을 공격하고 읍을 포위하라는 것이겠는가? 위가 대량大梁 아래로 군대를 모으고, 제가 남양南陽과 거莒 땅에서 군을 훈련시켜 상常과 담郯의 경계에 집합시키는 것을 원할 뿐이다. 이렇게 되면 (초가) 방성方城을 넘어 남쪽으로 내려오지 못하고, 회하와 사수 사이에서 동쪽으로 진격하지 못하며, 상商·오於·석析·역酈·종호宗胡의 땅과 하로夏路 서쪽 일대는 진秦을 방비하기에 부족하고, 강남과 사수에서는 월을 상대하기 부족할 것이다. 이렇게 되면 제·진·한·위는 초에서 자신의 뜻을 얻을 수 있게 되고, 한과 위는 싸우지 않고도 땅을 나눠 가질 수 있고, 농사를 짓지 않고도 수확할 수 있게 된다. 이렇게 하지 않는다면 황하黃河와 효산崤山 사이에서 병력을 소모하여 제와 진의 부림을 당할 것이다. (한과 위가) 하는 짓이 이렇게 실책을 범하고 있는데 이걸로 어찌 왕이 될 수 있겠는가?"라 했다.

제의 사신은 "월이 망하지 않은 것이 행운입니다! 저는 그런 식으로 보는 지혜라면 인정할 수 없습니다. 눈은 터럭까지 보면서도 자기 속눈썹은 못 봅니다.[20] 지금 왕께서 한과 위의 실책을 알면서도 월에 대한 자신의 잘못을 알지 못하는 것, 이것이 (방금 말씀드린) '눈이 사물을 보는 이치', 즉 '목론目論'[21]이라는 것입니다. 왕께서 한과 위를 대하는 것은 힘을 다하게

---

20 견호모이불견기첩見毫毛而不見其睫. 옛사람들은 흔히 눈의 이런 특징을 활용하여 남의 문제는 잘 살피면서 정작 자신의 결점은 보지 못하는 것을 비유하곤 했다. 《한비자》(유로 편)에 보면 "100보 밖은 볼 수 있으면서 그 속눈썹은 보지 못한다"는 대목이 나온다.
21 위의 '견호모이불견기첩'을 가리켜 '목론'이라 했는데, 눈의 기능을 가리킨다.

하는 것도 아니고 군을 합쳐 동맹하자는 것도 아닌, 그저 초의 병력을 분산시켜달라는 정도입니다. 초의 병력이 이미 흩어졌는데 한과 위에 무엇을 더 바란단 말입니까?"라고 했다.

월왕이 "어찌하면 되는가?"라고 물었다. 대답하기를 "초의 세 대부가 군을 아홉 길로 나누어 북으로는 곡옥曲沃과 오중於中을 포위하여 남으로 곧장 무가관無假關까지 이르니 전선이 장장 3,700리에 이릅니다. 그리고 경취景翠가 통솔하는 군대는 북으로 노魯, 제 및 (한의) 남양 일대에 주둔하고 있습니다. (병력의) 분산으로 말하자면 이보다 더 크게 분산된 적이 있습니까? 또 왕께서 바라는 것은 한·위가 초와 싸우는 것입니다. 한·위가 초와 싸우지 않으면 월의 군대를 일으키지 않겠다는 것인데, 이는 5가 두 개 있는 것만 알고 10이 하나 있다는 것은 모르는 것입니다. 바로 지금 이때 초를 공격하지 않겠다고 하시기 때문에 신이 크게는 왕이 될 수 없고 작게는 패주도 될 수 없다는 것을 알 수 있는 것입니다. 또 수讎, 방龐, 장사長沙는 초의 식량 생산지이고 경택릉竟澤陵은 초의 목재가 많이 나는 곳입니다. 월이 군대를 내보내 무가관을 차지하기만 하면 이 네 지역은 더 이상 수도 영郢으로 공물을 보낼 수 없게 됩니다. 신이 듣기에 왕이 되려다 왕이 되지 못하면 적어도 패주는 되지만, 패주도 못 된다는 것은 왕도를 잃었다는 것입니다. 그러니 원하옵건대 대왕께서는 초를 공격하는 쪽으로 마음을 바꾸십시오"라고 했다.

이에 월은 제를 포기하고 초를 정벌했다. 초 위왕은 군대를 일으켜 월을 쳐서 대파하고 왕 무강을 죽인 다음 오 땅에서 절강浙江에 이르는 곳을 모두 취했다. 북으로는 서주에서 제를 격파했다. 그리고 월은 이 때문에 왕족의 자제들이 자리를 다투니 어떤 자는 왕으로, 어떤 자는 군으로 자청하면서 강남 바닷가에 흩어져 초에 복속했다.

이후 7세가 지나 민군閩君 요搖[22]에 이르러서는 제후를 도와 진秦을 평정하려 했다. 한 고제(高帝, 유방)가 다시 요를 월왕으로 삼아 월의 뒤를 잇도록 했다. 동월東越과 민군閩君이 모두 그 후예들이다.

5
범려
●

범려는 월왕 구천을 모시면서 고생하며 온 힘을 다했다. 구천과 20년 넘게 깊이 고민하여[23] 마침내 오를 멸망시키고 회계에서의 치욕을 갚았다. 회수 이북으로 군대를 출병시켜 제와 진을 압도함으로써 중국을 호령하고 주 왕실을 높였다. 구천은 이로써 패주가 되고 범려는 상장군으로 불렸다.

귀국한 뒤 범려는 큰 명성 아래서는 오래 머무를 수 없고,[24] 구천이란 사람이 근심은 함께할 수 있어도 편안함을 함께하기 어렵다[25]고 판단하여 구천에게 다음과 같은 사직서를 썼다.

"신이 듣기에 왕께 근심이 있으면 신하는 수고를 다하고, 주군이 치욕을

---

22 왕 무강 이후 월나라는 사실상 멸망했다. 그 뒤 7세가 지나 민군 요가 고조高祖 유방에 의해 월왕에 봉해져 월의 제사를 잇기는 했으나 그 뒤 사적은 기록에 보이지 않는다.
23 월나라의 재기를 위해 취했던 '십년생취十年生聚, 십년교훈十年教訓'을 가리키는 것으로 보인다. 물론 이전 구천과 함께 오왕 부차를 시중들었던 3년이란 기간도 포함되어 있을 것이다.
24 대명지하大名之下, 난이구거難以久居. 범려의 사상을 대변하는 대목으로 뒤에 나오는 '구수존명久受尊名, 불상不祥'과 일맥상통한다.
25 가여동환可與同患, 난여처안難與處安. 범려가 구천의 인간적 속성을 간파하고 사직서를 내기에 앞서 이렇게 판단했다.

당하면 신하는 죽는다[26]고 했습니다. 과거 군왕께서 회계에서 치욕을 당하셨음에도 죽지 않은 것은 이 일을 위해서였습니다. 지금 설욕을 했으니 신은 회계의 치욕에 대한 죽음을 청하옵니다."

구천은 "내가 나라를 나누어 그대에게 주겠소. 그렇게 하지 않으면 그대에게 벌을 주겠소"라고 했다. 범려는 "군주는 명령을 집행하고 신하는 뜻을 실행합니다"[27]라 하고는 가벼운 패물 등을 챙겨 식구, 노복들과 함께 배를 타고 바다로 나가서 끝내 돌아오지 않았다. 이에 구천은 회계산을 범려의 봉읍으로 삼아 기념했다.

범려는 바닷길로 제에 도착해서는 성과 이름을 바꾸어 스스로를 '치이자피鴟夷子皮'[28]라 했다. 해변에서 힘들게 온 힘을 다해 농사를 지었는데 아들과 함께 생산에 종사하여 얼마 되지 않아 수십 만의 재산을 모았다. 제 사람들이 범려의 유능함을 알고는 재상감으로 여겼다. 범려는 "집에서는 천금의 재산을 이루고 벼슬로는 경상에까지 이르렀으니, 이는 보통 사람으로는 갈 데까지 간 것이다. 존귀한 명성을 오래 갖고 있으면 상서롭지 못하

---

26 주우신로主憂臣勞, 주욕신사主辱臣死. 범려가 구천에게 올린 사직서의 한 대목인데 당시의 속어로 추정된다. 〈범수열전〉에는 '군주에게 근심이 있으면 신하는 욕을 당하고 군주가 욕을 당하면 신하는 죽는다'로 되어 있고, 〈한안국열전〉에도 뒤의 구절 '주욕신사'가 인용되고 있다.
27 군행령君行令, 신행의臣行意. 구천이 범려의 사직을 말리자 범려는 이 같은 말로 자신의 뜻을 굽히지 않았다. 구천과 범려의 이 대화는 《국어》〈월어 하〉의 기록과 기본적으로 같다.
28 범려가 월나라를 떠나면서 스스로 지은 이름이다. 《사기색은》 등에 따르면 오왕 부차가 오자서를 자결하게 한 다음 '치이', 즉 가죽자루에 시신을 담아 전당강錢塘江에 던졌는데, 범려는 자신에게도 잘못이 있다고 생각하여 이런 이름을 지었다는 것이다. 다른 견해로는 가죽자루가 자유자재로 늘었다 줄었다 할 수 있기 때문에 범려의 처신과 비슷하여 이런 이름을 지었다고 한다. 전목錢穆은 아예 이런 사실 자체를 부정했다. 범려와 오자서는 생전에 서로 적으로서 싸웠지만 서로의 능력을 인정했다. 이런 점에서 본다면 범려는 월나라를 떠나면서 오자서를 생각하여 이런 별명을 지었을 가능성을 배제할 수는 없을 것 같다. 오자서에 대한 오마주인 셈이다.

다"[29]라고 탄식하고는 곧 재상의 도장을 돌려보내고 재물을 다 나누어 친구와 마을 사람들에게 나눠주었다. 그리고 귀한 보물만 가지고 몰래 떠났다.

도陶라는 곳에 와보니 천하의 중심이자 교역의 통로로 장사를 하면 치부할 수 있을 것 같았다. 그래서 자칭 '도주공陶朱公'[30]으로 칭하고 다시 아들과 함께 농사와 목축을 하며 물건을 사두었다가 때를 기다려 다시 팔되 1할의 이윤을 남겼다. 오래지 않아 억만의 재산을 모으니 천하가 도주공을 칭송했다.

도주공이 도에 살면서 막내아들을 낳았다. 막내아들이 장성할 무렵 도주공의 둘째 아들이 사람을 죽여 초의 감옥에 갇혔다. 도주공이 "사람을 죽였으니 죽는 것이 도리에 맞다. 그러나 내가 듣자 하니 천금을 가진 집의 자식은 저자거리에서 죽지 않는다"[31]고 한다"라 하고는 막내아들에게 가서 (형을) 보게 했다. 황금 천 일鎰[32]을 마대자루에 넣어 소가 끄는 마차에 실어 가져가게 했다. 막내아들을 막 보내려는데 도주공의 큰아들이 한사코 자신이 가겠다고 나섰다. 도주공은 받아들이지 않았다. 장남은 "집안의 장남을 일컬어 집안일을 돌본다 해서 '가독家督'이라 합니다. 지금 동생

---

29 구수존명久受尊名, 불상不祥. 대명지하大名之下, 난이구거難以久居와 일맥상통한다.

30 범려는 제나라를 떠나 도陶에 정착하면서 또 한 번 이름을 바꿔 '도주공'이라 했다. 《전국책》(진책)에 보면 채택蔡澤이 범려를 '도주군陶朱君'으로 부르고 있다. 여기에 《국어》에 범려가 배를 타고 오호五湖로 떠난 뒤로 그 최후를 알 수 없다고 기록한 것 등을 합쳐보면 범려에 대한 신비감이 더해졌다고 할 수 있다.

31 천금지자千金之子, 불사우시不死于市. 이 대목 역시 항간의 속담 내지 격언으로 보인다. 〈화식열전〉에서 나오는 구절로 잘못 알고 있는 경우가 많다. 여기서 '저자'라 한 것은 고대 사람에게 형벌을 내릴 때 저자에서 시행했기 때문이다. 이를 '기시棄市'라 했는데, 저자거리 사람들에게 보인다는 뜻이다.

32 일鎰과 같은 뜻을 가진 단위로 1일은 20냥 또는 24냥이다.

● (왼쪽) 배를 타고 월을 떠나는 범려.
● (오른쪽) 범려가 정착한 도陶는 지금의 산동성 정도현定陶縣이다. 사진은 정도에 조성되어 있는 도주공 범려의 석상.

이 죄를 지었는데 아버님께서 저를 보내지 않고 막내를 보내는 것은 제가 불초해서입니다"라며 자살하려고 했다. 그 어머니도 "지금 막내를 보낸다고 해서 둘째를 꼭 살릴 수 있는 것도 아닌 데다, 그보다 앞서 큰아들을 잃게 생겼으니 어찌 합니까?"라고 했다. 도주공이 하는 수 없이 큰아들을 보내면서 편지 한 통을 써서 오랜 친구인 장생莊生에게 주라 하고는 "도착하면 바로 장생에게 천금을 드리고 그가 하는 말을 잘 듣되 이 일을 놓고 다투는 일이 없도록 조심하거라!"라고 했다. 큰아들은 떠나면서 자기도 개인

◉ (위) 절강성 제기에 남아 있는 범려 사당.

◉ (아래) 산동성 정도현에 남아 있는 범려의 무덤.

적으로 수백 금을 챙겼다.

초에 도착했다. 장생의 집은 성 근처였는데 잡초가 집 주위로 잔뜩 자라고 있었고 집안이 몹시 가난했다. 큰아들은 편지와 천금을 건넸다. 장생은 "여기 머무르지 말고 빨리 가거라. 또 동생이 (감옥에서) 나오거든 그 자초지종을 묻지 말도록 하라"고 했다. 큰아들은 장생의 집에서 떠나 다시 장생 집에 가지 않고 몰래 머무르면서 자기가 가져간 황금을 초나라 권력자에게 바쳤다.

장생은 누추한 곳에 살고 있지만 청렴하고 강직한 것이 나라에 알려져 초나라 왕 이하 모두가 그를 스승처럼 존중하는 인물이었다. 도주공이 금을 보내오자 그것을 받으려는 뜻이 아니라 일이 이루어진 뒤 다시 돌려주어 신의를 보이려 했다. 그래서 금을 받자 부인에게 "이건 도주공의 금이요. 갑자기 병이 나서 미리 알리지 못한 것이나 마찬가지이고 나중에 다시 돌려줄 것이니 건드리지 마시오"라고 했다. 도주공의 큰아들은 장생의 생각을 모르고 그에게 별다른 방법이 없는 것으로 여겼다.

장생은 틈을 봐서 (궁으로) 들어가 초왕을 만나 "어떤 별이 어떤 곳으로 이동했는데 이는 초나라에 해가 됩니다"라고 했다. 왕이 평소 장생을 믿기에 "그럼 어떻게 하면 되겠소?"라고 했다. 장생이 "오직 덕을 베푸셔야만 이를 제거할 수 있습니다"라 했다. 초왕이 "선생께서는 돌아가 편히 계십시오. 과인이 그렇게 하겠습니다"라고 했다. 왕이 곧 사신을 시켜 금, 은, 동 삼전三錢의 창고를 봉쇄했다.[33] (큰아들에게 뇌물을 받은) 초나라 권력자는 깜짝 놀라 도주공의 큰아들에게 "왕이 사면령을 내릴 것입니다"라고 하니 "어찌 그렇게 되었습니까?"라고 물었다. "왕께서 사면령을 내리실 때면 늘 삼전의 창고를 봉쇄하시는데 엊저녁 사람을 시켜 봉쇄했습니다"라고 했다.

도주공의 큰아들은 사면이 내려지면 동생도 당연히 나올 텐데 천금을 장생에게 주어봤자 소용이 없다고 생각했다. 그래서 다시 장생을 찾아갔다. 장생이 놀라며 "아직 안 갔는가?"라고 했다. 큰아들이 "아직 안 갔습니다. 당초 동생 일로 왔는데 지금 사면이 논의되고 있다 해서 선생께 인사를 드리고 가려 합니다"라고 했다. 장생은 그가 황금을 다시 가져가고 싶어 한다는 것을 알고는 "자네, 방에 들어가 황금을 가져가게나"라고 했다. 큰아들은 곧장 방으로 들어가 황금을 가지고 떠나면서 혼자 좋아 어쩔 줄 몰랐다.

장생이 도주공의 아들에게 모욕당한 것이 부끄러워 곧 들어가 초왕을 만나 "신이 일전에 별 이야기를 말씀드렸더니 왕께서는 덕을 베풀어 (하늘에) 보답하려 하셨습니다. 지금 신이 밖에 나가 길에서 하는 말을 들으니 부자 도주공의 아들이 사람을 죽여 초에 갇혀 있는데 그 집에서 금전을 많이 갖고 와서 왕의 측근에게 뇌물을 쓴다고 합니다. 그래서 왕께서 초나라를 아껴서가 아니라 도주공 아들 때문에 사면을 내리려 한다고 말입니다"라고 했다.

왕은 크게 노하며 "과인이 부덕하기로서니 어찌 도주공의 아들 때문에 은혜를 베푼단 말이오!"라 하고는 명을 내려 도주공의 아들을 죽였다. 그리고 그다음 날 사면령을 내렸다. 도주공의 큰아들은 결국 동생의 시신을 가지고 돌아갔다.

도착하니 그 어머니와 마을 사람들이 모두 슬퍼하는데 도주공 혼자만 웃으면서 "내가 동생을 죽게 할 줄 알았다! 저 녀석이 동생을 사랑하지 않

---

33 사면령을 내릴 즈음에는 창고에 도둑이 들까봐 사전에 봉쇄하곤 했다. 한나라 영제靈帝 때 하내河內의 장성張成이란 자가 사면령이 내릴 것이라는 것을 미리 알고는 아들을 시켜 사람을 죽이게 했는데, 체포된 지 7일 만에 사면령이 내려 풀려난 경우가 있었다.

아서가 아니라 뭔가를 차마 버리지 못하기 때문이다. 어릴 때부터 나와 함께 고생하고 생활의 곤란을 겪어서 재물을 쓸 줄 모른다. 막내 놈은 태어나면서 내가 잘사는 것을 보고 좋은 마차에 토끼 사냥이나 하고 다녔으니 그 재물이 어디서 오는 줄 모르기 때문에 가볍게 버리고 아까워하지 않는다. 일전에 내가 막내를 보내려 했던 것도 그놈은 재물을 버릴 수 있기 때문이었다. 그러나 큰놈은 그렇게 못하기 때문에 결국은 그 동생을 죽게 한 것이다. 사물의 이치가 참으로 이러하니 슬퍼할 것 없다. 내가 낮밤으로 둘째의 시신이 오길 기다렸노라"라고 했다.

범려는 세 번을 옮기고도 천하에 명성을 떨쳤다. 그러나 떠난 것만이 아니라 가는 곳마다 반드시 명성을 날렸다. 늙어 도에서 죽으니 세상에 '도주공'이라 전해온다.

6
사마천의 논평
◉

태사공은 이렇게 말한다.

"우禹의 공이 크구나! 아홉 개의 하천을 소통시키고 아홉 개의 주를 안정시키니, 지금까지 중원이 편안하도다. 후예 구천에 이르러 노심초사하며 끝내 강한 오를 멸망시키니 군대가 북으로는 중국에까지 이르러 주 왕실을 받들고 패왕으로 칭했다. 구천을 유능하다 하지 않을 수 있을까! 대개 우가 남긴 덕이 아니겠는가? 범려가 세 번을 옮기고도 모두 영예로운 이름을 얻어 후세에까지 남겼다. 신하와 군주가 이러했으니 드러나지 않을 수 있겠는가?"

정리의 기술

⦿ 〈월왕구천세가〉에 등장하는 명언·명구의 재발견

• 상담嘗膽 "자리에 곰쓸개를 두고 앉으나 누우나 쓸개를 올려다보았고, 음식을 먹을 때도 쓸개를 맛보았다." 〈월왕구천세가〉의 기본 참고문헌인 《좌전》과 《국어》에는 이 대목은 보이지 않는다. 《월절서》에 비슷한 구절이 있어 사마천이 이를 참고한 것이 아닌가 한다. 이 대목은 훗날 '와신상담臥薪嘗膽'이란 고사의 출처가 되었다.

• 취오안치오동문取吾眼置吳東門 "내 눈알을 파내 오나라 동문에 걸어라." 〈오자서열전〉에도 비슷한 구절이 보인다. 오자서가 자결하기에 앞서 남긴 저주의 말로 유명하다. 흔히 '결목현문抉目懸門(눈알을 도려내어 문에 걸다)', 줄여서 '결목抉目' 또는 '결안抉眼'이라고 한다.

• 육단슬행肉袒膝行 "웃통을 벗고 무릎으로 긴다." 누군가에게 죄를 인정하고 용서를 구할 때 하는 행동을 가리키는 성어이다. 〈염파인상여열전〉에서 염파가 인상여에게 사과하면서 '가시나무를 짊어지고 죄를 청하는' '부형청죄負荊請罪'로 사과

했는데, 이때 염파도 웃통을 벗었다. 그래서 '육단부형肉袒負荊' 또는 '육단청죄肉袒請罪'라고도 한다.

• 천여불취天與不取, 반수기구反授其咎 "하늘이 주시는데도 받지 않으면 오히려 그 화를 받는다." 이 대목은《일주서逸周書》에 나오는데 당시의 속담이나 격언으로 보인다.

• 벌가자기즉불원伐柯者其則不遠 "나무를 베어 도끼자루를 만들려면 그 본이 멀지 않거늘." 이 대목은《시경詩經》(빈풍豳風)의 '벌가벌가伐柯伐柯, 기즉불원其則不遠'에서 나왔다.

• 비조진량궁장飛鳥盡良弓藏, 교토사주구팽狡兎死走狗烹 "날던 새가 다 잡히면 좋은 활은 감추고, 약은 토끼가 죽으면 사냥개는 삶긴다." 저 유명한 '토사구팽兎死狗烹'이란 사자성어의 출전인데 이와 유사한 성어는《사기》외에《한비자韓非子》《삼략三略》《문자文子》《회남자淮南子》등에 보이고《사기》에서는〈회음후열전〉에 괴통과 한신의 말로 인용되고 있다. 이로 볼 때 이 성어는 범려 이전부터 세간에서 널리 유행하던 속담 내지 격언으로 보인다.

• 견호모이불견기첩見毫毛而不見其睫 "눈은 터럭까지 보면서도 자기 속눈썹은 못 본다." 옛 사람들은 흔히 눈의 이런 특징을 활용하여 남의 문제는 잘 살피면서 정작 자신의 결점은 보지 못하는 것을 비유하곤 했다.《한비자》(유로喩老편)에 보면 "100보 밖은 볼 수 있으면서 그 속눈썹은 보지 못한다"는 대목이 나온다.

• 대명지하大名之下, 난이구거難以久居 "큰 명성 아래서는 오래 머무를 수 없다." 범려의 사상을 대변하는 대목으로 뒤에 나오는 '구수존명久受尊名, 불상不祥'과 일맥상통한다.

• 가여동환可與同患, 난여처안難與處安 "근심은 함께할 수 있어도 편안함을 함께하기 어렵다." 범려가 구천의 인간적 속성을 간파하고 사직서를 내기에 앞서 이렇게 판단했다.

• 주우신로主憂臣勞, 주욕신사主辱臣死 "왕께 근심이 있으면 신하는 수고를 다하

고, 주군이 치욕을 당하면 신하는 죽는다." 범려가 구천에게 올린 사직서의 한 대목인데 당시의 속어로 추정된다. 〈범수열전〉에는 '군주에게 근심이 있으면 신하는 욕을 당하고, 군주가 욕을 당하면 신하는 죽는다'고 되어 있고, 〈한안국열전〉에도 뒤의 구절 '주욕신사'가 인용되고 있다.

- **군행령君行令, 신행의臣行意** "군주는 명령을 집행하고 신하는 뜻을 실행합니다." 구천이 범려의 사직을 말리자 범려는 이 같은 말로 자신의 뜻을 굽히지 않았다. 구천과 범려의 이 대화는 《국어》(월어 하)의 기록과 기본적으로 같다.

- **구수존명久受尊名, 불상不祥** "존귀한 명성을 오래 갖고 있으면 상서롭지 못하다." 위 '대명지하, 난이구거' 참고.

- **천금지자千金之子, 불사우시不死于市** "천금을 가진 집의 자식은 저잣거리에서 죽지 않는다." 이 대목 역시 항간의 속담 내지 격언으로 보인다. 〈화식열전〉에서 나오는 구절로 잘못 알고 있는 경우가 많다. 여기서 '저자'라 한 것은 고대 사람에게 형벌을 내릴 때 저자에서 시행했기 때문이다. 이를 '기시棄市'라 했는데, 저잣거리 사람들에게 보이는 것을 의미한다.

⊙ 〈월왕구천세가〉에 등장하는 인물 정보

이름	시대	내용	출전
구천(勾踐, 재위 약 496~464)	춘추 월	월왕으로 오왕 합려와 싸워 이겼으나 그 아들 부차에게 패한 뒤 와신상담 끝에 오를 멸망시켰다.	〈오태백세가〉 〈초세가〉
우禹	하	황하의 치수사업을 성공시켜 하나라 시조가 된다.	〈오제본기〉
제소강帝少康	하	6대 왕으로 침체된 하나라를 중흥시켜 '소강중흥'으로 불린다.	〈하본기〉
윤상(允常, 재위 ?~약 497)	춘추 월	월의 실질적 시조로 오와의 전투에서 부상당해 사망했다.	〈오태백세가〉
합려(闔廬, 재위 514~496)	춘추 오	제번의 맏아들로 오자서, 손무 등을 기용하여 오를 강국으로 만들었으나 구천에 패해 부상해 사망했다.	〈오태백세가〉 〈오자서열전〉
부차(夫差, 재위 495~473)	춘추 오	오왕으로 중원 진출과 천하 패권에 야망을 보였으나 월에 패하여 나라가 망하고 자결했다.	〈오태백세가〉 〈초세가〉 〈오자서열전〉
범려(范蠡, 약 536~448)	춘추 월	정치가, 군사가, 경제학자로 월왕 구천을 보좌하다 만년에는 장사꾼으로 크게 성공하여 '상성商聖'으로 불렸다.	〈화식열전〉
문종(文種, ?~472)	춘추 초·월	월왕 구천 때 대부를 지내며 범려와 함께 월의 재기를 이끌었지만 구천의 강요로 자결했다.	〈오태백세가〉 〈오자서열전〉
오자서 (伍子胥, ?~484)	춘추 초 오	초 사람으로 아버지와 형이 평왕에게 살해되자 오로 망명하여 합려를 왕으로 만들고 아들 부차의 패권을 도왔으나 배신당해 자결한다.	《좌전》 〈오자서열전〉 〈오태백세가〉 〈초세가〉
백비(伯嚭, ?~473)	춘추 초 오	초 사람으로 할아버지 백주리가 처형되자 오로 망명하여 오자서의 추천으로 합려의 신임을 얻었으나 오자서를 모함하여 죽였다. 오 멸망 뒤 처형된다.	〈오태백세가〉 〈초세가〉 〈오자서열전〉
탕湯	상	하의 마지막 임금 걸을 물리치고 상(은)을 세운 시조로 성탕成湯, 천을天乙로 불렸다.	〈은본기〉 《순자》《노자》 《죽서기년》
문왕文王	주	주 왕조의 기틀을 세운 군주로 이름은 창昌이다. 아들 무왕이 문왕으로 추존했다.	〈은본기〉 〈주본기〉
중이 (重耳, 재위 635~628)	춘추 진晉	진 22대 국군 문공文公으로 19년에 걸친 망명 끝에 보위에 올라 패주가 되었다.	〈진세가〉
소백 (小白, 재위 685~643)	춘추 제	제 15대 국군 환공桓公으로 관중, 포숙 등의 보좌를 받아 춘추 최초의 패주가 되었다.	〈제태공세가〉

자계柘稽	춘추 월	범려와 함께 오에 인질로 갔던 월의 신하로 제계영(諸稽郢)으로도 나온다.	《국어》 《오월춘추》
봉동逢同	춘추 월	월 대신으로 국가 전략을 제안했다. 풍동馮同, 부동扶同으로도 나온다.	《월절서》 《오월춘추》
고高	춘추 제	제나라 대귀족의 일원으로 고무비高無丕로 추정한다.	《좌전》
국國	춘추 제	제나라 대귀족의 일원으로 국서國書로 추정한다.	《좌전》
포씨鮑氏	춘추 제	제나라 대귀족으로 포목鮑牧으로 추정한다.	〈오자서열전〉
공손웅公孫雄	춘추 오	오 대신으로 월에 항복을 청하러 사신으로 온다.	《국어》 《월절서》 《오월춘추》
주원왕(周元王, 재위 475~441)	동주	주 27대 왕으로 이름은 인仁이다. 26대 경왕의 아들이다.	〈주본기〉
석여(鼫與, 재위 463~458)		월 군주로 구천의 아들이다.	《죽서기년》 《월절서》
불수(不壽, 재위 457~448)		월 군주로 석여의 아들이다.	《오월춘추》
옹(翁, 재위 447~411)	춘추 전국 월	월 군주로 불수의 아들이다.	
예(翳, 재위 410~375)		월 군주로 옹의 아들이다.	
지후(之侯, 재위 374)		월 군주로 예의 아들이다.	
무강(無彊, 재위 342~306)		월 군주로 무전의 아들이다.	
초 위왕(威王, 재위 339~329)	전국 초	초의 왕으로 선왕의 아들이고 이름은 상商이다.	〈초세가〉
제 위왕(威王, 재위 356~320)	전국 제	제의 왕으로 이름은 인제이다. 여기의 위왕을 선왕으로 보는 견해도 있다.	〈제태공세가〉
경취景翠	전국 초	초나라 장수로 《전국책》에도 그 이름이 보인다.	《전국책》
민군 요閩君搖	월	민월왕 무제의 손자이다. 아버지 영이 죽임을 당하여 즉위하지 못했다. 월나라 군주 후손으로 〈동월열전〉에 월왕 구천의 후예로 나온다.	〈동월열전〉
한 고제(高帝, 재위 206~195)	한	서한 개국 군주로 이름은 유방이다.	〈고조본기〉

동월東越	한	동월왕 여선餘善으로 민월왕 무제無諸의 둘째 아들이다. 여선의 형 민월왕 영郢이 한에 반항하자 이를 죽여 무제가 동월왕으로 세웠다.	〈동월열전〉
장생莊生	춘추 초	범려 친구로 알려져 있는 인물로서 범려의 둘째 아들 생사를 좌우했다.	

- 진한 글자는 월나라 역사에 직접 관련된 인물을 표시한 것이다.
- 이름 항목의 연도 표시 중 '재위'라고 기재되지 않은 것은 생몰 연도이다.
- 연도는 모두 기원전이다.

◉ 〈월왕구천세가〉에 등장하는 지역·지리 정보

지명	당시 현황	현재의 지리 정보
회계會稽	옛 읍 이름	절강성 소흥시紹興市
취리檇李	월의 영토	절강성 가흥시嘉興市 서남
부추夫椒	산 이름	강소성 소주시蘇州市 서남 태호太湖 또는 동정서산洞庭西山
회계산會稽山	대우릉 소재지	절강성 소흥시 남쪽
하대夏臺	일명 균대鈞臺	하남성 우현禹縣 남쪽
유리羑里	상나라의 감옥	하남성 탕음현湯陰縣 북쪽
적적赤翟	고대 종족의 하나	중국 북부 여러 지역
거莒	소국의 하나	산동성 거현
애릉艾陵	제의 읍	산동성 내무현萊蕪縣 동북
고소산姑蘇山	오왕의 궁전 유적	강소성 소주시 서남의 영암산靈巖山
용동甬東	월의 땅	절강성 영파寧波 동쪽의 주산도舟山島
회하淮河	강 이름	안휘, 강소를 흐르는 강
서주徐州	설읍薛邑이라고도 한다.	산동성 등주시滕州市 동남
사수泗水	강 이름	산동, 강소를 흐르는 강
엽葉	한韓의 현	하남성 상채上蔡 서남
양책陽翟	한 초기의 도성	하남성 우현禹縣
진陳	위魏의 현	하남성 회양현淮陽縣
상채上蔡	위의 현	하남성 상채 서남
대량大梁	위의 도성	하남성 개봉시開封市
남양南陽	당시 제의 남쪽 경계	위치 불명
상常	제나라 맹상군 봉지	산동성 등현滕縣 동남
담郯	제의 현	산동성 담성郯城 북쪽
방성方城	초나라의 산 또는 읍 이름	하남성 방성현 동북
상商	진秦의 현	섬서성 상현 동남
오於	진秦의 현	하남성 내향현內鄉縣 동쪽
석析	진秦의 현	하남성 협현峽縣
역酈	진秦의 현	하남성 남양시南陽市 북쪽
종호宗胡	초의 읍	위치 불명
하로夏路	진에 가까움.	섬서성 이근과 하남성 서남부 일대

곡옥曲沃	당시 위 소속	하남성 섬현陝縣 서쪽
오중於中	전국시대 초 소속, 당시 진 소속	섬서성, 하남성 경계의 상현 이동, 내향 이서
무가관無假關	초의 땅	강남 장사長沙의 서북부
수雠	초의 읍	하남성 노산현魯山縣 동남
방龐	초의 읍	하남성 무양현舞陽縣 서북
장사長沙	초의 읍	하남성 언성鄢城 남쪽의 하천
경택릉竟澤陵	초의 못	호북성 잠강현潛江縣 서북
영郢	초의 도성	호북성 강릉江陵 서북의 기남성紀南城
절강浙江	오월의 경계	절강성 전당강錢塘江
도陶	춘추시대 송, 전국시대 제 소속	산동성 정도定陶 서북

오·초·월 대사연표

- 기원전 585년(오 수몽 원년) 오 수몽이 왕을 칭하고 오 왕국을 세웠다.
- 기원전 584년(오 수몽 2년, 초 공왕 6년) 초 대부 신공 무신이 오에 와서 말 타기와 활쏘기를 가르치는 한편, 오왕 수몽에게 초를 배반하도록 사주했다. 그 후 오가 처음으로 초를 정벌한다.
- 기원전 561년(오 수몽 25년) 오왕 수몽이 죽고 아들 제번이 뒤를 이었다.
- 기원전 560년(초 공왕 31년, 오 제번 원년) 초 공왕이 죽고 아들 강왕이 즉위했다. | 오가 초를 공격하여 용포庸浦(초 땅으로 안휘성 무위)에서 싸웠다. 오의 군대가 대패하고 왕자 당이 포로로 잡혔다.
- 기원전 549년(초 강왕 11년, 오 제번 12년) 초 강왕이 수군을 이끌고 오를 공격했으나 별다른 성과없이 돌아왔다.
- 기원전 548년(오 제번 13년) 오왕 제번이 죽고 동생 여제가 뒤를 이었다.
- 기원전 547년(초 강왕 13년, 제 경공 30년, 오 여제 원년) 초·진 연합군이 오를 공격하여 우루雩婁(하남성 상성)에 이르러 오가 대비하고 있다는 정보를 듣고는 돌아

갔다.

- 기원전 545년(초 강왕 15년, 제 경공 3년, 오 여제 3년) 초 강왕이 죽고 아들 미가 뒤를 이으니 이가 겹오이다. | 제 대부 경봉이 오로 도망쳐 오니 주방(朱方, 강소성 진강)에 거주하게 했다.

- 기원전 544년(오 여제 4년) 오왕 여제가 문을 지키는 자에게 살해당하고 동생 이매가 뒤를 이었다. | 오의 왕자 계찰이 노·제·정·위·진을 방문했다.

- 기원전 541년(초 겹오 4년) 초 공자 위가 그 왕 겹오를 살해하고 왕위에 올랐다. 이가 영왕이다.

- 기원전 538년(초 영왕 3년, 오 이매 6년) 초 영왕이 연합군을 이끌고 오를 공격하여 주방을 함락하고 경봉을 잡아 죽였다. | 오가 초를 공격하여 주방에서의 패배를 갚고 세 개 읍을 취하고는 돌아갔다.

- 기원전 537년(초 영왕 4년, 오 이매 7년) 초 영왕이 연합군을 이끌고 오를 공격하여 구안鳩岸(안휘성 동릉)에서 오를 물리치고 1년 전 패배를 설욕했다. 다시 기산箕山(안휘성 소현)으로 진격했으나 오가 대비하고 있어 싸우지 못하고 돌아갔다.

- 기원전 536년(초 영왕 5년, 오 이매 8년) 초가 서徐(안휘성 사현)를 공격하니 오가 서를 구원하러 나서 초의 군대를 방종房鐘(오의 땅으로 안휘성 봉대)에서 물리쳤다.

- 기원전 529년(초 영왕 12년, 오 이매 15년) 초 공자 기질이 영왕을 죽이고 평왕으로 즉위했다. | 오가 초를 공격하여 내주來州를 함락했다.

- 기원전 527년(오 이매 17년) 오왕 이매가 죽었다. 동생 계찰에게 자리를 주려 했으나 계찰은 이를 사양하고 도망치니 이매의 아들 요를 세웠다.

- 기원전 526년(초 평왕 3년, 진 애공 11년) 초 평왕이 대부 비무기를 진에 파견하여 태자 건을 위해 진 애공의 딸 맹영을 맞아들였다. 맹영이 초에 오자 비무기는 맹영의 미모를 칭찬하며 평왕에게 아내로 취하라고 권하니 평왕이 바로 자신의 아내로 삼았다.

- 기원전 525년(오왕 요 2년, 초 평왕 4년) 오가 초를 공격하여 장안長岸(초의 땅으

로 안휘성 당도)에서 싸웠으나 승부를 내지 못했다. | 범려가 이 무렵 출생한 걸로 보인다.

- 기원전 523년(초 평왕 6년, 오왕 요 4년) 초가 오를 공격하여 내주를 취하고 성을 쌓았다.

- 기원전 522년(초 평왕 7년, 정 정공 8년, 진 경공 4년, 오왕 요 5년) 초 대부 비무기가 맹영 사건 때문에 태자 건의 원한을 샀다. 이에 비무기는 태자 건을 모함하여 성보를 거점으로 반란을 일으키게 만들었다. 평왕이 마침내 태자의 사부 오사와 그 큰아들 오상을 죽이고는 태자 건마저 죽이려 하자 오사의 작은아들 오자서는 태자 건을 데리고 정으로 도망쳤다. | 진이 정을 기습하려고 태자 건과 내응하기로 밀약했으나 일이 새어나가 정이 태자 건을 죽였다. | 오자서는 태자 건의 아들 승을 데리고 오로 달아났다.

- 기원전 520년(오왕 요 7년) 월의 구천이 태어났다.

- 기원전 519년(오왕 요 8년, 초 평왕 10년) 오가 내주를 공격하니 초 대부 원월蓮越이 연합군을 이끌고 내주를 구하러 와서 계보鷄父(하남성 고시)에서 싸웠으나 초 연합군이 대패했다.

- 기원전 516년(초 평왕 13년) 가을, 초 평왕이 죽고 아들 소왕이 뒤를 이었다.

- 기원전 515년(오왕 요 12년) 오의 공자 광이 전제를 시켜 국군 오왕 요를 살해하고 자신이 자리에 오르니 이가 합려이다.

- 기원전 514년(오왕 합려 원년, 초 소왕 2년) 오왕 합려가 요리를 시켜 전왕 요의 아들 경기를 찔러 죽였다. | 오가 고소姑蘇(강소성 오현)로 천도했다. | 오왕 합려가 오자서를 행인行人으로 기용하여 국사를 함께 의논했다. | 초가 백주리를 죽이니 그 손자 백비가 오로 도망쳐 왔다. 오자서가 그를 추천하니 합려가 그를 대부로 삼았다.

- 기원전 512년(오왕 합려 3년, 초 소왕 4년) 군사 전문가 손무가 《손자병법》을 오왕 합려에게 올렸다. | 오가 서국徐國(안휘성 사현)을 멸망시키니 서국의 국군 장

우章羽가 초로 도망쳤다. | 오가 종오국鐘吾國(안휘성 숙천)을 멸망시켰다.

- 기원전 511년(오왕 합려 4년, 초 소왕 5년) 오가 대부 오자서의 계책에 따라 초의 군대를 피곤하게 만들었다.
- 기원전 510년(오왕 합려 5년) 오가 월을 공격함으로써 두 나라의 쟁패가 시작되었다.
- 기원전 508년(초 소왕 8년, 오왕 합려 7년) 초의 영윤 천낭와艸囊瓦가 오를 공격하니 오는 초의 소읍巢邑(안휘선 소현)을 공격하여 함락시키고 초의 공자 번繁을 포로로 잡았다.
- 기원전 506년(오왕 합려 9년, 초 소왕 10년) 오의 군대가 초의 수도 영도에 진입했다. 오자서는 죽은 초 평왕의 무덤을 파헤쳐 채찍질을 300번 가했다(이것이 유명한 '굴묘편시掘墓鞭尸' 사건이다).
- 기원전 505년(오왕 합려 10년, 초 소왕 11년) 오의 군대가 초에 있는 틈을 타서 월이 초를 공격했다. | 초 대부 신포서가 진으로부터 구원병을 얻어 초를 구원하니 오의 군대가 계속 패했다. | 오왕 합려의 동생 부개가 반란을 일으켜 왕을 칭하자 합려는 군대를 돌려 귀국했다. | 부개가 초에 항복하고 초의 소왕은 영도로 돌아왔다.
- 기원전 504년(오왕 합려 11년, 초 소왕 12년) 오가 초의 수군을 크게 물리치니 초는 영도에서 약성鄀城(호북성 의성)으로 도읍을 옮겨 피했다. 초의 국세가 크게 기울었다.
- 기원전 497년(오왕 합려 18년) 월왕 윤상이 죽고 그 아들 구천이 뒤를 이었다.
- 기원전 496년(오왕 합려 19년, 월왕 구천 원년, 진 민공 6년) 오가 월을 공격했으나 취리檇李(절강성 가흥)에서 대패했다. 오왕 합려는 발가락에 부상을 입고 죽었다. 그 아들 부차가 뒤를 이었다. | 오왕 부차가 진을 정벌하여 세 개 읍을 취하고 돌아갔다.
- 기원전 494년(초 소왕 22년, 월왕 구천 3년, 오왕 부차 2년) 범려와 문종이 초에서

월로 와서 구천을 돕기 시작했다. | 월왕 구천이 오를 공격했으나 오왕 부차는 부추夫椒(강소성 오현)에서 구천을 물리쳤다.

• 기원전 492년(월왕 구천 5년, 오왕 부차 4년) 월의 군대가 회계(會稽, 절강성 소흥)로 물러나 오왕 부차에게 강화를 구걸했다. | 5월, 월왕 구천이 오로 들어가 신하로 자청했고, 범려가 동행했다.

• 기원전 490년(월왕 구천 7년, 오왕 부차 6년) 오왕 부차가 월왕 구천과 범려를 월로 돌려보냈다.

• 기원전 489년(오왕 부차 7년, 진 민공 13년, 초 소왕 27년) 오가 초에 붙었던 진을 공격하여 보복했다. 초 소왕이 진을 구원하러 나섰다가 성보城父(안휘성 박현)에서 죽으니 아들 혜왕이 뒤를 이었다.

• 기원전 488년(오왕 부차 8년, 노 애공 7년) 여름, 오왕 부차와 노 애공이 증성鄫城에서 회맹했다.

• 기원전 486년(오왕 부차 10년, 진 민공 16년, 초 혜왕 3년) 오나라가 한구邗溝를 파서 회하와 장강이 서로 통하게 했다(기록상 최초의 구체적인 운하 개착). | 진陳이 초를 배신하고 오에 붙자 초가 진을 공격했다.

• 기원전 485년(노 애공 10년, 오왕 부차 11년, 월왕 구천 12년) 주邾 은공이 오에서 노로 도망쳤다가 다시 제로 달아났다. | 오가 노·주邾·담郯과 연합군을 구성하여 제를 공격하니 군대가 식읍鄎邑에 이르렀다.

• 기원전 484년(오왕 부차 12년, 노 애공 11년, 제 간공 원년) 제가 지난 해 식읍 사건의 보복으로 대부 국서國書로 하여금 노를 공격했다. | 공자가 위衛에서 제자 단목사 자공을 오나라로 보내 제를 공격하여 노를 구하도록 유세하게 했다. | 오와 노 연합군이 애릉艾陵(산동성 래무)에서 제나라 군대를 대파하고 국서를 사로잡았다. | 오왕 부차가 대부 오자서를 자살하게 했다.

• 기원전 483년(오왕 부차 13년, 위 출공 10년) 오왕 부차와 위 출공出公이 운성鄆城(강소성 여고)에서 회맹했다. 위나라가 일찍이 오나라의 사신 목요目姚를 살해한 일

이 있는데 부차는 출공을 감금했다가 돌려보냈다.

- 기원전 482년(주 경왕 38년, 진 정공 30년, 노 애공 13년, 오왕 부차 14년, 월왕 구천 15년) 오가 황지黃池(하남성 봉구)에서 진秦·주·노와 회맹했다. 월왕 구천이 이 틈에 오를 대거 공격하여 오의 도읍 고소성을 불태우고 태자 우友를 사로잡았다. 오왕 부차는 군대를 이끌고 돌아왔으나 전황이 불리하여 월에게 화의를 요청했다. | 오가 운하 한구를 확장하여 기수沂水와 제수濟水까지 통하게 했다.
- 기원전 481년(제 간공 4년) 제의 전상이 간공을 시해했다.
- 기원전 480년(초 혜왕 9년, 오왕 부차 16년) 초가 오를 정벌했다.
- 기원전 479년(오왕 부차 17년, 월왕 구천 18년, 초 혜왕 10년, 진 민공 23년) 오에서 기근이 발생하자 문종이 월왕 구천에게 오를 공격하자고 건의했다. | 초 혜왕이 나라를 회복하여 군대로 북벌을 단행하여 진陳 민공을 죽이고 마침내 진을 멸망시켰다.
- 기원전 478년(월왕 구천 19년, 오왕 부차 18년) 월이 오를 공격하자 오왕 부차가 입택笠澤(강소성 송강)에서 수비했으나 대패했다.
- 기원전 476년(월왕 구천 21년, 초 혜왕 13년) 월이 초를 공격하자 초가 월의 군대를 명성冥城(하남성 신양)에까지 쫓았으나 따라잡지 못하고 돌아갔다.
- 기원전 475년(월왕 구천 22년, 오왕 부차 21년) 월의 군대가 오의 수도 고소성을 3년 넘게 포위했다.
- 기원전 474년(월왕 구천 23년, 노 애공 21년, 제 평공 7년) 월왕 구천이 노와 제에 사신을 보내 외교 활동을 펼쳤다.
- 기원전 473년(월왕 구천 24년, 오왕 부차 23년, 제 평공 8년) 주邾 은공隱公이 제에서 월로 달아났다. 월이 군대를 보내 강제로 돌려보내 복위시키니 그 아들 환공이 월로 달아났다. | 월이 대거 오를 공격하니 오의 군대는 고소산으로 퇴각했다. 오왕 부차는 자결하고 오가 망했다. 나라를 세운 지 114년 만이었다.
- 기원전 471년(월왕 구천 26년, 주 원왕 5년) 월왕 구천이 주 왕실에 공물을 바치자 주 원왕元王은 구천을 제후의 패주로 인정했다. | 주 은공이 복위 후 여전히 포

악한 정치를 펼치자 월이 군대를 보내 감금시킨 다음 그 아들 하何를 세웠으나 그 역시 포악했다.

• 기원전 470년(월왕 구천 27년, 제 평공 11년, 위 출공 복위 7년) 범려가 자칭 '치이 자피鴟夷子皮'라는 이름을 짓고 월을 떠나 제로 갔다. | 위 출공이 흉포하여 대부 저사비褚師比가 그를 내쫓았다. 출공은 도망쳤다.

• 기원전 469년(월왕 구천 28년, 송 경공 48년, 노 애공 26년, 위 도공 원년) 월왕 구천 이 복국 공신 대부 문종文種을 억울하게 죽게 했다. | 월·송·노 연합군이 강제로 위 출공을 환국시켰다. 위의 군대가 계속 패하자 하는 수 없이 모두 성이 난 채로 출공을 맞아들이니 출공이 감히 들어가지 못했다. 이에 위가 공자 검黔을 옹립하 니 이가 도공悼公이다.

• 기원전 468년(노 애공 27년, 월왕 구천 29년) 노 애공이 월의 군대를 빌려 삼환三 桓을 제거하려다 일이 새어나가 월로 달아났다. 삼환이 그 아들 녕寧을 세우니 이 가 도공이다. | 월이 제기諸暨에서 낭야琅邪로 도읍을 옮기고 대를 쌓아 동해를 바 라볼 수 있게 했다.

• 기원전 465년(월왕 구천 32년) 월왕 구천이 죽고 아들 석石이 뒤를 이었다. | 범 려가 도陶(산동성 정도)에 정착하여 자칭 '도주공陶朱公'이라 했다.

• 기원전 447년 범려의 작은아들이 사형선고를 받아 구출하러 큰아들이 갔으나 구하지 못했다.

권42 정세가
정鄭나라의 기록

◉

권세와 이익으로 결합한 자는
권세와 이익이 다하면 관계도 멀어진다.

以權利合者(이권리합자)

權利盡而交疏(권리진이교소)

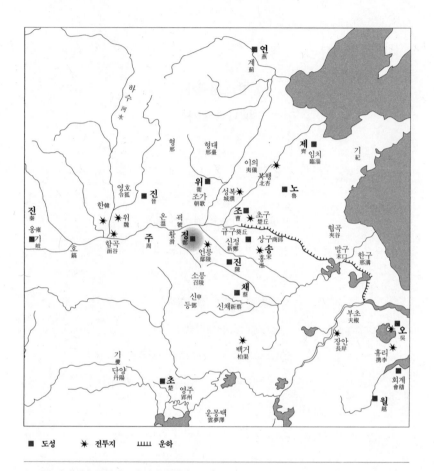

■ 도성 　✳ 전투지 　⊔⊔⊔ 운하

⊙ 춘추시대 제후국 형세도와 정나라 위치.

춘추라는 시기와 그 형성 과정을 반영하는 역사

〈정세가〉는 정나라의 실질적 건국자인 환공桓公과 한때 패주로서 위세를 떨쳤던 장공莊公 및 크고 어진 정치의 대명사인 정자산鄭子産 등의 사적을 주로 기록한 춘추시대 주周 왕실과 가까웠던 정나라의 역사이다.

정나라는 서주 말기 주 선왕宣王이 봉한 제후국으로 그 위치는 지금의 하남성 중부 낙양洛陽 동쪽에 해당한다. 정나라의 존재는 기본적으로 춘추시대와 그 처음과 끝을 같이했다. 따라서 뒤에서 다시 언급되겠지만 〈정세가〉는 처음부터 환공과 태사太史 백伯의 대화를 통해 서주 말 형세와 장차 주 왕실이 약해지고, 제齊·진秦·진晉·초楚가 패권을 다투는 춘추의 큰 국면을 그리고 있다. 춘추시대의 정나라는 진晉과 초楚 사이에 끼어 강한 두 나라가 패권을 다투는 완충지대와 같았는데, 실제로 그 상황과 처지는 고달프기 짝이 없었다. 전체적으로 〈정세가〉는 핍박을 당하는 정나라 입장에서 춘추라는 시기와 그 형성 과정을 반영한다고 말할 수 있다.

정나라 시조는 환공 우友인데 주 선왕의 배다른 동생이었다. 그가 나라를 세울 당시 주 왕실 권위와 인의는 이미 쇠퇴한 때라, 그는 주 왕실의 사도司徒라는 자리를 배경으로 낙양 동쪽에서 세력을 확장했다. 장공은 인근의 소국 괵虢과 회郞를 압박하여 열 개의 읍을 바치게 함으로써 입국의 기초로 삼았다.

주 왕실이 동쪽으로 이주한 뒤 정나라는 주의 왕기王畿와 가까운 대국으로 성장했다. 장공은 한 걸음 더 나아가 왕권에 도전했는데, 주 땅을 침범하여 왕에게 활을 쏘아 어깨를 맞추기까지 했다. 이로써 춘추시대 예악과 정벌이 왕실이 아닌 제후에게서 나오게 되는 서막이 올랐다.

정나라는 작은 나라였지만 처한 지리적 위치와 역사 발전이라는 특수한 상황 때문에 중요한 의미를 갖는 존재였다. 이 점을 인식한 사마천은 정나라 역사를 비교적 상세하게 기록했고, 이로써 본 편은 춘추시대 쟁패사를 연구하는 중요한 자료로 남게 되었다.

시기로 보아 정나라는 기원전 806년 주 선왕이 동생 우를 정에 봉하면서 그 역사가 시작되었는데, 서주 열국 중 가장 늦게 봉해졌다. 사마천이 〈정세가〉를 춘추 12제후 세가의 끝 편에 넣은 것도 이 때문이다. 〈정세가〉는 대체로 아래와 같이 여섯 단락으로 나누어볼 수 있다.

1 정나라의 건국과 환공

2 장공의 패권과 그 후의 역사

3 목공 이후 쇠약해지는 정나라

4 정나라의 내란과 정자산

중원 쟁패의 뜨거운 땅

〈정세가〉 전편의 주요 내용과 문제점 및 특징 등을 간략하게 정리해본다.

첫째, 앞서 언급한 대로 〈정세가〉는 먼저 환공이 봉지를 옮기는 문제를 주 왕실의 태사 백에게 묻는 대목으로 시작된다. 태사 백은 춘추 시기의 정치 형세와 열국의 역량 변화 등을 근거로 예언적 성질이 짙으면서도 정확한 분석을 내놓는데, 이것이 〈정세가〉 전체 내용을 총괄하는 의미를 갖는다.

둘째, 이어 사마천은 당시 전체 국면을 고려한 전략적 각도에서 정나라가 제후들의 각축에서 차지하는 독특한 지위와 열국들의 역량을 대비하고, 이에 근거하여 정나라가 선택한 중요한 역할 및 내정과 외교책략에 주목한다. 정나라는 동쪽 신정新鄭으로 도읍을 옮긴 후 그 지정학적 위치가 낙양 동쪽 황하와 제수의 남쪽, 즉 중원에 자리 잡게 되었다. 이로써 정나라는 서쪽으로 성주成周와 접경하고, 북쪽으로 황하와 낙수에 임하여 진晉과 초楚 두 강대국 사이에 끼이게 되었다. 다시 말해 대국이 중원으로 들어오기 위해 반드시 차지해야 할 땅이 된 것이다.

정 장공이 죽은 뒤 여러 아들 사이에 정쟁이 벌어져 정나라는 내란에 휩싸였다. 국력은 점점 쇠약해졌고, 대국 사이에 끼어 생존하기 위해서는 어느 한쪽에 붙을 수밖에 없었다. 이 때문에 자신 의사와는 상관없이 대국 사이의 정치투쟁에 끼어들게 된다. 진에 붙으면 초가 때리고, 초에 붙으면 진이 두들겼다. 이 때문에 '아침에는 진, 저녁에는 초'라는 뜻의 고사성어

'조진모초朝晉暮楚'가 생겨났다. 간공簡公 때 두 나라 모두와 친하게 지내는 외교정책을 구사하기는 했지만 상황이 호전되지는 않았다.

사마천은 장공 이후 정나라가 2, 3류 국가로 쇠락한 반면 제·진·초의 상대적인 발전은 정나라 내부의 권력다툼과 끊임없는 내란에서 기인한 것으로 파악하고 있다. 즉 권세와 이익을 다투는 상황에 대한 사마천의 비판적 인식이 무겁게 반영된 것이다. 이 점은 '논평'에서 다시 한번 강조된다.

이상이 춘추 시기 정나라 정치의 가장 큰 특색이다. 이는 또 진과 초가 겨룬 쟁패의 핵심이 정나라에 대한 통제권 쟁탈임을 나타내며, 진나라가 초나라의 중원 진입을 극력 저지한 것이 춘추 시기 정치책략의 기본적 특징이었음을 보여준다.

셋째, 사마천은 특별히 서로 다른 두 유형의 영웅적 인물을 정성들여 묘사한다. 정 장공은 정나라 역사상 걸출한 통치자이자 《삼국지》의 조조曹操와 같은 유형의 영웅적 인물이다. 그는 춘추시대 제후로서는 처음으로 그것도 대놓고 주 천자에게 대항했다. 이는 종법宗法에 기초한 노예제의 붕괴이자 신흥세력의 굴기로서 그 의의가 만만치 않다. 집안 분쟁에서 장공은 책략과 음모를 이용하여 과감한 조치를 취했는데, 이는 객관적으로 보아 국가의 안정과 생산력 발전에 유리했다. 이는 또 전통적인 충효관이 충격을 받았던 예악붕괴 시대의 필연적 산물이기도 했다.

장공은 스스로 어머니와의 관계를 끊었지만 영고숙潁考叔의 말을 받아들여 땅굴을 파고 어머니를 만났으며, 천자에게 활을 쏘아 맞추었지만 축첨祝瞻에게 뒤를 쫓지 못하게 했다. 그리고는 제중祭仲을 보내 천자의 안부를 물었다. 이렇듯 장공은 권술에 능했고, 마음 씀씀이가 교활하기 짝이 없었

⊙ 정나라 역사를 대표하는 세 국군인 환공, 무공, 장공의 상, 즉 '정씨삼공상鄭氏三公像'. 하남성 형양시滎陽市에 조성되어 있다.

다. 이런 대목들은 자못 인상적이지만 객관적으로 보면 충효의 허위를 보여준다.

　다음으로 자산이다. 자산은 정나라가 배출한 걸출한 정치가였다. 사마천은 그를 각별한 공을 들여 현인賢人이자 지자智者로 그려낸다. 자산은 한 몸에 고대 걸출한 정치가들이 갖추었던 일체의 미덕, 인애, 겸양, 박학, 후덕이 집중되어 있을 뿐 아니라 정치가의 안목과 외교적 재능까지 갖춘 인물로 그려져 어떤 상황에서도 시종 자신의 절조를 지킨다. 〈정세가〉는 간공簡公·정공定公·성공聲公 세 군주에 걸쳐 상을 지내면서 강대국 진·초와 우호 관계를 유지하며 나라를 수십 년 동안 안정시키는 자산의 행적을 담담하게 기록하고 있다. 그러나 문장은 곳곳에서 자산의 인품과 덕성을 기록하는 데 치중한 반면 그의 정치적 치적에 대해서는 간소하다. 그 대신 〈순리열전循吏列傳〉에 그 일단이 보인다.

사마천은 〈정세가〉의 자산과 관련된 행적 곳곳에서 정계와 백성들의 존경을 받았던 자산의 고귀한 인품과 덕정을 부각시키는 데 치중한다. 자산이 "정치는 반드시 덕으로 해야 하오. 그 정치가 무엇에 의지해서 확립되는지 잊지 마시오"라고 말한 대목을 비롯하여, 자산이 죽자 백성들이 모두 슬프게 눈물을 흘리며 통곡했다는 대목, 공자의 공경심에서 우러난 자산에 대한 평가 등이 대표적인 예이다.

  넷째, 사마천은 '논평'에서 이익이 다하면 관계도 멀어지는 인정의 냉정함을 언급하고 있는데, 이는 봉건사회의 인간관계를 반영하는 것이자 은연중에 사마천 자신의 처지를 착잡하게 드러낸 것이기도 하다. 사마천은 진晉의 이극里克이 해제奚齊와 도자悼子를 살해하고 혜공惠公 이오夷吾를 옹립한 일, 정의 보하甫瑕가 정 자영子嬰과 그 두 아들을 죽이고 여공厲公 돌突을 옹립한 일과 그로써 두 사람이 죽임을 당한 일을 함께 거론한다. 이는 '권세와 이익이 다하면 관계도 멀어지는' 필연적 결말을 강조하기 위한 장치라 할 수 있다.

  서로를 속이면서 이해관계를 바탕으로 관계를 유지하는 사회에서 믿음을 안고 절개를 지키는 것은 부질없어 보인다. 순식荀息이 자신이 한 약속을 지키려고 목숨까지 잃었지만 해제를 지키지 못한 것이 그 증거이다. 이는 사마천이 평탄치 못한 인생역정에서 깨달은 인생의 진리 같은 것일지도 모른다. 이런 점에서 독자들은 자산에 대해서는 〈순리열전〉을 참조하고, 사마천의 인생 철학을 이해하려면 〈맹상군열전〉〈장이진여열전〉〈계포난포열전〉〈염파인상여열전〉〈위장군표기열전〉〈평진후주보열전〉〈급정열전〉 등을 함께 읽으면 좋겠다.

사마천 편집의 한계와 이경성의 논평

〈정세가〉는 《국어》와 《좌전》을 주로 참조하여 지어졌다. 《국어》나 《좌전》 처럼 상세하지 못하지만 간결하고 요령 있게 기술하여 연대에 따라 편집한 세가의 형식에 합당하다. 그러나 〈정세가〉가 기술하고 있는 사건은 상당 부분 《좌전》과 다르다. 더욱이 다른 어떤 기록에도 보이지 않는 내용들이 눈에 띄는데, 사마천이 민간에서 취한 자료일 가능성이 있다. 〈정세가〉의 중심인물인 장공과 자산은 열전에 편입되어 있기도 하지만 본 편에서 그들의 평생 사적을 비교적 간결하고 명료하게 정리했기 때문에 전형적인 성격이 잘 드러나 있다.

또 한 가지 지적할 점은 자산의 치적에서 가장 중요한 법의 제정 및 공포가 〈정세가〉와 〈순리열전〉에 빠져 있다는 것이다. 법률을 솥에 주조한 이른바 '주형서鑄刑書'의 공포는 자산의 가장 중요한 업적이자, 그 후 각국의 법률 공포에 결정적인 영향을 준 획기적인 사건이었다. 기득권 귀족세력이 독점하고 있는 법률을 민중에게 공개한 것은 전에 없던 대담하고 놀라운 개혁 조치가 아닐 수 없었다. 이런 점에서 사마천이 이 중대한 치적을 실수로 빠뜨렸든 고의로 감추었든 큰 흠결이 아닐 수 없다. 혹자는 사마천이 이 치적을 빼놓은 채 자산을 칭송한 공자의 논평만 인용한 것은 법가에 대한 사마천의 편견과 편협이 아닐 수 없다고 비판한다.

그런가 하면 청 말기에서 민국 초기에 주로 활동했던 학자 이경성李景星 (1876~1934)은 〈정세가〉 전체에 대해 논평을 남긴 바 있다. 〈정세가〉에 대한 균형 잡히고 요령있는 논평이라 아래에 인용해둔다.

〈정세가〉는 간결함이 돋보인다. 원대한 식견과 천하대세가 첫 부분에 단

몇 줄로 개괄되어 있는 것이 《삼국지》〈유이목전劉二牧傳〉을 참고해서 볼 만하다. 중간에 딸린 자산 열전은 〈월왕구천세가〉에 딸린 범려 전기와 같은 방식이다. 범려는 월越을 도와 패배를 승리로 바꾸었고, 자산은 정의 상相으로서 약한 정나라를 강하게 변모시켰다. 그들의 성품, 학술, 경제관 등은 서로 달랐지만 나라 안위가 그들과 연계되어 있었던 점은 다를 바 없다. 그리고 정나라는 작은 나라로 중앙에 처하여 남북이 서로 다투는 대상이었으나 자산이 그 사이에서 조정 능력을 발휘하여 진·초 어느 나라에게도 공격당하지 않게 했으니 그가 힘쓴 바는 범려보다 더 어려웠다. 태사공은 자산을 범려만큼 화려하게 기술하지 않았지만 자산의 풍모를 자못 남다르게 그려내고 있다. 그리고 자산의 행적은 〈순리열전〉에도 나누어 기록하고 있어, 〈정세가〉에서는 그 대강만 드러내고 더 이상 상세하게 기록할 필요가 없었다.

배경 사건 스토리텔링

〈정세가〉의 주요 사건은 정나라와 주 왕실 사이의 충돌로 시작된다. 정나라 무공武公과 장공莊公은 주 왕실 경사卿士로서 위세를 떨쳤다. 이에 주 왕실은 이 자리를 괵공虢公으로 교체하려 했고, 이 때문에 정나라는 불만을 품었다. 장공 24년인 기원전 720년 4월, 장공은 제중祭仲에게 병사를 이끌고 온溫 땅에서 보리를 가져오게 했고, 가을에는 성주成周의 벼를 갖고 오게 했다. 3년 뒤인 기원전 717년, 장공은 주 천자 환왕桓王을 조회했다. 이때 환왕은 벼를 가져간 일에 화를 내며 예를 갖추지 않았고, 장공도 성이 나서 천자에게 예를 갖추지 않았다. 그로부터 2년 뒤인 기원전 715년, 장공은 팽祊(지금의 산동성 비현費縣 동남 지역으로 주 천자가 정나라 국군이 태산泰山에 제사를 드리는 비용에 도움을 주기 위해 하사한 탕목읍湯沐邑으로 노나라와 가까웠다) 땅을 허전許田(지금의 하남성 허창시許昌市 경내로 주 천자가 노나라 국군이 조회드리러 올 때 숙식할 수 있게 배려한 읍으로 정나라와 가까웠다)과 맞바꾸었다. 탕목읍은 천자가 제후에게 내리는 땅으로 제후가 자기 멋대로 처분할 수 없었다. 그런데 장공은 주 천자가 예를 차리지 않은 것에 보복하기 위해 팽과 허전을 바꾸어버렸다. 이는 주 천자를 깔보는 행동이었다. 재위 37년을 맞이한 기원전 707년, 장공은 주 천자에게 조회하지 않았고, 주 환왕은 진陳·채蔡·괵虢·위衛 네 나라 병사를 거느리고 정을 쳤다. 장공도 군대를 내서 이를 막았고, 환왕의 군대는 크게 패했다. 정나라 대부 축첨祝瞻이 활을 쏘아 환왕의 어깨를 맞추자 환왕은 달아났다. 축첨이 뒤쫓고자 했으나 장공은 천자를 어찌 능욕할 수 있느냐며 그를 제지했고, 그날 밤 장공은 제중을 보내 환왕의 부상 상태를 위문하게 했다.

장공 이후 정나라는 정쟁과 내란으로 쇠락의 길을 걸었다. 특히 영공靈公의 피살로 그 정점을 찍었다. 영공은 목공穆公의 아들로 기원전 605년 즉위했다. 즉위 원년 초나라가 영공에게 자라를 바쳤다. 대부 자가子家와 자공子公이 영공에게 인사를 드리러 가려는데 자공의 식지食指(집게손가락)가 갑자기 움직였다. 자공은 자가에게 식지가 움직이면 꼭 특별한 음식이 생긴다고 말했다. 두 사람이 궁궐에 들어가자 아니나 다를까 영공은 자라탕을 내놓았다. 자공이 의기양양하자 영공이 까닭을 물었고 자공은 식지가 움직였던 일을 아뢰었다. 영공은 그들에게 자리를 권하면서 유독 자공에게는 자라탕을 주지 않았다. 자공은 성이 나서 영공 앞을 지나면서 손가락으로 자라탕을 찍어 맛을 보고 나가버렸다. 영공이 화가 나서 자공을 죽이려 하자 자공은 자가와 더불어 선수를 쳐서 그해 여름 영공을 살해했다.

양공은 영공의 배다른 동생으로 이름은 견堅이다. 기원전 604년 즉위하여 기원전 585년까지 재위했다. 양공 원년, 초나라가 정나라를 공격해왔다. 정나라는 초나라를 배신하고 진나라에 가서 붙었다. 5년(기원전 599년), 초나라가 다시 정나라를 공격했고 진나라는 정나라를 구원했다. 7년(기원전 597년), 정나라는 진나라와 언릉鄢陵(지금의 하남성 언릉현 서북)에서 회맹했다. 이듬해인 기원전 596년 초나라 장왕莊王은 이 회맹을 구실 삼아 다시 정나라를 공격하여 석 달 동안 정나라를 포위했다. 정나라는 성을 초나라에 바치고 항복했다.

양공은 웃통을 벗고 양을 끌고 가서 장왕에게 "이 몸이 변방의 성읍들을 제대로 돌보지 못해 군왕을 화나게 만들어 여기까지 오게 했으니 이 몸의 죄입니다. 어찌 감히 명을 받들지 않겠습니까? 군왕께서 이 몸을 강남으로 옮기고 제후로 봉해도 오로지 명을 따를 것입니다. 군왕께서 (주 왕실의) 여왕厲王, 선왕宣王과 (저희) 환공桓公, 무공武公을 잊지 않으셨다면 불쌍해서라도 차마 그분들의 사직을 끊을 수 없을 것이니 불모의 땅이라도 내리시어 잘못을 고치고 다시 군왕을 섬기도록 해주심이 이 몸의 소원이긴 합니다만 감히 그렇게 되리라고는 바라지 않겠습니다. 마음에 있는 말을 감히 털어놓았을 뿐 그저 명을 받들 따름입니다"라며 무릎을 꿇었다.

양공의 이 비굴한 아부는 결과적으로 장왕을 크게 감동시켰다. 이에 장왕은 "(정을) 토벌한 것은 굴복하지 않아서이다. 지금 굴복했으니 뭘 더 바란단 말인가"라 하고는 기어이 철수했다. 진나라는 초나라가 정나라를 공격한다는 소식을 듣고는 군대를 내어 정나라를 구원하려 했지만 머뭇거리며 결정을 내리지 못하다 늦게 왔다. 진나라 군대가 황하를 건널 무렵 초나라는 이미 철수한 뒤였다. 초나라 장왕은 진나라 군대가 왔다는 소식에

● 정나라 청동기 유물인 연학동호蓮鶴銅壺. 하
남성박물관 소장.

반격을 가했고 정나라는 초나라 편을 들었다. 황하 근처에서 진나라 군대
가 크게 패했다.

　정나라 양공은 초나라에 항복했지만 정나라의 생존을 위해 여전히 '조
진모초'했다. 이때 진나라는 6경의 권력이 커지면서 다시 정나라에 대해
공세를 펼치기 시작했다. 정나라 성공聲公 8년인 기원전 493년부터 정나라
가 망하기까지 삼진三晉(한, 조, 위)은 정나라와 빈번하게 전쟁을 벌였다. 정
나라 유공幽公 원년인 기원전 423년, 한무자韓武子가 정나라를 공격하여 유
공을 살해했다. 정나라는 유공의 동생 태駘를 국군으로 세우니 이가 유공繻
公이다. 유공 15년인 기원전 408년, 한 경후景侯가 정나라를 공격하여 옹구

雍丘(지금의 하남성 기현杞縣)를 빼앗았다. 이듬해에도 한의 공격을 받았으나 이번에는 부서負黍(지금의 하남성 등봉시登封市 서남)에서 한을 물리쳤다. 20년(기원전 403년), 진나라가 한·조·위로 나뉘었다(이를 '삼가분진三家分晉'이라 한다). 그로부터 3년 뒤인 기원전 400년, 정나라는 한나라의 양책(陽翟, 지금의 하남성 우주시禹州市)을 포위했다. 유공 27년(기원전 396년)에 유공이 피살되었고, 정나라는 유공의 동생 을乙을 국군으로 옹립했다. 을이 즉위한 이듬해, 정나라가 빼앗은 부서負黍가 정나라를 배반하고 한나라로 되돌아갔다. 11년, 한나라가 정나라를 공격하여 양성陽城(지금의 하남성 등봉시 동남)을 취했고, 21년(기원전 375년)에는 한나라의 애후哀侯가 정나라를 멸망시키고 나라를 합병했다.

● 정나라 세계표

국군	계승관계	재위(재위기간) / 사건
환공桓公 우友	주 선왕의 동생	806~771(36) / 정나라의 건국자로 주 여왕의 작은아들이자 선왕의 배다른 동생
무공武公 굴돌掘突	환공의 아들	770~744(27)
장공莊公 오생寤生	무공의 아들	743~701(43) / 정의 전성기
소공昭公 홀忽	장공의 아들	700
여공厲公 돌突	소공의 동생	700~697(4)
소공昭公 홀忽	장공의 아들	696~695(2) / 복위
자미子亹	소공의 동생	694
정자鄭子	자미의 동생	693~680(14)
여공厲公 돌突	소공의 동생	679~673(7) / 복위
문공文公 첩踕	여공의 아들	672~628(45)
목공繆公 난蘭	문공의 아들	627~606(22)
영공靈公 이夷	목공의 아들	605
양공襄公 견堅	영공의 동생	604~587(18)
도공悼公 비濞	양공의 아들	586~585(2)
성공成公 곤緇	도공의 동생	584~571(14)
이공釐公 운惲	성공의 아들	570~566(5)
간공簡公 가嘉	희공의 아들	565~530(36)
정공定公 영寧	간공의 아들	529~514(16)
헌공獻公 채蠆	정공의 아들	513~501(13)
성공聲公 승勝	헌공의 아들	500~463(38)
애공哀公 역易	성공의 아들	462~455(8)
공공共公 축丑	성공의 동생	454~424(31)
유공幽公 이已	공공의 아들	423
수공繻公 태駘	유공의 동생	422~396(27)
정군鄭君 을乙	유공의 동생	395~375(21)

- 정나라는 춘추시대가 막 시작될 무렵인 기원전 806년 건국되어 기원전 375년 멸망하기까지 432년 동안 존속했다.
- 국군은 모두 23명이고 15대에 해당한다. 이들 중 소공과 여공은 각각 한 차례씩 복위했다.
- 연도는 모두 기원전이다.

＊

정 환공은 주 태사의 건의를 듣고 동쪽을 경영했다.

장공이 주의 화라는 곳을 공격하자 주의 군신과 백성들이 이를 비방했다.

제중이 송의 강요로 강제로 맹약을 맺은 이후 줄곧 발전하지 못했다.

자산의 어진 정치는 여러 대에 걸쳐 칭찬을 받았다.

삼진이 침략하자 한에게 합병되었다.

여공이 주 혜왕을 돌려보낸 일을 기리며 제12 〈정세가〉를 지었다.

권130 〈태사공자서〉

1

정나라의 건국과 환공

◉

정鄭 환공桓公[1] 우友는 주 여왕厲王의 작은아들이자 주 선왕宣王의 배다른 동생이다. 주 선왕 재위 22년(기원전 806년)에 우가 처음으로 정에 봉해졌다.

봉해진 지 33년(기원전 774년) 백성들이 모두 그를 좋아했다. 주 유왕幽王이 사도司徒[2]로 삼았다. 종주宗周의 인민들을 단결시키고 안정시킴으로써 모두 기뻐했고 황하黃河와 낙수洛水 사이의 인민들까지 그를 사모했다. 사도를 지낸 지 1년, 유왕이 포사褒姒[3]를 총애하는 바람에 왕실 정치에 많은 폐단이 생겨 제후들 중 일부가 유왕에 반발했다.

---

1 정나라를 건국한 국군으로 주 왕실의 사도를 지내면서 영향력을 확대했다. 그의 무덤으로 전하는 묘가 섬서성 화현華縣에 있고, 최근 정씨 발원지라고 하는 하남성 형양시滎陽市에는 환공, 장공, 무공의 '정씨 삼공상'이 건립되었다. 〈정세가〉에는 환공이 선왕의 배다른 동생으로 기록되어 있으나 〈십이제후연표〉에는 같은 어머니로 되어 있다. 학자들은 대체로 같은 어머니에게서 난 선왕의 동생으로 본다.

2 주 왕실의 관직으로 인구와 토지, 농업 생산, 요역 징발을 관장했다.

3 포褒라는 소국 여자로 유왕의 총애를 받아 신申 왕후를 폐위시키는 등 국정을 문란케 하다가 신후와 견융의 침입을 받아 유왕과 함께 피살되었다. 이때가 기원전 771년이었고, 주 왕실은 기원전 770년 낙양으로 천도함으로써 춘추시대가 시작되었다.

이에 환공은 태사太史[4] 백伯에게 "왕실에 변고가 많으니 내가 어찌 하면 죽음을 피할 수 있겠소?"라고 묻자 태사 백은 "낙수 동쪽 땅과 황하, 제수 남쪽이 살 만합니다"라고 답했다. 공이 "어째서 그렇소?"라고 묻자 이렇게 대답했다.

"지역이 괵虢, 회鄶와 가깝습니다. 괵과 회의 군주는 욕심이 많고 이익을 밝혀서 백성이 따르지 않습니다. 공께서는 사도로서 모든 인민의 사랑을 받고 계시니 공께서 정성으로 살기를 청하면 괵과 회의 군주는 공께서 하시는 일을 보고 가볍게 공에게 땅을 나눠줄 것입니다. 공께서 그렇게 정성으로 사시면 괵과 회의 인민들도 모두 공의 인민들이 될 것입니다."

공이 "내가 남쪽 장강長江 일대로 간다고 하면 어떻겠소?"라고 물으니 "옛날 축융祝融은 고신씨高辛氏의 화정火正[5]으로 그 공이 컸습니다. 그러나 주에서는 발전하지 못했으니 초가 바로 그 후대입니다. 주가 쇠퇴하면 초는 반드시 흥할 것입니다. (초가) 흥하면 정에 좋을 것이 없습니다"라고 대답했다. 환공이 "내가 서방에 산다고 하면 어떻겠소?"라고 하니 "그곳 인민들은 욕심이 많고 이익을 밝히니 오래 살기 힘듭니다"라고 대답했다.

공이 "주가 쇠퇴하면 어느 나라가 흥하겠소?"라고 묻자 "제齊, 진秦, 진晉, 초楚입니다. 제는 강씨姜氏 성이고 백이伯夷의 후예입니다. 백이는 요堯를 보좌하여 전례典禮를 주관했습니다. 진秦은 영씨嬴氏 성으로 백예伯翳의 후손입니다. 백예는 순舜을 도와 만물을 길들였습니다. 또 초의 선조들과 함께 천하에 공을 세운 바 있습니다. 그리고 주 무왕武王이 주왕紂王을 물리

---

4 서주와 춘추시대 문서, 기록, 천문, 역법, 사서 편찬 등을 두루 관장하는 관직이다. 진한 때는 태사령이라 했고 그 지위가 점점 떨어졌다.
5 신화 속 불의 신이었고, 전욱顓頊 때 민간 일을 관장하는 자리를 나타내는 이름이 되었다고 한다.

친 뒤 성왕成王은 숙우叔虞를 당唐에 봉했습니다. 그 땅은 험한 곳입니다만 덕 있는 자손이 주 왕실의 쇠락이 함께하는 것을 보면 진晉 역시 틀림없이 흥할 것입니다"라고 대답했다. 환공이 "좋은 말씀이오"라 하고는 바로 주 왕실에 그 인민들을 낙수 동쪽으로 이주시키겠다고 청하니 과연 괵, 회가 열 개의 읍6을 바쳐서 마침내 나라를 만들었다.

2년 뒤(기원전 771년), 견융犬戎이 여산驪山에서 유왕을 죽이고 환공까지 죽였다. 정 사람들이 함께 그 아들 굴돌掘突을 세우니 이가 무공武公이다.

무공 10년(기원전 761년), 신후申侯의 딸을 취하여 부인으로 삼으니 무강武姜이다. (무강이) 태자 오생寤生을 낳았는데 난산7이었다. 태어나자 부인이 예뻐하지 않았다. 그 뒤 작은아들 숙단叔段을 낳았는데 단은 쉽게 낳았기 때문에 부인이 예뻐했다.

27년(기원전 744년), 무공이 병이 났다. 부인이 무공에게 청하여 숙단을 태자로 세우고자 했으나 공이 듣지 않았다. 그해에 무공이 죽고 오생이 서니 이가 장공莊公이다.

---

6 환공이 괵과 회를 협박하여 열 개 읍을 바치게 했다는 기록에 대해서는 논란이 있었다. 대체로 환공이 이런 계획을 세웠다가 무공 때 실천한 것으로 본다. 열 개 읍이란 괵과 회를 비롯하여 언鄢, 폐蔽, 보補, 단丹, 의依, 유疇, 역歷, 신莘으로 보는데 《국어》 기록에 따른 것이다. 정은 이렇게 해서 지금의 하남성 신정新鄭 지역에다 나라를 세웠다. 당시 정나라 도성의 소재는 지금의 하남성 신정에서 확인된 정한고성鄭韓故城이다.
7 '오생'이란 '거꾸로 태어났다'는 뜻이다. 오생이 태어날 때 머리가 아닌 발부터 거꾸로 나와서 생모 강씨를 놀라게 했고, 이 때문에 오생을 미워했다는 것이다.

2
장공의 패권과 그 후의 역사
◉

장공 원년(기원전 743년), 동생 단을 경京[8]에 봉하고 태숙太叔[9]으로 부르려 했다. 제중祭仲이 "경은 국도보다 크니 다른 아들(동생)을 봉해서는 안 됩니다"[10]라고 하자 장공이 "무강이 그렇게 바라니 내가 감히 빼앗을 수 없지"라고 했다. 단이 경으로 가서 군대를 훈련시키며 그 어머니 무강과 함께 정을 습격할 준비를 했다.

22년(기원전 722년), 단이 아니나 다를까 정을 습격하고 무강이 안에서 호응했다. 장공이 군을 내어 단을 토벌하니 단이 도망쳤다. 경을 토벌하니 경 사람들이 단을 배반했고, 단은 언鄢으로 달아났다. 언이 무너지자 단이 다시 공共으로 달아났다. 그리하여 장공은 그 어머니 무강을 성영城穎으로 거처를 옮기게 하면서 "황천에 가기 전에는 다시 보지 않겠습니다"라고 맹서했다.

1년이 지나자 후회가 되고 어머니가 보고 싶어졌다. 영곡穎谷의 고숙考叔[11]이 장공에게 예물을 올리자 공은 음식을 내렸다. 고숙이 "신에게 어머니가 계신데 국군께서 신의 어머니에게도 음식을 내려주십시오"라고 청했다.

---

8 경은 정나라 도읍 이름으로 옛 성터가 지금의 하남성 형양시滎陽市 왕채촌王寨村 동남쪽에 남아 있다. 성은 흙을 달구질하여 여러 층을 쌓아 올린 이른바 항축夯築이다. 성의 평면은 장방형이고 담장 둘레는 약 6.3킬로미터이다. 서쪽 성 담장의 몇 단이 비교적 잘 보존되어 있는데 가장 높은 곳이 7미터가량 된다. 담장 기초는 폭 25미터에 달구질을 한 기초의 두께는 2~15센티미터이다.
9 장공이 동생 단을 추켜세우기 위해 부른 존칭이다.
10 제중은 당시 경의 규모가 국도國都(신정)보다 크기 때문에 세력을 키워주어서는 안 된다며 이에 반대한 것이다.

장공이 "내가 어머니가 몹시 보고 싶은데 맹서를 어길까 두렵소. 어찌 하면 되겠소?"라고 했다. 고숙이 "땅을 황천까지 파서 만나십시오"라고 했다. 이에 장공이 그 말을 따라 어머니를 만났다.

24년(기원전 720년), 송 목공繆公이 죽자 공자 풍馮이 정으로 도망쳐 왔다. 정이 주의 땅에 침범하여 벼를 가져갔다.

25년(기원전 719년), 위衛의 주우州吁가 그 국군 환공桓公을 살해하고 자립해서는 송과 함께 정을 정벌했다. 풍 때문이었다.

27년(기원전 717년), 처음으로 주 환왕桓王에게 조회했다. 환왕은 벼를 가지고 간 것에 화가 나서 예를 갖추지 않았다.

29년(기원전 715년), 장공은 주가 예를 갖추지 않은 것에 화가 나서 팽읍枋邑을 노魯의 허전許田과 바꾸어버렸다.

33년(기원전 711년), 송이 공보孔父를 죽였다.

37년(기원전 707년), 장공이 주에 조회하지 않자 주 환왕이 진陳, 채蔡, 괵虢, 위衛을 거느리고 정을 토벌했다. 장공은 제중祭仲, 고거미高渠彌와 함께 군대를 내어 스스로를 구하러 나서니 왕의 군대가 대패했다. 축첨祝瞻은 환공의 팔을 쏘아 맞추었다. 축첨이 뒤쫓겠다고 하자 장공이 말리면서 "윗사람을 범하는 것은 곤란하다. 하물며 감히 천자를 능욕해서야?"라고 하여 그만두었다. 밤에 제중에게 왕의 병환을 문안하게 했다.

---

11 영곡은 지명으로 지금의 하남성 등봉현登封縣 서쪽으로 추정한다. 이 때문에 영곡 출신의 고숙을 흔히 영고숙이라 부른다. 영고숙은 기원전 712년 허許를 토벌하던 중 같은 나라의 대부 공손알公孫閼의 화살을 맞고 죽었다. 영고숙 무덤은 지금의 하남성 등봉현 군소향君召鄉 적욕구翟峪溝 서쪽이란 기록이 있다. 무덤은 토총으로 높이 약 4미터, 둘레 약 50미터 크기이다. 사당은 하남성 허창시許昌市 양성현襄城縣 영교영橋 회족진回族鎭에 남아 있다.

頴考叔

● (왼쪽) 장공 때의 충직한 신하 영고숙.
● (오른쪽) 정나라 초기 나라 위상을 크게 높인 장공의 석상. 섬서성 보계寶鷄 염제릉炎帝陵에 있다.

38년(기원전 706년), 북융北戎이 제를 정벌했다. 제가 사신을 보내 구원을 청하자 정은 태자 홀忽에게 병사를 거느리고 제를 구하게 했다. 제 이공釐公이 홀을 사위로 삼고 싶어 했으나 홀은 "우리는 작은 나라라 제와 어울리지 않습니다"라며 사양했다.

이때 함께 있던 제중이 받아들일 것을 권하면서 "우리 국군도 아끼는 희첩이 여럿입니다. 태자에게 큰 나라의 후원이 없으면 홀로 서기 힘듭니다. 세 공자들이 모두 국군감입니다"라고 했다. 이른바 세 공자란 태자 홀, 그 동생 돌突, 그다음 동생 미亹를 말한다.

43년(기원전 701년), 정 장공이 세상을 떠났다.[12] 당초 제중이 장공의 총애를 크게 받아 장공이 그를 경卿으로 삼았다. 공이 (제중을 보내) 등鄧의 여자를 취하여 태자 홀을 낳게 되었기 때문에 제중은 태자 홀을 세웠고, 이가 소공昭公이다.

장공이 또 송의 옹씨雍氏 여자를 취해 여공厲公 돌突을 낳았다. 옹씨는 송에서 총애를 받았다. 송 장공莊公은 제중이 태자 홀을 세우려 한다는 이야기를 듣고는 바로 사람을 보내 제중을 유인하여 붙잡아서 "돌을 세우지 않으면 죽을 것이다"라고 했다. 이어 돌을 붙잡아 뇌물을 요구했다. 제중이 송의 요구를 받아들여 송과 맹서하고 돌을 귀국시켜 그를 세웠다. 소공 홀은 제중이 송의 요구로 그 동생 돌을 세웠다는 이야기를 듣고 9월 정해일에 위衛로 달아났다.

기해일, 왕자 돌이 정에 이르러 즉위하니 이가 여공厲公이다.

여공 4년(기원전 697년), 제중이 국정을 오로지하자 여공이 걱정되어 몰래 제중의 사위 옹규雍糾에게 제중을 죽이고 싶다고 했다. 제중의 딸인 옹규 처가 이를 알고는 그 어머니에게 "아버지와 남편 어느 쪽이 더 가깝습니까?"라고 물으니, 어머니는 "아버지는 하나이지만 남자는 모두가 남편이 될 수 있지"라고 했다.

딸이 제중에게 이 일을 알리자 제중이 반대로 옹규를 죽이고 그 시신을 저자거리에서 조리돌렸다. 여공은 제중을 어찌할 수가 없었고, 옹규에게

---

12 장공은 내부 정국을 안정시키고 정나라의 국세를 크게 떨치며 전성기를 구가했다. 장공 것으로 전하는 무덤이 하남성 신밀시新密市 곡양향曲梁鄕 왕강촌 동쪽에 남아 있다. 높이 10미터, 둘레 125미터 규모인데, 최근 장공능원으로 새로 단장되었다.

화가 나서는 "부인과 일을 꾀했으니 죽어도 당연하다!"라고 했다.

여름, 여공이 쫓겨나 변방의 읍인 역櫟에 살게 되었다. 제중은 소공 홀을 맞이했고, 6월 을해일 다시 정에 들어와 즉위했다.

가을, 정 여공 돌이 역 사람들을 시켜 대부 단백單伯을 죽이고 마침내 그곳에 자리를 잡았다. 제후들이 여공이 도망쳤다는 소식을 듣고 정을 토벌하러 나섰으나 이기지 못하고 돌아갔다. 송이 여공에게 병사를 많이 주어 스스로 역을 지키게 하니 정은 이 때문에 역을 토벌하지 못했다.

소공 2년(기원전 695년), 소공이 태자였을 때부터 아버지 장공이 고거미를 경으로 삼고자 했으나 태자는 반대했다. 장공이 듣지 않고 기어이 고거미를 경에 임명했다. 소공이 즉위하자 (고거미는) 자신을 죽일까 겁이 났다.

겨울 10월 신묘일, 고거미는 소공과 함께 사냥을 갔다가 야외에서 소공을 쏘아 죽였다.[13] 제중과 고거미가 감히 여공을 맞아들일 수 없어 소공의 동생 자미子亹를 국군 자리에 세웠다. 이가 자미인데 시호는 없다.

자미 원년(기원전 694년) 7월, 제 양공襄公이 수지首止에서 제후들과 회맹했다. 정 자미도 회맹에 갔는데 고거미가 보좌로 따랐고 제중은 병을 핑계로 가지 않았다.

자미는 일찍이 제 양공이 공자였을 때 싸운 적이 있어서 서로 원수가 되었다. 제후들이 회맹하게 되자 제중이 자미에게 가지 말 것을 청했다. 자미는 "제는 강하고 여공은 역에 있소. 가지 않으면 제후들을 이끌고 나를 칠 것이고 여공이 안에서 호응할 것이오. 내가 가느니만 못하고, 또 간다

---

13 《좌전》에는 소공이 시해당했다고만 되어 있다. 소공의 것으로 전하는 무덤이 하남성 신밀시 곡양향 왕호묘촌王虎廟村 동쪽에 있다. 높이 6미터, 둘레 67미터의 규모이며 장공능원과 멀지 않은 곳에 위치한다.

고 해서 꼭 욕을 당한다고 할 수 없지요. 어쩌다 이렇게까지 되었는지!"라며 끝내 갔다.

당시 제중은 제가 자기를 죽일까 겁이 나서 병을 핑계 댄 것이다. 자미가 도착하여 제 양공에게 사과하지 않자 양공이 화가 나서 복병으로 자미를 죽였다. 고거미는 도망쳐 돌아왔다. 돌아와 제중과 모의하여 자미의 동생 공자 영嬰을 진陳에서 불러 옹립하니 이가 정자鄭子이다. 이해에 제 양공은 팽생彭生에게 술에 취한 노 환공桓公의 늑골을 부러뜨려 죽이게 했다.

정자 8년(기원전 686년), 제 사람 관지보管至父 등이 난을 일으켜 그 국군 양공을 시해했다.

12년(기원전 682년), 송 사람 장만長萬이 그 국군 민공湣公을 시해했다. 정의 제중이 죽었다.[14]

14년(기원전 680년), 과거 역읍으로 도망쳤던 여공 돌이 사람을 보내 정 대부 보가甫假를 유인해 조정으로 돌아가게 해달라고 협박했다. 보가는 "나를 풀어주면 내가 당신을 위해 정자를 죽이고 당신을 들이겠습니다"라 했다. 여공이 함께 맹서하고 그를 풀어주었다.

6월 갑자일, 보가가 정자와 그의 두 아들을 죽이고 여공 돌을 맞이했다. 여공은 역읍에서 다시 돌아와 즉위했다. 당초 내사內蛇(성안의 뱀)와 외사外蛇(성밖의 뱀)가 정나라 남문에서 싸우다가 내사가 죽은 일이 있었다. 6년을 머문 끝에 여공이 과연 다시 들어온 것이다. 들어와 그 큰아버지 원原에게 "내가 도망쳐서 도성 밖에 살고 있는데도 큰아버지는 나를 들일 생각이 없

---

14 제중의 채읍으로 추정되는 제성祭城 유지가 하남성 정주시 제성향祭城鄉 제성촌에 남아 있다. 제성은 서주 제백祭伯의 봉지이자 정나라 대부 제중의 채읍으로 전한다. 최근 지표보다 약간 높은 몇 단의 담장 기초가 확인되었다.

었으니 너무한 것 아니오?"라며 나무랐다. 원은 "군주를 두 마음으로 섬기지 않는 것이 신하 된 사람의 직책입니다.[15] 이 원은 죄를 알고 있습니다"라 하고는 자살했다.

이어 여공은 보가에게 "그대는 군주를 섬김에 두 마음을 가졌다"라 하고는 그를 죽였다. 이때 보가는 "큰 덕은 보답을 받지 못한다[16]더니 정말 그렇구나!"라 했다.

여공 돌 후원년(기원전 679년), 제 환공이 처음 패주가 되었다.

5년(기원전 675년), 연·위衛가 주 혜왕惠王의 동생 퇴頹[17]와 함께 혜왕을 쳤다. 혜왕은 온溫으로 달아났고, 동생 희퇴를 왕으로 세웠다.

6년(기원전 674년), 혜왕이 정에 급하게 알리자 여공은 병사를 내어 주 왕자 퇴를 공격했지만 이기지 못했다. 이에 혜왕과 함께 돌아왔고, 왕은 역에 거주했다.

7년(기원전 673년) 봄, 정 여공이 괵숙虢叔과 함께 왕자 퇴를 습격하여 죽이고 혜왕을 주로 되돌아가게 했다.

가을, 여공이 죽고 아들 문공文公 첩踕이 섰다. 여공은 처음 즉위 4년 만에 역으로 도망가 살다가 17년 만에 다시 들어와 7년을 재위했다. 망명까지 28년[18]이다.

---

15 사군무이심事君無二心, 인신지직야人臣之職也. 큰아버지 원이 자신을 원망하는 여공에게 이 말을 남기고 자살했다.《관자管子》(소광小匡 제20)에 '사군무이심'이란 구절이 보인다.
16 중덕불보重德不報. 여공을 옹립했던 보가(또는 보하)가 여공에게 배신당해 죽임을 당하게 되자 이렇게 말했다.
17 퇴는 주 장왕의 첩 왕요의 아들로 주 민왕의 배다른 동생이자 혜왕의 숙부이지 동생이 아니다. 이곳의 기록에 착오가 있다.
18 28년이 아니라 전후 27년이 맞다.

문공 17년(기원전 656년), 제 환공이 군대로 채蔡를 격파하고 초를 정벌하여 소릉召陵에까지 이르렀다.

24년(기원전 649년), 연길燕姞이라는 문공의 천한 첩 꿈에 신이 그녀에게 난초를 주면서 "나는 백조伯儵이고 너의 조상이다. 이것을 네 아들 (이름으로) 삼아라. 난초에는 나라의 향이 있다"라고 말했다. 이 꿈을 문공에게 알리자 문공은 그녀와 잠자리를 하고 그녀에게 난초를 징표로 주었다. 마침내 아들을 낳자 이름을 난蘭이라 했다.

36년(기원전 637년), 진晉 공자 중이重耳가 (정을) 지나는데 문공은 예를 갖추지 않았다. 문공의 동생 숙첨叔詹이 "중이는 어질고 또 같은 성씨입니다. 곤궁에 빠진 중에 국군을 찾았는데 무례해서는 안 됩니다"라고 했다. 문공이 "도망 다니는 제후국 공자들이 많은데 어찌 일일이 다 예로 대한단 말이오!"라고 했다. 숙첨이 "군께서 예를 갖추지 않으려면 그를 죽이십시오. 죽이지 않아 그 나라로 돌아가면 정의 걱정거리가 될 것입니다"라 했다. 문공이 듣지 않았다.

37년(기원전 636년) 봄, 진晉의 공자 중이가 나라로 돌아가 자리에 오르니 이가 문공이다.

가을, 정이 활滑을 침공하자 활이 항복했다가 얼마 되지 않아 배반하여 위衛에 가서 붙었다. 이에 정은 활을 토벌했다. 주 양왕襄王이 백복伯犕을 (정에 보내) 활을 봐주라고 요청했다. 정 문공은 주 혜왕이 역에 망명해 있을 때 문공의 아버지 여공이 돌아가게 했지만 혜왕이 여공에게 작위를 내리지 않은 것을 원망하고 있던 데다가 양왕이 위와 활 편을 든 것을 원망하고 있었다. 때문에 양왕의 청을 듣지 않고 백복을 가두었다. 양왕이 노하여 적인翟人과 함께 정을 토벌했으나 이기지 못했다.

겨울, 적이 양왕을 공격했다. 양왕은 정으로 도망쳤고, 문공은 양왕을 범氾에 살게 했다.

38년(기원전 635년), 진晉 문공이 양왕을 성주成周로 돌려보냈다.

41년(기원전 632년), (정이) 초를 도와 진晉을 쳤다. 진 문공이 정을 지나갔을 때 무례했던 일이 있어 진을 배신하고 초를 도왔다.

43년(기원전 630년), 진晉 문공과 진秦 목공穆公이 함께 정을 포위하여 정이 초를 도와 진晉을 공격한 것과 문공이 정을 지났을 때 무례했던 것을 성토했다.

당초 정 문공에게는 세 명의 부인과 다섯 명의 총애하는 아들이 있었지만 모두 죄를 짓고 일찍 죽었다. 문공이 화가 나서 공자들을 모두 내쫓았다. 자란子蘭은 진晉으로 도망쳤다가 진 문공을 따라 정을 포위했다. 이 무렵 자란은 진晉 문공을 아주 공경스럽게 섬겨 총애를 받았다. 이에 (자란은) 사사로이 진晉에서 일을 벌여 정으로 돌아가 태자가 되길 바랐다.

진晉 사람들은 숙첨叔詹을 잡아 죽이려 했다. 정 문공은 겁이 나 감히 숙첨에게 알리지 못했다. 숙첨이 알고는 정 문공에게 "신이 국군께 말씀드렸지만 신의 말을 듣지 않더니 결국 진이 근심거리가 되었습니다. 그러나 진이 정을 포위한 것은 이 숙첨 때문이니 숙첨이 죽으면 정나라를 봐줄 것입니다. 숙첨이 그러길 바랍니다"라 하고는 자살했다. 정 사람들이 숙첨의 시신을 진에 보냈다. 진 문공은 "정의 국군을 한 번 만나 욕을 보여야만 물러갈 것이다"라고 했다.

정 사람들이 걱정이 되어 은밀히 사람을 진秦에 보내서 "정이 깨지면 진晉에 도움이 될 것이니 이는 진秦에 유리할 것이 없습니다"라고 했다. 진秦은 군대를 철수시켰다.

진晋 문공은 자란을 들여보내 태자로 삼으려고 정에 알렸다. 정의 대부 석규石癸가 "제가 듣기에 길씨姞氏는 후직后稷의 원비元妃였고, 그 후손은 흥한다고 합니다. 자란의 어미가 그 후손입니다. 또 부인의 아들은 모두 죽고 남은 아들들도 자란만큼 어질지 못합니다. 지금 포위된 상황은 급하고 진이 요청을 하니 이보다 더 큰 이익이 어디 있겠습니까?"라고 했다.

이에 진晋의 요구를 받아들이고 맹서하여 마침내 자란을 태자로 세웠다. 진晋의 군대가 바로 철수했다.

45년(기원전 628년), 문공이 죽고 아들 자란이 서니 이가 목공繆公이다.

3
목공 이후 쇠약해지는 정나라
◉

목공 원년(기원전 627년) 봄, 진秦 목공繆公이 세 장수에게 군을 거느리고 정을 습격하게 했다. 활에 이르렀을 때 정의 상인 현고弦高를 만났다. 현고는 12마리의 소로 군을 위로하러 왔다고 속였고,[19] 진秦의 군대는 가지도 못하고 돌아갔다. 진晋이 효산殽山에서 (진秦을) 패배시켰다.

당초 한 해 전, 정 문공이 죽었을 때 정의 사성司城[20] 증하繒賀가 정의 정세를 진秦에 팔았기 때문에 진 군대가 온 것이다.

---

19 정나라 상인 현고가 주로 소를 팔러 가다가 진이 정나라를 공격하러 오는 것을 목격했다. 이에 현고는 소 12마리를 끌고 진의 군영을 찾아가 정나라 국군이 진나라 군을 위로하기 위해 자신을 보냈다고 거짓말을 했다. 진은 정나라 공격에 이미 대비하고 있다고 짐작하여 군대를 물렸다. 이를 '현고호사弦高犒師'라고 한다. '현고가 군대를 대접하다'라는 뜻이다.
20 고대의 관직으로 사공司空과 같았다. 춘추시대 송나라 무공武公의 이름이었던 '사공'을 피하여 '사성'으로 바꾸었다. 수리·건축을 관장하는 자리로 금문에는 사공司工으로 나온다.

3년(기원전 625년), 정이 군을 내서 진晉과 함께 진秦을 쳐서 왕汪에서 진秦 군대를 물리쳤다.

한 해 전에는 초의 태자 상신商臣이 그 아버지 성왕成王을 살해하고 뒤를 이었다.

21년(기원전 607년), (상신이) 송의 화원華元과 정을 정벌했다.[21] 화원이 양을 잡아 병사들을 먹이면서 자신의 마부 양짐羊斟에게는 주지 않았다. (양짐이) 화가 나서 마차를 정으로 몰고 가는 바람에 정이 화원을 잡았다. 송이 재물로 화원을 데려오려 했으나 화원이 도망친 뒤였다. 진晉이 조천趙穿에게 군대로 정을 토벌하게 했다.

22년(기원전 606년), 정 목공이 죽고 아들 이夷가 서니 이가 영공靈公이다.

영공 원년(기원전 605년) 봄, 초가 영공에게 자라를 보냈다. 자가子家와 자공子公이 영공에게 조회를 드리려는데 자공의 집게손가락이 움직였다.[22] (자공이) 자가에게 "일전에 보니 집게손가락이 움직이면 틀림없이 기이한 음식이 있더군"이라고 했다. (조정에) 들어가 영공을 보니 자라탕이 올라왔다. 자공이 웃으며 "정말 그렇군!"이라고 했다. 영공이 웃는 까닭을 물으니 영공에게 다 말했다. 영공이 이들을 불러놓고는 (자공에게만) 탕을 주지 않았다. 자공이 화가 나서 손가락으로 자라탕을 찍어 맛을 보고는 나가버렸다. 영공이 노하여 자공을 죽이려 했다. 자공은 자가와 앞서 일을 꾸며 여

---

21 이 전투는 초와 정이 송을 정벌한 것이지 초와 송이 정을 정벌한 것이 아니었다. 사마천의 착오로 보인다.
22 식지동食指動. 음식을 손가락으로 찍어 맛볼 때 집게손가락을 사용하는데, 집게손가락을 뜻하는 '식지食指'가 여기서 나왔다. 그리고 '식지동', 즉 '집게손가락이 움직인다'는 것은 맛있는 것이 생길 징조를 뜻하는 단어가 되었다.

름에 영공을 시해했다.

정 사람들이 영공의 동생 거질去疾을 세우려 하자 거질은 "어진 사람이어야 하는데 저는 불초합니다. 나이에 따라야만 하는데 공자 견堅이 나이가 많습니다"라며 사양했다. 견은 영공의 배다른 동생이자 거질의 형이었다. 이에 공자 견을 세우니 이가 양공襄公이다.

양공이 즉위하여 목씨繆氏를 모조리 제거하려 했다. 목씨가 영공을 죽인 자공의 가족이었기 때문이다. 거질이 "목씨를 기어이 제거하겠다면 제가 떠나겠습니다"라고 하자 그만두고 모두 대부로 삼았다.

양공 원년(기원전 604년), 초는 정이 송의 뇌물을 받고 화원을 놓아준 것에 화가 나서 정을 쳤다. 정이 초를 배반하고 진晉과 화친했다.

5년(기원전 600년), 초가 다시 정을 토벌하자 진晉이 와서 정을 구했다.

6년(기원전 599년), 자가子家가 죽자 나라 사람들이 다시 그 가족을 내쫓았다. 영공을 시해했다는 이유에서였다.

7년(기원전 598년), 정이 진晉과 언릉鄢陵에서 회맹했다.

8년(기원전 597년), 초 장왕莊王이 정이 진晉과 동맹을 맺자 토벌하러 와서는 정을 석 달 동안 포위했다. 정은 도성을 내어주고 초나라에 투항했다. 초 장왕이 황문皇門으로 들어가자 정 양공은 웃통을 벗고 양을 끌고 나와 맞이하면서 "이 몸이 변방의 성읍들을 제대로 돌보지 못해 군왕을 화나게 만들어 여기까지 오게 했으니 이 몸의 죄입니다. 어찌 감히 명을 받들지 않겠습니까? 군왕께서 이 몸을 강남으로 옮기고 제후로 봉해도 오로지 명을 따를 것입니다. 군왕께서 (주 왕실의) 여왕厲王, 선왕宣王과 (저희) 환공桓公, 무공武公을 잊지 않으셨다면 불쌍해서라도 차마 그분들의 사직을 끊을 수 없을 것이니 불모의 땅이라도 내리시어 잘못을 고치고 다시 군왕을 섬기도록 해주심이 이 몸의 소원이긴 합니다만 감히 그렇게 되리라고는 바라지 않겠습니다. 마음에 있는 말을 감히 털어놓았을 뿐 그저 명을 받들 따름입니다"라고 말했다.

장왕은 30리 밖으로 군을 물리고 주둔했다. 초의 신하들이 "영郢에서 여기까지 오느라 사대부들 역시 오래 지쳤습니다. 지금 나라를 얻고도 버리시니 어째서입니까?"라고 하자 장왕은 "(정을) 토벌한 것은 굴복하지 않아서이다. 지금 굴복했으니 뭘 더 바란단 말인가"라 하고는 기어이 철수했다.

진晉은 초가 정을 정벌한다는 소식을 듣고는 군대를 내어 정을 구하러 나섰으나 (장수들의) 의견이 일치되지 않아 늦었다. 황하에 이르렀을 때 초는 이미 가고 없었다. 진晉의 장수 일부는 황하를 건너려 하고, 또 일부는 돌아가려 했으나 결국은 황하를 건넜다. 장왕이 이 소식을 듣고는 (군대를) 돌려 진을 공격했다. 정은 반대로 초를 도와 진의 군대를 황하에서 대파했다.

10년(기원전 595년), 진晉이 정을 토벌하러 나섰다. 진晉을 배반하고 초와 가까워졌기 때문이었다.

11년(기원전 594년), 초 장왕이 송을 토벌하자 송은 진晉에 급하게 알렸다. 진晉 경공景公이 군을 내어 송을 구하려 하자 백종伯宗이 진晉의 국군(경공)에게 "하늘이 바야흐로 초를 돕고 있으니 토벌할 수 없습니다"라고 간했다. 이에 자를 자호子虎라고 하는 곽霍 지역 출신 장사壯士 해양解揚을 구해 초를 속여 송에게 항복하지 말라고 권하도록 했다. (해양이) 정을 지나자 초와 가까운 정은 바로 해양을 잡아 초에 갖다 바쳤다. 초왕이 많은 상을 내리고 약속하며 (해양에게) 말을 바꾸어 송에게 항복을 권하도록 했다. 세 번을 요구하자 (해양이) 허락했다.23

이에 초는 해양을 (망을 보는) 누차樓車[24]에 올려 보내 송에게 고함을 지르게 했다. 이 순간 (해양은) 초와의 약속을 어기고 진晉 국군의 명령이라면서 "진晉이 지금 나라의 군대를 모두 동원하여 송을 구하러 나섰으니 송은 급하더라도 삼가 초에 투항하지 말라. 진晉의 군대가 이제 도착할 것이다!"라고 전달했다.

초 장왕이 크게 노하여 그를 죽이려 했다. 해양은 "군주는 의로움으로 명령을 내릴 수 있어야 하고, 신은 그 명을 믿음으로 받들 수 있어야 합니다.[25] 내 군주의 명을 받고 나왔으니 죽을지언정 명을 버릴 수는 없습니다"라고 했다. 장왕이 "나와 약속해놓고 배신했거늘 너의 믿음이란 것이 어디 있단 말인가?"라고 했다. 해양이 "왕에게 약속한 것은 내 군주의 명령을 이루기 위해서였습니다"라고 했다. 죽음을 앞두고 (해양은) 초의 군대를 돌아보며 "신하 된 자들은 충성을 다하면 죽는다는 것을 잊지 않도록 하라!"고 했다. 초왕의 여러 동생들이 용서하자고 왕에게 권하자 해양을 용서해서 돌려보냈다. 진晉이 (해양에게) 상경의 작위를 내렸다.

18년(기원전 587년), 정 양공이 죽고 아들 도공悼公 비沸가 자리를 이었다.

도공 원년(기원전 586년), 허鄦의 영공靈公이 초에게 정에 대해 나쁜 말을 했다. 도공이 동생 곤輪을 초나라에 보내어 자신을 위해 해명했다. 해명은 먹히지 않았고 초는 곤을 가두었다. 이에 정 도공은 진晉과 강화를 맺으니 두 나라가 다시 친해졌다. 곤은 초의 자반子反과 개인적으로 친했기 때문에

---

23 삼요내허三要乃許. 해양은 일부러 두 차례 거절해 자신의 의지를 밝힘으로써 초왕을 초조하게 만들었고, 세 번 만에 제안을 받아들였다.

24 망루를 세워 적을 내려다볼 수 있는 전차의 일종.

25 능제명위의能制命爲義, 능승명위신能承命爲信.

● (왼쪽) 진秦나라의 침공을 기지로 가로막아 '현고호사' 또는 '현고호군弦高犒軍'(현고가 진나라 군대를 위로하다)이라는 고사를 남긴 정나라 상인 현고弦高. 출처《검협전》.

● (오른쪽) 정자산의 초상화. 자산이 집정하면서 정나라는 안팎으로 안정기를 가질 수 있었다. 출처《三才圖會》, 上海古籍出版社, 1988.

자반이 곤을 정으로 돌아갈 수 있게 했다.

2년(기원전 585년), 초가 정을 정벌하자 진晉의 군대가 와서 구했다. 이해에 도공이 죽고 그 동생 곤이 자리에 오르니 이가 성공成公이다.

성공 3년(기원전 582년), 초 공왕共王이 "정 성공은 이 몸에게는 은덕이 있는 사람이다"라 하고는 사람을 보내 정과 동맹을 맺었는데 성공의 사사로운 동맹이었다.

가을, 성공이 진晉에 조회를 가자 진晉은 "정이 사사로이 초와 동맹했다"면서 그를 억류하고는 난서欒書에게 정을 토벌하게 했다.

4년(기원전 581년) 봄, 정은 진晉이 정을 포위할까 걱정이 되었다. 공자 여如가 성공의 배다른 형 수繻를 국군으로 세웠다. 그해 4월, 진晉은 정이 (새로) 국군을 옹립했다는 소식을 듣고는 바로 성공을 돌려보냈다. 정 사람들이 성공이 돌아온다는 소식을 듣고는 국군 수를 죽이고 성공을 맞아들였다. 진晉의 군대가 돌아갔다.

10년(기원전 575년), (정이) 진晉과의 동맹을 배반하고 초와 동맹했다. 진晉의 여공厲公이 노하여 군을 일으켜 정을 토벌했다. 초 공왕이 정을 구하러 나섰다. 진晉과 초는 언릉鄢陵에서 전투[26]를 벌였고 초의 군대가 패했다. 진晉이 초 공왕의 눈을 쏘아 부상을 입히니 모두 철수하여 돌아갔다.

13년(기원전 572년), 진晉 도공悼公이 정 토벌에 나서 군대를 유수洧水에 주둔시켰다. 정이 성만 지키자 진晉이 떠났다.

14년(기원전 571년), 성공이 죽고 아들 운惲이 서니 이가 이공釐公이다.

이공 5년(기원전 566년), 정의 상相 자사子駟가 이공에게 조회를 드렸는데 이공이 예로 대하지 않았다. 자사가 노하여 주방장을 시켜 약으로 이공을 죽이고는 제후들에게 "이공이 갑자기 병으로 돌아가셨다"고 알렸다. 이공의 아들 가嘉를 세우는데, 그때 가의 나이 다섯이었다. 이가 간공簡公이다.

---

26 기원전 575년 진과 초 사이에 벌어진 '언릉전투'를 말한다. 이 전투에서 진의 장수가 초 공왕에게 활을 쏘아 눈을 명중시켰고, 초는 패하여 돌아갔다. 《좌전》(성공 16년 조)를 비롯하여 〈진세가〉〈초세가〉에도 이 사건이 기록되어 있다.

4

정나라의 내란과 정자산

◉

간공 원년(기원전 565년), 여러 공자들이 상 자사를 죽이려고 모의했는데 자사가 이를 알아채고는 도리어 여러 공자들을 모조리 죽였다.

2년(기원전 564년), 진晉이 정을 정벌했다. 정이 맹서하자 진晉이 철수했다.

겨울, (정이) 다시 초와 동맹했다. 자사가 죽임을 당할까 겁이 나서 진晉·초 두 나라와 모두 가깝게 지냈다.

3년(기원전 563년), 상 자사가 국군으로 자립하려고 하자[27] 공자 자공子孔이 위지尉止를 시켜 자사를 죽이고 그로 대체했다. 자공도 자립하려고 하자 자산子産이 "자사가 잘못해서 죽였는데, 지금 다시 그를 본받으려 하니 이렇게 해서는 난이 가라앉을 날이 없을 것입니다"라 했다. 이에 자공은 그 말에 따랐고, 정 간공의 상이 되었다.

4년(기원전 562년), 진晉은 정이 초와 동맹을 맺은 것에 노하여 정을 정벌하러 나섰다. 초 공왕이 정을 구하러 나서 진晉의 군대를 물리쳤다. 간공이 진과 화평하려 하자 초가 또 정의 사신을 가두었다.

12년(기원전 554년), 간공은 상 자공이 나라 권력을 오로지하는 것에 화가 나서 그를 죽이고 자산을 경으로 삼았다.

19년(기원전 547년), 간공은 진晉에 가서 위衛 국군을 돌려보내달라고 청하고, 자산에게 여섯 개 읍에 봉했으나 자산은 사양하고 세 개 읍만 받았다.

---

27 기원전 563년 정나라에 내란이 일어났다. 자사가 국군이 되려는 야심을 보이자 공자 자공이 위지를 시켜 자사를 죽이고 그 자리에 위지를 앉혔다. 이어 자공도 국군 자리에 욕심을 보이자 자산이 이를 만류하고 나섰다. 자산이 정계에 처음 등장하는데 당시 그의 나이 스물이었다.

22년(기원전 544년), 오吳의 사신 연릉延陵 계자季子가 정에 와서는 마치 오랜 친구처럼 자산을 만나서는 "정의 집정자는 교만하고 사치스러워 재난이 곧 닥칠 것이고 정권은 그대에게 돌아갈 것입니다. 그대가 정치를 맡으면 반드시 예를 지키십시오. 그렇지 않으면 정은 패망할 것입니다"라고 했다. 자산이 계자를 우대했다.

23년(기원전 543년), 여러 공자들이 총애를 다투면서 서로를 죽였고, 또 자산을 죽이려 했다. 어떤 공자가 "자산은 어진 사람이다. 정이 아직 존재하고 있는 것은 자산이 있기 때문이니 그를 죽여서는 안 된다!"라고 하여 곧 멈추었다.

25년(기원전 541년), 정이 자산을 진晉에 사신으로 보내 진 평공平公의 병을 위문했다. 평공이 "점괘에 실침實沈, 대태臺駘가 수작을 부린다고 나왔소. 사관도 잘 몰라서 감히 묻는 것이오"라고 했다. 자산이 이렇게 말했다.

"고신씨高辛氏에게는 두 아들이 있었습니다. 큰아들이 알백閼伯, 작은아들이 실침實沈으로 깊은 숲속에서 살면서 서로 화목하지 못해 매일 무기를 들고 서로를 공격했습니다. 요堯임금이 이들을 미워하여 알백을 상구商丘로 옮겨 진辰이란 별자리에 대한 제사를 주관하게 했습니다. 상 사람들이 이를 이어받았기 때문에 진이란 별자리가 상성商星이란 별자리가 된 것입니다.[28] 실침은 대하大夏로 옮겨 삼參[29]이란 별자리에 제사를 지내도록 했습니다. 당唐 사람들이 이를 이어받아 하夏와 상商을 섬겼고 그 마지막 국군이 당숙우唐叔虞입니다.

---

28 고대사회에서는 별자리를 28수宿라 했다. 진辰은 그중 하나인 심心 자리로 보는데, 상나라 사람이 이 별자리에 제사를 드렸다. 그래서 '상성商星'이라고도 한다.
29 28수 중 하나인 별자리 이름이다.

당시 주 무왕의 부인 읍강邑姜이 대숙大叔을 임신했을 때 꿈에 상제께서 그녀에게 '내가 너의 아들 이름을 우虞로 지어줄 테니 그에게 당唐을 주어 삼이란 별자리에 제사 지내는 일을 맡겨 그 자손을 번식시키도록 하라'고 했습니다. (대숙이) 태어났는데 그 손바닥에 '우虞' 자와 같은 문양[30]이 있어 그렇게 이름을 지었습니다. 그 후 성왕이 당을 멸망시키고 대숙에게 그 나라를 주니 삼 별자리가 진의 별자리가 되었습니다. 이렇게 보면 실침이 삼 별자리의 신령이 됩니다.

옛날에 금천씨金天氏의 후예로 매昧가 있었는데 현명玄冥의 스승이었고, 윤격允格과 대태臺駘를 낳았습니다. 대태가 아버지의 관직과 업을 이어받아 분수汾水와 조수洮水를 소통시키고, 대택大澤을 막아 태원太原에서 살았습니다. 제전욱帝顓頊이 그를 가상히 여겨 분하 유역을 봉지로 주어 나라를 세우게 했습니다. 심沈, 사姒, 욕蓐, 황黃 등이 그의 제사를 받들었습니다. 지금은 진晉이 분하를 장악하고 이들 나라를 멸망시켰습니다. 이렇게 본다면 대태는 분수, 조수의 신령입니다. 그러나 이 두 신령은 국군의 몸을 해칠 수 없습니다. 산천의 신령은 홍수나 가뭄 같은 재해가 발생할 때 그들에게 제사를 드리면 되고, 해와 달 그리고 별의 신령은 비바람이나 서리와 눈이 제 절기에 내리지 않을 때 제사 드리면 되는 것입니다. 국군의 병은 음식과 슬픔, 쾌락, 여색에서 일어납니다."

평공과 숙향叔嚮이 "좋은 말씀입니다. 모든 사물에 밝은 군자시구려!"[31] 라 하고는 자산에게 후한 예물을 주었다.

---

30 진晉나라의 시조인 당숙우가 태어날 때 손바닥에 '우'자와 같은 무늬가 있어 이름을 숙우라 했다는 이야기가 전한다. 〈진세가〉 참고.

27년(기원전 539년) 여름, 정 간공이 진晉에 조회했다.

겨울, 강한 초 영왕靈王이 두려워 다시 초에 조회했다. 자산이 따라갔다.

28년(기원전 538년), 정의 국군이 병이 나자 자산에게 제후들과 만나고 초 영왕과 신申에서 회맹했는데, (이 자리에서 초 영왕은) 제의 경봉을 죽였다.

36년(기원전 530년), 정 간공이 죽고 아들 정공定公 녕寧이 들어섰다.

가을, 정공이 진晉 소공昭公에게 조회했다.

정공 원년(기원전 529년), 초 공자 기질棄疾이 그 군주 영공을 시해하고 자립하니 이가 평왕平王이다. (평왕은) 제후들에게 덕을 베풀려고 영왕이 침탈한 정의 땅을 돌려주었다.

4년(기원전 526년), 진晉 소공이 죽자 그 6경六卿 세력이 강해지고 공실은 약해졌다. 자산이 한선자韓宣子에게 "정치는 반드시 덕으로 해야 하고, 무엇에 의지해서 서는 것인지 잊어서는 안 되오"[32]라 했다.

6년(기원전 524년), 정에 화재가 발생하자[33] 정공이 그것을 막고자 했다. 자산이 "덕을 닦느니만 못합니다"라 했다.

8년(기원전 522년), 초의 태자 건建이 도망쳐 왔다.

10년(기원전 520년), 태자 건이 진晉과 짜고 정을 습격했다. 정이 건을 죽이자 건의 아들 승勝은 오로 달아났다.

---

31 박물군자博物君子. 진晉의 대부 숙향叔向 등이 정자산을 두고 한 평가로 모든 사물의 이치에 두루 밝은 군자란 뜻이다. '박물군자'는 오나라 연릉 계자 계찰季札에 대해서도 적용된 바 있다. 〈오태백세가〉 참고.

32 위정필이덕爲政必以德, 무망소이립毋忘所以立. 자산의 정치철학을 잘 드러내는 말이다. 《좌전》에는 이 대목이 보이지 않는다. 사마천이 다른 자료를 참고한 것으로 추정된다.

33 기원전 524년에 큰 화재가 발생했다. 화재는 정나라만 아니라 송宋, 위衛, 진陳, 허許 등에까지 번졌던 것으로 보이는데, 진과 허는 상응한 조치를 취하지 못했거나 않았던 것 같다.

● 정자산의 무덤으로 전하는 자산묘. 하남성 신정시에 소재한다.

11년(기원전 519년), 정공이 진晉에 갔다. 진은 정과 모의하여 주의 난신을 죽이고 경왕敬王을 주로 들여보냈다.

13년(기원전 517년)³⁴, 정공이 죽고 아들 헌공獻公 채蠆가 들어섰다.

헌공이 13년(기원전 501년) 만에 죽고 아들 성공聲公 승勝이 들어섰다. 이때 진晉의 6경이 강대해져³⁵ 정을 침탈하자 정이 쇠약해졌다.

---

34 〈십이제후연표〉에는 16년으로 나온다. 대체로 16년, 즉 기원전 514년이 맞는 것으로 본다.

35 6경卿은 진晉에서 대대로 큰 영향력을 발휘해온 여섯 가문으로 범씨范氏, 중항씨中行氏, 지씨知氏, 한씨韓氏, 조씨趙氏, 위씨魏氏를 말한다. 이 여섯 가문이 이 무렵 진의 공실을 압도할 정도로 그 세력이 커졌고, 훗날 기원전 403년 다시 한·조·위 세 집안이 나라를 꾸려 독립한다. 이것이 '삼가분진三家分晉'이고 전국시대의 시작을 알리는 지표가 되는 사건이기도 하다.

성공 5년(기원전 496년), 정의 상 자산이 죽었다.[36] 정 사람들이 마치 친척이 죽은 것처럼 통곡했다. 자산은 정 성공의 작은아들이었다. 위인이 어질고 사람을 사랑했으며, 군주를 충성으로 모셨다. 공자가 일찍이 정을 지나간 적이 있는데 자산과 형제 같았다고 한다.[37] 자산이 죽었다는 소식을 듣고는 공자孔子는 눈물을 흘리며 "옛 유풍처럼 어질었던 사람이다"[38]라고 했다.

5
정나라의 몰락과 멸망
◉

8년(기원전 493년), 진晉의 범씨范氏와 중항씨中行氏가 진에서 난을 일으켰다가 정에 위급함을 알리자 정이 그들을 구원했다. 진晉이 정을 정벌하러 나서 철구鐵丘에서 정의 군대를 물리쳤다.

14년(기원전 487년), 송 경공景公이 조曹를 멸망시켰다.

20년(기원전 481년), 제의 전상田常이 그 국군 간공簡公을 시해했다. 전상이 제의 재상이 되었다.

22년(기원전 479년), 초 혜왕惠王이 진陳을 멸망시켰다. 공자孔子가 세상을

---

36 정자산은 정나라 역사를 통해 가장 중요한 인물이었다. 대체로 기원전 582년에 태어나 기원전 522년에 세상을 떠난 것으로 본다. 그가 정계에 등장하여 세상을 떠나기까지 약 40년은 정나라 역사에서 가장 안정된 시기였다. 아울러 자산의 주도로 정치, 경제, 군사 방면에서 여러 가지 개혁을 이루어냈다. 자세한 것은 〈정세가〉 말미에 참고자료로 제시한 '정자산 연표' 참고.
37 자산이 세상을 떠났을 무렵 공자의 나이는 서른이었고, 〈공자세가〉에 따르면 공자가 정나라를 방문한 것은 자산이 죽은 뒤였다. 따라서 마치 두 사람이 만난 것처럼 기록한 이 대목은 의심스럽다.
38 고지유애야古之遺愛也. 자산에 대한 공자의 논평으로, 자산이 고인의 유풍을 간직했다는 칭찬이다. 《좌전》에 보인다.

떠났다.

36년(기원전 465)년), 진晉의 지백知伯이 정을 토벌하여 9개 읍을 탈취했다.

37년(기원전 474년),[39] 성공이 죽고 아들 애공哀公 역易이 왕위에 올랐다.

애공 8년(기원전 455년), 정 사람들이 애공을 시해하고 성공의 동생 축丑을 세우니 이가 공공共公이다.

공공 3년(기원전 452년), 삼진三晉이 지백을 멸망시켰다.

31년(기원전 424년), 공공이 죽자 아들 유공幽公 이已가 들어섰다.

유공 원년(기원전 423년), 한무자韓武子가 정을 토벌하여 유공을 죽였다. 정 사람들이 유공의 동생 태駘를 세우니 이가 수공繻公이다.

수공 15년(기원전 408년), 한 경후景侯가 정을 정벌하여 옹구雍丘를 탈취했다. 정이 도읍의 성을 수축했다.

16년(기원전 407년), 정이 한韓을 정벌하여 부서負黍에서 한의 군대를 물리쳤다.

20년(기원전 403년), 한·위魏·조趙 삼진이 제후의 반열에 올랐다.[40]

23년(기원전 400년), 정이 한의 양책陽翟을 포위했다.

25년(기원전 398년), 정의 국군(수공)이 그 상 자양子陽을 죽였다.

27년(기원전 396년), 자양의 당파가 함께 수공 태를 시해하고 유공의 동생 을乙을 세우니 이가 정군鄭君이다.

정군 2년(기원전 394년), 정의 부서가 반란을 일으켜 정군 을이 다시 한에 되돌아갔다.

---

39 〈십이국제후연표〉와 〈육국연표〉에는 모두 38년, 기원전 463년으로 나온다.
40 기원전 403년에 있었던 '삼가분진'을 말한다.

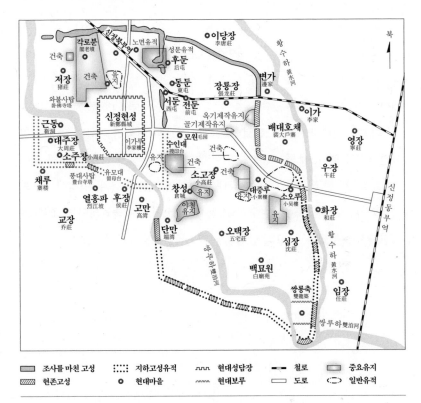

북

각로분
閣老墳
건축
저장
猪莊
건축
와불사탑
卧佛寺塔
▲

신정복부성
노면유적
성문유적
후둔
后屯

이당장
李唐莊

황수하
黃水河

동둔
東屯
서둔
西屯
전둔
前屯

장룡장
張龙莊
변가
邊家

신정현성
新鄭縣城

옥기제작유지
골기제작유지

이가
李家

배대호채
裵大戶寨

영장
寧莊

근동
新洞
대주장
大周莊
소주장
小周莊

이가루
李家樓

모원 毛园
수인대
搜印台
건축

우장
牛莊

채루
寨樓

풍대사탑
豐台寺塔
유모대
留母台

유지

건축

소고장
小高莊
건축

대중루
小衆樓
소오루
小吳樓

화장
和莊

열홍파
烈江坡
후장
侯莊

창성
昌城

유지

철장
鐵莊

황수하
黃水河

교장
乔莊

고만
高湾

단만
端湾

오택장
五宅莊

심장
沈莊

임장
任莊

백묘원
白廟苑

신정동부역

쌍룡축
雙龍築

쌍루하
雙洎河

황루하
黃洎河

범례

▭ 조사를 마친 고성 ⋮⋮⋮⋮ 지하고성유적 ∿∿∿ 현대성담장 ▬ 철로 ▭ 중요유지

▨ 현존고성 ● 현대마을 ∿∿ 현대보루 ▭ 도로 ⟨⟩ 일반유적

◉ 정한고성과 그 주변 유적지들을 나타낸 평면도.

11년(기원전 385년), 한이 정을 정벌하여 양성陽城을 탈취했다.

21년(기원전 375년), 한 애후哀侯가 정을 멸망시키고 나라를 합병했다.

6
사마천의 논평

⊙

태사공은 이렇게 말한다.

"속담에 '권세와 이익으로 결합한 자는 권세와 이익이 다하면 관계도 멀어진다'[41]고 했다. 보하甫瑕(보가)가 이랬다. 보하는 정자鄭子를 살해하고 여공厲公을 맞아들였지만, 여공은 끝내 배신하여 그를 죽였다. 이것이 진晉의 이극里克과 무엇이 다른가? 순식荀息은 절개를 지키고 죽었지만 해제奚齊를 보전하지는 못했다. 변고의 발생은 여러 원인이 있기 마련이다."

---

[41] 이권리합자以權利合者, 권리진이교소權利盡而交疏. 권력의 속성, 민심과 세태의 본질을 통찰한 사마천의 진단이자 명언이다. 조선시대 추사 김정희는 '세한도'를 그리면서 이 구절을 발문에 인용한 바 있다.

정리의 기술

⊙

⊙

⊛ 〈정세가〉에 등장하는 명언·명구의 재발견

• 사군무이심事君無二心, 인신지직야人臣之職也 "군주를 두 마음으로 섬기지 않는 것이 신하 된 사람의 직책입니다." 여공의 큰아버지 원이 자신을 원망하는 여공에게 이 말을 남기고 자살했다. 《관자管子》(소광小匡 제20)에 '사군무이심'이란 구절이 보인다.

• 중덕불보重德不報 "큰 덕은 보답을 받지 못한다." 여공을 옹립했던 보가(또는 보하)가 여공에게 배신당해 죽임을 당하게 되었을 때 한 말이다.

• 식지동食指動 "집게손가락이 움직였다." 음식을 손가락으로 찍어 맛볼 때 집게손가락을 사용하는데, 집게손가락을 뜻하는 '식지食指'가 여기서 나왔다. 그리고 '식지동', 즉 '집게손가락이 움직인다'는 것은 맛있는 것이 생길 징조를 뜻하는 단어가 되었다.

• 삼요내허三要乃許 "세 번을 요구하자 (해양이) 허락했다." 해양은 일부러 두 차례 거절해 자신의 의지를 밝힘으로써 초왕을 초조하게 만들었고, 세 번 만에 제안을

받아들였다.

- 능제명위의能制命爲義, 능승명위신能承命爲信 "군주는 의로움으로 명령을 내릴 수 있어야 하고, 신은 그 명을 믿음으로 받들 수 있어야 합니다." 초왕이 배신한 해양을 죽이려 하자 해양이 자신의 군주의 명을 버릴 수 없다며 한 말이다.

- 박물군자博物君子 "모든 사물에 밝은 군자시구려." 진晉의 대부 숙향叔向 등이 정자산을 두고 한 평가로 모든 사물의 이치에 두루 밝은 군자란 뜻이다. '박물군자'는 오나라 연릉 계자 계찰季札에 대해서도 적용된 바 있다. 〈오태백세가〉 참고.

- 위정필이덕爲政必以德, 무망소이립毋忘所以立 "정치는 반드시 덕으로 해야 하고, 무엇에 의지해서 서는 것인지 잊어서는 안 되오." 자산의 정치철학을 잘 드러내는 명언이다. 《좌전》에 이 대목은 보이지 않는다. 사마천이 다른 자료를 참고한 것으로 추정된다.

- 고지유애야古之遺愛也 "옛 유풍처럼 어질었던 사람이다." 자산에 대한 공자의 논평으로 자산이 고인이 유풍을 간직했다는 칭찬이다. 《좌전》에 보인다.

• 이권리합자以權利合者, 권리진이교소權利盡而交疏 "권세와 이익으로 결합한 자는 권세와 이익이 다하면 관계도 멀어진다." 권력의 속성, 민심과 세태의 본질을 통찰한 사마천의 진단이자 명언이다. 조선시대 추사 김정희는 '세한도'를 그리면서 이 구절을 발문에 인용했다.

⊙ 〈정세가〉에 등장하는 인물 정보

이름	시대	내용	출전
환공桓公	서주 정鄭	주 선왕의 동모제로 이름은 우友이고 정나라의 시조이다.	〈십이제후연표〉
여왕(厲王, 재위 850~847)	서주	주 이왕 아들로 쫓겨나 기원전 828년 체彘에서 죽었다.	〈주본기〉
선왕(宣王, 재위 827~782)	서주	주 여왕 아들로 이름은 정靜이다.	〈주본기〉
유왕(幽王, 재위 781~771)	서주	주 선왕 아들로 이름은 생湦(또는 궁생宮湦)이다. 피살되어 서주가 망했다.	〈주본기〉
포사褒姒	서주	포국 여자로 유왕의 총애를 받아 왕후가 되었으나 유왕과 함께 피살되었다.	〈주본기〉
태사 백太史伯	서주	주 대부로 사백史伯, 백양伯陽, 백양보伯陽甫 등으로 나온다. 정나라의 미래를 예견했다.	《국어》 〈주본기〉
축융祝融	전설 시대	전설 속 초의 선조로 이름은 중려重黎이다. 제전욱의 후손으로 제곡 고신 때 화정으로 공을 세워 축융이라 불렀다.	〈초세가〉
고신씨高辛氏	전설 시대	저설 속 제왕으로 황제 증손 제곡을 말한다. 전욱의 뒤를 이었다.	〈오제본기〉
백이伯夷	전설 시대	요, 순의 신하로 예의제도를 관장했다. 강姜 성의 조상으로 알려졌다.	〈오제본기〉 〈제태공세가〉
요堯	전설 시대	전설 속 제왕으로 5제의 한 사람. 순에게 선양했다.	〈오제본기〉 외
백예伯翳	전설 시대	요, 순의 신하로 산림과 연못을 관장했다. 영嬴 성의 조상으로 알려졌다.	〈오제본기〉
순舜	전설 시대	전설 속 제왕으로 5제의 한 사람. 우에게 선양했다.	〈오제본기〉 〈하본기〉
무왕(武王, ?~1043)	서주	주 문왕 창昌의 아들로 주 왕조 건립자이다. 이름은 발發이다.	〈은본기〉 〈주본기〉
주왕紂王	상은	상은의 마지막 임금. 폭정으로 나라가 망했다. 제신帝후으로 불린다.	〈은본기〉 〈주본기〉
성왕(成王, 재위 1042~1021)	서주	무왕 아들로 이름은 송誦. 재위 초반 숙부 주공周公이 섭정했다.	〈주본기〉
숙우(叔虞)	서주	성왕 동생 당숙우唐叔虞로 진晉의 시조가 된다.	〈진세가〉
무공(武公, 770~744)	동주 정	정 환공 아들로 이름은 굴돌掘突. 주 유왕과 환공이 피살되어 추대된다.	〈주본기〉 〈정세가〉

신후申侯	동주 신申	강姜 성의 신국申國의 제후. 백이의 후예로도 전해진 다. 초에 망했다.	
무강武姜	동주 신申	신후의 딸로 무공에게 시집와 두 아들을 낳은 것으로 기록되어 있다.	〈십이제후연표〉
숙단叔段	동주 정	무공의 작은아들로 무강의 총애를 받았다.	
장공(莊公, 재위 743~701)	동주 정	무공 태자로 이름은 오생寤生이다.	
제중祭仲	동주 정	정의 경으로 이름은 족足. 제祭 땅을 식읍으로 받아 제중이라 불렸다.	
고숙考叔	동주 정	정의 귀족으로 영곡潁谷이 봉지여서 영고숙이라 불 렸다. 기원전 712년 허許 정벌 때 전사했다.	《등봉현지登封縣 誌》에 무덤에 관 한 기록이 보인다.
목공(繆公, 재위 728~720)	동주 송宋	목공穆公으로도 쓰고, 이름은 화和이다. 무공武公 아 들이자 선공宣公의 동생이다.	〈송미자세가〉
장공(莊公, 재위 710~692)	동주 송宋	송 목공 아들로 목공이 선공의 아들을 세우자 정으 로 도망쳐 온다. 그 뒤 돌아가 즉위한다. 이름은 풍馮 이다.	〈송미자세가〉
주우州吁	동주 위衛	위 장공의 서자이자 환공의 배다른 동생으로 장공의 총애를 받았다.	〈위강숙세가〉
환공(桓公, 재위 734~719)	동주 위衛	위 국군으로 이름은 완完이다.	〈위강숙세가〉
주 환왕(桓王, 재위 719~697)	동주	동주 국군. 평왕의 손자로 이름은 임林이다.	〈위강숙세가〉
공보孔父	동주	동주 종실로 이름은 가嘉이다. 공자의 선조로 알 려져 있다.	《좌전》
고거미高渠彌	동주	동주 대신으로 환왕, 제중과 정 토벌에 나섰다(수갈 繻葛 전투).	《좌전》
축첨祝瞻	동주 정	정 대부로 수갈전투에서 주 환왕에게 부상을 입혔다. 《좌전》에는 축담祝聃으로 나온다.	《좌전》
제 이공釐公	동주 제齊	제 장공 아들로 이름은 녹보祿甫 또는 녹보緣父이다.	〈제태공세가〉 《좌전》
소공(昭公, 재위 696~695)	동주 정	정 장공의 아들로 이름은 홀忽이다.	

옹규雍糾	동주 정	제중의 사위로 여공과 모의해 제중을 제거하려다 제중에게 죽임을 당한다.	
단백單伯	동주 정	정 대부로 역樂을 지켰다.《좌전》에는 단백檀伯으로 기록되어 있다.	《좌전》
자미子亹	동주 정	소공의 동생으로 시호가 없다.	
제 양공 (襄公, 697~686)	동주 제	제 국군으로 수지首止에서 회맹을 주도했다.	〈제태공세가〉
정자영鄭子嬰	동주 정	자미 동생.《좌전》에는 이름이 의儀여서 다른 인물로 보기도 한다.	《좌전》
팽생彭生	동주 제	제나라 역사로 노 환공의 뼈를 으스러뜨려 죽였다.	〈노세가〉 《좌전》
관지보管至父	동주 제	제나라 대부	〈노세가〉 《좌전》
장만長萬	동주 송	송 대부로 남궁장만南宮長萬이라고도 한다. 송 민공湣公을 시해했다.	《좌전》
민공 (湣公, 691~682)	동주 송	송 국군. 장공 아들로 이름은 첩捷이다. 남궁장만에게 시해되었다.	
보가甫假	동주 정	정 대부.《좌전》에는 보하甫瑕로 나오고 내용도 다소 차이가 난다.	《좌전》
원原	동주 정	여공의 큰아버지로 나오나《좌전》과 다소 차이가 난다.	《좌전》
혜왕(惠王, 재위 676~652)	동주	주 민왕의 아들로 이름은 랑閬 또는 무량毋涼이다.	〈주본기〉
퇴頹	동주	주 민왕의 배다른 동생이자 혜왕의 숙부이다.	
괵숙虢叔	동주	주 왕실 경사卿士로 괵임보虢林父의 아들이다.	《좌전》
문공(文公, 재위 672~628)	동주 정	정나라 국군으로 이름은 첩踕이다.	
연길燕姞	동주 정	정 문공의 첩	
백조伯儵	동주 정	남연南燕의 선조로서 연길의 조상이다.	
난蘭	동주 정	정 문공의 아들로 무공으로 즉위한다.	

중이(重耳, 재위 636~628)	동주 진晉	훗날 진 문공文公의 이름. 당시 망명 중이었다. 춘추 오패의 하나이다.	〈진세가〉
숙첨叔詹	동주 정	정 대부로 정 문공의 동생이라는 설이 있다.	
주 양왕(襄王, 재위 651~619)	동주	주 혜왕의 아들로 이름은 정鄭이다.	〈주본기〉
백복伯犕	동주	주 양왕의 대신	
진秦 목공(穆公, 재위 659~621)	동주 진	서방 진의 국군으로 이름은 임호任好이다. 춘추오패의 하나이다.	〈진본기〉
석규石癸	동주 정	정 대부로 석갑보石甲父라고도 했다.	
후직后稷	전설	전설 속 주周의 시조이자 농사의 신이다.	
목공(繆公, 재위 627~606)	동주 정	정 국군으로 이름은 자란子蘭이다.	
현고弦高	동주 정	정의 상인으로 위기에 빠진 정나라를 구했다.	
증하繒賀	동주 정	정나라의 사성司城 벼슬에 있던 인물이다.	
목왕(繆王, 재위 625~614)	동주 초	훗날 초의 목왕으로 이름은 상신商臣이다. 성왕을 시해하고 즉위했다.	〈초세가〉
성왕(成王, 재위 671~626)	동주 초	초의 왕. 문왕의 아들로 이름은 운惲이다. 태자 상신을 죽이려다 시해되었다.	〈초세가〉
화원華元	동주 송	송의 여러 경들 중 하나로 당시 우사右師 벼슬을 맡았다.	〈송미자세가〉
양짐羊斟	동주 송	화원의 마부로 화원에 원한을 품고 정의 포로가 되게 했다.	〈송미자세가〉
조천趙穿	동주 진晉	진 대부로 실권자 조돈趙盾의 배다른 동생이다.	〈진세가〉
영공 (靈公, 재위 605)	동주 정	정 국군으로 목공의 아들이다. 이름은 이夷이다.	
자가子家	동주 정	정의 공실 대부인 공자 귀생歸生	
자공子公	동주 정	정의 공실 대부인 공자 송宋	

권42 정세가

거질去疾	동주 정	정 목공의 서자로 자는 자량子良이다.	
양공 (襄公, 604~587)	동주 정	영공의 배다른 동생으로 이름은 견堅이다.	
장왕 (莊王, 613~591)	동주 초	초 목왕 아들로 춘추오패의 하나이다.	〈초세가〉
경공(景公, 재위 599~581)	동주 진晉	진 성공 아들로 이름은 거据이다.	〈진세가〉
백종伯宗	동주 진晉	진 대부로 손백규孫伯糾의 아들이다.	〈진세가〉
해양解揚	동주 진晉	진의 장사로 자가 자호子虎이다.	〈진세가〉
도공(悼公, 재위 586~585)	동주 정	정 양공 아들로 이름은 비沸이다.	
영공 (靈公, 591~547)	동주 허鄦	허 국군으로 이름은 영寧이다. 혐공獵公으로도 나온 다.	
자반子反	동주 초	초의 대신	〈초세가〉
성공(成公, 재위 584~571)	동주 정	정 도공 동생으로 이름은 곤睔이다.	
공왕(共王, 재위 590~560)	동주 초	초 장왕 아들로 이름은 심審이다.	〈초세가〉
난서欒書	동주 진晉	진의 경으로 난돈欒盾의 아들이다. 시호가 무武여서 난무자欒武子라고도 했다.	〈진세가〉
수繻	동주 정	정 성공의 배다른 형으로 기원전 581년 국군 자리에 올랐다 피살되었다.	
희공(釐公, 재위 570~566)	동주 정	정 성공 아들로 이름은 운惲이다.	
자사子駟	동주 정	정의 상相, 정 목공의 아들로 이름은 비騑이다.	
간공(簡公, 재위 565~530)	동주 정	정 희공 아들로 이름은 가嘉이다.	
자공子孔	동주 정	정 목공 아들로 공실의 대부이다.	
위지尉止	동주 정	정의 대부	

자산 (子産, 약582~522)	동주 정	정 목공 손자로 이름은 교교僑이다. 40년 국정을 이끌 며 정나라를 안정시킨 정치가로 후대에 높은 평가를 얻었다.	〈순리열전〉
계자季子	동주 오吳	오왕 수몽壽夢의 작은아들로 이름은 찰札이다. 연릉 延陵에 봉해져 연릉계자로 불렸다.	〈오태백세가〉
평공(平公, 재위 557~532)	동주 진晉	진 도공 아들로 이름은 표彪이다.	〈진세가〉
실침實沈 대태臺駘 알백閼伯	전설 시대	전설 속 고신씨 아들들로 서로 화목하게 지내지 못하 고 싸운 것으로 알려져 있다.	《좌전》
읍강邑姜	서주	강태공 딸로 주 무왕의 아내가 되었다고 한다.	〈주본기〉
금천씨金天氏	전설 시대	전설 속 제왕인 소호少皞의 호칭	
매昧 현명玄冥 윤격允格	전설 시대	전설 속 인물들로 매는 현명의 스승이고 윤격과 대태 를 낳았다.	
제전욱帝顓頊	전설 시대	전설 속 제왕 고양씨高陽氏	
숙향叔嚮	동주 진晉	진 대부로 양설씨羊舌氏이다. 숙향은 자이다.	〈진세가〉
경봉慶封	동주 제	제 대부로 자는 자가子家이다.	〈제태공세가〉
소공(昭公, 재위 531~526)	동주 진晉	진 평공 아들로 이름은 이夷이다.	〈진세가〉
평왕(平王, 재위 528~516)	동주 초	초 강왕 아들이자 영왕 동생으로 이름은 기질棄疾이 다.	〈초세가〉
한선자 (韓宣子, ?~514)	동주 정	정의 중군장中軍將으로 국정을 관장했다.	《좌전》
건建	동주 초 오	초 평왕 태자로 대신 오자서와 함께 오로 망명했다.	〈초세가〉 〈오태백세가〉 〈오자서열전〉
승勝	동주 초 오	초 태자 건의 아들	〈초세가〉 〈오태백세가〉 〈오자서열전〉
경왕(敬王, 재위 519~476)	동주	주 경왕景王의 아들로 이름은 개匃이다.	〈주본기〉

헌공(獻公, 재위 513~501)	동주 정	정 정공 아들로 이름은 채蠆이다.	
성공 (聲公, 500~463)	동주 정	정 헌공 아들로 이름은 승勝이다.	
범씨范氏 중항씨中行氏	동주 진晉	진의 양대 가문으로 범길석范吉射과 중항인中行寅을 가리킨다.	〈진세가〉
경공 (景公, 516~469)	동주 송	송 원공 아들로 이름은 난欒이다.	
전상田常	동주 제	제나라의 실력자로 진상陳常으로도 쓴다.	〈제태공세가〉 〈전경중완세가〉
간공 (簡公, 484~481)	동주 제	제 도공 아들로 이름은 임壬이다.	〈제태공세가〉 《좌전》 〈전경중완세가〉
혜왕(惠王, 재위 488~432)	동주 초	초 소왕 아들로 이름은 장章이다.	〈초세가〉
지백知伯	동주 진晉	진 6경의 하나로 순씨荀氏의 후손이다.	〈진세가〉
애공(哀公, 재위 462~455)	동주 정	정 성공 아들로 이름은 역易이다.	
공공(共公, 재위 454~424)	동주 정	정 성공 동생으로 이름은 축丑이다.	
유공 (幽公, 재위 423)	동주 정	정 공공 아들로 이름은 이已이다.	
한무자(韓武子, 재위 424~409)	동주 한韓	한 국군으로 한강자韓康子의 아들이다. 정을 공격 유공을 죽였다.	〈한세가〉
수공(繻公, 재위 422~396)	동주 정	정 유공 동생으로 이름은 태駘이다.	
경후(景侯, 재위 408~400)	동주 한	한 무자 아들로 정을 공격했다.	〈한세가〉
자양子陽	동주 정	정의 집정 대부	
정군(鄭君, 재위 395~375)	동주 정	정 유공 동생으로 정의 마지막 국군이다. 이름은 을乙이다.	
애후(哀侯, 재위 376~371)	동주 한	한 문후 아들로 이름은 원元이다.	〈한세가〉

이극里克	동주 진晉	진 대부로 해제와 도자를 살해하고 중이(문공)를 맞	〈진세가〉
순식荀息	동주 진晉	진 대부로 해제를 옹립하려다 살해당했다.	〈진세가〉
해제奚齊	동주 진晉	진 헌공 총비 여희의 아들로 이극에서 피살당했다.	〈진세가〉

- 진한 글자는 정나라 역사에 직접 관련된 인물을 표시한 것이다.
- 이름 항목의 연도 표시 중 '재위'라고 기재되지 않은 것은 생몰 연도이다.
- 연도는 모두 기원전이다.

● 〈정세가〉에 등장하는 지역·지리 정보

지명	당시 현황	현재의 지리 정보
정鄭	정나라 건국 당시 거점	섬서성 화현華縣 동쪽
포襃	제후국	섬서성 면현勉縣 동쪽(고성)
괵虢	제후국	하남성 형양시滎陽市 동북
회鄶	제후국	하남성 밀현密縣 동남(고성)
당唐	제후국	산서성 익성翼城과 곡옥曲沃 두 현 사이
여산驪山	봉수대, 주 유왕 피살처	섬서성 임동臨潼 동남
신申	제후국	섬서성, 산서성 사이
경京	정국 도읍 고성	하남성 형양시 20리 포향鋪鄕 왕채촌王寨村
언鄢	정의 읍	하남성 언릉현鄢陵縣 서북
공共	공백화共伯和의 봉국	하남성 휘현輝縣(고성)
성영城潁	정의 읍	하남성 임영현臨潁縣 서북
영곡潁谷	영고숙의 봉읍	하남성 등봉현登封縣 서쪽
송宋	제후국	하남성 상구현商丘縣 남쪽(고성)
위衛	제후국	하남성 기현淇縣(고성)
팽읍祊邑	태산 제사용 정의 탕목읍	산동성 비현費縣 동남
허전許田	노魯의 읍	하남성 허창시許昌市 동남
등鄧	국명. 초에 망했다.	호북성 양번시襄樊市 북쪽(고성)
역櫟	정의 읍	하남성 우현禹縣
수지首止	위衛의 읍	하남성 수현睢縣 동남
연燕	국명. 남연南燕으로 추정	하남성 연진현延津縣 동북(고성)
온溫	정의 읍	하남성 온현溫縣 서남
소릉召陵	초의 읍	하남성 언성현鄢城縣 동쪽
활滑	국명	하남성 수현 서북 ~ 언사 동남(비費)
범氾	정의 읍	하남성 양성현襄城縣 남쪽
효산崤山	산 이름	하남성 낙녕현洛寧縣 서북 진령秦嶺 동단의 지맥
영郢	초의 도성	호북성 강릉江陵 서북 기남성紀南城

허鄦	허국許國	하남성 허창許昌 동쪽(고성)
유수洧水	물 이름	하남성 쌍계하雙洎河
연릉延陵	오 계찰의 봉지	강소성 상주常州
상구商丘	송의 도읍	하남성 상구현 성 남부
대하大夏	지명	산서성 익성현翼城縣 서쪽 분수汾水와 회수澮水 사이
분수汾水	물 이름	산서성 경내를 흐르는 강
조수洮水	물 이름	산서성 경내의 속수하涑水河
태원太原	진晉의 지명	산서성 태원시
심沈 사姒 욕蓐 황黃	소국 이름	위치 불명
철구鐵丘	정의 읍	하남성 복양濮陽 서북
조曹	정의 읍	산동성 정도定陶 서남
진陳	한韓의 읍	하남성 수양현
옹구雍丘	정의 읍	하남성 기현杞縣 성관진성關鎭(고성)
부서負黍	정의 읍	하남성 등봉현 서남 대금점향大金店鄕(고성)
양책陽翟	정의 읍	하남성 우현
양성陽城	정의 읍	하남성 등봉현 동남 고성향告成鄕(고성)

◉

정자산鄭子産 연표

◉

이 연표는 정나라 역사에서 가장 중요한 비중과 역할을 차지하는 정자산을 중심으로 그 당시 정나라와 국제 정세의 흐름을 파악하는 데 도움을 주기 위해 작성되었다. 《좌전》을 중심으로 《사기》 기록들을 기초로 하여 연대순으로 정리했다. 연도와 함께 기재된 나이 표시는 정자산의 나이이다.

• 기원전 약 582년(정 성공成公 3년, 노 성공 9년) 1세 정나라 귀족 가문에서 태어 남. 아버지는 자국子國으로 정 목공穆公의 아들이다. | 봄, 정 성공이 초 공자를 등 鄧에서 만났다. | 가을, 정 성공이 진晉을 방문하자 진은 성공을 억류하고 정나라 를 정벌했다.

• 기원전 581년(정 성공 4년, 노 성공 10년) 2세 5월, 진이 제후들을 이끌고 정나라 를 정벌했다.

• 기원전 578년(정 성공 7년, 노 성공 13년) 5세 정이 진晉과 함께 진秦을 정벌했다. | 정 공자 자반子班이 자인子印, 자우子羽를 죽였다. 자사子駟가 국인을 이끌고 공 자 자반과 손숙孫叔 등을 죽였다.

- 기원전 577년(정 성공 8년, 노 성공 14년) 6세 정이 허許를 정벌했으나 패했다. 성공이 다시 정벌하여 굴복시켰다.
- 기원전 576년(정 성공 9년, 노 성공 15년) 7세 정 성공이 제후들과 척戚에서 회맹했다. ㅣ 초가 정을 정벌했다.
- 기원전 575년(정 성공 10년, 노 성공 16년) 8세 봄, 정이 진晉을 배반하고 초를 따랐다. ㅣ 6월, 진晉이 정을 공격하자 초가 정을 구원하여 언릉鄢陵에서 전투가 벌어져 초가 패했다. ㅣ 위衛가 진을 위해 정을 공격했다.
- 기원전 574년(정 성공 11년, 노 성공 17년) 9세 봄, 정이 진晉을 침공하자 위衛가 진을 구원하러 정을 공격했다. ㅣ 겨울, 노가 제후들과 정을 정벌하여 곡유曲洧에 이르렀다. 초가 정을 구원했다.
- 기원전 573년(정 성공 12년, 노 성공 18년) 10세 6월, 정이 송을 침공하여 송의 도성 문앞까지 이르렀다.
- 기원전 572년(정 성공 13년, 노 양공 원년) 11세 진晉이 정을 정벌하여 유수洧水에서 전투가 벌어져 정의 보병이 패배했다. 초가 정을 구원했다. ㅣ 정이 송을 침공하여 복구伏丘를 취했다.
- 기원전 571년(정 성공 14년, 노 양공 2년) 12세 봄, 정이 송을 정벌했다. ㅣ 6월, 정 성공이 죽고 자운(子惲, 희공僖公)이 즉위했다. 자한子罕과 자사가 국정을 맡고, 자국子國이 사마가 되었다. ㅣ 진晉이 정을 침공하자 대부들이 진을 따르고자 했으나 자사는 반대했다. 척에서 회맹이 열렸다. 진 맹헌자孟獻子가 호뢰虎牢에 성을 쌓자며 정을 압박했다. ㅣ 겨울, 다시 척에서 회맹했다. 호뢰성이 완성되었다.
- 기원전 570년(정 희공 원년, 노 양공 3년) 13세 6월, 정이 진晉에 붙어 계택鷄澤에서 회맹했다.
- 기원전 568년(정 희공 3년, 노 양공 5년) 15세 여름, 정백(희공)이 자국을 노나라에 사신으로 보내 새 군주의 즉위를 통보했다. ㅣ 9월, 정백이 진晉을 따라 제후들과 척에서 회맹했다.

- 기원전 566년(정 희공 5년, 노 양공 7년) 17세 정 희공이 무례하여 충고했으나 듣지 않고, 다시 충고하자 죽였다. 자사가 밤중에 희공을 시해하고 제후들에게는 병으로 죽었다고 알렸다. 희공의 아들 가嘉를 세우니 간공簡公으로 당시 5세였다.

- 기원전 565년(정 간공 원년, 노 양공 8년) 18세 4월, 정의 여러 공자들이 자사가 간공을 시해했다는 이유로 자사를 죽이려 했다. 자사는 이를 구실로 자호子狐, 자희子熙, 자후子侯, 자정子丁을 죽였다. 손격孫擊, 손오孫惡는 위衛로 달아났다. 자국과 자이子耳가 채蔡를 침입하여 채의 사마 공자 섭燮을 잡으니 국인이 모두 기뻐했다. 오직 자산만이 아버지 자국을 만나 차분히 책임을 따졌다. | 5월, 간공이 승리를 진晉에 보고했다. | 겨울, 초의 자낭子囊이 채를 침범한 정을 공격했다. 자사·자국·자이가 초에 복종하려 했으나 자공子孔·자교子蟜·자전子展은 진晉의 구원을 기다리고자 했다. 그 뒤 자사가 초와 형구邢丘에서 만나고 대부 왕자 백병伯騈을 진晉에 보내 알리는 꾀를 냈다.

- 기원전 564년(정 간공 2년, 노 양공 9년) 19세 겨울, 정이 초에 복종했다는 것을 문제 삼아 진晉이 제후를 이끌고 정을 토벌했다. 정나라는 두려워 희戲에서 회맹했다. 진은 다시 제후들을 이끌고 정을 정벌하려 나서 음판陰阪을 건너 음구陰口에 이르러 돌아갔다. 초가 정을 침공하자 정은 다시 초와 중분中分에서 회맹했다.

- 기원전 563년(정 간공 3년, 노 양공 10년) 20세 정의 재야인사들인 귀족 위지尉止 등이 자사의 전권에 불만을 품고 10월 아침 서궁을 습격하여 자사, 자국, 자이를 죽이고 간공을 북궁으로 옮겼다. 자공은 이 일을 알고 입조하지 않았다. 자산은 병사를 이끌고 북궁을 쳐들어가 위지 등을 죽였다. 자공이 국정을 담당하여 전권을 기록에 남기고 휘두르려다 대부들의 반대에 부딪치자 반대파들을 죽이려 했으나 자산은 "여러 사람들의 분노는 건드리기 힘듭니다. 전권을 휘두르기 힘듭니다"라고 충고하여 기록을 불태웠다.

- 기원전 562년(정 간공 4년, 노 양공 11년) 21세 4월, 정이 송을 공격했다. 진이 제후를 이끌고 정의 궁궐 4대문을 포위했다. | 7월, 정이 제후들에게 강화를 청하

여 박毫에서 회맹했다. 초·진秦이 정을 공격하자 정은 초와 화의했다. | 9월, 제후
들이 또 정을 공격하자 자전이 진晉과 회맹했다. 정이 진에 사리師悝·사견師蠲·사
혜師慧 세 사람의 악사를 보내고, 호화로운 수레 50량과 무기·전차 100승·악기·
가녀 16인 등을 딸려 보냈다.

- 기원전 558년(정 간공 8년, 노 양공 15년) 25세 정의 대부 자서子西, 백유伯有, 자
산 등이 160필의 말, 2명의 악사를 예물로 하여 대부 공손흑을 송나라에 보내 도망
간 반란 분자 네 명을 소환했다.

- 기원전 555년(정 간공 11년, 노 양공 18년) 28세 정의 대부 자공이 전권으로 진에
맞서기 위해 초에 출병을 요청하고 대부들을 제거하고자 했다. 대부 자전, 자서,
자산이 이 모의를 알고는 성을 굳게 지켰다. 자공이 감히 초의 군대와 합류하지 못
했다. 초의 자경子庚이 군대를 이끌고 순문에까지 왔다가 돌아갔다.

- 기원전 554년(정 간공 12년, 노 양공 19년) 29세 정 대부 자공이 독단적으로 권력
을 행사하자 대부들이 자공을 제거했다. 자전이 정권을 장악하고, 자서가 정치를
담당하는 한편 자산을 경卿에 임명했다. 관직은 소정少正이었다.

- 기원전 551년(정 간공 15년, 노 양공 22년) 32세 여름, 진晉이 정에 입조를 요구했
다. 자산이 파견되었다. | 9월, 대부 자장子張이 병이 나서 봉지로 돌려보내고 종
실 단段을 후임으로 삼았다.

- 기원전 549년(정 간공 17년, 노 양공 24년) 34세 정 간공이 진晉에 입조했다. 자
산이 범선자范宣子에게 편지를 보내 미덕을 중시하고 재물을 멀리하라고 했다. 범
선자는 편지를 본 다음 공물의 양을 줄였다. | 겨울, 정과 제후들이 제齊를 공격했
다. 초는 제를 위해 정의 동문을 공격했다. 제후들이 군대를 돌려 정을 구원했다.
진은 장격張骼, 보역輔躒을 보내 초에 맞섰다. 정의 완사견宛射犬이 전차를 몰아 초
군영으로 돌진했다.

- 기원전 548년(정 간공 18년, 노 양공 25년) 35세 6월, 정이 자전과 자산에게 전차
700승을 가지고 진陳을 습격하게 했다. 자산을 진晉에 보내 승리를 알렸으나 문책

을 당했다. 자산이 언변으로 진으로 하여금 받아들이게 했다.

- 기원전 547년(정 간공 19년, 노 양공 26년) 36세 3월, 정 간공이 자전과 자산에게 진陳을 공격하게 했다. 자전에게 8개 성읍을, 자산에게 6개 성읍을 상으로 내렸다. 자산은 상을 사양했다. 그러자 자우가 "자산이 집권하고 싶은 모양이다"라고 했다. ┃ 초가 정을 공격하여 황힐皇頡, 인근보印堇父를 포로로 잡았다. 초가 인근보를 진秦에 주었다. 정이 자산의 제안으로 재물을 주고 인근보를 데려왔다. ┃ 허의 영공靈公이 초에게 정을 정벌하라고 청했다. 10월, 초가 정을 공격했다. 자전이 맞설 준비를 했다. 자산은 진과 초가 화의할 것이니 저항하지 말라고 했다. 초가 양문梁門에 이르렀다가 돌아갔다.

- 기원전 546년(정 간공 20년, 노 양공 27년) 37세 5월, 진이 중군의 장수 조문자趙文子를, 정은 백유를 송에 보내 정전停戰을 위한 미병弭兵 대회에 참가하도록 했다. 조문자가 정을 지나가게 되자 간공이 연회를 베풀었다. 자전, 백유, 자서, 자산, 자태숙子太叔, 인단印段, 공손단公孫段이 배석했다. 조문자가 이들 일곱 사람에게 시를 짓게 했다. 자산은 '습상隰桑'을 지었다.

- 기원전 545년(정 간공 21년, 노 양공 28년) 38세 8월, 채후가 진에 입조했다가 돌아오는 길에 정을 지나자 간공이 연회를 베풀어 초대했다. 채후가 교만하게 굴자 자산은 그 아들이 난리를 일으킬 것이라고 예견했다. ┃ 9월, 자산이 간공을 보좌하여 초에 가자 교외에 막사만 치고 단을 쌓지 않았다. 자산은 "대국이 단을 쌓는 것은 공덕을 선양하기 위한 것인데 소국이 대국에 가는 것은 환란이거늘 어찌 단을 쌓아 환란을 선양한단 말인가"라고 했다.

- 기원전 544년(정 간공 22년, 노 양공 29년) 39세 자전이 죽고 자피가 이어서 상경이 되었다. ┃ 봄, 정에 가뭄이 크게 들어 백성이 굶주리자 자피가 아버지의 명을 받아 집안의 식량을 나누어주었다. 진晉의 숙향叔向이 "정나라 한씨가 정나라에서 가장 마지막에 망하는 집이 될 것이다"라며 칭찬했다. ┃ 오나라 공자 계찰季札이 정을 방문하여 자산을 만났다. 계찰이 자산에게 "정나라의 권력이 틀림없이 자산

에게 돌아갈 것이니 삼가 신중하게 일을 처리해야지 그렇지 않으면 정나라가 어려움에 처할 것이다"라고 경고했다. | 10월, 정 대부 백유가 자석子晳을 억지로 초나라로 보냈다. 자석이 백유를 공격하려 하자 대부들이 화해를 주선했다. | 12월, 대부들이 백유 집에서 맹서를 했다. "하늘이 정나라에 화를 너무 많이 내리는데 자산이 이를 평정하면 나라가 안정될 것이고 그렇지 않으면 멸망할 것이다"라고 했다.

- 기원전 543년(정 간공 23년, 노 양공 30년) 40세 봄, 자산이 간공을 보좌하여 진에 갔다. 숙향이 정나라 일을 물으니 자산은 "백유는 교만하고 사치스럽고 고집을 부리며, 자석은 다른 사람의 위에 서길 좋아하여 서로 양보하지 않는다. 억지로 화해하긴 했지만 머지 않아 다시 싸울 것이다"라고 했다. | 4월, 간공이 대부들과 맹서했다. | 6월, 자산이 진陳에 가서 회맹하고 돌아와 "송나라는 상하가 교만하고 사치스러운 데다 백성들을 보살피지 않으니 10년 안에 멸망할 것이다"라고 보고했다. | 7월, 백유가 정권을 쥐고 멋대로 굴며 술을 좋아했다. 자석이 사씨駟氏를 이끌고 백유를 공격했다. 백유가 양으로 도망갔다. 자산이 백유의 가족들 중 죽은 시신을 수습하여 장례를 치러주었다. 백유가 몰래 성으로 돌아왔다가 사대駟帶에 의해 살해되었다. 사대가 자산을 공격하자 자피가 이를 말리며 "예의는 국가의 기둥이다. 예를 갖춘 사람을 죽이는 것보다 더 큰 환란은 없다"라며 화를 냈다. 자피가 집정했다. | 자피가 자산에게 정치를 맡겼다. 자산은 '작봉혁作封洫'으로 대변되는 토지개혁 등 개혁 정치를 실행했다. 풍권豐卷이 자산을 공격하자 자산은 풍권을 나라 밖으로 내쫓았다. 자산이 집권한 지 1년 만에 혼란을 수습하고 안정을 찾게 하니 국인들이 그를 칭송했다.

- 기원전 542년(정 간공 24년, 노 양공 31년) 41세 10월, 자산이 간공을 보좌하여 진에 갔으나 진은 노 양공의 죽음을 핑계로 접견하지 않았다. 자산이 숙소의 담장을 허물고 마차를 몰아 진입하게 했다. 진 대부 사문백士文伯이 자산을 꾸짖자 자산은 엄중하게 진의 무례함을 비판했다. 진 국군이 연회를 열어 간공과 자산을 초청했다. 대부 숙향이 "자산이 외교 사령을 잘하니 제후들이 그 덕에 이익을 보겠구

나'라고 했다. | 12월, 정나라 사람들이 향교에 모여 자산의 정치를 두고 수근거렸다. 대부 연명이 향교를 헐자고 건의하자 자산은 일축하면서 조만간 그곳에 사람들이 모여 권력을 쥔 사람들의 장단점을 논의할 것이라고 했다. 좋은 말은 듣고, 비판은 받아들여 바꾸면 된다고 했다. 그러면서 정자산은 이렇게 말했다. "백성을 위해 좋은 일을 하면 백성의 원성도 줄어들 것이다. 위엄과 사나움만 가지고는 원망을 막을 수 없다. 위엄만 앞세워서도 안 되고, 법이 너무 가혹해서도 안 된다. 사납게 정치해서는 백성들의 원성을 막을 수가 없다. 마치 넘치는 홍수를 막으려는 것과 같다. 홍수로 인한 피해는 많은 사람들을 다치게 하여 어찌 해볼 길이 없다. 제방을 터서 물길을 다른 곳으로 흐르게 하는 일만 못하다." | 공자는 "이 일로 보면 자산이 어질지 못하다는 말은 믿을 수 없구나"라고 자산을 칭찬했다. | 자치가 윤하로 하여금 봉읍을 관리시키고자 자산에게 가르침을 청했다. 자산은 "높은 자리와 큰 봉읍은 자신을 비호하는 수단이 됩니다. 저는 배운 다음 비로소 관직을 맡을 수 있다고 들었지 관직을 맡은 다음 공부한다는 말은 듣지 못했습니다"라고 말했다.

- 기원전 541년(정 간공 25년, 노 소공 원년) 42세 봄, 초의 공자 위가 정으로 처를 얻으러 왔다. 자산은 초나라 사람의 변덕스러운 마음이 걱정되어 행인行人 자우를 보내 초나라 공자 위를 성 교외에서 머물도록 했다. 공자 위가 무기를 지닌 채 성으로 들어오려 하자 자산은 협상을 통해 무기를 내려놓고 입성하게 했다. | 자남子南과 자석이 서오범徐吾犯의 누이를 서로 아내로 삼으려 다투었다. 서오범이 이를 자산에게 알리자 자산은 서오범의 누이에게 선택하게 했다. 그녀는 자남을 선택했다. 자석이 자남을 죽이려 하다가 오히려 부상을 당했다. 자산은 자남을 오나라로 내쫓았다. | 간공이 자산 일곱 대부들과 규문閨門에서 맹서했다. | 자산이 진에 입조하여 국군을 병문안했다. 진의 국군이 자산을 '박물군자博物君子'라 칭찬했다.

- 기원전 540년(정 간공 26년, 노 소공 2년) 43세 자석이 난리를 일으켜 자태숙을

없애고 대신하려 했다. 자산이 자석의 죄를 꼽으며 죽게 했다.

- 기원전 539년(정 간공 27년, 노 소공 3년) 44세 자산이 간공을 보좌하여 초나라에 갔다. 초왕이 연회를 베풀어 초대하고 '길일吉日'이란 시를 지었다.

- 기원전 538년(정 간공 28년, 노 소공 4년) 45세 봄, 정 간공과 자산이 여전히 초에 머물면서 초왕과 사냥을 했다. 초왕이 자산에게 예를 물었다. | 9월, 자산이 '작구부作丘賦'로 조세제도를 개혁하려 하자 국인들 일부가 이를 비난했다. 이에 자산은 "나라에 이익이 되는 일이라면 생사를 그 일과 함께할 것이다. 내가 듣기에 좋은 일을 하려면 그 법도 함께해야 성공할 수 있다고 했다"라고 반박했다.

- 기원전 537년(정 간공 29년, 노 소공 5년) 46세 자산이 정 간공을 도와 진후를 만났다.

- 기원전 536년(정 간공 30년, 노 소공 6년) 47세 3월, 자산이 형법을 청동기에 주조한 '형서刑書'를 만들어 대중에게 공표했다. 진의 대부 숙향이 자산에게 편지를 보내 비판하자 자산은 답장을 보내 세상을 구하기 위한 것이라 했다.

- 기원전 535년(정 간공 31년, 노 소공 7년) 48세 자산이 진에 갔다. 한선자韓宣子가 진후가 꿈에 누런 곰이 침소의 문으로 들어가는 것을 보았다고 했다. 자산은 곤이 순에게 죽임을 당하자 그 시신이 누런 곰으로 변했다고 말했다. 한선자가 곤에 제사를 드리자 진후의 병이 서서히 나았다. 이에 진후는 거莒가 보내온 방정方鼎을 선물로 주었다. 자산은 주현을 한선자에게 돌려주었다. | 백유의 귀신이 나타났다는 소문에 국인들이 겁을 먹었다. 자산이 백유의 아들 양지良止와 자공의 아들 공손설公孫泄을 대부로 삼아 위로했다.

- 기원전 534년(정 간공 32년, 노 소공 8년) 49세 4월, 자태숙이 간공과 진에 가서 궁의 낙성을 축하했다.

- 기원전 533년(정 간공 33년, 노 소공 9년) 50세 4월, 진陳에 큰 불이 났다. 정나라 대부 비조裨灶가 "5년이 지나면 진나라가 회복되겠지만 다시 52년이 지나면 멸망할 것이다"라고 했다. 자산이 그 까닭을 묻자 진은 물에 해당하고 초는 불에 해당

하는데 음양오행을 따져보면 52년 후 초가 진을 멸망시킬 것이라고 답했다.

• 기원전 532년(정 간공 34년, 노 소공 10년) 51세 정월, 객성客星이 여수女宿 자리에 출현했다. 비조가 자산에게 "7월 3일 진후晉侯가 죽을 겁니다"라고 했다. | 9월, 정자피가 진에 가서 진후의 장례에 참가하고 돌아와 자산은 법도와 예의를 알지만 자신은 욕심이 많고 방종하여 자기통제를 못한다고 말했다.

• 기원전 531년(정 간공 35년, 노 소공 11년) 52세 초가 채를 공격했다. | 가을, 정자피가 제후들과 채를 구원했다. 자산은 "채국이 망할 것이다"라고 했다. | 겨울, 초가 채를 멸했다.

• 기원전 530년(정 간공 36년, 노 소공 12년) 53세 3월, 정 간공이 죽었다. 간공을 안장하기 위해 자산은 길가 유씨 집안의 사당을 철거하라고 했다. 자태숙이 차마 철거하지 못했다. 자산은 길을 비키도록 했다. 국군의 능묘를 관장하는 대부의 집이 길을 막고 있자 자태숙이 철거하라고 했으나 자산은 반대했다. 군자들은 자산이 예의를 안다고 칭찬했다. | 여름, 자산이 새 군주 정공定公을 보좌하여 진에 입조했다.

• 기원전 529년(정 정공 원년, 노 소공 13년) 54세 자산, 자태숙이 정공을 도와 평구平丘에서 회맹했다. 공물의 부담을 논의하면서 자산은 제후들의 등급에 따라 공물을 차등 있게 내자고 강조했다. 논의는 저녁이 되어 진후가 승낙함으로써 끝났다. 돌아오는 길에 자피가 죽었다는 소식을 듣고는 "나는 끝났다. 나를 도와 일할 사람이 없어졌으니. 오직 그만이 나를 이해했다"라며 곡을 했다. 회맹 중 자산의 행동을 두고 공자는 "나라의 주춧돌이 되기에 충분하다"라고 칭송했다.

• 기원전 526년(정 정공 4년, 노 소공 16년) 57세 3월, 진의 집정 한기韓起가 정을 방문하여 옥환玉環을 요구했으나 자산이 완곡한 말로 거절했다. 한기가 상인에게 옥환을 억지로 사려다가 자산에게 비난을 당했다. | 4월, 한기가 귀국할 때 정의 6경이 송별연을 열어주었다. 자산이 '고구羔裘'라는 시를 지었다. 한기가 자산에게 "당신이 내게 옥환을 포기하게 한 것은 좋은 말로 내 목숨을 구해준 것이오"라고

했다. | 9월, 정에 큰 가뭄이 들었다. 대부 도격屠擊, 축관祝款 등이 뽕나무를 베어 하늘에 제사를 드렸다. 자산이 그들을 면직시키고 봉읍을 회수했다.

- 기원전 525년(정 정공 5년, 노 소공 17년) 58세 겨울, 혜성이 대화성 옆에 출현했다. 대부 비조가 자산에게 송·위衛·진陳·정 네 나라에 동시에 화재가 발생할 것이니 옥기 등으로 제사를 드리라고 했다. 자산은 응하지 않았다.

- 기원전 524년(정 정공 6년, 노 소공 18년) 59세 5월, 비조의 예언대로 네 나라에 화재가 발생했다. 비조가 다시 제사를 드리라고 했다. 자산은 "천도는 멀고 인도는 가깝다. 이 둘은 서로 상관이 없다. 비조가 천도를 어찌 안단 말인가. 말이 많다 보면 어쩌다 적중할 수 있는 것 아닌가"라며 일축했다.

- 기원전 523년(정 정공 7년, 노 소공 19년) 60세 정 대부 사언이 죽었다. 자산은 그 동생 사걸을 종주로 삼게 했다. | 여름, 정나라에 수재가 발생했다. 용이 성문 밖 연못에서 싸운다는 소문이 들렸다. 국인이 재앙을 피하기 위한 제사를 요구했다. 자산은 "우리가 싸우는 것은 용이 보지 못하는데 용이 싸우는 것을 왜 우리가 봐야 한단 말인가? 우리가 용에게 요구하는 것이 없으면 용이 우리에게 요구하는 것도 없을 것이다"라며 제사를 허락하지 않았다.

- 기원전 522년(정 정공 8년, 노 소공 20년) 61세 자산이 병이 깊어지자 자태숙에게 "내가 죽으면 당신이 집정하여 덕 있는 인재를 기용하여 관대한 통치로 백성들을 복종시키시오. 엄하게 대하는 것은 그 다음이오"라고 당부했다. 공자는 이를 두고 이렇게 칭찬했다. "오! 정치가 관대하면 백성은 게을러진다. 게을러지면 엄격함으로 바로잡는다. 엄하게 다스리면 백성이 다친다. 백성이 다치면 관대함을 베푼다. 이렇게 관대함과 엄격함을 잘 조화시켜 병용하면 정치가 조화를 이루게 된다." | 자산이 죽자 공자는 눈물을 흘리며 "그의 인자함과 사랑은 고인의 유풍이다"라고 애도했다.

권43 조세가
조趙나라의 기록

◉

책으로 말을 몰려는 자는 말의 성질을 다 모르며,
옛날로 지금을 통제하려는 자는 일의 변화에 통달할 수 없다.

以書御者不盡馬之情(이서어자부진마지정)

以古制今者不達事之變(이고제금자부달사지변)

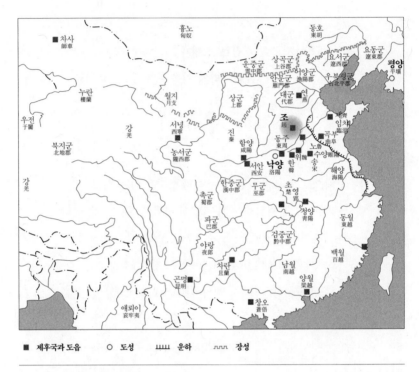

차사
師車

흉노
匈奴

동호
東胡

누란
樓蘭

월지
月支

운중군
雲中郡

상곡군
上谷郡

어양군
漁陽郡

요서군
遼西郡

요동군
遼東郡

평양
平壤

우전
于闐

강
羌

서녕
西寧

상군
上郡

안문군
雁門郡

대군
代郡

우북평군
右北平郡

북지군
北地郡

농서군
隴西郡

진진
秦

함양
咸陽

조
趙

연
燕

제
齊

임치
臨淄

곡부
曲阜

강
羌

촉군
蜀郡

서안
西安

낙양
洛陽

동주
東周

위
魏

한한
韓

노
魯

송
宋

수양
睢陽

해양
海陽

한중군
漢中郡

무군
巫郡

초
楚

영영
郢

청양
靑陽

동월
東越

파군
巴郡

검중군
黔中郡

아랑
夜郎

남월
南越

양월
梁越

백월
百越

차란
且蘭

곤명
昆明

애뢰이
哀牢夷

창오
蒼梧

■ 제후국과 도읍 　○ 도성 　ⅢⅢ 운하 　∧∧∧ 장성

● 전국시대 제후국 형세도와 조나라 위치.

독서의 기술

전국시대 역사의 파란만장

〈조세가〉는 조씨 집안의 흥기를 시작으로 춘추시대 제후국인 진晉나라의 6
경六卿 중 한 집안으로 성장하여 국정 농단과 '삼가분진三家分晉'¹의 역사를
거쳐 전국시대 조나라의 성쇠, 그리고 끝내 진秦에 의해 망하기까지의 역
사를 파란만장하게 펼쳐 보인다.

　기록이란 면에서 같은 '삼진'인 위와 한은 물론 동방의 강국 전씨田氏의
제齊나라보다 훨씬 상세하기 때문에 사료로서 그중요성이 대단히 크다.
(《조세가》의 기록이 어째서 이렇게 상세한가에 대해서는 여러 설들이 있지만, 진시황이
분서를 통해 춘추전국 여러 나라의 역사 기록들을 말살했지만 같은 조상을 가진 조나라
기록은 남겨놓지 않았겠는가 하는 설이 유력해 보인다.)

1　기원전 403년 조趙, 위魏, 한韓 세 가문이 진 공실을 셋으로 쪼개 나누어 가지고 정식 제후로 인
정받은 이 사건을 계기로 역사는 명실상부 전국시대로 접어드는데, 〈조세가〉는 그 과정을 그대로 묘
사하는 역사를 담고 있다.

〈조세가〉는 분량이 많아 내용을 중심으로 단락을 세분하자면 매우 번거로워진다. 이에 아래와 같이 여덟 단락으로 나누어 살펴보기로 한다(단락구분은 한조기韓兆琦 선생의《사기전증史記箋證》을 따랐다).

　　1 조의 선조와 초기 조씨 집안

　　2 조돈 이래 조씨 집안의 성쇠와 장기 집권

　　3 조간자, 조양자 시기 조씨 집안의 강성과 조나라 건국

　　4 전국 전기 조나라의 발전 상황

　　5 조나라의 전성기와 무령왕의 비극

　　6 전국 후기 조나라의 쇠퇴

　　7 조나라의 멸망

　　8 사마천의 논평

삼가분진 과정이 그대로 진행되는 역사

〈조세가〉는 조씨 집안이 진나라 공실과 귀족 집안들과의 권력다툼을 통해 끊임없이 커나가는 과정을 기술한다. 특히 조돈趙盾, 조무趙武, 조간자趙簡子, 조양자趙襄子가 이 과정에서 발휘한 작용을 두드러지게 보여주면서 권모와 실력이 정치투쟁에서 얼마나 중요한가를 강조한다. 숙대叔帶가 진 문후 때 "처음으로 진나라에서 조씨 집안을 세우고," 조최趙衰에 이르러 "국정을 맡아" 진 문공의 패업을 도왔다. 조최의 아들 조돈은 영공 때 "국정을 더욱더 전담했다. 영공 원년 조돈은 제·송·위衛·정·조曹·허許 등 여러 나라 집권 세력들과 회맹을 가짐으로써 대부가 회맹을 주도하는 선례를 처음으로 남겼다. 영공은 성인이 되면서 정권을 주도하고 싶었고, 이 때문에 조돈과의

갈등이 격화되기 시작했다.

권력기반이 없던 영공은 조돈을 제거하고 싶었다. 공개적으로 손을 쓸 수 없어 자객을 보내거나 병사를 매복시켜 암살하려 하거나 심지어 사나운 개를 풀어 공격했지만 거꾸로 자신이 살해당하고 만다. 기록상으로는 조천이 영공을 죽인 것으로 나온다. 기록에 따르면 실권을 쥐고 있던 조돈은 조천에 대해 어떤 조치도 취하지 않았다. 하지만 조천에게 양공의 동생 흑둔黑臀을 주에서 맞아들여 옹립하게 했는데, 이로 미루어볼 때 영공 살해는 조돈이 모의했을 가능성이 있다. 아무튼 이렇게 해서 진의 정권은 대부들에게로 내려갔고, 이어 여러 집안이 정치에 간여함으로써 진의 패업은 쇠락하기 시작했다.

조돈이 세상을 떠난 뒤 진 경공은 조삭의 권력기반이 완전히 갖추어지지 않은 틈에 조씨 집안을 거의 멸족시켰다. 평공 12년에 이르러 조돈의 손자 조무가 정경正卿이 됨으로써 조씨 집안은 부활했다. 조무 때 진나라는 11개나 되는 강력한 집안들 중 호狐·선先·서胥·극郤·난欒 등과 같은 집안이 차례로 퇴출되어 여섯 집안, 즉 6경이 정권을 분담하는 국면이 형성되었다.

조씨 집안은 정권에 대한 야심이 강해 여러 방법으로 민심을 매수했고 이로써 공실의 힘은 더욱 약해졌다. 평공 13년 진에 사신으로 온 연릉계자(계찰)는 진의 정치가 조무자, 한선자, 위헌자의 후손에게 돌아갈 것을 예견하기도 했다.

조무의 손자 조간자가 집정하는 동안 진의 공실과 경들은 서로 합병을 거듭한 끝에 기씨祁氏, 양설씨羊舌氏, 범씨范氏, 중항씨中行氏가 앞뒤로 멸족당하고 6경 중 한·조·위와 지씨知氏 넷만 남게 된다. 그리고 조씨는 아예

진경晉卿이란 명목으로 진의 정치를 전횡하기에 이른다.

조간지의 아들 양자襄子 무휼毋卹이 뒤를 이은 다음 북쪽의 대代를 멸망시키고 다른 경들과 연합하여 진 출공을 내쳤다. 이어 한·위와 함께 지씨를 멸망시키고 땅을 나누었다. 이로써 조씨는 북으로 대를 차지하고 남으로 지씨를 병합하니 한·위보다 강해졌고, 결국 '삼가분진'으로 형세가 매듭지어졌다.

천하 패권의 중심에서 펼쳐지는 정치 현실

여기서 눈여겨보아야 할 점은 사마천이 서주시대 열국의 세가에서처럼 '덕정'의 중요성을 강조하기보다는 실력과 권모술수에 착안점을 두고 있다는 점이다. 조씨 집안의 굴기를 통해 춘추 후기 공실의 쇠퇴, 대신들의 집정이라는 정치 현실을 강조한다. 이는 당대 가치관의 변화 및 이러한 변화가 역사 발전에 미치는 심각한 영향력에 대해 관심을 가지고 이를 부각시켰기 때문으로 해석된다.

조나라를 비롯한 삼진은 중원에 위치했고, 때문에 전국시대 수많은 전투와 전쟁이 이곳에서 발생했다. 이른바 '축록중원逐鹿中原'이라는 천하 패권을 쫓는 전국시대가 바로 이곳에서 시작되었던 것이다. 서방의 강대국 진秦이 동쪽으로 나오려면 먼저 삼진과 부딪칠 수밖에 없었고, 전국 중기에 접어들면 조나라는 진나라의 동방 진출에 대항하는 합종合縱의 중심축이 된다. 여기에 숱한 인재들의 출현, 무령왕의 호복기사로 상징되는 개혁과 부국강병 등등 시대의 획을 긋는 중대한 사건과 현상들이 다 이 같은 시세와 지리 환경이 만들어낸 결과였다.

진晉이 셋으로 쪼개지고, 쪼개진 세 나라 '삼진'이 서로를 갉아먹고, 여기에 사방에서 적을 대해야 하는 지리 형세는 결국 서방 진秦으로 하여금 연횡連橫을 통한 각개격파를 가능하게 만들었다. 무령왕이 개혁을 통해 진을 도모하여 일시 반짝하는 성과를 내기도 했으나 만년의 어처구니없는 판단과 어리석은 행태로 내란을 초래하여 나라가 거의 망할 뻔했다. 무령왕은 굶어 죽는 비극으로 삶을 마감한다.

전체적으로 보아 조나라의 군주들은 갈수록 자질이 떨어졌는데, 공교롭게도 동방 6국이 모두 걸출한 군주를 배출하지 못했다. 이 때문에 많은 인재들이 진秦으로 가지 않으면 어디에서도 기용되지 못했고 울적하게 삶을 마감하게 된다. 심지어 초나라의 굴원屈原은 자결이라는 극단적 결단을 택했고, 조나라의 이목李牧은 모함과 시기로 피살되기까지 했다.

사마천이 그리고 있는 전국시대의 역사는 비장하면서 억울한 기조가 농후한데 〈조세가〉는 특히 전형적이다. "조왕 천遷의 어머니는 노래하는 여자"라는 마지막 대목에서의 '논평'은 분노와 애석함이 함께 묻어난다.

권력의 흥망성쇠와 영웅 혹은 인재의 중요성

한 걸음 더 들어가 살필 점은 사마천의 생사관生死觀이다. 사마천은 생사의 문턱과 갈림길에서 보여준 영웅들의 결단에 경의를 표한다. 이 같은 생사관은 자신의 몸을 희생하여 은혜에 보답하는 형식으로 나타난다. 조씨 집안이 도안고에게 도살당할 때 조삭의 문객 공손저구는 친구 정영에게 "어째서 죽지 않는가?"라고 묻는다. 이에 정영은 "(조씨) 고아를 키우는 일과 죽는 것 중 어느 쪽이 어려운가?"라고 되묻는다. 정영은 조씨 고아 조무를 숨겨놓고 성인이 될 때까지 보살핀 다음 조씨 집안을 부흥시켰다. 그런 다음 먼저 죽은 조선맹(조삭)과 공손저구에게 이 사실을 알려야 한다며 조무의 간곡한 만류에도 불구하고 스스로 목숨을 끊었다.

조간자의 가신 동안우, 무령왕의 개혁을 지지했던 비의 등도 목적과 최후는 다 같지 않았지만 생사존망의 기로에서 '뜻을 가진 사람은 자신을 알아주는 사람을 위해 죽는다士爲知己者死'는 신념만큼은 기본적으로 일치했다. 이는 또 춘추전국, 특히 전국시대 사림士林의 인재들이 자신의 가치를 펼치고 인격의 존엄을 지키며 생명력과 시대정신을 높이려 했던 중요한 방식이기도 했다.

사마천은 복수의 영웅을 편애하여 비장하고 격렬한 복수 서사를 좋아했다. 조무가 도안고를 쳐서 집안의 원한을 갚고, 조양자가 지백을 없애고 복수하는 고사는 《사기》의 〈진본기〉〈무제본기〉〈오태백세가〉〈제태공세가〉〈연소공세가〉〈월왕구천세가〉〈오종세가〉〈손자오기열전〉〈오자서열전〉〈소진열전〉〈평원군열전〉〈범수채택열전〉〈자객열전〉〈평진후주보열전〉〈회음후열전〉〈이장군열전〉〈회남형산열전〉 등에 보이는 복수의 고사들과 비교할 때 동기와 가치 등은 다르지만 중국인 특유의 강렬한 은원관을 선명하게 각인시키고 있다는 점은 한결같다.

궁형이라는 상상조차 어려운 치욕을 견디고 《사기》를 완성한 사마천은 어떤 의미에서는 붓으로 자신이 당한 치욕을 보상하려는 이른바 '문화복수' 방식을 창안해낸 것이라 할 수 있다.

〈조세가〉는 권력의 흥망성쇠에 있어 좋은 인재가 차지하는 역할이 얼마나 중요한가도 가감없이 드러내고 있다. 조간자의 신하로서 직언에 과감했던 주사가 죽고 나자 조간자는 '천 마리 양가죽이 한 마리 흰 여우 겨드랑 가죽만 못하다'며 아쉬움을 토로했다. 지백을 없앤 조양자가 어려울 때 의리를 저버리지 않았던 고공에게 가장 큰 상을 준 일이나, 노래하는 가수들에게 많은 땅을 주려는 열후에게 세 사람의 인재를 거푸 추천하여 그 일을 그만두게 만든 사례도 인재의 역할과 작용을 잘 보여준다.

조나라의 국력이 쇠약해질 때도 염파, 인상여, 조사 같은 영웅호걸들이 조나라를 지탱했다. 효성왕과 평원군이 뜻있는 신하들의 만류에도 불구하고 상당군의 땅이 탐나 이를 덥석 받았다가 장평전투라는 비극을 초래한 사실에 대해 사마천은 침통함을 감추지 않는다. 명장 이목의 억울한 죽음을 한스러워하고, 소인배 곽개에 대해서는 분노를 터뜨리며 어리석은 군주와 소인배가 만나면 어떤 비극이 벌어지는지 심각하게 경고한다.

후대 개혁가들을 향한 귀감 제시

개혁에 대한 사마천의 입장과 인식을 〈조세가〉는 잘 보여준다. 우선 사마천은 개혁군주 무령왕에 대해 칭송하면서 일이 달라지면 준비도 바뀌어야 한다는 변증적 역사관을 유감없이 드러낸다. 많은 양을 할애하며 무령왕의 개혁 과정을 상세히 기술하여 새로운 형세에 맞추어 개혁해야만 나라를 강하게 만들 수 있다는 이치를 천명한다. 시세에 맞게 법을 바꾸고 새로운 것을 만들어내야 한다는 '변법창신'의 입장에 서서 무령왕이 일구어낸 위대한 성취를 긍정함과 동시에, 개혁 과정에서 무령왕이 탄탄한 개혁 논리와 사상으로 조정의 수구세력들을 설득하고 이들의 지지를 이끌어내는 방법을 하나하나 보여줌으로써 후대 개혁가들이 반드시 참고하고 본받아야 할 귀감을 세웠다.

조 무령왕의 군사 개혁 및 중산을 멸하고 서부 오랑캐 호胡 땅을 공략하는 군사 행동은 전국 중기에 굴기한 조나라가 열강들 중 무시할 수 없는 존재로 부상하게 만든 역량이었다. 무령왕은 조나라의 발전을 위한 방향을 남쪽 중원에서 북쪽 중산과 호 지역으로 돌렸는데, 이는 조나라가 처한 실제 상황과 조나라 주변의 전략 환경을 깊게 분석해서 내린 정확한 결정이었다. 이는 목표가 정확하고 과정과 진행이 분명하며 책략의 수준이 높은 전략적 우회 계획이었다. 당시 다른 제후들에게서는 찾아보기 힘든 전략가로서 무령왕의 원대한 안목과 남다른 지략을 반영하는 대목이다. 이 전략은 진나라의 사마조司馬錯가 제기했던 동방보다 동남방의 초나라를 먼저 공략한 다음 다시 중원을 압박하는 우회 전략과 일맥상통한다.

한편 '호복기사胡服騎射'는 군대장비와 작전방식의 개혁을 뜻하지만 실제로는 봉건개혁의 진일보한 심화과정으로 정치와 군사는 물론 사회풍속, 문화 등 모든 영역에 걸친 일대 개혁이었다. 특히 전통 관념, 낡은 습속에 대한 일대 도전이자 혁신이라는 큰 의미를 갖는다.

좀 더 넓은 관점에서 보자면 '호복기사'는 중원의 농업문화와 소수 부족 유목문화의 유익한 교류이자 융합이었다. 이는 중원문화가 갖고 있던 내부순환이라는 폐쇄성을 깨고 중원문화에 신선한 문화인자를 이식함으로써 문화를 보다 풍부하게 발전시키는 촉진제로 작용했다. 물론 그것이 후대에 미친 크고 깊은 영향에 대해서는 굳이 말할 필요조차 없을 것이다.

이 때문에 사마천은 무령왕이 사구궁에서 굶어 죽은 비극적 결말에 무한한 안타까움을 나타냈다. 무령왕은 사사로운 정에 끌려 후계자 문제를 그르쳤는데, 이는 그의 조상인 조최의 아내와 조양자가 보여주었던 후계 문제에 대한 사심없는 결단과 뚜렷하게 대비를 이룬다. 이에 대해 사마천은 "오왜가 죽자 사랑이 식어 폐한 태자를 가엾게 생각하여 둘 다 왕으로 만들려다가 머뭇거리며 결정하지 못하는 바람에 난이 일어났고, 아버지와 아들이 함께 죽기에 이르렀으니 천하의 비웃음거리가 되었다. 어찌 가슴

아프지 않겠는가!"라는 아쉬움을 보이며 확고한 결단, 정확한 후계자 선택
이 얼마나 중요한지를 지적한다.

네 개의 꿈과 복선을 사용한 문학적 서술

〈조세가〉에서 가장 문제가 되는 부분은 이른바 '조씨고아' 부분이다. 《좌
전》에 없는 인물도 있고, 연대와 인물관계도 서로 다르게 나타나고 있어
어긋나는 대목이 많기 때문이다.

같은 선상에서 〈조세가〉의 구조는 독창성이 대단히 풍부한 편이다. 무
엇보다 조씨 가문의 흥망성쇠를 네 명의 중요한 인물들이 꾼 꿈을 실마리
로 삼고, 여기에 조씨 가문의 수백 년에 걸친 파란만장한 역사를 연계시키
는 서술은 그 자체로 문학성이 뛰어나다. 이 점은 전국시대를 다루고 있는
다른 세가 편에서는 찾아볼 수 없는 특징이기도 하다. 이 때문에 혹자는
복선을 절묘하게 깔아 이야기를 전개시켜 나가는 사마천의 신필을 극찬한
다. 절묘한 연출에 자신도 모르게 무릎을 치게 된다고 평한 학자도 있다.
또 어떤 학자는 꿈을 이렇게 곳곳에 배치한 것은 사마천 자신의 감정 표출
방식이라고 설명한다. 꿈에다 사실의 복선을 깔거나 투영시킬 뿐만 아니
라 이를 해몽하는 과정에서 자신의 감정을 절묘하게 반영하는 서술법으로
볼 수 있다는 것이다. 네 개의 꿈과 복선을 정리하면 다음과 같다.

· 조돈의 꿈은 조씨 집안의 중도 쇠락과 조무의 부흥을 예견하는 복선이다.

· 조간자의 꿈은 중항씨와 지백을 없애는 사건 등의 복선이다.

· 무령왕의 꿈은 적자를 폐하고 어린 아들을 즉위시켜 결국 큰 화를 부른다
는 복선이다.

• 효성왕의 꿈은 땅을 탐냄으로써 장평에서 군대를 잃는 사건의 복선이다.

가장 디테일이 살아있고 생동감 넘치는 세가 편

전체적으로 볼 때 〈조세가〉는 전국 시기 동방 6국의 세가 편 중에서 가장 구체적이고 생동감 넘친다. 특히 조돈, 조간자, 조양자, 무령왕의 행적에 주목하여 이들의 성격상의 특징을 도드라지게 표현했는데, 조양자와 무령 왕에 대한 감정 처리는 탁월하다.

무령왕은 중국 고대사에서 가장 걸출한 인물로서 전국시대에 그가 일군 공업은 위 문후, 제 위왕, 진 효공, 진 소왕 등과 견주어진다. 특히 전기성 넘치는 삶과 죽음 그리고 낭만성은 다른 인물들보다 훨씬 강렬하다.

〈조세가〉의 서술기법은 소설성이 풍부하다. 조씨 집안의 중심축이 되는 꿈을 실마리로 삼아 조나라 전체 흥망성쇠의 역사를 꿰뚫었는데, 앞의 꿈 에 감추어진 복선이 훗날에 드러나고, 그리하여 그 모든 것이 운명으로 정 해진 것이 아닌가 하는 기이함마저 들게 하는 절묘한 필법을 보이고 있기 때문이다. 이는 흡사 후대의 기이한 고사를 다룬 전기傳奇소설을 방불케 한 다. 그중에서도 조씨고아 단락은 사실 여부를 두고 논란이 많은데, 학자들 은 대체로 '기이한 고사를 좋아한' 사마천의 '호기好奇' 성향을 반영한 것으 로 본다.

어쨌거나 사마천은 자신이 추구하고자 하는, 또는 자신이 강조하고자 하는 인생관과 가치관을 두드러지게 드러내기 위해 과감하게 사실을 포 기하고 전설을 채용하는 대담한 선택과 필법을 보여준다. 그래서 고힐강 顧頡剛(1893~1980)이나 조군생趙群生 같은 학자들은 〈조세가〉가 사마천이 아닌 아버지 사마담이 썼을 것으로 보기도 하는데, 참고할 만한 주장이다.

전국시대 역사의 줄기 형성

〈조세가〉는 기본적으로《좌전》《국어》《전국책》의 문장을 바탕으로 하고,《세본》《맹자》《상군서》《한비자》등을 참고하고 있다.《좌전》과《국어》는 문장을 인용하되 그 뜻에 치중하여 문장을 간략하게 줄였으며,《전국책》은 왕왕 전문을 그대로 수록하기도 했다. 예컨대 촉룡이 조 태후를 설득하는 대목은《전국책》(〈조책〉)의 문장 그대로이다.

무령왕의 죽음 대목에서 사마천이 자신의 안타까움을 그대로 기록한 것은 사건을 기록하면서 자신이나 다른 사람의 논의를 함께 끼워넣는 방식인데, 이는 〈위세가〉〈굴원가생열전〉에도 보여 혹자는 이를 두고《사기》의 '변체變體'라고도 한다.

조나라는 '삼가분진'으로 역사의 전면에 등장하여 전국시대를 앞장서 주도한 나라의 하나이다. 따라서 〈조세가〉는 전국시대의 역사를 이해하는 데 줄기가 된다. 〈조세가〉에 의해 〈위세가〉〈한세가〉가 이어지고, 전국시대 전씨 제나라의 역사인 〈전경중완세가〉로 마무리된다. 이 네 편의 세가는 전국시대의 역사를 집중 기록하고 있는데, 〈조세가〉가 특별히 상세하다. 여기에 조나라의 정치, 군사 방면의 명인들에 대한 전기인 〈평원군우경열전〉과 〈염파인상여열전〉을 함께 읽으면 조나라는 물론 전국시대 상황을 이해하는 데 도움이 된다. 특히 조나라 초기 역사와 '삼가분진' 과정은 〈진세가〉를 반드시 참고해야 한다.

참고로 강대국 조나라가 멸망하게 된 원인을 분석한 소동파의 논평을 소개해둔다.

전국시대 조나라는 강국이었다. 큰 실책만 없었더라면 그렇게 망하지 않았

● 절강성 항주杭州 서호西湖에 있는 소동파의 석상. 그는 조나라 멸망 원인으로 조나라 내부 문제점을 다각도로 파악하여 지적했다.

을 것이다. 효성왕이 상당을 탐내 조표의 말을 듣지 않고 조승(평원군)의 말을 듣는 통에 진나라의 분노를 샀으니 첫 번째 실책이다. 염파에게 장평에서 진을 막게 해놓고는 진의 반간계에 넘어가 조괄로 대체한 것이 두 번째 실책이다. 조괄이 패하고 한단이 포위당했을 때 우경 등의 계책을 듣지 않고 진나라와 구차하게 화의함으로써 제후국들이 조나라를 구하려들지 않게 만든 것이 세 번째 실책이다. 이렇게 보면 진나라가 혼자 힘으로 조나라를 패배시킨 것이 아니라 조나라의 자업자득이 많다.

배경 사건 스토리텔링

〈조세가〉는 춘추시대 제후국인 진晉을 셋으로 나누어 가진 '삼가분진'을 주도하여 천하를 전국시대로 이끌었던 조나라의 기록이다. 조나라는 '호복기사'로 대변되는 무령왕의 개혁으로 전국시대 초기 강국으로 부상했지만 그후 통치자의 무능과 인재 정책의 실패 등으로 진秦나라에 멸망당했다. 선조부터 간략하게 조나라 역사 전체가 소개되어 있지만 전국시대 조나라의 성쇠가 절대 비중을 차지한다.

조나라는 상나라 이후 제왕의 수레를 몰았다. 주 목왕의 수레를 몬 조보가 조성趙城을 받아 조씨 집안을 세우게 되는데 조상으로 따지면 진秦과 같은 뿌리다. 숙대 때 주 유왕의 폭정을 피해 진晉으로 와서 다시 집안을 세웠다. 이후 조숙은 헌공 16년인 기원전 661년에 장수가 되어 주변 소국 정벌에 나서 공을 세워 경耿 땅을 받았다.

그 뒤 조최는 중이(훗날 진 문공)의 19년 망명을 따르며 어려울 때마다 중이를 도와 그가 국군의 자리에 오르고 나아가 춘추시대 패주로서 위업을 떨치는 데 큰 공을 세웠다.

조돈은 우여곡절 끝에 영공을 옹립했지만(기원전 621년) 영공은 조돈을 죽으려는 등 서로 심한 갈등을 빚었다. 이 때문에 조돈은 외국으로 도망치려 했으나 동생 조천이 영공을 죽임으로써 다시 복귀하여 국정을 완전 장악했다.

조돈의 아들 조삭은 공실과 결혼하는 등 권력기반을 더욱더 다졌으나 도안고와 결탁한 경공에 의해 다른 형제들과 함께 살해당했다(기원전 597년). 이로부터 이른바 '조씨고아'라는 조씨 집안을 둘러싼 원한과 복수의 드라마가 펼쳐진다. 당시 조삭의 유복자였던 조무는 한궐·정영·공손저구

(훗날 이 세 사람은 '삼의三義'로 불린다)의 도움을 받아 간신히 목숨을 부지하고 숨어서 성장했다.

기원전 582년 무렵 경공이 병이 나자, 한궐은 점괘를 이용하여 조씨 집안 이야기를 꺼내고 조무를 소개하여 마침내 도안고 집안을 멸족시키고 조씨 집안을 부활시켰다. 그리고 조무는 평공 12년인 기원전 546년 진의 정경이 되어 명실상부 실권자로 등극한다.

조무의 손자인 조앙(조간자) 때 육경의 힘이 갈수록 커졌고, 조간자는 상경의 신분으로 민심을 더욱 얻게 되었다. 조간자의 아들 무휼(조양자)은 강력한 상대 지백知伯의 압박을 받기도 했으나 대代 지역을 정벌하는 등 세력 판도를 넓혔다. 그러던 중 조양자의 세력을 끈질기게 견제하던 지백은 한과 위를 압박하여 함께 조양자를 공격했고, 조양자는 진양을 거점으로 이들 세 세력과 맞섰다.

1년 넘게 계속된 공격과 분수汾水의 물을 끌어다 성안으로 흘려 보내는 수공 때문에 조양자는 거의 멸망 직전에 몰렸다. 그러나 조양자는 장맹동을 한과 위 진영으로 보내 거꾸로 지백을 공격하자고 제안하여 결국 지백을 멸망시키고 그 땅을 나누는 데 성공했다. 이때가 기원전 453년이었는데, 일부 학자들은 이를 기점으로 실질적인 전국시대가 시작되었다고 본다.

양자가 집권 33년 만에 죽고 아들 대성군의 아들 완浣이 자리를 물려받았다. 이가 헌후이고 때는 기원전 425년이었다. 헌후는 나이가 어렸고, 이 때문에 조양자의 동생 환자가 헌후를 내쫓고 자립했으나 1년 만에 죽었다. 국인들은 다시 헌후를 맞아들였다.

헌후가 죽고 그 아들 열후가 뒤를 이었다. 열후는 재위 6년째인 기원전 403년 마침내 한·위와 함께 제후로 인정을 받음으로써 진은 완전히 소멸

● 하북성 한단시邯鄲市의 조 왕성 유지. 최근 기본 조사를 마치고 주요 시설들을 복원하고 있다.

되고 천하는 서방의 강국 진秦, 동방의 강국 제齊, 남방의 강국 초楚, 북방의 연燕 그리고 한, 조, 위의 일곱 나라가 권력을 겨루는 전국시대로 접어들었다.

그로부터 약 80년이 지난 기원전 324년 조 무령왕이 즉위하여 '호복기사'로 대변되는 개혁정치에 박차를 가했다. 당시 조나라는 북쪽으로 대·호·누번·중산 땅을 차지하고 연나라 왕위 계승에도 개입하는 등 전국시대 강국으로 부상했다. 당시 조나라는 동방의 다른 나라들과 연합하여 서방의 강국 진나라의 동진을 막는 주역으로 맹위를 떨쳤다. 개혁 과정에서 보여준 무령왕의 개혁 논리와 실천은 훗날 많은 개혁가들의 전범이 되었다. 그러나 후계자 문제에 있어서 무령왕은 적장자 장莊을 배제하고 어린 서자 조하趙何에게 왕위를 물려주고 자신은 주보主父라 칭하며 정치 일선에서 퇴진하는 엉뚱한 행보를 보였다. 게다가 변장을 하고 진나라에 잠입하는 등 무모한 행동을 일삼다가 결국 이태의 정변을 불러일으켰고, 자신은 사구궁에서 굶어 죽는다(기원전 295년).

이후 조나라는 이태의 보좌를 받는 어린 조하(혜문왕)가 자리를 지키기는 했지만 쇠퇴를 거듭했다. 당시 조나라는 그래도 염파, 인상여 같은 명장과 인재들이 버티고 있어 큰 위기는 모면했지만 혜문왕이 죽고 효성왕이 즉위하면서 상황은 급변했다(기원전 266년).

효성왕은 서방 진나라의 동진에 적절하게 대처하지 못했다. 특히 무모하게 한의 상당군을 덥석 차지했다가 진의 공격을 초래하여 장평전투에서 무려 40만 군대가 몰살하는 결정적인 실책을 범했다(기원전 261년). 명장 염파는 기원전 245년 위나라로 망명했다.

혜문왕이 재위 21년 만에 죽고 아들 도양왕이 즉위했으나(기원전 244년) 조나라의 국력은 완전히 바닥이 났다. 게다가 그나마 남은 명장 이목마저 간신배 곽개의 모함으로 죽임을 당하고 수도 한단이 진에게 넘어갔다(기원전 228년). 그 뒤 조나라는 몇 년 지속되었으나 이름뿐이다가 기원전 222년 진에 의해 완전히 멸망했다. 조나라 땅은 진에 의해 여러 개의 군으로 나뉘어 편입되었다. 전국시대 조나라는 기원전 403년 '삼가분진'으로부터 기원전 222년까지 181년 존속했다.

● 조나라 세계표

국군	계승관계	재위(재위기간) / 주요 사건
중연中衍	선조	상의 제대무帝大戊를 위해 수레를 몰았다.
비렴蜚廉	중연의 후손	두 아들을 두었다.
오래惡來, 계승季勝	비렴의 아들	계승의 후손이 조趙가 되었다.
맹증孟增 (택고랑宅皋狼)	계승의 아들	주周 성왕成王의 총애를 받았다.
형보衡父	택고랑의 아들	
조보造父	형보의 아들	주 목왕穆王의 총애를 받았으며, 왕에게 8필의 준마를 바쳤다. 조성趙城을 받아 조씨趙氏가 되었다.
엄보奄父 (공중公仲)	조보의 6세손	주 선왕宣王의 융戎 정벌에 수레를 몰고, 천무千畝전투에서 선왕을 탈출시켰다.
숙대叔帶	엄보의 아들	주를 떠나 진晉 문후文侯를 섬기고 조씨를 추대했다.
조숙趙夙	숙대의 5세손	진 헌공獻公 때 장수가 되고 경耿 땅을 받았다.
공맹共孟	조숙의 아들	
조최趙衰 (성계成季)	공맹의 아들	생몰 ?~622 / 진 문공文公(중이重耳)을 보좌하여 패주로 만드는 데 큰 공을 세웠다.
조돈趙盾	조최의 아들	생몰 654~601 / 진의 국정을 주도하고, 동생 조천趙穿은 영공靈公을 시해하여 조씨가 정권을 농단했다.
조삭趙朔	조돈의 아들	생몰 ?~597 / 도안고屠岸賈에게 죽임을 당했다.
조무趙武 (문자文子)	조삭의 유복자	생몰 ?~541
조경숙趙景叔	조무의 아들	생몰 ? ~ 518
조앙趙鞅 (간자簡子)	조경숙의 아들	생몰 ?~476 / 조씨 세력을 더욱 확장했다.
조양자趙襄子	조앙의 서자	475~425(51)
조환자趙桓子	조양자의 동생	424 / 양자의 아들 완浣(헌후)을 내쫓았으나 바로 사망했다.
헌후獻侯	조양자의 아들	423~409(15)
열후烈侯	헌후의 아들	408~387(22)
경후敬侯	열후의 아들	386~375(12)
성후成侯	경후의 아들	374~350(25)

숙후肅侯	성후의 아들	349~326(24)
무령왕武靈王	숙후의 아들	325~299(27)
혜문왕惠文王	무령왕의 서자	298~266(33)
효성왕孝成王	혜문왕의 아들	265~245(21)
도양왕悼襄王	효성왕의 아들	244~236(9)
조왕趙王 천遷	도양왕의 아들	235~228(8)
대왕代王 가嘉	도양왕의 아들	227~222 / 나라 멸망

- 〈조세가〉는 연대가 분명치 않은 선조들의 역사와 조양자로부터 나라가 망할 때까지, 즉 기원전 475년부터 기원전 222년까지 모두 254년 동안의 역사를 함께 기록하고 있다.
- 열후 시기 '삼가분진'으로 전국시대가 시작된 기원전 403년 이후부터 따지면 182년이다.
- 조양자로부터 대왕 가까지 모두 12대 13명의 국군 또는 왕이 존재했다.
- 연도는 모두 기원전이다.

●

조보가 길러서 바친 명마 기와 녹이가 조보의 이름을 널리 알렸다.

조숙은 진 헌공을 섬겼고, 아들 조최가 유업을 계승했다.

조최는 진 문공이 패주가 되도록 도와 진의 대신이 되었다.

조양자는 지백에게 곤욕을 치른 뒤 한·위와 함께 지씨를 멸망시켰다.

주보 무령왕은 사구궁에 갇혀 새 알로 배고픔을 때우다 굶어 죽었다.

조왕 천은 속 좁고 음탕하여 좋은 장수를 배척했다.

조앙이 주 왕실의 난을 토벌한 공을 기리며 제13 〈조세가〉를 지었다.

권130 〈태사공자서〉

일러두기

• 〈조세가〉는 조趙나라 역사를 기술하고 있다.

• 〈조세가〉에 보이는 조나라는 조趙 하나뿐이므로 대부분 한자병기를 하지 않았다.

• 〈조세가〉에 보이는 진나라는 진晉, 진秦 둘이다. 진晉은 조나라와 관련이 깊어 빈번하게 등장하므로 한자병기를 대부분 생략했다.

• 〈조세가〉에 보이는 위나라는 위魏, 위衛 둘이다. 한자병기를 해 구분했다.

1
조의 선조와 초기 조씨 집안

●

조씨趙氏의 선조[2]는 진秦과 같은 선조이다. 중연中衍에 이르러 제대무帝大戊를 위해 수레를 몰았다. 그 후세 비렴蜚廉에게는 아들 둘이 있었다. 그중 한 아들의 이름을 오래惡來라 했는데, 주紂를 섬기다가 주周에게 살해되었다. 그 후손이 진秦이 되었다. 오래의 동생을 계승季勝이라 했는데, 그 후손이 조趙가 되었다.

계승은 맹증孟增을 낳았다. 맹증은 주 성왕成王의 총애를 받았는데, 이가 택고랑宅皋狼이다. 고랑은 형보衡父를 낳고, 형보는 조보造父를 낳았다. 조보는 주 목왕繆王의 총애를 받았다. 조보는 여덟 필의 준마를 취하여 도림桃林의 도려盜驪, 화류驊騮, 녹이綠耳[3]를 목왕에게 바쳤다. 목왕은 조보에게 수레를 몰게 하여 서쪽을 순수하여 서왕모西王母를 만났는데, 그 즐거움에

---

2 〈진본기〉에 따르면 조의 선조는 진의 선조와 같은 뿌리이다. 제전욱帝顓頊의 후예인 여수女修가 제비의 알을 삼키고 대업大業을 낳았고, 대업의 후손이 조의 조상이 된 것이다.
3 모두 명마의 이름으로 주周 목왕穆王이 가진 여덟 필의 명마, 즉 '팔준八駿'에 속한다. 나머지 다섯 필은 적기赤驥, 백의白義, 거황渠黃, 유륜俞侖(또는 유륜逾輪), 산자山子라고 전한다.

돌아가는 것을 잊었다. 그러다 서왕徐王이 반란을 일으키자 목왕은 하루에 천 리를 달려와 서왕을 공격하여 대파했다. 이에 조보에게 조성趙城을 내리니 이로부터 조씨가 되었다.

조보 이하 6세 엄보奄父에 와서는 공중公仲이라 했는데, 주 선왕宣王이 융戎을 정벌할 때 수레를 몰았다. 천무千畝전투에서 엄보는 선왕을 탈출시켰다. 엄보는 숙대叔帶를 낳았다. 숙대 때 주 유왕幽王이 무도하자 주를 떠나 진晉에 가서 진 문후文侯를 섬기니 진나라에서 처음으로 조씨를 세웠다.

숙대 이래 조씨 집안은 갈수록 흥하여 5세 조숙趙夙에 이르렀다. 조숙은 진 헌공獻公 16년(기원전 661년) 곽霍, 위魏, 경耿을 정벌할 때 장수가 되어 곽을 정벌했다. 곽공霍公 구求는 제齊로 달아났다. 진에 큰 가뭄이 들어 점을 치자 "곽태산霍太山의 신이 심술을 부린다"고 나왔다. 조숙을 시켜 제에 있는 곽숙을 불러들여 나라를 돌려주고 곽태산에 제사를 드리게 하니 진에 다시 풍년을 들었다. 진 헌공이 조숙에게 경의 땅을 주었다.

조숙이 공맹共孟을 낳은 해는 바로 노 민공閔公 원년(기원전 661년)이었다. 공맹共孟은 조최趙衰를 낳았다.[4] 자를 자여子餘라 했다.

조최가 진 헌공과 여러 공자들 중 누구를 섬길지 점을 쳤으나 길하지 않았다. 공자 중이重耳를 섬기는 것에 대해 점을 쳤더니 길하다고 나와 바로 중이를 섬겼다. 중이가 여희驪姬의 난 때문에 적으로 도망칠 때 조최가 따랐다. 적翟이 장구여廧咎如를 정벌하여 두 여자를 얻었는데, 그중 어린 여자를 중이의 처로 삼게 하고 나이 든 여자를 조최의 처로 삼게 하여 조돈趙盾

4　이 기록대로라면 조최는 조숙의 손자가 된다. 그러나 《세본世本》에는 아들로, 《국어》(〈진어晉語〉)에는 동생으로 나온다. 연대로 보아 《세본》의 기록이 옳다는 주장이 있다.

을 낳았다.

당초 중이가 진에 있을 때 조최는 (진의) 아내와의 사이에서 조동趙同, 조괄趙括, 조영제趙嬰齊를 낳았다. 조최는 중이를 따라 망명하여 19년 만에 귀국할 수 있었다. 중이는 진 문공이 되었고, 조최는 원原의 대부大夫가 되어 원에 살면서 국정을 맡았다. 문공이 나라로 돌아와 패자가 된 것은 대부분 조최의 계책[5] 덕분이었다. 이 일은 〈진세가〉에 기록되어 있다.

조최가 진으로 돌아오자 진의 아내가 적翟의 아내[6]를 기어이 맞이하여 그 아들 조돈을 후계자로 삼으니 진의 세 아들이 모두 조돈을 섬겼다.

진 양공襄公 6년(기원전 622년), 조최가 죽으니 시호를 성계成季라 했다.

2
조돈 이래 조씨 집안의 성쇠와 장기 집권

◉

조돈이 성계를 이어 국정을 맡은 지[7] 2년(기원전 621년) 뒤 진 양공이 죽었다. 태자 이고夷皋가 나이가 어렸으므로, 조돈은 나라가 많이 어렵다고 여겨 양공의 동생 옹雍을 세우려 했다. 옹이 이때 진秦에 있어서 사신을 보내

---

5 진 문공 중이가 19년 망명 끝에 돌아와 국군의 자리에 오르고 패주가 될 수 있었던 데는 조최의 역할이 컸다. 여기서 말하는 조최의 계책이란 이극이 해제와 도자를 죽이고 중이를 맞이하려 하자 이를 말린 것, 중이가 제나라에서 안락한 생활에 젖어 떠나려 하지 않자 억지로 데리고 나온 일, 중이가 진 목공을 만났을 때 그에 대응하는 지혜를 도운 일 등을 말한다. 이에 대해서는 《좌전》과 〈진세가〉 참고.
6 조최가 적에 있을 때 얻은 아내, 즉 장구여廧咎如의 큰딸 숙외叔隈를 말한다.
7 《좌전》 기록에 따르면 조돈이 국정을 맡게 된 것은 양처보의 무장정변 때로 양처보의 도움을 받아 집정대신이 되었다.

맞아들이려 했다.

태자의 어머니[8]가 낮밤으로 울며 조돈에게 머리를 조아리며 "선군께 무슨 죄가 있길래 적자를 놔두고 국군을 바꾼단 말입니까?"라고 했다. 조돈은 이것이 걱정되었다. 그녀의 집안과 대부들이 자신을 습격하여 죽이지 않을까 겁이 나 마침내 태자를 세우니 이가 영공靈公이다. 군대를 보내 양공의 동생을 맞이하러 진秦에 간 자들을 막았다. 영공은 즉위했고, 조돈은 더욱 국정을 오로지했다.

영공이 즉위한 지 14년, (영공이) 갈수록 교만해졌다. 조돈이 거듭 간했으나 영공은 듣지 않았다. 곰발바닥 요리를 먹다가 제대로 익지 않았다고 요리사를 죽이고는 그 시체를 들고 나가게 한 적이 있는데 조돈이 그것을 보았다. 영공이 이 때문에 겁을 먹고 조돈을 죽이려 했다.

조돈은 평소 어질고 사람을 아꼈다. 한번은 뽕나무 아래의 굶주린 사람에게 먹을 것을 준 적이 있는데,[9] (이 사람이) 창을 휘둘러 조돈을 구해 조돈이 도망갈 수 있었다. (조돈이) 국경을 넘기 전에 조천趙穿이 영공을 시해하고 양공의 동생 흑둔黑臀을 세우니 이가 성공成公이다.

조돈은 다시 돌아와 국정에 맡았다. 군자들이 "정경正卿으로 도망치다 국경을 나가지 않았고, 돌아와서도 역적을 토벌하지 않았다"며 조돈을 나무랐고 이 때문에 태사太史는 "조돈이 그 군주를 시해했다"라고 썼다.[10] 진 경공景公 때 조돈이 죽으니 시호를 선맹宣孟이라 했고 아들 삭朔이 뒤를 이었다. 조삭은 진 경공 3년에 진의 하군下軍을 거느리고 정鄭을 구원하러 갔

---

8 진秦 목공穆公의 딸 목영穆嬴.

9 이 사람이 시미명示眯明이었는데, 그는 그 뒤 조돈이 궁중에서 영공靈公의 시위들에게 공격을 받을 때 창으로 이들을 막아 조돈을 탈출시켰다. 《좌전》, 〈진세가〉 참고.

다가 초楚 장왕莊王과 황하에서 싸웠다.[11] 삭은 진 성공의 누이를 부인으로 얻었다.[12]

진 경공 3년, 대부 도안고屠岸賈가 조씨를 없애려고 했다.[13] 당초 조돈 때 숙대叔帶가 허리를 붙들고 아주 슬프게 통곡하다가 웃으며 박수를 치고 노래를 부르는 꿈을 꾸었다. 조돈이 점을 치니 조짐을 나타내는 점선이 끊어졌다가 나중에 좋아졌다. 사원史援이 "이 꿈은 아주 안 좋은데 당신이 아니라 당신의 아들이지만 그 역시 당신의 잘못입니다. 손자에 이르러 조씨 집안이 더욱 쇠퇴할 것입니다"[14]라고 풀이했다.

---

10 여기서 말하는 태사란 동호董狐를 말한다. 동호는 권력자로서 국정에 책임이 있는 조돈을 지목하여 그가 영공을 시해한 것으로 보고 이렇게 기록했다. 이에 대해 훗날 공자는 이렇게 말했다. "동호는 옛날의 훌륭한 사관이다. 법을 따라 굽힘이 없이 썼다. 조돈은 옛날의 훌륭한 대부이다. 법에 따라 부끄러운 이름을 뒤집어썼다. 아깝다. 국경을 넘었더라면 악명을 면했을 텐데"라고 했다. 이 고사에서 '동호지필董狐之筆' 또는 '동호직필董狐直筆'이란 성어가 나왔다. 《좌전》 참고.

11 기원전 597년 벌어졌던 초나라와의 필泌전투를 말한다. 당시 초나라가 정鄭을 공격하자 진이 구원에 나섰으나 정이 항복한 뒤였다. 참전을 놓고 의견이 갈라졌으나 순임보荀林父의 고집으로 참전했다가 패했다. 자세한 과정은 《좌전》(선공 12년 조) 참고.

12 누이는 딸의 잘못이거나 성공이 아닌 경공이 아닌가 한다. 조최의 정실이 문공의 딸이기 때문에 만약 조삭의 처가 성공의 누이라면 처 역시 문공의 딸이 된다. 이럴 경우는 조삭은 어머니뻘을 아내로 맞이한 셈이기 때문이다.

13 이 사건이 저 유명한 '조씨고아趙氏孤兒'인데 기록상 여러 가지 문제가 있다. 우선 도안고란 인물이 《좌전》에 나오지 않고, 그 뒤 전개되는 정영과 공손저구의 고사도 없기 때문이다. 더욱이 〈진세가〉에도 관련 기록이 없고, 오직 이곳 〈조세가〉와 〈한세가〉에만 있다. 하지만 사마천이 아무런 근거 없이 이 같은 장편의 드라마를 지어냈다고 보기에도 어렵다. 참고로 《좌전》에 기록된 관련 사건, 즉 '하궁지난下宮之難'의 줄거리를 간단하게 소개하면 이렇다. 조돈의 아들 조삭이 공을 세워 성공의 딸 장희를 아내로 얻는다. 장희가 조돈의 동생 조영제와 간통하여 조씨 집안이 개입하자 장희가 앙심을 품고 성공에게 이를 호소한다. 성공이 조씨 일가를 제거했으나, 장희의 아들 조무는 궁 안에 숨겨놓고 기르게 하고 나중에 조정으로 돌아온다.

14 이 예언은 사실과 맞지 않다. 손자 조무는 집안을 새로 일으키고 진의 정권을 장악한 뒤 세 집안이 진나라를 나누어(이른바 한·조·위 세 집안의 '삼가분진') 가지기까지 했기 때문이다.

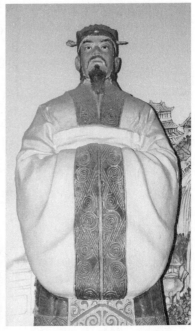

◉ (왼쪽) '조씨고아' 고사를 묘사한 그림.
◉ (오른쪽) 무령왕 총대 칠현사 내에 있는 한궐 조상. 한궐은 공손저구, 정영과 함께 '조씨고아'의 주인공들로서 훗날 '삼의'로 불린다.

　도안고란 자는 처음 영공의 총애를 받다가 경공에 이르러 사구司寇[15]가 되었다. 난을 일으키려고 영공을 죽인 적을 잡아들인다는 구실로 조돈의 죄를 다스리겠다며 여러 장수들에게 돌아가며 이렇게 말했다.

　"조돈이 몰랐다고 하지만 역적의 우두머리이다. 신하로서 국군을 시해했고 그 자손이 조정에 있으니 죄를 어떻게 다스려야 하겠는가? 죽이길 원

---

15 관직 이름으로 도적을 잡는 등 치안유지의 일을 맡았다.

한다."

한궐韓厥은 이렇게 말했다.

"영공이 역적에게 당했을 때 조돈은 바깥에 있었다. 우리 선군이 죄가 없다고 여겼기 때문에 죽이지 않은 것이다. 지금 그대들이 그 후손을 죽이려는 것은 선군의 뜻이 아니라 멋대로 죽이려는 것이고 멋대로 죽이는 것을 반란이라 한다. 신하에게 큰일이 있는데 군주가 모른다면 그것은 군주가 없는 것이다."[16]

도안고는 듣지 않았다. 한궐이 조삭에게 도망치라고 일렀다. 조삭은 받아들이지 않으면서 "그대가 조씨 제사가 끊어지지 않게만 해준다면 이 삭은 죽어도 여한이 없소"라고 했다. 한궐이 허락하고는 병을 핑계로 나가지 않았다. 도안고는 (경공의 지시도) 청하지 않은 채 자기 멋대로 여러 장수들과 하궁에서 조씨를 공격하여 조삭, 조동, 조괄, 조영제를 죽이고[17] 그 일족을 모두 없앴다.

조삭의 아내는 성공의 누이로 임신 중이었는데 경공의 궁으로 달아나 숨었다. 조삭의 문객으로 공손저구公孫杵臼라는 사람이 있었는데, 저구가 조삭의 친구 정영程嬰에게 "어째서 (같이) 죽지 않았는가?"라고 했다. 정영은 "조삭의 부인이 임신을 했는데 다행히 사내아이를 낳으면 내가 모시면 되고, 딸이면 내가 그때 죽어도 늦지 않지!"라고 했다.

---

16 신유대사이군불문臣有大事而君不聞, 시무군야視無君也'. 도안고가 조씨 집안을 없애려 하면서 경공에게 보고하지 않으려는 것을 말한다.

17 《좌전》(성공 8년 조)에 따르면 조씨 집안의 '하궁지난'에서 피살된 사람은 조동과 조괄이고, 때는 경공 17년인 기원전 583년이다. 당시 조삭의 아내 장희가 조영제와 간통하자 조영제의 형들인 조동과 조괄이 나서 간섭했고 조영제는 국외로 도망쳤다. 장희는 경공에게 조동과 조괄을 헐뜯었고 이에 경공이 조동과 조괄을 하궁에서 죽인 것이다.

얼마 뒤 조삭의 부인이 사내아이를 낳았다. 도안고가 이를 듣고는 궁중을 뒤졌다. 부인이 아이를 바지 안에 감추고는 "조씨 집안을 망하게 하려면 네가 울 것이고, 망하지 않게 하려면 소리 내지 않겠지!"라고 빌었다. 아이는 끝내 소리 내지 않았다. (위기에서) 벗어나자 정영이 공손저구에게 "오늘 한 번 뒤져서 찾지 못했지만 다음에 틀림없이 다시 뒤질 것인데 어찌 하오?" 하니 공손저구가 "고아를 기르는 것과 죽는 것 중 어느 쪽이 어렵소?"라고 했다. 정영이 "죽는 것은 쉽고 고아를 기르는 일이 어렵소"라고 했다. 공손저구가 "조씨의 선군께서 그대를 잘 대접했으니 그대가 어려운 일을 하고 나는 쉬운 쪽을 맡아 먼저 죽겠소"라고 했다.

이에 두 사람은 남의 아이를 구해서 업고는 무늬가 있는 옷을 입혀서 산속에 숨었다. 정영은 집에서 나와 장군들에게 "정영은 불초해서 조씨고아를 기를 수 없다. 누구든 내게 천금을 주면 내가 조씨고아가 있는 곳을 알려주겠다"라고 거짓말을 했다. 장수들이 모두 기뻐 이를 받아들이고는 군사를 내어 정영을 데리고 공손저구를 공격했다. 저구도 거짓으로 "소인배정영아! 지난날 하궁의 난리에서 죽지 않고 나와 조씨고아를 숨기기로 해놓고는 지금 나를 팔아먹는구나. 아무리 기를 수 없기로서니 아이를 팔아먹다니!"라 하고는 아이를 끌어안고 "하늘이시여, 하늘이시여! 조씨고아가 무슨 죄입니까? 아이는 살리고 이 저구만 죽으면 되지 않겠습니까!"라고 외쳤다.

장수들이 받아들이지 않고 마침내 저구와 고아를 죽였다. 장수들은 조씨고아가 정말 죽은 줄 알고 모두 기뻐했다. 그러나 진짜 조씨고아는 목숨을 건졌고, 정영은 그와 함께 산속에 들어가 숨었다.

15년 뒤(기원전 582년), 진 경공이 병이 났다. 점을 치니 멸족된 대업大業

의 후손에게 좋지 않은 일이 벌어지고 있다는 괘가 나왔다. 경공이 한궐에게 물었다. 조씨고아가 살아 있다는 것을 아는 한궐은 "대업의 후손으로 진晉에서 제사가 끊어진 것은 조씨 아닙니까? 중연 이래로 그 후손들은 성이 모두 영嬴이었습니다. 중연은 사람의 얼굴에 새부리 입[18]을 갖고 있었는데 내려와 은의 대무를 보좌했고, 주 천자에 이르기까지 좋은 덕을 갖고 있었습니다. 여왕厲王과 유왕幽王이 무도하여 숙대는 주를 떠나 진에 와서 선군 문후를 섬겼고, 성공에 이르기까지 대대로 공을 세우면서 제사가 끊어진 적이 없습니다. 그런데 지금 우리 국군께서 유독 조씨 집안을 없애서 나라 사람들이 그를 슬퍼하니 거북 껍데기에 조짐을 보인 것입니다. 국군께서는 이를 고려하십시오"라고 했다. 경공이 "조씨 집안에 아직 후손이 남아 있는가?"라고 물었다. 한궐은 사실대로 다 일렀다. 이에 경공은 한궐과 조씨고아를 키우기로 하고 그를 불러 궁중에 숨겼다. 장수들이 병문안으로 들어오자 경공은 한궐의 무리로 장수들을 위협하여 조씨고아를 만나게 했다. 조씨고아의 이름은 무武였다.

장수들은 하는 수 없이 "전에 하궁의 난은 도안고의 짓입니다. 국군의 명이라 속여 신하들에게 명했습니다. 그렇지 않고서야 누가 감히 난을 일으키겠습니까? 국군의 병이 아니었더라도 신하들은 조씨 후손을 세우십사 청하려고 했습니다. 지금 국군의 명이 있으니 신하들이 바라는 바입니다"라고 했다. 이에 조무와 정영을 불러 장수들에게 돌아가며 인사를 하게 했고, (장수들은) 마침내 정영, 조무와 함께 도안고를 공격하여 그 일족을 멸

---

18 인면조주人面鳥喙. 〈진본기〉에는 '새의 몸에 사람의 말을 한다(조신인어鳥身人語)'라 하여 다소 차이가 난다.

했다. 조무는 예전의 땅과 읍을 되찾았다.

조무가 관례를 치르고 성인이 되자 정영은 여러 대부들과 이별한 다음 조무에게 "전에 하궁의 난리 때 모두 따라 죽을 수 있었습니다. 저는 죽지 못한 것이 아니라 조씨의 후손을 기를 생각을 했습니다. 지금 조무가 다 자라 성인이 되고 자리를 되찾았으니 저는 지하에 가서 조선맹趙宣孟(조돈) 과 공손저구에게 이를 알리고자 합니다"라고 했다. 조무가 눈물을 흘리고 머리를 조아리며 "이 무가 온몸을 다 바쳐 죽을 때까지 당신께 보답하려 했는데 당신께서는 어찌 저를 버리고 죽으려 하십니까?"라며 한사코 말렸 다. 정영은 "아닙니다. 그 사람(공손저구)은 제가 일을 이룰 수 있다고 여겼 기 때문에 저보다 먼저 죽은 것입니다. 지금 제가 보고하지 않으면 제 일 이 이루어지지 않았다고 여길 것입니다"라며 끝내 자살했다. 조무는 상복 을 입고 삼년상을 지냈고, 그를 위해 읍의 땅을 내어 제사를 지냈는데 봄 가을로 대대로 끊어지지 않게 했다.

조씨가 자리를 되찾은 지 11년(기원전 573년), 진 여공厲公이 극씨郤氏 집 안의 대부 셋을 죽였다.[19] 난서欒書는 화가 자신에게 미칠까 겁이 나 국군 여공을 시해하고[20] 영공의 증손 주周를 세우니 이가 도공悼公이다. 진은 이 로부터 대부들이 점점 강해졌다.

조무가 조씨 집안을 이은 지 27년, 진 평공平公이 즉위했다.

---

19 극기郤錡, 극주郤犨, 극지郤至를 가리키는데 모두 진의 대부들이다. 진 여공厲公이 언릉전투에 서 초나라를 물리친 이후 초나라는 반간계 계책으로 극씨를 해치기로 했다. 여기에 권신 난서欒書 가 모함과 선동에 가담하니 여공이 이 세 사람을 죽인 것이다.
20 여공이 세 극씨를 살해한 뒤 진의 경 서동胥童은 여공에게 이참에 난서와 중항언中行偃을 함께 죽이자고 했으나 여공은 결행하지 못했다. 이런 상황을 눈치챈 난서는 결국 난을 일으켜 여공과 서 동을 죽였다. 이 과정은 《좌전》 성공 18년 조와 〈진세가〉 참고.

평공 12년(기원전 546년), 조무는 정경正卿이 되었다.

13년, 오의 연릉延陵 계자季子가 진에 사신으로 와서는[21] "진나라의 정치가 끝내는 조무자趙武子, 한선자韓宣子, 위헌자魏獻子의 후손에게 돌아가겠구나!"라고 했다. 조무가 죽으니 시호를 문자文子라 했다.

문자는 경숙景叔을 낳았다. 경숙 때에 제 경공景公이 안영晏嬰을 진에 사신으로 보냈다. 안영은 진의 숙향과 이야기를 나누었다. 안영이 "제나라의 정권이 끝내는 전씨田氏[22]에게로 돌아갈 것이오"라고 말했다. 숙향 또한 "진나라의 정권은 육경六卿[23]에게로 돌아갈 것이오. 육경이 권세를 부리며 전횡을 일삼는데 우리 국군은 걱정도 하지 않습니다"라고 했다.

조경숙이 죽었다. 조앙趙鞅을 낳았는데 이가 간자簡子이다.

3
조간자, 조양자 시기 조씨 집안의 강성과 조나라 건국

◉

조간자가 자리에 있던 진 경공頃公 9년(기원전 517년), 간자는 제후들을 모아 주周를 지켰다.

그 이듬해, 주 경왕을 (군대로 호송하여) 주로 들여보냈는데 (경왕이) 동생

---

21 13년은 14년의 잘못으로 보인다. 기원전 544년이고 진 평공 때이다. 연릉계자는 오나라 공자 계찰을 말하는데, 봉지가 연릉이었기 때문에 연릉계자라 부른다. 〈오태백세가〉 참고.
22 진씨陳氏라고도 부르는데 진완陳完의 후손이다. 제 경공 때 전씨 집안의 우두머리는 전기田乞였다. 〈전경중완세가〉 참고.
23 진나라의 여섯 큰 집안 내지 권신들을 말하는데 범씨范氏, 중항씨中行氏, 지씨知氏, 한씨韓氏, 조씨趙氏, 위씨魏氏이다.

자조子朝를 내쫓았기 때문이다.[24]

진 경공 12년, 육경이 법을 이용하여 국군과 한 집안인 공족 기씨祁氏와 양설씨羊舌氏를 죽이고 그들의 읍을 열 개 현으로 나누고, 각각 자신의 종족들을 대부로 삼았다. 진의 공실公室은 이로부터 더욱 약해졌다.

13년 뒤, 노魯의 적신賊臣 양호陽虎가 도망쳐 왔는데 조간자가 뇌물을 받고 그를 후하게 맞이했다.

조간자가 병이 나서 닷새 동안 사람을 못 알아보자 대부들이 모두 겁을 먹었다. 의사 편작扁鵲[25]이 조간자를 보고 나오자 동안우董安于가 물었다. 편작은 이렇게 말했다.

"혈맥이 정상인데 무엇을 걱정하십니까? 전에 진秦 목공繆公도 이와 같았는데 7일 만에 깨어났습니다. 깨어난 날 공손지公孫支와 자여子輿에게 '내가 상제 있는 곳에 가서 아주 즐거웠다. 내가 오래 머문 것은 마침 배울 것이 있어서였다. 상제가 내게 진에 큰 난이 일어나 5세 동안 불안할 것이고, 그 후손이 패권을 잡겠지만 늙기 전에 죽을 것이며, 패주의 아들이 나라에 남녀 분별이 없게 만들 것이다'라고 말했습니다. 공손지가 이를 적어 보관했는데 진秦의 참언讖言이 여기에서 나왔습니다. 헌공獻公 때의 난리, 문공文公의 패권, 양공襄公이 효산殽山에서 진秦의 군대를 물리치고 음탕함에 빠졌던 일들은 그대도 들은 바입니다. 지금 주군의 병이 그와 같으니 사흘이

---

24 〈주본기〉에 의하면 주 경왕 원년인 기원전 519년 조간자 등이 경왕을 주나라로 호송했다. 그러나 당시 그 동생 왕자 조가 도성 낙양을 점거하고 있었기 때문에 경왕은 하는 수 없이 잠시 택읍에 머물렀다. 경왕 4년인 기원전 516년에야 왕자 조를 내쫓고 경왕을 낙양으로 맞아들일 수 있었다.
25 월越 사람으로 성은 진秦인 의사이다. 의술에 정통했기 때문에 신의神醫 '편작'이란 별칭으로 불린다. 〈편작창공열전〉 참고.

지나지 않아 병이 호전될 것이고, 병이 호전되면 분명 무슨 말이 있을 것입니다."

이틀하고 한나절이 지나자 간자가 깨어나서는 대부들에게 "내가 상제 있는 곳에서 아주 즐거웠다. 여러 신들과 하늘 한가운데서 놀았는데 3대(하·상·주)의 음악과는 다른 많은 음악과 춤이 있었고 그 소리가 사람의 마음을 울렸소. 또 곰 한 마리가 나를 잡으려 하기에 상제가 내게 곰을 쏘게 하여 내가 화살로 맞추니 곰이 죽었소. 또 큰 곰 한 마리가 오길래 다시 활로 쏘아 맞추니 그 큰 곰도 죽었지. 상제가 몹시 기뻐하며 내게 대나무 상자 두 개를 주었는데 모두 작은 상자가 딸려 있었소. 내가 상제 곁에 있는 아이를 보았는데, 상제가 내게 적견翟犬[26] 한 마리를 주시면서 '네 아들이 장성하면 주어라' 했소. 상제는 또 내게 '진나라가 대대로 쇠퇴하다가 7세에 이르러 망할 것이며, 영성(嬴姓, 진秦)이 범괴范魁 서쪽에서 주를 크게 물리치겠지만 그 지역을 차지하지는 못할 것이다. 지금 내가 우순虞舜의 공적을 생각하여 적당한 때에 우순의 후손인 맹요孟姚를 너의 7세 후손과 짝을 지어주마' 라 하셨소"라고 말했다.

동안우는 이 말을 받아 적어 보관하고 편작의 말을 간자에게 보고하니 간자는 편작에게 밭 4만 무를 내렸다.

다른 날 간자가 출타했는데 누군가 길을 막고는 쫓아도 가지 않았다. 따르는 사람이 화가 나서 그를 죽이려 했다. 길을 막은 사람이 "내가 주군에게 아릴 말씀이 있소이다"라고 했다. 따르는 사람이 이를 알리자 간자

---

26 유목을 주로 하는 소수민족의 사냥개.

가 그를 불러서는 "아, 내가 그대를 어디선가 분명히 보았다"[27]라고 했다. 길을 막은 자가 "좌우를 물리쳐주십시오. 아뢸 말씀이 있습니다"라고 했다. 간자가 사람들을 물리자 길을 막은 자는 "주군께서 병이 나셨을 때 신이 상제 곁에 있었지요"라고 했다. 간자가 "그렇지, 그랬었지. 그대가 나를 봤을 때 내가 무얼 하고 있었지?"라고 했다. 길을 막은 자는 "상제께서 주군께 곰과 큰 곰을 쏘라고 해서 모두 죽였지요"라고 했다. 간자가 "그랬지. 또 뭘 했지?"라고 했다. 길을 막은 자가 "진나라에 큰 어려움이 생기는데 일이 주군으로부터 먼저 비롯되는지라 상제께서 주군에게 두 경을 없애라고 하신 겁니다. 곰과 큰 곰이 모두 그 조상들입니다"라고 했다. 간자가 "상제께서 내게 작은 상자가 딸린 대나무 상자 두 개를 주셨는데 무슨 뜻인가?"라고 했다. 길을 막은 자는 "주군의 아들이 장차 적에서 두 나라를 이길 터인데 그들이 모두 같은 자성子姓입니다"라고 했다. 간자가 "내가 상제 곁에 있는 아이를 보았는데 상제께서 내게 적견 한 마리를 주면서 '네 아들이 장성하면 주어라'라고 하셨는데 왜 내 아들에게 적견을 주라고 했는가?"라고 했다. 길을 막은 자가 "그 아이는 주군의 아들이고 적견은 대代나라 군주의 선조입니다. 주군의 아들이 장차 대나라를 차지할 것이 분명합니다. 또 주군의 후손이 정치를 개혁하고 오랑캐 복장을 입고[28] 적에서 두 나라를 합병할 것입니다"라고 했다.

간자가 길을 막은 자에게 성을 묻고 관직을 주려 하자 그는 "신은 야인

---

27 이 구절에서 '자석子晳'을 두고 《사기색은》에서는 이름으로 해석한 반면 다른 학자들은 '분명히 보았다'라고 해석하여 차이를 보이는데 대체로 후자가 합리적이라고 본다.
28 혁정호복革政胡服, 호복기사胡服騎射. 조 무령왕의 정치개혁과 오랑캐 복장을 하고 말을 타고 활을 쏘게 한 조치를 가리킨다.

으로 상제의 명을 전할 뿐입니다"라 하고는 어느새 보이지 않았다. 간자가 이 일을 기록하여 기록실에 보관했다.

다른 날, 고포姑布 자경子卿이 간자를 보러 갔더니 간자가 아들들을 불러 관상을 보게 했다. 자경이 "장군 될 사람이 없습니다"라고 하자 간자가 "조씨가 끊어진단 말이오?"라고 했다. 자경이 "제가 길에서 한 아이를 보았는데 아마 군의 아들일 겁니다"라고 했다. 간자가 아들 무휼毋恤을 불렀다. 무휼이 오자 자경은 자리에서 일어나며 "이 아이가 진짜 장군입니다!"라고 했다. 간자가 "이 아이의 어미는 천한 적翟의 여종인데 어찌 귀해질 수 있겠소?"라고 했다. 자경이 "하늘이 내린 분은 천해도 반드시 귀해집니다"라고 했다.

이후 간자가 아들들을 전부 불러 이야기를 나누어보니 무휼이 가장 재능이 있었다. 간자가 아들들에게 "내가 상산常山에다 귀중한 신표를 숨겨두었는데 먼저 찾은 사람에게 상을 주겠다"라 했다. 아들들이 상산으로 달려가 찾았으나 찾지 못했다. 무휼이 돌아와 "신표를 찾았습니다"라고 했다. 간자가 "말해보거라" 하자 무휼은 "상산 위에서 대나라를 내려다보았더니 대나라를 취할 수 있더군요"라고 했다. 간자가 이로써 무휼이 현명하다는 것을 알고는 태자 백로伯魯를 폐하고 무휼을 태자로 삼았다.

2년 뒤인 진 정공定公 14년(기원전 498년), 범씨范氏와 중항씨中行氏가 난을 일으켰다.

이듬해 봄, 간자가 한단邯鄲 대부 오午[29]에게 "위衛의 백성 500가를 내게

---

29 한단현의 행정관으로 성은 조趙, 이름이 오午이다. 연구에 따르면 한단 오는 조 숙자夙子 공맹共孟의 적통이라 한다. 공맹이 조천趙穿을, 조천이 조전趙旃을, 조전이 조승趙勝을, 조승이 조오, 즉 한단 오를 낳았다는 것이다.

돌려주면 내가 진양晉陽에다 안치하겠소"라 했다. 오가 허락한 다음 돌아 갔으나 그 인척들이 동의하지 않아 말을 어기게 되었다. 조앙은 오를 잡아 진양에다 가두고는 한단 사람들에게 "내가 개인적으로 오를 죽이려는데 여러분들은 누구를 세우고 싶은가?"라 하고는 드디어 오를 죽였다. 조직趙 稷과 섭빈涉賓이 한단에서 반발했다. 진晉 국군(정공)이 적진籍秦에게 한단 을 포위하게 했다. 순인荀寅과 범길석范吉射은 조오趙午와 잘 지냈기에 적진 을 돕지 않고 난을 일으키려 했으나 동안우가 이를 알게 되었다.

10월, 범씨와 중항씨가 조앙을 공격하여 조앙이 진양으로 달아나자 진 사람들이 진양을 포위했다. 범길석과 순인의 원수인 위양魏襄 등이 순인을 몰아내고 양영보梁嬰父를, 범길석을 몰아내어 범고역范皐繹을 대신하게 하 려고 모의했다.

순력荀櫟이 진 정공에게 "선군께서 대신들에게 명하시길 난을 처음 주도 한 자는 죽인다고 하셨습니다. 지금 세 신하가 반란을 주도했는데[30] 조앙 만 내쫓는 것은 처벌이 공평하지 않으니 모두 내쫓으십시오"라고 했다.

11월, 순력·한불녕韓不佞·위치魏哆가 명을 받고 범씨·중항씨를 토벌했 으나 이기지 못했다. 범씨·중항씨가 오히려 정공을 공격하여 정공이 반격 하자 범씨·중항씨가 패하여 달아났다.

정미일, 두 사람은 조가朝歌로 달아났다. 한불녕과 위치는 조앙을 용서 해달라고 청했다.

12월 신미, 조앙이 강성絳城으로 들어와 정공의 궁에서 맹서했다.[31]

---

30 조앙趙鞅, 순인荀寅, 사길야士吉射 세 사람이 전란을 도발한 사건을 말한다. 조앙이 조오를 죽이 고, 순인과 사길야가 조앙을 공격했다.

그 이듬해, 지백知伯 문자文子가 조앙에게 "범씨와 중항씨가 난을 일으킨 것은 틀림없지만 동안우가 도발한 것이니 동안우도 함께 꾀한 것입니다. 진나라 법에 난에 앞장선 자는 죽음입니다. 두 사람은 이미 죄를 다스렸으나 동안우만 남았습니다"라고 했다. 조앙이 이를 걱정하자 동안우가 "신이 죽으면 조씨와 진나라가 평안해질 터인데 저의 죽음이 늦었습니다"라 하고는 자살했다. 조씨가 이를 지백에게 알리자 이후 조씨는 평안해졌다.

공자孔子는 조간자가 진나라 국군에게 청하지도 않고 한단의 조오를 잡고 진양을 지켰다는 이야기를 듣고는 《춘추春秋》에 "조앙이 진양을 근거지로 삼아 반란을 일으켰다"라고 썼다.

조간자에게 주사周舍라는 신하가 있었는데 바른 말 하기를 좋아했다. 주사가 죽고 간자가 조회를 할 때마다 늘 기분이 좋지 않아 대부들이 잘못을 빌었다. 간자가 "대부들에게는 죄가 없다. 내가 듣기에 양 가죽 천 장이 여우 겨드랑이 털 한 장만 못하다고[32] 하더라. 대부들과 조회할 때 그저 네네 하는 소리만 들리고 주사의 바른 말이 들리지 않으니 이게 걱정이다"라고 했다. 이랬기 때문에 간자는 조읍趙邑의 지지를 받았고 진나라 사람들의 마음을 얻을 수 있었다.

진 정공 18년, 조간자는 범씨와 중항씨를 조가에서 포위했고 중항문자中行文子는 한단으로 달아났다.

---

31 국외로 쫓겨난 한단 조씨, 범씨, 중항씨 및 이들의 국외 지지자들에 대해 계속 투쟁하기 위해 조앙이 국내 정치세력들과 함께 벌인 일련의 맹서를 말한다. 이러한 활동은 1965~1966년 후마侯馬 진촌秦村에서 발견된 5천여 건의 맹서 관련 유물로 확인되었다. 《좌전》(정공 13년 조)과 〈진세가〉 참고.
32 천양지피千羊之皮, 불여일호지액不如一狐之腋. 여우의 털 중에서도 겨드랑이 털이 가장 귀하다는 속설을 바탕으로 뛰어난 인재 하나가 평범한 많은 사람보다 낫다는 것을 비유하게 되었다.

이듬해, 위衛 영공靈公이 죽었다. 간자와 양호는 위衛 태자 괴외蒯聵를 위나라로 보냈으나[33] 위에서 받아주지 않아 척戚에 머물게 했다.

진 정공 21년, 간자가 한단을 공격하자 중항문자는 백인柏人으로 도망갔다. 간자가 다시 백인을 포위하자 중항문자와 범소자范昭子는 제齊로 도망쳤다. 조씨가 결국 한단과 백인을 차지했다. 범씨와 중항씨의 남은 읍은 진에 편입되었다. 조씨는 진의 상경上卿으로 진의 권력을 실질적으로 행사했고, 그 영지는 제후와 다를 것이 없었다.

진 정공 30년(기원전 482년), 정공이 황지黃池에서 오왕吳王 부차夫差와 맹주를 놓고 다투었다. 조간자가 진 정공을 따라갔는데 결국 오왕이 맹주가 되었다.

정공 37년(기원전 475년), 정공이 죽었으나 간자는 3년 상을 폐지하고 1년 상으로 마무리했다. 이해에 월왕越王 구천勾踐이 오나라를 멸망시켰다.

진 출공出公 11년(기원전 464년), 지백이 정鄭을 쳤다.[34] 조간자는 병이 나서 태자 무휼을 보내 정을 포위하게 했다. 지백이 술에 취해 무휼에게 술을 먹이고 때렸다. 무휼의 신하들이 지백을 죽이자고 했다. 무휼은 "주군께서 이 무휼을 택하신 것은 치욕을 참을 수 있다고 여기셨기 때문이오"라고 했다. 그러나 지백에게 화가 나 있었다. 지백이 돌아와 간자에게 무휼

---

33 《좌전》에 따르면 태자 괴외는 위 영공靈公의 부인 남자南子와의 갈등 때문에 남자를 죽이려다 실패하여 국외로 달아났다. 영공이 죽은 뒤 괴외의 아들 첩輒이 그 할아버지의 자리를 이으니 이가 출공이다. 괴외는 아들의 자리를 빼앗으려고 조앙과 양호의 도움을 받아 위나라로 돌아가려 한 것이다.

34 〈정세가〉에 의하면 이해, 즉 기원전 464년에 지백이 정의 9개 읍을 취했다. 이때 정나라의 국군은 성공聲公(기원전 500~463년 재위)이고, 도성은 지금의 하남성 신정현新鄭縣이었다. 양관楊寬은 〈전국연표戰國年表〉에서 지백이 정을 친 사건을 진晉 정공 36년인 기원전 476년 조간자가 죽기 전으로 보았다.

을 폐하라고 했으나 간자는 듣지 않았다. 이 일로 무휼은 지백에게 원한을 품었다.

진 출공 17년, 간자가 죽고 태자 무휼이 뒤를 이으니 이가 양자襄子이다.

조양자 원년,[35] 월이 오를 포위했다. 양자는 상중의 음식을 줄이고,[36] 초 륭楚隆을 보내 오왕을 위문했다.

양자의 누나는 대왕代王의 부인이었다. (조양자는) 간자의 장례를 치르고 상복을 벗기 전에 북방 하옥산夏屋山에 올라 대왕代王을 초청했다. 요리사에게 쇠 국자를 들고 대왕과 그 수행원들에게 음식을 대접하게 하면서 은밀히 백정 낙솜에게 국자로 대왕과 그 수행원들을 쳐 죽이게 하고는 마침내 대 땅을 평정했다.[37]

그 누나가 이 소식을 듣고는 하늘을 향해 통곡하다가 비녀를 갈아 자살했다. 대 사람들이 이를 가엾게 여겨 (그녀가) 죽은 장소의 이름을 마계산麻笄山이라 했다. 이어 대 땅을 백로伯魯의 아들 조주趙周에게 봉하고 대성군代成君으로 삼았다. 백로는 양자의 형으로 죽은 태자였다. 태자가 일찍 죽었기 때문에 그 아들을 봉한 것이다.

---

35 기원전 475년인데 〈육국연표〉와 차이가 난다. 이에 대해 사마천이 〈조세가〉를 저술할 때는 조양자가 조씨 집안의 기년을 사용하기 시작한 것을 바탕으로 한 것으로 본다. 조양자 이전 조씨 집안의 활동은 진晉나라의 기년을 따랐을 것이기 때문이다. 사마천이 조양자의 계승을 중요하게 기록한 것은 조씨가 진나라에서 갈라져 나와 실질적으로 나라를 세운 표지가 된다고 보았다. 이 때문에 학자들은 전국시대의 실질적인 시작을 기원전 475년으로 보기도 한다.

36 강상식降喪食. 조앙이 이해에 죽고 무휼이 그 자리를 이었다. 아버지의 상중이라 음식을 줄일 수밖에 없었는데, 이때는 또 오나라에 포위당해 나라가 망할 형세이고 구원조차 받을 수 없어 상중이라 줄인 음식을 더 줄였다고 해석하기도 한다.

37 이두격살以斗擊殺. 이 대목은 마치 〈자객열전〉의 전제專諸가 물고기 뱃속에다 비수를 숨기고 오왕 요僚를 암살한 '어복장검魚腹藏劍'의 고사를 떠올리게 한다.

● (위) 기원전 482년 조 간자는 황지 회맹에 진 정공을 수행했다. 사진은 하남성 준현浚縣에 남아 있는 황지 회맹 유지.

● (아래) 조나라 개혁군주인 무령왕이 군대를 사열한 곳으로 전하는 총대叢臺 모습. 하북성 한단시에 있다.

양자 즉위 4년(기원전 472년), 지백이 조趙·한韓·위魏와 함께 범씨·중항씨의 옛 땅을 전부 나누었다. 출공이 노하여 제와 노에 알리고 사경四卿[38]

---

38 지백知伯 순역荀瓅, 조양자趙襄子 무휼毋恤, 위환자魏桓子 구구駒, 한강자韓康子 호虎를 말한다.

을 토벌하려고 했다. 사경은 두려워 함께 출공을 공격했다. 출공은 제로 도망가다 길에서 죽었다. 이에 지백은 소공昭公의 증손 교驕를 세우니 이가 진 의공懿公이다.

지백은 더욱 교만해져 한과 위에 땅을 요구했고, 한과 위는 땅을 그에게 내주었다. 조에게도 땅을 요구했으나 조는 주지 않았다. 정을 포위했을 때 당한 치욕 때문이었다. 지백이 화가 나서 한과 위를 이끌고 조를 공격했다. 조양자가 겁을 먹고 달아나 진양을 지켰다.

원과原過가 따르다가 왕택王澤에서 세 사람을 보았는데 허리띠 위로는 보였지만 허리띠 아래로는 볼 수가 없었다. 원과에게 양쪽이 막힌 두 마디로 된 대나무 통을 주면서 "우리를 위해 이것을 무휼에게 갖다주라"고 했다.

원과는 도착하여 양자에게 알렸다. 양자는 사흘 동안 재계한 다음 몸소 대나무를 갈라보니 붉은 글씨로 "조무휼, 우리는 곽태산霍泰山 산양후山陽侯의 천사들이다. 3월 병술일, 우리는 네가 지백을 멸망시키도록 할 것이다. 너 또한 우리를 위해 백 개 읍에 사당을 세우면 우리도 너에게 임호林胡 땅을 줄 것이다. 후대에 이르러 강력한 왕이 나타날 것이니, 검고 붉은 용의 얼굴에 새 부리 같은 입, 짙은 구레나룻, 진한 눈썹, 검은 턱수염에 넓은 가슴과 긴 하체 그리고 당당한 상체를 가지고 왼쪽으로 옷깃을 여민 채 갑옷을 입고 말을 몰며[39] 황하 양 옆의 넓은 땅을 차지하고 휴혼休溷과 제맥諸貉에까지 이를 것이고, 남으로는 진의 다른 지역을 토벌하고 북으로는 흑고黑姑를 멸할 것이다"라고 쓰여 있었다. 양자는 큰절을 두 번 세 번 하고 세 신의 명을 받들었다.

---

39 좌임계승左衽界乘, 피갑기마披甲騎馬. 조 무령왕의 복장과 군사개혁을 가리키는 표현들이다.

◉ (위) 중산을 비롯하여 북방 개척에 나선 무령왕의 모습을 그린 그림. 무령왕 총대 내에 있다.
◉ (아래) 조씨 집안의 위세를 잘 보여주는 청동기로 조씨 집안의 것으로 추정되는 무덤에서 출토
되었다. 산서성박물관에 소장.

(지백, 한, 위) 세 나라가 진양[40]을 1년 넘게 공격하다 분수汾水의 물을 끌

---

40 이 사건은 지백이 한·위의 군대를 이끌고 진양晉陽을 포위하여 거의 함락 직전까지 몰고 갔으나
결정적 순간에 한·위가 도리어 조와 손을 잡고 역으로 지백을 멸망시킨 것을 말한다. 이때가 조양자
23년인 기원전 453년이었고, 이 사건으로 실제상 진나라의 땅은 셋으로 쪼개지고 진나라는 이름만
남은 껍데기가 되었다. 자세한 것은 《전국책》(조책 1) 참고.

어다 성으로 흘려보내니 물에 잠기지 않은 성벽이 세 자 정도에 지나지 않았다. 성안에서는 솥을 매달아 놓고 취사를 하고 자식을 바꾸어 먹었다.[41] 신하들이 모두 다른 마음을 품고 (양자에 대한) 예의가 갈수록 오만해졌지만 오직 고공高共만은 감히 예를 잃지 않았다. 양자는 두려움에 한밤중에 상相 장맹동張孟同을 보내 사사로이 한·위와 함께 모의하여 3월 병술일에 세 나라가 반대로 지씨를 없애고 그 땅을 함께 나누었다(기원전 453년).

그리하여 양자는 상을 주면서 고공을 맨 위에 올렸다. 장맹동이 "진양의 난에서 오직 고공만 공이 없습니다"라 하자, 양자는 "진양이 위급해졌을 때 신하들이 모두 해이해졌지만 오로지 고공만이 신하의 예를 잃지 않았다. 그러니 그가 앞일 수밖에!"라고 했다. 이 무렵 조씨는 북으로 대代를 차지하고, 남으로 지씨를 합병하니 한·위보다 강했다. 드디어 백 개 성읍에 삼신 사당을 지어 제사를 드리고 원과에게 곽태산 제사를 주관하게 했다.

그 후 (조양자는) 공동씨空同氏를 취하여 아들 다섯을 낳았다. 양자는 백로가 자리에 오르지 못했기 때문에 아들을 세우지 않고 기필코 백로의 아들 대성군에게 자리를 전하려고 했다. 대성군이 일찍 죽자 곧 대성군의 아들 완浣을 태자로 세웠다.

양자가 재위 33년 만에 죽고 완이 즉위하니 이가 헌후獻侯이다.

---

41 현부이취懸釜而炊, 역자이식易子而食. 물을 흘려보낸 탓에 지상에 온통 물이라 솥을 매달 수밖에 없고, 먹을 것이 없어 사람을 잡아먹는 상황을 표현한 것이다.

4
전국 전기 조나라의 발전 상황
●

헌후는 어린 나이에 즉위했기 때문에 중모中牟를 도성으로 삼았다.

양자의 동생 환자桓子가 헌후를 내쫓고 대 땅에서 자립했으나 1년 만에 죽었다. 나라 사람들이 환자의 자립은 양자의 뜻이 아니라고 여겨 함께 그 아들을 죽이고 다시 헌후를 맞아들여 옹립했다.

10년, 중산국中山國 무공武公이 즉위했다.

13년, 평읍平邑에 성을 쌓았다.

15년, 헌후가 죽고 그 아들 열후烈侯 조적趙籍이 즉위했다.

열후 원년, 위魏 문후文侯가 중산국을 정벌하고 태자 격擊에게 지키도록 했다.

6년(기원전 403년), 위魏·한·조가 모두 잇따라 제후가 되었다.[42] (조는) 헌 자獻子를 헌후獻侯로 추존했다.

열후가 음악을 좋아해 상국相國[43] 공중련公仲連에게 "내가 좋아하는 사람이 있는데 귀하게 해줄 수 있겠소?"라고 했다. 공중련이 "부유하게 해주는 것은 괜찮지만 귀하게 만들어서는 안 됩니다"라고 했다. 열후가 "그렇군. 정의 가수 창槍과 석石 두 사람에게 내가 한 사람당 1만 무의 땅을 내리겠소"라고 했다. 공중련은 "알겠습니다"라 하고는 주지 않았다.

한 달 뒤 열후가 대에서 돌아와 가수에게 주기로 한 땅에 대해 물었다.

---

42 이른바 '삼가분진'으로 학계에서는 대체로 이때를 전국시대의 기점으로 본다.
43 상국이란 직무는 후대의 재상과 같지만 일을 맡기는 정도와 품급은 실제로 다른 자리이다. 〈여후 본기〉 참고.

공중련이 "찾고 있는데 괜찮은 땅이 없습니다"라고 했다. 얼마 뒤 열후가 다시 물었으나 공중련은 끝내 주지 않고 병을 핑계로 입조하지 않았다.

파오군番吾君이 대에서 와서는 공중련에게 "당신이 정말 좋은 일을 하려고 하나 어떻게 해야 하는지를 모르고 있습니다. 지금 공중련 당신이 조에서 상국을 지낸 지 어언 4년, 인재를 추천한 바 있습니까?"라고 했다. 공중련이 "없소이다"라고 했다. 파오군이 "우축牛畜, 순흔荀欣, 서월徐越 모두가 괜찮은 사람들입니다"라 하자 공중련은 바로 세 사람을 추천했다. (공중련이) 입조하자 열후가 다시 "가수들의 땅은 어찌 되었소?"라고 물었고, 공중련은 "마침 사람을 보내 좋은 땅을 고르게 했습니다"라 했다.

우축은 열후를 인의로 모시고 왕도로 단속하니 열후가 더욱 온화해졌다. 둘째 날 순흔은 현명한 인재를 선발하고 유능한 관리를 임용하는 이치를 설파했다. 셋째 날 서월은 재물을 아껴 쓰고 공덕을 살피는 일을 말했다. 사람과 일이 모두 타당하지 않음이 없으니 열후가 기뻐했다. 열후가 상국에게 사람을 보내 "가수에게 내리기로 한 땅을 잠시 멈추라"고 했다. 우축을 사師, 순흔을 중위中尉,[44] 서월을 내사內史[45]로 삼고, 상국에게는 옷 두 벌을 내렸다.

9년, 열후가 죽고 동생 무공武公이 즉위했다.[46]

무공이 재위 13년 만에 죽자, 조는 다시 열후의 태자 장章을 옹립하니 이

---

44 수도의 치안을 관할하는 장관 자리.

45 도성 및 그 근교의 행정 장관을 말한다. 후대에는 경조윤京兆尹이라 칭했다.

46 전문가들의 고증에 따르면 조나라에 무공은 없고, 이해에 열후烈侯도 죽지 않고 줄곧 경후敬侯 원년까지 자리에 있었다. 〈육국연표〉도 같은 착오를 보이는데, 양관은 조나라에 합병된 중산국의 무공 기록이 한데 섞여 들어간 것이 아닌가 의심한다.

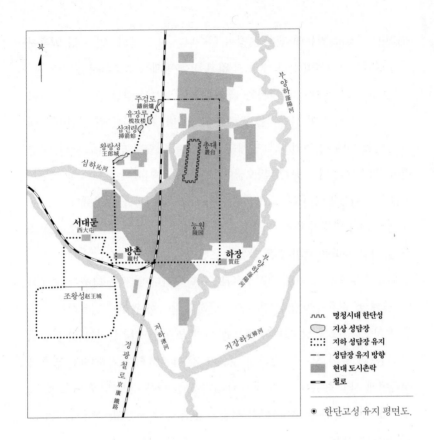

가 경후敬侯이다. 이해에 위 문후가 죽었다.[47]

경후 원년, 공자 조朝가 난을 일으켰으나 이기지 못하고 위魏로 달아났다. 조가 처음으로 한단에 도읍했다.[48]

---

47 전국시대 연구자들은 위 문후는 9년 전에 이미 죽었고, 이해는 무후 9년이라고 한다. 〈육국연표〉도 같은 오류를 보인다.
48 이전에 조나라의 도읍은 경耿·원原·진양晉陽·중모中牟 등 여러 곳을 전전했고, 이즈음 지금의 하북성 한단시인 한단에 도읍을 정했다.

2년, 영구靈丘에서 제를 물리쳤다.

3년, 늠구廩丘에서 위魏를 구원하고 제를 대파했다.

4년, 위가 토대兎臺에서 조를 무찔렀다. (조는) 강평剛平에 성을 쌓고 위衛 공략의 교두보로 삼았다.

5년, 제와 위魏가 위衛를 위해 조를 공격하여 강평을 취했다.

6년, 초에서 병사를 빌려 위를 쳐서 극포棘蒲를 취했다.

8년, 위魏의 황성黃城을 함락했다.

9년, 제를 토벌했다. 제가 연燕을 공격하자 조가 연을 구원했다.

10년, 중산과 방자房子에서 교전했다.

11년, 위魏·한·조가 함께 진을 멸망시키고 그 땅을 나누었다. 중산을 정벌하여 중인中人에서 교전했다.

12년, 경후가 죽고 아들 성후成侯 조종趙種이 즉위했다.

성후 원년, 공자 승勝이 성후와 자리를 다투며 반란을 일으켰다.

2년 6월, 큰 눈이 내렸다.

3년, 대무오大戊午가 상相이 되었다. 위衛를 정벌하여 73개 향읍을 취했다. 위魏가 인藺에서 조를 패배시켰다.

4년, 진과 고안高安에서 싸워 패퇴시켰다.

5년, 견鄄에서 제와 싸웠다. 위魏가 회懷에서 조를 패배시켰다. 정을 공격하여 패배시키고 한에 (그 땅을) 주니 한은 장자長子를 조에 주었다.

6년, 중산이 장성長城을 쌓았다.[49] 위魏를 공격해 훼택(啄澤, 탁택濁澤)에서

---

[49] 2002년 8월 25일《광명일보光明日報》는 석가장시石家莊市 경내에서 옛 장성 유지를 여러 곳 발견했다고 보도하면서 가장 이른 장성은 전국시대 중산국의 장성이라고 했다.

패배시키고 위 혜왕惠王을 포위했다.

7년, 제를 침공하여 장성에까지 이르렀다. 한과 함께 주를 공격했다.

8년, 한과 함께 주를 둘로 나누었다.[50]

9년, 제와 아성阿城 아래에서 싸웠다.

10년, 위衛를 공격해 견을 취했다.

11년, 진秦이 위魏를 공격하니 조가 석아石阿에서 구원했다.

12년, 진秦이 위魏의 소량小梁을 공격하니 조가 소량을 구원했다.

13년, 진秦 헌공獻公이 서장庶長[51] 국國에게 위魏 소량을 공격하게 하여 태자와 좌좌痤를 포로로 잡았다. 위魏가 회수澮水에서 조를 패배시키고 피뢰皮牢를 취했다. 성후가 한 소후昭侯와 상당上黨에서 만났다.

14년, 한과 함께 진秦을 공격했다.

15년, 위魏를 도와 제를 공격했다.

16년, 한·위魏와 함께 진을 나누고 진의 국군을 단지端氏에 봉했다.[52]

17년, 성후가 위魏 혜왕과 갈얼葛孼에서 만났다.

19년, 제·송과 평륙平陸에서 회맹하고 연과 아阿에서 회맹했다.

20년, 위魏가 좋은 목재를 보내와 단대檀臺를 만들었다.

21년, 위魏가 조의 한단을 포위했다.

22년, 위魏 혜왕이 조의 한단을 함락시켰으나 제 역시 계릉桂陵에서 위를

---

50 기원전 367년의 일이며, 주를 둘로 나눈 것은 그 당시 남아 있던 주나라를 다시 공현鞏縣을 중심으로 한 동주와 왕성王城을 중심으로 한 서주로 나누었다는 것이다. 〈주본기〉 참고.

51 진의 관직 이름으로 좌서장, 우서장, 대서장 세 자리가 있었다. 좌서장은 진나라 작위 20급 중 제10급, 우서장은 11급, 대서장은 18급에 해당한다(진의 작위는 숫자가 클수록 높다).

52 이보다 앞서 경후 11년에 세 나라가 진을 나눈 '삼가분진'이 있었고, 이 사건을 2차 분할로 본다.

무찔렀다.[54]

24년, 위魏가 조에 한단을 돌려주어 위魏와 장수漳水에서 회맹했다.[55] 진秦이 조의 인藺을 공격했다.

25년, 성후가 죽었다. 공자 설緤과 태자 숙후肅侯가 자리를 다투었으나 설이 패해 한으로 달아났다.

숙후 원년, 진 국군이 있는 단지端氏를 빼앗고 (국군을) 둔류屯留로 옮기게 했다.

2년, 위魏 혜왕과 음진陰晉에서 만났다.

3년, 공자 범范이 한단을 습격했으나 이기지 못하고 죽었다.

4년, 주 천자에게 조회했다.

6년, 제를 공격해 고당高唐을 빼앗았다.

7년, 공자 각刻이 위의 수원首垣을 공격했다.

11년, 진秦 효공孝公이 상군商君(상앙)에게 위魏를 정벌하게 하여 장수 공자 앙卬을 포로로 잡았다. 조가 위魏를 공격했다.

12년, 진秦 효공이 죽고 상군도 죽었다.

---

53 기원전 354년의 사건으로 이해에 조나라가 위衛를 공격하여 칠漆과 부구富丘를 취했다. 위魏가 위衛를 구원하러 나서 조나라 수도 한단을 포위한 것이다. 이에 조는 제나라에 도움을 청했고 손빈孫臏은 '위위구조圍魏救趙(위를 포위하여 조를 구하다)'의 전략으로 위魏를 대파했다. 성후 22년 내용 참고.

54 기원전 353년 벌어졌던 이 전투가 저 유명한 계릉전투이다. 한 해 전 위魏의 장수 방연이 군대를 이끌고 조의 한단을 포위하여 일시 함락시켰다. 21년 내용 참고.

55 일부 학자들은 이 기록을 믿지 않지만 〈한세가〉〈육국연표〉을 비롯하여《전국책》《죽서기년》《손빈병법》등에 모두 기록되어 있어 사실로 보인다.

◉ 조나라 장성은 북방 개척에 큰 역할을 했다. 내몽고 포두시包頭市에 있다.

15년, 수릉壽陵을 축조했다.[56] 위魏 혜왕이 죽었다.

16년, 숙후가 대릉大陵을 돌아보려고 녹문鹿門을 나섰다. 대무오가 말을 가로막으면서 "바야흐로 농사일이 급합니다. 하루 일하지 않으면 100일을 먹지 못합니다"라고 했다. 숙후가 수레에서 내려 사과했다.

17년, 위魏의 황성黃城을 포위했으나 이기지 못했다. 장성을 쌓았다.[57]

18년, 제와 위魏가 조를 공격했고, 조는 황하의 물을 끌어다 흘려보내니 군대를 물렸다.

---

56 조의 숙후가 자신의 능묘를 축조하기 시작한 것을 말한다. 수릉이란 살아있는 사람을 위해 미리 축조하는 무덤을 말하는데, 《사기정의》에 따르면 숙후의 수릉이 상산常山(지금의 석가장시 동북)에 있었다고 한다.
57 조나라가 남쪽 변경에다 장성을 쌓았다는 것이다.

22년, 장의張儀가 진秦의 상이 되었다. 조자趙疵가 진秦과 싸워 패하자 진은 조자를 하서에서 죽이고 조의 인藺과 이석離石을 취했다.

23년, 한거韓擧가 제·위魏와 싸우다 상구桑丘에서 죽었다.

24년, 숙후가 죽었다. 진秦·초·연·제·위魏가 정예병을 각 1만씩 내어 장례에 참가했다. 아들 무령왕武靈王이 즉위했다.

5
조나라의 전성기와 무령왕의 비극

◉

무령왕 원년(기원전 325년), 양문군陽文君 조표趙豹가 상이 되었다. 양(梁, 위魏) 양왕襄王과 태자 사嗣, 한 선왕宣王과 태자 창倉이 신궁信宮에 와서 조회했다. 무령왕이 어려 정무를 돌볼 수 없어서 아는 것이 많은 관리 세 사람과 좌우 사과司過 세 사람이 도왔다.

정무를 돌보게 되었을 때 먼저 선왕 때의 대신인 비의肥義에게 묻고 벼슬을 높여주었다. 나라 안의 80세가 넘은 삼로三老[58]에게 매달 예물을 보냈다.

3년, 호鄗에 성을 쌓았다.

4년, 한과 우서區鼠에서 회맹했다.

5년, 한의 여자를 부인으로 맞이했다.

8년, 한이 진을 공격했으나 이기지 못하고 철수했다.

---

[58] 나라에서 존중을 받는 원로들을 가리킨다. 이들은 특별한 행사 등에 초청을 받기도 하는데, 삼로와 비슷한 용어로 오갱五更이란 것도 있다. 이 대목에서 특별히 '나라'를 언급한 것은 군, 현, 향에도 이런 원로들이 있었기 때문이다.

다섯 나라가 서로 '왕王'을 칭했으나, 조 혼자만 물리치면서[59] "알맹이도 없으면서 그런 이름을 가져서 무엇 한단 말인가?"라고 했다. 국인에게 자신을 '군君'으로 부르게 명했다.

9년, 한, 위魏와 함께 진晉을 공격했으나 진에 패하고 8만 명의 목이 베임을 당했다. 제가 관택觀澤에서 조를 패배시켰다.

10년, 진秦이 조의 중도中都와 서양西陽을 빼앗았다. 제가 연을 격파했다. 연의 상 자지子之가 군주가 되고 군주가 거꾸로 신하가 되었다.

11년, 무령왕이 한에서 공자 직職을 불러 연왕燕王으로 세우고[60] 악지樂池에게 호송하게 했다.

13년, 진秦이 조의 인藺을 함락시키고 장군 조장趙莊을 포로로 잡았다. 초와 위魏 왕이 한단을 방문했다.

14년, 조하趙何가 위를 공격했다.

16년, 진秦 혜왕이 죽었다. 왕이 대릉을 유람했다. 어느 날 왕이 꿈에서 처녀가 거문고를 타며 시를 지어 "아름다운 여인, 눈부신 광채가 활짝 핀 자운영 같구나! 운명이로구나, 운명이로구나! 내 일찍이 본 적 없는 아름다운 꽃이여!"라는 노래를 불렀다. 다른 날, 왕이 즐겁게 술을 마시다가 몇

---

59 이에 대해서는 논란이 있다. 다섯 나라가 아니라 아홉 나라라는 설이 있고, 그 시기에 대해서도 의견이 갈린다. 양콴은 이 일이 조 무령왕 3년인 기원전 323년에 실제로 있었다고 주장하면서 다섯 나라로 조·위魏·연·한·중산을 지목했다. 그리고 이를 유세가 소진蘇秦이 제안한 동방의 여러 나라가 힘을 합쳐 서방의 강대국 진秦에 대항하자는 합종항진合縱抗秦의 출발로 보았다.

60 공자 직은 연왕 쾌噲의 아들로 당시 한에 인질로 가 있다가 귀국하여 왕으로 추대되었는데 이가 소왕昭王이다. 그런데 〈연소공세가〉의 기록은 다르다. 〈연소공세가〉에는 "연의 자지子之가 죽은 지 2년(기원전 312년), 연 사람들이 함께 태자 평平을 세우니 이가 연 소왕이다"라고 되어 있기 때문이다. 《사기집해》나 《사기색은》은 이 설을 따랐다. 후대 연구자들은 대부분 〈조세가〉의 공자 직을 소왕으로 본다.

번이나 꿈 이야기를 하며 보았던 그 모습을 떠올렸다. 오광吳廣이 이를 듣고는 부인을 통해 그 딸 왜영을 들여보내니 맹요孟姚이다. 맹요가 왕의 총애를 듬뿍 받으니 이가 혜후惠后이다.

17년, 왕이 구문九門을 나와 야대野臺를 쌓아 제와 중산의 국경을 살폈다.

18년, 진秦 무왕武王이 맹열孟說과 용무늬로 장식된 붉은 정鼎을 들다가 정강이뼈가 끊어져 죽었다.[61] 조왕이 대의 상 조고趙固에게 공자 직稷을 연으로 맞아들인 다음 호송하여 진왕으로 옹립하게 하니 이가 소왕昭王이다.

19년 봄 정월, 신궁에서 조회를 크게 열었다. 비의를 불러 천하의 일을 논의했는데 5일 만에 끝났다. 왕은 북으로 중산의 땅을 공략하여 방자에 이르러 대로 가니 북으로는 무궁無窮에까지 이르렀다. 서쪽으로는 황하에 이르러 황화산黃華山 정상에 올랐다. 누완樓緩을 불러 "나의 선왕께서는 세상의 변화에 따라 남쪽 변방의 땅을 넓히고, 장수漳水와 부수滏水의 험난한 지세를 따라 장성을 쌓으셨소. 또 인藺과 곽랑郭狼을 취하고 임荏에서 임호林胡를 무찌르셨으나 그 공업은 아직 마무리되지 않았소. 지금 중산은 우리 뱃속 한가운데에 있고,[62] 북으로는 연이 있고, 동으로는 호胡가 있으며, 서쪽은 임호·누번樓煩·진·한의 변경이오. 강한 병력의 지원이 없으면 사직이 망하게 생겼으니 어찌하면 좋겠소? 세상을 뛰어넘는 명성을 가지면 세속의 비난이 있기 마련이지만 내가 호복胡服을 입고자 하오"라고 상의했

---

61 이 사건은 '거정절빈擧鼎絶臏'이란 고사성어로 잘 알려져 있다. '정(세발솥)을 들다가 정강이뼈가 끊어졌다'는 뜻이다. 무왕은 평소 힘자랑을 좋아하여 신변의 역사들과 내기를 했다. 맹열은 역사들 중 한 사람이고 이 밖에 임비任鄙와 오획烏獲이 알려져 있다. 이와 관련하여 〈진본기〉와 〈저리자감무열전〉을 참고하면 무왕이 감무甘茂로 하여금 한의 의양을 공격하게 한 다음 주의 도성 낙양에 가서 주 왕실의 정을 볼 기회에 힘자랑을 하려고 이 정을 들다가 압사한 것으로 보인다. 기원전 307년의 일이다.

● '호복기사胡服騎射'로 상징되는 개혁을 이끈 조 무령왕의 석상. 하북성 한단시 무령왕 총대 내에 있다.

다. 누완이 "좋습니다"라고 했으나 신하들은 모두 원치 않았다.

이때 비의가 왕 곁에 있었는데 왕이 "간자와 양자 두 주군은 호胡와 적狄에 대해 승리를 꾀했습니다. 신하 된 자는 어려울 때는 윤리도덕에 순종하는 절조를 보여야 하고, 잘 나갈 때는 군주와 인민에게 이익이 되는 일을 해야 합니다. 이 두 가지야말로 신하의 직분이지요. 이제 나는 양왕의 사업을 이어받아 호와 적으로 땅을 넓히고자 하는데, 죽을 때까지 성과를 보지 못할까 두렵습니다. 적을 약하게 하면서도 힘은 적게 들이고, 많은 공

---

62 중산재아복심中山在我腹心. 당시 재건된 중산국은 지금의 하북성 석가장시 서쪽이고, 도성은 영수靈壽로서 조나라 수도 한단과는 멀지 않았기 때문에 이런 말이 나온 것이다.

을 이루고도 백성을 수고롭게 만들지 않음으로써 전에 없는 공을 얻고 싶습니다. 무릇 세상을 뛰어넘는 공을 세운 사람은 세속의 비난을 위배할 수밖에 없고, 자신만의 분명한 생각을 가진 사람은 어리석은 인민의 원망을 살 수밖에 없습니다. 이제 오랑캐 옷을 입고 말을 타고 활을 쏘는 것을 백성에게 가르칠 터인데, 세상은 틀림없이 과인에 대해 이러쿵저러쿵할 것이니 어찌하면 좋겠습니까?'라고 했다.

비의는 "신이 듣기에 일을 의심하면 공이 없고, 의심하고 행동하면 명성을 얻지 못한다[63] 합니다. 왕께서 이미 세속과 어긋난다는 비난을 듣기로 결정하셨으니 천하의 논의는 돌아보실 필요가 없습니다. 무릇 지극한 덕을 말하는 사람은 세속과 화합하지 못하고, 큰 공을 이루고자 하는 사람은 여러 사람과 도모하지 않습니다. 옛날 순은 묘苗의 춤을 추었고, 우는 나국裸國에서 옷을 벗었지만[64] 한때의 욕구와 쾌락을 위한 것이 아니라 지극한 덕과 큰 공을 세우기 위해서였습니다. 어리석은 자는 일이 성사되어도 모르지만 지혜로운 자는 모습이 나타나기 전에 봅니다.[65] 그러니 왕께서는 무엇을 의심하십니까?'라고 했다.

왕이 "내가 호복을 의심하는 것이 아니라 천하가 나를 비웃을까 두렵습니다. 미친 자가 즐거워하는 것에 지혜로운 사람은 비애를 느끼고, 어리석은 자가 비웃은 것을 현명한 사람은 살피는 것입니다.[66] 세상이 나를 따른

---

63 의사무공疑事無功, 의행무명疑行無名. 개혁 등과 같은 큰일을 할 때 머뭇거리거나 의심하면 성공할 수 없다는 뜻이다.

64 우임금이 나국에서 옷을 벗었다는 고사는 《여씨춘추》에 나온다. 또 순임금이 묘의 춤을 추었다는 고사는 《한비자》에 나오지만 내용은 이곳의 뜻과 부합하지 않는다.

65 우자암성사愚者暗成事, 지자도미형智者睹未形.

66 광부지락狂夫之樂 지자애언智者哀焉, 우자소소愚者所笑 현자찰언賢者察焉.

다면 호복으로 인한 공은 이루 다 알 수 없을 것입니다. 세상 모두가 나를 비웃을지언정 호의 땅과 중산을 내가 반드시 차지할 것입니다'라고 했다. 그리고 마침내 호복을 입었다.

왕설王繰을 시켜 공자 성成에게 "과인이 호복을 입고 조회에 임할 터이니 숙부께서도 호복을 입으시길 바랍니다. 집에서는 양친의 말씀을 따르고, 나라에서는 군주의 말을 듣는 것이 고금의 공인된 준칙입니다. 자식이 양친에 반대하지 않고, 신하가 군주를 거스르지 않는 것은 선왕이 정하신 의리입니다. 지금 과인이 복장을 바꾸라고 명령했거늘 숙부께서 입지 않으신다면 천하가 이를 두고 말들이 많을까 걱정입니다. 나라를 다스리는 원칙은 인민을 이롭게 하는 것을 근본으로 삼고, 정무를 처리하는 원칙은 위에서부터 시행하는 것입니다. 덕을 밝히려면 먼저 아랫사람부터 시작하고, 정책을 실행하려면 귀한 사람부터 먼저 믿게 해야 합니다. 지금 호복을 입는 뜻은 욕심과 즐거움 때문이 아닙니다. 일이란 목표 지점이 있고, 공은 이루어야 하는 바가 있습니다. 일이 성사되고 공을 세운 다음이라야 다 잘된 것입니다. 지금 과인은 숙부께서 정치의 원칙을 거역하고 숙부께서 반대하는 자들을 따르는 것이 두려울 뿐입니다. 그리고 과인이 듣기에 나라에 이익이 되는 일을 하는 사람의 행동에는 사악함이 없고 귀한 사람들의 지지를 받는 자는 명성에 누가 가지 않는다고 합니다. 그래서 숙부의 명성에 힘입어 호복의 공업을 이루고자 합니다. 이에 왕설에게 숙부를 뵙고 호복을 입어주십사 청하는 것입니다'라고 했다.

공자 성은 두 번을 절하고 머리를 조아리며 "신이 왕께서 호복을 입으신다는 이야기를 줄곧 들었습니다. 신은 불초한 데다 병석에 오래 누워 있는 통에 달려가 인사도 여쭙지 못했습니다. 왕께서 명령을 내리셨다 하니 신이 감히 그에 대해 어리석으나마 충정을 다하고자 합니다. 신이 듣기에 중국은 총명하고 예지로운 사람들이 사는 곳이자, 만물과 재화가 모여드는 곳이자, 성현의 가르침을 행하는 곳이자, 인의로 나라를 다스리는 곳이자, 시詩·서書·예악이 행해지는 곳이자, 기교와 기능이 펼쳐지는 곳이자, 먼 곳에 있는 사람들이 보러오는 곳이자, 오랑캐들이 모범으로 받드는 곳입니다. 지금 왕께서는 이런 것들을 버리고 먼 곳의 복장을 입어 고인의 가르침과 법도를 바꾸고, 인심을 거역하고, 학자들과 어긋나고, 중국과 멀어지려 하십니다. 이에 신은 왕께서 이를 진지하게 고려해주시길 바라옵니다'라고 했다. 사신이 이를 보고하자 왕은 "내가 숙부께서 아프시다는 이야기를 들었는데, 내가 직접 가서 청을 드려야겠다'라고 했다.

이에 왕은 공자 성의 집으로 가서 친히 그에게 이렇게 청했다.

"옷이란 행동의 편의를 위한 것이고, 예의란 일의 편의를 위한 것입니다. 성인들께서는 사람의 경향에 근거하여 그 편의에 따르고, 일에 근거하여 예를 제정했기 때문에 인민에게 이롭고 나라는 부유해지는 것입니다. 구월甌越 사람들은 머리카락을 짧게 자르고, 몸에 문신을 하고, 팔짱을 끼고, 왼쪽 어깨를 드러냅니다.[67] 이를 검게 물들이고, 이마에 문신을 하고, 물고기 껍질로 된 모자를 쓰고, 거친 옷을 입는 것[68]은 대오大吳라는 나라입니다. 이처럼 예의와 복장은 다 달랐지만 편의라는 점에서는 한가지였습니다. 지역이 다르면 그 활용이 변하고, 일이 다르면 예가 바뀌는 것입니다.[69] 그렇

---

67 전발문신翦髮文身, 착비좌임錯臂左衽. '전발문신'이 〈오태백세가〉에는 '문신단발文身斷髮'로 나온다. 오와 월 지역의 풍습을 말한 것이다.
68 흑치조제黑齒雕題, 각관출출却冠秫絀. 오나라 지역 풍습을 말하는데 뜻이 분명치 않다. 《전국책》에 '제관출봉鯷冠秫縫'으로 표현되어 있어 이를 근거로 이렇게 옮긴 것이다.

기 때문에 성인들은 그 나라에 이롭다면 한 가지 방법에만 매이지 않았고, 그 일이 정말 편리하다면 똑같은 예의를 고집하지 않았습니다.

학자는 같은 스승에게서 나오지만 습속은 다릅니다. 중국은 예의는 같지만 교화는 다 다릅니다. 하물며 산속의 편리함이야 오죽하겠습니까? 따라서 거취의 변화는 아무리 지혜로운 자라도 한 가지만을 강구할 수는 없습니다. 지역마다 다른 복장을 성현이라도 일치시킬 수는 없는 것입니다. 구석진 곳일수록 이상한 것이 많고, 왜곡된 학문일수록 궤변이 많습니다.[70] 모르면 의심하지 않고 자기와 다르면 비난하지 않아야 공정하고 가장 좋은 것을 추구할 수 있습니다. 지금 숙부께서는 습속 그 자체를 말씀하신 것이고, 저는 습속을 만드는 이치를 말한 것입니다.

우리나라는 동으로 황하와 장수漳水로서 제·중산과 경계를 이루고 있으나 배를 사용하지는 않고 있습니다. 상산常山에서 대代·상당上黨에 이르는 동쪽은 연·동호와 국경을 접하고, 서쪽으로 누번·진秦·한과 국경을 접하고 있지만 말을 타고 활을 쏘는 기병으로 대비하지 못하고 있습니다. 이에 과인은 배를 사용하지도 못하면서 물에서 사는 인민들이 앞으로 어떻게 황하와 박락수薄洛水를 지킬 수 있을까 하는 것입니다. 복장을 바꾸고 말을 타고 활을 쏨으로써 연·삼호三胡·진秦·한의 변경을 지키려는 것입니다. 그리고 옛날 조간자께서 진양과 상당에 요새를 쌓지 않았기에 조양자께서 융을 병합하고 대를 취하여 호 세력을 물리칠 수 있었다는 것은 어리석은

---

69 향이이용변鄕異而用變, 사이이예역事異而禮易. 사람들의 사상 경향이 변하면 국가의 정책도 바뀌며, 객관적 사물이 바뀌면 한 나라의 예의도 바뀐다는 의미이다.
70 궁향다이窮鄕多異, 곡학다변曲學多辯. 개혁에 반대하는 세력과 이론에 대한 반박이다. 개혁의 당위성을 강력하게 반영하는 뜻으로 쓰인다.

자도 총명한 자도 다 아는 일입니다.

일전에 중산이 제의 강력한 군대를 등에 업고 우리 땅을 침범하여 우리 인민들을 힘들게 하고 물을 끌어들여 호鄗를 포위했습니다. 사직의 신령이 돌보지 않았더라면 호는 거의 지키기 어려웠을 것입니다. 선왕께서 이를 부끄럽게 생각하셨고, 원한은 아직 갚지 못했습니다. 지금 말을 타고 활을 쏘는 것으로 방비한다면 가깝게는 상당의 형세가 편해질 수 있고, 멀리는 중산에 대한 원한을 갚을 수 있을 것입니다. 그런데 숙부께서는 중국의 습속에 따르시느라 간자·양자의 뜻을 거스르고, 복장을 바꾸었다는 소리를 듣기 싫어 호에서의 부끄러운 일을 잊고 계신 것 같으니 이는 과인이 바라는 바가 아닙니다."

공자는 재배하고 머리를 조아리며 "신이 어리석어 왕의 뜻을 깨닫지 못한 채 감히 세속의 들은 바만 늘어놓았으니 신의 죄입니다! 지금 왕께서 간자·양자의 뜻을 잇고 선왕의 의지를 따르겠다고 하시니 신이 어찌 감히 왕의 명을 듣지 않겠습니까?"라며 다시 재배하고 머리를 조아렸다. 이에 호복을 내렸고, 다음 날 이것을 입고 조회에 나왔다. 이에 호복령을 처음으로 내렸다.

조문趙文, 조조趙造, 주소周袑, 조준趙俊이 모두 왕에게 호복을 입지 말 것과 옛날 법에 따르는 것이 옳다고 아뢰었다. 왕은 이렇게 말했다.

"선왕들의 습속이 다 같지 않은데 어떤 법을 말하는가? 제왕들이 서로 이어받지 않았는데 어떤 예를 따르자는 말인가? 복희伏羲와 신농神農은 교화만 했지 사람을 죽이지 않았다. 황제黃帝, 요堯, 순舜은 사람을 죽이긴 했지만 화를 다른 사람에게 연루시키지는 않았다. 삼왕三王에 이르기까지 때에 따라 법을 만들고 일에 따라 예를 제정했다. 법령과 제도는 각각 그 편의를 따랐고, 의복이나 기계는 사용하기에 편리했다. 그러므로 예가 꼭 한 가지 방법일 필요는 없으며, 나라를 편리하게 하는 데 굳이 옛것을 따를 필요는 없다.[71] 성인이 일어난 것도 옛것을 이은 것이 아니었기 때문에 왕이 될 수 있었고, 하와 은은 쇠약해지는데도 예를 바꾸지 않아 망한 것이다. 따라서 옛것에 반대한다고 비난할 수 없으며, 예에 따른다고 해서 지나치게 칭찬할 것도 아니다.[72] 그리고 복장이 기이하니 그 뜻이 음탕하다고 한다면 추鄒·노魯에는 기이한 행동이 없을 것이고, 습속이 나쁜 지역의 사람은 좋지 않다고 한다면 오·월에는 좋은 사람이 없을 것이다. 그리고 성인께서는 몸에 편리한 것이 옷이고, 일에 편리한 것이 예라고 하셨다. 나아가고 물러나는 예절과 의복의 제도는 보통 인민들을 가지런히 하려는 것이지 현자들을 논하려는 것이 아니다. 따라서 인민들은 습속과 함께 흐르고 현명한 사람은 변화와 함께하는 것이다.[73] 속담에 '책으로 말을 몰려는 자는 말의 성질을 다 모르며, 옛날로 지금을 통제하려는 자는 일의 변화에 통달할 수 없다'[74]고 했다. 법을 지키려는 공만으로는 세상을 뛰어넘을 수 없고, 옛날 학문만을 본받아서는 지금을 통제하기 부족하다. 그대들

---

71 불필고不必古. 《상군서》에서 '치세불일도治世不一道(세상을 다스리는 데 방법이 하나만 있는 것이 아니고), 편국법불법고便國不法古(나라를 편하게 하는데 굳이 옛것을 따를 필요가 없다)'라는 구절에서 따온 구절이다.
72 반고미가비反古未可非, 순례미족다循禮未足多. 이 구절 역시 《상군서》에서 나온다. 개혁의 당위성을 강조한 비유적 표현이다.
73 제민여속齊民與俗流, 현자여변구賢者與變俱. 변화와 개혁의 당위성, 그리고 개혁과 변화를 주도하는 것이 현명하다는 점을 강조한 말이다.
74 이서어자부진마지정以書御者不盡馬之情, 이고제금자부달사지변以古制今者不達事之變. 과거에 매이고 이론에 매몰된 자들은 사물의 실제 변화를 모른다는 비유이다. 개혁에 반대하는 사람들과 그 논리에 대한 통렬한 반박이자 풍자이다.

이 이 점을 생각하지 않은 것이다." 마침내 호복을 입고 말을 타고 활을 쏘는 병사를 모집했다.[75]

20년, 왕은 중산의 땅을 공략하여 영가寧葭에까지 이르렀다. 서쪽으로는 호胡 땅을 공략하여 유중楡中에까지 이르렀다. 임호林胡의 왕이 말을 바쳤다. 돌아와 누완樓緩을 진秦에, 구액仇液을 한에, 왕분王賁을 초에, 부정富丁을 위魏에, 조작趙爵을 제에 사신으로 보냈다. 대의 상 조고가 호를 관리하면서 호의 병사를 징집했다.

21년, 중산국을 공격했다. 조소趙紹가 우군을, 허균許鈞이 좌군을, 공자 장章이 중군을 각각 거느렸고 왕은 총사령관이 되었다. 우전牛翦은 전차와 기병을 지휘하고, 조희趙希는 호와 대의 병사를 함께 거느렸다. 조는 형산陘山을 내주고 곡양曲陽에서 군을 합류시켜 단구丹丘, 화양華陽 그리고 치鴟의 요새를 공격하여 차지했다. 왕의 군대는 호鄗, 석읍石邑, 봉룡封龍, 동원東垣을 취했다. 중산이 4개 읍을 바치며 강화를 청하자 왕이 이를 허락하고 군을 철수시켰다.

23년, 중산을 공격했다.

25년, 혜후惠后가 죽었다. 주소周紹에게 호복을 입고 왕자 조하趙何를 가르치게 했다.

26년, 다시 중산을 공격했다. 땅이 북으로 연과 대까지, 서쪽으로 운중雲中과 구원九原에까지 이르렀다.

27년 5월 무신일, 동궁에서 나라를 전하는 조회를 크게 열어 왕자 하何

---

75 수호복遂胡服, 초기사招騎射. '호복기사胡服騎射'라는 사자성어로 많이 쓰는 이 대목은 개혁의 대명사처럼 인용된다. 《전국책》(조책), 《사기》(〈상군열전〉), 《상군서》 등에도 관련 내용이 나온다.

를 왕으로 세웠다. 왕은 종묘에서 예를 마치고 나와 조정의 일에 임했다. 대부들이 모두 신하가 되었고 비의는 상국 겸 왕의 스승이 되었다. 이가 혜문왕惠文王이다. 혜문왕은 혜후 오왜吳娃의 아들이다. 무령왕은 스스로를 주보主父라 불렀다.

주보는 아들에게 나라를 다스리게 하고는 자신은 호복을 입고 병사와 대부들을 거느리고 서북 호 땅을 공략했다. 운중과 구원에서 곧장 진秦을 습격하기 위해 자신을 사신이라 속이고 진으로 들어갔다. 진 소왕昭王이 몰랐다가 얼마 뒤 그의 형상이 대단히 당당한 것이 신하의 풍모가 아닌 것을 이상하게 여겨 사람을 시켜 쫓게 했으나 주보는 말을 달려 관을 빠져나갔다. 자세히 물었더니 바로 주보였다. 진 사람들이 크게 놀랐다. 주보가 진에 들어간 것은 친히 지형을 살핌과 동시에 진왕이란 위인을 관찰하기 위해서였다.

혜문왕 2년, 주보가 새로 확장한 땅을 순시하다가 대代를 나와 서쪽 서하西河에서 누번왕樓煩王을 만나 그의 군사를 징발했다.

3년, 중산을 멸망시키고 그 왕을 부시膚施로 옮겼다. (자신의 무덤인) 영수靈壽를 축조했다. 북쪽 땅이 딸려 왔고, 대로 가는 길[76]이 크게 열렸다. 돌아와 상을 베풀고 크게 사면령을 내리면서 닷새 동안 술자리를 열었다. 큰아들 장章을 대의 안양군安陽君에 봉했다. 장은 평소 사치스럽고 마음으로 그 동생이 즉위한 것에 승복하지 않고 있었다. 주보는 또 전불례田不禮에게 장을 보좌하게 했다.

이태李兌가 비의에게 "공자 장이 사람이 강하고 마음이 교만한 데다 무리가 많고 욕심이 크니 사사로운 야심이 있지 않겠습니까? 전불례란 위인

---

76 조나라 도읍 한단과 대나라로 가는 통로를 말한다.

도 잔인하고 교만합니다. 두 사람이 함께 만났으니 틀림없이 반란 음모를 꾸며 의외의 요행을 바랄 것입니다. 무릇 소인이 욕심을 품으면 생각이 가볍고 계획이 천박하여 오로지 그 이익만 보지 그 피해는 돌아보지 않습니다. 같은 부류가 서로를 밀어주니 죄다 재앙의 문으로 들어설 것입니다. 제가 보기에 분명 멀지 않았습니다. 그대는 책임이 무겁고 권세가 크니 반란이 당신에게서 시작되고 재앙이 몰려들 것이니 당신이 먼저 화를 입을 것이 틀림없습니다. 어진 사람은 만물을 사랑하고, 지혜로운 사람은 화가 드러나기 전에 대비합니다. 어질지도 지혜롭지도 않은데 어떻게 나라를 위한단 말입니까? 그대는 병을 핑계로 나오지 말고 정치를 공자 성에게 맡기는 것이 낫지 않겠습니까? 원망의 근원지도 재앙의 사다리도 되지 마십시오"라고 했다.

비의는 "안 됩니다. 전에 주보께서 왕을 이 비의에게 맡기시면서 '네 태도를 바꾸지 말고, 네 생각도 바꾸지 말고 끝까지 죽을 때까지 한마음으로 굳게 지켜라'라고 당부하셨소. 이 비의는 절하며 그 명을 받아 기록해 두었소. 지금 전불례의 난이 두려워 내 기록을 잊는다면 이보다 더 큰 변절이 어디 있겠소? 나아가 명을 엄숙하게 받고서 물러나 온 힘을 다하지 않는 배신보다 더 심한 배신이 어디 있겠소? 변절하고 배신한 신하는 법이 용납하지 않소. 속담에 '죽은 사람이 살아난다 해도 산 사람으로서 그에 부끄럽지 말라'[77]고 했소. 내가 이미 말했으니 나는 내 말을 지킬 뿐 어찌 내 몸을 보전하리오? 그리고 정조가 있는 신하는 난이 닥쳐야 그 절개가 드러나고, 충신은 재앙이 닥쳐야 그 행동이 밝게 보이는 법[78]이오. 당신이 내게 충고를 주셨지만 나는 내가 전에 한 말을 죽을 때까지 어길 수 없소이다"라고 했다. 이태가 "알겠으니 그대는 애쓰십시오. 당신을 보는 것도 올해뿐이겠

군요"라 하고는 울면서 나갔다. 이태는 공자 성을 여러 차례 만나 전불례의
사태에 대비했다.

다른 날, 비의가 신기信期에게 "공자와 전불례가 정말 걱정입니다. 겉보
기에 입으로는 좋은 말만 하지만 실은 나쁜 자들입니다. 이들의 사람 됨됨
이는 자식답지도 신하답지도 않습니다. 제가 듣기에 간신이 조정에 있으
면 나라가 망가지고, 헐뜯는 신하가 곁에 있으면 군주를 해치는 벌레가 된
다고 했습니다. 이런 자들은 탐욕스럽고 야심이 커서 안에서는 군주의 신
임을 얻고 밖에서는 포악하게 굽니다. 명령을 조작하여 오만하게 굴다가
어느 날 갑자기 멋대로 명령을 내리는 짓은 어려운 일이 아니니 나라에 화
가 이를 것입니다. 지금 저는 이것이 걱정되어 밤에 잠을 못 자고 배가 고
파도 먹는 것을 잊을 정도입니다. 도적이 오거나 방비하지 않을 수 없습니
다. 지금부터 왕을 보려고 하는 자가 있으면 반드시 제가 먼저 보고 제가
먼저 몸으로 막아서 별일 없으면 왕께 들여보낼 것입니다"라고 했다. 신기
가 "좋습니다, 제가 이런 말을 듣게 되다니!"라고 했다.

4년(기원전 295년), 신하들을 입조하게 하니 안양군도 조회에 왔다. 주보
가 왕에게 조정 일을 맡게 하고는 자신은 곁에서 신하들과 종친들의 예의
를 관찰했다. 늠름한 맏아들 장이 오히려 북면하여 신하로서 그 동생에게

---

77 사자부생死者復生, 생자불괴生者不愧. 춘추시대 진晉 헌공獻公의 신하였던 순식荀息이 헌공에
게 한 말이다. 당시 헌공은 맏아들을 폐위시키려 했는데, 이를 위해 죽기 전에 순식에게 어린 아들을
부탁했다. 이에 순식은 신하 된 도리를 다하겠다며, 헌공이 다시 살아났을 때 헌공에게 부끄럽지 않
게 명을 받들겠다는 취지로 이렇게 말했다.
78 정신야난지이절현貞臣也難至而節見, 충신야누지이행명忠臣也累至而行明. 이 대목은 《논어》에
서 공자가 '날이 추워진 뒤라야 소나무와 잣나무가 늦게 시든다는 것을 알게 된다'는 '세한연후지송
백지후조야歲寒然後知松栢之後凋也'라는 명구를 떠올리게 한다.

● 어처구니없는 무령왕의 죽음으로 조나라는 쇠퇴하기 시작했다. 사진은 무령왕이 죽은 사구궁 유지로서 하북성 형대시邢臺市 광종현廣宗縣에 소재한다.

굽히는 것을 보니 속으로 가여워졌다. 이에 조를 나누어 장을 대 지역의 왕으로 삼으려 했으나 결정하지 못하고 미루어 두었다.

주보와 왕이 사구沙丘로 놀라가서는 서로 다른 궁에 묵었다. 공자 장이 그 무리와 전불례를 동원하여 난을 일으키고는 주보의 명이라 속여 왕을 소환했다. 비의가 먼저 들어오자 그를 죽였다. 고신高信은 즉시 왕과 함께 (공자 장과) 싸웠다. 공자 성과 이태가 도성에서 달려와 바로 네 개 읍의 병사를 일으켜 난을 막고는 공자 장과 전불례를 죽이고 그 잔당을 소멸하니 왕실이 안정을 찾았다.

공자 성이 상이 되어 안평군安平君이라 불렸고, 이태는 사구司寇[79]가 되었

---

79 관직 이름. 도적을 체포하는 등 전국의 치안을 유지하는 일을 주관했다.

다. (당초) 공자 장이 패하여 주보에게로 달아났는데 주보가 장을 받아들였다. 공자 성과 이태가 주보의 궁을 포위했다. 공자 장이 죽자 공자 성과 이태는 "공자 장 때문에 주보를 포위했으니 병사를 철수시키면 우리는 멸족을 당할 것이오"라고 상의한 다음 계속 주보를 포위했다. 그러고는 궁중의 사람들에게 "늦게 나오는 자는 멸족당할 것이다!"라고 명령하니 궁중 사람들이 모두 나왔다. 주보는 나오지도 못하고 먹지도 못해 참새 새끼를 찾아서 먹다가 석 달 남짓 지나 사구궁沙丘宮에서 굶어 죽었다.[80] 주보가 죽은 것이 확실하자 제후들에게 죽음을 알렸다.

당시 왕이 아직 어렸으므로 공자 성과 이태가 정치를 전담했는데, 죽임을 당할까 두려워 주보를 포위했던 것이다. 주보는 당초 맏아들 장을 태자로 삼으려 했다. 그러다 오왜를 얻어 그녀를 사랑하여 몇 년을 나오지 않다가 아들 하何를 낳자 태자 장을 폐하고 하를 왕으로 세웠다. 오왜가 죽자 사랑이 식어 폐한 태자를 가엾게 생각하여 둘 다 왕으로 만들려다가 머뭇거리며 결정하지 못하는 바람에 난이 일어났고, 아버지와 아들이 함께 죽기에 이르렀으니 천하의 비웃음거리가 되었다. 어찌 가슴 아프지 않겠는가!

---

[80] 조나라를 개혁하여 전국시대 초기 강대국으로 키운 무령왕의 죽음과 그 무덤에 대해서는 오랫동안 논쟁이 끊이질 않았다. 특히 무덤의 소재지에 대해서는 산서성과 하북성에 있다는 설이 제기되었는데, 하북성에만 여러 곳에 그의 무덤이라고 전해오는 무덤들이 남아 있는 상황이다.

6
전국 후기 조나라의 쇠퇴

●

5년(기원전 294년), 막鄭과 역易을 연에 주었다.

8년, 남행당南行唐에 성을 쌓았다.

9년, 조량趙梁이 장군이 되어 제와 연합하여 한을 공격하여 노관魯關 아래에 이르렀다.

10년(기원전 289년), 진秦이 서제西帝로 자칭했다.

11년, 동숙董叔이 위씨魏氏와 송을 정벌하여 위로부터 하양河陽을 얻었다. 진이 경양梗陽을 탈취했다.

12년, 조량이 제를 공격했다.

13년, 한서韓徐가 장수가 되어 제를 공격했다. 공주가 죽었다.

14년, 상국 악의樂毅가 조·진秦·한·위魏·연을 이끌고 제를 공격해 영구靈丘를 빼앗았다. 진秦과 중양中陽에서 회맹했다.

15년, 연 소왕이 와서 만났다. 조가 한·위魏·진秦과 함께 제를 공격하니 제가 패하여 달아났다. 연이 홀로 깊이 들어가 임치臨菑를 차지했다.

16년(기원전 283년), 진秦이 다시 조와 몇 차례 제를 공격하니 제 사람들이 걱정했다. 소려蘇厲가 제를 위해 조왕에게 편지를 보내 이렇게 말했다.

"신이 듣건대 옛날 어진 군주들은 그 덕이 천하에 널리 베풀어지지 않았고, 가르침이 민간에까지 스며들지 않았고, 때마다 제사가 귀신을 만족시키지 못했습니다. 그럼에도 이슬과 비가 때맞추어 내려 오곡이 풍년이 들고 인민들은 돌림병에 걸리지 않았습니다. 사람들은 이를 좋다고 했지만 어진 군주는 이를 경계했다고 합니다.

지금 족하의 어진 덕과 공이 진秦에게 마냥 좋은 것만은 아닙니다. 제에
쌓인 원한과 분노가 그렇게 깊은 것도 아닙니다. 진이 조와 동맹국이 되어
한의 군대를 강제로 징발한다고 해서 진이 진정으로 조를 좋아서이겠습니
까? 아니면 제를 미워해서이겠습니까? 늘 뒤바뀔 수 있는 사물에 대해 현
명한 군주는 이를 잘 살핍니다. 진은 조가 좋거나 제가 미워서가 아니라
한을 멸망시키고 동주와 서주를 삼키려고 제를 천하에 권하고 있는 것입
니다. 일이 성사되지 않을까 두려워 병사를 내어 위와 조를 겁박하는 것입
니다. 또 천하가 자신을 두려워하면 어쩌나 해서 인질을 보내 믿음을 보이
는 것입니다. 겉으로는 덕으로 동맹국이 된다고 하면서 실은 틈을 타서 비
어 있는 한을 정벌하려는 것입니다. 신은 진의 계책이 틀림없이 이런 생각
에서 나왔다고 생각합니다.

무릇 사물이란 본디 형세는 다르지만 근심은 같을 수 있는 것입니다. 초
가 오랫동안 공격을 당하고 있을 때 중산이 망했습니다. 지금 제가 오랫동
안 공격을 당하고 있으니 한이 분명 망할 것입니다. 제를 깨부수면 왕은
여섯 나라와 그 이익을 나누어야 합니다. 한이 망하면 진이 그것을 독식합
니다. 동주와 서주를 거두면 제기를 서쪽으로 가져가서 진이 혼자 그것을
차지합니다. 땅과 공을 따져보았을 때 왕께서 얻는 이익이 진에 비해 어느
쪽이 많겠습니까? 유세객이 따져보고는 '한이 삼천三川을 잃고 위魏가 진
을 잃으면 (조나라의) 시장이 문을 닫기도 전에 재앙이 미칠 것이다'라고 했
답니다.

연이 제의 북쪽 땅을 싹 거두어들이면 사구沙丘와 거록鉅鹿까지 300리
가 채 되지 않습니다. 한의 상당上黨에서 한단까지는 100리입니다. 연과 진
이 왕의 산천을 도모할 경우 300리면 충분하다는 말입니다. 진의 상군上郡

은 (조의) 정관挺關과 가깝고 유중楡中까지는 1,500리입니다. 진이 세 개 군 병력으로 왕의 상당을 공격한다면 양장羊腸 서쪽과 구주산句注山 남쪽 땅은 왕의 차지가 못 됩니다. 구주산을 넘어 상산을 차지하여 지키면 300리 사이로 연과 통하게 됩니다. 대의 말과 호의 개가 동쪽으로 내려오지 못하고, 곤산昆山의 옥도 들어오지 못하니 이 세 가지 보물[81] 또한 왕이 차지하지 못하게 됩니다. 왕께서는 오랫동안 제를 공격해왔고, 강한 진을 따라 한을 공격해왔으니 그 화가 결국은 여기까지 이른 것입니다. 원하옵건대 왕께서는 잘 생각하십시오.

또 제가 지금까지 공격을 당한 것은 왕을 섬겼기 때문입니다. 천하가 연합하여 왕을 도모하려 합니다. 연과 진의 동맹이 성사되면 출병은 시간 문제입니다. 다섯 나라가 왕의 땅을 셋으로 나눌 것입니다. 제는 다섯 나라와의 맹약을 어기고 왕의 걱정을 덜기 위해 죽겠습니다. 서쪽으로 출병하여 강한 진을 막으면 진은 제帝라는 호칭을 없애고 왕호를 회복할 것입니다. 그리고 고평高平과 근유根柔를 위에 돌려주고, 경분巠分과 선유先俞를 조에 돌려줄 것입니다. 제는 왕을 섬기는 일을 가장 으뜸으로 여겼는데 지금 오히려 죄를 물으시니 신은 이후 천하에 왕을 섬기려는 자가 누구도 감히 자신할 수 없지 않을까 걱정입니다. 왕께서는 깊이 따져보시기 바랍니다.

이제 왕께서 천하와 함께 제를 공격하지 않는다면 천하는 틀림없이 왕을 의롭다고 여길 것입니다. 제는 사직을 끌어안고 더욱더 왕을 섬길 것이고, 천하도 분명 왕을 더욱 중시할 것입니다. 진이 신의를 말하면 왕께서

---

81 오랑캐의 말, 대 지방의 개, 곤산의 옥을 말한다.

는 천하를 거느리고 진과 잘 지내시면 되고, 진이 포악하게 굴면 왕께서는 천하를 거느리고 그를 막으시면 됩니다. 이는 한 시대의 영광과 명예가 왕께 돌아가는 것입니다."

이에 조는 바로 공격을 멈추고 진을 거절하고는 제를 공격하지 않았다.

왕이 연왕과 만났다. 염파廉頗가 장수가 되어 제의 석양昔陽을 공격해 취했다.

17년, 악의가 조 군대를 이끌고 위魏의 백양伯陽을 공격했다. 진秦은 조가 자기들과 함께 제를 공격하지 않은 것에 원망을 품고 조를 토벌하여 성 두 개를 함락시켰다.

18년, 진秦이 조의 석성石城을 빼앗았다. 왕은 다시 위衛의 동양東陽으로 가서 황하의 물을 터 위魏를 토벌했다. 큰 비가 내려 장수漳水가 넘쳤다. (진의) 위염魏冉이 와서 조의 상이 되었다.

19년, 진秦이 조의 두 성을 취했다. 조가 백양을 위魏에 돌려주었다. 조사趙奢가 장수가 되어 제의 맥구麥丘를 공격하여 취했다.

20년, 장수 염파가 제를 공격했다. 왕이 진秦 소왕과 서하에서 만났다.

21년, 조가 장수의 물길을 바꾸어 무평武平 서쪽으로 흐르게 했다.

22년, 돌림병이 크게 돌았다. 공자 단丹을 태자로 삼았다.

23년, 누창樓昌이 장수가 되어 위魏의 기幾를 공격했으나 차지하지 못했다. 12월, 장수 염파가 기를 공격하여 취했다.

24년, 장수 염파가 위魏의 방자房子를 공격하여 함락시키고는 성을 쌓은 다음 돌아왔다. 다시 안양安陽을 공격하여 취했다.

25년, 연주燕周가 장수가 되어 제의 창성昌城과 고당高唐을 공격하여 취했다. 위魏와 함께 진秦을 공격했다. 진의 장수 백기白起가 조의 화양華陽을 격파하고 장군 하나를 잡았다.

26년(기원전 273년), 동호東胡 변경의 불모지를 취했다.[82]

27년, 장수의 물길을 바꾸어 무평 남쪽으로 흐르게 했다. 조표趙豹를 평양군平陽君에 봉했다. 황하가 넘쳐 큰 홍수가 났다.

28년, 인상여藺相如가 제를 정벌하여 평읍에 이르렀다. 북쪽 구문九門에 큰 성을 쌓는 일을 중지했다. 연의 장수 성안군成安君 공손조公孫操가 그 왕을 시해했다.

29년, 진秦이 한과 조를 공격하여 연여閼與를 포위했다. 조는 조사를 장수로 삼아 진을 공격하여 연여성 아래에서 진의 군대를 대파하니 (조사에게) 마복군馬服君이라는 호칭을 내렸다.

33년(기원전 266년), 혜문왕이 죽고[83] 태자 단이 즉위하니 이가 효성왕孝成王이다.

효성왕 원년(기원전 265년), 진秦이 조를 공격하여 성 세 개를 함락시켰다. 조왕이 새로 즉위하여 태후가 정사를 돌보자 진秦이 서둘러 공격한 것이다.

조가 제에 구원을 청하자 제는 "반드시 장안군長安君을 인질로 보내야만 출병할 수 있다"라고 했다. 태후가 내켜 하지 않았고 대신들은 강력하게 권했다. 태후는 좌우에 "다시 장안군을 인질로 보내자고 하는 자에게는 이 늙은이가 기어코 그 얼굴에 침을 뱉을 것이오"라고 밝혔다.

---

82 원문은 '구대지歐代地'인데 이를 두고는 역대로 설이 분분하다. '구대歐代'를 '구탈歐脫'(또는 '구탈區脫')로 보아 동호와 흉노의 경계 지역을 가리킨다고 하는 설이 있고, 불모지로 보는 설이 있다. 후자가 대표적이다.

83 혜문왕 시기에 조나라는 염파廉頗와 마복군馬服君 등 명장을 기용하여 진秦을 두 차례나 대파했다. 오늘날 하북성 한단과 영년永年의 경계 지점에 조나라 왕릉으로 알려진 무덤이 모두 5좌가 있다. 이 가운데 한단 쪽에 있는 세 개의 무덤 중 하나를 혜문왕의 무덤으로 추정한다.

● 조나라 마지막 명장 조사의 소상. 무령왕
총대 칠현사 내에 있다.

좌사左師[84] 촉룡觸龍이 태후를 만나고 싶다고 하자 태후는 잔뜩 화가 난
채 그를 기다렸다. 촉룡은 천천히 잰걸음으로 걸어 들어와 앉아서는 "이
늙은 신하가 발에 병이 나서 빨리 걸을 수 없어서 오랫동안 뵙질 못했습
니다. 그러다 가만히 생각해보니 태후께서 몸이 아프신 것은 아닌지 걱정
이 되어 이렇게 태후를 뵙길 청한 것입니다"라며 사죄했다. 태후는 "이 늙
은이는 가마를 타고 다니면 됩니다"라고 했다. 촉룡이 "식사는 줄지 않았
습니까?"라고 묻자 태후는 "죽으로 때우고 있습니다"라고 했다. 촉룡은 "이
늙은이는 요즘 식욕이 없어 하루에 3, 4리를 억지로 걸었더니 식욕이 조금
나아지고 몸도 좋아졌습니다"라고 했다. 태후는 "이 늙은이는 그렇게 못

---

84 제왕을 보좌하여 여론 등을 전하며 제왕을 바른 쪽으로 이끄는 관리로 태사太師와 비슷하다.

● 공중에서 촬영한 조왕릉 중 하나인 3호릉(왼쪽 중앙 표시한 곳). 출처《中國古代文明的形成》, 新世界出版社, 2004.

하지요"라고 했다. 태후의 편치 않았던 기색이 조금 풀렸다.

좌사는 "이 늙은 신하에게 서기舒祺라는 못난 막내아들놈이 있습니다. 신이 쇠약해지면서 그 녀석이 점점 더 가엾고 사랑스러워집니다. 바라옵건대 자리가 나면 왕궁의 시위나 시켜주십사 이렇게 죽음을 무릅쓰고 아룁니다"라고 했다. 태후가 "그렇게 하지요. 나이가 몇입니까?"라고 물었다. 좌사는 "열다섯입니다. 어리긴 합니다만 신이 땅에 묻히기 전에 그놈을 부탁드리는 것입니다"라고 했다. 태후가 "남자들도 어린 자식을 사랑하고 가여워합니까?"라고 했다. 좌사는 "부인들보다 더하지요"라고 했다. 태후가 웃으며 "아무래도 부인들이 더하겠지요"라고 했다.

좌사는 "노신이 가만히 보니까 태후께서는 장안군보다 연후燕后를 더 사랑하시는 것 같습니다"라고 했다. 태후가 "공이 틀렸습니다. 장안군만 못하지요"라고 했다. 좌사가 "부모가 자식을 사랑하면 자식을 위해 깊고 멀리 생각을 합니다. 태후께서 연후를 시집보내실 때 연후의 발을 붙들고 우셨습니다. 멀리 보낼 것을 생각하니 슬프셨겠지요. 보내고 난 뒤 연후를 생각하시지 않은 것은 아니겠지만 제사 때마다 '절대 돌아오지 않게 해주십시오'라고 기도하신 것은 멀리 내다보시고 그 자손이 뒤를 이어 왕이 되길 바란 것 아니겠습니까"라고 했다. 태후는 "그렇지요"라고 했다. 좌사는 "지금으로부터 3대 이전 조나라 군주의 자손으로 후가 되어 아직 그 자리에 있는 사람이 있습니까?"라고 했다. 태후는 "없지요"라고 했다. 좌사는 "조나라뿐만 아니라 다른 제후국에는 있습니까?"라고 했다. 태후가 "이 늙은이 들어본 적이 없습니다"라고 했다.

이에 좌사는 이렇게 말했다. "그것은 가까운 화는 자신의 몸에 미치고, 먼 화는 자손에 미치기 때문입니다. 군주의 자손으로서 후가 된 사람들이 착하지 않아서 그렇겠습니까? 자리는 높지만 공은 없고, 녹봉은 많지만 노력하지 않고 그저 가진 것만 많기 때문입니다. 지금 태후께서는 장안군의 자리를 높여주고, 기름진 땅을 봉해주고, 귀중한 물건을 많이 주셨습니다. 그러나 지금 나라에 공을 세울 수 있게 하지 않는다면 태후께서 계시지 않을 때 장안군이 조나라에서 어떻게 자신을 보전할 수 있겠습니까? 이 늙은 신하는 장안군을 위하는 태후의 생각이 짧다고 봅니다. 그래서 연후에 대한 사랑만 못하다고 한 것입니다."

태후는 "알겠습니다. 공의 뜻대로 장안군을 (인질로) 보내도록 하세요"라고 했다. 이에 장안군을 위해 약 100대의 수레를 마련해서 제에 인질로 보내니 제가 바로 출병했다.

자의子義가 이를 듣고는 "군주의 자식은 뼈와 살을 나눈 가까운 사이임에도 공적 없는 높은 자리, 노력 없는 녹봉, 귀한 보물 따위를 지킬 수 없는데 하물며 나 같은 자야!"라고 했다.

제의 안평군安平君 전단田單이 조의 군대를 거느리고 연의 중양中陽을 공격하여 함락시켰다. 또 한의 주인注人을 공격하여 함락시켰다.

2년, 혜문후가 죽었다. 전단이 조의 상이 되었다.

4년, 왕이 꿈에서 좌우 색깔이 다른 옷을 입고 비룡을 타고 하늘로 오르다가 이르지 못하고 떨어졌더니 산처럼 쌓인 금과 옥을 보았다. 이튿날 왕이 서사筮史 감敢을 불러 점을 치게 하니 "꿈에 좌우 색깔이 다른 옷을 입었다는 것은 다친다는 뜻이고, 비룡을 타고 하늘로 오르다 이르지 못하고 떨어진 것은 기세만 있고 실리가 없다는 것이며, 산처럼 쌓인 금과 옥을 본 것은 근심을 뜻합니다"라고 풀이했다.

사흘 뒤, 한의 상당上黨 태수 풍정馮亭의 사신이 와서는 "한은 상당을 지킬 수 없어 진에 편입시키려 합니다. 그 관리와 인민들은 모두 조를 원하지 진을 원치 않습니다. 성시와 읍이 열일곱 개입니다. 원컨대 조에 편입되길 엎드려 바라오니 왕께서는 재량껏 관리와 인민들에게 나누어주실 수 있을 것입니다"라고 했다.

왕이 크게 기뻐하며 평양군平陽君 표豹를 불러 "풍정이 성시와 읍 열일곱 개를 바치겠다고 하니 받는 것이 어떻소?"라고 물었다. 표는 "성인은 연고 없는 이익을 큰 재앙으로 여깁니다"라고 대답했다.

왕이 "사람들이 나의 덕을 마음에 품고 있는데 어째서 연고가 없다고 하는 것이오?"라고 했다. 표가 이렇게 대답했다. "보아하니 진은 한의 땅을 야금야금 먹어 들어가 서로 통하지 않게 중간을 끊음으로써 본래 앉아서 상당의 땅을 접수하려 한 것입니다. 한이 (상당을) 진에게 들이려 하지 않는 까닭은 그 화를 우리 조에게 전가시키겠다는 것입니다. 이는 진이 힘을 들였는데 조가 그 이익을 취하는 것입니다. 강대한 자라도 약소한 지에게서 이익을 얻기 힘든데 약소한 자가 어찌 강대한 자에게 이익을 얻을 수 있겠습니까? 이 어찌 연고 없는 이익이 아니라고 할 수 있겠습니까? 게다가 진은 소로 경작하고 수로로 양식을 운반하며 잠식해 들어오고, 점령한 땅을 전쟁에서 공을 세운 자에게 나누어주는 등 나라의 정책이 잘 시행되니 대적할 수 없습니다. 그러니 받아서는 절대 안 됩니다."

왕이 "지금 백만 대군을 내서 공격했지만 여러 해가 지나도록 성 하나 얻지 못했소. 지금 성시와 읍 열일곱 개를 우리나라에 주겠다니 이 얼마나 큰 이익인가!"라고 했다.

조표가 나가자 왕은 평원군平原君과 조우趙禹를 불러 이를 말해주니 "백만 대군을 내서 공격했지만 몇 해가 되도록 성 하나 얻지 못했는데 지금 앉아서 성시와 읍 열일곱 개를 얻는다니 이런 큰 이익을 놓칠 수 없습니다"라고 대답했다. 왕이 "좋소!"라 하고는 바로 조승趙勝에게 땅을 받게 하고 풍정에게 "저희 나라 군주께서 저 조승을 사신으로 보내 명을 받들게 하셨습니다. 1만 호의 도성 세 개를 태수에게 봉하고, 1천 호의 도성 세 개를 현령에게 봉하여 대대로 모두 후가 되게 하셨습니다. 관리와 인민들에게는 모두 세 등급씩 작위를 올려주시고, 관리와 인민들이 서로 편안하게 지내라고 모두에게 황금 여섯 근을 내려주셨습니다"라고 했다. 풍정이 눈물을 흘리며 사신은 보지 않은 채 "저는 세 가지 의롭지 못한 일을 할 수 없습니다. 죽음으로 군주의 땅을 지키지 못한 것이 첫 번째 의롭지 못함이요, 진에 편입시키라는 군주의 명을 듣지 않은 것이 두 번째 의롭지 못함이요, 군주의 땅을 팔아 저 먹을 것을 얻은 것이 세 번째 의롭지 못함입니다"라고 했다.

조는 마침내 출병하여 상당을 취했다. 염파가 군을 이끌고 장평에 주둔했다.

7월, 염파를 파면하고 조괄趙括에게 대신 군을 이끌게 했다. 진秦의 군대가 조괄을 포위하자 조괄의 군은 항복했고 병졸 40여 만이 모두 파묻혔다.[85] 왕이 조표의 계책을 듣지 않아 장평의 화가 일어났다며 후회했다.

왕이 돌아와 진秦의 요구를 듣지 않자 진秦은 한단을 포위했다. 무원武垣의 현령 부표傳豹와 왕용王容, 소석蘇射은 연의 무리를 거느리고 연으로 돌아갔다. 조는 영구靈丘를 초의 상 춘신군春申君의 봉지로 주었다.

8년(기원전 257년), 평원군이 초에 가서 구원을 청했다. 돌아오자 초가 구원하러 왔다. 위공자 무기無忌도 구원하러 오자 진秦은 한단의 포위를 바로 풀었다.[86]

10년, 연이 창장昌壯을 공격하여 5월에 점령했다. 조의 장수 악승樂乘과 경사慶舍가 진秦의 장수 신량信梁의 군을 격파했다. 태자가 죽었다. 이어 진秦이 서주를 공격해 점령했다. 도보기徒父祺가 출정했다.

11년, 원지元氏에 성을 쌓고 상원上原을 현으로 삼았다. 무양군武陽君 정

---

85 전국시대 전쟁 중 가장 처참했던 장평長平전투를 말한다. 1996년 고고학 조사로 장평전투에서 전사한 병사들의 무덤으로 추정되는 무덤 구덩이가 산서성 영록촌永祿村에서 확인되었다(《문물》 1996년 제6기). 장평전투와 관련해서는 〈백기왕전열전〉과 〈염파인상여열전〉 참고.
86 학계에서는 이 전투를 '한단지역邯鄲之役'이라 부르고, 제후들이 합종으로 진에 대항하여 승리를 거둔 중요한 전투로 보고 있다. 그러나 상대적으로 관련 기록은 대단히 부족한 편이다. 1982년 고고학 종사들은 하남성 탕음현湯陰縣 오리강五里岡에서 전국시대 후기의 무덤들을 발견했는데, 조사결과 바로 이 한단전투에 참여한 군사들 무덤으로 추정했다.

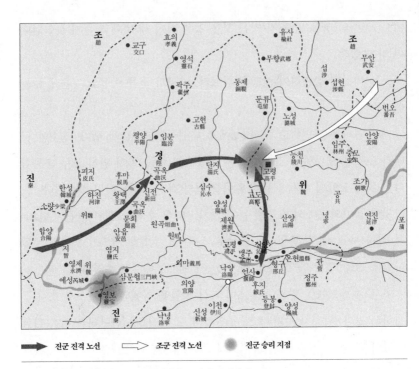

다음은 지도에 표시된 지명들입니다:

조趙 / 교구交口 / 효의孝義 / 영석靈石 / 곽주霍州 / 유사楡社 / 무향武鄉 / 조趙 / 무안武安 / 섭涉 / 섭현涉縣 / 번오蕃吾 / 동제銅鞮 / 고현古縣 / 둔류屯留 / 노성潞城 / 안양安陽 / 평양平陽 / 임분臨汾 / 임주林州 / 주모涿慕 / 피지皮氏 / 한성韓城 / 진秦 / 후마候馬 / 왕택王澤 / 신전田 / 단지澶氏 / 심수沁水 / 고도高都 / 고평高平 / 위魏 / 조가朝歌 / 공공共 / 영진涅津 / 포蒲 / 하진河津 / 위魏 / 곡옥曲沃 / 양성陽城 / 제원濟源 / 산양山陽 / 녕泉 / 소량少梁 / 문희聞喜 / 원곡垣曲 / 원마 / 함양咸陽 / 안읍安邑 / 지智 / 염지鹽氏 / 고평高平 / 맹주 / 강주 / 언사偃師 / 형구邢丘 / 온현온현溫縣 / 관 / 영제永濟 / 위魏 / 외마義馬 / 낙양洛陽 / 후지緱氏 / 정주鄭州 / 예성芮城 / 삼문협三門峽 / 영보靈寶 / 의양宜陽 / 신성新城 / 이천伊川 / 등봉登封 / 양성陽城 / 진秦 / 낙녕洛寧

범례:
➤ 진군 진격 노선   ⇨ 조군 진격 노선   ● 진군 승리 지점

◉ 장평전투도. 이 전투로 조나라는 기력을 거의 상실했다.

조괄 군대 / 기병 / 진왕 원군 / 기병 / 백기 군대

◉ 장평전투 전략 결전도.

안평鄭安平이 죽자 그 땅을 거두었다.

12년, 한단의 곳간에 불이 났다.

14년, 평원군 조승이 죽었다.

15년(기원전 251년), 위문尉文 땅을 상국 염파에게 봉하고 신평군信平君이라 했다. 연왕이 승상 율복栗腹을 보내 우호를 약속하고 조왕을 위해 황금 5백 근을 예물로 바쳤다. 율복이 돌아가 연왕에게 "조의 장정들은 모두 장평에서 죽었고, 고아들은 아직 크지 않았으니 칠 수 있습니다"라고 보고했다. 연왕이 창국군昌國君 악간樂間을 불러 이에 대해 물었다. 악간은 "조는 사방으로 싸우는 나라라 그 인민들이 싸움에 익숙하여 정벌은 안 됩니다"라고 대답했다. 연왕이 "내가 많은 수로 적은 수를 공격하려는데 둘로 하나를 치면 되겠소?"라고 했다. 악간은 "안 됩니다"라고 답했다. 왕이 "그럼 내가 다섯으로 하나를 치면 되겠소?"라고 하자 악간은 "안 됩니다"라고 답했다. 연왕이 크게 노했다. 신하들은 다들 된다고 했다. 연이 마침내 두 부대와 전차 2천 승을 동원하고 율복을 장수로 삼아 호鄗를 공격했고, 경진卿秦은 대代를 공격했다. 조의 장수 염파는 율복을 격파하여 죽이고 경진을 포로로 잡았다. 악간은 조로 도망쳐 왔다.

16년, 염파가 연을 포위했다. 악승을 무양군武襄君으로 삼았다.

17년, 임시로 상을 맡은 대장 무양군이 연을 공격해 도성을 포위했다.

18년, 연릉균延陵鈞[87]이 군대를 거느리고 상국 신평군을 따라서 위魏를 도와 연을 공격했다. 진秦이 조의 유차楡次 등 37개 성을 빼앗았다.

19년, 조와 연이 땅을 바꾸었다. 용태龍兌·분문汾門·임락臨樂을 연에 주

---

87 연릉을 지명으로 보는 것은 잘못이다. 연릉은 성, 균이 이름이다.

고, 연은 갈葛·무양武陽·평서平舒를 조에 주었다.

20년(기원전 246년), 진秦왕秦王 정政이 즉위했다. 진秦이 조의 진양晉陽을 함락시켰다.

21년(기원전 245년), 효성왕이 죽었다. 장수 염파가 (위魏의) 번양繁陽을 공격하여 취했다. 악승을 파견해 염파를 대신하게 하자 염파가 악승을 공격했다. 악승은 달아나고 염파는 위魏로 망명했다. 아들 언偃이 즉위하니 이가 도양왕悼襄王이다.

7
조나라의 멸망

◉

도양왕 원년, 위에 대비하기 위해 평읍과 중모의 길을 개통하려 했으나 이루지 못했다.

2년, 이목李牧이 장수가 되어 연을 공격하여 무수武遂와 방성方城을 함락시켰다. 진秦이 춘평군春平君을 불러들여 그를 억류했다. 설균泄鈞이 그를 위해서 문신후文信侯(여불위)에게 "춘평군은 조왕이 매우 아끼는 인물로 낭중郎中들이 시기하고 있습니다. 그래서 서로 '춘평군이 진에 가면 진은 분명 그를 억류시킬 것이다'라고 공모하여 진으로 들여보낸 것입니다. 군께서 그를 억류시키면 조와는 사이가 끊어지고 낭중들의 계략이 들어맞게 됩니다. 군께서는 춘평군을 보내 평도에 머무르게 하는 것이 나을 것입니다. 춘평군은 말과 행동 모두 조왕의 신임을 받고 있는 터라 조왕은 분명 넉넉하게 조의 땅을 떼어 평도와 바꾸려 할 것입니다"라고 했다. 문신후는 "좋다" 하고 춘평군을 보냈다. 한고韓皐에 성을 쌓았다.

3년, 방훤麗煖이 장수가 되어 연을 공격하여 장수 극신劇辛을 포로로 잡았다.

4년, 방훤이 조·초·위魏·연의 정예병을 거느리고 진秦의 최蕞를 공격했으나 함락시키지 못했다. 이동하여 제를 공격하여 요안饒安을 취했다.

5년, 부저傅抵가 장수가 되어 평읍에 주둔했다. 경사는 황하 남쪽 동양의 병사를 통솔하여 황하 다리를 지켰다.

6년, 장안군長安君에게 요嬈를 봉해주었다. 위魏가 조에 업鄴을 주었다.

9년, 조가 연을 공격하여 이貍와 양성陽城을 취했다. 군대가 철수하지 않았는데 진이 업을 공격하여 함락시켰다. 도양왕이 죽고 아들 유목왕幽繆王 천遷이 즉위했다.

유목왕 천 원년(기원전 235년), 백인에 성을 쌓았다.

2년, 진秦이 무성武城을 공격했다. 호첩扈輒이 군사를 이끌고 구원에 나섰으나 군대는 패하고 호첩은 전사했다.

3년, 진秦이 적려赤麗와 의안宜安을 공격했다. 이목이 군사를 이끌고 비肥성 아래서 싸워 물리쳤다. 이목을 무안군武安君에 봉했다.

4년, 진秦이 파오番吾를 공격했다. 이목이 그들과 싸워 물리쳤다.

5년, 대代에 큰 지진이 발생하여 악서樂徐 서쪽에서부터 북쪽 평음平陰에 이르기까지 누대, 가옥, 담장 태반이 부서지고 땅이 동서로 130보나 갈라졌다.

6년, 대기근이 들자 민간에서는 "조는 울고 진은 웃는다네. 못 믿겠거든 땅에서 나는 풀을 보소!"라는 노래가 떠돌았다.

7년, 진秦이 조를 공격했다. 조의 대장 이목, 장군 사마상司馬尙이 반격했다. 이목이 죽임을 당하고 사마상은 파면되었다. 조총趙忽과 제의 장수 안취顏聚가 그들을 대신했다. 조총의 군대는 격파당하고 안취는 도망쳤다. 조왕 천이 항복했다.

8년(기원전 228년) 10월, 한단이 진秦의 땅이 되었다.

8
사마천의 논평

●

태사공은 이렇게 말한다.

"내가 풍왕손馮王孫이 '조왕 천의 어머니는 노래하는 여자로 도양왕의 총
애를 받았다. 도양왕이 적자 가嘉를 폐하고 천을 세웠다. 천은 평소 품행이
좋지 않았고, 곽개郭開를 기용하여 그 참언을 믿고 좋은 장수 이목을 죽였
다'고 한 말을 들었다. 이 어찌 잘못된 일이 아니랴! 진秦이 천을 포로로 잡
자 도망간 조의 대부들이 가嘉를 왕으로 세우니 대에서 6년 동안 왕 노릇
을 했다. 진秦이 군대를 진격시켜 가를 격파하고 드디어 조를 멸망시키고
군으로 삼았다."[88]

---

[88] 진은 조나라를 멸망시킨 뒤 한단邯鄲, 항산恒山, 대代, 상당上黨, 태원太原, 구원九原, 운중雲中
등과 같은 군을 설립했다. 조나라는 기원전 403년 정식 제후국이 되어 기원전 222년 멸망할 때까지
181년 존속했다.

◉

정리의 기술

◉

● 〈조세가〉에 등장하는 명언 · 명구의 재발견

• 동호지필董狐之筆' 또는 '동호직필董狐直筆   태사太史는 "조돈이 그 군주를 시해
했다"라고 썼다. 여기서 말하는 태사란 동호董狐를 말한다. 동호는 권력자로서 국
정에 책임이 있는 조돈을 지목하여 그가 영공을 시해한 것으로 보고 이렇게 기록
했다는 것이다. 훗날 공자는 이 일에 대해 이렇게 말했다. "동호는 옛날의 훌륭한
사관이다. 법을 따라 굽힘이 없이 썼다. 조돈은 옛날의 훌륭한 대부이다. 법에 따
라 부끄러운 이름을 뒤집어썼다. 아깝도다. 국경을 넘었더라면 악명을 면했을 텐
데". 이 고사에서 '동호지필董狐之筆' 또는 '동호직필董狐直筆'이란 성어가 나왔다.
사실을 숨기거나 왜곡하지 않고 있는 그대로 기록하는 사관의 붓 내지 자세를 가
리키는 성어이다(《좌전》).

• 신유대사이군불문臣有大事而君不聞, 시무군야視無君也 "신하에게 큰일이 있는데
군주가 모른다면 그것은 군주가 없는 것이다." 도안고가 조씨 집안을 없애려 하면
서 경공에게 보고하지 않으려는 것을 말한다.

- 혁정호복革政胡服, 호복기사胡服騎射 "정치를 개혁하고 오랑캐 복장을 입고." 조 무령왕의 정치개혁과 오랑캐 복장을 하고 말을 타고 활을 쏘게 한 조치를 가리킨다.

- 천양지피千羊之皮, 불여일호지액不如一狐之腋 "양 가죽 천 장이 여우 겨드랑이 털 한 장만 못하다." 여우의 털 중에서도 겨드랑이 털이 가장 귀하다는 속설을 바탕으로 뛰어난 인재 하나가 평범한 많은 사람보다 낫다는 것을 비유하게 되었다. 여기서 '집액성구集腋成裘'(여우) 겨드랑이 털을 모아 (귀한) 갓옷을 만들다'라는 성어가 파생되었다.

- 이두격살以斗擊殺 "국자로 대왕과 그 수행원들을 쳐 죽이게 하고는 마침내 대 땅을 평정했다." 이 대목은 마치 〈자객열전〉의 전제專諸가 물고기 뱃속에다 비수를 숨기고 오왕 요僚를 암살한 '어복장검魚腹藏劍'의 고사를 떠올리게 한다. 대 지역이 조의 판도에 편입된 일은 조나라의 발전에 대단히 중요한 의미를 갖는다. 동으로 연燕, 남으로 중산中山, 북으로 흉노匈奴 등과 접해 있는 전략적으로 중요한 요충지라는 점 외에 인력과 물자 그리고 명마를 확보했기 때문이다.

- 중산재아복심中山在我腹心 "중산은 우리 뱃속 한가운데에 있고." 당시 재건된 중산국은 지금의 하북성 석가장시 서쪽이고, 도성은 영수靈壽로서 조나라 수도 한단과는 멀지 않았기 때문에 이런 말이 나온 것이다.

- 의사무공疑事無功, 의행무명疑行無名 "일을 의심하면 공이 없고, 의심하고 행동하면 명성을 얻지 못한다." 이 명구는 개혁가 상앙商鞅이 남긴 것으로 《상군서商君書》와 〈상군열전〉에도 나오는 걸로 보아 당시 유행하던 격언으로 추정되는데, 개혁 등과 같은 큰일을 할 때 머뭇거리거나 의심하면 성공할 수 없다는 뜻이다.

- 순은 묘苗의 춤을 추었고, 우는 나국裸國에서 옷을 벗었지만 우임금이 나국에서 옷을 벗었다는 고사는 《여씨춘추》에 나온다. 또 순임금이 묘의 추었다는 고사는 《한비자》에 나온다.

- 우자암성사愚者暗成事, 지자도미형智者睹未形 "어리석은 자는 일이 성사되어도 모르지만 지혜로운 자는 모습이 나타나기 전에 봅니다." 이 명언 역시 《상군서》와

〈상군열전〉에 보이는데, 흔히 '암성사暗成事, 도미형睹未形'으로 줄여 쓰기도 한다.

• 광부지락狂夫之樂 지자애언智者哀焉, 우자소소愚者所笑 현자찰언賢者察焉 "미친 자가 즐거워하는 것에 지혜로운 사람은 비애를 느끼고, 어리석은 자가 비웃는 것을 현명한 사람은 살피는 것입니다." 이 명구 역시 《상군서》에 보이는데 '우자소지愚者笑之 지자애언智者哀焉, 광부낙지狂夫樂之 현자상언賢者喪焉'으로 나와 있는 것과 같은 뜻으로 풀이된다.

• 흑치조제黑齒雕題, 각관출출却冠秫絀 "이를 검게 물들이고 이마에 문신을 하며, 물고기 껍질로 된 모자를 쓰고 거친 옷을 입는 것." 오나라 지역 풍습을 말한다. 《전국책》에 '제관출봉鯷冠秫縫'으로 표현되어 있어 이를 근거로 이렇게 옮긴 것이다.

• 향이이용변鄕異而用變, 사이이예역事異而禮易 "지역이 다르면 그 활용이 변하고, 일이 다르면 예가 바뀌는 것입니다." 사람들의 사상 경향이 변하면 국가의 정책도 바뀌며, 객관적 사물이 바뀌면 나라의 예의도 바뀐다는 의미의 개혁 관련 명구이다.

• 궁향다이窮鄕多異, 곡학다변曲學多辯 "구석진 곳일수록 이상한 것이 많고, 왜곡된 학문일수록 궤변이 많습니다." 개혁에 반대하는 세력과 이론에 대한 반박이다. 개혁의 당위성을 강력하게 반영하는 명구이기도 하다.

• 불필고不必古 "굳이 옛것을 따를 필요는 없다." 《상군서》에서 "치세불일도治世不一道(세상을 다스리는 데 방법이 하나만 있는 것이 아니고), 편국불법고便國不法古(나라를 편하게 하는 데 굳이 옛것을 따를 필요가 없다)"라는 구절에서 따온 구절이다.

• 반고미가비反古未可非, 순례미족다循禮未足多 "옛것에 반대한다고 비난할 수 없으며, 예에 따른다고 해서 지나치게 칭찬할 것도 아니다." 이 구절 역시 《상군서》에서 나온 것으로 개혁의 당위성을 강조한 비유적 표현이다.

• 제민여속류齊民與俗流, 현자여변구賢者與變俱 "인민들은 습속과 함께 흐르고, 현명한 사람은 변화와 함께하는 것이다." 이 구절 역시 변화와 개혁의 당위성, 그리고 개혁과 변화를 주도하는 것이 현명하다는 점을 강조한 명구이다.

• 이서어자부진마지정以書御者不盡馬之情, 이고제금자부달사지변以古制今者不達事之

變 "책으로 말을 몰려는 자는 말의 성질을 다 모르며, 옛날로 지금을 통제하려는 자는 일의 변화에 통달할 수 없다." 과거에 매이고 이론에 매몰된 자들은 사물의 실제 변화를 모른다는 비유로, 개혁에 반대하는 사람들과 그 논리에 대한 통렬한 반박이자 풍자이다.

- 수호복逐胡服, 초기사招騎射 "호복을 입고 말을 타고 활을 쏘는 병사를 모집했다." '호복기사胡服騎射'라는 사자성어로 줄여서 많이 쓴다. 개혁의 대명사처럼 인용되는 명구이다. 《전국책》(조책), 《사기》(〈상군열전〉), 《상군서》 등에도 관련 내용이 나온다.

- 사자부생死者復生, 생자불괴生者不愧 "죽은 사람이 살아난다 해도 산 사람으로서 그에 부끄럽지 말라." 이 대목은 춘추시대 진晉 헌공獻公의 신하였던 순식荀息이 헌공에게 한 말이다. 당시 헌공은 맏아들을 폐위시키기 위해 죽기 전에 순식에게 어린 아들을 부탁했다. 이에 순식은 신하 된 도리를 다하겠다며, 헌공이 다시 살아났을 때 헌공에게 부끄럽지 않게 명을 받들겠다는 취지로 했던 말이다.

- 정신야난지이절현貞臣也難至而節見, 충신야누지이행명忠臣也累至而行明 "정조가 있는 신하는 난이 닥쳐야 그 절개가 드러나고, 충신은 재앙이 닥쳐야 그 행동이 밝게 보이는 법." 이 명언은 마치 《논어》에서 공자가 '날이 추워진 뒤라야 소나무와 잣나무가 늦게 시든다는 것을 알게 된다'는 '세한연후지송백지후조야歲寒然後知松栢之後凋也'라는 명구를 떠올리게 한다.

이름	시대	내용	출전
중연中衍	전설 시대	새의 몸에 머리는 사람이었다고 전해진다. 진과 조의 먼 조상이다.	〈진본기〉
대무大戊	상	상나라 제7대 국군으로 태강太康 아들이다. 옹기雍己 동생이다.	〈은본기〉
비렴蜚廉	전설 시대	바람을 맡고 있는 전설 속 신이다. 몸은 사슴이고 머리는 새인데 뿔이 있고 뱀 꼬리가 달려 있다고 전해진다.	〈진본기〉
오래惡來	상	비렴蜚廉의 아들로 주왕紂王을 섬기다가 주周나라 사람들에게 죽임을 당했고, 그의 후손이 진秦나라 선조가 되었다고 전해진다.	〈진본기〉
주왕(紂王, ?~1046)	상	상의 마지막 제왕으로 걸과 함께 폭군의 대명사로 평가된다.	〈은본기〉
계승季勝	상	비렴蜚廉 아들이자 오래惡來의 동생이다. 그의 후손은 조趙나라 선조가 되었다고 한다.	〈진본기〉
맹증孟增	주	계승 아들이며, 주 성왕의 총애를 받아 고랑臯狼에 살게 되어 택고랑宅臯狼이라고도 불린다.	〈진본기〉
주 성왕(周成王, 재위 1042~1021)	주	무왕 아들로 2대 왕으로 즉위했다.	〈주본기〉
형보衡父	주	맹증의 아들이다.	〈진본기〉
조보造父	주	형보 아들로 말을 잘 몰았다고 전해진다. 주 목왕에게 팔준마를 바쳐 총애를 받았으며 공을 세워 조성趙成이란 이름을 받아 조씨가 되었다.	〈진본기〉
주 목왕(周繆王, 재위 976~922)	주	주나라 국군으로 소왕昭王의 아들이다. 이름은 만滿이다. 서쪽으로 견융犬戎, 동쪽으로 서융西戎을 각각 정복하고 월越을 공격하기도 했다.	〈주본기〉
서왕모西王母	전설 시대	신화적인 인물로 괴이하게 생긴 신인神人 혹은 불사의 약을 가진 선녀로 전해진다.	〈주본기〉 《목천자전》 《죽서기년》
서언왕徐偃王	주	주 목왕 시기 서徐나라의 국군이다.	《한비자》
엄보奄父	주	자는 공중公仲이다. 주 선왕의 융戎과의 천무千畝 전투에서 선왕이 위험에서 벗어나도록 도왔다.	〈주본기〉
주 선왕(周宣王, 재위 827~782)	주	주 왕조 11대 왕으로 이름은 정靜이다.	〈주본기〉

숙대叔帶	주	주 혜왕 아들이다. 양왕의 동생으로 서로 왕위 다툼을 벌였다.	〈주본기〉
주 유왕(周幽王, 재위 781~771)	주	주 왕조의 12대 왕으로 서주를 망국으로 이끌었다.	〈주본기〉
진 문후(晉文侯, 재위 789~746)	동주 진晉	진나라 국군으로 이름은 구仇고, 목후의 아들이다. 동생 상숙殤叔과 군주 자리를 놓고 갈등을 겪었다. 주 평왕을 옹립하는 데 힘썼다.	〈진세가〉
조숙趙夙	동주 진晉	진 헌공을 섬겼으며 경耿 나라를 하사받았다.	〈은본기〉 〈한세가〉
진 헌공(晉獻公, 재위 676~651)	동주 진晉	진晉 국군으로 만년에 여희에 빠져 태자를 죽이는 등 진을 내란에 빠뜨렸다.	〈국어〉 〈진세가〉
곽공 구霍公求	동주 곽霍	곽나라 군국이다. 진나라 조숙이 공격하여 제나라로 망명했으나 진 헌공이 복위시켰다.	
공맹共孟	동주 진晉	조숙趙夙의 아들이고 조최趙衰의 아버지이다.	〈진세가〉
노 민공(魯閔公, 재위 661~660)	동주 노	노나라 국군으로 장공의 아들이다. 숙부 경보慶父에 의해 등극했다가 재위 2년 만에 죽음을 맞이했다.	〈노주공세가〉
조최(趙衰, ?~622)	동주 진晉	자는 자여子餘이고 조성자趙成子, 성계成季, 맹자 여孟子餘 등으로 불린다. 진 문공을 따라 19년 동안 망명생활을 했으며, 패업을 성취하는 데 큰 역할을 했다.	〈진세가〉
중이 (重耳, 697~628)	동주 진晉	진晉 헌공의 아들로 여희의 모함으로 망명길에 올라 19년 만에 국군의 자리에 올랐다.	《국어》 《좌전》 〈진세가〉
여희(驪姬, ?~650)	동주 진晉	진 헌공 비로 총애를 받았으나 태자 신생申生을 모함하여 죽이며 혼란을 초래했다.	〈진세가〉
조돈 (趙盾, 654~601)	동주 진晉	진나라 사람으로 조최의 아들이다. 조선자趙宣子, 선맹宣孟 등으로 불린다. 양공 7년 국정을 장악했다가 영공이 즉위한 후 뜻이 맞지 않아 망명길에 오르던 중 조천趙穿이 영공을 살해하여 다시 국정을 맡았다.	《좌전》 〈진세가〉
조동趙同	동주 진晉	조최趙衰의 아들이다.	《좌전》 〈진세가〉
조괄(趙括, ?~260)	동주 조趙	조나라 사람으로 조사趙奢의 아들이다. 마복자馬服子로도 불린다. 진秦나라의 반간계로 인해 전투에 실패하여 전사했다.	《좌전》 〈조세가〉 〈염파인상열전〉

조영제趙嬰齊	동주 진晉	조최趙衰의 아들이다.	《좌전》 〈진세가〉
진 양공(晉襄公, 재위 627~621)	동주 진晉	진 국군으로 문공의 아들이다. 이름은 환歡이다.	《좌전》 〈진세가〉
진 영공(晉靈公, 재위 620~607)	동주 진晉	양공 아들로 이름은 이고夷皐이다. 어린 나이에 영 공靈公으로 국군이 되어 조돈趙盾이 국정을 운영 했으나, 오만하고 타락한 일을 저질러 조천趙穿에 의해서 시해되었다.	《좌전》 〈진세가〉
옹雍	동주 진晉	진 양공의 동생이다.	《좌전》 〈진세가〉
조천趙穿	동주 진晉	진나라 대부이다. 영공이 타락한 일을 저지르자 시 해했다.	《좌전》 〈진세가〉
진 성공(晉成公, 재위 606~600)	동주 진晉	진나라 국군으로 이름은 흑둔黑臀이다. 문공의 아 들이다.	《좌전》 〈진세가〉
진 경공(晉景公, 재위 599~581)	동주 진晉	진나라 국군으로 이름은 거據이고, 성공의 아들이 다. 제나라와의 전쟁에서 승리하고 도읍을 신전新 田으로 옮기고 신강新絳이라 불렀다.	《좌전》 〈진세가〉
조삭(趙朔, ?~597)	동주 진晉	조돈 아들이며, 부인은 진 성공의 누이이다. 도안고 에 의해 조씨 일가가 주멸당할 때 사망했다.	《좌전》 〈진세가〉
초 장왕(楚莊王, 재위 613~591)	동주 초	초나라 국군으로 이름은 여몸이며, 목왕穆王 아들 이다. 춘추오패春秋五霸의 한 사람이다.	〈초세가〉
도안고屠岸賈	동주 진晉	경공景公 시기 간신으로 조정을 혼란으로 이끌었 다. 개인적인 원한이 있던 조삭을 비롯한 일문을 몰 살하는 참극을 벌이기도 했다. 이후 도공悼公에 의 해 숙청되었다.	《좌전》 〈진세가〉
원원援	동주 진晉	사관	《좌전》 〈진세가〉
한궐韓厥	동주 진晉	진나라 사람으로 헌자獻子로도 불린다. 제나라를 정벌하는 데 참여하여 경卿에 올랐다.	《좌전》 〈진세가〉
공손저구公孫杵臼	동주 진晉	조삭의 문객으로 도안고에 의해 조씨 일가가 몰살 되었으나, 유일한 생존자인 조무를 보호하기 위해 정영의 아들을 조무로 위장해 함께 죽었다.	《좌전》 〈진세가〉
정영程嬰	동주 진晉	조삭의 친구로 도안고로부터 공손저구와 함께 조 무를 지켜낸다. 이 과정에서 자신의 아들을 조무 대 신 죽게 한다.	《좌전》 〈진세가〉

권43 조세가

주 여왕(周厲王, 재위 878~842)	주周	주 왕조 10대 왕으로 언론 탄압 등 폭정으로 국인에게 쫓겨났다.	〈주본기〉 《국어》
조무(趙武, ?~541)	동주 진晉	진나라 대부를 지냈다. 경공 때 집안이 몰살당하는 위기에서 살아남아 도공 때 경에 임명되어 국정을 장악했다. 초나라 굴건과 함께 종전終戰의 회합을 주최했다.	〈한세가〉 〈진세가〉
진 여공 (晉厲公, ?~573)	동주 진晉	진나라 국군으로 이름은 수만壽曼이고, 경공의 아들이다. 초나라의 군대를 격파하여 위명을 떨쳤으나 교만하고 사치에 빠져 결국 난서와 중행언에게 살해당했다.	〈진세가〉
난서(欒書, ?~573)	동주 진晉	진나라 권신으로 국군 여공을 시해했다.	《좌전》 〈진세가〉
도공 주悼公周	동주 진晉	진나라 국군으로 양공의 증손이다. 난서가 여공을 살해하고 주나라에서 맞이했다.	《좌전》 〈진세가〉
진 평공(晉平公, 재위 557~532)	동주 진晉	도공의 아들로 이름은 표彪이다.	《좌전》 〈진세가〉
연릉계자延陵季子	동주 오吳	수몽 막내아들로 수몽이 자리를 물려주려 했으나 사양하여 받지 않았다.	《좌전》 《시경》 〈오태백세가〉 〈한세가〉
한선자 (韓宣子, ?~514)	동주 진晉	한궐韓厥 아들로 이름은 한기韓起이다. 도공을 보좌했다.	〈진세가〉
위헌자魏獻子	동주 진晉	위영魏嬴 아들로 위중서魏仲舒이다.	〈진세가〉
조경숙 (趙景叔, ?~518)	동주 진晉	조무趙武 아들이고 조앙趙鞅의 아버지이다.	〈진세가〉
제 경공(齊景公, 재위 547~490)	동주 제齊	제나라 국군으로 이름은 저구杵臼이다. 대부 최저가 장공을 살해하고 즉위하여 최저를 우상으로, 경봉을 좌상으로 삼았다.	〈제태공세가〉
안영(晏嬰, ?~500)	동주 제齊	제나라 재상을 지냈다. 평소 검소한 생활을 실천했다.	《좌전》 〈관안열전〉
숙향叔向	동주 진晉	진나라의 현인으로 불렸다. 성은 양설羊舌이고 이름은 힐肹이다. 자산이 법을 공개하고자 할 때 비난하고 예와 덕치를 주장했다.	《좌전》 〈초세가〉 〈전경중완열전〉

조앙(趙鞅, ?~476)	동주 진晉	진나라 사람으로 조간자趙簡子, 조맹趙孟 또는 지부志父로도 불린다. 진나라 내부 6경이 세력 다툼을 벌일 때 중항씨와 범씨를 몰아내고 조나라를 일으키는 데 바탕을 마련했다.	〈진세가〉
진 경공(晉頃公, 재위 525~512)	동주 진晉	진나라 국군으로 이름은 기질棄疾이고, 소공의 아들이다. 재위 기간에 6경의 세력이 더욱 커져 공실이 위축되었다.	〈진세가〉
주 경왕(周敬王, 재위 515~477)	동주	춘추시대 주나라의 국군으로 이름은 개丐이다. 아버지 경왕景王이 죽자 형인 맹猛이 후사를 이었으나 동생 자조子朝가 공격했다. 이에 진나라에서 자조를 공격하여 개를 세워 경왕敬王이 된다.	〈주본기〉
자조子朝	동주	경왕景王의 서자로 국군 자리를 쟁탈하려 했으나 진나라의 공격으로 실패했다. 이후 주나라의 전적을 가지고 초나라로 달아났으나 살해당했다.	〈주본기〉
양호陽虎	동주 노	노나라 사람으로 얼굴이 공자와 닮았다고 한다. 계씨季氏의 가신이었다.	〈노주공세가〉 〈공자세가〉
편작扁鵲	동주 제	제나라 사람으로 성은 진秦씨이고, 이름은 월인越人이다. 명의名醫로 전해진다.	〈편작창공열전〉
동안우董安于	동주 진晉	조간자의 가신이다.	〈진세가〉
진 목공(秦繆公, 재위 659~621)	동주 진秦	진 국군으로 덕공의 막내아들이다. 춘추시대 진의 가장 뛰어난 국군으로 성은 영嬴, 이름은 임호任好이다.	〈진본기〉
공손지公孫支	동주 진秦	진나라 대부로 자상子桑이라고도 한다. 목공의 측근으로 백리혜를 적극 천거했다.	〈진본기〉 《한비자》 《여씨춘추》
자여子輿	동주 진秦	진나라 대부로 자차子車라고도 한다.	〈진본기〉 《한비자》 《여씨춘추》
고포자경姑布子卿	동주 정鄭	정나라 사람이다. 관상을 잘 보는 것으로 알려졌다.	〈진세가〉
무휼(毋恤, ?~425)	동주 진晉	조간자 아들이다. 고포자경이 관상으로 비범함을 알려주어 재능을 확인하고 태자로 삼았다.	〈진세가〉
백로伯魯	동주 진晉	조간자의 큰아들이다.	〈진세가〉

진 정공(晉定公, 재위 511~475)	동주 진晉	진 국군으로 경공의 아들이다. 이름은 오午, 경왕의 환국에 공을 세웠다.	
범씨范氏	동주 진晉	진나라 세력가문 중 하나이다.	
중항씨中行氏	동주 진晉	진나라 세력가문 중 하나이다.	
조오趙午	동주 진晉	조천趙穿 증손자이며 진나라 대부이다.	
조직趙稷	동주 진晉	조오趙午의 아들이다.	
섭빈涉賓	동주 진晉	조오趙午의 가신이다.	
적진籍秦	동주 진晉	진나라 상군사마上軍司馬였다.	
순인荀寅	동주 진晉	진나라 사람으로 순오지荀吳之 아들이다. 중항문 자中行文子로도 불린다. 범길석과 난을 일으켰으 나 실패하고 여러 곳으로 달아났다.	
범길석范吉射	동주 진晉	진나라 대부로 중항인과 난을 일으켰으나 실패 했다.	
위양魏襄	동주 진晉	위씨 집안의 우두머리이다.	
양영보梁嬰父	동주 진晉	진 대부로 중항씨 집안의 일원이다.	
순역荀櫟	동주 진晉	지씨 집안의 우두머리로 6경의 하나이다.	
범고역范皐繹	동주 진晉	범길석의 서자이다.	
한불녕韓不佞	동주 진晉	한씨 집안의 우두머리로 6경의 하나이다.	
위치魏哆	동주 진晉	위양자 위만다魏曼多를 가리킨다.	
지백(知伯, ?~435)	동주 진晉	진의 세습 대귀족으로 이름은 요瑤이다. 정공 당시 한·위·조와 진의 땅을 나누어 차지했다가 협공당 해 죽었다.	

공자 (孔子, 551~479)	동주 노魯	춘추시대 유가의 창시자이자 교육가이다.	〈공자세가〉
주사周舍	동주 진晉	조간자의 가신으로 직언을 잘했다고 전해진다.	
위 영공(衛靈公, 재위 534~493)	동주 위衛	위나라 국군으로 이름은 원元이고, 헌공의 손자 이다.	〈위세가〉
괴외(蒯聵, 재위 580~478)	동주 위衛	위 양공의 손자이다.	〈위세가〉
범소자范昭子	동주 진晉	범길석을 가리킨다.	
오왕 부차(吳王夫差, 재위 495~473)	동주 오吳	오의 왕으로 중원 진출에 의욕을 보이며 패권을 다 투었다.	《국어》 〈진세가〉 〈오태백세가〉
월왕 구천(越王句踐, 재위 496~465)	동주 월越	월나라 국군이다. 오왕 합려와 싸워 이겼으나 부차 에게 패하여 와신상담臥薪嘗膽하여 오나라를 멸망 시키고 패주가 되었다.	〈초세가〉 〈월왕구천세가〉
진 출공(晉出公, 재위 474~456)	동주 진晉	진나라 국군으로 정공의 아들이다.	
초륭楚隆	동주 진晉	조양자의 가신이다.	
조주趙周	동주 진晉	백로 아들로 조양자는 대代 땅을 봉하고 대성군代 成君으로 삼았다.	
진 소공(晉昭公, 재위 531~526)	동주 진晉	진나라 국군으로 이름은 이夷고, 평공의 아들이다.	
진 의공晉懿公	동주 진晉	소공 증손으로 이름은 교驕이다.	
원과原過	동주 진晉	조양자의 가신이다.	
흑고黑姑	동주 융戎	융족戎族의 한 갈래이다.	
고공高共	동주 진晉	조양자의 가신으로 위급할 때에도 신하로서 예를 지켰다.	
장맹동張孟同	동주 진晉	조양자의 가신으로 한씨와 위씨를 설득해 지백을 몰아내는 데 큰 역할을 했다.	
공동씨空同氏	동주 진晉	조양자의 아내이다.	

권43 조세가

헌후(獻侯, ?~409)	진晉 조趙	대성군代成君의 아들로 이름은 완浣이다.	
환자(桓子, ?~424)	진晉 조趙	소앙자 동생으로 헌후의 자리를 찬탈했으나 일 년 만에 사망했다.	
무공(武公, 재위 414~406)	동주 중산국 中山國	중산국 국군이다. 동부 평원으로 이동하여 고顧를 새로운 도읍으로 정치와 군사제도를 정비했다.	
열후 조적(烈侯趙籍, 재위 408~400)	동주 조趙	조 헌후 아들이다. 공중련公仲連을 임용해 재상으로 삼았고 현명한 관원을 임용했다.	
위 문후(魏文侯, 재위 445~396)	동주 위魏	전국시대 위나라의 건립자로 이름은 사斯이다.	〈위세가〉
위 무후 격(魏武侯擊, 재위 395~371)	동주 위魏	위 문후의 태자이다. 문후가 중산국을 함락시키자 파견되어 그곳을 지켰다.	〈위세가〉
공중련公仲連	조趙	조 열후 때 재상을 지냈다. 우축, 순흔, 서월 등 세 명의 어진 사람을 천거했다.	
창槍	동주 정鄭	정나라의 가수이다.	
석石	동주 정鄭	정나라의 가수이다.	
우축牛畜	조趙	공중련의 천거로 발탁되어 조 열후를 인의로 모시고 왕도로 이끌었다.	
순흔荀欣	조趙	인재를 선발하고 임용하는 데 뛰어났다고 한다.	
서월徐越	조趙	국가의 재물과 경비를 절약하고 공덕을 잘 헤아려 살폈다고 한다.	
무공(武公, 재위 399~387)	조趙	열후의 동생이다.	
경후(敬侯, 재위 386~375)	조趙	조나라 국군이다. 열후의 태자로 이름은 장章이다. 수도를 한단邯鄲으로 정했다. 위魏·한韓과 함께 진나라를 멸망시키고 그 땅을 나누어 가졌다.	
조조趙朝	조趙	무공 아들로 난을 일으켰으나 실패하고 위나라로 망명했다.	
성후 조종(成侯趙種, 재위 374~350)	조趙	조나라 국군이고 경후의 아들이다. 제齊·위魏·진秦·위衛 등과 여러 차례 전쟁을 했다.	
조승趙勝	조趙	성후에 맞서 반란을 일으켰다.	

태무우太戊牛	조趙	조나라의 재상이다.	
위 혜왕(魏惠王, 재위 369~319)	위魏	양혜왕梁惠王으로도 불린다. 이름은 앵罃이고 무후 아들이다. 도읍을 대량大樑으로 옮겼다.	《맹자》 〈위세가〉
진 헌공(秦獻公, 재위 384~362)	진秦	진 국군으로 영공의 아들이다. 진의 국력을 다시 떨친 인물로 이름은 사습師隰이다.	〈진본기〉
좌痤	위魏	공숙좌公叔痤이며 위나라의 재상이다.	
한 소후(韓昭侯, 재위 362~333)	한韓	한나라의 국군이다.	
조설趙緤	조趙	태자인 숙후와 지위를 다투다가 패하여 한나라로 망명했다.	
숙후(肅侯, 재위 349~326)	조趙	조나라 국군으로 성후의 아들이자 무령왕의 아버지이다.	
조범(趙范, ?~351)	조趙	조나라 공자로 한단을 습격했으나 이기지 못하고 전사했다.	
조각趙刻	조趙	조나라 공자로 위나라의 수원首垣을 공격하기도 했다.	
진 효공(秦孝公, 재위 361~338)	진秦	진나라의 국군이다. 이름은 거량渠梁이고 헌공의 아들이다. 상앙을 임용하여 변법을 시행하고 제도를 개선해 강성해졌으며, 이를 바탕으로 후에 진시황제가 통일하는 데 기초를 쌓았다.	
상군(商君, 재위 395~338)	위衛 진秦	위나라의 공손씨公孫氏였으나 진 효공을 보필하여 공을 세워 상商에 봉해져 상앙商鞅이라고도 한다.	〈상군열전〉
대무오大戊午	조趙	조나라 사람으로 숙후에게 농사를 근면하게 지어야 함을 간하여 깨닫게 해주었다.	
장의(張儀, ?~309)	위魏 진秦	위나라 사람이었으나 진나라의 재상이 되어 연횡책으로 진나라를 부강하게 만들었다.	〈장의열전〉
조자趙疵	조趙	조나라의 장수이다.	
한거韓擧	조趙	조나라의 장수이다.	
무령왕(武靈王, 재위 325~299)	조趙	전국시대 칠웅 중 한 왕이다. 진나라의 원교근공책에 맞서 호와 싸워 북방으로 영토를 확대하고 호복기사 채택과 군제개혁으로 국력을 키웠다.	
양문군 조표 陽文君趙豹	조趙	조나라의 재상이다.	
양 양왕梁襄王	위	양(위)나라 국군으로 이름은 사嗣이다.	

한 선왕韓宣王	한	한나라 국군이다.	〈한세가〉
창倉	한	한 선왕의 태자이다.	
비의(肥義, ?~295)	조趙	조나라 대부이다. 무령왕 맏아들 장이 왕위 문제로 난을 일으켰을 때 피살당했다.	
자지(子之, ?~314)	연燕	연왕 쾌噲의 재상이다. 음모를 통하여 쾌로부터 선양을 받았다.	《전국책》 〈연소공세가〉
직職	연燕	연나라의 공자이다.	《전국책》 〈연소공세가〉
악지樂池	진秦	책사로 진 혜문왕 때 재상을 지냈다.	
조장趙莊	조趙	조나라의 장군이다.	
조하趙何	조趙	조나라의 장수이다. 이름이 무령왕의 아들 혜문왕惠文王과 같지만 동명이인이다.	
진 혜왕(秦惠王, 재위 337~311)	진秦	진나라 국군으로 이름은 사駟이고, 효공의 아들이다. 즉위한 후 상앙商鞅을 주살했다.	〈진본기〉
왜영娃嬴	조趙	오광 딸로 맹요孟姚라고도 한다. 무령왕의 혜후惠后가 된다. 혜문왕의 어머니이다.	
오광吳廣	조趙	혜후의 아버지이다.	
진 무왕(秦武王, 재위 310~307)	진秦	진나라 국군으로 혜문왕의 아들이다. 이름은 영嬴이다. 재위 시 승상제도를 도입해 저리질樗里疾과 감무甘茂를 임명했다.	〈진본기〉 〈저리자감무열전〉
맹열孟說	진秦	힘이 센 역사로 유명했다. 맹분孟賁이라고도 한다.	〈진본기〉
조고趙固	조趙	조나라 재상이다. 진 무왕이 죽자, 조 무령왕의 명령을 받아 연나라에 있던 공자 직稷을 호송하여 진 소왕으로 세웠다.	
진 소왕(秦昭王, 재위 306~251)	진秦	진나라 국군으로 이름은 직稷 또는 칙則이다. 산동의 여섯 나라의 합종책을 와해시켜 이후 진나라가 전국을 통일하는 데 기초를 마련했다.	〈진본기〉
누완樓緩	조趙 위魏 진秦	위의 상을 지내다 진에서 벼슬을 했다.	《전국책》 〈평원군우경열전〉
왕설王緤	조趙	조나라의 신하이다.	

성成	조趙	조나라의 귀족으로 무령왕 숙부이다.	
조문趙文	조趙	조나라의 신하이다.	
조조趙造	조趙	조나라의 신하이다.	
주소周紹	조趙	조나라의 신하이다.	
조준趙俊	조趙	조나라의 신하이다.	
복희伏羲	전설 시대	고대 전설상의 제왕으로 3황5제 중 최초의 왕이다. 8괘를 만들었고, 그물을 발명하여 고기 잡는 법과 사냥을 가르쳤다고 전해진다.	
신농神農	전설 시대	고대 전설상의 3황 중 한 제왕이다. 농사짓는 법을 가르쳐 농업의 신으로 숭앙되어 전해진다.	
황제黃帝	전설 시대	고대 전설상의 5제 중의 한 제왕이다. 중국 문명의 창시자로 숭배되어 전해진다.	
요堯	전설 시대	이름은 방훈放勛, 당요唐堯라고도 한다. 고대 전설 상의 5제 중 하나이다.	《사기정의》 《제왕기》
순舜	전설 시대	전설시대 제왕으로 우로부터 선양을 받았다.	〈오제본기〉 〈하본기〉
구액仇液	조趙	조나라의 신하이다.	
부정富丁	조趙	무령왕 때 신하이다. 위魏나라에 사신으로 파견되 기도 했다.	
조작趙爵	조趙	무령왕 때 신하이다. 제나라에 사신으로 파견되기 도 했다.	
허균許鈞	조趙	조나라 신하로 무령왕이 중산국을 공격할 때 좌군 을 거느렸다.	
우전牛翦	조趙	조나라 신하로 무령왕이 중산국을 공격할 때 전차 와 기병을 이끌었다.	
조희趙希	조趙	조나라 신하로 무령왕이 중산국을 공격할 때 호와 대의 병사를 거느렸다.	
조장趙章	조趙	조나라의 공자이다. 혜문왕보다 손위였으나 왕위 를 물려받지 못한 것을 문제 삼아 전불례와 함께 난을 일으켰으나 실패했다.	
전불례田不禮	조趙	조나라 신하로 조장과 난을 일으켰다가 실패했다.	
이태李兌	조趙	조나라 신하로 공자 장이 난을 일으킬 것을 예측 했다.	

권43 조세가

신기信期	조趙	조나라의 신하이다.	
고신高信	조趙	조나라 신하로 공자 장과 전불례가 난을 일으키자 이에 대응하여 막아냈다.	
조량趙梁	조趙	조나라의 장수이다.	
동숙董叔	조趙	조나라의 신하이다.	
한서韓徐	조趙	조나라 장수로 제나라를 공격했다.	
악의樂毅	연燕 조趙	연나라 장군으로 유명한 군사 전문가이다. 당시 강대국인 제나라를 연합군을 형성해 토벌하는 데 큰 공을 세워 창국군昌國君에 봉해졌다. 연 혜왕 즉위 후 제나라의 반간계에 휘말려 조나라로 망명했다.	〈악의열전〉
연 소왕(燕昭王, 재위 312~279)	연燕	연나라 임금으로 쾌噲의 아들이며, 이름은 평平이다. 곽외와 추연 등 어진 선비를 초빙하여 부왕 때 잃었던 땅을 제나라로부터 되찾았다.	〈연소공세가〉
소려蘇厲	제齊	소진과 소대의 동생이며, 종횡가로 활동한 제나라의 대신이다.	
염파廉頗	조趙	조나라 명장이다. 인상여藺相如와 생사를 같이 하기로 하면서 문경지교刎頸之交를 맺은 일로 유명하다.	
위염魏冉	진秦	진나라 재상이다. 소왕의 모친인 선태후 동생이며 성은 미羋이다.	
조사趙奢	조趙	평원군의 천거로 세금을 맡았다. 죄를 짓고 연나라에 머물렀다가 돌아와 장수가 되어 진나라와의 전쟁에서 큰 공을 세웠다.	〈평원군우경열전〉
조효성왕(趙孝成王, 재위 265~245)	조趙	조나라 국군으로 이름은 조단趙丹이다.	
누창樓昌	조趙	조나라의 장수이다.	
연주燕周	조趙	조나라의 장수이다.	
백기(白起, ?~257)	진秦	공손기公孫起이다. 진나라 장수로 용병술에 뛰어난 재능을 보여 많은 전승을 거두었으나 재상 범수와 갈등을 벌이다 자결했다.	〈백기왕전열전〉
조표趙豹	조趙	조나라 신하로 평양군平陽君으로 봉해졌다.	
인상여藺相如	조趙	조나라 상경으로 지략이 뛰어나 공을 많이 세웠다. 장군 염파와 문경지교刎頸之交를 맺어 유명하다.	〈염파인상여열전〉

성안군 공손조 成安君公孫操	연燕	연나라 재상으로 혜왕을 죽이고 무성왕을 세우는 정변을 일으켰다.	
촉룡觸龍	조趙	조나라의 좌사左師이다.	
서기舒祺	조趙	촉룡의 아들이다.	
자의子義	조趙	조나라의 현사이다.	
전단田單	제齊	제나라 명장으로 연나라와의 전쟁에서 승리로 이 끈 공신이다.	〈전단열전〉
풍정馮亭	한韓	한나라 상당성上黨城의 태수이다.	
조우趙禹	조趙	조나라의 신하이다.	
조승趙勝	조趙	조나라 무령왕의 공자 평원군으로 맹상군, 춘 신군, 신릉군 등 사군의 한 사람이다. 식객 3,000명을 거느린 유력자였다.	
조괄趙括	조趙	조사의 아들로 마복자馬服子로도 불린다. 염파 대 신에 장군에 기용되었으나, 진나라와의 전투에서 패배하여 군사 40여 만 명과 함께 몰살당한다.	〈백기왕전열전〉
부표傅豹	조趙	조나라 무원의 현령이다.	
왕용王容	조趙	부표와 함께 연나라로 갔다.	
소석蘇射	조趙	부표와 함께 연나라로 갔다.	
춘신군 (春申君, ?~238)	초楚	초나라 사람으로 전국사군戰國四君 중 한 명이다. 이름은 황헐黃歇이다.	〈춘신군열전〉
무기(無忌, ?~243)	위魏	소왕 아들인 신릉군信陵君을 말한다. 전국사군戰 國四君 중 한 명이다.	〈위공자열전〉
악승樂乘	연燕 조趙	악의樂毅의 친척이다. 연나라 장수였으나 후에 조 나라 장수가 되었다.	〈악의열전〉
경사慶舍	조趙	조나라 장수로 악승과 함께 진나라를 공격했다.	
신량信梁	진秦	진나라 장수로 조나라의 악승과 경사와의 전투에 서 패했다.	
도보기徒父祺	조趙	조나라의 장수이다.	
무양군 정안평 武陽君鄭安平	위魏 진秦	위나라 사람으로 진나라 장수가 되어 조나라를 공 격해 항복시켰다.	
율복栗腹	연燕	연나라의 장수이다.	

창국군 악간 昌國君樂間	연燕	연나라 장수로 악의樂毅의 아들이다.	〈악의열전〉
경진卿秦	연燕	연나라의 장수이다.	
진왕 정(秦王政, 259~210)	진秦	중국 최초의 통일왕조인 진의 건립자로 '천고일제 千古一帝'라는 평가를 받는다.	〈진시황본기〉
조 도양왕(趙悼襄王, 재위 244~236)	조趙	조나라 국군으로 이름이 조언趙偃이다.	
이목(李牧, ?~229)	조趙	조나라 사람으로 오랜 기간 흉노를 막아내며 격파 했다. 진秦나라의 반간계에 휘말려 피살되었다.	〈염파인상여열전〉
춘평군春平君	조趙	조나라 도양왕의 태자이다.	
설균泄鈞	진秦	진나라의 대신이다.	
문신후 (文信侯, ?~235)	진秦	진나라 승상 여불위呂不韋를 말한다.	〈여불위열전〉
방훤龐煖	조趙	조나라의 장수이다.	
극신(劇辛, ?~242)	조趙	원래 조趙나라 사람인데, 연나라 대장大將이 되 었다.	
부저傅抵	조趙	조나라의 장수이다.	
유목왕 천(幽繆王遷, 재위 235~228)	조趙	조나라 국군으로 진나라에게 패하여 항복한다.	
호첩扈輒	조趙	조나라의 장수이다.	
사마상司馬尙	조趙	조나라의 장수이다.	
조총趙悤	조趙	조나라 장수로 진나라의 공격에 맞서다 패배했다.	
안취顔聚	제齊	제나라 장수로 진나라의 공격에 맞서다가 패배하 여 도망쳤다.	
조가(趙嘉, 재위 227~222)	조趙	조의 마지막 왕이다. 유목왕이 포로로 잡히고 대代 에서 조나라 대신들에게 옹립되어 6년간 칭왕했다.	
곽개郭開	조趙 진秦	조나라 장수이나 진나라에 매수되어 염파 등을 해 쳤다.	〈염파인상여열전〉

- 진한 글자는 조나라 역사와 직접 연관된 인물이다.
- 이름 항목의 연도 표시 중 '재위'라고 기재되지 않은 것은 생몰 연도이다.
- 연도는 모두 기원전이다.

◉ 〈조세가〉에 등장하는 지역 · 지리 정보

지명	당시 현황	현재의 지리 정보	비고
도림桃林	목장	화산華山 동쪽 하남과 섬서의 경계	명마 산출지
서徐, 서방徐方	소국	강소성 사홍현泗洪縣	서언왕
조성趙城	옛 성	산서성 홍동현洪洞縣 북 조성진趙城鎭	
천무千畝	옛 읍	산서성 개휴현介休縣 남쪽	
곽霍	소국	산서성 곽현 서남	
위魏	소국	산서성 예성현芮城縣 북쪽	
경耿	소국	산서성 하진현河津縣 동남	
곽태산霍太山	산 이름	산서성 곽현 동남쪽	곽읍 동쪽
장구여廧咎如	소수민족	산서성 장치시長治市 동~하남성 안양시安陽市 서	태항산 지구
원原	읍	하남성 제원현濟源縣 서북	
대代	적족(국명)	산서성 동북부와 인근한 하북성 서북부	
효산殽山	산 이름	하남성 낙령현洛寧縣 서북쪽 산	
한단邯鄲	진晉의 현 (조趙의 수도)	하북성 한단시邯鄲市	
진양晉陽	조씨의 도성	산서성 태원시太原市 서남	《독사방여기요 讀史方輿紀要》
조가朝歌	상 (위衛의 도성)	하남성 기현其縣	
강성絳城	진晉의 도성	산서성 익성현翼城縣 동남	
척戚	위衛의 읍	하남성 복양현濮陽縣 동북	
백인柏人	옛 읍	하북성 융요현隆堯縣 서쪽	
황지黃池	회맹지	하남성 봉구현封邱縣 서남	《좌전》
하옥산夏屋山	산 이름	산서성 번치현繁峙縣 동북	
마계산摩笄山	산 이름	하북성 울현蔚縣 동남	마잠산摩簪山
왕택王澤	연못 이름	산서성 신강현新絳縣 동남	
임호林胡	북방 민족	내몽고 동승東勝 일대	
휴혼休溷	북방 소수민족	내몽고 하투河套 일대	

권43 조세가

제맥諸貉	북방 소수민족의 범칭	산서, 내몽고, 하북, 요녕, 길림 일대	
흑고黑姑	북방 민족	위치 불명	
분수汾水	강 이름	산서성 분하汾河	
공동씨空同氏	서부 소수민족	영하 고원현固原縣 남부	산 이름에서 유래
중모中牟	조의 도읍	하남성 학벽시鶴壁市 남쪽	전국 중요 도시
중산中山	선우씨鮮虞氏 나라	하북성 정현定縣	도읍은 고顧
번오番吾	조의 현	하북성 평산현平山縣 동남	
영구靈丘	제의 현	산동성 고당현高唐縣 남쪽	
늠구廩丘	위魏의 읍	산동성 견성鄄城 동북	
토대兎臺	조의 현	하북성 남부로 추정	
강평剛平	조의 현	하남성 청풍현淸豊縣 서남	당시 위衛의 도복양의 정북방
극포棘蒲	위의 현	하북성 위현魏縣 남쪽	
황성黃城	위의 현	하남성 개봉시開封市 동북	
방자房子	조의 현	하북성 고읍현高邑縣 서남	
중인中人	현 이름	하북성 당현唐縣 서남	
고안高安	조의 현	위치 불명(산서 서부로 추정)	
인藺	조의 현	산서성 이석현離石縣 서쪽	
견鄄	위衛의 현	산동성 견성현鄄城縣 북쪽	
회懷	위衛의 현	하남성 무척현武陟縣 서남	
장자長子	한의 현	산서성 장자현長子縣 서남	
훼택喙澤	위魏의 호수	산서성 운성현運城縣 서쪽	탁택濁澤
아성阿城	제의 현	산동성 양곡현陽谷縣 동북	
석아石阿	위魏의 현	산서성 습현隰縣의 북쪽	이설 존재
소량小梁	위魏의 현	섬서성 한성현韓城縣 서남	
회수澮水	강 이름	지금의 산서성 익성현翼城縣 동남~분하로 흘러들어간다.	

피뢰皮牢	조의 현	산서성 익성현翼城縣 동북	
상당上黨	한, 조의 군	산서성 장치시長治市 남반부와 장치시 북부와 산서성 동남부	한, 조 두 나라 모두에 존재
갈얼葛孼	조의 현	하북성 비향현肥鄉縣 서남	
평륙平陸	제의 현	산동성 문상현 북쪽	
단대檀臺	조의 대	하북성 형대邢臺 또는 하북 영년현永年縣	
계릉桂陵	위의 현	하남성 장원현長垣縣 북쪽	
장수漳水	강 이름	산서성 석양昔陽 서남~하북 자현磁縣 남쪽~황하	조의 남쪽 변경
둔류屯留	진晉의 읍	산서성 둔류현屯留縣 남쪽	
단지端氏	진晉의 읍	산서성 심수현沁水縣 동북	
음진陰晉	위의 현	섬서성 화음현華陰縣 동남	
고당高唐	제의 현	산동성 고당현 동북	
수원首垣	위의 현	하북성 장원현長垣縣 동북	
수릉壽陵	무덤	하북성 석가장시 동북	생전에 축조
대릉大陵	조의 현	산서성 문수현文水縣 동북	유람지
녹문鹿門	조의 지명	산서성 양곡 동북	
황성黃城	위의 현	하남성 개봉시	당시 대량
장성長城	조의 성	하북성 비향肥鄉 남쪽~자현磁縣~무안武安 서남	
하서河西	지역명	산서, 섬서 경계의 황하 서쪽	
이석離石	조의 현	산서성 이석현	인현의 동쪽
상구奏丘	제의 현	산동성 연주시兗州市 서쪽	
신궁信宮	조의 궁	하북성 영년현	
호鄗	조의 궁	하북성 고읍현高邑縣 동남	
관택觀澤	조의 궁	산동성 청풍현清豐縣 남쪽	
중도中都	조의 도읍	산서성 태원시太原市?	서도西都로 기록된 판본
서양西陽	조의 지명	산서성 중양현中陽縣?	
구문九門	조의 현	하북성 정정현正定縣 동북	
야대野臺	조의 대	하북성 신락현新樂縣 서북	당시 구문 서북

권43 조세가

무궁無窮	문門의 이름	산서 동북과 하북 서북 인근 지역	
황화산黃華山	산 이름	산서성 서북 황하 부근	위치 불명
장수漳水 부수滏水	강 이름	하북성 자현磁縣 남쪽을 지나는 강으로 장수는 남, 부수는 북에 위치한다.	조의 장성이 두 강 사이에 축조
곽랑郭狼	조의 현	산서성 이석현離石縣 서북	일명 고랑皐狼
임인林人	소수민족	섬서 동북과 인근 내몽고 동승 일대	임호林胡
임佳	임호 땅	산서, 섬서, 내몽고 교차 지점	위치 불명
누번樓煩	소수민족	산서 서북	임호와 인접
구월甌越	소수민족	동남 연해 지구 절강성 일대	일명 동월東越
대오大吳	나라 이름	강소성 일대(국도 소주시)	
박락수薄洛水	강 이름	하북성 광종廣宗 서북, 거록鉅鹿 동남	
상산常山	산 이름	하북성 곡양현 서북	
연燕	나라 이름	하북성 일대(국도 계현薊縣)	제후국
동호東胡	소수민족	요녕성 서부와 하북성 동북부	
영가寧葭	중산의 현	하북성 석가장시石家莊市 서쪽	
유중楡中	지역명	섬서성 유림 이북 내몽고 동승 일대	
곡양曲陽	중산의 현	하북성 곡양현曲陽縣 서쪽	
단구丹丘	중산의 읍	하북성 곡양현曲陽縣 서북	
화양華陽	산 이름	하북성 곡양현 서북, 내원현 서남	일명 항산恒山
치鴟	요새	화양 동북	일명 홍鴻
석읍石邑	중산의 현	하북성 석가장시石家莊市 서남	
봉룡封龍	중산의 현	하북성 석가장시石家莊市 서남	
동원東垣	중산의 현	하북성 석가장시石家莊市 동북	
운중雲中	지역명	내몽고자치구 탁극탁현托克托縣 일대	
구원九原	지역명	내몽고 포두시包頭市 서쪽	
서하西河	지역명	산서성 서북과 내몽고 동승 경계의 황하	
부시膚施	조의 현	섬서성 유림현楡林縣 동남	

영수궁靈壽宮	무덤	하북성 영수현靈壽縣 서북	무령왕의 능묘
안양安陽	대의 지명	하북성 양원현 동남	대의 도성 서북
사구궁沙丘宮	조의 이궁	하북성 평향현平鄕縣 동북	은 주왕의 이궁
막鄭	막주	하북성 임구현任丘縣 북쪽	
역易	역현	하북성 웅현雄縣 서북	
남행당南行唐	조의 현	하북성 행당현行唐縣 북쪽	
노관魯關	한의 관문	하남성 노산현魯山縣 서남	
송宋	나라 이름	지금의 강소성 서주시 일대	서주시대 제후
하양河陽	위의 현	하남성 맹현孟縣 서북	
경양梗陽	조의 현	산서성 청서현淸徐縣	
영구靈丘	제의 현	산동성 고당현高唐縣 남쪽	
중양中陽	조의 현	산서성 중양현 남쪽	
임치臨菑	제의 도성	산동성 치박시淄博市 임치구臨淄區	
삼천三川	지역명	하남성 서부 의양宜陽, 신성新城 일대. 황하, 이수, 낙수가 지나므로 삼천이라 한다.	
거록鉅鹿	조의 현	하북성 평양현平鄕縣 서남	
상군上郡	진의 군	섬서성 유림현楡林縣 동남	
정관挺關	조의 관문	섬서성 유림시 서북	
양장羊腸	태항산 길	산서성 평순현平順縣 동남	당시 조 소속
구주산句注山	산 이름	산서성 대현代縣 서쪽, 삭현朔縣 남쪽	당시 조 소속
곤산昆山	산 이름	곤륜산	
고평高平	현	하남성 제원현濟源縣 서남	당시 제 소속
근유根柔	현	하남성 제원현 동남	당시 제 소속
경분竛分	산 이름	산서성 대현代縣 서쪽	일명 경산, 서경산, 구주산
선유先兪	산 이름	산서성 대현代縣 서북	일명 안문산
동양東陽	조의 현	산동성 동무현東武縣 동북	황하가 지남
맥구麥丘	제의 현	산동성 상하현商河縣 서북	조가 탈취
무평武平	조의 땅	하북성 무안현 북쪽	

기幾	위의 현	하북성 대명시大名市 동남	
안양安陽	위의 현	하남성 안양시安陽市 서남	
창성昌城	제의 읍	하북성 기현冀縣 서북	
고당高唐	제의 현	산동성 고당현 동북	
화양華陽	한의 현	하남성 신정현新鄭縣 북, 정주시 동남	
평읍平邑	제의 현	하남성 남낙현南樂縣 동북	
구문九門	조의 현	하북성 석가장시 동북	
연여閼與	조의 현	산서성 화순현和順縣 서북	
마복산馬服山	산 이름	하북성 한단시 서북	
중양中陽	연의 현	하북성 당현唐縣 서남	중인中人
주인注人	한의 현	하남성 임여현臨汝縣 서북	
장평長平	조의 현	산서성 고평현高平縣 서북	장평전투 지역
무원武垣	연의 현	하북성 숙녕현肅寧縣	
창장昌壯	조의 현	하북성 기주冀州 서북	창성昌城
원지元氏	조의 현	하북성 원지현元氏縣 서북	
상원上原	조의 현	하북성 원지현元氏縣 서쪽	
위문尉文	조의 현	위치 불명	
용태龍兌	조의 현	하북성 만성현滿城縣 북쪽	연과 교환
분문汾門	조의 현	하북성 고안현固安縣 서남	연과 교환 장성문
임락臨樂	조의 현	하북성 고안현固安縣	연과 교환
갈葛	연의 현	하북성 고양현高陽縣 동북	조와 교환
무양武陽	연의 현	하북성 역현易縣 동남	조와 교환
평서平舒	연의 현	하북성 대성현大城縣 동쪽	조와 교환
진양晉陽	조의 현	산서성 태원시 서남	
번양繁陽	위의 현	하남성 내황현內黃縣 서북	
무수武遂	연의 현	하북성 서수현徐水縣 서쪽	
방성方城	연의 현	하북성 고안현固安縣 남쪽	

한고韓皋	조의 현	위치 불명	
최최藞	진의 현	섬서성 임동현臨童縣 북쪽	
요안饒安	제의 현	산동성 경운현 서북	
요요饒	조의 현	하북성 요양현饒陽縣 동북	
업鄴	위의 현	하북성 임장현臨漳縣 서남	
이리貍	연의 현	하북성 임구시任丘市 북쪽	
양성陽城	연의 현	하북성 보정시保定市 서남	
무성武城	조의 현	산동성 자현 서남	
적려赤麗	조의 읍	하북성 고성현藁城縣	
의안宜安	조의 현	하북성 고성현藁城縣 남쪽	
비비肥	조의 현	하북성 고성현 동남	
파오番吾	조의 현	하북성 평산현平山縣 서북	
악서樂徐	조의 현	하북성 내원현 동남	
평음平陰	조의 현	산서성 양고현陽高縣 동남	

권44 위세가
위魏나라의 기록

◉

집이 어려워지면 좋은 아내가 생각나고,
나라가 어지러우면 좋은 재상이 생각난다.

家貧則思良妻(가빈즉사양처)

國亂則思良相(국난즉사양상)

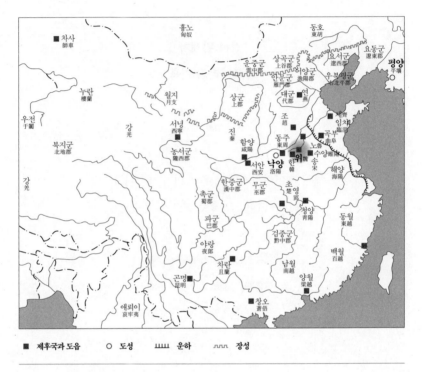

■ 제후국과 도읍   ○ 도성   ⅏ 운하   〰 장성

◉ 전국시대 제후국 형세도와 위나라 위치.

○

독서의 기술

○

내정과 외교의 변화 과정을 충실히 기록한 200년

〈위세가〉는 위의 선조를 간략하게 언급한 뒤 개혁군주인 위 문후文侯를 시작으로 기원전 225년 왕 가嘉의 멸망에 이르는 8대 9왕 약 200년의 역사 기록이다. 특히 위 문후의 개혁, 혜왕惠王의 경솔한 무력 동원, 안리왕安釐王 때 위공자魏公子 신릉군信陵君이 제기한 합종항진合縱抗秦(동방 6국이 합쳐 진에 대항하자는 책략) 등을 위나라 성쇠와 연계시켜 가며 집중적으로 기술하고 있다.

〈위세가〉는 위나라의 내정과 외교 발전 그리고 그 변화 과정을 상당히 조리 있고 충실하게 기록한 편이란 평가를 받는다. 특히 위나라 역사는 전반부와 후반부가 뚜렷한 대조를 이루는 점에 주목하여 그 주요 내용에 따라 다섯 단락으로 나누어보았다.

가장 개방된 강대국으로 발돋움하는 패업 과정

〈위세가〉는 춘추시대 위씨魏氏 집안이 진국晉國 내부에서 점점 강대해지고 발전한 끝에 전국 초기 마침내 한韓, 조趙와 함께 진을 셋으로 쪼개 각자 나라를 세우는 과정을 기술하고 있다. 춘추 시기에는 위강魏絳이 진나라에서 법을 엄격하게 집행하고, 융戎·적狄과 좋은 관계를 유지하는 등 진 도공悼公을 보좌하여 패업을 이루는 과정을 비교적 상세하게 기록하는 데 주안점을 두고 있다.

사마천은 특히 위나라의 개국 군주인 문후의 정치행보를 두드러지게 묘사한다. 이와 연계하여 학문을 좋아하고 자신을 낮추며 현자를 예로 대함으로써 당시 각국의 좋은 인재들이 위나라로 몰려들어 전국 초기 위나라가 가장 개방된 강대국으로 발돋움하는 과정이 잘 기록되어 있다. 위 문후는 사마천이 그리고자 하는 몇 안 되는 이상적 색채가 풍부한 명군의 한 사람이라 할 수 있다.

위 혜왕은 강대한 위나라를 쇠약하게 만드는 변곡점에 해당하는 군주이다. 그는 즉위 9년에 도성을 산서성 안읍安邑(지금의 산서성 운성시運城市 염호구鹽湖區)에서 동쪽 대량大梁(지금의 하남성 개봉시開封市)으로 옮겼다. 이는 당시 제후국들 틈바구니에서 위나라의 강대함을 보이고 위상을 높이려는 조치의 일환이었다. 혜왕은 지나치게 호전적이어서 국력이 크게 소모되었는데, 특히 계릉桂陵과 마릉馬陵 전투에서 제나라에 거푸 패한 것이 치명적이었다. 이후 위나라는 더 이상 떨치고 일어나지 못했다.

마지막 부분에서 사마천은 만감이 교차하는 감정으로 안리왕의 어리석음과 무능함을 비판한다. 무엇보다 그는 신릉군을 멀리하고 신릉군의 책략을 받아들이지 않음으로써 동방 6국이 합종하여 진秦에 대항하면서 독립을 유지할 기회를 끝내 잃어버리고 말았다. 이에 사마천은 신릉군의 비극적 일생에 대해 깊은 애도의 감정을 유감없이 드러낸다. 본문에 위왕에게 올린 신릉군의 편지가 전문 인용된 것도 이 때문이다. 이 편지의 출전인 《전국책》에서는 편지를 쓴 주인공을 확정하지 못했는데, 사마천은 신릉군의 정치적 탁견을 부각시키기 위해 이 편지의 주인공으로 신릉군을 지목했다. 이런 추정이 일리가 있건 없건 신릉군에 대한 사마천의 애정을 확인할 수 있다.

마지막 '논평'에서도 신릉군을 둘러싼 문제들을 짚고 있는데, 역시 신릉군에 대한 안타까움이 넘쳐난다. 그러면서 사마천은 천하대세가 진나라로 기울었기 때문에 그 무엇으로도 흐름을 막을 수 없음을 분명히 했다. 특정한 인물에 대한 개인의 애증과는 별도로 천하대세를 어찌할 수 없음을 강조한 것이다.

위의 발전과 멸망 과정에 중요한 사항들

〈위세가〉를 좀 더 깊게 이해하기 위해 춘추 후기 이후 위의 역사와 발전 및 멸망에 이르는 과정에서 중요한 몇 가지 사항을 정리해둔다.

첫째, 춘추 후기 위씨 집안의 발전상황이 간략하게 기술된다. 그중 위강

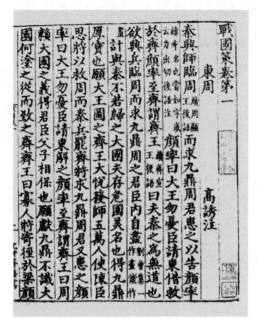

의 모습이 두드러지게 묘사되는데, 위강은 위씨 집안 발전사에서 중요한 지위를 차지한다. 위강은 강직한 대신의 모습으로 등장한다. 그는 군령을 무시한 진 도공의 동생 양간을 군법에 따라 처벌했다. 이를 통해 위강은 권력(자)을 믿고 법을 무시하는 귀족들을 조금도 겁내지 않는 대신의 풍모를 유감없이 드러냈다. 위강은 또 걸출한 정치적 재능의 소유자였다. 그는 도공을 위해 아홉 번이나 제후들을 소집하게 하고 융·적과도 화친하여 나라의 정치 국면을 안정시켰다.

춘추 후기 위씨 집안은 수차례 그 근거지를 옮겼다. 먼저 위魏에서 곽霍으로, 다시 곽에서 안읍으로 옮겼다. 이 중 두 번째 이동을 주도한 이가 위강인데, 위 역사에서 중요한 의미를 가진다. 진나라의 명성이었던 안읍을 도읍으로 삼은 이후 위(양) 혜왕 31년에 진의 압박(?)에 못 이겨 대량으로 다시 옮길 때까지 그 역할을 다했다. 진 도공은 나라가 얻은 '악樂(여악女樂)'의 절반을 위강에게 하사했고, 이로써 진나라에서 위씨 집안의 위상은 크게 높아졌다. 위강은 위씨가 이후 나라를 세우는 데 든든한 기초를 놓았다.

둘째, 이어서 위나라를 세운 명군 위 문후의 사적이 상세히 기술된다. 어질고 유능한 인재를 존중할 줄 아는 풍모와 사람을 제대로 기용하는 문후의 정치 재능에 대해 사마천은 아낌없는 찬사를 보낸다. 문후의 스승 자하子夏, 전자방田子方, 단간목段干木은 모두 전국시대 명사들이다. 박학다식하고 품행이 고결했다. 문후는 이들에 대해 군주라는 신분을 내려놓고 우대했다. 단간목의 집을 지날 때면 수레를 멈추고 수레 앞 가로목을 잡고 인사를 하지 않은 적이 없었다. 문후의 이 같은 태도는 위나라의 각 방면에 큰 영향을 미쳤다. 사마천은 위나라의 주된 상대이자 적국이라 할 수 있는 진나라 사람들의 입을 빌려 다소 과장되게 "위 국군은 예로 현자를 대하여 나라 사람들이 어질다고 합니다. 상하가 화목하여 도모할 수 없습니다"라며 칭찬했다.

문후는 또 이극李克에게 상相(재상) 인선 문제에 대해 가르침을 청했고, 이에 이극은 먼저 상의 표준을 일러주었다. 문후는 지체없이 위성자魏成子를 상에 임명했다. 문후의 이 같은 뛰어난 자질과 리더십에 힘입어 위나라는 정치에서 안정을 이루고 국력을 키워 전성기로 진입할 수 있었다. 문후는 사마천이 그리는 이상형 군주의 한 사람임에 틀림없다.

셋째, 〈위세가〉는 문후에 이어 혜왕 시기의 정치상황에 대한 기록으로 이어진다. 사마천은 맹목적인 영토 확장, 무력 남용 등과 같은 혜왕의 황당한 행위를 집중 비판한다. 혜왕은 즉위과정에서 공중완公中緩과 태자 자리를 두고 다투었는데 이 틈에 한과 조가 연합하여 위를 공격하는 바람에 거의 망할 뻔했다. 즉위 후 혜왕은 과거 원한을 잊지 못하고 국력의 허실은 따져보지 않은 채 조와 한에 대한 전쟁을 무작정 일으켰다. 혜왕 2년, 전쟁의 막이 올랐다. 17년, 조에 대한 대규모 공격이 시작되었다. 제나라 손빈은 '위위구조圍魏救趙' 전략으로 계릉에서 위를 대파했다. 그로부터 13년 뒤인 혜왕 30년, 과거의 실패에도 아랑곳하지 않고 혜왕은 다시 전력을 총동원하여 조를 공격했으나 이번에도 마릉에서 대패했다. 이 패배는 위나라의 쇠락에 직접적인 영향을 미쳤다. 혜왕은 또 강국 진나라와 줄곧 힘겨루기를 포기하지 않아 전투와 전쟁이 끊이질 않았다(이에 대해서는 '위나라의 전쟁 대차대조표' 참고).

　이 같은 일련의 전쟁들이 결국은 "태자는 포로가 되고 상장군은 전사하여 나라가 텅 비게" 만들었다. 사마천은 맹자孟子가 혜왕에게 한 "국군께서는 그렇듯 이익을 말씀하시면 안 됩니다"라는 말을 빌려 눈앞의 이익 때문에 성급하게 일을 벌인 양 혜왕에 대해 강렬한 반감을 표시했다. 〈태사공자서〉에서도 "문후는 인의를 귀하게 여겨 자하를 스승으로 모셨다. 혜왕이 교만에 빠져 자신을 과시하다가 제·진의 공격을 받았다. 안리왕이 신릉군을 의심하자 제후들이 위를 돕지 않았다. 그러다 끝내 수도 대량이 점령당하고 왕 가는 포로로 잡혀 노복이 되었다"라고 말하고 있는데, 이는 문후 시기의 개명된 정치상황과 대비시켜가며 다시 한번 무력에만 의지하여 사방으로 전쟁을 벌인 혜왕의 그릇된 행동을 비판한 것이다.

　넷째, 〈위세가〉에는 혜왕 때부터 종횡가(유세가)의 언론들이 상당히 수록되어 있는데, 《전국책》(위책)과 비교하면 자료가 한결 간결하게 정돈되어 있어 사마천이 정성을 들여 편집하고 안배했음을 알 수 있다. 사마천은 이런 자료들을 운용하여 무식하고 못난 위나라 국군들이 수시로 마음을 바꾸어 책사들의 혓바닥에 놀아나는 상황을 여실히 보여준다.

위나라에 유세한 책사들은 위나라 입장이 아닌 개인의 주머니를 채우려 했다. 여이如耳의 목적은 위衛나라 국군에게서 포상을 받고자 하는 데 있었고, 소대蘇代가 태자를 상으로 삼으라고 유세한 것은 초나라에게 어부지리를 안겨주려는 데 목적이 있었다. 사마천은 산만한 유세가들의 언론을 정리하고 가공하여 자신의 정치 관점을 표출했는데, 군주가 상황을 제대로 살피지 않고 맹목적으로 가볍게 이들의 말을 믿는 어리석은 정치 안목과 결단을 내리지 못하고 우왕좌왕하는 우유부단함에 분명한 반대의사를 드러낸 것이라 하겠다.

다섯째, 〈위세가〉는 위나라가 신릉군의 계책을 거부하고 그를 기용하지 못함으로써 끝내 멸망을 자초하는 결말에 대해 애석함을 깊이 드러낸다. 전문이 수록된 것으로 추정되는 신릉군의 편지는 이 모든 것을 함축적으로 전하는 핵심이다. 신릉군은 천하정세를 종횡으로 분석하여 양왕에게 진을 가까이하고 한을 치는 위험한 조치를 멈추라고 권하는데, 남다른 정치적 통찰력을 잘 표현하고 있는 대목이다.

신릉군은 '부절을 훔쳐 조를 구한' '절부구조竊符救趙' 고사를 남겼는데, 강력한 진이 6국을 병합하려는 행보를 저지하려는 노력으로 일정한 효과를 거두었다. 그러나 신릉군은 끝내 위왕에게 배척당하여 울분 속에서 술병으로 죽는다. 사마천은 이를 몹시 애통해하며 그에 대해 무한한 동정심을 표시했다. "누군가는 위가 신릉군을 기용하지 않은 탓에 나라가 쇠약해져 멸망에 이르렀다고 한다"는 말을 빌려 자신의 감정을 대신하는 동시에, "나는 그렇게 생각하지 않는다. 하늘이 바야흐로 진에게 천하를 평정하게 하여 그 대업이 완성되지 않았는데 위가 아형阿衡(이윤)과 같은 신하의 도움을 받는다 한들 무슨 도움이 되겠는가?'라고도 했다. 이는 무능한 위나라 통치자에 대한 비난인 동시에 '하늘의 도는 멀고 가까움이 없는 늘 선한 사람과 함께한다'는 천명관에 대한 회의이기도 하다.

근대학자 이경성李景星은 이에 대해 "말미에 위왕에게 보낸 신릉군의 편지를 있는 그대로 실은 것은 전편을 통해 특히 남다른 것이었다. 위나라에 있어서 신릉군이란 존재는 존망과 관계된 인물이었다. 그를 기용하지 않고 그의 말을 버렸기 때문에 위나라가 망한 것이다. 논평에서 '위가 아형과 같은 신하의 도움을 받는다 한들 무슨 도움이 되겠는가?'라는 반어법으로 결론을 대신한 것은 사마천의 상심을 그대로 드러낸 것이다"라고 평했다(《사기평의史記評議》).

여섯째, 〈위세가〉에는 전국시대 명사들의 모습이 간결하고 선명한 언어로 인상 깊게 묘사되어 있다. 예컨대 전자방이 훗날 위나라 군주(무후)가 되는 태자 자격子擊을 만났는데 예를 올리지 않았다. 자격이 사람을 보내 나무라자 그는 이렇게 답했다. "무릇 제후가 남에게 교만하면 나라를 잃고, 대부가 남에게 교만하면 그 집안을 잃지요. 빈천한 자는 행동이 서로 맞지 않고 말이 받아들여지지 않으면 떠나서 초나 월로 가기를 신발 벗듯이 하니 이 둘을 어떻게 같이 볼 수 있겠습니까." 세속에 매이지 않는 일대 명사 전자방의 풍모가 뚜렷하게 드러나는 대목이 아닐 수 없다. 청나라 때 사람 오견사吳見思는 〈위세가〉의 필법에 대해 평범한 서술 속에 여러 가지 일을 뚜렷하게 삽입하여 덜고 윤색한 것이 사마천의 필력이 돋보이는 한 편이라고 논평했다(《사기논문史記論文》).

끝으로 빼놓을 수 없는 지적은 일부 연대의 착오에 관한 것이다. 예컨대 위 문후는 50년 재위했는데 '세가'와 〈육국연표〉에는 모두 38년으로 잘못 기재되어 있다. 혜왕 원년도 양왕襄王 원년으로 잘못되어 있고, 양왕 원년 은 애왕哀王 원년으로 잘못되어 있다.

이 밖에 사건 기록에 착각을 보이는 곳도 몇 있다. 예컨대 위가 안읍에서 대량으로 천도한 시기는 진秦 효공孝公의 변법變法 이후가 아니며, 천도의 목적도 진의 압박을 피하기 위한 소극적 의미가 아니라 중원 쟁패에 유리 한 지점을 차지하기 위해서였다는 것 등이다. 물론 이런 점들이 〈위세가〉에 서 보여준 사마천의 사상과 서술기법 등의 가치를 떨어뜨리는 것은 아니지 만 역사과학의 입장에서 당연히 가려보아야 할 사항들이다.

〈위세가〉는 삼가분진의 주역들인 한과 조의 역사를 기록한 〈한세가〉, 〈조세가〉를 반드시 함께 참조해야 하며, 여러 차례 언급했던 위 공자 신 릉군의 전기인 〈위공자열전〉 또한 필수적으로 참조해야 한다. 또 계릉과 마릉 전투에서 위를 패배시킴으로써 위의 쇠락에 큰 역할을 한 손빈의 전 기를 수록한 〈손자오기열전〉을 함께 참조할 수 있다.

배경 사건 스토리텔링

본 편은 전국시대 초기 한때 강대국으로 군림했던 위나라의 역사를 기록 하고 있는 세가 편이다. 따라서 본 편은 춘추전국, 특히 전국시대 상황을 이해하는 데 매우 중요하다.

〈위세가〉는 우선 위의 선조로부터 위나라 건국의 기초를 닦는 위강에 이 르기까지의 과정이 도입부로 간략하게 기술되어 있다. 이어 주요 통치자 들을 중심으로 비교적 선명한 주요 사건들이 기술된다.

주요 사건으로는 먼저 위 문후가 상(재상)을 인선하고 위나라를 강국으로 키우는 부분이다. 위 문후는 자하에게서 경서를 배웠고, 단간목과 전자방 등을 예를 갖추어 존중하면서 국내를 잘 다스렸다. 이 때문에 다른 나라들이 감히 군사행동을 취하지 못했다. 특히 문후가 상을 선정하는 과정과 경위 등이 비교적 상세하게 기재되어 있는데, 이는 문후가 인재를 기용하는 '용인用人'의 기준과 태도를 잘 보여준다. 사마천은 위나라의 강대함이 훌륭한 인재의 기용에 달려 있음을 "집안이 가난해지면 좋은 아내가 생각나고, 나라가 어지러우면 좋은 재상이 생각난다"는 명구를 통해 적절하게 전달한다.

위나라는 서쪽으로 진과 한, 남쪽으로 초, 북쪽으로 조, 동쪽으로 제와 접하고 있는, 이른바 사방에서 적을 맞이하는 위치에 있었다. 전국이라는 복잡다단하고 무한 경쟁의 시기에 위나라는 혜왕 때(즉위 기원전 370년)부터 안리왕(사망 기원전 243년)에 이르는 128년 동안 이들 주변 나라들과 빈번하게 싸웠고, 그 결과 국력은 하루하루 쇠약해졌다. 위나라의 쇠퇴는 〈위세가〉에 기록된 128년 동안의 전쟁(전투) 횟수를 보아도 금세 드러난다. 전쟁에서의 승패를 떠나 전쟁 자체가 국력을 소모하는 큰일이기 때문에 평균 2년에 한 번 꼴로 전쟁을 치른 위나라의 국력이 어떠했을지는 짐작할 필요조차 없을 것이다(이는 〈위세가〉의 기록만으로 따져본 것이므로 횟수가 늘면 늘었지 줄어들지는 않을 것이다). 이에 참고로 이 기간에 위나라가 치른 전쟁을 보기 쉽게 표로 정리해둔다.

◉ 위나라의 전쟁 대차대조표

위 국군 재위 연대	전쟁 대상국 / 전쟁 지점	전쟁 결과	득실
혜왕 원년(370)	조, 한 / 탁택濁澤	대패	
2년(369)	한 / 마릉馬陵	승리	
2년(369)	조 / 회懷	승리	
3년(368)	제 / 관觀	패배	
5년(366)	진 / 장성 무도武堵	패배	
6년(365)	송 / 의대儀臺	승리	의대를 취했다.
9년(362)	한 / 회澮	승리	
9년(362)	진 / 소량少梁	패배	
10년(361)	조 / 피뢰皮牢	승리	피뢰를 취했다.
16년(355)	송 / 황지黃池		황지 침입
17년(354)	진 / 원리元里	패배	진이 소량을 탈취했다.
17년(354)	조 / 한단邯鄲		조의 한단을 포위했다.
18년(353)	조 / 한단	승리	한단을 함락했다.
18년(353)	제 / 계릉桂陵	패배	
19년(352)	연합군 / 양릉襄陵		양릉을 포위했다.
30년(341)	조		조를 정벌했다.
30년(341)	제 / 마릉	대패	
31년(340)	진, 조, 제 연합군	패배	대량으로 천도했다.
양왕 5년(329)	진 / 조음雕陰	패배	하서를 진에 할양했다.
6년(328)	진	패배	분음, 피지, 초를 빼앗겼다.
6년(328)	초 / 형산陘山	초를 물리침	
7년(327)	진 / 포양蒲陽	패배	상군을 전부 진에 할양했다.
12년(322)	초 / 양릉	패배	
13년(321)	진 / 곡옥曲沃, 평주平周	패배	진에 곡옥, 평주를 빼앗겼다.
애왕 원년(318)	진	승리하지 못함	5국이 진을 공격했다.
2년(317)	제 / 관택觀澤	패배	
5년(314)	진 / 곡옥	패배	진이 곡옥을 취했다.

7년(312)	제		제를 공격했다.
7년(312)	연		진과 연을 공격했다.
8년(311)	위衛	승리	성 두 개를 취했다.
12년(307)	진 / 피지皮氏	진의 공격	진이 승리하지 못했다.
16년(303)	진 / 포반蒲反	패배	포반, 양진, 봉릉을 진에 빼앗겼다.
18년(301)	초		진과 초를 공격했다.
21년(298)	진 / 함곡관函谷關	승리	제, 한과 진을 공격했다.
소왕 원년(295)	진 / 양성襄城	패배	양성을 빼앗겼다.
2년(294)	진	패배	
3년(293)	진 / 이궐伊闕	대패	24만 전사
6년(290)	진	대패	하동 400리 진에 할양했다.
7년(289)	진	대패	61개 성을 진에 빼앗겼다.
9년(287)	진 / 신원新垣, 곡양曲陽	패배	신원, 곡양을 빼앗겼다.
12년(284)	제	부분 승리	진, 조, 한, 연과 제를 공격했다.
13년(283)	진	패배	진의 군대가 대량에 이르렀다.
안리왕 원년(276)	진	패배	두 개 성 빼앗겼다.
2년(275)	진	패배	두 개 성 빼앗겼다.
3년(274)	진	대배	네 개 성 함락, 4만 전사
4년(273)	진	대패	위, 조의 군사 15만 전사
9년(268)	진 / 회懷	패배	회 함락
11년(266)	진 / 처구郪丘	패배	처구 함락
11년(266)	제, 초		진이 위를 구원했다.
30년(247)	진 / 하외河外	승리	신릉군이 5국 군대로 진을 물리쳤다.

• '위 국군 재위 연대' 항목에 있는 ( ) 안 숫자는 전쟁이 일어난 연도이며 모두 기원전이다.

이 표와 관련하여 몇 가지 설명을 덧붙인다. 혜왕 이전 문후 때부터 따지면, 문후 때는 재위 38년(또는 50년) 동안 8회의 전쟁이 있어 평균 약 5년에 1회 꼴이었고, 다음 무후는 4회로 평균 4년에 1회 꼴이었다. 다음으로 안리왕 이후를 보면 경민왕은 즉위하던 해(기원전 242년)부터 기원전 238년 까지 거의 매년 진의 공격을 받아 절대 수세에 몰렸고, 위왕 가 시기에는 별다른 전쟁은 없었지만 225년 도성 대량이 물에 잠기는 수공을 당하고 멸 망했다.

표에서 알 수 있듯이 128년 사이에 전쟁은 50회로 약 2년 반에 한 번 꼴 이다. 위나라가 일부 소소한 승리를 거둔 전쟁도 있었지만 진나라가 하루 하루 밀고 들어오는 형세에서 위나라 땅은 잠식당하고 있었다. 표를 놓고 보더라도 위나라의 멸망은 기정사실처럼 보인다.

혜왕 – 양왕 – 애왕 – 소왕 – 안리왕 때까지는 역시 유세가들의 유세 내 용이 주를 이룬다. 여이와 소대가 그중심에 있는데, 이들은 위나라를 위해 유세한 것이 아니라 사사로운 이익을 위한 것이어서 결과적으로 위나라에 불리하게 작용했다. 다만 아흔이 넘은 당저라는 위나라의 신비한 인물이 진의 공격을 막는 유세를 펼친 것이 하나의 에피소드처럼 삽입되어 있다.

〈위세가〉의 후반부는 역시 신릉군의 편지를 통한 유세가 단연 돋보인 다. 위나라 공자(소왕의 아들이자 안리왕의 배다른 동생)인 신릉군은 당시 천하 정세를 정확하게 파악하고 위나라가 취해야 할 외교정책을 절절하게 건의 했다. 하지만 안리왕은 신릉군의 건의를 받아들이지 않았다. 신릉군은 왕 명을 빙자하여 병권을 넘겨받는 편법으로 조나라를 구원하기는 했지만 위 나라로 돌아가지 못한 채 조나라에 오랫동안 머무를 수밖에 없었다. 위공 자는 안리왕 30년인 기원전 247년 우여곡절 끝에 귀국하긴 했지만 대세는 이미 기운 뒤였다. 위공자는 안리왕이 죽은 기원전 243년 그해에 울화와 술병으로 세상을 떠났고, 위나라는 경민왕 이후 진나라의 공세에 시달리다 기원전 225년 결국 망하고 말았다.

참고로 〈위세가〉에 대한 송나라 때 문장가 소동파의 평을 간략하게 덧붙인다.

위 문후는 전국시대 다른 군주와는 달랐다. 안으로 복자하를 스승으로 모시고, 전자방과 단간목을 사귀면서 유자의 옷을 입으며 그 자신 덕을 잃지 않았다. 또 오기, 서문표, 이괴(이극)를 기용하여 있는 힘을 다해 농사짓고 전쟁에 대비하며 백성들이 부유해지니 적이 감히 침범하지 못했다. 밖으로는 예와 믿음으로 제후들을 대하니 한·위는 원망하지 않았고, 죽을 때까지 위나라 사람들은 전국의 우환을 모르고 살았다. 덕이 넘쳐흐르는 군주는 아니었지만 당대에 그 뜻을 펼치니 서한의 문제라도 그를 뛰어넘지 못할 것이요, 당대에 그와 견줄 만한 제후는 없었다. 무후에 이르러 점점 이웃나라를 침략하고, 그 손자 혜왕 때는 할아버지와 아버지의 업을 빙자하여 한·조와 원한을 맺으니 제가 그 틈을 타서 방연을 죽이고 태자 신을 포로로 잡아갔다. 진이 이에 편승하여 서하를 취하니 위가 이로부터 쇠퇴해졌다. 그렇지 않고 위나라의 모든 힘으로 산하의 이점을 잘 지켰더라면 진이 어찌 그렇게 움직일 수 있었겠는가?

◉ 위나라 세계표

국군	계승관계	재위(재위기간) / 주요 사건
필공畢公 고高		기원전 11세기 / 위의 선조로 주周 왕실과 같은 희姬 성이다. 무왕이 필에 봉했다.
필만畢萬	필공의 후예	기원전 7세기 / 진晉 헌공獻公을 섬겼다.
무자武子	필만의 아들	위씨 집안 번성
도자都子	무자의 아들	
위강魏絳	도자의 아들	기원전 6세기 / 진晉 도공悼公 때 정치를 맡았다.
위영魏嬴	위강의 아들	
위헌자魏獻子 서舒	위영의 아들	
위치魏侈	위헌자의 아들	
위환자魏桓子 구駒	위치의 아들	한韓, 조趙와 지백知伯을 멸망시켰다.
위문후魏文侯 도都	위환자의 손자	445~396(50) / 위나라의 실질적인 건립자
위무후魏武侯 격擊	위문후의 아들	395~370(26)
혜왕惠王 앵罃	위무후의 아들	369~319(51)
양왕襄王 혁赫	혜왕의 아들	318~296(23)
소왕昭王 속遫	양왕의 아들	295~277(19)
안리왕安釐王 어圉	소왕의 아들	276~243(34)
경민왕敬潛王 증增	안리왕의 아들	242~228(15)
왕王 가假	경왕의 아들	227~225(3) / 진에게 멸망

- 〈위세가〉와 〈육국연표〉는 위 세계와 관련하여 연대에서 어긋나는 부분이 적지 않다. 이에 양관의 《전국사표》 등을 참고하여 다시 정리했다.
- 연도가 확실한 위 문후 이후 왕 가의 멸망까지 8대 8왕 200년이다.
- 전문가들의 견해에 따르면 〈위세가〉에 보이는 애왕은 존재하지 않는 왕이다. 여기서는 양왕 대에 합쳤다.
- 연도는 모두 기원전이다.

●

필만이 위에 봉해졌고, 점쟁이는 이를 예언한 바 있다.

위강이 양간의 마부를 죽이고, 융적과 진이 우호관계를 주선했다.

문후는 인의를 귀하게 여겨 자하를 스승으로 모셨다.

혜왕이 교만에 빠져 자신을 과시하다가 제·진의 공격을 받았다.

안리왕이 신릉군을 의심하자 제후들이 위를 돕지 않았다.

그러다 끝내 수도 대량이 점령당하고 왕 가는 포로로 잡혀 노복이 되었다.

진 문공의 패업 성취를 도운 무자를 칭송하며 제14 〈위세가〉를 지었다.

권130 〈태사공자서〉

일러두기

- 〈위세가〉는 위魏나라 역사를 기록하고 있다.
- 〈위세가〉에 보이는 위나라는 위魏, 위衛 둘이다. 세가의 주체인 위魏는 대부분 한자병기 없이 표기했다.
- 〈위세가〉에 보이는 진나라는 진秦, 진晉 둘이다. 위와 관계가 잦았던 진秦은 대부분 한자병기 없이 표기했다.
- 〈위세가〉에 보이는 조나라는 조趙 하나뿐이다. 대부분 한자병기 없이 표기했다.

1
위의 선조와 그 후손들

◉

위魏의 선조는 필공畢公 고高의 후예이다.[1] 필공 고는 주周와 같은 성이다. 무왕武王이 주紂를 토벌하고 고를 필畢에 봉했고 이에 필을 성으로 삼았다. 그 후 봉지가 끊어져 서민이 되어 중국에 살거나 이적夷狄에 살았다.[2] 그 후예 중에 필만畢萬이 있었는데 진晉 헌공獻公을 섬겼다.

헌공 16년(기원전 661년), 조숙趙夙은 전차를 몰고 필만은 수레 오른쪽에 타고 곽霍·경耿·위魏를 토벌하여 없앴다. 경을 조숙에 봉하고, 위를 필만에 봉하여 대부로 삼았다.

복언卜偃은 이렇게 말했다.

"필만의 후손이 틀림없이 크게 될 것이다. '만萬'은 가득 찬 수이고, '위魏'는 큰 이름이다. 이를 첫 상으로 받았으니 하늘이 열어준 것이다. 천자는 조민兆民이라 하고, 제후는 만민萬民이라 한다.[3] 지금 이런 큰 수의 이름

---

1 이름이 '고'이고, 봉지가 '필'(지금의 함양시 동북)이다.
2 '중국'은 당시 중원 지구를 말하며, '이적'은 소수민족의 지역을 가리키는데 대체로 동북쪽으로 보인다.

에다 가득 찬 수까지 따랐으니 틀림없이 많은 사람을 얻을 것이다."

처음에 필만이 점을 쳐보고 진을 섬겼는데 둔屯괘가 비比괘로 변하는 괘를 얻었다. 신료辛廖가 "길하다. 둔괘는 단단하고, 비괘는 들어간다. 길하기가 이보다 더 큰 것이 어디 있으랴? 반드시 번창할 것이다!"라고 풀이했다.

필만이 봉지를 받은 지 11년(기원전 651년), 진晉 헌공이 죽었다. 네 아들이 서로 자리에 오르려고 다투어서 진에 난리가 났다.[4] 그러나 필만의 후세들은 점점 커져서 그 땅 이름을 따라 위씨魏氏라 했다.

무자武子를 낳았고, 위 무자는 위의 여러 아들로 진의 공자 중이重耳를 섬겼다.

진 헌공 21년(기원전 656년), 무자가 중이를 따라서 망명했다. 19년 만에 돌아와서 중이는 진 문공으로 즉위하여 위 무자에게 위씨의 봉지를 세습하게 하고, 대부의 반열에 올려서 위를 다스리게 했다. 도자悼子를 낳았다.

위 도자는 곽霍으로 옮겼다. 위강魏降을 낳았다.

위강은 진晉 도공悼公을 섬겼다.

도공 3년(기원전 570년), 제후들과 회맹했다. 도공의 동생 양간楊干이 군의 질서를 어지럽히자 위강이 (그 마부를) 죽여 양간을 징계했다. 도공이 노하

---

3 천자의 백성은 '조민'이라 하고, 제후의 백성은 '만민'이라 한다는 뜻으로 《상서》와 《시경》 등에 '조민'과 '만민'이란 표현이 보인다.

4 진晉나라 헌공獻公의 배다른 아들들인 해제奚齊, 도자悼子, 이오夷吾(혜공), 중이重耳(문공) 네 사람 사이에 여러 해 동안 일어난 정변을 말한다. 헌공이 젊은 여희驪姬를 총애하자 여희가 태자 신생을 해치고, 어린 아들 해제를 후계자로 삼으려 하면서 일어난 정변이다. 결과는 대신 이극李克이 해제를 죽이고, 순식荀息이 해제의 동생 도자를 즉위시켰지만 이극이 다시 도자를 죽이고 이오를 혜공으로 옹립했다. 혜공이 죽은 뒤 회공이 즉위했지만 망명에서 돌아온 중이가 진나라 힘을 빌려 회공을 죽이고 문공으로 즉위했다. 자세한 경과는 《좌전》과 〈진세가〉 참고.

● (왼쪽) 위의 선조 필공 고는 주 문왕 아들로 필에 봉해졌다. 출처《三才圖會》, 上海古籍出版社, 1988.

● (오른쪽) 위강 때 이르러 위씨 집안은 커졌다. 사진은 산서성 곡옥현曲沃縣 진국晉國박물관 입구에 조성되어 있는 위강의 조각.

여 "제후들과 만나는 영광스러운 자리에서 내 동생을 욕보이다니!"라며 위강을 죽이려 했다. 누군가가 도공을 설득하자 도공이 그만두었다.[5] 마침내 위강에게 정치를 맡겨 융戎·적狄과 우호관계를 맺게 하니 융과 적이 가까이 의지했다.

도공 11년(기원전 562년), 도공은 "내가 위강을 기용하고 8년 동안 제후들

---

5 《좌전》에 따르면 도공은 위강이 동생 양간을 모욕했다는 말을 듣고는 사람을 보내 위강을 죽이려 하자 양설적羊舌赤이 나서서 위강이 돌아와 스스로 자초지종을 보고할 것이라고 말한 것으로 되어 있다.

을 아홉 번 규합하고, 융·적과 화합했으니 그대의 힘이다"라 하고는 여악女樂[6]을 내려주자 세 번 사양한 다음 받았다. 안읍安邑으로 옮겨서 다스렸다.[7] 위강이 죽자 시호를 소자昭子라 했다. 위영魏嬴을 낳았다. 위영은 위헌자魏獻子를 낳았다.

헌자는 진晉 소공昭公을 섬겼다. 소공이 죽자 육경이 강해지고 공실은 약해졌다.[8]

진 경공頃公 12년(기원전 514년), 한선자韓宣子가 나이가 들자 위헌자가 국정을 맡았다. 진의 종실 기씨祁氏와 양설씨羊舌氏가 서로를 미워하자 육경이 그들을 죽이고 그 읍을 모두 빼앗아 열 개의 현으로 만들어서는 육경이 각기 그 자식들을 그곳의 대부로 삼았다. 헌자는 조간자趙簡子, 중항문자中行文子, 범헌자范獻子와 함께 진의 경이 되었다.

그 후 14년(기원전 500년), 공자孔子가 노魯에서 상이 되었다.

그 후 4년(기원전 497년), 조간자가 진양晉陽의 난[9]으로 한韓·위魏와 함께 범씨范氏·중항씨中行氏를 공격했다. 위 헌자는 위치魏侈를 낳았다. 위치는 조앙趙鞅과 함께 범씨와 중항씨를 공격했다.

---

6 원문은 그냥 '악樂'으로 기록되어 있지만 《좌전》에는 '여악'으로 나온다. 당시 정鄭나라가 진晉나라에 악기와 가녀 등을 보냈는데 도공이 위강의 공을 평가하여 그 절반을 하사한 것이다.
7 위씨 집안의 근거지를 위강 때 곽현霍縣에서 안읍(지금의 산서성 하현夏縣 서북)으로 옮긴 것을 말한다. 연구와 조사에 따르면 안읍은 위나라의 초기 도성으로 크고 작은 두 개의 성으로 이루어져 있다. 현재 성 담장의 일부가 남아 있다.
8 진나라 여섯 가문의 대부들 세력이 커진 것을 말한다. 이들 육경은 범씨范氏·중항씨中行氏·지씨智氏·한씨韓氏·조씨趙氏·위씨魏氏를 말하는데, 장기간 진나라의 국정을 좌우했다.
9 조간자가 사사로운 이익을 위해 한단 대부 조오趙午를 죽이자 범씨와 중항씨가 같은 패거리인 조오를 위해 군대를 일으켜 진양에서 조간자를 포위했다. 이들이 진의 국군에게 알리지 않고 이런 일들을 벌였기 때문에 '난'이라 한 것이다.

위치의 손자가 위환자魏桓子인데, 한강자韓康子, 조양자趙襄子와 함께 지백知伯을 토벌하여 없애고 그 땅을 나누었다.

2
위 문후의 치적
◉

환자의 손자가 문후文侯 도都이다.

위 문후 원년(기원전 424년)[10]은 진秦 영공靈公 원년이다. 한무자韓武子, 조환자趙桓子, 주周 위왕威王과 같은 때이다.

위 문후 6년(기원전 419년), 소량少梁에 성을 쌓았다.

13년(기원전 412년), (태자) 자격子擊에게 번繁·방龐을 포위 공격하게 하여 그 인민을 내몰았다.

16년(기원전 409년), 진秦을 정벌하여 임진臨晉·원리元里에 성을 쌓았다.

17년(기원전 408년), 중산中山을 토벌하여 자격에게 그곳을 지키게 하고 조창당趙倉唐에게 돕게 했다. 자격이 위 문후의 스승 전자방田子方을 조가朝歌에서 만났다. 수레를 끌어 한쪽으로 비켜서는 내려서 인사를 했다. 전자방은 예를 갖추지 않았다. 이에 자격이 "부귀한 사람이 남에게 교만합니까? 아니면 빈천한 사람이 남에게 교만합니까?"라고 물었다. 자방이 "당연히 빈천한 사람이 남에게 교만하지요. 무릇 제후가 남에게 교만하면 나라

---

10 〈육국연표〉에 근거하면 기원전 424년이 된다. 그러나 학자들은 《죽서기년竹書紀年》 등을 근거로 기원전 445년(주 정왕定王 24년)으로 추산한다. 그렇다면 기원전 424년은 문후 22년이 된다. 전국시대 전문가 양관楊寬은 기원전 424년이자 즉위 22년째인 이해를 문후가 스스로 후로 자칭한 해로 해석했다.

현대마을   안읍고성 추정선   도로

● 위의 초기 도성인 안읍安邑 고성 평면도.

를 잃고, 대부가 남에게 교만하면 그 집안을 잃지요. 빈천한 자는 행동이
서로 맞지 않고 말이 받아들여지지 않으면 떠나서 초, 월로 가기를 신발
벗듯이 하니 이 둘을 어떻게 같이 볼 수 있겠습니까?"라고 답했다. 자격이
불쾌해하며 떠났다. 서쪽으로 진秦을 공격하여 정鄭까지 이르렀다가 돌아
왔다. 낙음洛陰, 합양合陽에 성을 쌓았다.

22년(기원전 403년), 위魏·조趙·한韓이 제후의 반열에 들었다.

24년(기원전 401년), 진이 위나라를 공격하여 양호陽狐에 이르렀다.

25년(기원전 400년)에는 자격이 앵罃을 낳았다.

위 문후가 자하子夏에게서 경전을 배우고, 단간목段干木을 손님의 예로 대하면서 그의 마을을 지날 때면 수레의 가로 나무를 잡고 목례를 하지 않는 경우가 없었다. 진이 위를 정벌하려 하자 어떤 사람이 "위의 국군은 예로 현자를 대하여 나라 사람들이 어질다고 합니다. 상하가 화목하여 도모할 수 없습니다"라고 했다. 문후가 이로써 제후들 사이에서 명예를 얻었다.

서문표西門豹를 업鄴의 태수로 임용하자 하내河內가 잘 다스려졌다. 위 문후가 이극李克에게 "선생께서 일찍이 과인에게 '집안이 가난해지면 좋은 아내가 생각나고, 나라가 어지러우면 좋은 재상이 생각난다'[11]는 가르침을 주셨습니다. 지금 (재상으로) 삼을 만한 사람으로는 성자成子 아니면 적황翟璜인데 두 사람이 어떻습니까?"라고 물었다.

이극은 "신은 '낮은 사람이 높은 사람을 논하지 않고, 먼 사람이 가까운 사람을 논하지 않는다'[12]고 들었습니다. 신은 궁궐 문 바깥에 있는 사람이라 감히 명을 받들 수 없습니다"라고 대답했다.

문후가 "선생께서는 일을 만났으니 겸손해하지 마십시오"라고 했다.

이극이 "국군께서 잘 살피시지 않았기 때문입니다. 평소 때 어떤 사람과 친한가를 살피고, 부귀할 때 어떤 자와 어울리지 않는가를 보고, 잘나갈 때 어떤 사람을 추천하는가를 보고, 궁할 때 어떤 일을 하지 않는가를 살피고, 가난할 때 어떤 것을 취하지 않는지를 살피십시오.[13] 이 다섯 가지면 충분히 정하실 수 있거늘 이 이극을 무엇 때문에 기다리십니까?"라 했다.

---

11 가빈즉사양처家貧則思良妻, 국난즉사양상國亂則思良相. 이극이 위 문후에게 한 말로 기록되어 있지만 오래전부터 내려오던 격언일 수도 있다.
12 비불모존비卑不謀尊, 소불모척疏不謀戚. 문후가 이극에게 상(재상)의 인선에 대해 자문을 구했을 때 이렇게 정중하게 사양했다.

● (위 왼쪽부터 시계방향으로) 위 문후 시기의 인재들인 자하, 단간 목, 이극, 서문표. 각각의 출처 및 위치는 다음과 같다. 《中國歷代人物圖像傳》, 上海古籍 出版社, 2004. 산서성 면현綿縣 면산綿山 개공사介公祠. 《中國歷 代人物像傳》, 齊魯書社, 2002. 하 북성 밀운密雲 중화법제공원.

이극이 잰걸음으로 나와 적황의 집을 지나갔다. 적황이 "지금 듣자하니 국군께서 선생을 불러 재상을 점쳤다고 하던데 대체 누가 되었습니까?"라 고 했다. 이극이 "위성자가 재상이 되었습니다"라고 했다. 적황의 안색이

---

13 거시기소친居視其所親, 부시기소여富視其所與, 달시기소거達視其所擧, 궁시기소불위窮視其所 不爲, 빈시기소불취貧視其所不取. 이극이 제시한 사람을 판단하거나 인재를 택하는 다섯 가지 기준 이다. 약간 차이는 있지만 이와 비슷한 기준이 《안자춘추晏子春秋》《시자尸子》《갈관자鷗冠子》《회 남자淮南子》《여씨춘추呂氏春秋》 등 여러 고서에 나타나는 것으로 보아 이극의 말은 아닌 것 같기 도 하다.

바뀌며 "귀로 듣고 눈으로 보아서 신이 어디가 위성자만 못합니까? 서하의 군수를 제가 추천했습니다. 국군께서 업 때문에 속으로 걱정하셔서 제가 서문표를 추천했지요. 국군께서 중산 정벌을 꾀하실 때는 신이 악양樂羊을 추천했습니다. 중산을 함락시키고 그곳을 지킬 사람이 없어 신이 선생을 추천했지요. 국군의 아들에게 사부가 없어 신이 굴후부屈侯鮒를 추천했습니다. 신이 어디가 위성자만 못합니까?"라며 버럭 화를 냈다. 이극은 "그렇다면 그대가 이 이극을 국군께 말한 것이 장차 무리를 지어 큰 벼슬을 구하기 위해서였단 말입니까? 국군께서 재상을 두는 일에 대해 물으시면서 '성자 아니면 적황인데 두 사람이 어떻습니까?'라고 물으셨습니다. 그래서 이 이극이 '국군께서 살피시지 않았기 때문입니다. 평소 때 어떤 사람과 친한가를 살피고, 부귀할 때 어떤 자와 어울리는가를 보고, 잘 나갈 때 어떤 사람을 추천하는가를 보고, 궁할 때 어떤 일을 하지 않는가를 살피고, 가난할 때 어떤 것을 취하지 않는지를 살피십시오. 이 다섯 가지면 충분히 정할 수 있거늘 이 이극을 무엇 때문에 기다리십니까'라고 했을 뿐입니다. 그래서 위성자가 재상이 될 것을 알았습니다. 그리고 그대가 어찌 위성자와 비교될 수 있습니까? 위성자는 녹봉 1천 종鍾의 10분의 9는 밖에다 쓰고 10분의 1만 안에서 썼습니다. 이렇게 해서 동으로 복자하卜子夏, 전자방田子方, 단간목段干木 이 세 사람을 얻어 국군께서 모두 스승으로 삼으셨습니다. 그대가 추천한 다섯 사람은 국군께서는 모두 신하로 삼으셨지요. 그대가 어찌 위성자와 비교될 수 있겠습니까?"라고 했다. 적황이 깜짝 놀라 당황해하다가 두 번 절을 올리면서 "이 황이 천한 놈입니다. 대답이 잘못되었습니다. 평생 제자가 되길 원합니다"라고 했다.

26년(기원전 399년), 괵산虢山이 무너져 황하를 막았다.

32년(기원전 393년), 정을 정벌했다. 산조酸棗에 성을 쌓았다. 주注에서 진을 물리쳤다.

35년, 제가 양릉襄陵을 정벌하여 취했다.

36년, 진이 음진陰晉을 침공했다.

38년(기원전 387년), 진을 정벌하여 무성武城 아래에서 패배했으나 그 장수 식識을 생포했다. 이해에 위 문후가 죽고 아들 자격子擊이 즉위하니 이가 무후武侯이다.

3
위 무후 이후 전국시대 위의 성쇠

◉

위 무후 원년(기원전 386년), 조趙 경후敬侯가 막 즉위했을 때 공자 삭朔이 난을 일으켰으나[14] 이기지 못하고 위로 도망쳐 와서는 위와 함께 한단邯鄲을 습격했으나 위가 패하여 물러났다.

2년, 안읍安邑과 왕원王垣에 성을 쌓았다.

7년, 제를 정벌하여 상구읍桑丘邑에 이르렀다.

9년, 적翟이 회澮에서 위를 패배시켰다. 오기吳起에게 제를 공격하게 하여 영구靈丘에 이르렀다. 제 위왕威王이 즉위했다.

11년, 한·조와 진晉나라 땅을 셋으로 나누고 그 후손을 끊었다.[15]

13년, 진 헌공獻公이 역양櫟陽에 성을 쌓았다.

---

14 〈육국연표〉와 〈조세가〉에는 공자 삭이 아닌 공자 조朝로 되어 있는데 조를 삭으로 잘못 쓴 것으로 보인다.

◉ (왼쪽) 위나라를 전국시대 최강국으로 발전시킨 개혁군주 위 문후의 석상. 섬서성 보계寶鷄 염
제릉炎帝陵에 조성되어 있다.

◉ (오른쪽) 위衛나라 출신으로 노나라를 거쳐 위나라에 와서 문후의 신임을 얻어 서쪽 변경을 지
키며 진秦나라의 동진을 막아낸 명장 오기의 초상.

15년, 북인北藺에서 조를 패배시켰다.

16년, 초를 정벌하여 노양魯陽을 취했다. 무후가 죽고 아들 앵罃이 즉위
하니 이가 혜왕惠王이다.

------

15 11년은 20년의 잘못으로 보인다. 〈정세가〉에 의하면 정공 2년에 위 무후, 한 애후哀侯, 조 정후靜
侯가 진을 멸하고 땅을 셋으로 나눈 뒤 정공을 집으로 돌려보내니 진의 제사가 끊어졌다고 되어 있
다. 〈조세가〉와 〈한세가〉 및 고증에 의하면 이해에 한·조·위 세 나라가 진나라의 남은 땅을 처음으
로 나누었고, 그로부터 17년 뒤 2차로 다시 남은 땅을 나누었으며, 다시 10년 뒤 진의 국군을 둔류
로 옮겼고, 다시 10년 뒤 진의 국군이 한여韓女에게 피살됨으로써 진나라의 제사가 완전히 끊어졌
다고 본다.

혜왕 원년(기원전 370년), 당초 무후가 죽고, 아들 앵과 공중완公中緩이 태자 자리를 다투었다. 공손기公孫頎가 송에서 조로 왔다가 조에서 한으로 들어가서는 한 의후懿侯에게 "위앵과 공중완이 태자 자리를 다투고 있는데 국군께서도 들으셨지요? 지금 위앵은 왕착王錯을 얻어 상당上黨을 끼고 있는데 정말이지 나라 절반에 해당합니다. 따라서 그를 없앤다면 위는 틀림없이 깨지니 (이 기회를) 잃어서는 안 됩니다!"라고 했다.

의후는 좋아하며 조 성후成侯와 군대를 합쳐 위 정벌에 나서 탁택濁澤에서 싸웠다. 위가 대패하고 위의 국군이 포위당했다. 조가 한에게 "위의 국군을 제거하고 공자 완을 세운 다음 땅을 나누고 물러나는 것이 우리에게 이롭다"라고 했다. 한은 "안 된다. 위의 국군을 죽이면 사람들이 분명 포악하다 할 것이고, 땅을 나눈 다음 물러나면 사람들이 틀림없이 탐욕스럽다 할 것이다. 둘로 나누는 것만 못하다. 위를 둘로 나누면 송이나 위衛보다 세지 않을 것이니, 그러면 우리는 영원히 위 걱정은 하지 않아도 된다"고 했다. 조가 듣지 않았다. 한이 불쾌해져 병졸을 이끌고 밤중에 철수해버렸다.

혜왕은 죽지 않았고 나라도 나눠지지 않은 까닭은 두 나라의 생각이 일치하지 않았기 때문이다. 만약 한나라의 말을 따랐더라면 위는 틀림없이 나눠졌을 것이다. 그래서 "국군이 죽고 마땅한 계승자가 없는 그런 나라는 깨부술 수 있다"고 하는 것이다.

2년, 위가 마릉馬陵에서 한을 패배시켰고, 회懷에서 조를 패배시켰다.

3년, 제가 관觀에서 위를 물리쳤다.

5년, 한과 택양宅陽에서 회맹했다. 무도武堵에 성을 쌓으니 진에게 패했다.

6년, 송의 의대儀臺를 정벌하여 취했다.

9년, 회澮에서 한을 패배시켰다. 진과 소량少梁에서 싸웠는데, 진이 위의 장수 공손좌公孫座를 포로로 잡고 방龐을 취했다. 진 헌공이 죽고 아들 효공 孝公이 즉위했다.

10년, 조를 쳐서 피뢰皮牢를 취했다. 혜성이 나타났다.

12년, 유성이 낮에 떨어지며 큰 소리를 냈다.

14년, 조 성후와 호鄗에서 회맹했다.

15년, 노·위衛·송·정의 국군이 인사드리러 왔다.

16년, 진 효공과 두평杜平에서 회맹했다. 송의 황지黃池를 침공했으나 송이 다시 빼앗아 갔다.

17년, 진과 원리元里에서 싸웠다. 진이 위의 소량을 취했다. 위가 조의 한단을 포위했다.

18년(조의), 한단을 함락시켰다. 조가 제에 구원을 요청하자 제는 전기田忌, 손빈孫臏에게 조를 구원하게 하여 계릉桂陵에서 위를 물리쳤다.[16]

19년, 제후들이 위의 양릉襄陵을 포위했다. 장성을 쌓고 고양固陽에 요새를 두었다.

20년(기원전 351년), 한단을 조에 되돌려주고 장수漳水에서 회맹했다.

21년, 동肜에서 진과 회맹했다. 조 성후가 죽었다.

28년(기원전 343년), 제 위왕이 죽었다. 중산의 국군이 위의 재상이 되었다.[17]

30년,[18] 위가 조를 정벌하자 조가 제에 급하게 알렸다. 제 선왕宣王이 손

---

16 기원전 353년 벌어진 계릉전투는 위나라가 조나라를 공격하면서 시작되었다. 한단을 점령당한 조나라는 제나라에 구원을 요청했고, 제나라는 전기와 손빈을 보내 계릉에서 방연이 이끄는 위나라 군대를 대파했다.

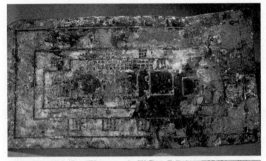

● 1977년 하북성 평산平山
중산왕릉에서 발견된 중산국
왕궁 평면도를 나타낸 동판
(위)과 복원도(아래).

자(손빈)의 계책을 활용하여 조를 구하고 위를 물리쳤다.[19]

위는 군사를 크게 일으켜 방연龐涓에게 이끌게 하고 태자 신申을 상장군
으로 삼았다. 외황外黃을 지나는데 외황의 서자徐子란 자가 태자에게 "신에

---

17 중산국은 기원전 408년에 위 문후에 의해 멸망했다. 《설원說苑》에는 위 문후가 중산을 멸망시킨
다음 태자 격擊(훗날의 무후)에게 그곳을 지키게 했다고 되어 있다. 그리고 그로부터 3년 뒤 문후는
작은아들 지摯를 중산에 봉하고 태자 격을 복귀시켰다. 따라서 이 당시(기원전 343년)의 중산 국군은
지의 아들로 추정된다.

18 30년은 29년의 잘못으로 본다. 당시는 조나라 숙후 9년, 제 위왕 16년인 기원전 341년에 해당한
다.

19 여기서 말하는 손빈의 계책이란 '위위구조圍魏救趙', 즉 '위를 포위하여 조를 구한다'는 계책을
말한다. 주력군이 조나라를 공격하기 위해 나간 상황에 주목하여 손빈은 위나라 도읍인 대량을 곧
장 쳤다. 도성이 위협 받는 상황에서 방연은 서둘러 군대를 철수하여 대량으로 달려왔다. 이로써 조
나라에 대한 포위가 풀렸다.

게 백전백승의 전술이 있습니다"라고 했다. 태자가 "들어볼 수 있겠소?"라
고 하자 객은 "그렇지 않아도 태자께 말씀드리려 했습니다"라고 한 다음
이렇게 말했다.

"태자께서 스스로 장수가 되어 제를 공격하여 대승을 거두어 거름를 차
지한다 해도 그 부는 위의 것에 지나지 않으며, 귀하게 되어봤자 왕밖에는
없습니다. 만약 싸워서 제를 이기지 못하면 영원히 위는 없는 것입니다.
이것이 신의 백전백승 전술입니다."

태자는 "좋소. 공의 말에 따라 반드시 철수하도록 하겠소"라고 했다. 객
은 "태자께서 돌아가려고 해도 안 될 것입니다. 태자께 싸움을 권하는 저
들 중에는 고깃국 국물을 원하는 자가 많을 것입니다. 태자께서는 돌아가
고 싶어도 아마 안 될 것입니다"라고 했다.

이에 태자가 돌아가려 하자 마부가 "장수가 출정했다가 돌아가는 것은
패배나 마찬가지입니다"라고 했다. 태자는 결국 제와 싸웠고 마릉馬陵에서
패했다.[20] 제가 태자 신을 포로로 잡고 장수 방연을 죽이니 군이 마침내 대
패하고 말았다.

31년, 진·조·제가 함께 위를 공격했다. 진의 장수 상군商君이 위의 장군
공자 앙卬을 속이고 그 군대를 습격하여 격파했다. 진이 상군을 기용하니
동으로 땅이 황하에 이르렀다.[21] 그리고 제·조가 잇따라 위를 격파했다.
이로써 안읍安邑이 진에 가까워져 대량大梁으로 도읍을 옮겼다. 공자 혁赫

---

20 '위위구조' 책략으로 조나라에 대한 포위를 푼 손빈이 마릉에 매복해 있다가 방연의 위나라 군대
를 거의 전멸시킨 '마릉전투'를 말한다. 마릉의 위치에 대해서는 하남성 복양濮陽, 하남성 범현范縣,
하북성 대명大名, 산동성 담성郯城 등 설이 분분하다.
21 진秦나라의 영토가 동으로 황하 가까지 확대되었음을 말한다.

● 손빈의 계책인 '위를 포위하여 조를 구한다'
는 '위위구조圍魏救趙'를 묘사한 그림.

을 태자로 삼았다.

33년(기원전 338년), 진 효공이 죽었다. 상군이 진에서 도망쳐 위로 돌아
오려고 했으나 위가 노하여 들이지 않았다.

35년(기원전 336년), 제 선왕과 평아平阿의 남쪽에서 회맹했다.

혜왕이 전쟁에서 여러 번 좌절을 당하자 넉넉한 예물과 공손한 자세로
유능한 사람을 초빙했다. 추연鄒衍, 순우곤淳于髡, 맹가孟軻 등이 모두 대량
大梁으로 왔다. 양梁 혜왕惠王(위 혜왕)은 "과인이 못나 밖에서 잇따라 전쟁에
패하여 태자는 포로가 되고 상장군은 죽었습니다. 나라가 이 때문에 텅 비
게 되고 선군들과 종묘사직을 욕보였으니 과인이 정말 부끄럽기 짝이 없
습니다! 노인장께서 천리를 멀다 않고 이렇게 힘들게 욕을 보면서 저를 위

● 마룽전투의 현장으로 전하는 산동성 임기시臨沂市 담성현郯城縣.

해 우리나라에까지 오셨는데 우리나라를 어떻게 이롭게 해주시렵니까?"라고 했다.

맹가가 "국군께서는 그렇게 이익을 말씀하시면 안 됩니다.[22] 무릇 국군이 이익을 탐내면 대부들도 이익을 탐내고, 대부들이 이익을 탐하면 서민들도 이익을 탐합니다. 위아래가 이익을 다투면 나라가 위험해집니다. 나라의 군주에게는 인의가 있을 뿐인데 하필 이익입니까?"라고 했다.

---

[22] 이 부분은《맹자》(양혜왕, 상편)의 대목이다. 혜왕이 나라에 이익이 될 만한 것이 무엇이냐고 물었고, 맹자는 이에 왜 나라의 이익에 집착하느냐고 힐난하고 인의仁義가 중요하다는 점을 강조하면서 "임금이 '어떻게 하면 내 나라를 이롭게 할 수 있을까'라고 하면 대신들은 '어찌하면 내 집을 이롭게 할 수 있을까'라 하고, 백성들은 '어떻게 하면 내 몸이 이로울까'라고 해서 위아래가 모두 이로움만 따져 나라가 위태로워집니다"라고 말했다.

36년(기원전 335년), 다시 제의 왕과 견甄에서 회맹했다. 이해에 혜왕이 죽고 아들 양왕襄王이 즉위했다.

양왕 원년(기원전 334년), 제후들과 서주徐州에서 회맹하여 서로 왕을 칭했다.[23] 아버지 혜왕을 왕으로 추존했다.[24]

5년, 진이 위 용고龍賈의 군 4만 5천을 조음雕陰에서 패배시키고 초焦와 곡옥曲沃을 포위했다. 진에 하서河西 땅을 주었다.

6년, 진과 응應에서 회맹했다. 진이 위의 분음汾陰, 피지皮氏, 초焦를 취했다. 위가 초를 쳐서 형산陘山에서 패배시켰다.

7년, 위가 상군上郡을 전부 진에 편입시켰다. 진이 위의 포양蒲陽을 항복시켰다.

8년, 진이 위의 초와 곡옥을 돌려주었다.

12년, 초가 양릉襄陵에서 위를 패배시켰다. 집정 제후들이 진의 상相 장의張儀와 (제의) 설상齧桑에서 회맹했다.

13년, 장의가 위의 상이 되었다. 위의 여자가 남자로 변했다.[25] 진이 위의 곡옥과 평주平周를 취했다.

16년(기원전 319년), 양왕이 죽고 아들 애왕哀王이 즉위했다. 장의가 다시 진으로 돌아갔다.

---

23 이 일은 위와 제 두 나라가 서로 상대방을 왕으로 인정한 것으로 보는데, 혜왕이 제나라 군주를 왕으로 치켜세워 우호관계를 유지하려는 책략으로도 본다.
24 이 대목은 사마천이 혜왕 원년을 혜왕의 죽음으로 잘못 알아 위나라에서 맨 먼저 왕을 칭한 사람을 양왕으로 기록한 것 같다. 《맹자》에서 맹자가 혜왕을 분명히 왕으로 부르고 있기 때문이다.
25 이런 현상은 《역전易傳》에 따르면 음기가 극성을 부려 아랫사람이 왕이 되거나 부인(여자)이 정치를 주도하는 징조로 해석된다.

애왕 원년(기원전 318년)[26], 다섯 나라가 함께 진을 공격했으나[27] 이기지 못하고 철수했다.

2년, 제가 위를 관진觀津에서 패배시켰다.

5년, 진이 저리자樗里子에게 위의 곡옥을 쳐서 취하게 하고 서수犀首를 안문岸門으로 내쫓았다.

6년, 진이 공자 정政을 태자로 삼았다. 진과 임진臨晉에서 회맹했다.

7년, 제나라를 공격했다. 진과 연을 쳤다.

8년, 위衛를 쳐서 인접한 두 성을 함락하자 위 국군이 걱정했다. 여이如耳가 위衛 국군을 만나 "(제가) 위의 군대를 철수시키고 성릉군成陵君을 파면시킨다면 어떻게 하시겠습니까?"라고 했다. 위의 국군이 "선생께서 그렇게 할 수만 있다면 저는 대대로 이 위나라를 들어 선생을 섬길 것이오!"라고 했다.

여이가 성릉군을 만나 "예전에 위가 조를 쳐서 양장羊腸으로 가는 길을 끊고 연여閼與를 함락시키고는 조를 쪼개겠다고 약속하여 조를 둘로 나누고도 멸망시키지 않은 까닭은 위가 맹주였기 때문입니다. 지금 위衛는 이미 멸망에 임박하여 서쪽의 진을 섬기려 할 것입니다. 그러니 진이 위衛를 구하게 하느니 위魏가 위衛를 구하여 위衛가 위魏의 덕에 영원히 끝없이 감사하게 하느니만 못할 것입니다"라고 했다. 성릉군이 "좋소!"라고 했다.

---

26 이 부분은 '양왕 원년'으로 보는 것이 진몽가陳夢家, 양관楊寬 등 전문가들의 대체적인 견해이다. 즉 위나라에는 아예 애왕이 없었다는 것이다. 양왕 원년은 기원전 318년이다.
27 다섯 나라는 한·위·초·조·연으로 본다. 당시 공손연公孫衍이 위의 상으로서 다른 네 나라를 연합하여 진을 공격했다. 공손연은 서수犀首로도 기록되어 있는 인물인데, 유세가 장의張儀가 위나라에서 힘을 쓰지 못한 것은 이 서수와 관련이 크다. 장의가 위나라를 떠나가자 서수가 상이 되었다. 〈장의열전〉 참고.

여이가 위魏의 왕을 만나 "신이 위衛의 국군을 만난 적이 있습니다. 위는 원래 주 왕실의 한 갈래였습니다. 작은 나라라고는 하지만 보물이 많습니다. 지금 나라가 어려움에 처했는데도 보물을 내놓으려 하지 않는 것은 위를 공격하든 위를 구하든 왕께서 주도할 수 없다고 생각하고 있기 때문입니다. 따라서 보물을 내놓더라도 왕께 들어가지 않을 것이 틀림없습니다. 신이 가만히 따져보니 먼저 위를 구하는 사람이 위를 얻을 것입니다"라고 했다. 여이가 나가고 성릉군이 들어와 여이가 한 말을 위왕에게 아뢰었다. 위왕이 그 말을 듣고는 군대를 철수시키는 한편 성릉군을 파면시키고 다시는 보지 않았다.

9년(기원전 310년), 진왕과 임진에서 회동했다. 장의와 위장魏章이 모두 위로 돌아왔다. 위의 상 전수田需가 죽자 초는 장의, 서수, 설공薛公을 두려워했다. 초의 상 소어昭魚가 소대蘇代에게 "전수가 죽었으니 내가 장의, 서수, 설공 중 한 사람이 위의 상이 될까 두렵소"라고 했다. 소대가 "그럼 누가 상이 되면 당신이 편하겠습니까?"라 했다. 소어가 "나는 태자가 몸소 상이 되었으면 합니다"[28]라 했다. 소대는 "당신을 위해 북으로 가서 반드시 태자가 상이 되도록 하지요"라고 했다. 소어가 "어떻게요?"라고 하자 소대는 "당신이 양왕梁王이라 하고 이 소대가 당신에게 유세해보겠습니다"라 했다. 소어가 "어떻게 말입니까?"라고 했다. 소대가 이렇게 말했다.

"이 소대가 초에서 왔사온데 소어가 매우 걱정하며 '전수가 죽었으니 내가 장의, 서수, 설공 중 한 사람이 위의 상이 될까 겁이 납니다'라 하더이다. 그래서 소대는 '양왕께서는 현명한 군주이시니 장의를 상으로 삼지 않

---

28 여기서 말하는 태자는 태자 속邀으로 훗날의 위 소왕昭王이다.

으실 것이 분명합니다. 장의를 상으로 삼으면 틀림없이 진을 편들고 위를 무시할 것입니다. 서수가 상이 되면 한을 돕고 위를 무시할 것이고, 설공이 상이 되면 제를 편들고 위를 경시할 것입니다. 양왕께서는 현명한 군주라 틀림없이 이들을 상으로 삼지 않을 것입니다'라고 말합니다. 왕은 '그럼 과인이 누구를 상으로 삼아야 하오?'라고 물을 것입니다. 이에 소대는 '태자를 직접 상으로 세우느니만 못합니다. 태자가 상이 되면 그 세 사람은 모두 태자가 계속 상 자리에 있지 않을 것임을 알기 때문에 자신들의 나라가 위를 섬기는 데 힘을 써서 승상의 도장을 얻으려 할 것입니다. 위의 강함과 세 만승지국의 도움이 있으면 위는 틀림없이 안정될 것입니다. 그래서 태자를 직접 상으로 삼는 것만 못하다고 한 것입니다'라고 말할 것입니다."

드디어 북으로 가서 양왕을 만나 이렇게 아뢰었더니 태자가 과연 위의 상이 되었다.

10년, 장의가 죽었다.

11년, 진 무왕武王과 응應에서 회맹했다.

12년, 태자가 진에 조회했다. 진이 위의 피지皮氏로 와서 토벌했으나 함락시키지 못하고 철수했다.

14년, 진이 무왕의 왕후를 (위로) 돌려보냈다.[29]

16년, 진이 위의 포반蒲反, 양진陽晉, 봉릉封陵을 함락시켰다.

17년(기원전 302년), 진과 임진에서 회맹했다. 진이 위의 포반을 돌려주었다.

18년, 진과 초를 쳤다.

---

29 이때가 위 양왕 14년, 진 소왕 2년(기원전 305년)이다. 진 무왕이 한 해 전 사망하자 그의 배다른 동생인 공자 칙則이 그 어머니 선 태후와 외삼촌 양후의 힘을 빌려 왕위를 탈취했다. 이어 반대세력을 배제하기 위해 그 형수인 '무왕의 왕후'를 진나라에서 왕후의 고국인 위나라로 내쫓은 것이다.

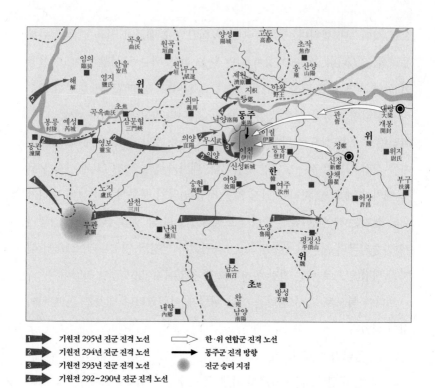

1 기원전 295년 진군 진격 노선	⇨ 한·위 연합군 진격 노선
2 기원전 294년 진군 진격 노선	→ 동주군 진격 방향
3 기원전 293년 진군 진격 노선	진군 승리 지점
4 기원전 292~290년 진군 진격 노선	

◉ 이궐전투도. 이 전투로 위의 국력이 크게 소모되었다.

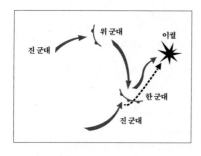

◉ 이궐전투 전략 결전도.

21년, 제, 한과 함께 진의 군대를 함곡函谷에서 패배시켰다.

23년, 진이 다시 하외河外와 봉릉을 돌려주고 강화했다.[30] 애왕이 죽고 아들 소왕昭王이 즉위했다.

소왕 원년(기원전 295년), 진이 위의 양성襄城을 함락시켰다.

2년, 진과 싸웠으나 위가 불리했다.

3년, 한을 도와 진을 공격했으나 진의 장수 백기白起가 아군 24만을 이궐伊闕에서 대파했다.[31]

6년(기원전 290년), 진에 하동河東 지방 400리를 주었다. (제의) 망묘芒卯가 속임수로 (위에서) 중용되었다.

7년, 진이 위의 크고 작은 성 61개를 함락시켰다.

8년, 진 소왕昭王이 서제西帝를 칭했고,[32] 제 민왕湣王은 동제東帝를 칭했으나 한 달여 만에 모두 제 칭호를 취소하고 왕의 칭호로 돌아갔다.

9년, 진이 위의 신원新垣과 곡양曲陽 성을 함락시켰다.

10년, 제가 송을 멸망시키니[33] 송왕이 위의 온溫에서 죽었다.

12년, 진·조·한·연과 함께 제를 토벌하여 제서濟西에서 패배시켰다.[34]

---

30 기원전 296년 진이 위나라의 하외와 봉릉 지역을 돌려준 사건을 말하는데, 제·한·위 연합군이 진나라의 함곡관을 공격하자 진이 강화하기 위해 한의 하외와 무수武遂, 위의 하외와 봉릉을 돌려준 것이다.
31 아군(위의 군대)은 한·위 연합군을 말한다. 〈한세가〉에도 아군(한의 군대) 24만으로 나오는데 이 역시 한·위 연합군이다. 〈백기왕전열전〉에는 한·위가 함께 나온다.
32 춘추시대에는 주 천자만 왕을 칭했다. 제후국의 통치자는 공 혹은 후를 칭했다. 전국 중기에 이르러 주 천자가 꼭두각시로 전락하자 제후들은 모두 왕을 자칭했다. 전국 후기 강대한 진과 제 두 나라는 왕이란 호칭에도 불만을 품고 서로 서제와 동제로 칭하자고 약속했던 것이다.
33 송이 멸망할 당시 국군은 언偃(재위 기원전 328~286년)이었다. 상세한 내용은 〈송미자세가〉 참고.
34 연의 장수 악의가 5개 국 연합군을 이끌고 제를 정벌하여 제서에서 패배시킨 사건으로 〈악의열전〉〈전단열전〉〈연세가〉 등에 자세한 경과가 보인다.

민왕은 도망쳤다. 연이 혼자 임치臨菑로 진입했다. 진왕과 서주에서 회맹
했다.[35]

13년(기원전 283년), 진이 위의 안성安城을 함락시켰다. 병사들이 대량大梁
에까지 이르렀다가 철수했다.

18년, 진이 (초의 수도) 영郢을 함락시켰고, 초왕은 진읍陳邑으로 옮겼다.

19년(기원전 277년), 소왕이 죽고 아들 안리왕安釐王이 즉위했다.

4

전국 후기 위의 부침과 멸망

◉

안리왕 원년(기원전 276년), 진이 위의 두 성을 함락시켰다.

2년, 또 위의 두 성을 함락시키고 대량에 군을 주둔시켰다. 한이 구원하
러 왔으나 온溫을 진에 주고 강화했다.

3년, 진이 위의 성 네 곳을 함락시키고 4만 명의 목을 베었다.

4년, 진이 위와 한·조를 격파하고 15만 명을 죽였다. 위의 장수 망묘芒卯
는 달아났다. 위의 장수 단간자段干子가 남양南陽을 주고 진에 강화를 청했
다. 소대蘇代가 위왕에게 "벼슬을 탐내는 자는 단간자이고, 땅을 욕심내는
것은 진입니다. 지금 왕께서 땅을 욕심내는 자에게 벼슬을 통제하게 하고,

---

35 위 소왕과 진 소왕이 주의 왕성에서 회맹한 사건을 가리킨다. 당시 서주는 작은 제후국 규모로
줄어들어 있었고, 동주 왕조의 주 천자는 이미 꼭두각시가 되어 왕성과 공현鞏縣 그리고 그 주변의
몇 개 현만 남은 상태였다. 주 현왕顯王(재위 기원전 368~321년)에 오면 두 귀족에게 땅을 다 빼앗겼
는데, 왕성(낙양)을 차지한 자는 서주군으로 불렸고 공현을 차지한 자는 동주군으로 불렸다. 이후 주
천자(신정왕愼靚王, 난왕赧王)는 완전히 기생하는 괴뢰로 전락했다.

벼슬을 탐내는 자에게 땅을 통제하게 하시니 위의 땅이 다 사라져도 모를 판입니다. 그리고 땅으로 진을 섬기는 것은 장작을 끌어안고 불을 끄려는 것에 비유할 수 있으니, 장작이 다 타도록 불은 꺼지지 않을 것입니다'라고 했다. 왕은 "그건 그렇소만 일이 이미 시행되었는데 바꿀 수는 없지 않은가"라고 했다. 소대가 "왕께서는 박博이란 놀이에서 '효梟'를 귀하게 여기는 것을 못 보셨습니까? 유리하면 내서 (상대의 패를) 잡아먹고, 불리하면 멈출 수 있기 때문입니다. 지금 왕께서 '일이 이미 시행되었는데 바꿀 수는 없지 않은가'라고 하신다면 왕의 지혜가 박 놀이에서 '효'를 사용하는 것만 못하단 말 아닙니까?"라고 했다.

9년, 진이 위의 회懷를 함락시켰다.

10년, 위에 인질로 있던 진의 태자가 죽었다.

11년(기원전 266년), 진이 위의 처구郪丘를 함락시켰다.

진 소왕이 좌우에게 "지금 한·위를 처음과 비교했을 때 어느 쪽이 더 강한가?"라고 묻자 "처음만큼 강하지 못합니다"라고 대답했다. 왕이 "지금의 여이如耳·위제魏齊와 예전의 맹상군·망묘 중 어느 쪽이 더 유능한가?"라고 묻자 "전만 못합니다"라고 대답했다. 왕이 "유능한 맹상군·망묘가 강한 한·위를 이끌고 진을 공격하고도 과인을 어떻게 하지 못했다. 그런데 지금 무능한 여이·위제가 약한 한·위를 이끌고 진을 공격한다면 그 역시 과인을 어떻게 하지 못할 것이 분명하지 않은가"라고 했다. 좌우가 모두 "아주 옳으신 말씀입니다!"라고 했다. 중기中旗가 거문고를 어루만지다 말고 이렇게 대꾸했다.

"천하에 대한 왕의 생각이 틀렸습니다. 진晉의 6경이 득세하던 때 가장 강한 지씨知氏가 범씨范氏, 중항씨中行氏를 없애고는 다시 한·위의 군대를

이끌고 진양에서 조양자趙襄子를 포위하여 진수晉水의 물을 진양으로 흘려
보내니 성 담장 몇 자만 남고 다 잠겼습니다. 지백知伯이 물의 기세를 살
폈는데, 위환자魏桓子는 왼쪽에서 수레를 몰고, 한강자韓康子는 오른쪽에서
(지백을) 호위했습니다. 지백이 '내가 전에는 물로 나라를 망하게 할 수 있
다는 것을 몰랐는데 오늘에서야 알게 되었다. 분수汾水로는 안읍安邑을, 강수
絳水로는 평양平陽을 잠기게 할 수 있겠구나'라고 했습니다. 이에 위환자가
팔꿈치로 한강자를 찌르고, 한강자는 발로 위환자를 밟았습니다. 팔꿈치
와 발이 마차에서 오가자 지백의 땅이 나뉘고 몸은 죽고 나라는 망하여 천
하의 웃음거리가 되었습니다. 지금 진의 군대가 강하긴 하지만 지백을 능
가할 수 없고, 한·위가 약하긴 하지만 아직 진양성 아래에 있을 때보다는
강합니다. 그리고 지금이 팔꿈치와 발을 쓸 때이니 왕께서는 너무 쉽게 생
각하지 마옵소서!"

이에 진왕이 경계심을 품었다.

제·초가 서로 약속하고 위를 공격하자 위가 사람을 보내 진에 구원을
청하니 사신들의 모자와 수레의 지붕이 서로 마주칠 정도였다. 그러나 진
은 구원하러 오지 않았다. 위에 나이가 아흔이 넘은 당저唐雎라는 사람이
있었는데, 위왕에게 "이 늙은 신하가 서쪽으로 가서 진왕에게 유세하여 저
보다 먼저 군대를 출발시키도록 하겠습니다"라고 했다. 위왕이 재배하고
수레를 내어 그를 보냈다. 당저가 도착하여 들어가 진왕을 만났다. 진왕이
"노인장께서 멀리 이곳까지 오시다니 참 힘드셨겠습니다! 위의 구원 요청
이 여러 차례 있어서 과인이 위의 위급함은 알고 있습니다"라고 했다.

당저가 "대왕께서 위의 위급함을 알고 계시면서도 구원이 이루어지지
않은 것은 신이 가만히 생각해보니 계책을 내는 신하들이 맡은 바 책임을

다하지 않아서입니다. 무릇 위가 만 승의 나라지만 서쪽으로 진을 섬기며 동쪽 울타리를 자청하여 (진이 하사하는) 관대를 받고 봄가을로 제사 물품을 바치는 것은 진이 강하여 충분히 의지할 수 있기 때문입니다. 지금 제·초의 군대가 이미 위의 교외에 합류했는데도 진이 구원하지 않는 것은 아직 급하지 않다고 생각하기 때문입니다. 아주 위급해져 땅을 떼어주고 합종한다면 그때 가서 왕께서는 누구를 구하시렵니까? 급해지기를 기다렸다가 구원한다면 동쪽 울타리 위를 잃고 두 적인 제·초를 강하게 만들 것이 뻔한데 왕께 무슨 이득이 되겠습니까?"라고 응대했다.

이에 진 소왕은 바로 군대를 보내 위를 구원했고, 위는 다시 안정되었다.

조가 사람을 보내 위왕에게 "우리를 위해 범좌范痤를 죽이면 우리가 사방 70리 땅을 바치겠습니다"라고 했다. 위왕이 "허락한다"고 했다. 관리를 시켜 그를 잡게 하니 포위하여 아직 죽이지 못한 상황에서 범좌가 지붕으로 올라가 지붕을 타고 다니면서 사자에게 "죽은 범좌로 거래를 하는 것보다 산 범좌로 거래하는 것이 낫습니다. 이 범좌가 죽고 조가 왕께 땅을 주지 않으면 왕께서는 어찌 하시겠습니까? 그러니 먼저 땅을 떼어 받은 다음 범좌를 죽이는 것이 낫습니다"라고 했다. 위왕이 "그게 좋겠다"라고 했다.

범좌가 신릉군信陵君에게 글을 올려 "이 범좌는 벌써 면직된 위의 재상입니다. 조가 땅을 가지고 범좌를 죽이라 하자 위왕께서 이를 받아들였습니다. 만약 강한 진도 조처럼 욕심을 부린다면 군께서는 어찌 하시겠습니까?"라고 했다. 신릉군이 왕에게 말해 그를 놓아주었다.

위왕이 진의 구원 때문에 진을 가까이해서 한을 정벌하여 옛 땅을 찾고자 했다. 무기(無忌, 신릉군)가 위왕에게 이렇게 말했다.

"진은 융戎·적狄과 풍습이 같고, 호랑이와 이리 같은 마음을 갖고 있어 탐욕스럽고 잔인하고 이익만 밝히고 믿음이 없으며 예의와 덕행도 모릅니다. 이익만 된다면 친척 형제도 돌아보지 않으니 금수와 같습니다. 이는 천하가 다 압니다. 후하게 베풀고 덕을 쌓는 일이 없습니다. 죽은 태후(선태후)는 (진왕의) 어머니인데 우울하게 죽었고, 양후穰侯는 외삼촌으로 그 공이 막대함에도 끝내 쫓겨났습니다. 동생 둘은 죄도 없는데 나라를 빼앗겼습니다. 친척에게도 이럴진대 하물며 원수의 나라에야 오죽하겠습니까? 지금 왕께서 진과 함께 한을 토벌하려는 것은 진이라는 근심거리에 더욱 가까워지는 것인데, 신은 정말 이해할 수 없습니다. 왕께서 이를 인식하지 못하신다면 왕께서 현명하지 못하다는 것이요, 신하들이 이를 말하지 않는다는 것은 불충입니다.

지금 한은 여자 하나가 약한 군주를 받들고 있어[36] 안에는 큰 난리가 나고 밖으로는 강한 진·위의 군대가 있는데 왕께서는 (한이) 망하지 않을 거라고 보십니까? 한이 망하면 진이 정의 땅을 차지하여 대량과 인접하게 될 터인데 왕께서는 안전하리라 생각하십니까? 왕께서 옛 땅을 얻고자 강한 진과 친해지는 것에 의지하려 하시는데 왕께서는 그것이 이익이 된다고 생각하십니까?

진이 섬길 나라가 아닌 것은 아니지만 한이 망해도 틀림없이 다른 일을 찾을 것입니다. 다른 일을 찾는다면 분명 쉽고 이득이 되는 일을 찾을 것이고, 쉽고 이득이 되는 일이 초와 조를 공격하는 것은 분명 아닐 것입니다. 이는 왜 그렇겠습니까? 무릇 산을 넘고 강을 건너 한의 상당을 끊고 강

---

36 당시 한나라의 국군은 환혜왕인데 나이가 어려서 모후가 정사를 주도했다는 것이다. 이 일이 〈한세가〉에는 기록되어 있지 않다.

한 조를 공격하는 것은 연여의 일을 반복하는 것이기 때문에 진은 결코 그렇게 하지는 않습니다. 하내河內의 길을 따라 업성鄴城, 조가朝歌를 넘고 장수漳水, 부수滏水를 건너 조의 군대와 한단邯鄲의 교외에서 결전한다면 이는 지백知伯의 재앙과 같아서 진은 이 역시 감행하지 않을 것입니다. 초를 토벌하려 한다면 섭곡涉谷을 지나 3천 리를 행군하여 명액冥阨이란 요새를 공격해야 하는데, 길이 너무 멀고 공격하기 아주 어려워 진이 이 또한 하지 않을 것입니다. 하외河外의 길을 따라 대량을 지나 오른쪽으로는 상채上蔡, 소릉召陵을 끼고 진읍陳邑의 교외에서 초의 군대와 결전하는 것 또한 감히 못할 것입니다. 그래서 진은 분명 초와 조를 공격하지도 않을 것이고, 또 위衛와 제도 공격하지 않을 것이라는 말씀입니다.

대개 한이 망한 뒤 출병한다면 위가 아니면 공격할 나라가 없습니다. 진은 본디 회懷·모茅·형구邢丘를 갖고 있는 데다 궤진垝津에 성을 쌓아 하내를 압박하면 하내의 공共·급汲이 위태로워질 수밖에 없습니다. 진이 정의 땅을 차지하고 원옹垣雍을 얻어 형택滎澤의 물을 터서 대량을 잠기게 한다면 대량은 망할 수밖에 없습니다.

왕의 사신이 (진으로) 나가서 그릇되게도 안릉군安陵君을 나쁘게 말하여 진이 안릉군을 죽이려 한 지 오래입니다. 진의 섭양葉陽·곤양昆陽은 무양舞陽과 붙어 있는데, 안릉군을 나쁘게 말하는 사신의 말을 듣는다면 안릉이 따라서 망할 것이고, (그러면 진은) 무양 북쪽을 돌아 동쪽으로 허許를 앞에 두게 되어 남쪽이 위태로워질 것이 뻔한데 우리나라에 피해가 없겠습니까?

한을 미워하고 안릉군을 좋아하지 않는 것은 괜찮습니다만, 진이 남쪽 땅을 아끼지 않는다고 걱정하지 않는 것은 잘못입니다.

전에 진이 황하 서쪽에 있었을 때는 진晉과 대량은 천 리나 떨어져 있고,

강과 산이 가로막고 주와 한이 그 사이에 있었습니다. 임향林鄕전투 이후 지금까지 진은 위를 일곱 차례 공격하여 다섯 차례는 위의 도성까지 들어 왔습니다. 변경의 성들은 다 함락되어 문대文臺는 무너지고 수도垂都는 불 탔습니다.[37] 산의 나무를 베어가고 사슴과 고라니는 다 잡아갔습니다. 나라는 잇따라 포위당했습니다. 또 곧장 대량 북쪽을 몰아쳐 동으로 도陶·위衛의 교외에까지 이르렀고, 북으로는 평감平監에까지 이르렀습니다. 진에게 잃은 땅이 산 남북, 황하 안팎으로 큰 현만 수십 개요, 도성은 수 백 개에 이릅니다. 진이 황하 서쪽에 있고 진晉과 대량이 천 리나 떨어져 있을 때도 그 화가 이랬습니다. 하물며 진을 섬기고 있는데, 한은 (멸망하여) 없어지고, (진이) 정의 땅을 차지하여 산과 강이란 장애도 없고, 주와 한도 그 사이에 없어 대량과 백 리밖에 떨어져 있지 않다면 화가 여기에서 비롯될 것이 틀림없습니다.

전에 합종合縱이 실패한 까닭은 초와 위가 서로 의심하고 한이 가담할 수 없었기 때문입니다. 지금 한은 3년 동안 공격당하고 있고, 진은 한에게 굴복을 강요하는데 (한은) 망할 줄 알면서도 듣지 않고 조에 인질을 보내 천하가 함께 줄을 지어 무기를 가다듬길 원합니다. 초와 조가 군대를 모아야 합니다. 모두가 진의 욕심이 끝이 없어 천하의 나라들을 모조리 멸망시켜 자기들 신하로 굴복시키지 않으면 결코 멈추지 않는다는 것을 알고 있기 때문입니다.

따라서 신은 합종으로 왕을 섬기고자 하오니 왕께서는 서둘러 초·조와

---

37 문대와 수도는 모두 대臺의 이름으로 보는데, 수도를 위의 읍으로 보기도 한다. 그 위치에 대해서는 산동 하택과 견성으로 추정한다.

◉ (왼쪽) 조나라를 구하기 위해 신릉군은 은자로 알려진 대량성 이문夷門의 문지기 후영侯嬴을 찾아 계책을 들었다. 그림은 그 장면을 그린 것이다.
◉ (오른쪽) 위나라의 마지막 국왕 가. 진시황릉 앞에 조성되었으나 지금은 철거되었다.

의 맹약을 받아들이고, 한의 인질을 끼고 한을 존속시키면서 옛 땅을 요구하면 한은 틀림없이 돌려줄 것입니다. 이는 병사와 인민을 힘들게 하지 않고 옛 땅을 얻는 것이니 진과 함께 한을 토벌하는 것보다 공은 더 많고, 강한 진을 이웃으로 두어 초래하는 화도 없을 것입니다.

대저 한을 존속시키고 위를 안전하게 하여 천하를 이롭게 하는 것, 이는 하늘이 왕께 주신 기회입니다. 한의 상당上黨과 우리의 공共·영甯을 통하게 하여 안성安城으로 가는 길에서 세금을 거두면 이는 우리 위가 한의 상당을 인질로 잡는 것과 같습니다. 세금을 갖게 되면 나라가 부유해지고,

⦿ 사마천은 대량성 유지를 직접 방문했다. 사진은 대량성 이문이 위치했던 곳으로 알려진 곳이다.

한은 틀림없이 위에 감사하고, 위를 좋아하고, 위를 존중하고, 위를 두려워하여 감히 위를 배반하지 않을 것이니 이는 한이 곧 위의 현이 되는 것과 같습니다. 위가 한을 얻어 현으로 삼으면 위衛·대량大梁·하외河外는 반드시 안정될 것입니다. 그러나 한이 존재하지 않으면 서주와 동주 그리고 안릉이 위태로워지고, 초·조가 격파당하면 위衛·제가 몹시 두려워할 것이니 천하가 서쪽으로 달려가서 진에 인사를 드리고 신하로 복속할 날이 멀지 않았습니다."

20년(기원전 257년), 진이 한단을 포위하자 신릉군 위무기가 왕명이라고 속이고 장군 진비晉鄙의 군대를 거두어 조를 구원하니 조가 보전되었다. 이 때문에 위무기는 조에 머물렀다.

26년, 진 소왕이 죽었다.

30년, 위무기가 위로 돌아와서 다섯 나라의 군대를 이끌고 진을 공격하여 하외에서 격파하고 몽오蒙驁를 내쫓았다. 위 태자 증增이 진에 인질로 있었는데, 진왕이 노하여 위 태자 증을 가두려고 했다. 누군가가 증을 위해 진왕에게 "일찍이 공손희公孫喜가 위의 재상에게 '위의 군대로 빨리 진을 공격하라고 청하십시오. 그러면 진왕이 노하여 틀림없이 증을 가둘 것이고, 위왕도 노하여 진을 치면 진은 분명 상처를 입게 될 것입니다'라고 했습니다. 지금 왕께서 증을 가두는 것은 공손희의 계략에 당하는 것입니다. 그러니 증을 더 잘 대해주고 위와 화합하여 제·한을 의심하게 만드느니만 못합니다"라고 했다. 왕이 바로 증에 대한 일을 중지했다.

31년, 진왕 정政이 새로 즉위했다.

34년(기원전 243년), 안리왕이 죽고 태자 증이 즉위하니 이가 경민왕景湣王이다. 신릉군 위무기가 죽었다.

경민왕 원년(기원전 242년), 진이 위의 20개 성을 함락시켜 진의 동군東郡으로 만들었다.

2년, 진이 위의 조가朝歌를 함락시켰다. 위衛가 야왕野王으로 도읍을 옮겼다.

3년, 진이 위의 급汲을 함락시켰다.

5년, 진이 위의 원垣·포양蒲陽·연衍을 함락시켰다.

15년(기원전 228년), 경민왕이 죽고 아들 위왕魏王 가假가 즉위했다.

왕 가 원년(기원전 227년), 연의 태자 단丹이 형가荊軻를 보내어 진왕을 찔렀으나 진왕이 이를 알아챘다.

3년(기원전 225년), 진이 대량을 물에 잠기게 하고 왕 가를 포로로 잡아 마침내 위를 멸망시키고 군현으로 만들었다.

5
사마천의 논평
●

태사공은 이렇게 말한다.

"내가 옛 대량의 폐허를 들렀는데 폐허의 사람이 '진이 대량을 공격할 때 강물을 끌어들여 대량을 잠기게 하니 석 달 만에 성이 무너져 왕이 항복함으로써 마침내 위가 멸망했다'고 했다. 누군가는 위가 신릉군을 기용하지 않은 탓에 나라가 쇠약해져 멸망에 이르렀다고 하나 나는 그렇게 생각하지 않는다. 하늘이 바야흐로 진에게 천하를 평정하게 하여 그 대업이 완성되지 않았는데 위가 아형阿衡[38]과 같은 신하의 도움을 받는다 한들 무슨 도움이 되겠는가?"

---

[38] 아형은 상商나라 탕왕湯王의 참모로서 상나라 건국에 큰 공을 세운 이윤伊尹의 별칭이다.

⊙

정리의 기술

⊙

⊙ 〈위세가〉에 등장하는 명언·명구의 재발견

• 가빈즉사양처家貧則思良妻, 국난즉사양상國亂則思良相 "집안이 가난해지면 좋은 아내가 생각나고, 나라가 어지러우면 좋은 재상이 생각난다." 이극이 위 문후에게 한 명언으로 기록되어 있지만 오래전부터 내려오던 격언 같은 것이 아닌가 추정한다.

• 비불모존卑不謀尊, 소불모척疏不謀戚 "낮은 사람이 높은 사람을 논하지 않고, 먼 사람이 가까운 사람을 논하지 않는다." 문후가 이극에게 상(재상)의 인선에 대해 자문을 구하자 이 말로 일차 정중하게 사양했다.

• 거시기소친居視其所親, 부시기소여富視其所與, 달시기소거達視其所擧, 궁시기소불위窮視其所不爲, 빈시기소불취貧視其所不取 "평소 때 어떤 사람과 친한가를 살피고, 부귀할 때 어떤 자와 어울리지 않는가를 보고, 잘나갈 때 어떤 사람을 추천하는가를 보고, 궁할 때 어떤 일을 하지 않는가를 살피고, 가난할 때 어떤 것을 취하지 않는지를 살피십시오." 이극이 제시한 사람을 판단하거나 인재를 택하는 다섯 가지

기준이다. 약간 차이는 있지만 이와 비슷한 기준이 《안자춘추晏子春秋》 《시자尸子》 《갈관자鶡冠子》 《회남자淮南子》 《여씨춘추呂氏春秋》 등 여러 고서에 나타나는 것으로 보아 반드시 이극의 말은 아닌 것 같기도 하다.

또 연대 문제에 대해서는 많은 논란이 있지만 강태공姜太公이 저술한 것으로 전하는 《육도六韜》에도 이와 비슷한 '팔징법八徵法'이란 것이 있는데, 다음과 같다.

첫째, 문지이언이관기사問之以言以觀其詳. 어떤 문제를 내어 그 이해 정도를 살핀다.

둘째, 궁지이사이관기변窮之以辭以觀其變. 자세히 꼬치꼬치 캐물어 그 반응을 살핀다.

셋째, 여지간첩이관기성與之間諜以觀其誠. 간첩을 넣어 충성 여부를 살핀다.

넷째, 명백현문이관기덕明白顯問以觀其德. 솔직 담백한 말로 그 덕행을 살핀다.

다섯째, 사지이재이관기렴使之以財以觀其廉. 재무관리를 시켜 그 청렴을 살핀다.

여섯째, 시지이색이관기정試之以色以觀其貞. 여색을 미끼로 그 정조를 살핀다.

일곱째, 고지이난이관기용告之以難以觀其勇. 어려운 상황을 만들어 그 용기를 살핀다. 여덟째, 취지이주이관기태醉之以酒以觀其態. 술에 취하게 하여 그 태도를 살핀다.

◉ 〈위세가〉에 등장하는 인물 정보

이름	시대	내용	출전
필공 고畢公高	주	위의 선조로 주 왕조 성과 동성인 희姬, 이름이 高이다.	〈주본기〉《좌전》
주 무왕 (周武王, ?~1043)	주	주 왕조 창립자. 성은 희姬, 이름은 발發로, 주 문왕의 아들이다.	〈주본기〉
주紂	상	상의 마지막 제왕으로 걸과 함께 폭군의 대명사로 평가된다.	〈은본기〉〈주본기〉
필만畢萬	동주 진晉	위의 선조로 진晉 헌공獻公을 섬겼다.	
진 헌공(晉獻公, 재위 676~651)	동주 진晉	진晉 국군으로 만년에 여희에 빠져 태자를 죽이는 등 진晉을 내란에 빠뜨렸다.	《국어》《좌전》〈진세가〉
조숙趙夙	동주 진晉	진 문공 신하이자 조최의 할아버지이다.	
복언卜偃	동주 진晉	진의 점쟁이(예언가)로 성은 곽郭, 이름은 언偃이다.	《좌전》
신료辛廖	동주	주의 대부 또는 진의 대부	
무자武子	동주 진晉	필만 아들로 이름은 주犫이다.	《세본》
중이 (重耳, 697~628)	동주 진晉	진晉 헌공 아들로 여희의 모함으로 19년 망명 끝에 국군 문공文公이 되었다.	《좌전》《국어》〈진세가〉
도자悼子	동주 진晉	문장으로 보아 무자 주犫의 아들로 추정한다.	《세본》
위강魏絳	동주 진晉	도자의 아들로 진 도공의 패업을 도운 중요한 인물이다.	《좌전》
진 도공(晉悼公, 재위 572~558)	동주 진晉	진나라 국군. 이름은 주周 또는 규糾이고, 양공의 증손이다. 난서가 여공을 살해하고 주나라에서 맞이했다.	《좌전》〈진세가〉
양간楊干	동주 진晉	도공 동생으로 위세를 믿고 회맹 자리를 어지럽히다 위강에게 혼이 난다.	《좌전》
위영魏嬴	동주 진晉	위강의 아들	〈위세가〉
위 헌자魏獻子	동주 진晉	위영 아들로 이름은 서舒이다. 위강의 아들로 보기도 한다.	《좌전》

진 소공(晉昭公, 재위 531~526)	동주 진晉	진나라 국군으로 이름은 이夷, 평공의 아들이다.	〈진세가〉
진 경공(晉頃公, 재위 515~512)	동주 진晉	진 국군으로 이름은 기질, 성공의 아들이다. 제와의 전쟁에서 승리하여 도읍을 신전新田으로 옮기고 신강新絳이라 불렀다.	〈진세가〉
한선자韓宣子	동주 진晉	이름은 기起, 한궐韓厥의 아들로 도공을 보좌했다.	《좌전》〈진세가〉
조간자趙簡子	동주 진晉	진의 권력자로 이름은 앙鞅이다. 진 6경의 정쟁에서 중항씨와 범씨를 몰아내고 조나라 건국의 기틀을 마련했다.	《좌전》〈조세가〉〈진세가〉
중항문자 中行文子	동주 진晉	진의 권력자로 순인이다. 순언의 손자, 순오의 아들이다.	《좌전》〈진세가〉
범헌자范獻子	동주 진晉	진의 권력자로 범길석范吉射을 말한다.	〈진세가〉
위치魏侈	동주 진晉	위양자魏襄子를 말한다.	
위 환자魏桓子	동주 진晉	진의 권력가로 이름은 구駒이다.	
한강자韓康子	동주 진晉	진의 대부로 이름은 호虎이다.	〈한세가〉
조양자趙襄子	동주 진晉	진 대부로 이름은 무휼無恤. 조간자의 아들이다.	〈조세가〉
지백知伯	동주 진晉	진 권력가로 이름은 요瑤, 한, 위와 조를 공격하다 역공당해 죽는다.	〈조세가〉
위 문후(魏文侯, 재위 445~396)	동주 진魏	위나라의 실질적인 개국 군주로 이름은 도都이다.	
진영공(秦靈公, 재위 424~415)	동주 진秦	진의 국군	〈진본기〉
한무자(韓武子, 재위 424~409) 조환자 (趙桓子, ?~424)	동주 진晉	진의 권세가로 각각 한과 조를 세웠다. 한무자는 한호韓虎의 아들이고, 조환자는 조무휼趙無恤의 아들이다.	
주 위왕(周威王, 재위 425~402)	동주	동주 왕으로 위열왕威烈王이라고도 한다.	〈주본기〉
위 무후(魏武侯, 재위 395~370)	동주 위魏	위 군주로 이름은 자격子擊, 문후의 아들이다.	

조창당趙倉唐	동주 위魏	태자 시절 무후를 도운 인물이다.	
전자방田子方	동주 위魏	이름은 무택無擇으로 자하에게 공부했고, 위 문후의 스승이 되었다.	《장자》 《여씨춘추》
위 혜왕(魏惠王, 재위 369~319)	동주 위魏	이름은 자앵子罃, 기록에 양梁(위의 도읍 대량大梁에서 비롯) 혜왕으로 많이 등장한다.	《맹자》
자하子夏	동주 위魏	공자의 제자로 성은 복卜, 이름은 상商이다. 위문후가 스승처럼 섬기고 예를 배웠다.	〈중니제자열전〉
단간목段干木	동주 위魏	성이 단간, 이름이 목이다. 당시 이름난 선비로 지조가 높아 문후가 스승처럼 모셨다.	《여씨춘추》 《회남자》
서문표西門豹	동주 위魏	성이 서문, 이름이 표로 이름난 지방관이다. 업鄴 지역을 잘 다스렸다.	〈골계열전〉
이극李克	동주 위魏	이리李悝로도 부르는 저명한 법가 계통의 인물로 위의 경제개혁 등을 주도했다.	
성成	동주 위魏	위 문후 동생으로 위성자魏成子로도 나온다.	
적황翟璜	동주 위魏	위의 대신	
악양樂羊	동주 위魏	전국시대 명장으로 중산을 정벌했다.	〈악의열전〉
굴후부屈侯鮒	동주 위魏	무후의 사부로 추정한다.	
복자하卜子夏	동주 위魏	자하와 같은 인물로 보인다.	
식識	동주 진秦	진 장수로 성은 알 수 없고 이름이 식이다. 위와의 전투에서 포로로 잡힌다.	
조경후(趙敬侯, 재위 386~375)	동주 조	조 군주로 이름은 장, 열후의 아들로 원년에 한단으로 도읍을 옮겼다.	〈조세가〉
삭朔	동주 조	조 공자로 난을 일으켰다가 위로 도망한다.	
오기 (吳起, 440~381)	동주 위衛 위	전국시대 명장이다. 위 문후, 무후를 도와 위를 강국으로 올렸으나 다른 신하들과의 불화로 초로 와서 개혁하다 살해된다.	〈손자오기열전〉
제 위왕(齊威王, 재위 356~320)	동주 제	이름은 인제因齊, 위와의 전투에서 연이어 승리하고 왕으로 칭했다.	〈전경중완세가〉

진 헌공(秦獻公, 384~362)	동주 진	진 국군으로 영공의 아들이다. 진의 국력을 다시 떨친 인물로 이름은 사습師隰이다.	〈진본기〉
공중완公中緩	동주 위	위 무후 아들이자 혜왕의 동생이다.	
공손기公孫頎	동주 송	송나라의 변사로 알려진 인물이다.	
한 의후(韓懿侯, 재위 374~363)	동주 한	애후의 아들	
왕착王錯	동주 위	위의 대신	
조 성후(趙成侯, 재위 374~350)	동주 조	조 경후의 아들로 이름은 종種이다.	
공손좌公孫座	동주 위	위 장수로 진과의 전투에서 포로가 된다. 〈조세가〉에는 태자로 잘못 나온다.	〈조세가〉
진 효공(秦孝公, 381~338)	동주 진	진 국군으로 이름은 거량渠梁, 헌공의 아들이다. 상앙을 등용하여 대대적인 개혁을 이룬다.	〈진본기〉
전기田忌	동주 제	제 장군으로 손빈과 함께 위를 물리치는 데 큰 역할을 했다.	〈손자오기열전〉
손빈孫臏	동주 제	군사 전문가로 유명하며, 계릉과 마릉에서 방연의 위나라 군을 격퇴한 전략을 세웠다.	〈손자오기열전〉
중산군中山君	동주 중산	중산국 국군으로 위 문후의 아들 지擊의 아들로 추정한다. 중산국은 기원전 408년 망했다.	
제선왕(齊宣王, 350?~301)	동주 제	위왕威王 아들로 이름은 전벽강田辟疆이다. 연의 내란을 틈타 연을 점령한 바 있고, 초와 연합해 진秦·한·위에 맞섰으나 패했다. 맹자와 만나 정치에 대해 토론하기도 했다.	〈전경중완세가〉
방연 (龐涓, ?~341)	동주 위	위 장수로 동문수학한 손빈을 모함하여 해쳤으나 결국 손빈에게 패해 자살했다.	〈손자오기열전〉
신申	동주 위	위 혜왕의 태자	
서자徐子	동주 위	외황 지역의 은자로 성이 서이다. 가의賈誼의《과진론過秦論》에 보이는 서상으로 추정한다.	〈진시황본기〉 《과진론》
상앙 (商鞅, 395?~338)	동주 진	진 효공을 보필했으며, 변법을 추진하여 나라를 부강하게 했다. 상商을 봉지封地로 하사받았다.	〈진본기〉 〈상군열전〉 《상군서》

혁赫	동주 위	훗날 위 양왕襄王으로 즉위하는 공자의 이름이다.	
추연(鄒衍, 324?~250?)	동주 제	음양오행가의 대표적인 인물이다. 맹자와 동시대 인물 이 아닌 것으로 보기도 한다.	〈맹자순경열전〉
순우곤(淳于髡, 386?~310?)	동주 제	제의 정치가이자 사상가로 유머와 해학으로도 유명하 다.	〈골계열전〉 〈맹자순경열전〉
맹가(孟軻, 372?~289?)	동주 추鄒	전국시대 가장 영향력이 컸던 유가 사상가이자 교육가 로 공자의 법통을 이었다 하여 아성亞聖으로 불린다.	〈맹자순경열전〉 《맹자》
양왕(襄王, 재위 318~296)	동주 위	혜왕 아들로 태자 신申이 포로로 잡히자 태자가 되어 즉 위한 공자 혁이다.	
용고龍賈	동주 위	위의 장수	
장의 (張儀, ?~309)	위 진	위 출신으로 진에 건너가 재상이 되어 연횡책을 제안하 여 크게 영향을 미친다.	〈장의열전〉
애왕哀王	동주 위	전문가들은 위에 애왕이 없는 것으로 추정한다. 기록의 애왕은 양왕으로 본다.	
저리자 (樗里子, ?~300)	동주 진	성과 이름은 영질嬴疾이고 진 혜문왕의 동생이다. 저리 樗里에서 살아서 저리자라고 한다.	〈저리자감무열 전〉
서수犀首	동주 위	유세가 공손연公孫衍의 별명이다.	
정(政, 259~210)	동주 위	진시황을 말한다. 그의 이름이 정이다.	〈진시황본기〉
여이如耳	위衛	위의 대부	
위장魏章	위 진秦	위 출신으로 진의 장수가 되어 큰공을 세웠으나 장의와 함께 쫓겨나 위로 돌아온다.	
전수田需	위	위의 대신	〈장의열전〉
설공 (薛公, ?~279)	제	제의 권력자 맹상군孟嘗君 전문田文을 말한다.	〈맹상군열전〉
소어昭魚	초	초의 종실 대신으로 소해휼昭奚恤로도 쓴다.	〈한세가〉
소대蘇代	동주	소진의 동생	〈소진열전〉
진무왕(秦武王, 재위 310~301)	진秦	성과 이름은 영탕嬴蕩. 혜문왕의 아들로 힘자랑하다 사 망했다.	〈진본기〉
무왕후武王后	진 위	진 무왕 왕후로 위 출신이다.	

소왕(昭王, 재위 295~277)	위	이름은 속邀이고 양왕의 아들이다.	
백기 (白起, ?~257)	진	진의 명장으로 진 소왕을 보좌하여 6국을 격파하는 데 큰 공을 세웠다.	〈백기왕전열전〉
망묘芒卯	위	위 장수로 맹묘孟卯라고도 한다.	
진 소왕(秦昭王, 325~251; 소양왕 昭襄王)	진	진 국군. 무왕 이복동생으로 이름은 직稷 또는 칙則이다. 6국 합종책을 와해시켜 진이 전국을 통일하는 데 기초를 마련했다.	〈진본기〉
제 민왕(齊湣王, 재위 300~284)	제	제 국군으로 이름은 지地 또는 수遂이고, 선왕의 아들이다.	〈전경중완세가〉
초 경양왕(楚頃襄 王, ?~263)	초	초 국군으로 이름은 횡橫이며, 회왕의 아들이다. 진에 대항하는 많은 전투를 벌였다.	〈초세가〉
안리왕(安釐王, 재위 276~242)	위	위 국군. 이름은 어圉로 위공자 신릉군의 형이다.	〈위공자열전〉
위제魏齊	위	위의 종실로 당시 상相으로 있었다.	
중기中旗	진	진의 변사로 무왕과 소왕을 섬겼다.	《전국책》 《한비자》
당저唐雎	위	숨은 은자로 당차唐且와 동일인이다.	《전국책》
범좌范痤	위	위의 상을 지낸 인물이다.	
선태후宣太后	진	진 소왕(소양왕)의 어머니로 권력을 휘둘렀다.	〈양후열전〉
양후穰侯	진	선태후 동생인 위염을 말한다.	〈양후열전〉
안릉군安陵君	위	위 양왕의 동생	
진비晉鄙	위	위의 노장으로 신릉군에게 군권을 빼앗겼다.	〈위공자열전〉
경민왕(景湣王, 재위 242~228)	위	위 국군으로 이름이 증增이다.	
몽오 (蒙驁, ?~240)	진	진 장수로 명장 몽염蒙恬의 조부이다.	〈몽염열전〉
공손희公孫喜	위	위 장수로 이궐전투에서 진의 포로가 된다.	〈양후열전〉
위왕 가(魏王假, 재위 227~225)	위	위의 마지막 왕	
단(丹, ?~226)	연	연의 태자로 형가를 사주, 진시황을 암살하려다 실패하고 진의 추격으로 잡혀 죽었다.	〈자객열전〉 〈연세가〉

| 형가
(荊軻, ?~227) | 위衛 | 진에 의해 위가 망하자 연으로 도망가 연 태자 단과 진
시황 암살을 공모했다. | 〈자객열전〉 |

- 진한 글자는 〈위세가〉와 직접 관련된 인물이다.
- 이름 항목의 연도 표시 중 '재위'라고 기재되지 않은 것은 생몰 연도이다.
- 연도는 모두 기원전이다.

● 〈위세가〉에 등장하는 지역·지리 정보

지명	당시 현황	현재의 지리 정보	비고
곽霍	고대의 소국	산서성 곽현 서남 일대	
경耿	고대의 소국	산서성 하진현河津縣 동남 일대	
위魏	고대의 소국	산서성 예성현芮城縣 서북 일대	예국 유지 발굴
안읍安邑	위씨 집안 도성	산서성 하현夏縣 서북	고성 유지
진양晉陽	조씨 집안 도성	산서성 태원시太原市 서남	진양성 유지
소량少梁	위의 읍 이름	섬서성 한성현韓城縣 서남	성 유지
번방繁龐	진秦의 읍	섬서성 한성현 동남	
임진臨晉	진의 현	섬서성 대려현大荔縣 동남	위 문후 때 정벌하여 취했다.
원리元里	진의 현	섬서성 징성현澄城縣 동남	
중산中山	춘추후기 나라	하북성 정현定縣 일대	
조가朝歌	위의 현	하남성 기현淇縣	
정鄭	진의 현	섬서성 화현華縣	서주 후기 정국의 첫 도읍
낙음洛陰	진의 현	섬서성 대려현	원래 진 소속이었으나 위가 성을 쌓았다.
합양合陽	진의 현	섬서성 합양현 동남	
양호陽狐	위의 현	산서성 원곡垣曲 동남	
업鄴	위의 현	하북성 임장현臨漳縣 서남	
하내河內	지역 이름	하북성 임장, 자현磁縣 인근	
괵산虢山	산 이름	하남성 삼문협시三門峽市 서북	옛 괵국의 도읍
산조酸棗	위의 현	하남성 연진현延津縣 서남	
주읍注	진의 현	섬서성 징성현 서남	왕汪의 잘못으로 본다.
양릉襄陵	위의 현	하남성 수현睢縣	
음진陰晉	위의 현	섬서성 화음현華陰縣 동쪽	
무성武城	진의 현	섬서성 화음현 동쪽	
한단邯鄲	조의 도읍	하북성 한단현邯鄲縣 서남	
왕원王垣	위의 현	산서성 원곡현垣曲縣 동남	원垣, 무원武垣으로도 쓴다.
상구桑丘	제의 현	산동성 연주시兗州市 서쪽	
회澮	강 이름	산서성 익성翼城~곡옥曲沃~분수汾水	

영구靈丘	제의 현	산동성 고당현高唐縣 남쪽	
역양櫟陽	진의 현	서안시 염량구閻良區	
북린北藺	조의 현	산서성 이석현離石縣 서쪽	
노양魯陽	초의 현	하남성 노산현魯山縣	
상당上黨	한의 군	산서성 장치시長治市 남반부	
탁택濁澤	정의 현	하남성 신정현新鄭縣 서남	
마릉馬陵	한의 현	하남성 신정현 동남	
회懷	한의 현	하남성 무척현武陟縣 서남	
관觀	위의 현	하남성 청풍현淸豊縣 서남	
택양宅陽	한의 현	하남성 형양시滎陽市 동북	
무도武堵	위의 현	위치 불명	무성과 같은 지명으로 추정
의대儀臺	송의 현	하남성 우성현虞城縣 서남	
방龐	위의 현?	소량에서 멀지 않은 곳	번방繁龐으로 추정
피뢰皮牢	조의 현	산서성 익성현翼城縣 동북	
호鄗	조의 현	하북성 고읍현高邑縣 동남	
두평杜平	진의 현	섬서성 징성현澄城縣 동쪽	
황지黃池	송의 현	하남성 봉구현封丘縣 서남	춘추 황지회맹黃池會盟
원리元里	진,위 경계	섬서성 징성현 남쪽	
계릉桂陵	위의 현	하남성 장원현長垣縣 서북	계릉전투지
고양固陽	위의 요새	내몽고 포두시包頭市 동쪽 고양	위 장성의 요새
장수漳水	강 이름	산서 태항산에서 발원, 하북 자현 등을 지나 황하로 들어간다.	
동肜	진의 현	섬서성 화현華縣 서남	
외황外黃	위의 현	하남성 난고현蘭考縣 동남	
거莒	제의 도읍	산동성 거현莒縣	제의 오도五都 중 하나
대량大梁	위의 도성	하남성 개봉시開封市	
평아平阿	제의 현	안휘성 회원현懷遠縣 서남	
견甄	제의 현	산동성 견성현甄城縣 북쪽	
서주徐州	제의 현	산동성 등현滕縣 남쪽	일명 설성薛城
조음雕陰	위의 현	섬서성 감천현甘泉縣 남쪽	

초焦	위의 현	하남성 삼문협시三門峽市 서쪽	
곡옥曲沃	위의 현	산서성 삼문협시 서남	산서 문희현聞喜縣 동북으로도 보인다.
응應	위의 현	하남성 노산현 동쪽	
분음汾陰	위의 현	산서성 만영현萬榮縣	
피지皮氏	위의 현	산서성 하진현河津縣	
형산陘山	초의 산	하남성 누하시漯河市 동쪽	
상군上郡	위의 군	섬서성 감천, 연안, 수덕 일대	
포양蒲陽	위의 현	산서성 습현隰縣	
설상齧桑	제의 현	강소성 패현沛縣 서남	
평주平周	위의 현	산서성 개휴현介休縣 서쪽	
관진觀津	위의 현	하남성 청풍현 남쪽	관진은 관택觀澤의 잘못
안문岸門	위의 현	하남성 장갈현長葛縣 남쪽	
양장羊腸	태항산 길	산성 진성晉城 (남단)~산서 호관壺關 (북단)	
연여閼與	조의 현	산서성 화순현和順縣	
포반蒲反	위의 현	산서성 영제현永濟縣 서쪽	황하 가
양진陽晉	위의 읍	산서성 영제현 동쪽	포반 남쪽
봉릉封陵	위의 현	산서성 황하 풍릉도風陵渡 동쪽	
함곡函谷	진의 관문	하남성 영보현靈寶縣 동북	진의 동쪽 관문
양성襄城	위의 현	하남성 양성현	
이궐伊闕	산 입구	하남성 낙양시洛陽市 남쪽	
하동河東	위의 군	산서성 임분, 후마, 운성 일대	황하 이동
신원新垣	위의 현	산서성 원곡현 동남	
곡양曲陽	위의 현	하남성 제원현濟源縣 서쪽	
온溫	위의 현	하남성 온현溫縣 서남	
제서濟西	제수 이서	산동성 요성聊城, 치평茌平, 고당高唐 일대	당시 황하가 흐르는 방향
임치臨菑	제의 도성	산동성 치박시淄博市 임치구	

서주西周	소국	하남성 낙양, 공현鞏縣 일대	전국시대에 소국으로 전락
안성安城	위의 현	하남성 원양현原陽縣 서남	
영郢	초의 도성	호북성 강릉현江陵縣 서북 기남성紀南城	기남성 유지
진陳	초의 도성 진현	하남성 수양현	영에서 옮긴 도성
남양南陽	지역명	하남성 제원, 무척 일대	당시 위 소속
처구郪丘	위의 현	하남성 온현 동북	형구邢丘와 같은 지명
진수晉水	물 이름	산서성 태원시 현옹산懸甕山 발원~진양晉陽(태원시 서남)	
분수汾水	강 이름	산서성의 분하汾河	
강수絳水	강 이름	산서성 강현絳縣 발원	
평양平陽	한씨 집안 도성	산서성 임분시 서남	
부수滏水	물 이름	하북성 무안현 남쪽 발원	
섭곡涉谷	험한 길 이름	무관 또는 한중 일대로 추정	구체적 방위 불명
명액冥厄	요새	하남성 신양시 남쪽	
상채上蔡	초의 현	하남성 상채현上蔡縣 서남	이사李斯의 고형
소릉召陵	초의 현	하남성 누하시漯河市 동쪽	
모茅	위의 현	하남성 획가현獲嘉縣 서북	진에게 빼앗겼다.
형구邢丘	위의 현	하남성 온현 동북	
궤진垝津	위의 현	하남성 준현 옛 황하	백마진白馬津으로도 불린다.
공共	위의 현	하남성 휘현輝縣	
급汲	위의 현	하남성 급현汲縣	
원옹垣雍	원래 한의 현	하남성 원양현原陽縣 서남	
형택滎澤	호수 이름	하남성 정주시 서북 고형진 북쪽	
엽양葉陽	진의 현	하남성 엽현 서남	
곤양昆陽	진의 현	하남성 엽현	
무양舞陽	위의 현	하남성 무양현 서북	
허許	위의 현	하남성 허창시 동쪽	

임향	지명	하남성 위지현尉氏縣 서쪽	임향전투지
도陶	지명	산동성 정도현定陶縣 서북	
평감平監	위의 현	산동성 문상현汶上縣 서남	호감乎闞의 잘못으로 보인다.
녕휴甯庽	위의 현	하남성 획가현獲嘉縣	
동군東郡	진의 군	하남성 복양현濮陽縣 서남	
야왕野王	위의 현	하남성 심양현沁陽縣	
원원垣	위의 현	산서성 원곡현	
포양浦陽	위의 현	산서성 습현	
연衍	위의 현	하남성 정주시 북쪽	

권45 한세가

한韓나라의 기록

◉

때가 좋지 않은데 크게 떠벌린다.

時絀擧贏(시출거영)

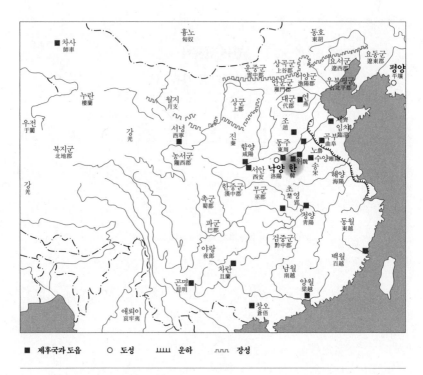

■ 제후국과 도읍   ○ 도성   ⣿⣿⣿ 운하   〰〰〰 장성

◉ 전국시대 제후국 형세도와 한나라 위치.

⊙

독서의 기술

⊙

중원의 한가운데 위치한 약소국의 흥망사

한은 전국시대 서방의 강대국 진을 제외한 6국 중 가장 약소했다. 이와 관련하여 송나라 때 학자 사마광司馬光(1019~1086)은 "한은 약한 나라였지만 천하의 중심에 위치하여 사방에서 적을 맞지 않으면 안 되는 처지였다"고 총평한 바 있다. 이렇듯 한은 진의 동진 과정에서 제1선을 감당해야 하는 위치였고, 이 때문에 6국 중 가장 먼저 망했다.

〈한세가〉는 조씨 집안을 살린 한궐韓厥의 음덕을 강조하는 것을 시작으로 제후가 된 경후景侯로부터 11세를 거쳐 왕 안安에 이르러 멸망하기까지의 역사를 간략하게 기록하고 있다. 〈한세가〉를 그 발전과 쇠퇴 그리고 멸망에 이르는 과정을 중심으로 다음과 같이 네 단락으로 나누어 살펴보기로 한다.

조진모초의 흔들리는 외교전략

〈한세가〉는 전국 7웅 중 상대적으로 약소하지만 지리적으로 천하의 요충지에 있음으로 해서 서방의 강국 진이 동방으로 진출하기 위해 반드시 거쳐 가야 할 땅이자 산동 여러 나라들이 진에 맞서 투쟁했던 주요 전장이었다. 한나라는 진秦과 초楚 등 대국 틈에 끼인 관계로 정치적으로 볼 만한 것이 없었다. 다만 한나라의 외교전략을 전체적으로 일별해보면 한나라가 처한 상황과 몰락의 원인을 분석해낼 수 있다.

한나라는 서쪽의 강대국 진, 남쪽의 강대국 초, 동쪽의 강대국 제, 그리고 이웃한 조·위에 둘러싸인 형국이었다. 북쪽의 연과는 한때 연합하여 제를 공격한 것을 제외하고는 별다른 관계가 없었다. 따라서 한의 대외전략의 기본은 3강을 중심으로 조·위와의 관계를 조정해 나가는 방향으로 설정될 수밖에 없었다. 그러나 한은 서방의 진에 치우친 외교전략을 고집했다. 여기에 역대 통치자들의 자질까지 뒷받침되지 못한 탓에 끊임없이 진에 휘둘리다가 망했다. 한비자韓非子(약 기원전 280~233년)라는 당대 최고의 인재가 진에 억류되어 죽은 사건은 한의 멸망을 다분히 상징적으로 보여주는 역사의 아이러니가 아닐 수 없다.

기록의 분량이 상대적으로 간략한 것은 분명하지만 내용 면에서 〈한세가〉는 국가의 통치자에게 정치 주관이 없고 이리저리 흔들릴 경우 발생하는 위험성을 잘 드러내고 있다. 한나라가 갈수록 빈궁하고 쇠약해진 주요한 원인은 주관 없이 끊임없이 동요되었던 군주들에게 있다. 사실 한나라가 내정을 가다듬고 현명하게 대외전략을 수립하여 밀고 나갔더라면 사방에서 얻어터지는 피동적 국면에서 벗어날 수 있었을 것이다.

그러면서도 사마천은 한나라 역사상 정치적으로 드물지만 갠 날들이 있었다고 기술했다. 바로 신불해申不害가 한나라 상相을 맡았던 시기로, 국내 정치가 안정되어 제후들이 감히 한을 상대로 군대를 일으키지 못했다. 그러나 신불해의 정책은 지속되지 못했다. 한 소후昭侯가 만년에 백성들의 힘과 재물을 마구 해치는 등 국력을 크게 소모했기 때문이다. 그 뒤를 이은 군주는 대외적으로 늘 강대국의 눈치를 보면서 안으로는 치열한 정쟁에 몰두했다.

공자 구씀와 기슬蟣蝨이 태자 자리를 다툴 즈음에 이르러서는 한나라의 내정은 이미 기본적으로 진과 초에 의해 파악당하고 있었다. 때로는 초·제 등과 같은 나라들에게 물어뜯겼고, 때로는 강력한 진나라의 장난감 같은 신세로 전락하기까지 했다.

사마천의 인물평가와 윤리의식

전국 말기 법가사상을 집대성한 한비자는 다름 아닌 한나라 출신이었다. 그의 법가사상과 학설은 진나라가 천하를 통일하는 데 강력한 이론 근거가 되었다. 그러나 정작 한비자의 조국 한나라는 그를 배척했다. 이는 한나라 정치가 얼마나 썩었는가를 잘 말해준다. 상앙商鞅, 신불해, 한비자 이 세 사람의 학술은 같았다. 상앙은 그것으로 진을 강하게 만들었지만 나머지 두 사람은 한 뼘의 땅도 늘리지 못했다. 맹자는 "힘으로 어질다는 것을

韓非子卷第一

初見秦第一　杅韓第二

難言第三　愛臣第四

主道第五

初見秦第一

臣聞不知而言不智知而不言不忠爲人臣不忠

當死言而不當亦當死雖然臣願悉言所聞唯大

王裁其罪臣聞天下陰燕陽魏燕北故曰陰連荊

固齊收韓而成從將西面以與秦强爲難臣竊天

⊙ 법가사상을 집대성한 한비자는 조국 한나라에서는 철저히 배척당했다. 사진은 그의 저서《한비자》의 명나라 때 판본.

꾸밀 줄 아는 자는 틀림없이 큰 나라를 가진다"고 했다. 그럼에도 약소한 한나라가 200년을 견딘 것은 신불해, 한비자 두 사람의 힘이라고 할 수 있겠다.

　이에 대해 사마천은 맨 앞에 인용한 바 있는 〈태사공자서〉에서 "소후가 열후들 사이에서 이름을 날린 것은 신불해를 중용했기 때문이다. 안왕이 한비자를 의심하여 믿지 않으니 진나라가 공격해왔다"라는 말로 간명하게 정리하고 두 시기의 정치적 상황을 비교함으로써 한나라가 갈수록 쇠약해진 이유를 잘 드러냈다.

　다음으로는 〈한세가〉에 반영되어 있는 사마천의 인식이다. 〈한세가〉의 '논평'에서 사마천은 "한궐韓厥이 진晉 경공景公의 마음을 움직여 조씨고아 조무趙武로 하여금 조씨의 제사를 잇게 함으로써 정영과 공손저구의 의로움이 성취되었으니 이는 천하의 음덕이다. 한씨의 공이 진晉에서는 크게 볼 것이 없었다. 그러나 조·위와 함께 제후로서 10여 대를 간 것은 당연했다!"라고 한 것은 의로운 행위에 대한 사마천 자신의 입장을 반영한 것으로 보인다. 사마천은 '이릉의 화'를 당해 "사귀던 벗들도 구하려 들지 않는"(《보임안서》) 어처구니없는 상황을 겪으면서 세태와 인정의 냉담함을 뼈저리게 느꼈다. 이 때문에 한궐의 행동이 얼마나 소중한 것인지를 깊게 인식했고, 〈태사공자서〉에서 이 점을 또 한 번 강조했다. 좋은 일을 하고 음덕을 쌓으라는 권고는 고대에 많은 사람들이 수용한 가치관이었고, 사마천은 이를 빌려 어린 고아 조무를 돌본 정의로운 행동을 찬양한 것이다.

문장 서술 면에서 〈한세가〉에서 가장 눈에 띄는 부분은 '아我'란 글자이다. 〈한세가〉에서 '아' 자는 모두 36회 등장하는데 그중 30회가 '한韓'을 가리키는 것으로 사용되고 있다. 편의상 '우리' 또는 '우리(한)'로 번역했음을 밝혀둔다.

간략하고 평범한 필치로 일관된 세가 편

언급했듯이 〈한세가〉는 지나치게 간략하다. 이 때문에 후대 사가들로부터 기록이 소략하고 불분명한 곳이 많다는 비판을 오래도록 여러 차례 받았다. 명나라 때 장서가 모곤茅坤(1512~1601)은 《사기초史記鈔》에서 심지어 그 순서와 본말은 열람할 가치가 없다고까지 했다. 《전국책》(한책)과 비교해서 〈한세가〉의 본문은 확실히 간략하고 인물의 형상이 단조롭다는 인상을 지울 수 없다. 그러나 전체적으로 보아 서술이 조리가 있고 분명하며 인물 관계는 간결하다. 이는 《전국책》의 어지러운 자료와 비교하면 그나마 나은 편이다. 청나라 때 학자 오견사吳見思(약 1625~ 약 1680)는 〈한세가〉가 평범한 서술이긴 하지만 중간에 진이 초를 정벌하는 기사나 태자 자리 쟁탈 같은 단락은 대단히 돋보이는 부분이라고 평했고(《사기논문史記論文》), 이경성은 한걸음 더 나아가《사기평의史記評議》에서 다음과 같이 평했다.

대체로 한나라는 6국 중에서 땅이 가장 작고 세력도 가장 약하여 서술할 만한 사적이 많지 않았다. 태사공은 〈한세가〉를 지으면서 처음부터 끝까지 간략한 필치를 유지했다. 다만 중간에 진이 초를 정벌한 사건과 태자 자리를 놓고 공자 구와 기슬이 다툰 단락은《전국책》과 비교하자면 고목이 봄날을 맞은 듯 생생하고 그 의미가 풍부하다. 이는 담담하게 기록하여 그 의미를 짙게 하는 방법이라 하겠는데 이 두 곳이 있음으로 해서 앞뒤가 모두 살아났다

〈한세가〉는 사마천이 전국시대 일을 기록함에 있어서 재료가 부족하고 연대 또한 혼란이 많아 적지 않은 문장이 문제를 드러내고 있는 것이 사실이다. 그럼에도 제후의 기년에 착각과 와전된 부분이 많지 않아 200년 가까운 발전과 변화의 실마리를 찾아낼 수 있다.

〈한세가〉와 함께 참고해야 할 관련 기록으로는 〈소진열전〉과 〈장의열전〉이 있다. 이 두 편에 보이는 한나라 유세 부분은 전혀 기록하지 않고 있으므로 해당 기록을 반드시 참조해야 한다. 태자 구와 공자 기슬이 태자 자리를 놓고 다툰 일은《전국책》에서 많은 자료를 취했다. 이와 관련하여 전반부에 기슬을 도운 사람과 후반부에 태자 구를 도운 사람이《전국책》에는 밝혀져 있지 않았다. 그런데 사마천은 이 사람을 모두 유세가

소대蘇代로 지목하고 있다. 문제는 전후의 입장이 일치하지 않아 서로 모순된다. 《사기정의史記正義》 등에서는 소대가 일관되게 기슬을 지지했다고 보았다. 이와 함께 한궐의 사적과 관련해서는 〈조세가〉를 반드시 참조해야한다.

끝으로 여러 차례 언급했듯이 〈한세가〉는 기록이 소략하기 때문에 압축적인 내용이 적지 않다. 이에 독자들의 이해를 돕기 위해 가능한 한 많은 주석으로 보완했다.

배경 사건 스토리텔링

주와 동성 제후국인 한나라의 역사는 춘추 초기인 기원전 7세기 초기 진晉의 실력자 곡옥 무공을 섬기면서 활동하여 한원 지역을 봉지로 받은 한 무자로 거슬러 올라간다. 무자의 3세손인 한궐은 조씨고아를 지켜 조씨 집안을 부흥시키고 제나라와의 전투에서 공을 세워 6경 반열에 올라 헌자로 불렸다(기원전 589년). 이후 헌자의 아들 선자는 조·위와 함께 기씨·양설씨의 땅을 나누어 가졌고(기원전 514년), 다시 조간자와 범씨·중항씨를 공격하는 등 가세를 키웠다(기원전 497년).

선자 이후 정자·간자·장자를 거쳐 강자 때 다시 조양자, 위환자와 함께 당시 가장 큰 세력을 가지고 있던 지백을 쳐서 그 땅을 나누어 가지니 그 강역이 제후국보다 커졌다(기원전 453년).

강자의 아들 무자 때는 정나라를 공격하여 유공을 죽이는 등 그 위세를 다른 제후국에까지 떨쳤고(기원전 423년), 그 아들 경후에 이르러 마침내 조·위와 함께 제후국으로 독립하기에 이르렀다(기원전 403년). 상대적으로 약소했지만 이로써 한나라는 서방의 강국 진, 동방의 강국 제, 남방의 강국

● 하남성 신정시에 있는 정한고성 유지. 기원전 375년 정나라가 한나라에 망한 이후 도성을 양책에서 정으로 옮겼다. 하남성 신정시에 있다.

초, 북방의 연, 이웃한 조·위와 함께 전국 7웅 반열에 섰다.

　열후를 거쳐 문후 때는 정·송·제를 공격하여 영토를 확장하는 기세를 올렸고(기원전 385~378년), 애후는 간신히 남아 있던 진晉을 다시 조·위와 함께 쪼갬으로써 진은 완전히 소멸되었다(기원전 376년). 애후는 또 정나라를 공격하여 멸망시키는 등 상당히 기세를 올렸으나(기원전 375년) 한엄에게 시해당했다(기원전 374년).

　애후를 이은 의후 때는 이웃한 위의 공격을 두 차례 받아(기원전 373, 366년) 위 혜왕과 회맹을 가지고 관계를 개선하기도 했다.

　의후를 거쳐 소후 8년(기원전 355년)에 신불해가 상相이 되어 개혁정치를 시행함으로써 한나라는 약 15년 동안 다른 나라의 공격을 받지 않는 등 안정기를 누렸다. 그러나 신불해가 죽자 바로 진秦의 공격을 받고 수세에 몰렸다. 여기에 소후가 무리한 토목공사 등으로 국력을 소모했다.

선혜왕에 이르러 한은 거듭되는 진의 공세에 시달렸다. 특히 강국 진·초와의 외교에서 장의와 진진의 유세에 넘어가 진과의 관계를 단절하는 실책을 범한 탓에 안문에서 진에게 대패하여(기원전 314년) 태자 창을 인질로 보내 화의하는 수모까지 겪었다. 그 후 선혜왕 21년에는 진과 함께 초를 공격하여 승리를 거두었다(기원전 312년).

선혜왕을 이은 양왕은 진 무왕과 회맹(기원전 308년)을 갖는 등 진과의 관계를 개선하려 했으나 감무의 공격을 받아 의양을 잃고 계속된 진의 공격에 많은 땅을 잃었다. 그러나 그 와중에서도 진과 연합하여 초를 공격하여 기본적으로 친진親秦 기조를 유지했다.

양왕의 태자 영이 죽고 기원전 300년에 벌어진 공자 기슬과 공자 구 사이의 태자 자리 쟁탈전에 유세가 소대가 개입하여 초에 인질로 있던 기슬을 편들고 나섰다. 이 때문에 초의 군대가 출동하여 옹지를 포위했고, 진도 한을 구원하기 위해 공손매를 보내 상황을 살피게 하는 등 긴장 국면이 조성되었지만 소대의 유세와 개입은 성공하지 못했다. 양왕은 제·위와 함께 진을 공격하여 함곡관까지 이르렀고(기원전 298년), 이에 진은 황하 이남과 무수 땅을 한에 주었다(기원전 296년).

양왕을 이은 희왕도 양왕처럼 진에 대해 강경책을 견지했으나 거푸 패배했고, 특히 기원전 293년 벌어진 이궐전투에서는 24만 명이 패배하는 큰 손실을 입었다. 이 때문에 진 소왕과 회맹하여 함께 제를 공격했다(기원전 284년). 23년에는 조·위가 한을 공격해 와 진의 구원으로 간신히 물리쳤다(기원전 273년).

희왕을 이은 환혜왕 때는 계속 진의 공세에 시달렸고, 10년(기원전 263년)

에는 상당군 군수가 조나라에 투항하는 사건까지 발생했다. 이 일로 진은 조를 공격하여 장평에서 무려 40만을 생매장시키는 대참사가 터졌다(기원전 259년의 장평전투를 말한다).

진의 공격은 계속되었고, 환혜왕을 이은 왕 안에 이르러 한나라는 더 이상 버티지 못하고 기원전 230년 결국 멸망했다. 그 사이 진에 사신으로 간 한비자가 억류당해 어처구니없이 죽는 일까지 발생했다(기원전 234년). 진 시황이 그의 글을 읽고 한번 만날 수 있다면 죽어도 여한이 없겠다고 말한 한비자가 타국 진에서 씁쓸하게 목숨을 잃은 사건은 한의 멸망을 예견하는 상징적인 사건이었다.

기원전 403년 삼가분진 이후 한나라의 대외전략은 동방 진출을 꾀하는 진나라와의 관계 설정을 축으로 하는 큰 틀 속에서 전개되었다. 끊임없이 공격을 당하면서도 동방의 제, 남방의 초, 이웃한 조·위에 대응하기 위해 강국 진과의 관계를 끊지 못했던 것으로 보인다. 상대적으로 약소했던 한나라의 처지를 이 같은 대외전략에서도 읽어낼 수 있는 것이다.

● 한나라 세계표

국군	계승관계	재위(재위기간) / 주요 사건
한무자韓武子	한의 선조	주周와 동성으로 이름은 만萬이다. 춘추 초기 진晉 곡옥 무공(754~677) 때 장수로 한원을 봉지로 받았다.
한헌자韓獻子 궐厥	한무자 3세손	6세기 초 / 봉지인 한원에서 성을 따 한씨라 했다.
한선자韓宣 기起	한헌자의 아들	생몰?~514 / 정치 경력이 매우 길었다.
한정자韓貞子 수須	한선자의 아들	560년 무렵 주州로 이주했다.
한간자韓簡子 불신不信 또는 불녕不佞	한정자의 아들	하남성 온현에서 한간자가 주도한 회맹과 관련한 맹서 盟書가 발견되었다.
한장자韓莊子 경庚	한간자의 아들	
한강자韓康子 호虎	한장자의 아들	
한무자韓武子 계장啓章	한강자의 아들	424~409(16)
한 경후韓景侯 건虔	한무자의 아들	408~400(9) 경후 6년(403), 삼가분진으로 제후 반열에 오르면서 독립된 나라가 되었다.
한 열후韓列侯 취取	한경후의 아들	399~387(13)
한 문후韓文侯	한열후의 아들	386~377(10)
한 애후韓哀侯	한문후의 아들	376~375(2) / 즉위 해인 377년에 조·위와 함께 진을 다시 나누고, 375년에는 정을 멸하고 정으로 도읍을 옮 겼다. 재위 연수에 대해 논란이 많다.
한 의후韓懿侯	애후의 아들	374~363(12)
한 소후韓昭侯	의후의 아들	362~333(30)
한 선혜왕韓宣惠王	소후의 아들	332~312(12)
한 양왕韓襄王 창倉	선혜왕의 아들	311~296(16)
한 이왕韓釐王 구씀	양왕의 아들	295~273(23)
한 환혜왕韓桓惠王	희왕의 아들	272~239(34)
한왕韓王 안安	환혜왕의 아들	238~230(9) / 나라가 망했다.

• 〈한세가〉의 연대는 다른 기록과 어긋나는 부분이 많다. 양관의《전국사표》등을 참고하여 다시 정리했다.

• 기원전 403년 독자적인 나라로 인정을 받은 경후부터 기원전 230년 마지막 왕 안까지 모두 11명의 군주가 즉위했고 174년 이어졌다.

• 연도는 모두 기원전이다.

　　　　　　　　　　　◉

한궐의 음덕으로 조무가 조씨 집안을 부흥시켜 끊어진 대를 잇게 하고
폐지된 제사를 회복케 하니 진나라 사람들이 그를 존경했다.
소후가 열후들 사이에서 이름을 날린 것은 신불해를 중용하였기 때문이다.
안왕이 한비자를 의심하여 믿지 않으니 진나라가 공격해왔다.
한궐이 진을 돕고 주 천자를 수호한 일을 칭송하여
제15 〈한세가〉를 지었다.

권130 〈태사공자서〉

일러두기

- 〈한세가〉는 한韓나라 역사를 기술하고 있다.
- 〈한세가〉에 보이는 진나라는 모두 둘이다. 기원전 403년 삼가분진 이전까지의 진晉과 그 후의 진秦이다. 진秦은 대부분 한자병기를 하지 않았다.
- 〈한세가〉에 보이는 위나라는 위魏뿐이다. 대부분 한자병기 없이 표기했다.
- 〈한세가〉에 보이는 조나라는 조趙 하나뿐이다. 대부분 한자병기 없이 표기했다.

1
한의 선조와 제후국으로의 발전 과정

◉

한韓의 선조는 주周와 같은 성인 희씨姬氏[1]이다. 그 후예들은 진晉을 섬기다 한원韓原을 봉지로 얻어 한韓 무자武子[2]라 했다. 무자 이후 3세손으로 한궐 韓厥이 있었는데, 봉지의 이름을 성으로 삼아 한씨韓氏라 했다.

진晉 경공景公 3년(기원전 597년), 진晉의 사구司寇[3] 도안고屠岸賈가 난을 일으켜 영공靈公의 적신賊臣 조돈趙盾을 죽이려고 했다. 조돈은 이미 죽은 뒤라 그 아들 조삭趙朔을 죽이려 했다. 한궐이 도안고를 막았으나 듣지 않았다. 한궐은 조삭에게 도망가라고 알렸다. 조삭은 "그대가 반드시 조씨의 제사를 끊어지지 않게 해준다면 죽어도 여한이 없소!"라고 했다. 한궐이 이를 허락했다. 도안고가 조씨를 죽일 때 한궐은 병을 핑계로 나가지 않았

---

1 한의 선조는 주 무왕 희발姬發의 후손으로 보고 있다.
2 한 무자는 한후韓侯의 후손으로 진晉이 다시 한원韓原에 봉했다. 이름은 만萬, 무武는 시호이다. 〈진세가〉에 따르면 한만은 춘추 초기 진나라 곡옥曲沃 무공武公의 부장으로 그를 위해 진晉 애후哀 侯를 죽였다. 이러한 공으로 한원을 봉지로 받은 것으로 보인다. 한원은 지금의 섬서성 한성韓城으로 추정하며, 한성에는 한의 성 담장 일부가 남아 있다.
3 도적을 잡고 치안을 유지하는 일을 맡은 관직.

다. 정영程嬰과 공손公孫 저구杵臼가 조씨 고아 조무趙武를 숨겼는데, 한궐은 그것을 알고 있었다.

경공 11(기원전 589년), 한궐과 극극郤克이 8백 승乘의 전차와 병사를 이끌고 제齊를 공격하여 제 경공頃公을 안鞍에서 패배시키고 봉추보逢丑父를 잡았다.[4] 이 무렵 진晉이 6군을 두었는데[5] 한궐은 경卿 자리를 차지하고 헌자獻子라 불렀다.

경공 17년(기원전 583년), (경공이) 병이 나서 점을 치니 대업大業을 잇지 못한 후손[6]의 귀신이 들린 것이라 했다. 한궐이 조성계趙成季의 공을 거론하면서 지금 그 후손이 제사를 드리지 못하고 있다고 하여 경공의 마음을 움직였다. 경공이 "그 후손이 아직 남아 있소?"라고 물었다. 한궐이 조무를 이야기했고, 이에 다시 옛 조씨의 땅을 회복시키고 조씨의 제사를 잇게 했다.

진晉 도공悼公 7년(기원전 566년), 한 헌자(한궐)가 나이가 많아 물러났다. 헌자가 죽자 아들 선자宣子가 뒤를 이었다. 선자가 주州로 옮겼다.[7]

진晉 평공平公 14년(기원전 544년), 오吳의 계찰季札이 진에 사신으로 와서 "진나라의 정치가 끝내는 한韓·위魏·조趙에 돌아갈 것입니다"[8]라고 했다.

---

4 봉추보는 제 경공頃公의 마부이다. 한궐이 극극을 따라 제나라 군대를 안에서 물리칠 때 한궐은 경공의 마차와 맞닥뜨렸다. 이 상황에서 봉추보는 위기에 빠진 경공을 구하기 위해 경공으로 분장하고 경공을 빠져나가게 했다. 한궐은 봉추보를 경공으로 오인하고 그를 잡았다. 이 사건은 《좌전》(성공 2년 조)과 〈제태공세가〉에 보인다.
5 판본에 따라 6군이 6경으로 나오기도 하는데 6군이 옳은 것으로 본다.
6 대업은 하나라 우임금 때 사람으로 조씨의 선조였다. 일찍이 우임금을 도와 치수사업에 공을 세웠다. 〈진본기〉에 그 행적이 보인다. 후손은 도안고에게 피살된 조삭 등을 가리킨다.
7 주는 주읍을 말한다. 그 옛터는 지금의 하남성 온현溫縣 동북 무덕진향武德鎭鄕인데, 동남쪽 성 담장 일부가 남아 있는 것으로 확인되었다. 성의 형태는 장방형으로 남북 길이 1,700여 미터에 동서 폭이 1,500여 미터로 조사되었다.

- (위) 한궐은 정영, 공손저구와 함께 조씨의 후손을 보호하여 후대 '삼의三義'로 불렸다. 사진은 섬서성 한성시에 남아 있는 이들의 무덤인 삼의묘三義墓.
- (아래) 한나라 초기 고성의 모습으로 섬서성 한성시에 흔적이 남아 있다.

진晉 경공頃公 12년(기원전 514년), 한 선자가 조·위와 함께 기씨·양설씨의 10개 현을 나누었다.[9]

진晉 정공定公 15년(기원전 497년), 선자와 조 간자가 범씨·중항씨를 공격했다. 선자가 죽고 아들 정자貞子가 뒤를 이었다. 정자는 평양平陽으로 옮겼다.

정자가 죽고 아들 간자簡子[10]가 뒤를 이었다.

간자가 죽고 아들 장자莊子가 뒤를 이었다.

장자가 죽고 아들 강자康子가 뒤를 이었다.

강자가 조양자趙襄子, 위환자魏桓子와 함께 지백知伯을 물리치고 그 땅을 나누니 땅이 더욱 커져 제후보다 컸다(기원전 453년).

강자가 죽고 아들 무자武子가 뒤를 이었다.

무자 2년(기원전 423년), 정鄭을 공격하여 그 국군 유공幽公을 죽였다.

16년(기원전 409년), 무자가 죽고 아들 경후景侯가 즉위했다.

---

8 《좌전》(양공 29년 조)에 따르면 계찰은 기원전 544년 노나라를 비롯하여 여러 나라를 방문하면서 진晉에 들렀을 때 이런 말을 남긴 것으로 되어 있는데, 후대에 갖다 붙인 것으로 추정하는 학자들이 많다. 〈오태백세가〉 참고.

9 이 사건은 《좌전》(소공 28년 조)에 보인다. 당시 진나라는 기씨·양설씨 두 세력 사이에 갈등이 일어났고, 이 틈에 위서魏舒가 두 종족을 없애고 그 땅을 10개 현으로 재편한 다음 조정에서 10인을 보내 각 현의 대부로 삼았다. 이곳의 조·위와 함께 10개 현을 나누었다는 기록과는 다르다.

10 이름은 불신不信인데 〈조세가〉에는 불녕不佞으로 나온다. 한기韓起 손자이자 한수韓須 아들이다. 〈한세가〉에 간자의 행적은 별다른 것이 없다. 그런데 1978년 하남성 온현고성 동북쪽에서 이른바 회맹 유지가 발견되었다. 동서 너비 50미터, 남북 길이 135미터 규모로 지면에서 2미터 높이로 솟아 있는 유지였다. 이곳에서 돌로 만든 규圭(홀)와 석간石簡 1만여 편이 출토되었다. 그 위에는 묵서로 맹서의 글, 즉 맹서盟書가 쓰여 있는데 전문가들은 고증을 통해 회맹을 주도한 인물로 한간자를 지목하고 있다. 이 맹서는 산서성 후마侯馬에서 발견된 후마 맹서의 뒤를 잇는 중요한 발견으로 꼽힌다.

⦿ (왼쪽) 한나라의 선조인 한궐 상. 하북성 한단시 무령왕 총대 내 칠현사에 있다.

⦿ (오른쪽) 하남성박물관에 소장되어 있는 온현의 맹서는 한나라 역사를 밝히는 데 중요한 자료
가 된다.

경후 건虔 원년(기원전 408년), 정을 공격하여 옹구雍丘를 취했다.

2년, 정이 우리(한)를 부서負黍에서 패배시켰다.

6년(기원전 403년), 조·위와 함께 모두 제후의 반열에 올랐다.[11]

2

전국 중기 일시적 강성과 자립

◉

9년(기원전 400년), 정이 우리 양책陽翟[12]을 포위했다. 경후가 죽고 아들 열후 列侯 취取가 섰다.

　열후 3년(기원전 397년), 섭정聶政이 한의 상相 협루俠累를 죽였다.[13]

　9년(기원전 391년), 진秦이 우리 의양宜陽[14]을 쳐서 6개 읍을 취했다.

　13년(기원전 387년), 열후가 죽고 아들 문후文侯가 즉위했다.

　문후 2년(기원전 385년), 정을 쳐서 양성陽城을 취했다. 송을 쳐서 팽성彭城에 이르러 송의 국군을 잡았다.[15]

---

11 기원전 403년 이전에도 한·조·위 세 집안의 세력은 독립 상태를 유지할 정도로 대단히 강했지만 명목상 제후국인 진나라에 속한 대부였다. 그러나 기원전 403년 주 위열왕이 한·조·위를 제후로 인정함으로써 정식으로 독립국가가 되었다. 역사에서는 이 사건을 '삼가분진三家分晉'이라 한다. 세 집안, 즉 한·조·위가 진나라를 나누어 가졌다는 뜻이다.

12 양책은 지금의 하남성 우주시禹州市로 당시 한나라의 도성이었다. 양책고성은 우주시 팔리영촌八里營村 북측에 해당하는데 동북쪽 성 담장 귀퉁이 일부만 간신히 남아 있다.

13 섭정이 협루를 죽인 이 사건은《전국책》(한책)의 기록과《사기》〈자객열전〉의 기록이 서로 어긋나 역대로 논란이 적지 않았다. 논란의 초점은 연대와 섭정이 죽인 대상 및 협루의 이름으로 모아진다.《전국책》에 따르면 섭정이 찌르려던 사람은 한의 상 한괴韓傀였는데 한괴가 한 애후를 끌어안는 바람에 애후까지 찔렀다고 되어 있다.〈자객열전〉에는 한괴가 협루로 나오고 협루만 찔렀다고 해 차이가 있지만 시기는 같은 애후 때로 기록되어 있다. 그런데 이곳〈한세가〉에는 열후로 나온다. 이 때문에 이를 하나의 사건으로 보는 학자들은 열후 3년을 착오로 본다. 한편 이 사건을 열후 3년(기원전 397년)과 애후 3년(기원전 374년)에 각각 일어난 별도의 사건으로 보는 학자도 있다.

14 의양은 한나라 초기 도성으로 옛 성터는 지금의 하남성 의양현 서쪽 한성진韓城鎮 의수宜水 동쪽에 있다. 성은 남북 길이 2,220미터, 동서 너비 1,810미터 규모로 조사되었다. 북쪽에 남아 있는 성 담장의 높이는 7~10미터 정도이다.

15 여기서 말하는 '송의 국군'은 휴공休公을 가리킨다.〈송미자세가〉에 따르면 휴공은 이름이 전田이고 도공悼公의 아들로 23년 재위한 것으로 나온다. 전국시대사 전문가 양관楊寬은 휴공이 아닌 도공으로 보고 도공이 이해에 죽었다고 밝혔다.

7년(기원전 380년), 제를 쳐서 상구桑丘에 이르렀다. 정이 진晉에 반발했다.

9년, 제를 쳐서 영구靈丘에 이르렀다.

10년, 문후가 죽고 아들 애후哀侯가 섰다.

애후 원년(기원전 376년), 조·위와 함께 진晉을 나누었다.

2년, 정을 멸망시키고 정으로 도읍을 옮겼다.[16]

6년(기원전 371년),[17] 한엄韓嚴이 그 국군 애후를 시해하여[18] 아들 의후懿侯가 섰다.[19]

의후 2년(기원전 373년), 위가 마릉馬陵에서 우리를 패배시켰다.

5년(기원전 370년), 위 혜왕惠王과 택양宅陽에서 회맹했다.

9년(기원전 366년), 위가 우리를 회수澮水에서 패배시켰다.

12년(기원전 363년), 의후가 죽고 아들 소후昭侯가 섰다

소후 원년(기원전 362년), 진이 우리를 서산西山에서 패배시켰다.[20]

---

16 한나라는 이 사건 이전에 양책(하남성 우주시)이 도읍이었다. 정을 멸망시킨 후 지금의 하남성 신정시新鄭市에 해당하는 정으로 도읍을 옮겼다. 당시 도성을 정한고성이라 부르는데, 지금의 하남성 신정현 현성 부근의 쌍루하雙洎河와 황수黃水가 교차하는 곳이다. 고성 대부분이 남아 있는데, 조사결과 둘레는 19킬로미터에 가장 높은 곳은 18미터에 이른다. 중간 부분에 성을 동서로 나누는 담장이 있고, 서쪽 성 중앙 부분에 궁전구로 추정되는 작은 성이 있다. 동쪽 성 대부분은 수공업 작업 유지로 추정된다(〈정세가〉 정한고성 평면도 참고).

17 앞뒤 내용으로 보아 3년이어야 문맥이 연결된다.

18 앞서 언급된 섭정이 협루를 죽이면서 애후도 함께 죽인 사건을 말하는데, 한엄은 〈자객열전〉의 엄중자를 가리키는 것으로 본다. 별도의 두 사건인지 여부와 연대에서 착오가 있는 것 같다는 점은 앞서 지적했다.

19 〈육국연표〉에는 장후莊侯로 나오는데 동일 인물로 보인다. 《사기》 내 한나라 제후와 관련된 연대는 이로부터 혼란스러워진다.

20 남송 때 사학자 호삼성胡三省(1230~1302)은 "의양宜陽 웅이熊耳 동쪽에서 숭고嵩高와 이어지고 남으로 노양魯陽에 이르는 지역이 모두 한의 서산에 해당한다"고 했다. 양관은 이 사건이 기원전 362년이 아닌 소후 5년, 진 효공 4년인 기원전 358년으로 추정했다.

● 한나라 도성이었던 양책은 지금의 하남성 우주시에 해당한다. 사진은 오늘날 우주시 모습.

2년(기원전 361년), 송이 우리 황지黃池를 취했다. 위가 (한의) 주朱를 취했다.

6년(기원전 357년), 동주東周를 쳐서 능관陵觀·형구邢丘를 취했다.

8년(기원전 355년), 신불해申不害가 한의 상이 되어 법가술로 다스리니 나라 안이 안정되고 제후가 침범하지 못했다.[21]

10년(기원전 353년), 한희韓姬가 그 국군 도공을 시해했다.[22]

11년, 소후가 진에 갔다.[23]

---

21 〈노자한비열전〉에서 "안으로 정치와 교화를 닦고 밖으로 제후들을 상대하길 15년간이었다. 신자申子(신불해)의 몸이 죽을 때까지는 나라는 잘 다스려지고 군대는 강해져 한을 침략하는 자가 없었다"라고 한 대목이다. 동한시대 사상가 왕충王充(27~104)의 《논형論衡》(권력 편)에도 "한나라가 신불해를 기용하여 그의 《삼부三符》(법가사상을 담은 신불해의 저술로 추정)를 행하니 군대가 국경을 침범하지 못하길 대개 15년 동안이었다"라고 했다.

● 자객 섭정이 협루를 죽이는 장면을 묘사한 한나라 때 벽돌 그림.

22년(기원전 341년), 신불해가 죽었다.

24년, 진이 와서 우리 의양宜陽을 함락시켰다.[24]

25년(기원전 338년), 가뭄이 들었는데 고문高門을 짓기 시작했다. 굴의구屈宜臼가 "소후는 이 문을 나서지 못한다. 어째서인가? 때가 아니다. 내가 말하는 때란 좋은 날이 아니란 것이다. 사람에게는 본디 이로운 때와 이롭지

---

22 전목錢穆의 설에 따르면 이곳의 도공은 진晉의 마지막 국군이다. 진은 한·조·위에 의해 쪼개진 뒤 그 국군은 둔류屯留로 옮겨졌고, 10년 뒤 다시 단지端氏로 옮겨졌으며, 다시 10년 뒤에는 둔류로 돌아와 피살되었다. 이로써 진은 완전히 멸망했다.

23 이해는 진 효공 10년인 기원전 352년이고, 당시 진나라 도성은 역양櫟陽(지금의 서안시 염량구閻良區)이었다. 소후가 진나라에 간 해를 기원전 348년으로 보는 설도 있다.

24 감무가 의양을 함락시킨 때는 진 무왕 4년(기원전 308년)이라는 설과 진 혜문왕 3년(기원전 335년)으로 보는 설이 있다.

못한 때가 있다. 소후가 이로움이 무엇인가를 안다면 고문을 짓지 않는다. 지난 해 진이 의양을 함락시켰고, 올해는 가뭄이 들었는데 소후가 이런 때 백성의 급한 것을 돌보지 않고 오히려 더욱 사치를 하니 이것이 이른바 '때가 좋지 않은데 크게 떠벌린다'[25]는 것이다"라고 했다.

26년(기원전 337년), 고문은 완성되었으나 소후가 죽으니[26] 정말 그 문을 나서지 못하게 되었다. 아들 선혜왕宣惠王이 섰다(기원전 333년).[27]

선혜왕 5년(기원전 328년), 장의張儀가 진의 상이 되었다.

8년, 위가 우리(한) 장수 한거韓擧를 패배시켰다.

11년, 군君을 왕王이라 했다.[28] 조趙와 우서區鼠에서 회맹했다.

14년(기원전 319년), 진이 우리 언鄢을 공격하여 패배시켰다.[29]

16년(기원전 317년), 진이 우리를 수어脩魚에서 물리치고, 한의 장수 수鰒

---

25 시출거영時絀舉贏. 고어로 추정된다.

26 소후가 죽은 해에 대해서는 〈한세가〉와 〈육국연표〉에서는 재위 26년(기원전 337년)이라고 했지만 고증에 따라 재위 30년인 기원전 333년으로 보는 설도 있다. 한 소후의 것으로 전하는 무덤이 지금의 하남성 의양현 성각촌城角村에 남아 있다.

27 선혜왕 원년은 진 혜문왕 6년인 기원전 332년에 상당하고 이로부터 한나라 국군의 연대가 다시 정확해진다.

28 춘추 시기에는 주 천자만이 왕을 칭할 수 있었고 각국 제후는 '공公'이라 칭했을 뿐이다. 전국 시기에 이르면 주 천자가 갈수록 꼭두각시로 전락했고 이에 각국 제후는 앞서거나 뒤서거나 '왕'을 칭했다. 한나라는 연대를 고증한 결과 선혜왕 11년이 아닌 한 해 전인 10년, 즉 기원전 323년 칭왕한 것으로 보인다.

29 이 대목의 원문은 '진벌패아언秦伐敗我鄢'인데 '벌伐'과 '패敗'가 동사로 연이어 사용되고 있다. 복수의 동사를 이렇게 붙여서 사용하는 문장이 《사기》에는 적지 않다. 〈고조본기〉를 보면 고조 유방이 봉기하여 남양군南陽郡을 공략하자 남양군수 여의呂齮가 "도망쳐 완성宛城을 거점으로 수비에 들어간" 대목이 보인다. 그 원문은 '주보성수완走保城守宛'인데, 앞의 네 글자가 모두 동사다. 직역하자면 '달아나(走) 성을 쌓고(城) 완성에 의지한 채(保) 지켰다(守)' 정도가 된다. 이런 문장형식은 다른 고문에서는 보기 드문 경우이다(한조기韓兆琦,《사기의 특수 수사와 기형적 문구 사례》).

·신치申差를 포로로 잡았다. (진과 한이) 탁택濁澤에서 싸웠는데, 한이 급해지자 공중公仲(공중치)이 한왕에게 "동맹국이라고 믿어서는 안 됩니다. 지금 진이 초를 토벌하려고 한 지가 오래되었습니다. 왕께서는 장의를 이용하여 진과 화친하고 이름 있는 성 하나를 뇌물로 주고 병력을 갖추고 함께 남으로 초를 정벌하느니만 못합니다. 이것이 하나로 둘을 바꾸는 계략입니다"라고 했다. 한왕이 "좋소"라 하고는 바로 공중의 행차를 준비시켜 서쪽 진과 결탁하려 했다. 초왕이 이를 듣고는 크게 노하여 진진陳軫을 불러 이를 알렸다. 진진은 이렇게 말했다.

"진이 초를 토벌하려고 한 지 오래입니다. 지금 또 한의 이름 있는 성 하나를 얻어 병력을 갖추어 진과 한이 병력을 합쳐 초를 토벌하려는 것은 진이 간절히 바라던 바입니다. 지금 그것을 얻었으니 초나라는 틀림없이 공격당할 것입니다. 왕께서는 신의 말씀에 따라 사방 국경에 경계령을 내리시고 군사를 일으켜 한을 구원한다고 하십시오. 전차를 도로에 가득 차게 하고, 믿을 만한 사신을 보내시되 많은 수레와 넉넉한 예물을 딸려 보내 왕이 자기들을 구한다는 것을 믿게 하십시오. 한이 우리 말을 듣지 않는다 하더라도 틀림없이 왕께 감사할 것이며, 또 틀림없이 기러기 떼처럼 진과 함께 오지는 않을 것입니다. 이는 진과 한의 불화를 뜻합니다. 군대가 오더라도 초는 크게 걱정할 것 없습니다. 제 말씀에 따라 진과의 화의를 끊으면 진은 분명 크게 노하여 한을 크게 원망할 것입니다. 한이 남으로 초와 친교하면 분명 진을 가벼이 여길 것이고, 진을 가벼이 여기면 진에 대한 응대도 불경스러워질 수밖에 없습니다. 이것이 진·한의 군대를 이용하여 초나라의 우환을 면하는 것입니다."

초왕이 "좋소"라 하고는 바로 사방 국경에 경계령을 내리고 군사를 일으

켜 한을 구원한다고 말했다. 전차를 도로에 가득 채우도록 명령하고 믿을
만한 신하를 보내면서 많은 수레와 넉넉한 예물을 딸려 보내 한왕에게 "과
인³⁰의 나라가 작긴 하지만 전부 동원했습니다. 원컨대 큰 나라(한)가 진에
대해 어떻게 하든지 과인은 초나라를 끌고 한을 위해 목숨을 바치겠습니
다"라고 했다. 한왕이 이를 듣고는 크게 기뻐하며 공중의 행차를 중지시켰
다. 공중치가 "안 됩니다. 실제로 우리를 정벌할 자는 진이고, 빈말로 우리
를 구하겠다는 자는 초입니다. 왕께서 초의 빈말을 믿고 강한 진과 관계를
끊고 적으로 만든다면 왕께서는 틀림없이 천하의 큰 웃음거리가 될 것입
니다. 하물며 초와 한은 형제의 나라도 아니며, 또 평소 진을 토벌하기로
약속한 것도 아닙니다. (초를) 정벌할 형세가 보이니까 군을 징발하여 한을
구원하겠다고 한 것은 틀림없이 진진의 모략입니다. 왕께서 사람을 보내
기로 진에 알려놓고 이제 와서 가지 않는다는 것은 진을 속이는 것입니다.
대개 강한 진을 가벼이 여겨 속이고 초의 모신을 믿는다면 왕께서는 분명
후회하실 것입니다."

한왕이 듣지 않고 끝내 진과 관계를 끊었다. 진이 이에 크게 노하여 병
력을 늘려 한을 토벌하여 큰 싸움이 벌어졌으나 초의 구원병은 (한에) 이르
지 않았다.

19년(기원전 314년), (진이) 우리를 안문岸門에서 대파했다. 태자 창倉을 진

---

30 원문은 '불곡不穀'으로 되어 있다. 제왕이 자신을 가리키는 용어로는 진시황이 처음 사용한 '짐
朕'이 있고, 또 '과인寡人'과 '고孤'란 표현도 있다. 그런데 제왕을 가리키는 또 다른 용어로 이곳에
보이는 '불곡'이 있다. 초나라 회왕(懷王, 재위 기원전 328~299년)이 자신을 가리켜 '불곡'이란 용어
를 쓰고 있는데 대체로 '불선不善', 즉 '선하지 못한' 사람이란 뜻으로 '과인'과 마찬가지로 겸손의 용
어로 본다.

에 인질로 보내 강화했다.

21년(기원전 312년), 진과 함께 초를 공격하여 초의 장수 굴개屈丐를 패퇴
시키고, 단양丹陽에서 8만의 목을 베었다. 이해에 선혜왕이 죽고 태자 창이
즉위하니 이가 양왕襄王이다.

3
전국 후기 한의 쇠락과 멸망
◉

양왕 4년(기원전 308년), 진 무왕武王과 임진臨晉에서 회맹했다. 그해 가을,
진이 감무甘茂에게 우리의 의양宜陽을 공격하게 했다.

5년, 진이 우리 의양을 함락시키고 6만의 목을 베었다. 진 무왕이 죽었다.

6년, 진이 우리 무수武遂를 돌려주었다.

9년, 진이 다시 우리 무수를 빼앗았다.

10년(기원전 302년), 태자 영嬰이 진에 조회하고 돌아왔다.

11년, 진이 우리를 쳐서 양穰을 빼앗았다. 진과 초를 쳐서 초의 장수 당
매唐眛를 패퇴시켰다.

12년, 태자 영이 죽었다. 공자 구咎와 공자 기슬이 태자가 되려고 다투었
다. 이때 기슬은 초에 인질로 있었다. 소대蘇代가 한구에게 "기슬이 초에 도
망가 있고, 초왕은 그를 몹시 돌려보내고 싶어 합니다. 지금 초의 군대 10
여 만이 방성方城 밖에 있는데 공은 왜 초왕에게 옹지雍氏 옆에다 만호의 도
성을 쌓으라고 하지 않습니까? 그러면 한은 틀림없이 군사를 일으켜 그곳
을 구하려 들 것이고, 공은 분명 장수가 될 것입니다. 공이 한과 초의 군대
로 기슬을 받들어 맞아들이면 그는 분명 공의 말을 들을 것이고, 초와 한도

● (왼쪽) 한비자의 초상. 한비자의 비극적인 죽음은 한나라의 멸망을 상징적으로 보여주는 사건
이었다. 출처 《中國歷代名人圖鑑》, 上海書畫出版社, 2003.
● (오른쪽) 한나라의 정치를 일시적으로 안정시켰던 법가사상가 신불해. 출처 바이두.

분명 공에게 상을 내릴 것입니다"라고 했다. 한구가 그 계책에 따랐다.

초가 옹지를 포위하자 한이 진에 구원을 청했다. 진이 군대를 내지 않
은 채 공손매公孫昧를 한에 보냈다. 공중치가 "당신이 보기에 진이 한을 구
원할 것 같습니까?"라고 하자 (공손매는) "진왕께서 '남정南鄭·남전藍田 길로
초에 출병하여 공을 기다리겠다'라고 말씀하셨으나 아마 합류하지 않을 것
입니다"라고 했다.

공중치가 "당신은 정말 그럴 것이라고 봅니까?"라고 하자 "진왕이 분명
장의의 지난 꾀를 이어서 쓸 것입니다. 초 위왕威王이 양梁을 공격했을 때
장의는 진왕에게 '초와 위를 공격하면 위는 몸을 돌려 초로 들어올 것이고,
한은 원래 위와 친하니 진은 고립됩니다. 출병하는 척하다가 위와 초가 크
게 싸울 때 진은 서하 바깥을 취하여 돌아오느니만 못합니다'라고 했습니

다. 지금 상황은 겉으로는 한을 돕는다고 말하지만 실은 몰래 초와 잘 지내려는 것입니다. 공은 진이 오기를 기다렸다가 초와 가볍게 전투를 벌이십시오. 초가 진이 한을 돕지 않는다는 것을 알게 되면 틀림없이 공(한)과 맞상대하는 것이 쉽다고 여길 것입니다. 공이 초에 승리하면 (진은) 공과 함께 초와 싸워 삼천三川에 은혜를 베풀고 돌아갈 것입니다. 공이 싸워 초에 승리하지 못하면 초는 삼천에다 요새를 구축하고 지킬 것이니 공은 구원하지 못할 것입니다. 공을 위해 가만히 이런 걱정을 해봅니다. 사마경司馬庚이 세 차례나 영郢을 오가고, 감무와 소어昭魚가 상오商於에서 만나 말로는 군대의 절부切符를 거둔다고 했지만 실은 다른 약속이 있는 것 같습니다"라고 했다. 공중치가 두려워하며 "그렇다면 어찌 해야 하겠소?"라고 하자 (공손매는) "공께서는 한이 먼저이고 진이 나중이며, 자신이 먼저이고 장의는 나중이라는 것을 꼭 아셔야 합니다. 공께서는 서둘러 제·초와 연합하는 것이 낫습니다. 제·초는 분명 공께 나를 맡길 것입니다. 공께서 미워하는 것은 장의이지 사실 진을 잃고자 하는 것이 아니지 않습니까"라고 했다.

이에 초는 옹지의 포위를 풀었다.[31]

소대는 또 진 태후의 동생 미융半戎에게 이렇게 말했다.

"공숙公叔과 백영伯嬰은 진·초가 기슬을 귀국시키려는 것을 두려워하고 있는데 공께서는 어째서 한을 위해 초에게 인질(기슬)을 (한으로) 돌려보내라고 하지 않습니까? 초왕이 인질을 한으로 돌려보낸다면 공숙과 백영은 진·초가 기슬의 일에 관심이 없다는 것을 알게 될 것이고, 그러면 한은 틀

---

31 공손매가 모략을 구사하여 한에 대한 포위를 풀게 한 이 사건은 《전국책》(한책 2)에 그 경과가 보인다. 이 밖에 〈진본기〉 〈초세가〉 〈장의열전〉 〈굴원열전〉에도 관련 내용이 보인다.

림없이 진·초와 연합할 것입니다. 진·초가 한을 끼고 위를 몰아붙이면 위는 감히 제와 연합하지 못할 것이고, 그러면 제는 고립됩니다. 공께서 또 진을 위해 초에 인질(기슬)을 요구하여 초가 듣지 않으면 한과 원한을 맺게 됩니다. 한이 제와 위를 끼고 초를 포위하면 초는 분명 공을 중시할 것입니다. 진·초가 중시하는 공께서 이들을 끼고 한에 덕을 베풀면 공숙과 백영은 틀림없이 나라를 들어 공을 대할 것입니다."

그러나 기슬은 끝내 한으로 돌아오지 못했다. 한이 구咎를 태자로 삼았다. 제왕과 위왕이 왔다.

14년(기원전 298년), 제와 위의 왕들과 함께 진을 공격하여 함곡관에 이르러 군을 주둔시켰다.

16년(기원전 296년), 진이 우리의 하외河外와 무수를 돌려주었다. 양왕이 죽고 태자 구咎가 즉위하니 이가 이왕釐王이다.

이왕 3년(기원전 293년), 공손희公孫喜에게 주·위의 군대를 이끌고 진을 공격하게 했다. 진이 우리의 24만을 패배시키고 이궐伊闕에서 공손희를 포로로 잡았다.

5년(기원전 291년), 진이 우리 완성宛城을 함락시켰다.

6년(기원전 290년), 진에 무수 땅 2백 리를 주었다.

10년(기원전 286년), 진이 우리 군대를 하산夏山에서 패배시켰다.

12년(기원전 284년), 진 소왕昭王과 서주[32]에서 회맹하여 진을 도와 제를

---

32 여기서 말하는 '서주'란 서주 국군의 도성, 즉 지금의 낙양시를 말한다. 양관楊寬의 《전국사표》에 따르면 진 소왕과 한 민왕이 신성新城(지금의 하남성 이천현 서남)에서 만났다고 한다. 이곳은 낙양과 가깝다.

공격했다.[33] 제는 패했고, 민왕湣王은 도망쳤다.

14년(기원전 282년), 진과 동주·서주 사이에서 회맹했다.[34]

21년(기원전 275년), 포연暴鳶에게 위를 구하게 했으나 진에 패하여 포연은 개봉開封으로 도망쳤다.

23년(기원전 273년), 조와 위가 우리 화양華陽을 공격했다. 한이 진에 위급함을 알렸으나 진은 구원하지 않았다.

한의 상국이 진서陳筮에게 "일이 급합니다. 공이 수고스럽지만 (진에) 한번 다녀오십시오"라고 했다. 진서가 양후穰侯를 만났다. 양후가 "일이 급한 모양이죠? 그러니 공께서 오셨겠죠?"라고 하자 진서는 "급하지 않습니다"라 했다. 양후가 성을 내며 "공이 그러고도 당신 주인의 사신 노릇을 할 수 있겠소? 모자와 수레 뚜껑이 서로 부딪칠 정도로 오가며 당신 나라가 급하다고 알려놓고서 공이 와서는 급하지 않다고 하니 왜 그렇소?"라고 했다. 진서가 "저희 한이 급하면 생각을 바꾸어 다른 나라에 의지할 것입니다. 급하지 않기 때문에 이렇게 다시 온 것입니다"라고 했다. 양후가 "공은 먼저 왕을 뵙고 지금 군을 내서 한을 구해달라고 청하시오"라고 했다. (진의 군대가) 8일 만에 와서 조·위를 화양에서 패퇴시켰다. 이해에 이왕이 죽고 아들 환혜왕桓惠王이 즉위했다.

환혜왕 원년(기원전 272년), 연燕을 공격했다.

---

33 연 소왕 28년 명장 악의가 5국 연합군을 이끌고 제나라 군대를 제서에서 대파한 사건을 가리킨다. 이후 4국 군대는 철수했고, 연나라 군대만 제나라 깊숙이 들어가 도읍 임치를 격파했다. 제 민왕은 미리 빠져나가 위衛, 추鄒, 노魯를 거쳐 제나라 거현莒縣으로 돌아왔으나 제나라를 구원하러 온 초나라 장수 요치淖齒에게 피살당했다. 〈연세가〉 〈전경중완세가〉 〈악의열전〉을 함께 참고하기 바란다.
34 회맹지는 동주의 도읍 공현鞏縣 서쪽, 서주의 도읍 왕성 동쪽인 대략 당시 낙양 부근으로 보인다. 양콴은 진 소왕과 한 희왕이 신성에서 만났다고 보았다.

9년(기원전 264년), 진이 우리 형陘을 함락시키고 분수汾水 옆에 성을 쌓았다.

10년(기원전 263년), 진이 우리를 태항산太行山에서 공격하니 우리 상당군上黨郡 군수가 상당군을 들고 조에 투항했다.[35]

14년(기원전 259년), 진이 상당을 빼앗고, 장평長平에서 마복군(馬服君, 조사趙奢) 아들(조괄)의 병졸 40만여 명을 파묻어 죽였다.

17년(기원전 256년), 진이 우리의 양성·부서를 함락시켰다.

22년(기원전 251년), 진 소왕이 죽었다.

24년(기원전 249년), 진이 우리의 성고城皐·형양滎陽을 함락시켰다.

26년(기원전 247년), 진이 우리의 상당군을 모두 차지했다.

29년(기원전 244년), 진이 우리의 13개 성을 함락시켰다.

34년(기원전 239년), 환혜왕이 죽고 아들 왕 안安이 즉위했다.

왕 안 5년(기원전 234년), 진이 한을 공격하자 한이 급해져 한비韓非를 진에 사신으로 보냈다. 진이 한비를 억류시켰다가 죽였다.[36]

9년(기원전 230년), 진이 안왕을 포로로 잡고 그 땅을 전부 편입시켜 영천군潁川郡으로 삼았다. 한이 마침내 멸했다.

---

35 한나라의 상당군은 대체로 지금의 산서성 장치長治 지구 남반부로 추정한다. 진은 이 지역을 탈취하기 위해 미리 군대를 보내 상당군 남쪽 태항산 길을 차지하여 상당군과 한나라 도읍인 신정으로 통하는 길을 끊었다. 진은 그런 다음 한을 공격하자 상당군 군수 풍정은 고립무원의 형세에서 진에 항복하길 원치 않아 군민을 이끌고 조나라에 투항했던 것이다.
36 〈노자한비열전〉에는 한비자가 진(진시황)의 압박으로 진으로 건너오자 그와 동문수학했던 이사가 그를 모함하여 독약을 먹고 자살하게 만든 것으로 기록되어 있다. 그러나 《전국책》은 한비자가 진나라 신하들을 이간시키기 위해 들어갔다가 진왕에게 피살된 것으로 기록하고 있다.

4
사마천의 논평

◉

태사공은 이렇게 말한다.

"한궐韓厥이 진晉 경공景公의 마음을 움직여 조씨고아 조무趙武로 하여금 조씨의 제사를 잇게 함으로써 정영程嬰과 공손저구公孫杵臼의 의로움이 성취되었으니 이는 천하의 음덕이다. 한씨의 공이 진晉에서는 크게 볼 것이 없었다. 그러나 조·위와 함께 제후로서 10여 대를 간 것은 당연했다!"

정리의 기술

⊙ 〈한세가〉에 등장하는 명언·명구의 재발견

시출거영時絀擧贏 "때가 좋지 않은데 크게 떠벌린다." 나라에 가뭄이 들어 민생이
위태로운데 소후가 고문高門 건설에 나서자 굴의구屈宜臼가 이를 만류하며 한 말이
다. '시출거영'은 고어로 추정된다.

◉ 〈한세가〉에 등장하는 인물 정보

이름	시대	내용	출전
한무자韓武子	춘추 진晉	한원韓原에 봉해진 진 대부로 한의 선조이다.	〈진세가〉
한궐韓厥	춘추 진晉	한씨 집안을 크게 일으킨 인물로 헌자獻子로 불렸다. 제 정벌에 공을 세워 경卿에 올랐다.	〈조세가〉 〈진세가〉
진 경공(晉景公, 재위 599~581)	춘추 진晉	진 국군으로 이름은 거據, 성공의 아들이다. 제와의 전쟁에서 승리하고 도읍을 신전新田으로 옮겨 신강新絳이라 불렀다.	〈진세가〉
도안고屠岸賈	춘추 진晉	경공景公 시기 간신으로 조삭을 비롯한 조씨 일가를 몰살하는 참극을 벌였다. 이후 도공悼公에 의해 숙청되었다.	〈조세가〉
진 영공 (晉靈公, ?~607)	춘추 진晉	진 국군으로 이름은 이고夷皐이다. 조돈과의 갈등으로 조천에게 피살되었다.	《좌전》 〈진세가〉
조돈 (趙盾, 654~601)	춘추 진晉	조최趙衰 아들로 조선자趙宣子 또는 선맹宣孟이라 불렸다. 양공, 영공, 성공에 걸쳐 국정을 맡았다. 영공이 피살되자 국정을 주도했다.	《좌전》 〈진세가〉 〈조세가〉
조삭 (趙朔, ?~597)	춘추 진晉	조돈 아들이며 부인은 진 성공의 손위 누이다. 도안고에게 피살되었다.	《좌전》 〈진세가〉 〈조세가〉
정영程嬰	춘추 진晉	조삭 친구로 자신의 아들을 희생시키며 공손저구와 함께 조무를 지켜냈다.	《좌전》 〈진세가〉 〈조세가〉
공손저구 公孫杵臼	춘추 진晉	조삭의 문객으로 정영과 함께 조씨 집안 유일한 생존자인 조무를 보호하기 자신을 희생시켰다.	《좌전》 〈진세가〉 〈조세가〉
조무 (趙武, ?~541)	춘추 진晉	진 경공 때 집안이 몰살당하는 참화에서 살아남아 도공 때 한궐의 도움으로 집안을 부활시켰다.	〈조세가〉
극극郤克	춘추 진晉	진 집정대신으로 극헌자郤獻子이다.	〈진세가〉
제 경공(齊頃公, 재위 547~490)	춘추 제齊	제 국군으로 이름은 저구杵臼이다. 대부 최저가 장공을 살해하자 즉위하여 최저를 우상, 경봉을 좌상으로 삼았다.	〈제태공세가〉
봉추보逄丑父	춘추 제齊	제 대부이다. 진과의 전투에서 위기에 처한 경공을 대신하여 체포되었다.	《좌전》 〈제태공세가〉
대업大業	하	조씨의 먼 선조로 우임금을 보좌했다.	〈진본기〉

조성계 (趙成季, ?~622)	춘추 진晉	조삭의 조부 조최를 말한다. 진 문공의 19년 망명을 수행하여 문공의 패업에 큰 공을 세웠다.	〈진세가〉 《좌전》 〈조세가〉
진 도공(晉悼公, 재위 573~558)	춘추 진晉	진 국군으로 이름은 주周 또는 규糾이고, 양공의 증 손이다. 난서가 여공을 살해하자 신하들이 주에서 맞이하여 즉위했다.	〈진세가〉 《좌전》
한선자 (韓宣子, ?~514)	춘추 진晉	한기韓起를 말한다. 한궐韓厥 아들이며, 도공을 보좌했다.	
진 평공 (晉平公, ?~532)	춘추 진晉	진 국군으로 이름은 표彪이고, 도공의 아들이다.	
계찰 (季札, 576~484)	춘추 오吳	수몽의 막내아들로 현명하여 양위하려 했으나 사양 하여 받지 않았다. 이에 연릉에 봉하여 연릉계자라 고도 한다.	《좌전》 《시경》 〈오태백세가〉
진 경공(晉頃公, 재위 525~512)	춘추 진晉	진 국군으로 이름은 거據, 성공의 아들이다. 제와의 전쟁에서 승리하고 도읍을 신전新田으로 옮기고 신 강新絳이라 불렀다.	《좌전》 〈진세가〉
진 정공(晉定公, 재위 511~475)	춘추 진晉	진 국군으로 경공의 아들이다. 이름은 오午, 경왕의 환국에 공을 세웠다.	《좌전》 〈진세가〉
조간자 (趙簡子, ?~476)	춘추 진晉	이름은 앙鞅이다. 진의 6경이 세력 다툼을 벌일 때 중항씨·범씨를 몰아내고 조의 기반을 마련했다.	〈진세가〉 《좌전》 〈조세가〉
한정자韓貞子	춘추 진晉	이름은 수須이며, 한선자의 아들이다.	
한간자韓簡子	춘추 진晉	한정자의 아들로 불신不信, 불녕不佞으로 불렸다.	〈조세가〉
한장자韓莊子	춘추 진晉	한간자의 아들로 이름은 경庚이다.	
한강자 (韓康子, ?~425)	춘추 진晉	한장자의 아들로 이름은 호虎이다. 진나라 대부이 다.	
조양자(趙襄子, 재위 475~425)	춘추 진晉	진 대부로 조간자 아들이고, 이름은 무휼毋恤이다.	〈조세가〉
위환자(魏桓子, ?~446)	춘추 진晉	위치의 아들로 이름은 구駒이다. 한·조와 함께 진나 라를 삼분하여 제후로 책봉된다.	〈위세가〉
지백 (知伯, ?~435)	춘추 진晉	진의 세습 귀족으로 이름은 요瑤이다. 정공 당시 한 ·위·조와 진의 땅을 나누어 차지했다가 협공당해 죽었다.	〈조세가〉 〈자객열전〉

한무자(韓武子, 재위 424~409)	춘추 진晉	한강자 한호의 아들로 이름은 계장이다.	《수경주》 《여씨춘추》
정 유공 (鄭幽公, ?~423)	춘추 정鄭	정나라 국군으로 공공의 아들이다. 한 무자의 침공을 받아 살해당했다.	
한 경후(韓景侯, 재위 408~400)	전국 한	한나라 국군으로 무자의 아들이다. 이름은 건虔이다.	
열후 취(列侯取, 재위 399~387)	전국 한	한나라 국군으로 경후의 아들이다.	
섭정聶政	전국 한	한나라 사람으로 엄중자를 도와 협루俠累를 죽이고 자신도 자살했다. 기록에 따라 차이가 적지 않다.	《전국책》 〈자객열전〉
협루 (俠累, ?~397?)	전국 한	한 열후의 숙부로 섭정에게 살해되었다.	
문후(文侯, 재위 386~377)	전국 한	한 국군으로 열후의 아들이다. 이름은 유猷이다.	
위 문후 (재위 445~396)	전국 위	위 국군으로 이름은 사斯이다. 전국 초기 개혁군주로 위의 국력을 크게 떨쳤다.	〈위세가〉
애후(哀侯, 재위 376~374)	전국 한	한 국군으로 문후의 아들이다.	
한엄韓嚴	전국 한	한 대부 엄중자를 가리킨다. 섭정(또는 협루)을 사주하여 애후를 살해했다. 이설이 많다.	〈자객열전〉
의후(懿侯, 재위 374~363)	전국 한	한 국군으로 〈육국연표〉에는 장후莊侯로 나온다.	〈육국연표〉
위 혜왕(魏惠王, 400~334)	전국 위	위 국군으로 이름은 앵罃이고, 무후 아들이다.	〈위세가〉
소후(昭侯, 재위 362~333)	전국 한	한 국군으로 의후 아들이다.	
신불해 (申不害, ?~337)	전국 한	한 재상이자 법가 사상가로 법치와 중앙집권의 강화를 주장했다.	〈노자한비열전〉
한희韓姬	전국 진晉,한	이름만 남은 진晉의 마지막 국군 도공을 살해한 인물로 알려져 있다.	〈조세가〉
굴의구屈宜臼	전국 초, 위	초 대부로 위에서 활동하기도 했다.	
선혜왕(宣惠王, 재위 332~312)	전국 한	한 국군으로 소후의 아들이다. 이름은 강康이다.	
장의 (張儀, ?~310)	전국 위, 진	위 출신으로 진의 재상이 되어 연횡책으로 진의 외교전략을 주도했다.	〈장의열전〉 〈진본기〉

한거韓擧	전국 한	한 장수로 조에도 동명이인이 있다.	
수緻	전국 한	한 상수로 신치와 함께 수어선투에서 신에게 포로로 잡혔다.	〈육국연표〉
신치申差	전국 한	한 장수로 수와 함께 포로로 잡혔다.	〈육국연표〉
공중公仲	전국 한	공중치公仲侈를 말하며, 한의 상국相國이다. 공중붕 公仲朋으로도 기록되어 있다.	《전국책》 《한비자》
진진陳軫	전국 진, 초	종횡가이자 웅변가로 외교모략에 뛰어난 성과를 많 이 남겼다.	〈장의열전〉
양왕 창(襄王倉, 재위 311~296)	전국 한	한 국군인 양왕으로 한때 진에 인질로 잡혀 있다가 즉위했다. 양애왕襄哀王이라고도 한다.	〈진본기〉 〈유후세가〉
굴개屈丐	전국 초	초의 장수로 초 회왕 때에 군대를 이끌고 단양丹陽 에서 패전하고 포로가 되었다.	
진무왕(秦武王, 재위 311~307)	전국 진	혜문왕의 아들이며, 이름은 영탕嬴蕩이다.	〈진본기〉
감무甘茂	전국 초, 진 제	초 사람으로 진의 상이 되어 진의 발전에 공을 세웠 다. 이후 참언을 받아 제로 망명하여 상경이 되기도 했다.	〈저리자감무열전〉
영嬰	전국 한	한의 태자이다.	〈육국연표〉
당매唐昧	전국 초	초 장수로 당멸唐蔑로도 나온다.	
이왕 구(釐王咎, 재위 295~273)	전국 한	한 국군으로 양왕의 아들이다. 진에 영토를 자주 침 략당했다.	
기슬蟣蝨	전국 한	한 공자로 공자 구(이왕)와 태자 자리를 다투었으나 실패했다.	
소대蘇代	전국 주	유세가로 낙양洛陽 출신이다. 저명한 유세가 소진蘇 秦의 동생이다.	〈소진열전〉
공손매公孫眛	전국 진	진 신하로 한이 구원병을 요청하자 사신으로 다녀 왔다.	《전국책》
초 위왕(楚威王, 재위 339~329)	전국 초	초 국군으로 이름은 웅상熊商이며, 선왕의 아들이다.	《전국책》 〈초세가〉
사마경司馬庚	전국 진	진 사신으로 진과 초를 여러 차례 오갔다. 사마강司 馬康으로도 나온다.	《전국책》

소어昭魚	전국 초	초 양왕 때의 상국相國이다.	
진 태후秦太后	전국 진	진 선태후宣太后로 진 소왕의 생모이다.	〈진세가〉
미융芈戎	전국 진	진 선태후 동생으로 신성군新城君으로 불리며 권세 를 누렸다.	〈진세가〉 〈범수채택열전〉
백영伯嬰	전국 한	한 태자로 일찍 죽어 공자 기슬과 공자 구가 자리를 놓고 다투는 원인을 제공했다.	
공손희公孫喜	전국 한	한 장수로 이궐전투에서 진에 패하여 포로가 되었 다. 위의 장수로도 나온다.	〈양후열전〉 〈진본기〉
진 소왕(秦昭王, 325~251, 재위 306~251)	전국 진	진 국군으로 이름은 직稷 또는 칙則이다. 산동 여섯 나라의 합종책을 와해시켜 이후 진의 천하통일에 기 초를 마련했다.	〈진본기〉
제민왕(齊湣王, 재위 300~284)	전국 제	제의 국군으로 이름은 지地 또는 수遂이고, 선왕의 아들이다. 연에 패하고 도망 다니다가 초의 장수 요 치에게 피살되었다.	〈전경중완세가〉 〈전단열전〉
포연暴鳶	전국 한	한의 장수로 위를 구원하다가 진에 패해 개봉으로 도망쳤다.	
진서陳筮	전국 한	한의 신하로 조·위의 공격을 받자 진에 사신으로 가 서 실세 양후를 만나 구원을 얻어냈다.	《전국책》
양후 (穰侯, ?~265)	전국 진	이름은 위염魏冉. 진 소왕의 외척으로 정치를 농단 하다가 퇴진했다.	〈양후열전〉
환혜왕(桓惠王, 재위 272~239)	전국 한	한의 국군이다.	
마복군馬服君	전국 조	조의 명장 조사趙奢의 작위이다. 그 아들 조괄趙括 이 장평에서 40만이 생매장 당하는 참패를 당했다.	〈조세가〉 〈백기왕전열전〉
왕 안(王安, 재위 238~230)	전국 한	한의 마지막 국군이다.	〈위세가〉
한비(韓非, 280?~233)	전국 한	한의 공자로 순경荀卿(순자)에게서 수학한 법가의 집대성자이다. 저서로《한비자》가 있다.	〈노자한비열전〉

- 진한 글자는 모두 〈한세가〉와 직접 관련된 인물이다.
- 이름 항목의 연도 표시 중 '재위'라고 기재되지 않은 것은 생몰 연도이다.
- 연도는 모두 기원전이다.

권45 한세가

⦿ 〈한세가〉에 등장하는 지역·지리 정보

지명	당시 현황	현재의 지리 정보	비고
한원韓原	춘추시대 지명	섬서성 한성시韓城市 남쪽	한무자의 봉지
안鞍	제의 읍	산동성 제남시濟南市 서북	
주州	춘추시대 지명	하남성 溫縣 동북 무덕향진武德鄕鎭	한의 본거지
평양平陽	진晉의 읍	산서성 임분시臨汾市 서남	
정鄭	서주 말기 제후국	섬서성 화현華縣 – 하남성 신정시新鄭市	서주 멸망 전 천도
옹구雍丘	정의 현	하남성 기현杞縣	
부서負黍	한의 현	하남성 등봉현登封縣 서남	
양책陽翟	한의 지명	하남성 우현禹縣	당시 한의 도성
의양宜陽	한의 지명	하남성 의양현 서쪽 한성진韓城鎭	초기 도성
양성陽城	정의 현	하남성 등봉현登封縣 동남	
팽성彭城	송의 현	강소성 서주시西州市	
상구桑丘	연의 현	하북성 서수현徐水縣 서남	
영구靈丘	제의 현	산동성 고당현高唐縣 남쪽	
마릉馬陵	한의 읍	하남성 신정시新鄭市 동남	
택양宅陽	한의 현	하남성 신정시 북쪽	별칭 북택北宅
서산西山	지역 이름	하남성 의양현宜陽縣, 노산현魯山縣 등의 주변 산이다.	
회澮	물 이름	산서성 곡옥현曲沃縣 동에서 서쪽 분수汾水로 흘러 들어간다.	
황지黃池	한의 현	하남성 상구현商丘縣 서남	회맹지
주朱	한의 현	하남성 심양현	
동주東周	전국의 소국	도읍 공鞏은 하남성 공현 서남	
능관陵觀		현재 지명이 분명치 않다.	
형구邢丘	위의 지명	하남성 온현溫縣 동쪽	
우서區鼠	조의 현	하북성 대명시大名市 동북	
언鄢	한의 읍	하남성 언릉현鄢陵縣 북쪽	
수어脩魚	한의 현	하남성 원양현原陽縣 서남	

탁택濁澤	한의 현	하남성 장갈현長葛縣 서북	
안문岸門	한의 현	하남성 허창시許昌市 북쪽	
단양丹陽	단수丹水 북쪽	단수는 섬서성 상현商縣 북에서 발원, 호북성 균현均縣에서 한수漢水로 흘러든다.	〈초세가〉
임진臨晉	한－진의 현	섬서성 대려현大荔縣 동쪽	
무수武遂	한－진의 현	산서성 원곡垣曲 동남	〈진본기〉
양穰	한의 현	하남성 등현鄧縣 부근	
방성方城	초의 산 이름	하남성 방성현 북쪽	초의 북쪽 경계
옹지雍氏	한의 현	하남성 우현禹縣 동북	
남정南鄭	진의 현	섬서성 한중시漢中市	
남전藍田	진의 현	섬서성 남전현藍田縣 서쪽	
양梁	위의 나라 이름	하남성 개봉시開封市	대량으로의 천도에 따른 이름
서하西河	지역 이름	섬서성 동부 황하 서쪽 지구	
삼천三川	지역 이름	황하, 이수伊水, 낙수洛水 유역 하남성 서부 지구	
영郢	초의 도성	호북성 강릉현江陵縣 서북쪽 기남성紀南城	
상오商於	지역 이름	섬서성 상남商南, 무관武關 일대	
함곡관函谷關	진의 동부 요새	하남성 영보현靈寶縣 동북	
이궐伊闕	산 입구	하남성 낙양시洛陽市 서남	〈백기왕전열전〉
완宛	한의 현으로 추정	하남성 남양시南陽市	
하산夏山	한의 현	산서성 하현夏縣 부근	
서주西周	전국의 소국	도성은 하남성 낙양시	
개봉開封	위의 현	하남성 개봉시 남쪽	
화양華陽	한의 현	하남성 신정시 북쪽	
형陘	한의 현	산서성 곡옥현 동북	
상당군上黨郡	한의 군	산서성 장치長治 지구 남반부	
태항산太行山	산맥 이름	산서성 동남부와 하남 경계	
장평長平	한－조의 현	산서성 고평현高平縣 서북	

권45 한세가

성고城皐	한의 현	하남성 형양시滎陽市 서북	
형양滎陽	한의 현	하남성 형양시 동북 고형진古滎鎭	
영천穎川	진의 군	하남성 우현	치소는 양책

권46 전경중완세가
전국시대 제齊나라의 기록

●

여우 가죽으로 만든 옷이 해어졌다고
누런 개가죽으로 기우면 안 됩니다.

狐裘雖敝(호구수폐)

不可補以黃狗之皮(불가보이황구지피)

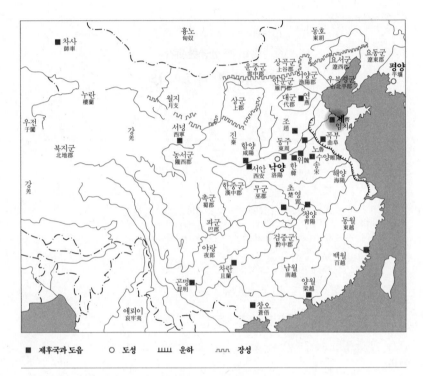

■ 제후국과 도읍　　○ 도성　　⊔⊔⊔ 운하　　∿∿∿ 장성

⦿ 전국시대 제후국 형세도와 제나라 위치.

○

독서의 기술

○

〈제태공세가〉 이후 제자백가를 구가한 전제의 역사

전국시대 제齊나라는 동방의 대국으로 한韓, 조趙, 위魏, 초楚, 연燕과 함께 동방 6국 중 가장 강력했다. 서주 초기인 기원전 11세기 강태공姜太公이 나라를 세운 이래 춘추 초기 최초의 패주국으로 부상하여 오랫동안 강국으로서의 면모를 유지해왔다. 개국 이후 춘추 시기까지의 역사는 〈제태공세가〉에 비교적 상세히 기록되어 있다.

이후 전씨田氏가 강씨姜氏의 제나라를 대체하여 이른바 전제田齊의 역사를 새롭게 여는 변혁이 있었다. 이후 전제 위왕威王은 당시 천하의 패주로 위세를 떨쳤고, 선왕宣王은 천하의 이름난 학자들을 초빙하여 제자백가의 기풍을 크게 일으켰으며, 민왕湣王은 무리한 전쟁과 오만함 때문에 나라를 망쳤고, 제왕 건建에 이르러서는 결국 강국 진나라에 멸망하고 말았다. 〈전경중완세가〉는 바로 이런 전제의 역사를 상당히 상세하고 생동감 넘치게

기록하고 있는 세가 편이다. 이 같은 큰 흐름을 기본 축으로 하여 본 편의
내용이 갖는 의미를 아래와 같이 크게 네 단락으로 나누어 살펴본다.

1 전제 정권의 건국 과정
2 위왕, 선왕 시기 전제의 전성기
3 전제의 쇠락과 멸망
4 사마천의 논평

전체적으로 〈전경중완세가〉는 진陳 여공厲公(재위 기원전 706~700년)의 아
들인 진완陳完(전완田完)이 제나라로 도망쳐 온 뒤 10세에 이르러 태공太公
화和가 제후가 되고, 다시 6세 뒤 왕 건建에 이르러 나라가 망하기까지 총
16세의 기록이다. 춘추 시기 약소한 제후국의 하나였던 진陳나라의 궁정
변란으로 시작하여 이 와중에 진완이 제나라로 도망쳐 온 다음 그 자손이
제나라에서 번창하고, 마침내 강씨姜氏의 제나라 정권을 찬탈하여 전씨의
제나라, 즉 전제田齊를 세우는 과정과 이후 전국 시기 전제 정권이 번성에
서 쇠퇴를 거쳐 결국 멸망에 이르는 역사과정을 매우 생생하게 기술하고
있다.

이 같은 전제 정권의 흥망성쇠에서 드러난 통치자들의 행태와 그것을
반영하는 다양한 사건들이 갖는 의미를 좀 더 심도 있게 분석해보면, 사마
천이 본 편을 구성하는 데 얼마나 많은 공력을 기울였는가를 알 수 있을
뿐 아니라 의미심장한 역사의 교훈들을 이끌어낼 수 있다.

민심에 부응한 변혁으로 정권 찬탈

본 편은 먼저 춘추전국 교체기에 신흥 귀족의 굴기를 반영하면서 민심에 순응하는 것이 얼마나 중요한가를 지적한다. 춘추 말기 이후 낡은 생산관계가 해체되면서 민심이 급변했다. 거스를 수 없는 역사의 흐름은 통치자와 지배계층에게 낡은 제도를 혁파하고 새로운 생산제도를 적극 수용할 것을 요구했다. 그러나 제나라 장공莊公(재위 기원전 553~548년)과 경공景公(재위 기원전 547~490년)은 이런 낡은 제도를 바꾸지 않았을 뿐만 아니라 전씨가 민심을 농락하기 위해 실행한 '큰 됫박으로 식량을 빌려주고, 작은 됫박으로 돌려받는' 새로운 대출방법에 대해서도 수수방관했다. (사마천은 이 부분을 강조하기 위해 '장공이 듣지 않았다' '경공이 금하지 않았다' '경공이 듣지 않았다' 라고 잇따라 반복한다.)

이로써 "전씨가 제나라의 인심을 얻으니 종족은 더욱 강해지고 백성들은 전씨에게 감사하는" 상황이 펼쳐졌다. 간공簡公(재위 기원전 484~481년) 때는 전씨와 감지監止 사이에 권력투쟁이 벌어졌다. 민중의 지지를 얻기 위해서 전상田常은 다시 과거 대출방법을 다듬어 실행함으로써 이 투쟁에서 승리를 거두었고, 이로써 강씨 제나라의 정권을 찬탈할 수 있는 정치적 기초를 단단히 다졌다.

이어 〈전경중완세가〉는 강씨의 제나라를 접수한 전제 정권의 전성기와 쇠락기의 정치적 국면을 선명하게 대비시키면서 통치자가 좋은 인재를 임용하는 중요성을 지적한다. 위왕은 좋은 인재와 나쁜 간신을 잘 가려 보았다. 아부하지 않고 강직한 즉묵卽墨 대부를 발탁하고, 뇌물로 명성을 구걸한 아阿 대부를 처벌하는 등 좋은 정치풍토를 세움으로써 제나라의 면모를 일신하고 국력을 증강시켜 제나라를 전성기로 이끌었다. 위왕이 유능한 인재를 기용한 사례는 제나라 마지막 군주 왕 건建이 간신을 중용한 것과 뚜렷하게 대비된다. 왕 건은 간신과 아첨배의 참언을 듣고는 디기올 전투에는 대비하지 않은 채 진나라가 다른 5국을 짓밟는 것을 관망하며 무사안일에 빠져 있었다. 그러다 막상 진나라 군대가 쳐들어오는 것도 모르고 넋을 놓고 있다가 포로로 잡혔다. 여기에는 진나라의 치밀한 '반간계'와 이에 놀아난 왕 건, 그리고 건의 어머니로서 현명하게 균형 외교를 이끌었던 군왕후君王后와의 선명한 대비 등이 깔려 있다. 끝으로 사마천은 제나라의 민간 가요를 끌어다가 왕 건의 비참한 결말을 풍자했다.

음모를 즐겨 활용한 전제의 통치자들 묘사

본 편은 전제의 통치자들이 음모를 즐겨 활용한 특징을 두드러지게 묘사한다. 전씨가 강씨를 대체하여 나라를 세우는 과정 역시 음모가 작동했다. 예를 들어 전씨가 백성들에게 식량을 빌려줄 때는 큰 됫박에 담아 빌려주고 돌려받을 때는 작은 됫박으로 받음으로써 민심을 매수한 경우이다. 나라를 찬탈한 뒤에도 여전히 이런 술수를 버리지 않았다. 환공 5년(기원전 380년), 제나라는 겉으로는 군대를 보내 한韓나라를 구원하기로 해놓고는 실제로는 각국이 교전하는 혼란한 국면을 타서 연燕나라를 기습하여 상구桑丘를 취했다. 위왕 26년(기원전 353년)과 선왕 2년(기원전 341년)에도 이런 술수로 어부지리를 얻었다.

이 세 사건에 대한 서술은 거의 판박이인데 이는 사마천이 제나라의 교활함을 강조하기 위해 반복한 것으로 보인다. 제나라의 이러한 잦은 음모는 각국으로부터 두루 원한을 샀다. 결국 5국 공동 연합군의 공격을 받았고, 다시 연나라에 의해 나라가 거의 망할 뻔했다. 음모에 익숙한 제나라는 앞날을 내다보는 전략적 안목을 가지지 못했다. 이는 결과적으로 제나라의 멸망을 초래하는 중요한 원인으로 작용했다.

전제의 통치자들이 음모를 즐겨 활용한 사실과 관련하여 또 한 가지 지적할 점이 있다. 이러한 음모를 찬양한 《좌전》과 이를 비판한 사마천의 관점이 어째서 차이가 나는가 하는 것이다. 《좌전》의 편자는 전국 초기 사람으로 추정되므로 당시 막 커나가는 전제 정권에 눈길을 줄 수밖에 없었을 것이다. 그래서 《좌전》의 편자는 전씨 정권을 찬양하기 위해 전씨 후손이 자신을 신격화하고 나아가 조상을 찬양하기 위해 "5세에 이르면 번창하여 정경正卿과 어깨를 나란히 할 것이고, 8세 이후에는 그와 다툴 자가 없을 것이다"와 같은 신화를 수록했던 것이다. 그러나 사마천의 관점은 달랐다. 음모를 이용하여 나라를 세우는 것은 '천리天理'와 '양심良心'에 부합하는가? 사마천은 이런 의문을 가지고 《좌전》의 그 대목을 인용했던 것이다. 따라서 오늘날 우리가 〈전경중완세가〉를 읽을 때 그 같은 의도된 '신화' 내용은 사마천의 의문이란 관점으로 읽어야 할 것이다. 이는 〈백이열전〉에서 사마천이 '천도天道'에 대해 강한 의문을 품은 것과 같은 맥락이라 할 것이다.

윤리보다 정치적 의미에 중점 둔 기술

그렇다고 사마천이 전제 통치자들 모두를 음모의 관점에서 저평가한 것은 결코 아니다. 음모 여부는 어디까지나 윤리적 차원의 문제이지 그것이 갖는 정치적 의미를 평가절하할 필요가 없다고 보았기 때문이다. 그래서 사마천은 전씨가 실행한 정책이 제나라를 발전시키고 백성들에게 유익하게 작용하여 백성들의 환영을 받은 사실을 있는 그대로 전한다. 또 위왕과 선왕에 대해 아낌없는 찬사를 보냈다. 두 왕은 인재를 존중하고 중용했으며,

비판을 수용하고 충고를 기꺼이 들었다. 제나라는 이들의 통치력에 힘입어 강성해질 수 있었고, 사마천은 이 점을 대단히 높게 평가했다. 위왕은 전국시대를 통틀어 비교할 사람이 없을 정도로 뛰어난 군주였고, 선왕은 당대 최고의 학자와 유능한 인재들을 초빙하여 이들에게 벼슬과 집을 제공하는 등 특별히 우대했다. 사마천은 다른 것은 그만두고 이 하나만으로도 칭찬받기에 충분하다고 흔쾌히 인정한다.

다음으로는 '논평'에 주목할 필요가 있다. 여기서 사마천은 다음과 같이 평했다.

대개 공자는 만년에 《주역周易》을 즐겨 읽었다. 역易이란 학술은 대단히 심오하여 인간과 사물에 통달한 인재가 아니면 누가 마음을 쓸 수 있겠는가? 그래서 주의 태사가 전경중완田敬仲完의 점을 쳐서 10세 뒤의 일을 예견할 수 있었던 것이다. 중완이 제로 도망쳤는데 의중懿仲의 점괘도 그렇다고 하지 않았던가. 전기田乞와 전상田常이 두 국군을 범하고 제의 정치를 오로지한 것은 일의 형세가 꼭 그렇게 진행되었다기보다는 마치 미리 정해진 조짐에 따라 진행된 것 같다고나 할까.

사마천이 《사기》에 〈화식열전〉을 안배한 것을 두고 "인의를 무시하고 빈천을 부끄럽게 여긴 죄악은 죽여도 시원찮다"고 극언했던 금나라 때 학자 왕약허王若虛(1174~1243)는 이 '논평'에 대해 만약 사마천의 설에 따른다면 "난신적자들이 모두 '천명'을 가지고 빠져나가 징벌받는 자가 없을 것이니 이것이 어찌 역사가로서 할 말인가!"《사기변혹史記辨惑》)라고 질책했다. 그러나 본 편의 서술기법을 잘 살펴보면 사마천은 이곳에서 '그렇게 진행된

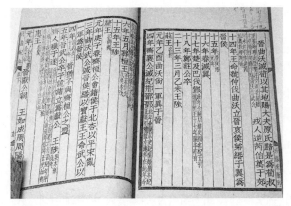

형세'를 본 것이지 미신이나 천명을 두둔한 것이 아니다. 또 '논평'에서 불
확실과 추정의 뉘앙스를 갖고 있는 '약若'과 '운云'이란 글자를 사용한 것도
신비한 설법에 대한 부정이자 사마천 나름의 기민한 풍자와 유머 감각을
드러낸 것으로 볼 수 있다.

풍부한 가로지르기 읽기 자료

〈전경중완세가〉는 진완의 조국인 진陳나라 역사를 기록하고 있는 〈진기세
가〉를 우선 참고하고, 제나라 초기 역사를 기록한 〈제태공세가〉를 다음으
로 참고해야 한다. 이와 함께 전국시대 제나라 외 다른 6국의 역사를 기록
한 〈본기〉 일부와 관련 세가 편들, 특히 〈조세가〉 〈위세가〉 〈한세가〉 등을
참고할 필요가 있다. 〈전경중완세가〉에 등장하는 일부 인물들과 관련하
여 참고할 기록들로는 〈관안열전〉 〈맹상군열전〉 〈악의열전〉 〈손자오기열
전〉 〈전단열전〉 〈소진열전〉 〈장의열전〉 등이 있다. 이 밖에 제나라를 포함
한 동방 6국의 멸망에 대해 그 역사적 교훈을 상당히 깊이 있게 다룬 글로

소순蘇洵과 소식蘇軾의 〈육국론六國論〉이 있다. (이 두 편의 글은 이 책 말미에 번역해 실어두었다.)

끝으로 한 가지 더 언급할 것은 본 편의 사실 관계 및 전제 통치자들의 세계世系와 연도 문제이다. 춘추 시기 상황은《좌전》의 기록에 근거를 두고 있는데 여기에 착오가 적지 않다. 또 태공 화和 이후 통치자들의 계승관계와 그에 따른 재위 연수 등에 있어서 본 편과 〈육국연표〉 사이에 착오가 많다. 구체적으로는 환공 오午 5년인 기원전 380년 이후 세계와 연대의 착오이다. 따라서《죽서기년竹書紀年》을 비롯하여 연구자들의 연구와 연대 고증을 참고하여 전체적으로 수정하되 주로 각주를 통해 설명했다.

배경 사건 스토리텔링

〈전경중완세가〉는 기원전 11세기 건국된 동방의 제나라가 강공 때인 기원전 389년에 이르러 전씨에게 나라를 빼앗김으로써 이른바 강씨의 제나라, 즉 '강제姜齊'가 전씨 제나라 '전제田齊'로 바뀌는 과정과 이후 기원전 221년 진秦나라에 멸망하기까지의 역사를 기록하고 있다.

본 편의 주요 사건은 진완陳完이 기원전 7세기 초 자신의 나라 진陳의 정변 와중에 제나라로 건너와 제나라 대부 의중懿仲의 딸을 아내로 맞이하고 성을 전田으로 바꾸어 정착하는 것으로 시작된다. 그 전씨 집안은 전기田乞에 이르러 백성들에게 곡식을 큰 됫박으로 빌려주고 작은 됫박으로 돌려받는 식으로 백성들의 인심을 농락하면서 가세를 불려 나갔다. 전기는 제나라의 명문 귀족인 고高씨 집안의 고소자高昭子를 죽이고 양생陽生을 도공悼公으로 옹립한 다음 자신은 상이 되어 제나라 정권을 오로지했다(기원전 5세기 초). 전기의 아들 전상田常도 상이 되어 전기가 써먹었던 방식으로 제나라의 민심을 얻었고, 정적이었던 감지監止와 자아子我를 죽이고 간공簡公까지 시해한 다음(기원전 481년) 평공平公을 즉위시키는 등 전씨 집안의 위세를 한껏 떨쳤다. 특히 전상은 제나라의 법 집행을 완전 장악하여 제나라 명문 귀족들을 잇달아 제거하고 자신의 봉지를 확대하니 평공보다 더 넓은 봉지를 소유했다. 전상은 또 100여 명의 후궁에 70명이 넘는 아들을 거느리는 등 그 권세가 절정에 이르렀다.

전상 이후 전양자田襄子, 전장자田莊子를 지나 태공太公 화和에 이르러 전씨 집안은 마침내 강제의 국군 강공康公을 몰아내고 제나라를 완전히 수중에 넣어 전제의 역사를 펼쳐 나갔다. (기원전 383년부터 기원전 357년까지 후염侯剡과 환공桓公의 사적이 본 편에서는 누락되어 있고, 위왕 이후의 연대에도 착오가 많다.)

전제의 전성기는 위왕威王과 선왕宣王 시기였다. 위왕(재위 기원전 356~기원전 320)은 즉묵卽墨 대부에게 상을 내리고 아阿 대부를 삶아 죽이는 이른바 '장일인獎一人, 팽일인烹一人'이라는 상징적인 사건을 통해 관료사회의 기풍을 바로잡는 등 내정을 개혁하고 활발한 대외정책으로 제나라를 수십 년 동안 안정시켰다. 위왕은 추기鄒忌를 기용하여 국정을 안정시키고, 명장 전기田忌와 군사 전문가 손빈孫臏을 기용하여 서쪽의 강국 위魏나라와의 전투를 잇따라 승리로 이끌어 전제 역사상 최고 전성기를 구가했다. 이 시기 제나라는 전국시대 초강국으로 부상했다.

위왕의 뒤를 이른 선왕(재위 기원전 319~301년)은 천하의 학자들을 초빙하여 직하稷下에 학궁을 열어줌으로써 전국시대 제자백가의 학술과 사상을 최고 수준으로 끌어올렸다.

민왕(湣王, 재위 기원전 300~284년)에 오면 전제는 쇠퇴기로 접어든다. 민왕은 무리한 대외 확장으로 재위기간 내내 제나라를 수세로 몰아넣었다. 특히 연나라를 중심으로 한 5국 연합군의 반격으로 나라가 거의 멸망 직전까지 갔다. 민왕은 도성을 빼앗기고 각지를 전전하다가 결국 초나라 장수 요치淖齒에게 살해당했다. 민왕이 대외정책에서 거듭 실패한 데에는 진나라의 외교전략과 소대蘇代를 비롯한 유세가들의 유세가 주효한 결과이기도 했다.

제나라가 멸망 직전까지 가는 위기상황에서 이름을 바꾸고 민간에 숨어 지내던 민왕의 태자 법장法章이 양왕(재위 기원전 283~265년)으로 즉위하여 왕후 군왕후君王后의 도움으로 나라를 어느 정도 안정시켰으나 기울어진 국력을 회복시키지는 못했다.

전제의 마지막 왕 건建은 40년이 넘도록 재위했지만(기원전 264~221년), 거의 모든 것을 진나라에 의존하는 무기력한 정책으로 일관하다가 결국 나라를 잃었다. 건이 재위하는 동안 전제의 조정은 진나라가 심어놓은 빈객(유세가)과 진나라의 회유와 뇌물에 넘어간 간신들이 판을 쳤다. 이들은 모두 진나라를 위한 첩자 노릇을 했고, 진나라가 전제를 공격해오자 속수무책으로 항복하고 말았다.

전제의 역사는 연대가 비교적 확실하고 실질적인 기원전 410년 독자적인 나라로 인정할 수 있는 도자悼子로부터 기원전 221년 마지막 왕 건까지 모두 9명의 군주가 즉위했고, 190년 동안 이어졌다.

◉ 제나라(전제) 세계표

국군	계승관계	재위(재위기간) / 주요 사건
여공厲公 타佗	환공의 동생	706~700(7) / 전제田齊의 선조인 진완의 아버지
경중敬仲 완陳完(전완田完)	여공의 아들	제나라로 이주하여 전제의 기반을 닦았다.
치맹이穉孟夷	완의 아들	
민맹장湣孟莊	치맹이의 아들	
문자文子 수무須無	민맹장의 아들	제 장공을 섬겼다.
환자桓子 무우無宇	수무의 아들	제 장공을 섬기며 총애를 받았다.
이자釐子 기乞	무우의 아들	제 경공 때 대부로 민심을 얻고 상으로 권력을 전횡했다.
성자成子 전상田常	기의 아들	제 간공을 죽이고 제의 권력을 장악했다.
양자襄子 반盤	전상의 아들	
장자莊子 백白	양왕의 아들	
도자悼子	장자의 아들?	410~405(6)
태공太公 화和(화자)	장자의 아들	404~385(20) / 제 선공의 상으로 강공을 내쫓고 권력을 장악하여 제후로 독립했다.
후염侯剡	화의 아들	384~375(10)
환공桓公 오午	후염의 동생	374~357(18)
위왕威王 인제因齊	환공의 아들	356~320(37) / 제의 전성기를 이끌었다.
선왕宣王 벽강辟疆	위왕의 아들	319~301(20) / 제의 전성기
민왕湣王 지地	선왕의 아들	300~284(17) / 제의 몰락을 초래했다.
양왕襄王 법장法章	민왕의 아들	283~265(19) / 제의 몰락
왕 건建	양자의 아들	264~221(44) / 제의 멸망

- 〈전경중완세가〉는 세계와 연대에서 다른 기록과 어긋나는 부분이 많다. 양관의 《전국사표》 등을 참고하여 다시 정리했다.
- 연대가 비교적 확실하고 실질적인 기원전 410년 독자적인 나라로 인정할 수 있는 도자로부터 기원전 221년 마지막 왕 건까지 모두 9명의 군주가 즉위했고 190년 존속했다.
- 연도는 모두 기원전이다.

◉

전완田完이 난리를 피해 제나라로 가서 도움을 청했다.

이후 5대에 걸쳐 은밀히 은혜를 베푸니 제나라 사람들이 칭찬했다.

전성자田成子 때 제나라 정권을 독점했고, 전화田和 때는 제후에 봉해졌다.

제왕 건建이 간계에 빠져 진에 항복하니 진은 그를 공으로 옮겨 살게 했다.

선왕宣王과 위왕威王이 난세임에도 홀로 주 왕실을 받든 것을 높이 평가하여

제16 〈전경중완세가〉를 지었다.

권130 〈태사공자서〉

일러두기

• 〈전경중완세가〉는 전제田齊 역사를 기록하고 있다.

• 〈전경중완세가〉에 보이는 진나라는 모두 셋이다. 진완의 조국인 진陳과 제나라를 멸망시킨 서방 강대국 진秦 그리고 춘추시대 진晉이다. 진秦은 대부분 한자병기를 하지 않고 표기했다.

• 〈전경중완세가〉에 보이는 위나라는 위魏와 위衛 둘이다. 위魏는 대부분 한자병기를 하지 않고 표기했다.

• 〈전경중완세가〉에 보이는 조나라는 조趙 하나뿐이다. 대부분 한자병기를 하지 않았다.

1
전제 정권의 건국 과정
◉

진완陳完은 진陳 여공厲公 타他의 아들[1]이다. 완이 태어났을 때 주周의 태사
太史[2]가 진陳을 지나갔는데 진 여공이 완에 대해 점을 치게 했더니 '관觀'에
서 '비否'[3]로 넘어가는 다음과 같은 점괘를 얻었다.

　"이는 나라의 광채를 보는 것이니 군왕의 상객이 되기에 유리한 괘입니
다. 그가 장차 진씨를 대신하여 나라를 누릴 것입니다. 여기에 있지 않으

1　《좌전》에 의하면 진 여공과 진타는 별개의 두 사람이다. 여공은 환공의 아들로 이름은 약躍이고
기원전 706년에서 기원전 700년까지 재위했다. 진타는 환공의 동생으로 여공의 숙부가 된다. 환공
이 죽자 진타는 환공의 태자를 죽이고 자신이 즉위했다. 이때 채蔡가 군대를 동원해 간섭하여 진타
를 죽이고 환공 태자의 동생 약을 옹립하니 이가 영공靈公이다. 〈진기세가〉와 〈십이제후연표〉 모두
본 편과 같은 착오를 하고 있다.
진완은 서주 이래 제후국으로 순임금의 후손 만滿이 첫 국군으로 봉해졌다. 도성은 지금의 하남성
회양현淮陽縣에 해당하는 완구宛丘였다. 진 여공과 진타가 별개의 두 사람이라면 진완은 누구의 아
들인가?《좌전》에 따르면 여공의 아들로 기록되어 있다.
2　태사는 제왕 곁에서 역사를 기술하고 도서를 관장하면서 천문, 역법, 점복, 제사 등을 함께 담당
했던 관직이다.
3　'관'은 아래 '곤坤' 위 '손巽' 괘로, '비'는 아래 '곤坤' 위 '건乾'으로 이루어진 괘인데, '관' 괘가 변
하여 '비' 괘로 변하는 것을 가리킨다.

면 다른 나라에 있을 것입니다. 그 자신이 있지 않더라도 그 자손이 있게 될 것입니다. 다른 나라라면 강성姜姓[4]이 틀림없을 것입니다. 강씨 성은 사악四嶽의 후손입니다. 만물의 양면이 모두 번성할 수는 없으니 진이 쇠망해야 그가 번창할 수 있을 것입니다."

여공은 진陳 문공文公의 작은아들[5]이고, 그 어머니는 채蔡 여자[6]였다. 문공이 죽고 여공의 형 포鮑가 즉위하니 이가 환공桓公이다.[7]

환공과 타는 어머니가 달랐다. 환공이 병이 나자 채 사람들이 타를 위해 환공 포와 태자 면免을 죽이고 타를 여공으로 세웠다.[8] 여공은 즉위하여 채 여자를 아내로 맞았다. 채 여자는 여러 차례 채로 가서 채 사람과 음탕한 짓을 일삼았고, 여공 또한 여러 차례 채에 갔다.

환공의 작은아들 임林이 자기 아버지와 형을 죽인 여공에게 원한을 품고 채 사람들에게 여공을 꾀게 하여 죽였다.[9] 임이 자립하니 이가 장공莊公이

---

4 춘추시대 제齊나라를 가리킨다. 제나라는 주가 은을 멸망시키고 개국하는 데 큰 공을 세운 강태공姜太公의 봉국이다. 도읍은 임치臨淄로 지금의 산동성 치박시淄博市 임치臨淄 서북에 옛터가 남아 있다. 전국시대 제나라와 구분하기 위해 통치자의 성을 따서 춘추시대 제나라를 강제姜齊, 전국시대 제나라를 전제田齊로 부르기도 한다.

5 《좌전》에 따르면 진타는 오보五父로도 기록되어 있다. 진 문공의 작은아들이자 환공의 동생이다. 따라서 진 여공은 문공의 손자가 된다. 진 문공은 이름이 어圉이고 기원전 754년에서 기원전 745년까지 10년 동안 재위했다.

6 진 환공의 부인이자 여공의 어머니는 채국 국군의 딸이다. 당시 채국의 도성은 상채上蔡(지금의 하남성 상채현 서남)이다. 그러나 진 문공의 부인, 즉 진 환공과 진타의 어머니는 채 여자가 아니다.

7 이 대목은 '진타의 형 포가 즉위하니 이가 환공이다'라고 해야 맞다.

8 이 부분 역시 《좌전》과 비교하면 착오이다. 앞서 언급한 바 있는데 《좌전》에 따르면 이렇다. 환공이 병으로 죽자 진타가 정변을 일으켜 환공의 태자 면免을 죽이고 자립했다. 태자 면의 어머니가 채후의 딸이었다. 이에 채국이 군대로 간섭하여 진타를 죽이고 태자 면의 동생 약을 세우니 이가 여공이다.

다.[10] 이 때문에 진완은 즉위하지 못하고 진의 대부가 되었다.

여공의 죽음은 음탕한 짓을 위해 자주 나라를 나갔기 때문이다. 그래서 《춘추春秋》에는 "채나라 사람이 진타陳他를 죽였다"고 했는데, 그를 나무란 것이다.

장공이 죽고 동생 저구杵臼가 즉위하니 이가 선공宣公이다(기원전 692년).

선공 21년(기원전 672년), 태자 어구禦寇를 죽였다. 어구와 진완은 서로 사랑했는데, 진완은 화가 자신에게도 미칠까 겁이 나서 제齊로 도망갔다.

제 환공桓公이 경卿으로 삼으려고 하자 "떠돌이 객이 다행히 노동을 면한 것도 국군의 은혜인데, 높은 자리를 감당할 수 없습니다"라며 사양했다. 환공은 공정工正[11]으로 삼았다.

제의 대부 의중懿仲이 딸을 진완의 아내로 삼으려고 점을 쳤더니 "이는 봉황 암수 한 쌍이 함께 힘차게 날고 우는 형국이다. 규성嬀姓의 후손[12]이 장차 강씨의 나라에서 뻗어나갈 것이다. 5세에 이르면 번창하여 정경正卿과 어깨를 나란히 할 것이고, 8세 이후에는 그와 다툴 자가 없을 것이다"라는 괘가 나왔다.

결국 딸을 완의 아내로 삼게 했다.[13] 완이 제로 도망온 것은 제 환공 14년

---

9 이 대목 또한 이렇게 바로 잡아야 한다. 환공과 그 태자를 죽인 사람은 진타이지 여공이 아니다. 채국에 의해 죽은 자는 진타이며 여공 약은 진타의 형이다. 채국이 진타를 죽인 다음 약을 국군으로 세우니 이가 여공이다. 여공은 기원전 706년부터 기원전 700년까지 재위했다.

10 이 부분의 사실은 이렇다. 여공은 재위 7년 만에 죽었다. 사후 그 동생 진임이 자리를 이으니 이가 장공이다. 장공은 기원전 699년부터 기원전 693년까지 재위했다.

11 각종 공인들과 그 기구를 관장하는 관원으로 후대의 '장작대장將作大匠'에 해당한다.

12 순임금의 후손을 가리킨다. 주 무왕이 은을 멸망시킨 다음 순의 후손인 만을 진陳에 봉했다. 진완은 이 진국 귀족의 후손이기 때문에 진완과 그 후대를 모두 '규성'이라 했다.

이었다(기원전 672년).

완이 죽자 시호를 경중敬仲이라 했다. 경중은 치맹이穉孟夷를 낳았다. 경중이 제로 갈 때 진陳을 전씨田氏로 바꾸었다.[14]

전치맹이田穉孟夷는 민맹장湣孟莊을 낳았고, 전민맹장은 문자文子 수무須無를 낳았다. 전문자田文子는 제 장공莊公을 섬겼다.

진晉의 대부 난영欒逞[15]이 진晉에서 난을 일으키고 제로 도망오자 제 장공이 그를 후하게 대했다. 안영晏嬰과 전문자가 간언했으나 장공은 듣지 않았다.

문자가 죽었다. 그는 환자무우桓子無宇를 낳았다. 전환자 무우는 제 장공을 섬겼는데 매우 총애를 받았다.

무우가 죽었다. 그는 무자개武子開와 이자기釐子乞(전기田乞)를 낳았다. 전이자기는 제 경공景公을 섬겨 대부가 되었다. 인민들에게 세금을 거둘 때는 작은 됫박으로 거두고, 인민들에게 양식을 빌려줄 때는 큰 됫박으로 주면서 은밀히 인민들에게 덕을 베풀었으나 경공은 막지 않았다. 이로써 전씨가 제에서 민심을 얻어 종족이 갈수록 강해졌고 인민은 전씨를 마음에 두었다.

---

13 《좌전》에 따르면 딸을 진완의 아내로 삼게 한 의중은 진陳나라 사람이다. 진완과 그 아내의 일은 진완이 진나라에서 도망치기 전의 일이다. 본 편에서는 이 일을 진완이 제나라로 도망친 뒤로 옮기고 의중을 제나라 사람으로 보았는데 착오이다.

14 진완이 성을 바꾼 까닭에 대해서는 역대로 말들이 많았다. 제나라로 도망온 이상 진陳이란 낡은 성을 쓸 이유가 없다는 설과 진陳과 전田이 발음이 서로 비슷하다는 설, 전을 지명으로 보는 설 등이 있다.

15 《좌전》에는 난영欒盈으로 나온다. 진晉 대부 난서의 손자로 가족 내부에 다툼이 일자 범씨가 개입하여 난영을 국외로 내쫓았다. 진晉 평공平公 6년, 제 장공莊公 2년에 해당하는 기원전 552년의 일이었다. 본 편에서는 난영이 난을 일으켜서 제나라로 도망온 걸로 기록하고 있으나 착오이다. 난영은 먼저 초나라로 도주했다가 제나라로 들어왔다.

● (왼쪽) 전제의 시조 진완(전완)의 초상.
● (오른쪽) 전씨 집안을 경계하라고 충고한 경공 시기의 대신 안영 상. 제국박물관 소장.

안자(晏子, 안영)가 여러 차례 경공에게 간했으나 경공은 듣지 않았다. 얼마 뒤 (안자가) 진晉에 사신으로 가서 숙향叔向과 개인적으로 대화하면서 "제나라의 정권이 결국은 전씨에게 돌아갈 것이오"라 했다.

안영이 죽은 뒤 범씨, 중항씨가 진晉을 배반했다.[16] 진晉의 공격이 심해

---

16 기원전 497년의 사건으로 범씨는 범길석范吉射, 중항씨는 중항인中行寅을 가리킨다. 모두 진나라의 대귀족으로 조씨 집안과의 갈등 때문에 조앙趙鞅을 공격하자 지씨知氏·한씨韓氏·위씨魏氏가 연합하여 범씨와 중항씨에게 반격을 가해 조가朝歌(지금의 하남성 기현淇縣)로 몰아냈다. 《좌전》(정공 13년 조)과 〈진세가〉〈조세가〉 참고.

● 경공 시기의 유적으로 추정되는 제나라 마차갱馬車坑. 산동성 치박시淄博市 임치구臨淄區 고마차古馬車박물관 소장.

지자 범씨와 중항씨가 제에 식량을 요청했다. 전기田乞가 난을 일으키고자 제후들 틈에 당파를 심을 생각에 경공에게 "범씨와 중항씨는 여러 차례 제에 덕을 베풀었으니 제가 구해주지 않으면 안 됩니다"라고 했다. 제는 전기에게 그들을 구하라 하고 식량을 보냈다.

경공의 태자가 죽었다. 그 뒤 예자芮子라는 총희寵姬가 있어 아들 도茶를 낳았다. 경공은 병이 들자 상국 국혜자國惠子와 고소자高昭子[17]에게 아들 도를 태자로 세우라고 명령했다.

---

17 국씨와 고씨는 제나라 양대 세습 대귀족으로 흔히 노나라의 실세 집안이었던 삼환三桓에 비견된다. 대대로 제나라의 상相 자리를 독점하며 실세로 행세했다. 관중과 안영 등이 상을 맡았다고 기록하고 있지만 일시적으로 권력을 잡았을 뿐 실질적으로 상을 맡은 적은 없다.

경공이 죽자 두 국상은 도를 즉위시켰다(기원전 490년). 이가 안유자嬰孺子이다. 그러나 전기는 탐탁지 않게 여기고 경공의 다른 아들 양생陽生을 세우려 했다. 양생은 평소 전기와 잘 지냈다. 안유자가 즉위하자 양생은 노魯로 도망갔다. 전기는 거짓으로 고소자와 국혜자를 섬겼는데, 매번 입조 때마다 수레에서 (그들을) 모시면서 "처음 여러 대부들이 유자를 세우지 않으려 했습니다. 유자가 즉위하고 그대들이 국상이 되니 대부들이 모두 스스로 위기를 느껴 반란을 꾀하고 있습니다"라고 했다. 또 대부들에게는 "고소자는 무서운 자이니 움직이기 전에 선수를 칩시다"라고 하니 대부들이 그를 따랐다.

전기, 포목鮑牧이 대부들과 군대를 이끌고 공실로 들어갔다.[18] 국소자가 이를 듣고는 국혜자와 공(경공)을 구했지만 공의 군대가 패했다. 전기의 무리가 국혜자를 추격하자 국혜자는 거莒로 달아났고, 고소자와 안어晏圉는 노로 달아났다.

전기가 사람을 노로 보내 양생을 맞이했다. 양생이 제에 와서 전기의 집에 숨었다. (전기가) 여러 대부들을 청하여 "전상田常의 어미가 제사를 지낸다 하니 오셔서 함께 드시면 좋겠습니다"라고 하여 전씨 집에 모여 먹고 마셨다.

전기는 양생을 자루에 넣어 자리의 한가운데 놓아두었다. 자루가 풀리고 양생이 나오자 (전기는) "이분이 바로 제의 국군이십니다!"라고 했다. 대부들이 모두 엎드려 인사를 올렸다. 맹서하고 양생을 옹립하려는데 전기

---

18 포씨 집안 또한 제나라의 대귀족이다. 포목은 '관포지교管鮑之交'의 주인공으로 이름난 포숙鮑叔의 후손이다. 공실公室이란 제나라 국군 안유자嬰孺子의 궁실을 말한다.

가 "내가 포목과 함께 양생을 옹립하기로 모의한 것이오"라고 거짓말을 했다. 포목이 화를 내며 "대부는 경공의 명을 잊었소?"라고 했다. 대부들이 마음을 돌이키려 하자 양생이 머리를 조아리며 "세울 만하면 세우시고, 그렇지 못하면 그만두십시오!"라고 했다. 포목이 화가 자신에게 미칠까 두려워 바로 "다 같은 경공의 아들인데 누군들 안 되겠습니까!"라고 말을 바꾸었다.

마침내 전기의 집에서 양생을 옹립하니 이가 도공悼公이다. 바로 사람을 시켜 안유자를 태駘로 옮겼다가 유자 도를 죽였다. 도공이 즉위하니 전기가 재상이 되어 제의 정치를 오로지했다.

4년(기원전 485년), 전기가 죽고 아들 상常이 뒤를 이으니 이가 전성자田成子이다.

포목이 제 도공과 틈이 벌어져 도공을 시해했다.[19] 제 사람들이 함께 그 아들 임壬을 옹립하니 이가 간공簡公이다. 전상田常 성자成子와 감지監止가 좌우 상相을 나누어 맡아 간공을 도왔다. 전상이 내심 감지를 질투했으나 감지가 간공의 총애를 받고 있어 권력을 빼앗을 수 없었다. 그래서 전상은 다시 이자釐子 때 정치를 이용하여 큰 됫박으로 양식을 빌려주고 작은 됫박으로 돌려받았다. 제 사람들은 "할머니가 뜯은 나물, 전성자에게 보내리!"라고 노래를 불렀다. 제 대부들이 입조하자 어앙御鞅은 간공에게 "전성자와 감지는 함께 두어서는 안 됩니다. 국군께서는 선택하십시오"라고 했으나 국군은 듣지 않았다.

---

19 이 사건은 《좌전》에 따르면 애공 8년, 즉 제 도공 2년인 기원전 487년의 일인데, 여기에는 도공이 포목을 죽인 걸로 나온다. 애공 10년, 즉 제 도공 4년에 제나라 사람이 도공을 죽였다고 되어 있다. 여기서 말하는 제나라 사람이란 전상田常 일당을 가리킨다고 보아야 할 것이다. 본 편의 착오이다.

자아子我는 감지의 동족으로[20] 평소 전씨와 틈이 벌어져 있었다. 전씨의 먼 친척 전표田豹는 자아를 섬겨 총애를 받았다. 자아가 "내가 전씨 적손들을 모조리 없애고 전표를 전씨 종가로 만들려고 한다"라고 했다. 전표가 "신은 전씨와는 멉니다"라고 했으나 듣지 않았다. 이에 전표는 전씨에게 "자아가 전씨를 죽이려 하니 전씨가 선수치지 않으면 화를 당할 것이오"라고 했다.

자아가 (간공의) 궁중에 머무르고 있을 때 전상 형제 넷이 궁중으로 마차를 몰아 자아를 죽이려 했다. 자아가 궁실 문을 닫았다. 간공은 부인과 단대檀臺에서 술을 마시고 있다가 전상을 공격하려 했다. 태사 자여子餘가 "전상은 감히 난을 일으키지 못합니다. 해를 제거하려는 것입니다"라고 하자 간공이 그만두었다. 전상이 나와서는 간공이 화가 났다는 이야기를 듣고는 죽을까 두려워 도망치려 했다. 전자행田子行이 "머뭇거림은 실행의 적입니다"라고 했다. 전상이 이에 자아를 공격했다. 자아도 그 무리를 이끌고 전씨를 공격했으나 이기지 못하고 도망쳤다. 전씨의 무리가 추격하여 자아와 감지를 죽였다.

간공은 도망쳤고, 전씨 무리들은 간공을 뒤쫓아가 서주徐州에서 간공을 잡았다. 간공이 "진작에 어앙의 말을 들었더라면 이런 재난은 만나지 않았을 것을!"이라고 했다. 전씨 무리가 간공이 다시 즉위하여 자기들을 죽일까 겁이 나서 마침내 간공을 죽였다.

간공은 즉위 4년 만에 죽었다(기원전 481년). 이에 전상은 간공의 동생 오

---

20 자아는 제나라 대부로 감지의 동족이 아니라 동일 인물로 본다. 또 〈중니제자열전〉에서는 자아라는 자를 가진 공자의 제자 재여宰予라고 보는데 이 또한 잘못이다.

鶩를 세우니 이가 평공平公이다. 평공이 즉위하자 전상은 상이 되었다.

전상은 제후들이 공모해 자신을 죽일까 두려워 빼앗았던 노·위衛의 땅을 전부 돌려주는 한편, 서쪽으로 진晉·한韓·위魏·조趙와 맹약하고, 남으로는 오吳와 통하고 월越에 사신을 보냈다. 공을 따져 상을 주고 백성들과 친하게 지내니 제는 다시 안정되었다.

전상이 제 평공平公에게 "덕을 베푸는 것은 사람들이 하고 싶어 하는 일이니 국군께서 그것을 행하시면 되고, 형벌은 사람들이 싫어하는 것이니 신이 행하면 됩니다"라고 했다. 이렇게 5년을 시행하니 제나라의 정치가 모두 전상에게로 돌아갔다. 전상이 이에 포鮑, 안晏, 감지監止 및 공족들 중 힘 있는 자들을 모두 죽이고, 제의 안평安平 동쪽에서 낭야郎邪에 이르는 땅을 떼어 자신의 봉읍으로 삼았다. 봉읍이 평공의 식읍보다 컸다.

전상이 제나라 내 키가 7척이 넘는 여자들을 후궁으로 뽑았는데, 후궁이 1백을 헤아렸다. 그리고 빈객과 사인들의 후궁 출입을 금하지 않았다. 전상이 죽었을 때 70여 명의 아들이 있었다.²¹

전상이 죽자 아들 양자반襄子盤이 뒤를 이어 제의 재상이 되었다. 전상의 시호를 성자成子라 했다.

전양자田襄子가 제 선공宣公의 상이 되었을 때 삼진三晉은 지백知伯을 죽이고 그 땅을 나누었다.²² 양자는 그 형제 종족들을 모두 제 도읍의 대부가 되게 했고, 또 삼진과 사신을 주고받으면서 제나라를 차지하려 했다.

---

21 전상이 죽었을 때 70여 명의 아들이 있었다는 부분에 대해서도 역대로 말들이 많았다. 사마천이 느닷없이 이 내용을 삽입한 것은 난신적자 전상을 비난하기 위한 것으로 보는 견해도 있다. 앞부분에서 키 큰 후궁을 1백여 명이나 맞아들인 전상의 기이한 취향과 빈객 등의 후궁 출입을 막지 않음으로써 자식들이 많아졌음을 암시한 것도 같은 맥락으로 볼 수 있다.

양자가 죽고 아들 장자莊子 백白이 뒤를 이었다. 전장자田莊子는 제 선공의 상이 되었다.

선공 43년(기원전 413년), 진晉을 쳐서 황성黃城을 허물고 양호陽狐를 포위했다.

이듬해, 노, 갈葛, 안릉安陵을 쳤다.

이듬해, 노의 성 하나를 취했다.

장자가 죽고 아들 태공太公 화和가 뒤를 이었다.[23] 전태공은 제 선공宣公의 상이 되었다.

선공 48년(기원전 408년), 노의 성郕을 취했다.

이듬해, 선공은 정鄭 사람들과 서성西城에서 회맹하고, 위衛를 쳐서 무구毋丘를 취했다.

선공이 51년(기원전 405년)에 죽고, 전회田會가 늠구廩丘에서 반란을 일으켰다.

---

22 진나라 6경 중 범씨와 중항씨가 다른 네 집안에게 먼저 멸족되었다. 남은 네 집안 중에서는 지씨가 가장 강력했다. 지씨는 힘만 믿고 한·조·위 세 집안에게 무리하게 땅을 요구하다가 세 집안에게 역공을 당해 멸망했다. 이 사건은 진 출공 22년, 제 선공 3년인 기원전 453년에 발생했다. 그 경위는 《전국책》(조책1)과 〈조세가〉에 비교적 상세히 기록되어 있다.

23 태공 화는 이름이 지知이고, 태공은 전씨의 후손들이 붙여준 호칭이다. 그런데 《죽서기년》에 따르면 전장자田莊子가 죽고 이듬해 전도자田悼子가 즉위했으며, 도자가 죽자 그다음으로 전화田和가 즉위했다고 되어 있다. 또 전화 다음에는 전후염田侯剡이 나온다. 《죽서기년》의 기록과 함께 《장자莊子》와 《귀곡자鬼谷子》의 기록을 함께 참고하면 전성자가 제나라 국군을 죽인 다음 전씨는 12대로 나온다. 이는 본 편의 10대와 어긋난다. 그런데 《죽서기년》의 기록대로 도자와 후염을 보태면 12대가 된다. 이 설을 전국시대 연구자들이 널리 채용하고 있다. 이에 따라 이후 전씨 정권의 통치자와 그 연대를 보정한다. 다시 말해 도자는 기원전 410년부터 기원전 405년까지 집권했고, 전화는 기원전 404년부터 기원전 384년까지 재위했으며(이 사이 기원전 386년에 제후를 칭한다), 후염은 기원전 383년부터 기원전 375년까지 재위한 것이 된다.

◉ 태공 화 때의 기물로 추정하는 '자화자동부자禾子銅釜'(왼쪽)와 그 명문(오른쪽). 명문은 형법에 관한 것이며, 화和가 화禾로 적혀 있다. 중국 국가박물관 소장.

선공이 죽고 아들 강공康公 대貸가 섰다. 대는 14년(기원전 391년) 재위하면서 술과 여자에 빠져 정사를 돌보지 않았다. 이에 태공은 강공을 해상海上으로 옮겨 성 하나를 식읍으로 주어 선조의 제사를 받들게 했다.[24]

이듬해(기원전 390년), 노가 제를 평륙平陸에서 패배시켰다.

3년(기원전 388년),[25] 태공이 위魏 문후文侯와 탁택濁澤에서 회맹하여 제후로 인정해줄 것을 요구했다. 위 문후[26]는 바로 사자를 보내 주 천자와 제후에게 알리면서 제의 상 전화田和를 제후로 삼을 것을 청했다. 주 천자가 이

---

24 바닷가의 성이 어디인지는 알 수 없지만 이로써 제나라 정권은 완전히 전씨 수중으로 들어간 것으로 보인다. 〈제태공세가〉와 〈육국연표〉에도 같은 내용이 보인다.
25 이 숫자가 어떻게 나왔는지 알 수 없지만 대체로 강공 16년인 기원전 389년으로 추정한다.
26 위 문후는 맥락으로 보아 위 무후가 옳다.

를 허락했다.

강공 19년(기원전 386년), 전화가 제의 후가 되어 주 왕실의 제후 반열에 올랐고, 그해를 원년으로 삼았다.

2
위왕, 선왕 시기 전제의 전성기
◉

제후 태공 화는 즉위 2년(기원전 385년)에 죽고 아들 환공桓公 오午가 즉위했다.[27]

환공 오 5년[후염侯剡 5년 기원전 380년], 진秦·위魏가 한韓을 공격하자 한이 제에 구원을 청했다. 제 환공이 대신들을 불러 모의하길 "일찍 구원할 것인가, 늦게 구원할 것인가?"라고 했다. 추기騶忌는 "구원하지 않느니만 못합니다"라 했고, 단간붕段干朋은 "구원하지 않으면 한은 바로 몸을 굽혀 위로 편입될 것이니 구하는 것만 못합니다"라고 했다. 전신사田臣思는 "틀렸습니다, 그대들의 생각이! 진·위가 한을 공격하면 초·조가 반드시 구할 것이니 이는 하늘이 연을 제에게 주는 것입니다"라고 했다. 환공이 "좋소!"라 하고는 바로 한의 사자에게 은밀히 알리고 돌려보냈다. 한은 제의 구원을 얻었다고 생각하고는 진·위와 싸웠다. 과연 초·조가 이를 듣고는 병사를 일으켜 구원했다. 제는 이참에 군대를 일으켜 연나라를 기습하여 상구桑丘를 취했다.

---

27 앞서 언급한 대로 '환공 오'가 아니라 '후염'이 즉위한 것으로 보정하고 이후 보정된 연대는 본문에서 [ ] 안에 표기했다.

◉ (왼쪽) 전제 정권의 전성기를 이끈 제 위왕 상. 제국박물관 소장.
◉ (오른쪽) 제 장성의 일부분.산동성 거현莒縣에서 바라본 모습이다.

6년[후염 6년 기원전 379년], 위衛를 구원했다. 제 환공이 죽고 아들 위왕威
王 인제因齊가 즉위했다. 이해에 옛날 제 강공이 죽었다. 후손이 끊어져 없
었으므로 봉읍이 모두 전씨에게 편입되었다.

제 위왕 원년[후염 7년 기원전 378년], 삼진이 제의 국상을 이용하여 제의
영구靈丘를 쳤다.

3년[기원전 376년], 삼진이 진晉을 멸망시키고 그 땅을 나누었다.

6년[환공桓公 2년 기원전 373년], 노가 제를 토벌하여 양관陽關까지 들어왔
다. 진晉이 제를 쳐서 박릉博陵에 이르렀다.

7년[환공 3년 기원전 372년], 위衛가 제를 쳐서 설릉薛陵을 취했다.

9년[환공 5년 기원전 370년], 조가 제를 공격하여 견甄을 취했다.

위왕이 처음 즉위한 이후[기원전 356년] 나라를 다스리지 않고 경대부에
게 정치를 맡겼다. 9년 동안 제후들이 서로를 공격했고 국인들은 다스려

지지 않았다. 이에 위왕은 즉묵卽墨 대부[28]를 불러 이야기를 나누길 "그대가 즉묵에 부임하고부터 날마다 헐뜯는 말이 날아들었소. 그러나 내가 사람을 시켜 즉묵을 살피게 했더니 밭과 들은 잘 개간되어 있고, 인민은 넉넉하고, 관청에는 밀린 일이 없어 동쪽 지역이 평안했소. 이는 그대가 칭찬을 구걸하려고 내 측근들을 받들지 않았기 때문이오"라 하고는 1만 가를 봉했다. 아阿 대부[29]를 불러서는 "그대가 아를 지키고부터 날마다 칭찬의 소리가 들렸다. 그러나 사람을 시켜 아를 살피게 했더니 밭과 들은 개간되어 있지 않고, 인민은 가난하고 힘들어하고 있었다. 전날에 조가 견을 공격했을 때 그대는 구원하지 않았고, 위가 설릉을 취했는데도 그대는 알지 못했다. 이는 그대가 내 측근들에게 뇌물을 잔뜩 주어 칭찬을 구걸했기 때문이다"라 하고는 바로 그날로 아 대부를 삶아 죽이고, (아 대부를) 칭찬했던 측근들도 모두 삶아 죽였다.[30]

이리하여 군대를 일으켜 서쪽으로 조·위衛를 치고, 탁택濁澤에서 위魏를 패배시키고 혜왕惠王을 포위했다. 혜왕은 관觀을 바치고 강화를 요청했고,

---

28 즉묵 지방의 행정 장관을 말한다. 즉묵은 제나라 5도五都의 한 곳으로 지금의 산동성 평도현平度縣 동남에 해당한다. 제나라의 '도都'는 다른 나라의 '군郡'에 해당한다. 《산동풍물지山東風物志》에 보면 즉묵고성은 평도의 고현향古峴鄕 대주모大朱毛, 속칭 주모성朱毛城 일대로 추정한다. 서한시대 교동강왕膠東康王 유기劉寄가 이곳에 도읍을 정했기 때문에 강왕성이라고도 한다. 고성은 내성과 외성으로 구분되어 있고 흙을 단단히 다진 대단히 견고한 성 담장이 남아 있다.
29 아 지방의 행정 장관을 말한다. 아 또한 제나라 5도의 한 곳으로 산동성 양곡현陽谷縣 동북으로 추정한다.
30 위왕은 즉묵 대부에게는 상을 내리고, 아 대부는 팽형으로 죽였다. 이것이 '장일인奬一人, 팽일인烹一人'의 고사인데, '한 사람에게는 상을 내리고 한 사람은 삶아 죽임'으로써 제나라 공직의 기강을 바로잡고 제나라를 강하게 만들었음을 칭송하는 의미를 내포한다.

조 사람들은 제의 장성을 돌려주었다.[31] 이에 제나라의 모든 사람이 놀라고 두려워 누구도 감히 잘못을 감추려 하지 않았고, 충성을 다해 있는 힘을 다하니 제나라가 크게 다스려졌다. 제후들이 이를 듣고는 20년 넘게 제나라에 감히 군대를 몰고 오지 못했다.[32]

추기자鄒忌子가 거문고 연주로 위왕을 만났는데, 위왕이 기뻐하여 그를 오른쪽 방에 머물게 했다. 시간이 지나 위왕이 거문고를 연주하자 추기자가 방문을 밀고 들어오며 "좋습니다, 거문고 연주가!"라고 했다. 왕이 발끈 기분 나빠하면서 거문고를 치우고 검을 꽉 쥐면서 "그대는 내가 거문고를 타는 모습만 보고 소리는 제대로 듣지 않았는데 어떻게 잘 타는지를 알 수 있단 말이오?"라고 했다. 추기자는 "무릇 대현大弦의 소리가 웅장하면서 온화한 것이 군주의 기상이고, 소현小弦의 소리가 맑고 깨끗한 것이 재상의 소리이며, 줄을 누르는 손가락이 팽팽하고 힘 있고 줄을 놓는 손가락은 느긋한 것이 나라의 정령政令과 같습니다. 소리가 조화롭고 울림이 있으며, 대현과 소현의 소리가 서로를 받쳐주고, 완만하게 돌면서도 방해하지 않는 것이 사계절이 돌고 도는 듯합니다. 제가 이로써 연주가 좋다는 것을 압니다'라고 했다.

왕이 "소리를 잘 아시는구려"라고 하자 추기자는 "어찌 소리뿐이겠습니까? 무릇 나라를 다스리고 인민을 어루만지는 것도 다 그 안에 있습니다"

---

31 앞의 사건은 다른 기록들과 대조한 결과 사실이 아닌 것으로 보인다. 제나라가 관에서 위나라를 압박한 것은 이듬해로 보는 견해도 있다. 제의 장성은 서쪽 평음현平陰縣에서 시작하여 동으로 태산泰山 북쪽 기슭을 지나 교남현膠南縣 낭야대琅邪臺 해변에까지 이르는 것으로 조사되었다. 여기서 말하는 곳은 조나라가 차지했던 서쪽 부분이다.
32 이 부분은 앞서 '장일인, 팽일인'과 연계된 내용으로 위왕이 조정의 기강을 잡음으로써 제나라가 안정되었다는 것을 강조한 대목이다. 〈골계열전〉과 《회남자》에 관련 내용이 보인다.

● (왼쪽) 제국박물관에 전시되어 있는 순우곤의 초상. 추기자에게 충고한 순우곤은 〈골계열전〉에서 위왕에게 술을 자제하라고 충고하기도 한 인물이다.

● (오른쪽) 추기자가 위왕을 만난 고사를 그린 정통 만화책의 표지. 추기자는 음률로 위왕에게 통치의 이치를 설파했다. 추기자는 민간설화에서 미남자로도 유명하다.

라고 했다. 왕이 다시 발끈 기분이 나빠져 "오음의 이치로 말하자면 확실히 선생만 한 사람이 없을 것이오. 그러나 나라를 다스리고 인민을 어루만지는 일이 악기(음악)와 무슨 관계란 말이오?"라고 했다.

추기자가 이렇게 말했다.

"무릇 대현大弦의 소리가 웅장하면서 온화한 것이 군주의 기상이고, 소현小弦의 소리가 맑고 깨끗한 것이 재상의 소리이며, 줄을 누르는 손가락은 팽팽하고 힘이 있고 줄을 놓는 손가락은 느긋한 것이 나라의 정령과 같습니다. 소리가 조화롭고 울림이 있으며, 대현과 소현의 소리가 서로를 받쳐주고, 완만하게 돌면서도 방해하지 않는 것이 사계절이 돌고 도는 듯합니다. 다시 반복되지만 흩어지지 않으니 다스림이 번창합니다. 연주가 일관되면서도 유창하니 위기가 안정됩니다. 이렇기 때문에 거문고의 소리가 조화를 이루면 천하가 다스려진다고 하는 것입니다. 무릇 나라를 다스리고 인민을 이끄는 것으로 오음만 한 것이 없습니다."

왕이 "훌륭하오!"라고 했다.

추기자가 (위왕을) 만나고 석 달 만에 상의 도장을 받았다.

순우곤淳于髡이 그를 만나서는 "말씀을 잘하시는구려! 이 곤에게 어리석은 생각이 있는데 앞에서 한번 늘어놓고자 합니다"라고 하자 추기자가 "삼가 가르침을 받겠습니다"라고 했다.

순우곤이 "온전히 할 일을 다하면 온전히 번창할 것이오, 온전히 할 일을 못 하면 완전히 망할 것입니다"라고 하자 추기자는 "삼가 가르침을 단단히 기억하여 멀어지지 않도록 하겠습니다"라 했다.

순우곤이 "돼지기름을 대추나무로 만든 바퀴 축에다 바르는 것은 축이 잘 돌아가게 하기 위한 것인데 네모 난 구멍에다 축을 박으면 (기름을 칠해도) 잘 돌아가지 않습니다"라고 하자 추기자는 "삼가 가르침을 단단히 기억하여 좌우 사람들과 잘 지내도록 하겠습니다"라고 했다.

순우곤이 "아교를 활 몸체에다 바르는 것은 몸체를 잘 접합시키기 위한 것이지만 갈라진 틈을 메울 수는 없습니다"라고 하자 추기자는 "삼가 가르침을 단단히 기억하여 제 자신이 만민들과 가까워지도록 하겠습니다"라고 했다.

순우곤이 "여우 가죽으로 만든 옷이 해어졌다고 누런 개가죽으로 기우면 안 됩니다"[33]라고 하자 추기자는 "삼가 가르침을 단단히 기억하여 군자를 모시고 소인들이 그 사이에 섞이지 않도록 하겠습니다"라고 했다.

---

33 호구수폐狐裘雖敝, 불가보이황구지피不可補以黃狗之皮. 당시 유행하던 속담으로 '구미속초狗尾續貂(개꼬리로 담비를 대신하다)'라는 사자성어를 파생시켰다.

순우곤이 "수레가 아무리 커도 균형을 잡지 않으면 평소 싣는 것만큼 실을 수 없고, 거문고나 가야금도 음을 맞추지 않으면 오음을 제대로 낼 수 없습니다"라고 하자, 추기자는 "삼가 가르침을 단단히 기억하여 법률을 잘 정비하고 간사한 관리들을 잘 감독하겠습니다"라고 했다.

순우곤이 이야기를 마친 다음 빠른 걸음으로 문에 이르러 그 노복을 보면서 "이 사람이 말이다. 내가 이야기를 나누면서 미묘한 말을 다섯 개나 했는데도 바로바로 내게 딱 맞게 응답하는 것이 조만간 틀림없이 땅을 받을 것이다"라고 했다. 1년 뒤 하비下邳 땅을 받고 성후成侯라 불렸다.[34]

위왕 23년〔위왕 원년 기원전 356년〕, 조왕과 평륙에서 회맹했다.

24년〔위왕 2년 기원전 355년〕, 위왕魏王과 교외에서 사냥을 했다. 위왕이 "왕께도 보물이 있지요?"라고 묻자 위왕威王은 "없습니다"라고 했다.

양왕梁王〔위왕〕이 "과인의 나라는 작지만 직경이 한 치나 되는 구슬 열 개가 앞뒤로 번쩍이는 수레가 12승이나 있는데 어째서 만 승의 나라에 보배가 없다고 하십니까?"라고 했다.

위왕威王은 "과인이 보물이라고 하는 것은 왕과는 다릅니다. 과인에게 단자檀子라는 신하가 있습니다. 그에게 남쪽 성을 지키게 했더니 초 사람들이 감히 동쪽을 침범하지 못했고, 사수泗水 주변의 열두 제후가 조회를 드리러 왔습니다. 나의 신하로 반자肦子가 있습니다. 그에게 고당高唐을 지키게 했더니 조 사람들이 감히 동쪽 황하에서 고기를 잡지 못했습니다. 나에게 검부黔夫라는 관리가 있습니다. 그에게 서주徐州[35]를 지키게 했더니 연 사람들은 북문에, 조 사람들은 서문에 제사를 드렸고, 그를 따르는 무리가

---

34 성후는 추기의 작위인데 성成은 춘추시대 나라 이름이다. 고성이 산동성 영양寧陽에 있었다.

7천 가가 넘었습니다. 나의 신하로 종수種首가 있습니다. 그에게 도적을 막게 했더니 길에 물건이 떨어져도 줍지 않게 되었습니다. (이들이) 천하를 비추는데 어찌 12승의 수레에 비기겠습니까?"라고 했다. 양梁 혜왕惠王이 부끄러워 기분 나빠하며 가버렸다.[36]

26년[위왕 4년 기원전 353년], 위 혜왕이 한단邯鄲을 포위하자 조가 제에 구원을 청했다. 제 위왕이 대신들을 불러 상의하며 "구원하는 것이 낫겠소, 하지 않는 게 낫겠소?"라고 했다. 추기자는 "구원하지 않는 것이 낫습니다"라 했고, 단간붕段干朋은 "구원하지 않으면 의리도 아니고 불리합니다"라고 했다. 위왕이 "어째서 그렇소?"라고 하자 이렇게 대답했다.

"대저 위씨(위나라)가 한단을 합병하는 것이 우리 제에 무슨 이로움이 있겠습니까? 그리고 조를 구원하러 나서 교외에 군대를 주둔시키면 조는 공격을 받지 않고, 위는 철수하여 군을 보전하게 됩니다. 따라서 남쪽으로 양릉襄陵을 공격하여 위를 약하게 만드느니만 못합니다. 한단이 함락되더라도 위가 지친 틈을 탈 수 있기 때문입니다." 위왕은 그 계책에 따랐다.

그 뒤 성후成侯 추기騶忌와 전기田忌의 사이가 좋지 않았다. 공손열公孫閱이 성후 추기에게 "공께서는 왜 위를 토벌할 계획을 세우지 않으십니까? (위를 토벌하게 되면) 틀림없이 전기가 장수가 될 것인데, 싸워 이겨서 공을 세우면 공의 계획이 적중한 것이 되고, 싸워 이기지 못할 경우 전사하지

---

35 서주의 위치에 대해 산동성 등현滕縣 남쪽, 즉 과거 설현薛縣이라는 설이 있는데 본문의 내용과 맞지 않는다. 하북성 대성현大城縣이라는 설의 경우는 너무 서북쪽에 치우쳐 있어 제나라 세력이 도달하기 불가능하다. 대체로 산동성 서북부와 하북성 동남부 일대라야 합리적으로 이해된다. 그래야 연과 조 두 나라를 동시에 위협할 수 있기 때문이다.

36 이 고사는 《한시외전韓詩外傳》(권10)에도 보이는데, 제 위왕이 선왕으로 기록된 것 외에는 모두 같다. 비슷한 고사가 《설원說苑》(신술臣術 편)에도 보인다.

않으면 후퇴하는 것이니 (전기의) 목숨이 공에게 달려 있게 할 수 있습니다"
라고 했다.

이에 성후는 위왕에게 말했고, 전기에게 남으로 양릉을 공격하게 했다. 10월, 한단이 함락되었다. 제가 이 틈에 병사를 일으켜 위를 공격하여 계릉桂陵에서 대패시켰다.[37] 이리하여 제가 제후들 중에서 가장 강해져 왕으로 자칭하며 천하를 호령했다.[38]

33년[위왕 11년 기원전 346년], 대부 모신牟辛을 죽였다.

35년[위왕 13년 기원전 344년], 공손열이 또 성후 추기에게 "공께서는 왜 사람을 시켜 10금을 가지고 저자거리에서 점을 치게 하면서 '내가 전기의 사람이다. 우리가 세 번 싸워 세 번 승리하여 그 명성과 위세가 천하를 울리고 있다. 큰일을 벌이려고 하는데 길하겠는가, 불길하겠는가'라고 말하게 하지 않으십니까?"라고 일렀다.

점을 친 자가 나오자 사람을 시켜 점을 친 자를 잡아들여 왕이 있는 곳에서 그 내용을 일러바치게 했다. 전기가 이를 듣고는 그 무리를 이끌고 임치臨淄를 습격하여 성후를 찾았으나 이기지 못해 달아났다.[39]

---

37 계릉전투를 가리키는 대목이다. 계릉은 위의 현으로 지금의 하남성 장원長垣 서북으로 추정된다. 당시 위나라의 사령관은 방연龐涓이었고, 제나라 쪽은 전기田忌 외에 손빈孫臏이 참모로 참전했다. 이 전투에서 제나라는 손빈이 제안한 '위나라를 포위하여 조나라를 구한다'는 '위위구조衛魏救趙'의 전술에 따라 위나라를 계릉에서 대파했다. 다소 출입이 있지만 〈손자오기열전〉을 참고하면 된다. 다만 《전국책》(제책 1)에 기록된 관련 기사에는 관여한 인물과 시각이 다소 다르게 나타난다. 어느 쪽이 되었건 이 전투 이후 위나라가 큰 타격을 입은 것만은 틀림없다.

38 이 대목은 그 아래 마릉전투 다음으로 가야 역사적 사실과 문맥이 통한다. 계릉전투에서 패한 위나라 국력은 현격하게 저하되었다. 위나라는 기원전 341년 다시 마릉전투에서 방연이 죽고 태자 신이 포로로 잡히는 참패를 당했다. 이로써 제나라는 일약 최강국으로 부상했다. 제나라가 왕으로 칭한 해는 이보다 앞선 기원전 334년으로 위 혜왕과 서주에서 회맹할 때이다.

● 서방의 강국 위나라를 잇달아 물리침으로써 제나라의 패권에 큰 역할을 한 앉은뱅이 군사 전문가 손빈의 상. 천진天津 고문화거리에 있다.

36년〔위왕 14년 기원전 343년〕, 위왕이 죽고 아들 선왕宣王 벽강辟彊이 즉위했다.

선왕 원년〔위왕 15년 기원전 342년〕, 진이 상앙商鞅을 기용했다. 주가 진 효공孝公에게 패주覇主의 칭호를 내렸다.

2년〔위왕 16년 기원전 341년〕, 위가 조를 공격했다. 조가 한과 화친하고 함께 위를 공격했다. 조가 불리하여 남양南梁에서 패했다. 선왕이 전기를 불러 옛날 자리로 복귀시켰다.[40] 한이 제에 구원을 요청했다. 선왕이 대신들

---

39 이 대목은 공손열이 추기를 도와 전기를 모함한 사건을 가리킨다. 《전국책》에서 성후가 전기를 장수로 삼은 사실과 연결된다. 그러나 전기가 임치를 습격했다는 내용에서는 《사기》와 《전국책》은 차이가 난다.
40 이 무렵 전기가 다른 나라로 도망갔다는 것은 사실과 어긋난다는 지적이 많다. 전기가 다른 나라로 도망간 것은 마릉전투 이후의 일이다.

● 제나라 왕의 무덤인 사왕릉四王陵. 앞쪽 네 봉우리 중 맨 왼쪽이 위왕의 무덤으로 전한다. 산동성 치박시淄博市 임치구臨治區에 있다.

을 불러 "일찍 구원하는 것이 낫소, 늦게 구원하는 것이 낫소?"라고 의논하자 추기자는 "구원하지 않는 것만 못합니다"라 했다. 전기는 "구하지 않으면 한은 바로 몸을 굽혀 위로 편입될 것이니 일찍 구하는 것만 못합니다"라고 했다.

　손자孫子(손빈)는 "한과 위의 병사가 지치지 않았는데 구원하는 것은 우리가 한을 대신하여 위의 군대를 상대하는 것으로, 돌아보면 우리가 한의 명을 듣는 것이 됩니다. 그리고 위에 한나라를 깨고자 하는 의지가 있고 한은 멸망이 눈에 보이면 틀림없이 동쪽의 우리에게 하소연할 것입니다. 우리는 그때 한과 단단히 화친하고 위가 지쳐서 견디기 힘들 때 공격하면 큰 이익과 귀한 명성을 얻을 수 있을 것입니다"라고 했다. 선왕이 "좋소"라 했다.

　바로 한의 사자에게 은밀히 알린 다음 보냈다. 한은 제를 믿고 다섯 번 싸웠으나 이기지 못하고 동으로 제에 나라를 맡겼다. 이에 제는 군대를 일

◉ (왼쪽)제 선왕을 묘사한 벽돌 그림. 오른쪽이 선왕이고 왼쪽은 선왕을 찾아와 충고한 무염無鹽
이란 여성이다.

◉ (오른쪽)제나라 도성 임치 주위에서 직하학궁의 터가 확인되었다.

으켜 전기·전영田嬰에게 군대를 이끌게 하는 한편, 손자를 군사로 삼아 한
·조를 구하게 하여 위를 공격하니 마릉馬陵에서 위를 대파하여[41] 그 장수
방연龐涓을 죽이고 위 태자 신申을 포로로 삼았다.

그 후 삼진의 왕이 모두 전영을 통해 박망성博望城에서 제왕을 조회하고
맹서한 다음 떠났다.

7년[위왕 21년 기원전 336년], 위왕과 평아平阿의 남쪽에서 회맹했고, 이듬
해 견甄에서 다시 만났다. 위 혜왕이 죽었다.

이듬해[위왕 22년 기원전 335년], 위 양왕魏襄王과 서주徐州에서 회맹하여[42]

---

41 마릉은 험준한 길 이름으로 그 위치에 대해서는 하남 범현范縣(당시 위나라 소속)과 산동 견성甄
城(당시 제나라 소속)을 지목하는데 두 곳이 그리 멀지 않다. 이 밖에 하북 대명大名, 산동 담성郯城
으로 비정하기도 한다. 〈손자오기열전〉의 마릉전투 관련 기록을 면밀히 검토하고, 여기에 고고학 조
사가 뒷받침되어야 가장 가까운 지역을 비정할 수 있다는 것이 공통된 견해이다.

제후들이 서로 왕을 칭했다.

10년〔위왕 24년 기원전 333년〕, 초가 제의 서주를 포위했다.

11년〔위왕 25년 기원전 332년〕, 위와 조를 공격하자 조는 황하의 물을 끌어들여 제·위를 잠기게 하려 하자 군대를 철수시켰다.

18년〔위왕 32년 기원전 325년〕, 진 혜왕惠王이 왕을 칭했다. 선왕宣王이 문학하고 유세하는 사람들을 좋아했다.[43] 추연騶衍, 순우곤淳于髡, 전병田騈, 접여接予, 신도愼到, 환연環淵의 무리 76명이 모두 집을 받고 상대부에 임명되었는데,[44] 정치는 하지 않고 토론만 했다. 이로써 제의 직하稷下로 학자들이 다시 모여들어 그 수가 수천 수백에 이르렀다.[45]

19년〔위왕 33년 기원전 324년〕, 선왕이 죽고 아들 민왕湣王 지地가 즉위했다.

3
전제의 쇠락과 멸망

⊙

민왕 원년〔위왕 34년 기원전 323년〕, 진이 장의張儀를 보내 각국 집정 대신들과 설상齧桑에서 만나게 했다.

---

42 이 대목에서 위 양왕은 혜왕이어야 맞다.

43 〈육국연표〉에 따르면 당시 제나라는 위왕 재위기간이다. 본 편에서는 선왕을 18년 앞당긴 셈이다. 그러나 선왕의 치적에 대한 역사적 평가는 유효하다. 여기서 문학이란 유가, 묵가, 도가, 법가 등 제자백가들을 가리키는 용어로 사용되었다.

44 〈맹자순경열전〉에도 비슷한 기록이 보인다. 제자백가들이 크게 우대받았음을 보여주는 대목이다.

45 이른바 직하학궁稷下學宮의 성황을 묘사한 대목으로 직하학궁의 유지가 남아 있고, 이곳에서 학문을 토론한 사람들을 일컬어 '직하학파'라 부르기도 한다.

3년[위왕 36년 기원전 321년], 전영을 설薛에 봉했다.

4년[위왕 37년 기원전 320년], 진에서 부인을 맞아들였다.

7년[선왕 3년 기원전 317년], 송과 위를 공격하여 관택觀澤에서 패배시켰다.

12년[선왕 8년 기원전 312년], 위를 공격했다. 초가 옹지雍氏를 포위했고, 진이 (초의 장수) 굴개屈丐를 패배시켰다.

소대蘇代가 전진田軫에게 "신이 공을 정말 뵙고 싶었습니다. 아주 좋은 일이 한 가지 있는데, 초도 좋고 공께도 이익이 되는 일입니다. 성사되어도 복이 되고 성사되지 않아도 복이 됩니다. 지금 신이 문에 서 있었는데 어떤 객이 위왕이 한풍韓馮과 장의에게 '자조煮棗는 곧 함락될 것인데, 제의 군대도 진군할 것이오. 당신들이 와서 구원해야 하오. 과인을 구원하지 않으면 과인은 버틸 수 없소'라고 했다는 말을 하더군요. 이는 책략을 바꾼 말에 지나지 않습니다. 진과 한의 병사들이 동쪽으로 (위를) 열흘 안에 구원하러 나서지 않으면 위는 (초로) 몸을 돌릴 것이고 한도 초를 따를 것입니다. (그 때문에) 진이 저 장의를 내쫓으면 저는 팔을 흔들며 초를 섬길 것이니 이렇게 해서 공께서 일을 성사시키면 됩니다"라고 했다.

전진은 "어떻게 (진이) 동쪽으로 나오지 않게 할 수 있소?"라고 했다.

소대가 이렇게 대답했다.

"한풍이 위를 구원하려는 책략으로 한왕에게 한 말은 분명 '한풍이 위를 위해서'가 아니라 '한풍이 진·한의 병사로 동으로 제와 송을 물리치고, 한풍은 이 틈에 세 나라 군대를 돌려 초의 굴개가 지친 틈을 타서 남으로 초의 땅을 나누면 옛 땅들을 모두 얻을 수 있다'는 것일 겁니다. 장의가 위를 구하기 위한 책략으로 진왕에게 한 말은 분명 '장의가 위를 위해서'가 아니라 틀림없이 '장의가 진·한의 병사로 동쪽의 제와 송을 물리치고, 장의가 세 나라 병사들을 모아 굴개가 지친 틈을 타서 남으로 초의 땅을 나누면 망할 나라를 명목상 존속시키고 실제로는 삼천三川을 토벌하고 돌아오는 것이니 이는 왕의 공업입니다'라고 했을 것입니다. 공께서는 초왕에게 한의 땅을 떼어주고 진으로 하여금 (초·한 두 나라의) 화친을 주도하게 하면서 진 왕에게 '한의 땅을 줄 테니 왕은 삼천에 덕을 베푸시오. 한은 군대를 사용하지 않고도 초로부터 땅을 얻는 것입니다'라고 말하게 하십시오. 그러면 한 풍이 동쪽으로 출병하겠다는 책략에 대해 진에게 뭐라고 말하겠습니까? '진이 군대를 사용하지 않고 삼천을 얻고 초·한을 쳐서 위를 궁지에 몰았으니 위는 감히 동쪽을 넘보지 못할 것이며, 제는 고립될 것입니다'라고 할 것입니다. 또 장의는 동쪽으로 출병하라는 책략에 대해 어떻게 말할까요? '진·한은 땅을 위해 출병하여 위에 위세를 떨쳤고, 제·초를 잃지 않으려는 위의 뜻도 채워졌습니다'라고 할 것입니다. 위가 돌아서자 진·한이 다투어 제·초를 섬기니 초왕은 땅을 떼어주지 않아도 됩니다. 공께서는 진·한의 군대를 쓰지 않고도 땅을 얻었으니 큰 덕을 베푼 것입니다. 진·한의 왕들이 한풍과 장의에게 겁박당해 동으로 군대를 보내 위를 구하기 위해 (진·한을) 희생시키려 했으니 이제 공께서는 채권[46]을 쥐고 진·한에게 요구할 수 있습니다. 이는 공에게는 잘된 것이고 장의에게는 크게 불리한 것입니다."[47]

13년[선왕 9년 기원전 311년], 진 혜왕이 죽었다.

23년[선왕 19년 기원전 301년], 진과 함께 중구重丘에서 초를 물리쳤다.

---

46 고대의 채권을 좌권左券이라 한다. 대개 대나무로 만들어 좌우 두 조각으로 나누어 채권자와 채무자가 나누어 가진다. 왼쪽을 좌권이라 하는데 채권자가 갖는다. 여기서 '은조좌권隱操左券'이란 사자성어가 파생되었는데, 어떤 사안이나 상황을 충분히 파악하고 있음, 즉 주도권을 쥐고 있음을 비유한다.

24년[민왕 원년 기원전 300년], 진이 경양군涇陽君을 제에 인질로 보냈다.[48]

25년[민왕 2년 기원전 299년], 경양군을 진에 돌려보냈다. 맹상군孟嘗君 설문薛文이 진에 가서 진의 상이 되었지만[49] 설문은 도망쳐 돌아왔다.

26년, 제가 한·위와 함께 진을 공격하여 함곡관函谷關에 이르러 군을 주둔시켰다.

28년, 진이 한에게 하외河外 땅을 주어 화친을 맺고 군을 철수시켰다.

29년, 조가 주보主父(무령왕武靈王)를 죽였다. 제가 조를 도와 중산국中山國을 없앴다.

36년[민왕 13년 기원전 288년], 제왕이 동제東帝, 진 소왕昭王이 서제西帝로 칭했다. 소대[50]가 연에서 제로 들어와 장화궁章華宮의 동문에서 왕을 만났다. 제왕이 "오! 잘되었소, 이리 오시오! 진이 위염魏冉을 시켜 제帝라는 호칭을 보냈는데 그대는 어떻게 생각하시오?"라고 하니, 소대는 "왕께서 신에게 갑작스러운 질문을 하십니다. 근심은 미세한 것에서 비롯되니 받으시되 그렇게 칭하지는 마십시오. 진이 그렇게 칭하고도 천하가 편안하면 왕께서 바로 칭하셔도 늦지 않습니다. 또 제帝라는 이름을 사양한다 해서 손해되지 않습니다. 진이 칭했는데 천하가 미워한다면 왕께서는 칭하지

47 진진에게 유리하고 장의에게는 여러 모로 불리하다는 것을 말한 대목으로《전국책》에는 이 부분이 보이지 않지만 1973년 호남성 장사長沙 마왕퇴馬王堆에서 출토된《전국종횡가서戰國縱橫家書》에서 이 대목이 확인되었다.

48 당시 동맹국 사이에 인질을 교환하는 것은 서로의 신뢰를 강화하기 위한 하나의 방법으로 대개 국군의 아들이나 가까운 친인척을 교환했다. 〈맹상군열전〉에 따르면 당시 진 소왕이 경양군을 인질로 보낸 것은 맹상군을 얻기 위한 것으로 기록되어 있어 이 부분과 같지 않다.

49 〈맹상군열전〉에 따르면 맹상군이 진에 들어가자 소왕은 당초 맹상군을 상으로 삼고자 했으나 측근의 말을 듣고는 오히려 그를 죽이려 했다고 나온다.

50 《전국책》(제책 4)에는 소진으로 나오는데, 내용으로 보아 소진으로 보는 쪽이 합리적이다.

않음으로써 천하의 마음을 거두게 되니 이는 큰 밑천입니다. 또 천하에 두 명의 제帝가 있다면 왕께서는 천하가 제를 받들 것 같습니까, 진을 받들 것 같습니까?"라고 대답했다. 왕은 "진을 받들겠지요"라고 했다. 소대가 "제라는 호칭을 내려놓으면 천하가 제를 좋아하겠습니까, 진을 좋아하겠습니까?"라고 하자 왕은 "제를 좋아하고 진을 미워하겠지요"라고 했다.

소대가 "두 제가 조를 정벌하기로 맹약한다면 걸송桀宋을 정벌하는 것과 어느 쪽이 더 유리할까요?"[51]라고 하자 왕은 "걸송을 정벌하는 것이 유리하지요"라고 했다. 소대는 "무릇 진과 제를 칭하기로 같이 맹약했지만 천하는 진만을 받들고 제를 깔볼 것이며, 제라는 호칭을 내려놓으면 천하는 제를 좋아하고 진을 미워할 것이며, 조를 정벌하는 것이 걸송을 정벌하는 것만 못하니 원하옵건대 왕께서는 제라는 호칭을 확실히 내려놓고 천하의 마음을 거두십시오. 진과의 약속을 저버리고 진을 배척하며 (진과) 경중을 다투지 마시되 왕께서는 기회를 봐서 송을 공격하십시오. 대체로 송을 차지하게 되면 위衛의 복양濮陽 땅이 위험해지고, 제서濟西를 차지하면 조의 황하 동쪽이 위험해지고, 회북淮北을 차지하면 초의 동쪽이 위험해지고, 도陶와 평륙平陸을 차지하면 위魏가 성문을 열지 못할 것입니다. 제 호칭을 내려놓고 그 대신 걸송을 정벌하는 일은 나라의 지위와 명성을 높여 연·초가 형세에 따라 복종할 것입니다. 천하가 (제의) 말을 듣지 않을 수 없으니 이는

---

51 이 대목은 진나라의 '원교근공' 책략을 보여준다. 당시 진나라와 이웃한 나라들 중에서는 조나라가 가장 강했다. 따라서 조나라를 공략하여 격파한다면 동방 진출의 가장 힘든 걸림돌을 제거할 수 있기 때문이었다. 걸송은 송나라의 마지막 국군 송왕 언偃을 가리킨다. 〈송미자세가〉를 보면 송왕 언은 즉위한 이래 전쟁을 일삼는 등 포악한 정치를 일삼았기 때문에 제후들이 그를 두고 하나의 마지막 임금이자 폭군의 대명사인 걸임금의 이름을 붙여 '걸송'이라 불렀다.

상탕商湯과 주 무왕武王의 대업과 같습니다. 진을 존중하는 명분으로 천하로 하여금 진을 미워하게 하는 것은 이른바 낮춤으로써 높아진다는 것입니다. 원하옵건대 왕께서는 심사숙고하십시오"라고 대답했다. 이에 제는 제라는 호칭을 버리고 왕의 호칭을 회복했고, 진도 제의 자리를 버렸다.

38년[민왕 15년, 기원전 286년], 송을 정벌했다. 진 소왕이 노하여 "내가 신성新城과 양진陽晉을 아끼듯 송을 아꼈다. 한섭韓聶은 나의 친구이다. 그런데 어째서 내가 아끼는 것을 공격하는가?"라고 했다. 소대가 제를 위하여 진왕에게 "한섭이 송을 공격한 것은 왕을 위해서입니다. 강한 제가 송으로 힘을 보태면 초·위는 틀림없이 두려워할 것이고, 두려우면 틀림없이 서쪽의 진을 섬길 것이니, 왕께서는 군대를 번거롭게 하지 않고 병사 한 명 다치는 일 없이 안읍安邑을 차지할 수 있습니다. 한섭이 왕께 바라는 것이 바로 이것입니다"라 했다.

진왕이 "나는 제를 알기 어렵다는 것이 걱정이오. 합종했다가 연횡했다가 하니 뭐라고 말해야 하오?"라고 하니 "천하의 모든 나라로 하여금 제를 알게 할 수 있습니까? 제가 송을 공격했기 때문에 진을 섬기려면 만 승의 국력으로 스스로를 도와야 하고 서쪽으로 진을 섬기지 않으면 송을 다스리는 것이 불안하다는 것을 압니다. 중국의 노회한 유세가들은 전부 제와 진 사이를 갈라놓으려고 갖은 머리를 다 짜냅니다. 수레를 타고 뻔질나게 서쪽을 오가는 자들 치고 제에 대해 좋게 말하는 자는 한 사람도 없고, 동쪽으로 뻔질나게 달려가는 자들 치고 진에 대해 좋게 말하는 자도 하나 없습니다. 왜 그렇겠습니까? 모두가 제와 진의 연합을 바라지 않기 때문입니다. 어째서 진과 초는 영리하고, 제와 진은 멍청하단 말입니까? 진과 초가 연합하면 반드시 제와 진에 대한 공격을 논의할 것이고, 제와 진이 연합하면 틀림없이 진과 초를 도모하려고 할 것입니다. 이런 상황을 가지고 일을 결정하십시오!"라고 대답했다. 진왕이 "좋소"라고 했다.

이에 제는 마침내 송을 정벌했고, 송왕은 도망쳐 온溫에서 죽었다.[52] 제는 남쪽으로는 초의 회북淮北을 떼어 갖고, 서쪽으로 삼진을 침공하여 주 왕실을 합병함으로써 천자가 되려고 했다. 사수 주위의 제후국인 추鄒·노의 국군들이 모두 신하를 칭했고, 다른 제후들은 두려움에 떨었다.

39년(민왕 16년 기원전 285년), 진이 제를 쳐서 제의 9개 성을 점령했다.

40년(민왕 17년 기원전 284년), 연·진·초·삼진이 함께 모의하여 각자 정예 병을 내어 토벌에 나서 제를 제수 서쪽에서 패배시켰다.[53] 제왕의 군대가 흩어져 퇴각했다. 연의 장수 악의樂毅가 마침내 임치臨淄로 들어가 제의 보물과 기물들을 모조리 가져갔다.[54] 민왕은 도망쳐 위衛로 갔다. 위衛의 국군은 자신의 궁을 내주어 머물게 하면서 신하로 칭하고 모든 것을 제공했다. 민왕이 불손하게 굴자 위 사람이 그를 공격했다. 민왕이 떠나 추·노로 갔지만 여전히 교만한 기색을 보이자 추·노의 국군들이 들이지 않아 거莒로 갔다.[55] 초가 요치淖齒에게 군대를 끌고 제를 구원하게 했고, 요치는 제민왕의 상이 되었다. 요치가 마침내 민왕을 죽이고, 빼앗은 제의 땅과 기

---

52 이때가 송왕 언 47년 기원전 282년이고, 이로써 송나라는 건국 후 800여 년 만에 멸망했다. 온은 위나라의 현 이름으로 지금의 하남성 온현 서남으로 추정한다.

53 악의가 5국 연합군을 이끌고 제수 서쪽에서 제나라를 격파한 사건이다. 상세한 경과는 〈연소왕 세가〉와 〈악의열전〉에 기록되어 있다. 본 편에서 초나라도 연합군에 포함시킨 것은 착오이다.

54 〈악의열전〉에 따르면 연나라 군대가 제나라를 대대적으로 약탈한 것으로 나온다. 제나라가 악의 가 이끄는 연합군에게 대패한 것은 소진의 반간계와 깊은 관련이 있는 것으로 보인다.

55 《전국책》(조책3)과 〈노중련추양열전〉에 따르면 제 민왕은 도망쳐 추와 노에 가서 천자에 버금가 는 대우를 요구했다. 추와 노는 이에 큰 부담을 느끼고 민왕을 들이지 않았고, 민왕은 하는 수 없이 제나라의 땅인 거로 갈 수밖에 없었다.

물을 연과 나누었다.[56]

민왕이 죽자 그 아들 법장法章은 성과 이름을 바꾸고 거莒의 태사 교敫 집에서 일했다.[57] 태사 교의 딸이 법장의 기이한 용모를 보고는 보통 사람이 아니라고 생각하여 그를 가엾게 여겨 입을 것과 먹을 것을 몰래 갖다주면서 사사로이 정을 통했다. 요치가 거를 떠난 뒤[58] 거 사람과 도망온 제의 신하들이 서로 모여 민왕 아들을 찾아 옹립하려고 했다. 법장은 그들이 자기를 죽일까 겁이 나서 한참 뒤에야 스스로 "내가 민왕의 아들이다"라고 말했다. 이에 거 사람들이 함께 법장을 세우니 이가 양왕襄王이다. 거성을 지키면서 제나라에 "왕이 거에서 즉위했다"라고 선포했다.

양왕이 즉위하여(기원전 283년) 태사의 딸을 황후로 삼으니 이가 군왕후君王后이다. 아들 건建을 낳았다. 태사 교는 "딸이 중매인도 없이 스스로 시집을 갔으니 내 씨가 아니고 우리 세대를 더럽혔다"라 하고는 죽을 때까지 군왕후를 보지 않았다. 군왕후는 현명하여 (아버지가 자신을) 보지 않는다 하여 자식으로서의 예를 잃는 일이 없었다.

양왕이 거에 머문 지 5년(기원전 279년), 전단田單이 즉묵卽墨을 근거로 하여 연의 군대를 격파하고 거에서 양왕을 맞이하여 임치로 들어갔다. 제의

---

56 《전국책》(제책 6)에는 제 민왕이 고리鼓里라는 곳에서 죽임을 당했다. 일설에는 요치가 민왕을 죽일 때 몸에서 근육을 다 빼내고 기둥에 매달아놓았고, 민왕은 하루가 지난 다음 죽었다고 한다. 당시 초나라가 제나라를 구원하기 위해 요치를 보낸 이유는 회수 북쪽 땅을 되찾고 제나라를 통제하기 위해서였다. 이 때문에 요치와 민왕 사이에 모순이 발생했다. 이에 요치가 민왕을 죽였고, 요치는 제나라의 왕손고王孫賈에게 피살되었다.
57 〈전단열전〉을 보면 태자 법장(양왕)이 이름을 바꾸고 태사 요의 집에 숨어 그 정원에 물을 주는 일을 했다고 되어 있다.
58 이 대목은 요치가 왕손가에게 피살된 다음으로 바로잡아야 한다.

옛 땅이 다 다시 제로 들어왔다. 제는 전단을 안평군安平君에 봉했다.[59]

14년(기원전 270년), 진이 제의 강剛과 수壽를 공격했다.

19년(기원전 265년), 양왕이 죽고 아들 건建이 즉위했다.

왕 건 즉위 6년(기원전 259년), 진이 조를 공격하자 제와 초가 조를 구원했다.[60] 진은 이런 계책을 세웠다. "제·초가 조를 구원하러 나섰는데 (그들의 관계가) 친하면 병사를 물리고, 친하지 않으면 공격한다."

조는 먹을 것이 없어 제에 식량을 요청했으나 제는 들어주지 않았다. 주자周子는 "요청을 들어주어 진의 군대를 물러가게 하느니만 못합니다. 들어주지 않으면 진 군대는 물러가지 않을 것인데, 이는 진의 계책이 적중하고 제·초의 계책이 어긋나는 것입니다. 그리고 제·초에게 있어 조는 병풍과 같고 이빨에 입술이 있는 것과 같습니다. 입술이 없어지면 이빨이 시립니다.[61] 오늘 조가 망하면 내일 우환이 제와 초에 미칠 것입니다. 그리고 조를 구원하는 일은 물이 새는 항아리를 받쳐 들고 달궈진 솥에다 부으려는 것처럼 시급합니다. 대저 조를 구하는 것은 고상한 의리이고, 진의 군대를 물러가게 하는 것은 명성을 드러내는 것입니다. 의리로 망할 나라를 구하고, 명성으로 강력한 진의 군대를 물러가게 하는 것입니다. 이 일에 힘을 쓰지 않고 양식을 아까워하다니 나라를 위하는 계책으로는 잘못된 것입니

---

59 전단이 연을 물리치고 안평군으로 봉해진 다음에 조나라에 들어가 장군이 되고 상이 되었다는 기록이 《전국책》에 보이지만 〈전단열전〉에는 없다. 사마천은 그 일을 사실로 인정하지 않은 것 같다.

60 한 해 전인 기원전 260년 진은 조를 장평에서 대파하고 40만을 생매장시켰는데, 이 해 다시 조나라 한단을 공격했다(〈백기왕전열전〉〈염파인상여열전〉). 그런데 이때 조나라를 적극 구원하러 나선 것은 위나라와 초나라였고, 시기도 기원전 왕 건 6년 기원전 259년이 아니라 8년인 기원전 257년이다 (〈위공자열전〉〈평원군열전〉〈춘신군열전〉〈육국연표〉 등 참고).

61 순망치한脣亡齒寒. 이 성어가 나오는 가장 오래된 기록은 《좌전》이다.

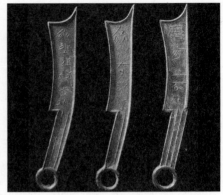

● (왼쪽) 제나라를 멸망의 위기에서 구해낸 명장 전단 상. 제국박물관에 소장되어 있다.

● (오른쪽) 제나라의 화폐인 도폐刀幣. 당시 천하에 널리 유통되었다.

다"라고 했다. 제왕은 듣지 않았고, 진은 장평長平에서 조의 군사 40만여 명을 격파하고 한단을 포위했다.

16년(기원전 249년), 진이 주를 멸망시켰다.[62] 군왕후가 죽었다.

23년(기원전 242년), 진이 동군東軍을 설치했다.

28년(기원전 237년), 왕이 진에 입조했다. 진왕 정政은 함양咸陽에 술자리

---

62 정확하게는 동주를 멸망시킨 것으로 장양왕 원년 기원전 249년에 해당한다. 주나라는 현왕(顯王, 재위 기원전 369~321년) 때 겨우 몇 개의 현만 관할하는 소국으로 전락했으며 그나마도 대귀족이 나누어 가진 형세로서 왕성(하남성 낙양시)을 차지한 자를 '서주군', 공현(하남성 공현 서쪽)을 점거한 자를 '동주군'이라 불렀다. 이후 신정왕, 난왕을 거치면서 이름만 천자였지 실제로는 남에게 빌붙어 사는 꼭두각시에 지나지 않았다. 기원전 256년 난왕이 죽고 서주군은 진에게 멸망당했다. 이어 같은 해 동주군이 멸망함으로써 800여 년의 역사가 완전히 종결되었다.

를 마련했다.

35년(기원전 230년), 진이 한을 멸망시켰다.

37년(기원전 288년), 진이 조를 멸망시켰다.

38년(기원전 287년), 연이 형가荊軻에게 진왕을 찌르게 했으나[63] 진왕이 이를 알아채고 형가를 죽였다.

이듬해(기원전 286년), 진이 연을 격파했다. 연왕은 요동遼東으로 도망쳤다.[64]

이듬해(기원전 285년), 진이 위魏를 멸망시켰다. 진의 군대가 역하歷下에 주둔했다.

42년(기원전 223년), 진이 초를 멸망시켰다.

이듬해(기원전 222년), 대왕代王 가嘉를 포로로 잡고, 연왕 희喜를 죽였다.

44년(기원전 221년), 진의 군대가 제를 공격했다. 제왕은 상 후승后勝의 계책을 받아들여 싸우지 않고 군대를 이끌고 진에 항복했다. 진이 왕 건을 포로로 잡아 공共으로 보냈다. 마침내 제를 멸망시키고 군으로 삼았다.[65]

---

63 기원전 227년(진왕 정 20년, 연왕 희 28년) 연나라 태자 단이 형가를 진에 보내 진왕 정(훗날 진시황)을 찌르려다 성공하지 못한 사건으로 〈연소공세가〉 〈자객열전〉에 상세히 기록되어 있다.

64 연왕은 희로서 연나라의 마지막 국군이다(재위 기원전 254~222년). 요동은 연나라의 군으로 대략 요녕성 중부와 동남부 지구에 해당한다.

65 기원전 221년 진이 제나라를 멸망시키고 그 땅 중부에 제군을, 그리고 동남부에 낭야군을 설치함으로써 천하는 하나로 통일되었다. 진나라가 동방 각국을 멸망시키고 통일을 이룬 상황을 표로 정리하면 다음과 같다.

멸망 순서	나라	멸망 연도	존속 기간(전국 이후)
1	한韓	기원전 230년	104년
2	위魏	기원전 225년	145년
3	초楚	기원전 223년	519년
4	연燕	기원전 222년	111년
5	조趙	기원전 222년	105년
6	제齊	기원전 221년	139년

⦿ 제나라의 도성 성벽 유지. 산동성 치박시 임치구에 있다.

천하는 진에 하나로 합병되었고, 진왕 정은 황제라는 호칭으로 즉위했다.

당초 군왕후는 현명하게 진을 조심스럽게 섬기고 제후들에게 믿음이 있었다. 또 제는 동쪽 바닷가에 떨어져 있었다. 진이 낮밤으로 삼진·연·초를 공격했고, 다섯 나라는 각자 자신들을 구하느라 제왕 건은 재위 40년 넘게 군사적 공격을 받지 않았다.[66] 군왕후가 죽고 후승이 제의 상이 되어 진의 간첩에게 돈을 많이 받고는[67] 빈객들을 진에 많이 보냈다. 진은 이들에게도 돈을 많이 주니 객들이 모두 간첩이 되어 왕에게 진에 입조하고 공

---

66 이 대목은 진나라의 외교책략인 '원교근공'과 장의가 주도한 각개격파를 핵심 내용으로 하는 '연횡' 책략이 주효한 것을 잘 보여준다. 여기에는 제나라에 대한 진나라의 반간계反間計 등 우호적인 외교전술이 크게 작용했다. 이 때문에 제나라는 진나라가 다른 5국을 각개격파하는 것을 관망하는 자세로 일관했던 것이다. 물론 제나라 통치자의 자질도 적지 않게 작용했다.

67 '원교근공'과 '연횡'이라는 큰 외교책략을 보다 효과적으로 추진하기 위해 진은 간첩들을 적극 활용했다. 특히 상대국의 인사들을 간첩으로 매수 내지 회유하는 반간계에 공을 들였다. 〈이사열전〉을 보면 이사가 이 계책을 제안한 것으로 나온다.

격에 대비하지 말 것이며, 다섯 나라가 진을 공격하는 것도 돕지 말라고 권했던 것이다. 진은 이로써 다섯 나라를 멸망시켰다. 다섯 나라가 망하고 진의 병사가 임치에 들어왔으나 인민들은 감히 맞서지 못했다. 제왕 건이 이렇게 항복하여 공共으로 쫓겨났던 것이다.

이에 제 사람들은 건이 진작 제후들과 합종하여 진을 공격하지 않고 간신과 빈객들의 말만 듣고 나라를 망하게 한 것을 원망하여 "소나무인가? 잣나무인가? 왕 건을 공에 살게 한 자들 빈객들인가?"라는 노래를 지어 부르며 왕 건이 빈객들의 신중하지 못한 말을 들은 것을 나무랐다.

4
사마천의 논평
●

태사공은 이렇게 말한다.

"대개 공자는 만년에 《주역周易》을 즐겨 읽었다.[68] 역易이란 학술은 대단히 심오하여 인간과 사물에 통달한 인재가 아니면 누가 마음을 쓸 수 있겠는가? 그래서 주의 태사가 전경중완田敬仲完의 점을 쳐서 10세 뒤의 일을 예견할 수 있었던 것이다. 중완이 제로 도망쳤는데 의중懿仲의 점괘도 그렇다고 하지 않았던가. 전기田乞와 전상田常이 두 국군을 범하고 제의 정치를 오로지한 것은 일의 형세가 꼭 그렇게 진행되었다기보다는 마치 미리 정해진 조짐에 따라 진행된 것 같다고나 할까."

---

68 《논어》(술이 편)에 보면 공자가 "내 나이에 몇 년을 더해 50대부터 역易을 배울 수 있다면 큰 허물이 없을 것이다"라고 말한 대목이 보인다.

정리의 기술

⦿ 〈전경중완세가〉에 등장하는 명언·명구의 재발견

- 호구수폐狐裘雖敝, 불가보이황구지피不可補以黃狗之皮 "여우 가죽으로 만든 옷이 해어졌다고 누런 개가죽으로 기우면 안 됩니다." 당시 유행하던 속담으로 '구미속초狗尾續貂(개꼬리로 담비를 대신하다)'라는 사자성어를 파생시켰다.

- 은조좌권穩操左券 "주도권." 고대의 채권을 좌권이라 한다. 대나무로 만들어 좌우 두 조각으로 나눈 뒤 채권자와 채무자가 나누어 가진다. 왼쪽인 좌권을 채권자가 갖는 데서 나온 말로, 어떤 사안이나 상황에서 주도권을 쥐고 있음을 의미한다.

- 순망치한脣亡齒寒 "입술이 없어지면 이빨이 시립니다." 이 고사성어의 출전으로서 가장 오래된 기록은 《좌전》이다.

⦿ 〈전경중완세가〉에 등장하는 인물 정보

이름	시대	내용	출전
진완(陳完, 전완田完)	진陳 제齊	진陳 국군 여공의 아들이다. 제齊로 건너와 전제 정권의 기반을 닦았다. 시호는 경중敬仲이다.	〈진기세가〉 〈십이제후연표〉
여공 타(厲公 他, 재위706~700)	진陳	진 국군으로 이름은 약躍이다. 채蔡의 도움을 받아 환공의 태자 면免을 살해하고 즉위했다.	〈진기세가〉 〈십이제후연표〉
문공 어(文公 圉, 재위 754~745)	진陳	진 국군으로 환공의 아버지이다.	〈진기세가〉 〈십이제후연표〉
환공 포(桓公 鮑, 재위 744~707)	진陳	진 국군으로 문공의 아들이자 여공 타와는 배다른 형제이다.	〈진기세가〉 〈십이제후연표〉
면免	진陳	진 환공 아들로 여공 타에게 살해되었다.	사실 관계에서 오류가 적지 않다.
장공 임(莊公 林, 재위 699~693)	진陳	진 환공 작은아들로 여공 타를 몰아내고 즉위했다.	
선공 저구(宣公 杵臼, 재위 692~648)	진陳	진 국군으로 장공의 동생이다.	사실 관계에서 오류가 적지 않다.
어구(禦寇, ?~672)	진陳	진 선공의 태자였으나 살해당했다.	사실 관계에서 오류가 적지 않다.
환공(桓公, 재위 685~643)	제齊	제 국군으로 이름은 소백이다. 양공의 동생으로 정변으로 즉위하여 관중과 포숙의 보좌를 받아 춘추오패 중 최초의 패주가 되었다.	〈제태공세가〉 〈관안열전〉
의중懿仲	제齊	제나라 대부로 여식을 진완陳完에게 시집보냈다.	〈제태공세가〉 《좌전》
유규씨(有嬀氏, ?~?)	전설 시대	순舜 후손의 성씨이다. 주 무왕 때 그 후손 만滿이 진에 봉해졌다.	〈오제본기〉 〈하본기〉
치맹이穉孟夷	제齊	경중 진완의 아들이다.	
민맹장湣孟莊	제齊	치맹이의 아들이다.	
문자 수무文子 須無	제齊	민맹장의 아들로 제 장공을 섬겼다.	
장공(莊公, 재위 553~548)	제齊	제 국군으로 이름은 광光이고, 영공靈公의 아들이다.	
난영(欒逞, ?~550)	진晉	진 대족 난서欒書 아들로 범선자范宣子에 의해 국외로 쫓겨났다.	《좌전》 사실 관계에서 착오

안영(晏嬰, ?~500)	제齊	제 재상으로 청렴하게 제나라를 이끌었다. 《안자춘추》를 남겼다.	《좌전》 〈제태공세가〉 〈관안열전〉
환자 무우桓子無宇	제齊	문자의 아들이다. 힘이 세어 제 장공의 총애를 받았다.	
무자 개武子開	제齊	환자의 아들이다.	
이자 기釐子乞	제齊	환자 아들이다. 제 경공을 섬겨 대부가 되어 민심을 얻어 권력 기반을 닦는다.	
경공(景公, 재위 547~490)	제齊	제의 국군으로 이름은 무야無野고, 환공의 손자다.	
숙향叔向	진晉	진의 현인으로 성은 양설羊舌이고 이름은 힐肹이다. 자산이 법의 공개에 대해 비난하고 예와 덕치를 주장했다.	《좌전》 〈진세가〉
예자芮子	제齊	제 경공의 총희로 도荼를 낳았다.	
도荼	제齊	제 경공의 아들인 안유자晏孺子이다. 전기에게 살해되었다.	
국혜자國惠子	제齊	제 대부로 이름은 하夏이다. 고소자와 함께 도를 태자로 세웠다가 전기의 공격을 받아 거莒로 망명했다.	국씨와 고씨는 제나라의 세습 대귀족 집안이다.
고소자高昭子	제齊	제 대부로 국혜자와 함께 도를 태자로 세웠다가 전기의 공격으로 거莒로 도망갔다.	
도공 양생(悼公陽生, 재위 489~485)	제齊	제 국군으로 경공景公 아들이다. 전기田乞가 경공 사후에 즉위한 안유자를 살해하고 군주로 삼았다.	
포목鮑牧	제齊	제의 대귀족으로 포숙 후손이다. 전기와 규합하여 도공을 옹립했고, 다시 간공을 세웠다.	
안어晏圉	제齊	안영의 아들로 전기 무리들이 공격하자 노로 도망쳤다.	《좌전》
전상田常	제齊	전기 아들로 간공을 시해했다. 본명은 전항田恒(한 문제의 이름 항을 피함)이다.	《좌전》
간공 임(簡公壬, 재위 484~485)	제齊	제 국군으로 도공의 아들이다. 감지를 총애해 정치를 맡기다가 전상에게 살해당했다.	
감지監止	제齊	제 대부로 간공의 총애를 받아 정치를 맡다가 전상에게 살해당했다.	

자아子我	제齊	감지의 동족으로 전씨 일가를 몰살하려다가 전상에게 알려져 죽임을 당했다.	〈제태공세가〉
어앙御鞅	제齊	간공의 수레를 담당한 인물로 간공에게 충언을 하기도 했다.	
전표田豹	제齊	전상과 먼 동족으로 자아가 공격할 것을 미리 알려주었다.	
자여子余	제齊	제의 태사로 전상 일당이다.	
전자행田子行	제齊	전상 일당으로 간공 주위에 잠복해 있었다.	
평공 오(平公驁, 재위 480~456)	제齊	제 국군으로 간공 동생이다. 전상이 재상이 되어 정치를 좌우했다.	
양자 반襄子盤	제齊	전상 아들로 대를 이어 제의 재상을 지냈다.	
선공 적(宣公積, 재위 455~404)	제齊	제 국군으로 평공의 아들이다.	
지백(知伯, ?~435)	진晉	진의 세습 대귀족으로 이름은 요瑤이다. 정공 당시 한·위·조에 땅을 요구하다가 3가의 협공을 당해 죽었다.	〈진세가〉
장자 백莊子白	제齊	전양자 아들로 제 선공의 재상이다.	
태공 화(太公和, 재위 404~384)	제齊	전장자 아들로 제 선공의 재상이었다. 선공이 죽고 강공이 옹립되었으나 정치를 못하여 추방되고 전화가 제후에 올랐다.	
전회田會	제齊	태공 화 일족으로 늠구에서 반란을 일으켰다가 조나라로 달아났다.	
강공 대(康公貸, 재위 404~379)	제齊	강씨 제나라 마지막 국군으로 선공 아들이다.	
문후(文侯, 재위 445~396)	위魏	이름은 사斯이다. 전국시대 위나라 건립자로 7웅 중 한 사람이다.	〈위세가〉
무후(武侯, 재위 395~370)	위魏	위 국군으로 문후의 아들이다.	〈위세가〉
환공 오桓公午	제齊	후염 동생으로 추정되는 인물이다.	《죽서기년》
추기騶忌	제齊	제 위왕 때 대신으로 음악으로 정치를 논했다. 추기자騶忌子라고도 한다.	
단간붕段干朋	제齊	제의 대신이다. 《전국책》에는 단간륜段干綸으로 나온다.	《전국책》
전신사田臣思	제齊	제의 명장 전기田忌를 말한다. 손빈을 제 위왕에게 추천했다.	〈손자오기열전〉

위왕 인제(威王 因齊, 재위 356~320)	제齊	제 국군으로 환공의 아들이며, 칭왕稱王 했다.	
혜왕(惠王, 재위 370~319)	위魏	위 국군으로 이름은 앵罃이고, 무후의 아들이다.	〈위세가〉
순우곤(淳于髡, 385~305)	제齊	전국시대의 현자로 권력자와 관련하여 흥미로운 일화를 많이 남겼다.	〈골계열전〉
단자檀子 **반자**盼子 **검부**黔夫 **종수**種首 **공손열**公孫閱 **모신**牟辛	제齊	제 대신들로 위왕의 신임을 받았다.	
선왕 벽강(宣王 辟疆, 재위 319~301)	제齊	제 국군으로 위왕의 아들이다. 직하학궁을 설립하는 등 학술 진흥에 큰 치적을 남겼다.	〈맹자순경열전〉
상앙(商鞅, ?~338)	진秦	진 효공을 보필하여 변법을 추진함으로써 진을 부강하게 했다. 상商을 봉지로 받아 상군으로 불렸다.	〈진본기〉 〈상군열전〉
효공(孝公, 재위 361~338)	진秦	진 국군으로 이름은 거량渠梁이고 헌공의 아들이다. 상앙과 함께 변법개혁을 실행하여 강국으로 발전시켰다.	〈진본기〉 〈상군열전〉
손자孫子	제齊	전국시대의 병가 손빈孫臏이다.	〈손자오기열전〉
전영田嬰	제齊	제의 장수이자 맹상군 전문 아버지이다.	
방연(龐涓, ?~342)	위魏	위 장수로 손빈을 음해했으나 마릉전투에서 손빈의 전략에 패배하여 자살했다.	〈손자오기열전〉
신申	위魏	위 혜왕의 태자이다.	〈위세가〉
양왕(襄王, 재위 318~296)	위魏	위 국군으로 이름은 사嗣이고, 혜왕의 아들이다.	〈위세가〉
혜왕(惠王, 재위 337~311)	진秦	진 국군으로 이름은 사駟이다. 효공의 아들로 즉위하여 상앙을 주살했다.	〈진본기〉 〈상군열전〉
추연(騶衍, 305~240)	제齊	전국시대 중기 음양가의 대표적인 인물이다.	〈맹자순경열전〉
전병田騈	제齊	제 선왕 때 사상가로 도가 계통의 인물이다.《전자田子》15편을 지었다 한다.	《한서》〈예문지〉
접여接予	제齊	제 선왕 때 사상가로 도가 계통의 인물이다.《접여》2편을 지었다 한다.	《한서》〈예문지〉

신도慎到	조趙	조나라의 처사로 법가 계통의 인물이다.《신자慎子》42편을 지었다고 한다.	《한서》(예문지)
환연環淵	초楚	초나라 사람으로 도가 계통이다. 저서가 있다고 전한다.	〈맹자순경열전〉
민왕 지(湣王地, 재위 300~284)	제齊	제 국군으로 이름은 수遂라고도 불리며, 선왕의 아들이다.	
장의(張儀, ?~309)	위魏 진秦	진의 재상이 되어 연횡책이라는 외교전략을 제기했다.	〈장의열전〉
전영田嬰	제齊	제 위왕 아들로 맹상군의 아버지이다. 마릉전투에서 공을 세웠다.	〈맹상군열전〉
굴개屈丐	초楚	초의 장수로 단양丹陽에서 패하여 포로가 되었다.	〈초세가〉 〈굴원가생열전〉
소대蘇代	동주	낙양洛陽 출신 종횡가(유세가)로 같은 종횡가인 소진蘇秦의 동생이다.	〈소진열전〉
전진田軫	진秦 초楚 제齊	진, 초, 제 등에서 활동을 펼친 유세가로 명성을 떨쳤다. 진진陳珍으로도 나온다.	〈장의열전〉 《전국종횡가서》
한풍韓馮	한韓	한의 재상인 공중치와 동일인이다. 한붕韓俙으로도 나온다.	《전국종횡가서》
경양군涇陽君	진秦	진 소양왕의 동생으로 막강한 권세를 누리며 '사귀四貴'로 불렸다.	〈양후열전〉 〈범수열전〉
맹상군 설문 孟嘗君 薛文	제齊	제의 종친으로 전국시대 4공자 중 한 명이다. 이름은 전문田文이고, 봉지가 설이어서 설문薛文이라고도 한다.	〈맹상군열전〉
무령왕(武靈王, 재위 325~299)	조趙	전국칠웅의 하나인 조왕으로 호복기사胡服騎射로 대변되는 개혁정치를 이끌었다. 만년에 주보主父로 불리며 후계에 난맥상을 일으켜 아사했다.	〈조세가〉
소왕(昭王, 재위 306~251; 소양왕)	진秦	진 국군으로 이름은 직稷 또는 칙則이다. 4귀로 불리는 친인척들을 숙청하여 왕권을 강화하고 대외 확장에 박차를 가했다.	〈진본기〉
위염魏冉	진秦	진 소양왕의 외삼촌이자 선태후 동생이다. 양후穰侯에 봉해져 권세를 누렸다.	〈양후열전〉
탕왕湯王	상商	하를 멸망시키고 상 왕조를 창건한 개국 군주이다.	〈은본기〉

권46 전경중완세가

무왕武王	주周	주 왕조 창립자로 성은 희姬, 이름은 발發이다. 주 문왕의 아들이다.	〈주본기〉
한섭韓聶	제齊	제 민왕 때 상相으로 한민韓珉으로도 나온다.	《전국책》
악의樂毅	연燕 조趙	전국시대 명장이자 병법가이다. 5국 연합군을 이끌고 제를 공격하여 멸망 직전까지 몰았다. 연 혜왕 즉위 후 제의 반간계에 휘말려 조로 망명했다.	〈악의열전〉 〈전단열전〉
교敫	제齊	제나라 거莒의 부자로 태사는 성으로 추정한다. 양왕이 젊은 날 신분을 숨기고 그 집에서 일했다.	
양왕(襄王, 재위 283~265)	제齊	제 군군으로 이름은 법장法章이고, 민왕의 아들이다.	
건(建, 재위 264~221)	제齊	제의 마지막 국군이다.	
전단田單	제齊	제의 장수로 멸망 위기에 처한 제를 구하여 안평군安平君에 봉해졌다.	〈전단열전〉
주자周子	제齊	제의 모신으로 이름은 알 수 없다.	
진왕 정(秦王 政, 259~210)	진秦	처음으로 통일제국을 이룩한 진시황을 말한다. '천고일제千古一帝'라는 평가를 받았다.	〈진시황본기〉
형가(荊軻, ?~227)	위衛 연燕	위 사람으로 연 태자의 사주로 진시황을 암살하려다 실패했다.	〈자객열전〉
대왕 가代王嘉	대代	대나라의 마지막 국군으로 진에 멸망했다.	
희(喜, 재위 254~222)	연燕	연의 마지막 국군이다.	〈연소공세가〉 〈자객열전〉
후승后勝	제齊	제의 재상이다.	

- 진한 글자는 전제와 직접 연관된 인물이다.
- 이름 항목의 연도 표시 중 '재위'라고 기재되지 않은 것은 생몰 연도이다.
- 연도는 모두 기원전이다.

◉ 〈전경중완세가〉에 등장하는 지역 · 지리 정보

지명	당시 현황	현재의 지리 정보	비고
진陳	제후국	하남성 회양현淮陽縣	도성 완구宛丘
제齊	제후국	산동성 치박시淄博市 임치구臨淄區 서북	도성 임치
채蔡	제후국	하남성 상채현上蔡縣	도성 상채
진晉	제후국	산서성 후마시侯馬市	도성 신성新城
노魯	제후국	산동성 곡부시曲阜市	도성 곡부
거莒	소국	산동성 거현	
태邰	제의 읍	산동성 임포현臨胞縣 경계	
서주徐州	설현薛縣	산동성 등현滕縣 남쪽(서주舒州로도 기록)	
위衛	제후국	하남성 복양현濮陽縣 서남	
안평安平	제의 현	산동성 치박시 임치구 동북	
낭야郎邪	제의 현	산동성 교남현膠南縣 서남	
황성黃城	진晉의 읍	하남성 내황현內黃縣 서북	
양호陽狐	진晉의 읍	하북성 대명현大名縣 동북	
갈葛	?	하북성 고양현高陽縣 동북	
안양安陽	위魏의 땅	하남성 안양시 서남	
안릉安陵	위魏의 땅	하남성 언릉현鄢陵縣 북쪽	
성郕	노의 읍	산동성 영양현寧陽縣 동북	
서성西城	?	위치 불명	
무구毋丘	위衛의 읍	산동성 조현曹縣 서남	
늠구廩丘	제의 읍	하남성 범현范縣 동남, 견성甄城 동북	
해상海上	바다의 섬	위치 불명	
평륙平陸	제의 읍	산동성 문상현汶上縣 서북	
탁택濁澤	위魏의 읍	산서성 운성運城 해주解州 서 또는 하남성 장갈현 長葛縣 서북	
상구桑丘	연의 현	하북성 서수현徐水縣 서남	
영구靈丘	제의 현	산동성 고당현高唐縣 남쪽	
양관陽關	제의 관문	산동성 태안시泰安市 동남	

박릉博陵	제의 읍	산동성 고당현高唐縣 서북	
설릉薛陵	제의 읍	산동성 양곡현陽谷縣 동북	
견甄	제의 읍	산동성 견성현甄城縣 북쪽	
즉묵卽墨	제 오도五都	산동성 평도현平度縣 동남	
아阿	제 오도五都	산동성 양곡현陽谷縣 동북	
관觀 (탁택濁澤)	위魏의 읍	하남성 청풍현清豐縣 남쪽	
장성長城	제의 장성	서쪽 평음현平陰縣 북쪽~동 태산 북록~교남현 남쪽 낭아대 해변	서쪽 부분 조에 점거당했다.
하비下邳	제의 현	강소성 비현邳縣 서남	
남성南城	제의 현	산동성 비현費縣 서남	
사수泗水	강 이름	산동성 사수현 동~서 곡부~남 강소~회수	
고당高唐	제의 읍 이름	산동성 고당현 동북	
한단邯鄲	조의 도성	하북성 한단현邯鄲縣 서남	
양릉襄陵	위魏의 현	하남성 수현睢縣	
계릉桂陵	위魏의 현	하남성 장원현長垣縣 서북	
임치臨淄	제의 도성	산동성 치박시 임치구	
남량南梁	한의 현	하남성 임여현臨汝縣 서남	
마릉馬陵	위魏 - 제	하남성 범현范縣 서남, 산동성 견성 동북	요충로
박망博望	제의 현	산동성 임평현荏平縣 서북	
평아平阿	제의 현	산동성 견성현甄城縣 북쪽	
설상齧桑	제의 현	강소성 패현沛縣 서남	
관택觀澤	위魏의 현	하남성 청풍현 남쪽	
옹지雍氏	한의 현	하남성 우현禹縣 동북	
자조煮棗	위魏의 현	산동성 하택시荷澤市 서남	
삼천三川	지역 이름	하남성 낙양시, 낙양시 서남 일대	황하, 낙수, 이수를 낀 지역
중구重丘	초의 현	하남성 필양현泌陽縣 동북	
함곡관函谷關	진의 동쪽 요새	하남성 영보현靈寶縣 동북	

하외河外	지역 이름	황하 이남 지구를 일컫는 용어	
중산中山	소국	하북성 정현定縣 - 하북성 영수현靈壽縣	
송宋	제후국	하남성 상구현商丘縣 남쪽	도성 수양睢陽
양지陽地	위衛의 도성	하남성 복양현濮陽縣	
제서濟西	지역 이름	제수의 서쪽 산동성 우성禹城, 임평荏平, 요성聊城 일대	
회북淮北	지역 이름	송의 기반으로 안휘 북부와 하남 동남 일대	
도陶	위魏의 현	산동성 정도현定陶縣 서북	
신성新城	한의 현	하남성 이천현伊川縣 서남	
양진陽晉	위衛의 현	산서성 영제현永濟縣 동쪽	
안읍安邑	위魏의 구도	산서성 하현夏縣 서북	
온溫	위魏의 현	하남성 온현溫縣 서남	
강剛	제의 현	산동성 영양현 동북	
수壽	제의 현	산동성 동평현 서남	
장평長平	조의 읍	산서성 고평현高平縣 서북	
동군東郡	진秦의 군	위魏 멸망 후 진이 설치한 군 치소는 복양濮陽(하남성 복양현 서남)	
함양咸陽	진秦의 도성	섬서성 함양시 동북	
요동遼東	연의 군	요녕성 중부와 동남 지구	
역하歷下	제의 지역	제나라 서부 지구로 산동성 제남시濟南市	
공共	진秦의 현	하남성 휘현輝縣	

전국시대 7국의 외교관계 지형도

전국시대를 꿰뚫어보는 역사평론 두 편

〈육국론六國論〉 두 편은 북송 시대의 문장가이자 당송팔대가로 손꼽히는 소순(1009~1066)과 그 아들 소철(1039~1112)의 역사평론이다. 이 두 편의 문장은 전국시대 복잡하게 얽혀 있었던 7국의 외교관계와 그와 관련한 각국의 이해관계 등을 각자의 관점에서 분석하고 논평한 산문이다.

〈전경중완세가〉는 전제田齊 정권의 계승관계와 연대에 착오가 많다. 또 여러 면에서 전제의 멸망을 초래한 가장 중요한 원인이 외교에 있었다는 점을 파악하기가 쉽지 않다. 따라서 이 두 편의 〈육국론〉은 당시 착잡했던 대외관계의 요점을 이해하는 데 의미 있는 통찰력을 제공한다. 이에 이 두 편의 문장을 번역하여 복잡다단했던 전국시대 상황에 대한 독자의 이해를 조금이나마 돕고자 한다.

먼저 소순의 〈육국론〉은 요遼와 서하西夏에 매년 막대한 공물을 바치며 구차하게 안정을 유지하려 했던 북송(960~1127)의 대외전략이 갖는 문제를 전국시대 6국의 멸망이란 역사적 사실에 빗대어 비판하고 있다. 이 문장은 단순한 역사평론이 아

● (왼쪽) 소순의 초상화. 소순의 〈육국론〉은 진나라 통일이 진나라의 무력뿐만 아니라 6국의 외교전략에 문제가 있었음을 날카롭게 지적하고 있다.

● (오른쪽) 소철의 초상화. 소철의 〈육국론〉은 전국시대 천하쟁패의 관건이 한과 위에 있었다는 상당히 돋보이는 분석을 보여준다.

니라 문장 전체가 현실을 겨냥하고 있는 특이한 형식을 보인다.

전국시대 7국의 외교관계는 대단히 복잡하게 얽혀 있어 그 전모를 파악해내기가 여간 어렵지 않다. 소순은 서방의 최강국 진秦나라를 제외한 나머지 6국을 진나라에 땅을 뇌물로 준 나라와 그렇지 않은 나라로 간결하게 구별하고, 그것이 7국 전체 대외관계에 미치는 상관관계를 설파한다. 즉 소순은 논지의 핵심을 자국의 안정을 위해 땅을 떼어 진나라에 갖다 바친 문제에 두고, 그것이 6국의 파멸을 가져온 근본적인 원인이었음을 입증한다. 이를 통해 소순은 뇌물, 그것도 자국의 땅을 떼어주는 것으로 충돌을 피하고 안정을 구하면 그것이 계속 유지될 줄 알았던 6국이 결국은 그 때문에 차례로 멸망했다는 사실을 꽤 날카롭게 지적한 것이다.

전국시대 7국의 외교관계 지형도

이 문장은 역대로 나름의 격과 특징을 갖추고 있다는 평가를 들었다. 우선 과거사를 빌려 현재의 상황을 풍자하여 당시 송나라가 안고 있던 문제를 정확하게 직시하게 했다. 이와 같은 인식을 강조하기 위해 소순은 선명한 논점을 제시하고 이를 치밀한 논증으로 뒷받침했다. 그 결과 전체적으로 생동감 넘치는 언어와 팽팽한 기세의 문장력이 돋보인다.

소철의 〈육국론〉은 전국시대 당시 서방의 강국 진秦나라를 제외한 나머지 6국이 취했어야 할 자구책에 중점을 두고 논지를 전개시켜 나간다. 문장은 시종 '세勢'라는 한 글자를 움켜쥐고, 시각의 고도를 높여 먼 곳을 내려다보는 식으로 당시 상황과 6국이 취한 외교정책의 장단을 격조 높게 토론한다. 이 때문에 후세 평론가들은 이 문장에서 전국시대 유세가의 기풍을 느낄 수 있다고 평가하기도 했다.

소철의 〈육국론〉에서 눈길을 끄는 것은 진나라와 6국의 천하쟁패의 관건이 한韓나라와 위魏나라에 있다는 점을 반복해서 논증하고 있는 지점이다. 소철은 이것이 당시 결정적 작용을 한 '천하의 형세'라고 보았던 것이다. 이런 관점으로 전국시대 대외관계를 종합적으로 살펴보면, 진나라의 천하통일을 군사적인 측면에서 뿐만 아니라 7국의 외교관계라는 매우 입체적인 틀에서 바라볼 수 있는 눈을 가질 수 있다.

소순蘇洵의 〈육국론〉

6국의 멸망은 무기가 날카롭지 않아서도 싸움을 못해서도 아니었다. 문제는 땅을 떼어 진나라에 갖다 바친 데 있었다. 땅을 떼어서 진나라에 갖다 바침으로써 자신의 힘이 훼손되었고, 그것이 멸망의 원인이었다. 누군가 "6국이 잇따라 멸망한 것이 오로지 땅을 떼어 진나라에 갖다 바쳤기 때문인가?"라고 묻는다. 땅을 떼어 진나라에 갖다 바치지 않은 나라도 땅을 떼어 진나라에 갖다 바친 나라 때문에 망했다. 왜냐하면 혼자 힘으로는 보전할 수 없었던 그들이 강력한 외부로부터 원조를 받지 못했기 때문이다. 그래서 '6국의 멸망은 무기가 날카롭지 않아서도 싸움을 못해서도 아니었다. 문제는 땅을 떼어 진나라에 갖다 바친 데 있었다'라고 한 것이다.

진나라는 공격하여 싸우는 방법으로 땅을 얻는 외에 (제후들이 떼어다 바치는 땅도 얻었는데) 작으면 성진, 크면 도시를 얻었다. 진나라가 이렇게 얻은 땅은 싸워서 얻은 땅에 비해 100배는 많았고, 제후들이 떼어다 진나라에 갖다 바친 땅은 싸워서 잃은 땅에 비해 100배는 더 많았다. 그렇다면 진나라의 최대 욕망과 제후들의 최대 우환은 전쟁에 있었던 것이 결코 아니다. 그들의 선조들을 생각해보면, 비바람과 찬 이슬을 무릅쓰고 가시밭길을 걷듯이 한 치 한 뼘씩 땅을 넓혔다. 그러나 자손들은 전혀 아끼지 않고 마치 풀을 버리듯 남에게 주어버렸다. 오늘 성 다섯 개를 떼어주고, 내일 성 열 개를 떼어준 다음에야 하룻밤 편히 자지만 잠에서 일어나 사방을 둘러보면 진나라 군대가 다시 공격해온다. 제후들의 땅은 한정되어 있지만 포악한 진나라의 욕망은 만족을 모른다. 누구든 땅을 많이 갖다 바칠수록 그에 대한 침범은 더욱 더 빨라진다. 따라서 싸울 것도 없이 누가 강하고 약한지, 누가 이기고 질 것인지는 이미 분명해졌다. 6국이 멸망으로 떨어지게 된 이치가 본래 이랬다. 옛 사람이 "땅을 가지고 진나라를 떠받드는 것은 건초를 끌어안고 불속에 뛰어들 듯 건초가 다 타기 전에는 불은 꺼지지 않는다"고 했는데 이치에 맞는 말이다.

제齊나라는 땅을 떼어 진나라에 바치지 않았는데 5국을 따라 멸망했다. 왜 그런가? 진나라와 사이좋게 지내면서 5국을 돕지 않았기 때문이다. 그래서 5국이 멸망한 다음 제나라도 불행을 면치 못했다. 연燕나라와 조趙나라의 군주는 당초 원대한 모략을 품고 자신의 땅을 지키고 정의를 견지하여 진나라를 떠받들지 않을 수 있었다. 이 때문에 연나라는 작은 나라였지만 나중에 망했다. 이는 군대로 저항한 결과였다. 연 태자 단丹이 형가荊軻를 보내 진왕秦王(훗날의 진시황)을 찔러 죽이는 것으로 진나라에 대응하려는 전략이 멸망을 불러온 화근이었다. 조나라는 일찍이 진나라와 여러 차례 싸워 지기보다는 이기는 경우가 많았다. 그 뒤로도 진나라는 두 차례 조나라를 공격했으나 이목李牧이 잇따라 물리쳤다. 이목이 모함으로 조왕에게 피살되자 도성 한단邯鄲이 진나라의 일개 군으로 변했으니 안타깝게도 군대로 저항하여 끝까지 지켜내지 못했기 때문이다. 하물며 연나라와 조나라는 다른 나라들이 소멸할 무렵 이미 지혜와 책략이 모두 바닥나고 힘은 딸려 싸움에 져서 망했으니 정말이지 어찌할 방법이 없는 일이었다. 설사 당초 한韓·위魏·초楚 세 나라가 모두 자신의 땅을 아끼고, 제나라가 진나라에 붙지 않고, 연나라 자객이 진나라로 가지 않고, 조나라 명장 이목이 살았더라면 승패존망의 운명은 진나라와 역량을 겨루어 그 운명을 헤아리기 쉽지 않았을 것이다.

오! 6국이 만약 진나라에 떼어준 토지를 모두 천하의 모신謀臣들에게 나눠주고, 진나라를 떠받들던 마음으로 천하의 뛰어난 인재들을 예우하면서 한마음으로 힘을 합쳐 서쪽으로 진나라를 향해 맞섰더라면 나는 진나라 사람들이 목구멍으로 밥을 넘기기도 힘들었을 것이라고 생각한다.

안타깝다! 형세가 이러했음에도 진나라의 계속된 위세에 눌려 날마다 땅을 깎이고 달마다 땅을 떼어주면서 멸망의 길로 치달았으니 말이다! 나라를 다스리는 사람이라면 절대 자신을 적의 거듭된 위세에 눌리게 만들어서는 안 될 것이다!

6국과 진나라는 모두 제후였다. 그들의 세력이 진나라보다 약했지만 땅을 떼어 갖다 바치지 않고도 진나라에 승리할 수 있는 형세였다. (송나라가) 통일된 천하 대국을 갖고도 오히려 6국 멸망의 전철을 밟고 있으니 이는 6국보다 못한 것이다!

소철蘇轍의 〈육국론〉

일찍이 (《사기》의) 6국 세가를 읽고 내심 기이함을 느꼈다. 당시 천하의 제후들은 진秦나라보다 다섯 배나 넓은 땅과 열 배가 넘는 군대를 갖고 전심전력으로 효산崤山 서쪽 면적 천 리의 진나라를 공격하고도 멸망을 면치 못했기 때문이다. 나는 늘 이 일을 깊게 생각했는데, (6국이) 틀림없이 스스로를 구하고 안정시킬 수 있는 계책을 낼 수 있었다고 생각했다. 이 때문에 나는 늘 그 당시의 모신들이 우환을 고려한 것이 그렇게 조잡했는지, 이익을 꾀한 것이 그렇게 천박했는지, 또 천하의 정세를 그렇게 제대로 이해하지 못했는지 의문을 품지 않을 수 없었다.

진나라는 제후들과 천하를 쟁탈하기 위한 목표를 제齊·초楚·연燕·조趙에 두지 않고 한韓·위魏의 변경에 두었다. 제후들도 진과 천하를 쟁탈하기 위한 목표를 제·초·연·조에 두지 않고 한·위의 변경에 두었다. 진나라에게 있어서 한·위의 존재는 사람 뱃속의 질병과 같았다. 한·위 두 나라는 진나라가 오가는 요충지를 가로막아 효산 동쪽의 모든 나라를 엄호했다. 그래서 천하가 특별히 중시하는 지역으로 한·위 두 나라에 비할 나라는 없었다. 전에 범수范雎가 진나라에서 중용되자 한나라가 정복당했고, 상앙商鞅이 진나라에서 중용되자 위나라가 정복당했다. 그런데 진 소왕昭王은 한·위의 마음을 얻기도 전에 군대를 내어 제나라 강剛과 수壽 일대를 공격했고, 범수는 이를 우려스러운 일로 여겼다. 이렇게 보면 진나라가 꺼리는 일이 무엇인지 알 수 있다. 진나라가 연·조 두 나라에 대해 군대를 동원하는 것은 진나라로서는 위험한 일이었다. 한·위 두 나라를 넘어 다른 나라의 도읍을 공격하려는데 연·조가 앞에서 막고, 한·위가 뒤에서 기습하는 것이야말로 위험한 길이기 때문이다. 그런데도 진나라는 연·조를 공격하면서 한·위를 신경쓰지 않았다. 이는 한·위가 진나라 편으로 돌아섰기 때문이다. 한·위는 다른 제후국의 방패막이인데도 진나라 사람이 저들의 국경 안에서 마음대로 넘나드니 이는 (진나라가) 천하의 정세를 제대로 장악했다는 것 아닌가? 소소한 한·위 두 나라에게 호랑이나 이리와 같은 강폭한 진나라를 막게 하는 것인데, 그들이 어떻게 진나라에 굴복하여 귀의하지 않을 수 있겠는가? 한·위가 한번 굴복하여 진나라에 귀의하자 진나라 사람들은 군대를 출동시켜 동쪽 각국으로 곧장 쳐들어갔고, 천하 곳곳이 진나라에 피해를 입었다.

한·위는 단독으로 진나라를 막을 수 없었다. 그러나 천하의 제후는 그들에 의지하여 서쪽의 진나라를 떼어내어야만 했다. 따라서 한·위와 화친하여 진나라를 막느니만 못했다. 진나라 사람들이 감히 한·위를 넘어 제·초·연·조 네 나라를 어찌할 수 없다면 제·초·연·조 네 나라도 이로써 그들 영역에서 자신의 나라를 안정시킬 수 있었을 것이다. 전쟁할 일이 없는 상황에서 네 나라가 서로 기대어 적의 위협에 직면한 한·위를 도와 한·위로 하여금 동쪽 다른 나라들이 방비해야 할 걱정 없이 천하를 대신하게 했으면 앞장서서 진나라 군대를 막았을 것이다. 한·위 두 나라를 이용하여 진나라에 대응하게 하고 나머지 네 나라는 후방에서 쉬면서 힘을 축적하여 은밀히 그들의 위급함을 도왔다면, 이는 마치 끊어지지 않고 계속 대응할 수 있는 것과 같았을 것이다. 이렇게 했다면 진나라가 무엇을 할 수 있었겠는가? 제후들이 이런 책략을 취해야 한다는 것을 모르고 그저 변경의 미미한 땅덩이가 탐나 맹서를 어기고 약속을 저버리며 서로 같은 편을 죽였으니, 진나라 군대는 출동도 하지 않았는데 천하 제후국들은 이미 스스로를 옭아맨 꼴이 되었다. 진나라 사람들이 이 틈을 타고 들어와 다른 나라들을 집어삼킬 때까지 말이다! 이 어찌 안타깝지 않은가!

《사기》 총 130 편명 일람

●

사마천 연보

◉

사마천의 일생은 한 무제의 일생과 그 궤적을 같이한다. 따라서 연보도 두 사람의 행적을 축으로 하여 주요 사건들을 함께 제시한다. 또한 독자들의 이해를 돕기 위해 서력 기원과 연호를 함께 적었으며, '사마천의 나이와 한 무제의 나이'도 함께 제시한다.

기원전 156년 (경제 전원前元 원년)

- 한 무제 유철劉徹이 태어났다.
- 흉노와 화친한 경제시대에 흉노의 큰 침입은 없었다.

기원전 154년 (경제 전원 3년)

- 조조晁錯가 지방 제후왕의 세력을 억제하는 '삭번削藩'을 강력하게 주장했으며, 이에 대해 오왕 유비劉濞(유방의 형의 아들)가 주축이 된 '오초 7국'은 군주의 주변을 정리한다는 구실로 난을 일으켰다. 한은 건국 이래 최대 위기에 직면했다.
- 위기에 몰린 경제는 반란 세력의 요구대로 조조를 죽였으나 오왕 유비는 군대를 물리지 않고 황제 자리에 야심을 가졌다.
- 주아부의 활약으로 가까스로 난을 진압했다.

기원전 145년____1세 (서한 경제景帝 중원中元 5년)

- 사마천은 좌풍익左馮翊 하양현夏陽縣의 농촌 마을에서 태어났다.
(이곳은 동쪽으로는 황하가 사납게 흐르고 북으로는 황하를 가로지르는 용문산龍門山이 자리 잡은, 중국사를 대변하는 지방이다. 지금의 섬서성 한성시韓城市 남쪽 지천진芝川鎭 고문촌高門村 용문채龍門寨다. 사마천이 태어난 해에 대하여는 기원전 153년, 145년, 143년, 135년, 129년, 127년 등 여러 설이 있지만 기원전 145년이 정설로 인정받고 있다. 출생지에 대하여도 몇 가지 이견이 있으나 한성시라는 점

에는 모두 일치한다. 출생 연도와 그를 둘러싼 논쟁 및 출생지에 관하여는 권130 〈태사공자서〉의 기록과 그에 대한 해설서인《사기정의》《사기색은》과《사기색은》에 인용된《박물지博物志》가 기본 자료다.)
- 어릴 때 이름인 자는 자장子長이라 했다.
- 이때 무제의 나이 12세였다.

기원전 144년___2세 (경제 중원 6년)
- 이 무렵 아버지 사마담은 농사를 지으면서 사마서원司馬書院에서 공부를 가르친 것으로 보인다.
- 태형으로 목숨을 보전하는 사람이 없자 태형의 양도 줄이고 태형의 도구와 방법 등에 대하여도 완화 조치를 내렸다(권11 〈효경본기〉).
- 이해에 양 효왕이 죽고, 명장 이광이 상군의 태수가 되었다. 흉노가 안문에 들어와 무천에까지 이르렀다가 다시 상군으로 들어가 원마를 취했다.

기원전 143년___3세 (경제 후원后元 원년)
- 아버지 사마담은 여전히 농사를 지으며 사마서원에서 공부를 가르친 것으로 보인다.
- 서한의 개국공신 주발의 아들이자 명장 주아부가 아버지를 위하여 무덤에 갑옷 등을 부장했다가 모반을 꾀한다는 고발로 하옥되어 피를 토하고 죽었다.

기원전 142년___4세 (경제 후원 2년)
- 사마천은 이 무렵부터 아버지를 따라 사마서원에서 글자를 배우기 시작했다.
- 흉노가 안문을 침입하여 태수 풍경이 전사했다.

기원전 141년___5세 (경제 후원 3년)
- 아버지 사마담은 여전히 고향에서 농사와 교학을 겸했으며, 사마천은 글공부를 계속한 것으로 추측된다.
- 경제가 세상을 떠나 양릉陽陵에 장사 지냈다. 16세의 무제가 서한의 5대 황제로 즉위했다.
- 경제가 세상을 떠나자 황태후가 섭정했는데, 신하들과 백성들을 누르고 달래는 일에 따른 계책들이 무안후 전분의 빈객들에게서 나왔다.

기원전 140년___6세 (무제 건원建元 원년, 무제 17세, 재위 1년)
- 건원建元이란 연호를 처음 사용함으로써, 이후 2,000년 넘게 중국사는 황제의 연호로 연대를 표기하는 번거로움에서 벗어나지 못하게 되었다.

- 무제가 유능한 인재를 추천하라는 명령을 내리고 몸소 글을 지어 고금의 통치방법과 천인관계에 대하여 질문했다. 이에 훗날 사마천의 스승이 되는 동중서(기원전 179~104년)는 당시 40세의 나이로 유가학설을 국가의 통치사상으로 삼자고 건의했다. 이로써 소위 '백가를 모두 내치고 유가만을 독존으로 떠받든다', 즉 '파출백가罷黜百家, 독존유술獨尊儒術'이라는 사상 독재 조치가 시작되었다.
- 승상 위관이 파면되고 두竇 태후(무제의 할머니)의 조카 두영이 승상에, 왕 태후(무제의 어머니)의 동생 전분이 태위에 임명되었다. 이들은 모두 유술(유가)에 가까워 명당 건립·역법 개정 등을 위해 경학가 신공(공안국의 스승)과 의논했다. 이로써 황로학을 숭상하던 두 태후와 무제 측근들 사이의 갈등이 노골화되었다.
- 무제는 이해부터 대흉노 소극정책의 기조를 바꾸어 반격을 위한 준비에 들어갔다.
- 이 무렵 오리와 닭싸움의 풍조가 유행하기 시작하여 당·송까지 이어졌다.

기원전 139년___7세 (무제 건원 2년, 무제 18세)
- 사마천은 이 무렵부터 고문古文을 배우기 시작했다.
- 아버지 사마담은 태사승太史丞이 되어 무릉 축조에 참여했다. 아버지 사마담의 유명한 논문 〈논육가요지論六家要旨〉도 이 무렵 황로사상과 유가사상의 격렬한 투쟁에 자극받아 서술한 것으로 추측된다.
- 무제는 자신의 능원을 장안성 80리 밖 괴리현槐里縣 무향茂鄕에 조성하기 시작하고, 이곳을 무릉茂陵(지금의 섬서성 흥평현興平縣 북동쪽)이라 불렀다.
- 황로학의 추종자였던 두 태후가 유가들의 간섭에 노하여 어사대부 조관과 낭중령 왕장을 하옥시킨 다음 자진하게 했다. 승상 두영과 태위 전분 등 실세들도 파면되었다. 무제의 존유尊儒는 실패로 돌아갔고 사상정책에도 심각한 타격을 입었다. 이로써 조정 내부의 정치·사상 투쟁은 더욱 격화되었다.

기원전 138년___8세 (무제 건원 3년, 무제 19세)
- 아버지 사마담은 태사령太史令으로 승진하여 무릉에서 장안으로 와서 정부 기록과 천문, 역법을 주관했다.
- 천하에 대기근이 들어 사람끼리 잡아먹는 비참한 상황이 벌어졌다.
- 중산왕 유승의 호화롭고 사치스러운 생활이 거론되었다(이는 1968년 하북성 만성의 유승 무덤에서 수천 개의 옥을 금실로 엮은 '금루옥의'라는 수의壽衣가 발견됨으로써 생생하게 입증되었다).
- 무제는 문학에 재능 있는 인사들을 선발하여 우대했다. 이로써 중조·주매신·사마상여·동방삭·매고 등 쟁쟁한 인사들이 진출했다.
- 장건이 서역으로 출사함으로써 서역 개척사가 시작되었다.

- 민월이 동구를 포위하자 중대부 엄조가 회계의 군사를 발동하여 구원했다.
- 무제가 미행에 나섰다가 도적으로 오인받아 혼이 났다.
- 동방삭이 상림원 건설에 반대하는 글을 올려 상을 받았으나 무제는 공사를 강행했다.
- 사마상여가 글을 올려 무제의 사냥에 대하여 충고했다.

기원전 137년___9세 (무제 건원 4년, 무제 20세)
- 남월왕 조타가 죽고 그 손자인 문왕 조호가 뒤를 이었다.

기원전 136년___10세 (무제 건원 5년, 무제 21세)
- 사마천은 고향에서 농사를 지으면서 공부했다.
(권130 〈태사공자서〉에 따르면 '10세 때 고문을 외웠다'고 한다. 왕국유는 사마천이 이 무렵 아버지를 따라 수도인 장안으로 가서 고문을 배웠다고 했으나, 전후 사정이나 기록으로 보아 고향에 있으면서 짬짬이 수도를 오갔던 것으로 보인다.)
- 무제는 시詩·상서尚書·예禮·역易·춘추春秋의 5경박사를 설치했다.

기원전 135년___11세 (무제 건원 6년, 무제 22세)
(사마천이 이해에 태어났다고 주장하는 설이 오랫동안 대립되어 왔고 지금도 이 설을 주장하는 학자들이 적잖다.)
- 황로학黃老學을 신봉하던 두 태후가 세상을 떠나고 무제는 어용 유가사상에 기반한 정책과 절대권력을 마음껏 휘두르기 시작했다.
- 무제는 흉노의 화친 제의를 받아들였다.

기원전 134년___12세 (무제 원광元光 원년, 무제 23세)
- 동중서의 건의에 따라 처음으로 군국에서 효렴孝廉으로 명성을 얻은 인재를 한 사람씩 추천하도록 했다. 이를 찰거察舉라 하는데 무제 이후 제도로 정착되었다.
- 서한의 양대 명장으로 꼽히는 이광과 정불식이 각각 효기장군과 거기장군으로 운중과 안문에 주둔했다.
- 6월에 신성新星이 나타났다(신성에 관한 가장 오래된 기록이다).

기원전 133년___13세 (무제 원광 2년, 무제 24세)
- 사마천은 아버지를 따라 황하와 위수 일대를 다니며 자료를 수집했다.
(사마천 현장답사의 역사가 시작되었다. 이 사실은《태평어람》에 인용된 한나라 위굉의《한구의》와 갈홍

의 《서경잡기》에 보인다.)
- 아버지 사마담은 옛날 제후들의 기록을 수집하고 잠시 고향으로 돌아왔다.
- 왕회가 마읍馬邑 사람을 간첩으로 이용하여 흉노를 유인한 다음 공격하려다 실패하고 왕회는 자살했다(마읍 사건). 이로써 흉노와의 화친이 깨지고 기원전 119년까지 15년 동안 전쟁이 계속되었다. 그사이에도 경제·문화 교류는 끊어지지 않았다.
- 이해부터 흉노에 대한 공격의 서막이 올랐다.

기원전 132년___14세 (무제 원광 3년, 무제 25세)
- 황하가 범람하여 16군을 덮쳤다. 이에 황하의 물줄기를 바꾸어 돈구頓丘 동남에서 발해로 흘러들게 하는 치수사업을 벌이고, 무제는 급암과 정당시를 보내 10만 명을 동원하여 황하를 막게 했으나 별다른 성과를 거두지 못했다.

기원전 131년___15세 (무제 원광 4년, 무제 26세, 재위 10년)
- 두영이 자살하고 관부가 멸족을 당했다. 전분도 죽었다.

기원전 130년___16세 (무제 원광 5년, 무제 27세)
- 당몽과 사마상여 등의 활약으로 서남이 지역이 개통되어 서남 민족과의 정치·경제·문화 교류가 더욱 활발하여졌다.
- 공손홍이 박사가 되었다.
- 경학가였던 하간헌왕 유덕이 죽었다. 그는 자국 내에 고문 경학박사를 두어 금·고문 경학 분파의 계기를 마련했다.
- 진 황후가 무고로 폐위되고 300여 명이 연루되어 죽었다.
- 관리로서 범법자를 알고도 보고하지 않으면 범법자와 같이 처벌한다는 '견지법見知法'이 장탕 등에 의하여 제정되어 법이 더욱 가혹하게 적용되었다.

기원전 129년___17세 (무제 원광 6년, 무제 28세)
- 기원전 129년 장안에서 위수를 끌어들여 황하로 직접 통하는 조거漕渠가 개통되었다.
- 흉노가 상곡을 침입했으나 거기장군 위청이 이를 물리쳤다. 이광은 군대를 잃고 목숨을 건져 탈출했으나 그 책임을 물어 서인으로 강등되었다.
- 처음으로 상인들의 수레 현황을 파악했다.

기원전 128년___18세 (무제 원삭元朔 원년, 무제 29세)
- 위자부가 황후에 책봉되었다.

• 흉노에 억류되었던 장건이 탈출하여 대완 등을 거쳐 월지에 이르러 흉노 협공을 논의했으나 뜻을 이루지 못했다. 장건은 계속 서쪽으로 갔다가 인도에서 사천으로부터 들어온 대나무와 촉의 옷감을 보게 되었다. 중국과 인도 간에 경제·문화 교류가 이전부터 이루어지고 있었다는 사실을 알게 되었다.

• 흉노가 비장군 이광을 두려워했다.

• 동이 예맥의 군주 남려 등 28만 명이 한에 귀순하자 창해군을 설치했다.

• 공자의 옛집을 헐어 저택을 넓히려다가 벽에서 고문 경전을 발견하여 공안국에게 정리를 맡겼던 노 공왕 유여가 죽었다.

기원전 127년 ___ 19세 (무제 원삭 2년, 무제 30세)

• 이 무렵 사마천은 중앙정부의 조치에 따라 수도 장안의 외곽 무릉茂陵으로 거처를 옮긴 것으로 추정된다.

(무제는 봉건왕조의 통치를 강화하기 위하여 주보언主父偃의 건의에 따라 전국 지방 호걸과 재산 3백만 전 이상인 부호를 무릉으로 이주시켰다. 이 무렵 이름난 유협 곽해郭解도 무릉으로 이주했는데, 유가파들의 박해를 받아 전 가족이 몰살당하는 사건이 일어났다. 사마천은 곽해로부터 깊은 인상을 받았음은 물론 이 사건에 크게 느끼는 바가 있어 권124〈유협열전〉을 구상했다.)

• 무제, 제후왕의 적장자 외에 다른 자손들에게도 봉지를 나누어줄 수 있도록 하는 '추은령推恩令'을 반포하여 제후왕들의 세력을 약화시켰다.

• 곽해의 죽음을 전후로 유협游俠의 풍이 점점 쇠퇴했다.

기원전 126년 ___ 20세 (무제 원삭 3년, 무제 31세)

• 사마천은 학업을 일시 중단하고 아버지의 권유에 따라 천하를 답사하기 시작했다.

(사마천의 답사는 대략 2~3년에 걸친 대장정으로, 훗날《사기》저술에 절대적인 영향을 미쳤다. 사마천의 천하주유 기간에 대하여는 1년부터 8~9년에 이르기까지 다양한 주장들이 제기되었다. 대체로 2~3년 설이 우세하나,《사기》에 나오는 다양한 생생한 현장 기록들로 미루어볼 때 8~9년에 걸친 치밀한 답사를 하여야만 가능하다는 주장도 만만찮다. 기록들을 종합하여보면 사마천의 첫 번째 천하주유 경로는 다음과 같았으며, 사마천의 발길이 미치지 못한 곳으로는 조선과 하서 및 영남지방의 처음 신설된 군 정도에 불과한 것으로 파악된다.

장안長安→무관武關〔섬서성 상현商縣 동쪽〕→남양南陽〔하남성 남양현〕→남군南郡〔호북성 강릉현江陵縣〕→장사長沙 나현羅縣〔멱라수를 찾아 굴원의 자취를 탐문했다〕→상강湘江 구의산九疑山〔호남성 영원현寧遠縣 경계로 순 임금이 순시하다 묻힌 곳이다〕→상강에서 남쪽으로 내려와 원강沅江을 따라 내려갔다→대강大江→남쪽 여산廬山에 올랐다→강을 따라 남하하여 회계산會稽山〔절강성 소흥紹興 동남. 여기서 전설상의 우 임금의 무덤을 찾았다〕→회계군 오현吳縣→고소산姑蘇

蘇山에 올라 오호五湖를 내려다보고 초나라 귀족 춘신군春申君의 옛 성을 답사했다→북상하여 회음淮陰〔강소성 회음현 동남〕에서 명장 한신의 고향을 답사하고 한모韓母 묘지도 참관했다→회수淮水를 건너 사수泗水를 따라 북상했다→노나라 도성〔산동성 곡부현曲阜縣〕에 도착하여 공자묘 등 공자와 관련된 유적을 답사했다→제나라 도성〔산동성 치박시淄博市 임치구臨淄區〕을 답사했다→남향하여 추현鄒縣에 머무르면서 진시황이 순시하면서 오른 역산嶧山에 올랐다→남향하여 맹상군의 봉지인 설성薛城〔산동성 등현滕縣 동남〕을 답사했다→다시 남하하여 초 패왕 항우의 도성이었던 팽성彭城〔강소성 서주시徐州市〕에서 치열했던 초·한 투쟁 현장을 답사했다→서한을 세운 고조 유방의 고향인 패군沛郡 패현沛縣〔강소성 패현 동쪽〕을 답사했다→서쪽으로, 유방과 같은 고향에서 같은 날 태어난 노관盧綰의 고향 풍현豐縣을 답사했다→수양睢陽〔하남성 상구현商丘縣 남쪽〕을 거쳐 위나라 도성이었던 대량大梁〔하남성 개봉〕을 답사했다→귀경〕

- 공손홍이 어사대부가 되어 삼공에 이르기까지 《춘추》를 읽는 풍조가 널리 퍼졌다.
- 정위가 된 장탕은 옛날 문장을 끌어다 송사 문제를 처리하기 위하여 박사 제자들 중 《상서》와 《춘추》에 능한 자들을 정위사로 삼아 보조 역할을 하게 했다.
- 대흉노 전면 공격이 시작되어 기원전 117년까지 계속되었다.
- 장건이 13년 만에 월지에서 돌아왔다.
- 창해군을 폐지했다.

기원전 125년 ___ 21세 (무제 원삭 4년, 무제 32세)

- 사마천은 천하유력을 계속했다.
- 흉노가 대군·정양·상군에 침입하여 수천 명을 죽이고 약탈했다.

기원전 124년 ___ 22세 (무제 원삭 5년, 무제 33세)

- 무제는 막 승상으로 승진한 공손홍의 건의를 받아들여 박사 밑에 50인의 제자를 두고 요역을 면제하여 주었다(사마천도 박사가 된 공안국의 제자가 되어 공부한 것 같다). 기원전 134년 동중서의 건의가 있은 이후, 이때에 와서 태학의 기본 체제가 갖추어졌다.
- 위청이 대장군이 되어 흉노를 정벌하여 5,000명을 죽이거나 포로로 잡았다.

기원전 123년 ___ 23세 (무제 원삭 6년, 무제 34세)

- 사마천은 천하유력에서 돌아와 이 무렵부터 동중서에게 《춘추》를 배우고, 공안국에게 《상서》를 배움으로써 본격적으로 학문 연구를 시작했다. 이때의 교육은 훗날 그가 《사기》를 저작하는 데 큰 기초가 되었다.
- 위청이 흉노를 잇달아 격파했다.

- 흉노와의 전쟁에 따른 경비의 부족으로 관작을 팔았다.
- 이 무렵 동중서와 노 신공에게 배운 강공이 각자의 전공인 《춘추 공양전》과 《춘추 곡량전》을 가지고 서로 토론했다.

기원전 122년 ___ 24세 (무제 원수元狩 원년(무제 35세)

- 사마천은 아버지와 함께 무제를 수행하여 옹雍에 가서 오치五畤에 제사를 지낸 것 같다.
(오치란 옹에 있는 전설 속의 제왕들에게 제사를 지내는 다섯 장소를 말한다. 태산에서 봉선의식을 거행한 것과 같은 맥락으로, 황제의 권위를 확인하는 행사를 벌이던 장소로 이해할 수 있다.)
- 서남이 지방을 재개통했다.
- 회남왕 유안劉安, 형산왕衡山王 사賜가 모반에 실패하여 자살했다.

기원전 121년 ___ 25세 (무제 원수 2년, 무제 36세, 재위 20년)

- 사마천은 학업에 전념했다.
- 표기장군 곽거병은 흉노를 격파했다.
- 이광과 장건이 우북평을 나서서 흉노를 공격했으나, 이광은 군사를 다 잃고 혼자 도망쳐 왔다가 그 책임을 물어 서인으로 강등되었다.
- 흉노의 혼사왕이 항복했다.
- 승상 공손홍이 죽고, 장탕이 어사대부가 되었다.
- 제나라 사람인 방사 소옹이 무제의 신임을 얻어 문성장군까지 되었으나, 방술 조작이 드러나 피살되었다.

기원전 120년 ___ 26세 (무제 원수 3년(무제 37세)

- 악부樂府를 처음으로 설치했다.

기원전 119년 ___ 27세 (무제 원수 4년(무제 38세)

- 흰 사슴 가죽으로 피폐皮幣를 만들고, 은·주석 합금으로 '백금' 3품을 만들었다. 지금까지 써오던 '반량전'을 취소하고 '삼수전'을 주조했다.
- 화폐의 개인 주조가 극성을 부리자 이를 엄격하게 금했고, 어긴 자는 사형에 처했다.
- 낙양의 상인 상홍양을 기용하여 소금과 철을 국가의 전매사업으로 시행하는 등 통제 위주의 국가 경제정책을 주도하게 했다.
- 곽거병은 사막 북쪽에서 흉노와 싸워 큰 전과를 올렸다(집이 없는 그를 위하여 무제가 집을 지어주려 하자 곽거병은 "흉노를 멸하기 전에는 집은 없습니다!"라고 말했다).

- 부하를 자기 몸처럼 아꼈던 명장 이광이 위청의 고의적인 견제와 문책 때문에 수치심을 견디지 못하여 스스로 목숨을 끊었다(권109 〈이장군열전〉).
- 장건이 다시 서역으로 출사했다.

기원전 118년___28세 (무제 원수 5년, 무제 39세)
- 사마천은 학문과 실제 경험을 겸비한 남다른 재능을 인정받아 이 무렵 녹봉 300석의 낭중郎中이 되어 처음으로 벼슬살이를 시작했던 것으로 추정된다.
- 이해에 낭관을 대거 선발했는데, 임안과 전인 등도 포함되었고 사마천도 이때 함께 발탁된 것으로 보인다.
- 〈자허부子虛賦〉 등의 글을 남겨 한나라 산문의 전형적인 형식 부賦를 정착시킨 문장가 사마상여 司馬相如(기원전 179~118년)가 세상을 떠났다.
- 서한의 대표적인 화폐인 '오수전'을 주조했다. 오수전은 당나라 때까지 사용되어 중국 역사상 가장 오랫동안 유통된 화폐 가운데 하나가 되었다.
- 말이 귀해지자 백성들에게 말 기르기를 장려하기 위하여 수말의 값을 한 마리에 20만 전으로 조정했다.
- 섬서성 서안 패교 한나라 때 무덤에서 세계에서 가장 이른 식물섬유 종이가 발견되었는데, 이해 이전에 사용된 것으로 판명이 났다.

기원전 117년___29세 (무제 원수 6년, 무제 40세)
- 사마천은 낭중 직무에 충실했다.
- 곽거병이 죽었다. 무릉 옆에 장사를 지냈는데 봉분은 기련산을 닮았다고 한다.
- 마음속으로 생각만 하여도 처벌한다는 '복비법'으로, 청렴하고 강직했던 대농령 안이顏異가 처형되었다. 이로써 언론·사상 탄압이 더욱 심하여졌고, 황제의 비위를 맞추려고 아부하는 자들이 더 많아졌다.
- 공안국이 임회 태수로 부임했다.

기원전 116년___30세 (무제 원정元鼎 원년, 무제 41세)
- 대흉노 전면 공격을 멈추고 쌍방이 휴전기에 접어들었다.
- 분수汾水에서 보정寶鼎을 얻어 연호를 '원정'으로 고쳤다.
- 이 무렵 진령 남북을 왕래하는 중요한 잔도의 하나인 '포사도'가 개통되었다. 관중에서 한중을 거쳐 파촉에 이르는 거리를 단축시킴으로써 서남과 중원지구의 경제·문화 관계가 더욱 가까워졌다.

기원전 115년 ___ 31세 (무제 원정 2년, 무제 42세)

- 물가를 조절하는 정책인 균수법을 실행했다.
- 서역이 처음으로 개통되었다.
- 서역 지방에 주천군과 무위군을 설치했다.
- 무제는 대완의 명마 '한혈마'를 얻어 이를 '천마'라 부르면서 대량으로 얻기를 희망했다.
- 혹리로 악명을 떨친 장탕이 무고로 죄를 얻자 자살했다.

기원전 114년 ___ 32세 (무제 원정 3년, 무제 43세)

- 재화를 축적하고 이익만을 좇는 상인과 거간들에게 타격을 주기 위하여 상업 억제책인 산민算
緡·고민령告緡令을 반포했다. 이 정책의 실행 과정에서 중간 규모 이상의 상인들과 고리대금업자
들이 법령을 위반하여 고발당함으로써 가산을 탕진하는 사례가 적잖게 발생했다.
- 장건이 세상을 떠났다.

기원전 113년 ___ 33세 (무제 원정 4년, 무제 44세)

- 사마천은 아버지와 함께 본격적인 지방 순시에 나선 무제를 수행하여 각지의 민정과 풍속을 살피
는 기회를 얻었다.
- 사마천 부자는 무제가 자신들의 고향인 하양을 지난 것을 기념하기 위하여 그곳에 '협려궁挾荔宮'
을 세웠다(지금의 사마천 사당 동남 200미터 지점).
- 무제는 지방 군현 순시에 본격적으로 나섰다.
- 무제의 1차 군현 순시 경로는 다음과 같았다.
장안→옹雍(지금의 섬서성 봉상현鳳翔縣)→하양夏陽→하동군河東郡(산서성 하현夏縣 북쪽) 분음
汾陰(산서성 형하현滎河縣 북쪽)→황하→형양滎陽(하남성 형양현 서남)→귀경
- 이때를 전후로 삭방·서하·주천·여남·구강·태산 등지에 수리사업을 대대적으로 벌여 황하를
끌어들여 농지에 물을 대었으며, 관중 지역에도 대대적인 수리사업을 벌였다.
- '금루옥의'의 발굴로 호화롭고 사치스러운 생활의 단면을 보여준 중산왕 유승이 죽었다.

기원전 112년 ___ 34세 (무제 원정 5년, 무제 45세)

- 사마천은 무제를 수행하여 공동산崆峒山(감숙성 평량현平凉縣 서쪽) 등 서쪽 지방에 대한 정보를
얻었다.
- 무제는 예에 따라 옹에서 오제五帝에 제사를 지내고, 서쪽 지방을 순시했다.
- 무제의 순시 경로는 다음과 같았다.
장안→옹→롱판隴坂(섬서성 롱현과 감숙성 청수현淸水縣 경계에 있는 산) 공동산→소관蕭關(감숙

성 고원현固原縣 동남)→신진중新秦中(내몽골 자치구 오르도스)에서 대규모 사냥을 했다→감천甘泉(섬서성 순화현淳化縣 감천산)→귀경

- 이 무렵부터 해남도 소수민족과 중원의 경제·문화 교류가 시작되었다.

기원전 111년___35세 (무제 원정 6년, 무제 46세, 재위 30년)

- 사마천은 무제의 명을 받아 파촉巴蜀 이남, 즉 서남 지방의 문물을 관찰할 기회를 가졌다.

(이때의 경험은 훗날 권116 〈서남이열전〉을 저술하는 데에 절대적인 역할을 했다. 사마천의 민정 시찰 경로는 아래와 같았다. 이로써 사마천의 족적은 곤명, 대리에까지 미쳤다. 명나라 때 편찬된 《운남통지》 권2 대리부 왕안산조에 보면 사마천이 이곳에 와서 서이하를 보았다고 했으며, 《진운역년전》에서도 사마천이 지금의 대리인 엽유에 강당을 세워 대리에서 처음 교육이 시작되었다고 했다.

장안→한중漢中〔섬서성 한중 남쪽〕→파군巴郡〔사천성 중경시重慶市 북쪽〕→건위군犍爲郡〔사천성 의빈현宜賓縣〕→장가군牂牁郡〔귀주성 황평현黃平縣 서쪽〕→촉군蜀郡〔사천성 성도시成都市〕→영관도零關道〔사천성 노산현蘆山縣 동남〕→손수孫水〔안녕하安寧河〕→월휴군越嶲郡〔사천성 서창현西昌縣 동남〕→심려군沈黎郡〔사천성 한원현漢源縣 동남〕→귀경)

- 이렇게 서남이를 평정하여 5군을 설치했다.
- 서역 쪽에 장액과 돈황군을 설치했다.
- 서강을 정벌했다.
- 남월을 평정하여 9군을 설치했다.
- 음악가 이연년이 '교사郊祀'를 위한 악무樂舞를 지음으로써 교사에서 악무가 연주되기 시작했다.
- 서역 악기를 개조한, 눕혀서 연주하는 공후라는 악기가 이 무렵부터 유행하기 시작했다.

기원전 110년___36세 (무제 원봉元封 원년, 무제 47세)

- 서남이에서 임무를 마치고 귀경하던 중 삭방을 순시하던 무제와 합류하여 복명한 다음 교산 황제릉에 함께 제사를 드리고 돌아오는 길에 아버지 사마담이 위독하다는 전갈을 받았다. 사마천은 낙양으로 가서 아버지의 임종을 지켰는데, 사마담은 자신의 뒤를 이어 반드시 태사령이 되어 달라는 유언을 남기고 세상을 떠났다.
- 사마천은 아버지의 장례를 치르고 산동 태산으로 달려가 무제와 합류하여 봉선에 참여했다.
- 대내외적으로 안정 기반을 구축한 무제는 마침내 봉선封禪 대제를 거행했다.
- 무제의 봉선 경로도와 순시도는 다음과 같았다.

낙양→산동→봉래산→태산(봉선 대제)→(해로로 북상)→갈석산碣石山(하북성 창려현昌黎縣 경계)→요서군遼西郡(하북성 노룡현盧龍縣 동쪽) 순시→구원군九原郡(내몽골 오원현五原縣)→

감천

- 무제는 교산(지금의 섬서성 황릉현)에서 황제黃帝에게 몸소 제사 드리니, 이는 최초의 황제릉 기록이다.
- 무제는 12부 장군을 몸소 거느리고 장성을 넘어 흉노에게 무력시위를 했다.
- 상홍양을 좌서장으로 발탁하여 염철 전매, 균수·평준 등 정부 주도의 통제적 재정·물가정책을 주도하게 했다.

기원전 109년___37세 (무제 원봉 2년, 무제 48세)

- 사마천은 무제의 '호자가瓠子歌'에 감명을 받아 훗날 《사기》에 중국 역대 치수사업을 개괄한 권29 〈하거서河渠書〉를 쓰게 되었다.
- 무제는 태산에 제사하고 복양濮陽(하북성 복양현 남쪽) 호자瓠子의 강물을 막는 공사현장을 직접 방문하여 흰말과 옥을 강에 가라앉히는 하례河禮를 지내고, 문무 관리들을 백성들과 함께 직접 공사에 참여하게 함으로써 난공사를 완성하고, 기념으로 노래를 짓고 제방에 선방궁宣房宮을 세웠다.
- 조선 정벌에 나섰다.
- 조선 정벌을 기점으로 무제의 정치적 판단력에 심각한 문제가 발생했다.
- 이 무렵 황제가 처리하는 사건인 조옥詔獄이 갈수록 늘어 1년에 1,000여 건, 연루자는 6~7만 명, 사건을 처리하는 관련 관리는 10여만 명으로 증가했다.

기원전 108년___38세 (무제 원봉 3년, 무제 49세)

- 사마천은 아버지 사마담의 뒤를 이어 태사령이 되었다. 이로써 필생의 저작 《사기》를 편찬하게 되는 기점과 중요한 조건이 마련되었다. 사마담이 세상을 뜬 지 3년 만이었다.
- 사마천은 태사령이 관장하던 '한 이전' 시대의 기록을 물려받았다.
- 사마천은 은자 지준摯峻과 교류를 갖고 편지를 주고받았다.
- 조선이 항복하여 4군을 설치했다.
- 조파노가 누란을 공격하여 주천에서 옥문관에 이르는 지역에 방어선이 구축되었다.
- 장안에서 각저(씨름)놀이가 있자 주위 300리 백성들이 모두 몰려와 구경했다. 무제 때 씨름은 이미 오락잡기로 변했다.

기원전 107년___39세 (무제 원봉 4년, 무제 50세)

- 사마천은 무제의 순시에 빠지지 않고 수행했다. 또 무제를 수행하여 고향 하양으로부터 황하를 건너 하동에 이르렀고, 토지신인 후토后土에 제사를 지냈다.
- 무제는 북쪽의 지방 탁록涿鹿·옹·소관·명택·대 등지를 순시했다.

기원전 106년___40세 (무제 원봉 5년, 무제 51세)

- 무제는 남방으로 성당·구의·심양·종양 등지를 순시하고, 북으로는 낭야·동해·태산·감천에 이르렀다.
- 자사刺史를 처음으로 만들어 유주 등 13주부에 모두 파견했다.

기원전 105년___41세 (무제 원봉 6년, 무제 52세)

- 사마천은 "나는 황제의 순시를 수행하면서 하늘과 땅, 귀신, 이름난 산과 물에 제사하고 봉선에도 참가했다"고 했으며, 이 경험은《사기》를 저술하는 데 큰 보탬이 되었다. 돌아오는 길에 고향 하양에서 황하를 건너 후토에 제사를 드렸다.
- 무제는 북방을 순시했다.
- 무제의 신선숭배가 점점 심하여져 귀신에 제사하는 각종 법술로 명리를 얻는 방사가 1만 명에 이를 정도였다.
- 강도왕 유건의 딸 세군을 공주로 삼아 오손 곤막왕에게 시집보냄으로써 오손과 화친을 맺었다.
- 안식국의 사신이 장안에 왔으며, 처음으로 통교가 시작되었다.
- 곤명을 공격했다.
- 이해 이전에 공안국이 세상을 떠난 것으로 보인다.

기원전 104년___42세 (무제 태초太初 원년, 무제 53세)

- 사마천의 주도하에 공손경, 호수와 함께 종래 사용하던 달력인 전욱력顓頊曆을 개정하여 하력夏曆을 기초로 한 태초력太初曆을 완성했다. 이와 아울러 각종 제도개혁도 이루어졌다.
- 사마천은 역법 개정을 계기로 본격적인《사기》 저술에 착수하여, 기원전 98년 '이릉의 화'로 감옥에 갇힐 때까지 7년간 계속했다.
- 동중서(기원전 179~104년)가 76세로 세상을 떠났다.

기원전 103년___43세 (무제 태초 2년, 무제 54세)

- 《사기》 집필이 본격화되었다.
- 사마천은 무제를 수행하여 고향 하양에서 황하를 건너 후토에 제사를 드렸다.
- 동중서의 제자 아관이 세상을 떠났다.

기원전 102년___44세 (무제 태초 3년, 무제 55세)

- 사마천은 무제를 수행하여 동으로 바다에 이르렀고, 돌아오는 길에 태산에 봉선했다.
- 대완을 대대적으로 공격했다.

- 서역 사막지대에서 오늘날까지도 농사를 위한 우물로 사용하는 감아정坎兒井이 이 무렵 대완까지 보급되었다.
- 거연택(지금의 감숙성 제납기 동남)에 처음으로 성을 쌓았다(여기서 한나라 시대의 기록인 거연한간居延漢簡이 출토되고 있다).
- 오원새(지금의 내몽골 포두 서북)에서 북으로 노구에 이르는 길에 성과 초소를 쌓아 흉노를 방어했으나, 실제로는 흉노와의 경제·문화 교류를 위한 중요한 통로 구실을 했다.
- 음악가 이연년이 동생의 죄에 연루되어 피살되었다.

기원전 101년___45세 (무제 태초 4년, 무제 56세, 재위 40년)

- 권130 〈태사공자서〉와 권17 〈한흥이래제후왕연표〉에 따르면《사기》의 사건 기술은 태초 연간, 즉 기원전 104년에서 기원전 101년 사이에서 끝난 것으로 보인다.
- 사마천은 무제를 수행하여 겨울에 회중에 이르렀다.
- 돈황에서 염택(지금의 신강성 나포박)에 이르는 길에 역참을 쌓았고, 윤대(지금의 신강성 윤대) 등지에 둔전을 개척하여 서역에 나간 인원들의 식량을 조달했다.
- 이 무렵 오손왕에게 시집간 세군이 세상을 떠난 것으로 보인다. 한은 초왕 유무의 손녀 해우를 공주로 삼아 오손왕에게 다시 시집보냈다.
- 이광리가 한혈마를 얻어 돌아왔고, 무제는 '서극천마지가西極天馬之歌(서쪽 끝 천마의 노래)'를 지어 이를 기념했다.

기원전 100년___46세 (무제 천한天漢 원년, 무제 57세)

- 흉노와의 전투가 다시 시작되었으나 한은 잇달아 패했다.
- 정도를 벗어난 사치를 금하는 법이 만들어졌다.
- 소무가 흉노에 사신으로 갔다가 억류당했다. 그는 이후 무려 21년 동안 억류되었다가 돌아왔다.

기원전 99년___47세 (무제 천한 2년, 무제 58세)

- 사마천은 무제를 수행하여 동해에 이르렀고, 돌아오는 길에 회중에 들렀다.
- 사마천은 흉노와의 전투에서 중과부적으로 패하여 항복한 이릉을 변호하다가 황제의 심기를 건드려 옥에 갇혔다. 이를 역사에서는 '이릉의 화禍'라 부른다. 이 사건으로 사마천의 일생과《사기》는 중대한 전환기를 맞이했다.
- 잇단 민중봉기로 교통과 경제가 마비되자 이들을 숨겨주는 자는 사형에 처하고, 봉기 등에 제대로 대처하지 못하는 관리도 사형에 처한다는 침명법沉命法이 반포되었으나, 관리들은 서로 보고서를 교묘하게 조작하여 법을 피했다.

• 서역에서 들어온 포도 등이 장안 주위에서 재배되기 시작했다(참외·석류·호도·마늘 등).

기원전 98년___48세 (무제 천한 3년, 무제 59세)
• 사마천은 이릉 사건에 연루되어 태사령 직에서 파면당하고 대리 감옥에 갇혀 '황제를 무고했다'는 죄명으로 사형이 확정되었다.
• 무제는 이해에도 동쪽을 순시하여 신선을 구하고, 태산에 제사를 지냈다.

기원전 97년___49세 (무제 천한 4년, 무제 60세)
• 사마천은 치욕을 감수하고 궁형을 자청하여 죽음을 면했다.
• 공교롭게도 이해에 사형수가 50만 전을 내면 사형을 면하여 준다는 조치가 내려졌지만, 사마천은 돈이 없어 궁형을 자청했다.
• 이릉이 흉노로부터 벼슬을 받았다는 소식이 전해지자 무제는 이릉의 가족을 몰살했다.

기원전 96년___50세 (무제 태시太始 원년, 무제 61세)
• 사마천은 사면을 받아 출옥하고 중서령 직을 받았다.
• 사마천은 오로지 《사기》의 완성을 위하여 혼신의 힘을 쏟았다.
• 군국의 관리와 호걸들을 무릉으로 이주시켰다.

기원전 95년___51세 (무제 태시 2년, 무제 62세)
• 사마천은 무제를 수행하여 회중에 이르렀다.
• 수리 전문가 백공白公의 건의로 경수를 끌어들여 곡구—역양—위수로 들어가는 200킬로미터 길이의 백거白渠라는 수로를 건설했다.

기원전 94년___52세 (무제 태시 3년, 무제 63세)
• 무제는 동쪽을 순시하여 감천궁에서 외빈을 접견하고, 동해·낭야·대해를 거쳐 돌아왔다.
• 무제는 강충이란 간신을 총애했다.

기원전 93년___53세 (무제 태시 4년, 무제 64세)
• 사마천은 무제를 수행하여 태산·불기不其·옹·안정安定·북지北地를 순시했다.
• 왕국유는 〈보임안서〉가 이해에 쓰였다고 주장했다.
• 동방삭(기원전 154~93년)이 62세를 일기로 세상을 떠났다.

기원전 92년____54세 (무제 정화征和 원년, 무제 65세)

• 사마천은 무제를 수행하여 건장궁建章宮으로 돌아왔다.

• 이 무렵부터 궁정에서 무당을 이용하여 사술로 정적을 해치는 '무고巫蠱의 화'가 일기 시작했다.

• 승상 공손하가 양릉(지금의 서안 북쪽) 대협 주안세를 체포했다. 무제 때 곽해·주가·극맹 등 유명한 유협들이 제거당함으로써 유협의 기풍이 소멸되었다.

• 주안세가 옥중에서 공손하의 아들 경성이 양석공주(위황후의 딸)와 함께 무당을 시켜 인형을 도로에 묻고 무제를 저주했다고 고발했다.

기원전 91년____55세 (무제 정화 2년, 무제 66세, 재위 50년)

• 사마천은 익주자사益州刺史 임안이 태자와 관련된 무고 사건으로 옥에 갇혔다는 소식을 듣고 착잡한 심정으로 '보임소경서報任少卿書(또는 보임안서)'라는 편지를 써서 지난날 자신이 옥에 갇히고 궁형을 당한 경위와 그에 더욱 발분하여 《사기》를 저술하는 데에 혼신의 힘을 쏟은 심경을 고백했다.

• 이 편지로 보아 이 무렵 《사기》가 완성된 것으로 보인다.

(태초 원년 42세부터 본격적으로 저술하기 시작하여 약 14년에 걸쳐 완성했다. 저술은 대체로 두 단계를 겪었는데, 태초 원년 42세부터 궁형을 받은 49세까지 약 7년, 궁형을 받고 풀려난 뒤로부터 친구 임안에게 편지를 쓴 정화 2년, 사마천의 나이 55세까지 약 7년간이다.)

• 사마천의 친구, 임안은 결국 사형당했다.

기원전 90년____56세 (무제 정화 3년, 무제 67세)

• 사마천은 무제의 심기를 건드려 하옥되었다가 처형당한 것으로 추측된다(임안에게 보낸 편지 〈보임안서〉에서).

• 사마천은 슬하에 아들 둘에 딸 하나를 두었다. 딸이 대사농大司農 양창楊敞에게 시집가 아들, 즉 사마천의 외손자 양운楊惲을 낳았다.

• 승상 공손하 부자는 하옥되어 멸족되었고, 양석공주 등도 무고에 연루되어 죽었다.

• 무제가 병에 걸리자 여태자가 궁에 인형을 묻어놓고 저주했기 때문이라고 강충이 무고하자 태자는 두려워 군대를 동원하여 저항했다. 장안에서 전투가 벌어지고 태자는 패하여 위황후와 함께 자살했다. 이 사건으로 수만 명이 연루되어 죽었다. 무제 만년의 최악의 사건으로 무제의 심신은 극도로 쇠약해졌다.

기원전 87년 (무제 후원 2년, 무제 70세, 재위 54년)

• 한 무제 유철이 70세로 세상을 떠났다. 사마천이 살아있었다면 59세였을 것이다.

참고문헌

◉

기본 사료

《史記》(中華書局標點校勘本)

《漢書》(동상)

《史記會注考證》(瀧川龜太郎)

《사기》 주석서 · 현대문 번역서 · 기본 연구서

王利器主編,《史記注譯》(全四冊), 三秦出版社, 1988.

張大可,《史記研究》, 華文出版社, 2002.

韓兆琦編著,《史記箋證》(全九冊), 江西人民出版社, 2004.

張大可主編,《史記研究集成》(전14권), 華文出版社, 2005.

《白話史記》(白話全譯本), 新世界出版社, 2007.

褚玉蘭,《史記新解》, 山東大學出版社, 2007.

《史記菁華錄》, 新世界出版社, 2007.

韓兆琦主譯,《史記》(傳世經典文白對照), 中華書局, 2008.

王嗣敏,《史記之魂》(上, 下), 華夏出版社, 2008.

韓兆琦譯著,《新白話史記》(上, 下), 中華書局, 2009.

공구서

《中國史稿地圖集》(上), 地圖出版社, 1979.

譚其驤主編,《中國歷史地圖集》(第1冊), 地圖出版社, 1982.

王恢,《中國歷史地理》(下冊), 臺灣學生書局, 1984.

《中國歷代名人勝蹟大辭典》,三聯書店,1995.

《中國文物地圖集》(陝西分冊),西安地圖出版社,1998.

《中華秦文化辭典》,西北大學出版社,2000.

中國歷史博物館編著,《華夏文明史》(第1卷),朝華出版社,2002.

中國國家博物館編,《文物中國史》(2),山西教育出版社,2003.

《話說中國》(創世在東方),上海文藝出版社,2003.

《話說中國》(詩經里的世界),上海文藝出版社,2003.

《話說中國》(春秋巨人),上海文藝出版社,2004.

《話說中國》(列國爭雄),上海文藝出版社,2004.

《話說中國》(大風一曲振河山),上海文藝出版社,2004.

《中國歷史大辭典》,上海辭書出版社,2007.

《中國戰爭史地圖集》,星球地圖出版社,2007.

白楊,《中國帝王皇后親王公主世系錄》,山西人民出版社,2008.

도판 · 사진 관련 참고자료

馬承源,《中國古代靑銅器》,上海人民出版社,1982.

《中國歷代名人圖鑑》,蘇州大學圖書館編著,上海書畵出版社,1987.

《三才圖會》,上海古籍出版社,1988.

張習孔.田珏主編,《中國歷史大事編年》(第1卷),北京出版社,1989.

《中國文物精華大辭典》(靑銅器卷),上海辭書出版社,1995.

《中國歷代帝王名臣像眞迹》,河北美術出版社,1996.

《山東文物精華》,山東美術出版社,1996.

盧嘉錫主編,《中國科學技術史》,中國科學技術出版社,1997.

《巴蜀漢代畫像集》,文物出版社,1998.

李淞編著,《漢代人物彫刻藝術》,湖南美術出版社,2001.

劉煒,《中華文明傳眞》(春秋戰國),上海辭書出版社,2001.

金其楨,《中國碑文化》,重慶出版社,2002.

張福林編,《歷代碑碣圖輯》,山西人民出版社,2002.

《古籍善本卷》(北京文物精粹大系),北京出版社,2002.

《靑銅器卷》(北京文物精粹大系),北京出版社,2002.

陳根遠,《瓦當留眞》,遼寧畫報出版社,2002.

《中國歷代人物像傳》(전4권), 齊魯書社, 2002.

馬世之,《中國史前古城》, 湖北敎育出版社, 2003.

侯幼彬.李婉貞編,《中國古代建築歷史圖說》, 中國建築工業出版社, 2003.

《中國歷代人物像傳》, 上海古籍出版社, 2003.

《中國歷代名人畫像譜》, 中國歷史博物館保管部編, 海峽文藝出版社, 2003.

熊治祁主編,《中國近現代名人圖鑑》, 湖南人民出版社, 2003.

《歷代珍稀板本經眼圖錄》, 中國書店, 2003.

馬永嬴編著,《五陵原與西漢帝陵》, 西安地圖出版社, 2003.

《文物中國史》(1~4), 山西敎育出版社, 2003.

《山東重大考古新發見》(1990~2003), 山東文化音像出版社, 2003.

張滿弓編著,《古典文學版畵》(人物像傳), 河南大學出版社, 2004.

《中國歷代人物圖像集》(전3권), 上海古籍出版社, 2004.

《中國文明的形成》, 新世界出版社, 2004.

周心慧編著,《中國古籍揷圖精鑒》, 中國靑年出版社, 2005.

周心慧主編,《中國古籍揷圖精鑒》, 中國靑年出版社, 2006.

《漢畵解讀》, 文化藝術出版社, 2006.

朱士光,《中國八代古都》, 人民出版社, 2007.

張珍,《話說古都群》, 吉林文史出版社, 2009.

《河南省博物館》, 長征出版社, 2009.

《小北京韓城》, 中國旅遊出版社, 2009.

《中國國家博物館》, 長征出版社, 2011.

《中國人物畵全集》(上・下), 外文出版社, 2011.

陝西省文物局/陝西省考古硏究院,《留住文明》, 陝西出版集團/三秦出版社, 2011.

전문 · 대중 연구서

楊育彬,《河南考古》, 中州古籍出版社, 1985.

楊寬,《戰國史》, 谷風出版社, 1986.

魏昌,《楚國簡史》, 中國地質大學出版社, 1989.

晁福林,《霸權迭興》, 三聯書店, 1992.

葛劍雄,《統一與分裂》, 三聯書店, 1994.

徐了然,《人與神》, 中國國際廣播出版社, 1995.

王子今,《史記的文化發掘》,湖北人民出版社,1997.

戈春源,《刺客史》,上海文藝出版社,1999.

翦伯贊,《秦漢史》,北京大學出版社,1999(2권).

董立章,《三皇五帝史斷代》,暨南大學出版社,1999.

楊寬,《西周史》,上海人民出版社,1999.

夏商周斷代工程專家組,《夏商周斷代工程1996~2000年階段成果報告》,世界圖書出版公司,2000.

王玉哲,《中華遠古史》,上海人民出版社,2000.

莫曰達,《先秦.秦漢統計思想史》,中國統計出版社,2001.

陳旭,《夏商考古》,文物出版社,2001.

張豈之主編,《中國歷史》(先秦卷),高等教育出版社,2001.

顧音海,《甲骨學發現與研究》,上海書店出版社,2002.

朱順龍.顧德融,《春秋史》,上海人民出版社,2002.

吳銳,《中國思想的起源》(전3권),山東教育出版社,2002.

朱順鏞/顧德融,《春秋史》,上海人民出版社,2003.

林劍鳴,《秦漢史》,上海人民出版社,2003.

張弘,《戰國秦漢時期商人和商業資本研究》,齊魯書社,2003.

胡厚宣/胡振宇,《殷商史》,上海人民出版社,2003.

曲英杰,《古代城市》,文物出版社,2003.

馬永嬴編著,《五陵原與西漢帝陵》,西安地圖出版社,2003.

任偉,《西周封國考疑》,社會科學文獻出版社,2004.

徐杰令,《春秋邦交研究》,中國社會科學出版社,2004.

許順湛,《五帝時代研究》,中州古籍出版社,2005.

楊寬,《先秦十講》,復旦大學出版社,2006.

呂靜,《春秋時期盟誓研究》,上海古籍出版社,2007.

葉志衡,《戰國學術文化編年》,浙江大學出版社,2007.

黃朴民,《秦漢統一戰略研究》,中國人民大學出版社,2007.

雷虹霽,《秦漢歷史地理與文化分區研究》,中國民族大學出版社,2007.

馮立鰲,《千年的遺恨》,上海三聯書店,2007.

馮立鰲,《歷史的心智》,上海三聯書店,2007.

王宇編著,《品讀漢代風雲》,海潮出版社,2007.

郭燦金/許暉,《趣讀史記》, 崇文書局, 2007.

焦安南/李建義,《姜太公》, 國際文化出版公司, 2007.

王宇編著,《超越帝王名臣和名將(名臣篇)》, 團結出版社, 2008.

嚴超編著,《完全圖解諸子百家》, 南海出版公司, 2008.

鄭劭榮/劉麗娟,《俠客》, 中國社會出版社, 2009.

韓兆琦譯著,《新白話史記》(上・下), 中華書局, 2009.

老鐵手,《戰國那些事兒》(1~3), 亞洲圖書, 2009.

梁啓超外,《史記二十講》, 華夏出版社, 2009.

陳建明主編,《馬王堆漢墓陳列》, 湖南省博物館.

李開元,《秦崩-從秦始皇到劉邦》, 硏經, 2010.

Thomas R. Martin,《Herodotus and Sima Qian》, BEDFORD, 2010.

林屋公子,《吳越春秋》, 民主與建設出版社, 2016.

余世存,《先知中國》, 廣東人民出版社, 2017.

曾國藩/李景星評議,《司記》, 作家出版社, 2017.

侯旭東,《寵》, 北京師範大學出版社, 2018.

국내 자료

민두기 엮음,《중국의 역사인식》(상, 하), 창작과비평사, 1985.

박혜숙 편역,《사마천의 역사인식》, 한길사, 1988.

서울대학교동양과학연구회 엮음,《강좌 중국사》(1), 지식산업사, 1989.

심재훈 엮음,《갑골문》, 민음사, 1990.

이춘식 엮음,《한중일 삼국사상의 보수와 개혁》, 신서원, 1995.

버튼 윗슨, 박혜숙 옮김,《위대한 역사가 사마천》, 한길사, 1995.

사마천, 정범진 외 옮김,《사기》(전 7권), 까치, 1997(4판).

반고, 홍대표 옮김,《한서열전》, 범우사, 1997.

고국항, 오상훈 외 옮김,《중국사학사》, 풀빛, 1998.

동작빈, 이형구 옮김,《갑골학 60년》, 민음사, 1993.

김원중,《사기열전》, 을유문화사, 1999.

유절, 신태갑 옮김,《중국사학사 강의》, 신서원, 2000.

신승하,《중국사학사》, 고려대학교출판부, 2000.

박인수,《춘추전국의 패자와 책사들》, 석필, 2001.

이춘식, 〈춘추전국 시대의 법치사상과 세勢, 술術〉, 아카넷, 2002.

한영우, 《역사학의 역사》, 지식산업사, 2002.

채수연, 〈춘추전국의 리더십〉, 중명출판사, 2002.

이인호, 《사기본기》, 사회평론, 2004.

최명, 《춘추전국의 정치사상》, 박영사, 2004.

박광민, 《오월춘추》, 경인문화사, 2004.

김원중, 《사기본기》, 을유문화사, 2005.

이인호, 《사기-중국을 읽는 첫 번째 코드》, 살림, 2005.

김영수, 《역사의 등불 사마천, 피로 쓴 사기》, 창해, 2006.

김영수, 《사기의 인간경영법》, 김영사, 2007.

이인호, 《이인호 교수의 사기 이야기》, 천지인, 2007.

이성규 옮김, 《사마천 사기-중국고대사회의 형성》, 서울대학교출판부, 2007(수정판).

사타케 야스히코, 권인용 옮김, 《유방》, 이산, 2007.

베이징대학교 중국전통문화연구중심, 장연·김호림 옮김, 《중화문명대시야》(전4권), 김영사, 2007.

우실하, 《동북공정 너머 요하문명론》, 소나무, 2007.

김선자, 《황제신화-만들어진 민족주의》, 책세상, 2007.

김경호 외, 《하상주단대공정》, 동북아역사재단, 2008.

김영수, 《난세에 답하다-사마천의 인간 탐구》, 알마, 2008.

박찬철·공원국, 《귀곡자》, 위즈덤하우스, 2008.

이인호, 《사기열전》(상), 천지인, 2009.

김영수, 《사기의 경영학》, 원앤원북스, 2009.

밍더, 홍순도 옮김, 김영수 감수, 《왼손에는 사기, 오른손에는 삼국지를 들어라》, 더숲, 2009.

한자오치, 이인호 옮김, 《사기 교양 강의》, 돌베개, 2009.

사마천·이치카와 히로시 외, MOIM 옮김, 《불멸의 인간학 사기》(전5권), 서해문집, 2009.

사마천, 스진 엮음, 노만수 옮김, 《사마천 사기》, 일빛, 2009.

사마천, 김원중 옮김, 《사기세가》, 민음사, 2010.

사마천, 김영수 옮김, 《완역 사기 본기 1》, 알마, 2010.

김영수, 《사마천, 인간의 길을 묻다》, 왕의서재, 2010.

공원국, 《춘추전국이야기》(전10권), 역사의아침, 2010-2016.

장점민, 김영수 옮김, 《제국의 빛과 그늘》, 역사의아침, 2012.

백양, 김영수 옮김, 《백양 중국사》(1), 위즈덤하우스, 2013.

참고문헌

김영수,《사마천과의 대화》, 새녘출판사, 2013.

김영수,《나를 세우는 옛 문장들》, 생각연구소, 2013.

김영수,《사기를 읽다》, 유유, 2014.

공원국,《통쾌한 반격의 기술, 오자서병법》, 위즈덤하우스, 2014.

시마자키 스스무, 전형배 옮김,《단숨에 읽는 사기》, 창해, 2014.

장박원,《춘추전국의 전략가들》, 행간, 2014.

사마천, 김영수 옮김,《완역 사기 본기 2》, 알마, 2014.

사마천, 김영수 옮김,《완역 사기 세가 1》, 알마, 2014.

양치엔쿤, 장세후 옮김,《사마천과 사기》, 연암서가, 2015.

김영수,《사마천, 인간의 길을 묻다》(개정판), 위즈덤하우스, 2016.

김영수,《사마천과 사기에 대한 모든 것》(전 2권), 창해, 2016.

장자화, 사마천 원저, 전수정 옮김,《장자화의 사기》(전 5권), 사계절, 2017~2018.

김영수,《인간의 길-나를 바로 세우는 사마천의 문장들》, 창해, 2018.

김영수,《간서-가장 오래된 첩자 이야기》, 위즈덤하우스, 2018.

이승수,《사마천의 마음으로 읽는 사기》, 돌베개, 2018.

김영수,《제자백가, 경제를 말하다》, 아이필드, 2019.

김영수,《나는 사기로 경영을 배웠다》, 메이트북스, 2019.

• 이상 출간일 순.

입체적 해석과 담론으로 새로 태어나는 오늘의 고전
김영수의《완역 사기》시리즈

지은이..사마천司馬遷

역사학의 성인 '사성史聖'으로 추앙받고 있는 사마천은 기원전 145년 지금의 산시성陝西省 한청시韓城市에서 태어났다. 어릴 때부터 아버지 사마담司馬談의 교육 아래 역사가로서의 자질을 갖추어나갔다. 스무 살 때는 아버지의 권유로 약 3년에 걸쳐 천하의 역사현장을 직접 발로 뛰며 팩트의 진실성과 그에 함축되어 있는 역사적 의미를 체험하는 뜻 깊은 행보를 실천으로 옮겼다. 이때의 경험은 3천 년에 걸친 방대한 역사서《사기》의 출로를 모색하는 데 큰 원동력이 되었다. 20대 중후반 예비관료인 낭중郎中으로 선발되어 궁중에 들어와 당대의 숱한 인재들과 교류하는 한편 황제 무제武帝를 지근에서 모셨다. 36세 때 아버지 사마담이 세상을 떠나자 3년 상을 치른 후 38세 때인 기원전 108년 아버지의 뒤를 이어 정부 문서와 기록을 책임지는 태사령太史令이 되었다. (이 해에 고조선이 멸망했다.)

마흔이 넘으면서 사마천은 아버지 대부터 수집해놓은 방대한 자료를 바탕으로 역사서를 저술하기 시작했다. 그러나 기원전 98년 젊은 장수 이릉李陵을 변호하다가 황제의 처남이자 장군인 이광리李廣利를 무고했다는 죄목으로 옥에 갇혔다. 상황은 악화되어 반역죄에 몰려 사형이 선고되었고, 사마천은 미처 완성하지 못한 역사서를 마무리하기 위해 죽음보다 치욕스러운 궁형을 자청하여 죽음을 면했다.

50세 무렵 감옥에서 풀려난 사마천은 몸과 마음이 완전히 망가진 처절한 상황에서도 불굴의 의지로 역사서 저술에 몰두했다. 약 3년에 걸친 옥살이와 궁형은 역사서의 방향과 내용을 완전히 바꾸어놓았다. 사마천은 이 수모와 고독 속에서 인간과 세상, 권력과 권력자, 인간의 본질에 대해 철저하게 숙고하는 한편, 나아가 '역사를 움직이는 진정한 원동력은 어디에서 오는가' '무엇이 사람을 사람답게 만드는가'와 같은 근원적 의문을 던지며 3천 년 통사를 완성했다. 이로써《사기》는 역사에서 인간의 역할을 누구보다 깊게 통찰한 인류 최고의 역사서로 거듭날 수 있었다.

궁형은 사마천 개인에게는 더할 수 없는 불행이었지만 인류에게는 비할 데 없는 값진 선물로 남은 '역설적 악역'이었다. 궁형으로 인한 수염 없는 그의 초상화가 그 의미를 일깨운다. 한편 사마천의 죽음은 수수께끼로 남아 있다. 병사, 자살, 행방불명, 처형 등 여러 설이 그의 죽음을 둘러싸고 맴돌고 있다. 사가들은 그가 세상을 떠난 해를 대략 기원전 90년 무렵으로 추정한다. 그의 나이 56세였다.

옮긴이 .. 김영수

고대 한중 관계사를 전공한 후 한중수교가 재개된 해인 1992년 박사과정을 수료하면서 중국에 대한 공부로 학문의 방향을 바꾸었다. 이후 사마천의 《사기》를 붙들고 30년 가까이 중국의 역사와 그 현장을 집요하게 공부하고 추적해오고 있다. 2010년 《완역 사기》 시리즈의 첫 권을 출간한 이래 10년째 매달리고 있는 《사기》 완역본 작업은 그의 학문 여정에서 하나의 이정표가 될 대장정이다.

2007년 EBS를 통해 '김영수의 《사기》와 21세기'란 제목으로 사마천과 《사기》를 32회에 걸쳐 대중들에게 전달한 바 있다. (이 프로그램은 중국 CCTV의 사마천, 《사기》 강연보다 앞서 진행되었다.) 이후 대기업, 공공기관, 벤처기업, 교육기관, 도서관 등에서 《사기》를 조직과 경영에 접목시키는 이른바 '응용 역사학'으로서 전파하는 데 힘을 쏟고 있다.

1998년 이래 사마천의 고향인 한청시를 30여 차례 방문하며 사마천 후손, 관련 학자, 정부 당국자들과 꾸준히 교류하고 있으며, 2007년에는 명예촌민으로 초빙되기도 했다.

영산 원불교대학교 교수를 지냈으며 현재는 사단법인 한국사마천학회 이사장으로 활동하고 있다. 주요 저역서로 《완역 사기》 시리즈를 비롯하여 《난세에 답하다》《사마천, 인간의 길을 묻다》《나는 사기로 경영을 배웠다》《제자백가, 경제를 말하다》《첩자고》《인간의 길》《제국의 빛과 그늘》 등이 있다.

페이스북 _ 한국사마천학회 @simaqian
유튜브 _ 김영수의 '좀 알자, 중국'

완역 사기 세가 2

1판 1쇄 적음 2019년 6월 21일
1판 1쇄 펴냄 2019년 7월 3일

지은이 사마천
옮긴이 김영수
펴낸이 안지미
편집 김진형 채미애
디자인 안지미 이은주
제작처 공간

펴낸곳 (주)알마
출판등록 2006년 6월 22일 제2013-000266호
주소 03990 서울시 마포구 연남로 1길 8, 4~5층
전화 02.324.3800 판매 02.324.7863 편집
전송 02.324.1144

전자우편 alma@almabook.com
페이스북 /almabooks
트위터 @alma_books
인스타그램 @alma_books

ISBN 979-11-5992-254-1 94910
ISBN 979-11-85430-39-3 (세트)

이 도서의 국립중앙도서관 출판예정도서목록CIP은 서지정보유통지원시스템 홈페이지
http://seoji.nl.go.kr와 국가자료공동목록시스템http://www.nl.go.kr/kolisnet에서
이용하실 수 있습니다. CIP제어번호: 2019019512

알마는 아이쿱생협과 더불어 협동조합의 가치를 실천하는 출판사입니다.

종이 표지_매직콤마 120g/㎡ 본문_그린라이트 70g/㎡